股市合力投资法

华尔街著名基金经理二十年成功之道

郭亚夫◎著

STOCK MARKET INVESTMENT

A FAMOUS WALL STREET FUND MANAGER'S
20-YEAR PATH TO SUCCESS

中国出版集团 东方出版中心

谨以此书献给我平凡而又伟大的
母亲姚德娴女士和父亲郭禧梱先生!

前　言

　　2015 年春，中国股市提早进入盛夏，在火热的炒股浪潮中，我应美国 GBGC 公司总裁李建先生之邀，到上海与吉姆·罗杰斯、马丁·普林格、拉里·威廉姆斯和约翰·布林格等著名投资大师们同台授课。在香格里拉富丽堂皇的会议大厅里，几百人的课堂座无虚席，气氛格外热烈，课后听众久久不愿散去的热情深深地打动了我。每次回国，书店是我必去的地方，我看到摆放在投资专类的书架上最多的是各种各样的股票技术分析书籍。此外，在和国内投资界朋友交谈时，听到他们讲的最多的也是技术分析。这些使我萌发写书的念头，我想写一本较全面地介绍当今世界各种主流投资方法的书，同时把我在长期投资实践中使用这些方法所累积的经验，特别是多年潜心研究的寻找三至五年涨十倍的股王的投资法——"宏观趋势下的最大合力投资法"，与投资朋友们分享。

　　在华尔街二十多年的摸爬滚打中，我深深地体会到，在博大精深而又诡谲多变的股市中，仅靠一种方法取胜很难。威廉指标的创立者拉里·威廉姆斯是技术派大师，但我在阅读他关于黄金、债券或股市的走势预测报告时，却常常能读到他用宏观经济等基本面因素分析的结论。以资产配置为主的美国养老金、退休金等大牌基金经理也常常会结合基本面或技术面的方法作战术调整。即使是基础派大师著名基金经理人彼得·林奇(Peter Lynch)也并不只看基本面，他在进出场前也要听听忠诚基金的首席技术分析顾问费尔·鄂兰格的建议。实际上，大师级的投资家们都在通晓各种投资方法，借鉴各种理论后，才形成自己独特的成功的投资方法。

　　每一种方法都是有效的，都有其代表性的投资大师。但大师的投资方法未必适合你，只有真正了解自己的性格特征和各种投资方法的理念，才能找到最适合你的投资方法。急性子的人很难做到长线投资，而慢性子的人，也很难成为优秀的高频交易员。哪一种方法最适合你呢？或者说你应该以什么方法为主、以什么方法为辅呢？只有深入了解每种投资方法的理论和技巧，知其然，知其所以然，才能有明智选择。这就是本书的写作宗旨。按照这一思路，我在前五章，主要从实用实战的角度介绍各种投资理论，以及我自己在实际应用这些理论时形成的方法；在第六章介绍我是如何以宏观主题投资法为主，以其他投资方法为辅，创立了寻找三到五年内上涨十倍的股王的"宏观趋势下的最大合力投资法"，以及用此方法找到股王百度公司的研究分析过程,供读者参考。

自从有了股市,投资者就开始像科学家探索浩瀚宇宙间的一切规律一样,寻求股市投资中的规律与法则,几百年来出现了成千上万的投资方法。放眼当今金融市场,经过市场验证,被世界主流机构投资者广泛使用的行之有效的方法主要有四种,分别是:传统的基本面投资法和技术面投资法,现代的资产配置投资法以及新兴的宏观主题投资法。这四大投资方法的理念和做法有什么不同呢?

四大方法的不同之处在于他们对股票的市场价格与其真实价值之间的关系认知度不同,所以采用的投资方法也各不相同。

新兴的宏观主题投资法认为:顺应未来宏大趋势并可从中最为获益的股票,现在的价格低于其未来的真实价值,以后会有超出市场的表现,所以要在今天构建能够在未来顺应宏观趋势的投资组合。

基本面投资法认为:市场的价格在未来一段时间内将趋于其真实价值。当股价低于真实价值时买进;待股价高于真实价值时卖出。

技术面投资法认为:股价与公司的真实价值无关,主要是受到投资人的心理和市场技术面因素的影响。当预测显示未来股价将向上时,买进;预测显示未来股价将向下时,卖出。

资产配置投资法坚持市场是有效的理论,市场的价格始终等于其真实价值,所谓低估值的股票根本不存在,投资人所能做的就是将资金分散在不同资产上,建立最优化组合,以实现预期的投资目标。

实战实用原则始终是本书写作的宗旨,在讲解宏观主题投资、基础面分析、技术分析和资产配置等各投资理论的同时,更注重介绍在实际投资中如何有效地使用这些投资理论。天下万物皆常变,阴消阳长、阳长阴消,所以有了周期的变化。宏观主题有周期,经济运行有周期,行业发展有周期,公司成长有周期,股价走势有周期,而它们在不同的周期阶段都各有特点,投资人就必须采用不同的策略应对。因此,在讲解各大投资流派时,我也是根据经济、行业、公司成长或股价走势的不同周期阶段,介绍相应的行之有效的分析方法或投资策略。

第一章 不同的宏观发展趋势,不同的投资主题

宏观主题投资法是新兴的投资策略,诞生于 20 世纪 80 年代,最早提出宏观主题策略的是欧洲的瑞银集团(UBS)的前首席全球策略分析师爱德华·科什纳(Edward Kerschner)。

宏观主题投资法的特点用简单的话概括就是顺应趋势,高瞻远瞩,在现在看到未来。顺应趋势要顺应的是什么样的趋势呢?是当全球政治、经济、社会、文化、环境或科技等发生巨大变化时,对社会和经济生产及人们日常生活产生重大影响所形成的

宏观大趋势。我们所定义的宏观大趋势必须具备全球性、广泛性、长期性和紧迫性这四大特性。宏观主题投资除了宏观大趋势的驱动力外，还有微观驱动力，其来源是未来将出现的有利于投资组合的"不对称信息"。这类"不对称信息"并不是非法的内幕消息，而是我们根据对宏观趋势的分析提前布局，构建投资组合的必然产物。

宏观主题投资自身特有的驱动力使其具有强市领涨、弱市抗跌的优势，能降低市场下跌的系统性风险，可在各种市场环境下均有上乘表现。因此，宏观主题投资虽是后起之秀，但自问世之后，其回收却大幅超出市场平均回报。这也是我将宏观主题投资策略放在第一章介绍的原因。

在这一章，不仅介绍宏观主题的理念，驱动力来源等理论，还将结合实例与读者分享我在实际投资中自创的"宏观主题双趋势投资法"，是一个从确定趋势、选定主题、锁定目标到构建组合及管理组合的完整的宏观主题投资体系。宏观主题投资是较新的投资策略，市面上关于这类投资方法的书籍尚不多见。为便于读者深入了解此方法，我选择了在2003年投资中国经济腾飞宏观主题的实例，用这些曾经发生在广大读者身边的故事做实例回顾，讲解如何有效使用宏观主题双趋势投资法，以加深读者对宏观主题投资的认识。为帮助读者更好地掌握这一新兴的投资策略，本章还特别附加了宏观主题投资的实盘演练和参考答案，请读者在学习本章之后，用这一演练作为对自己学习成果的验收。

第二章　不同的经济周期阶段，不同的板块轮换

我用第二章和第三章两章的篇幅介绍基本面方法，除了这两章之外，还在第六章中用了较多篇幅讲解选择股王的基本面分析方法。如此重笔讲解基本面方法有两个原因：一方面是国内介绍基本面投资的书籍相对比较少，特别是从实战实用的角度介绍基本面的书更是不多。另一方面，市场大部分的资金是由机构投资者所掌控，而他们大多都是商学院毕业，受过系统的金融理论教育，采用的都是学校传授的以基本面为主的投资策略，这些掌握大钱的专业机构投资者对市场极具影响力。如果你丝毫没有基本面的概念，不知道自己的最大竞争对手在想什么，要想在股市投资获益，难度很大。

基本面的投资法很多，我比较倾向自上而下的选股方法，也就是从宏观经济环境入手，由面及点锁定投资目标。我们都知道，股市具有超前性，属于经济先导指标，所以研究当前经济环境的目的是要判断未来经济的发展趋势，以便调整投资的方向和策略。而在不同的经济周期阶段，各行业的表现是不同的，所以我们只有了解经济周期在各个阶段的特点，才能知道在各周期阶段中表现最好的行业，以便增加这一行业的权重。除此之外，还要知道行业是如何运作、赚钱的，以及如何使用不同的估值方法对公司估值，比如说，给黄金开采公司估值，不仅要考虑公司挣多少钱，还要看地下

埋的黄金值多少钱;银行和保险业多用市净率等指标,而不是用常见的市盈率估值法。我也花了不少篇幅介绍主要行业的投资分析要领。

第三章　不同的盈利成长速度,不同的选股策略

　　投资公司更要根据其不同的类型选择相应有效的投资策略。公司的成长通常经过快速成长、稳步成长、缓慢成长和负成长四个阶段,投资要根据公司在不同成长阶段的特点,结合其股价走势等因素,采用不同的策略。比如说,红利型公司,通常都是非常成熟的大公司,相对稳定,但也要有所选择,即使是红利型公司也要选择还在成长的公司,这样才能保证公司未来还有提高分红的可能性。这类公司一般不会有破产之类的极端事件发生,高风险高回收的抄底法对这类股最适用(因风险并不高),何处是底? 如何判断? 投资红利型公司的"排序打分纵横比较投资法"就是为解决上述问题而打造的。

　　在第三章中,我还介绍了背离法卖空成长前景堪忧型公司和泡沫型公司。虽然,现在中国股市对卖空还有很多限制,但是随着中国金融市场改革的深入,相信卖空最终会成为中国股市一种普通的交易方式,就像它在欧美市场上被广泛使用一样。当市场大环境不佳时,卖空市场指数是保护手中多头仓位的很好的避险工具。而对于那些盈利成长不佳,高管层却在刻意隐瞒,人为制造虚假繁荣的"良好"基本面,蒙骗投资人的上市公司,就该通过卖空对其施以惩戒,警醒投资人不要上公司的当,这是卖空存在的另一积极意义。公司造假,瞒得了一时,瞒不了一世,瞒得过散户,瞒不过精明高水平的大户,使股价与公司的"良好"基本面和大户与散户投资人的情绪都出现了背离,这就是我们卖空造假公司的"双背离"投资法。还有一类卖空对象就是被非理性的投资人追捧而形成的大泡沫股,然而泡沫总是要破灭的,如果掌握了卖空泡沫股的技巧,就能在短时间内获得巨额利润。

第四章　不同的股价走势阶段,不同的进出场法

　　选择技术分析的工具和方法也要根据股价的走势特点区别对待。股价走势分筑底、上升、造顶和下降四个阶段。在不同的股价走势阶段,价量表现各异,技术指标的作用也完全不同。平均线是大多数投资人都熟悉的技术分析指标,它是趋势指标,当股价形成明显的趋势时,平均线的指导作用非常明显,但是在横向盘整走势时,使用平均线会非常辛苦,它忽而告诉你要买进,忽而又给出了卖出信号,结果常常是买在盘整区高点,卖在低点。而这个时候使用区间震荡指标(Oscillator)的技术分析工具效果就不同了。震荡指标在股价盘整高位给出超买信号,即卖出信号;在盘整区底部给出超卖信号,即买进信号,是盘整时最佳指标之一。但如果有明显趋势时,震荡指标的局限性就出现了,当股价在上升趋势的上涨过程中,它会一直给出超买的信号,

如果根据震荡指标的信号将股票卖了,就会错失了股价继续上涨的良机。所以,不同的股价走势阶段,要用不同的技术指标作进出场决定。

在众多的技术分析中,江恩摇摆线是我常用的技术分析工具,并结合现在金融市场高节奏、高速度的特征,在使用江恩摇摆线时,作了相应的改进。市场无常多变,技术分析是作风险管控的好帮手,风险管控包括进出场和头寸等。我给读者介绍的分步进场和逐步减仓的方法,既能保证不错失最佳进出场时机,又不会因判断失误导致损失或失去获得更多利润的机会,能够减少组合的波动性,有效实现风险管控。

第五章　不同的风险承受能力,不同的资产配置

资产配置的重要性在于通过分散投资,降低组合的风险;通过优化组合,在不增加风险的情况下提高回收。投资顾问通常会建议年纪较大的客户,买30%的股票,投70%的债券,而对年轻的客户,则会建议买70%的股票,投30%的债券,这就是根据投资人的风险承受能力等因素不同,所制定的战略资产配置策略。市场多变,资产配置的组合也不能一成不变,碰上2008年的金融海啸,股市跌去四成,组合中持有70%的股票,损失会不小。但如果能够适时调整组合,当资金刚开始流出股市时,调低股票的仓位,就可以减少损失。这种做法就是对原先组合进行调整的战术资产配置策略,其目的是为了更好地完成战略资产配置的投资目标。战术资产配置策略分固定调整和主动调整两大方式:买进持有策略、恒定比例策略和投资组合保险策略等是固定调整方式;联储会模型、宏观经济周期型、基本面价值评估型及反向心理指标型等属于主动调整方式。

第六章　如何寻找三到五年涨十倍的股王——宏观趋势下的最大合力投资法

前五章所介绍的四大投资流派是影响市场的四大驱动力,它们虽然各成体系,但作为投资人,我们不需要泾渭分明的只奉守一种方法。因为我们的目的是要在股市投资获利,争取与风险相适应的最高回收。试想一下,如果你选择的股票让宏观主题投资者兴奋不已,让基础派投资人如获珍宝,令技术派投资者趋之若鹜,也让资产配置投资者欣喜若狂,在这四股力量的联合推动下,股价能不大幅上涨吗?这就是我创立宏观趋势下的最大合力投资法的理论假设。

没有经过实际检验的理论是空洞的理论。为了验证这一假设,我便开始潜心研究美国股市200年历史上表现最牛的股票,发现它们大部分都是因为同时获得了四大驱动力的合力推动,才能在三到五年内上涨十倍,甚至更高,成就了它们在股票史的地位,获得“股王”的美誉。这就是说宏观趋势下的最大合力理论的假设是成立的,是经过投资实践检验过的有效的投资理论和方法。我所说的股王是在股市的某一时期有长期超级表现的恒星股,而不是瞬间出现耀眼光芒,之后就如流星般消逝,股价很

快又回到原地甚至更低的没有基本面支撑的"妖股"。

接着我便将这一假设发展成宏观趋势下的最大合力投资法。我在研究中发现，所有的股王都是顺应某一宏观大趋势而产生的，所以，宏观大趋势是股王产生的先决条件，而最大合力则是股王产生的必要条件，体现在具体的投资步骤就是：第一步确认宏观大趋势，并围绕其构建股票池；第二步根据产生最大合力所必须具备的特征，设定定量筛选参数，排序打分优选，缩小研究范围；第三步是对初选的目标作定量数据可靠性评估和非量化要素分析，锁定最具有股王特征的潜力股；最后第四步构建组合和风险管控。

都说状元三年一个，美女千载难逢，在美国二百多年的股票历史上，也只有1‰的股票成了股王。希望宏观趋势下的最大合力投资法能帮助你找到下一个股王。

本书创作的时间较短，有不足之处，欢迎指正，也非常愿意听到大家的宝贵意见。

感谢东方出版中心的大力协助与支持！感谢我的好友、著名作家庞忠甲先生的帮助！

衷心希望这本书对读者提高投资理论水平有所帮助，对投资实践有所启迪，达到学以致用、用则有效的目的。祝您成功！

郭亚夫

目　　录

前　言 ………………………………………………………………… 001

第一章　不同的宏观发展趋势,不同的投资主题 ………………… 001

　第一节　新兴的宏观主题投资策略 ………………………………… 001

　　宏观主题投资策略 ………………………………………………… 002

　　事件驱动型主题投资策略 ………………………………………… 003

　　行业主题投资策略 ………………………………………………… 004

　　宏观主题投资与传统投资的区别 ………………………………… 008

　第二节　为什么新兴的宏观主题投资倍受青睐 …………………… 009

　　宏观主题投资提高组合回收 ……………………………………… 009

　　宏观主题投资降低整体组合风险 ………………………………… 010

　　宏观主题投资特有的驱动力 ……………………………………… 011

　第三节　宏观主题双趋势投资法概述 ……………………………… 015

　　宏观主题双趋势投资法 …………………………………………… 016

　第四节　如何确定宏观大趋势 ……………………………………… 018

　　第一步:宏观大趋势测试 ………………………………………… 019

　　实例分析:确定人口快速增长宏观大趋势 ……………………… 019

　第五节　怎样寻找宏观主题 ………………………………………… 022

　　第二步:建立宏观趋势相关主题库 ……………………………… 022

　　实例分析:建立与人口快速增长宏观大趋势相关的宏观

　　　　　　　主题库 ………………………………………………… 023

　　第三步:精选投资主题或分主题 ………………………………… 024

　　实例分析:从全球人口快速增长宏观主题库中精选出粮食

　　　　　　　和农产品发展主题 ………………………………… 026

　第六节　锁定最终投资目标 ………………………………………… 030

　　第四步:建立精选主题相关股票池 ……………………………… 030

　　实例分析:从产业链入手,建立粮食与农产品紧缺宏观

主题股票池 ·· 031

第五步：定量初选投资目标 ······························ 033

实例分析：定量初选粮食与农产品发展主题的投资目标 ······· 034

第六步：定性分析锁定最终投资目标 ······················ 036

实例分析：定性分析锁定粮食与农产品发展主题的最终

投资目标 ·· 039

第七节　构建与管理主题投资组合 ························ 040

第七步：构建投资组合 ···································· 040

第八步：管理投资组合 ···································· 041

实例分析：构建与管理粮食与农产品发展主题投资组合 ······· 043

第八节　实例回顾：新兴市场快速发展宏观主题投资 ······ 044

第一步：确定新兴市场国家经济快速发展宏观大趋势 ······· 045

第二步：建立新兴市场飞速发展宏观主题库 ··············· 046

第三步：精选中国经济快速成长宏观主题 ················· 047

第四步：建立基础工业金属原材料分主题相关股票池 ······· 050

第五步：定量初选基础工业金属原材料分主题投资目标 ····· 051

第六步：定性分析锁定基础工业金属原材料分主题最终

投资目标 ·· 054

第七步：构建基础工业金属原材料分主题投资组合 ········· 056

第八步：管理基础工业金属原材料分主题投资组合 ········· 057

附录：实盘演练和答案提示 ·································· 060

宏观主题双趋势投资法实盘演练：从央行货币政策、汇率

走势和原油供需变化的趋势中寻找投资机会 ············· 060

演练提示　央行货币政策、汇率走势和原油供需变化

大趋势的主题投资策略 ································· 065

第二章　不同的经济周期阶段，不同的板块轮换 ··············· 071

第一节　股市具有超前性，分析宏观经济要着眼于其未来趋势 ····· 073

股市喜欢什么样的经济环境 ······························ 073

经济周期变化的主因是货币与财政政策的纠偏矫枉过正 ····· 077

股市具有超前性，与经济发展密切相关 ··················· 080

怎样评估当前的宏观经济？ ······························ 082

如何判断未来的经济走势？ ······························ 085

结语 ……………………………………………………………… 090

第二节　行业板块周期转换双确认投资法 ………………………… 090

　　　　行业板块周期转换双确认投资法 ……………………… 092

　　　　不同的经济周期阶段表现最好的主要行业的分析要领 …… 096

第三章　不同的盈利成长速度，不同的选股策略 ………………… 150

第一节　快速成长未来型——相对强度卖空挤压进场法 ………… 151

　　　　如何挑选和分析快速成长未来型股票 ………………… 151

　　　　快速成长未来型相对强度卖空挤压进场法 …………… 160

第二节　稳步成长蓝筹型——卖出期权投资法 …………………… 163

　　　　蓝筹股素描 ………………………………………… 163

　　　　稳步成长型蓝筹股定量定性分析 …………………… 164

　　　　稳步成长蓝筹型卖出期权投资法 …………………… 168

　　　　其他投资蓝筹股的方法 …………………………… 174

　　　　附录：期权投资法速成 …………………………… 175

第三节　缓慢成长红利型——排序打分纵横比较投资法 ………… 188

　　　　排序打分纵横比较投资法 …………………………… 189

　　　　附录：红利型股票相关的基本知识 ………………… 212

第四节　成长前景堪忧型——背离卖空投资法 …………………… 213

　　　　为空头者正名 ……………………………………… 213

　　　　卖空的基本操作 …………………………………… 215

　　　　背离法选择前景堪忧的卖空对象 …………………… 218

　　　　双背离法锁定造假蒙骗型的公司 …………………… 219

　　　　背离法锁定非理性投机的泡沫股 …………………… 234

第四章　不同的股价走势阶段，不同的进出场法 ………………… 240

第一节　技术分析的三大理论依据及心理学解释 ………………… 241

　　　　一、市场行为反映一切 …………………………… 241

　　　　二、价格呈趋势运行 ……………………………… 246

　　　　三、历史会不断重演 ……………………………… 249

　　　　技术分析的三大理论假设给我们的启示 …………… 255

第二节　筑底阶段没有结束前不要急于进场 ……………………… 256

　　　　认识价格的每个周期阶段，选择有效技术分析工具 …… 256

筑底阶段的特点 ·· 257

筑底阶段的投资策略 ································· 258

筑底阶段的投资建议 ································· 272

第三节　不要在上升趋势没有结束前出场 ················· 273

如何判断上升趋势？ ································· 273

上升趋势中的有效技术分析工具 ················· 275

我对江恩摇摆线投资法的改进 ················· 296

第四节　不要误将上升趋势中的休整当作上升走势的结束 ······· 301

上升趋势中的持续休整形态 ····················· 301

上升趋势休整阶段的投资策略 ················· 307

第五节　如何成功逃顶守住利润 ························· 308

如何在股价到顶部时锁利？ ····················· 308

如何预知股价要见顶，预测式逃顶？ ············· 309

怎样根据股价顶部形态确认逃顶？ ············· 315

第六节　下降趋势中不要逆势做多，而应顺势做空 ········· 319

一、如何判断下降趋势？ ························· 319

二、下降趋势中该使用哪些有效技术分析工具？ ····· 321

第七节　不要误将下降趋势的休整当作下降走势的结束 ······· 330

一、下降趋势中的持续休整形态之一：空头旗形形态 ····· 330

二、下降趋势中的持续休整形态之二：对称三角形形态 ····· 332

三、下降趋势中的持续休整形态之三：下降三角形形态 ····· 333

四、下降趋势中的持续休整形态之四：上升楔形形态 ····· 334

五、下降趋势中的其他休整形态 ················· 335

六、下降趋势中休整阶段的投资策略 ············· 336

第八节　善用相对强度让投资跑赢大市 ················· 337

什么是相对强度？ ································· 337

为什么相对强度是一个重要的技术分析工具？ ····· 337

相对强度分析法的种类 ························· 338

如何使用相对强度线 ····························· 339

在实际投资中如何应用相对强度 ················· 344

第五章　不同的风险承受能力，不同的资产配置 ················· 350

第一节　资产配置的重要意义 ························· 350

什么是资产配置投资法 ……………………………………………… 350

投资的回收与风险 …………………………………………………… 351

资产配置的重要意义 ………………………………………………… 354

第二节　传统资产类别 ……………………………………………… 367

现金与现金等价物 …………………………………………………… 368

债券 …………………………………………………………………… 368

股票 …………………………………………………………………… 376

第三节　其他资产类别 ……………………………………………… 381

期货商品 ……………………………………………………………… 381

期货知识普及 ………………………………………………………… 381

主要期货商品介绍 …………………………………………………… 382

期货交易标的物的延伸——金融期货 ……………………………… 390

房地产 ………………………………………………………………… 393

第四节　投资各类资产的其他方式 ………………………………… 394

共同基金 ……………………………………………………………… 394

交易所交易基金 ……………………………………………………… 401

第五节　另类投资——对冲基金 …………………………………… 408

一、对冲基金的历史 ………………………………………………… 409

二、对冲基金的"4A"特性 ………………………………………… 409

三、对冲基金主要投资策略 ………………………………………… 411

第六节　如何实施资产配置 ………………………………………… 420

资产配置前的准备工作 ……………………………………………… 420

资产配置的两大步骤 ………………………………………………… 423

战略资产配置的方法 ………………………………………………… 425

战术资产配置的方法 ………………………………………………… 426

第六章　如何寻找三到五年涨十倍的股王 ………………………… 441

第一节　历史上的股王是怎样加冕的? …………………………… 441

一、顺应甚至是引领当时的宏观大趋势——宏观趋势的驱动力 … 442

二、盈利高速成长,估值合理,债务相对低——基本面驱动力 … 445

三、机构持股较低,市值相对小——资产配置引发的驱动力 …… 448

四、股价长期走势向上,且表现大幅超过市场——心理、技术

　　面驱动力 ………………………………………………………… 450

第二节 宏观趋势下的最大合力投资法的创立 ·················· 451

第三节 宏观趋势下的最大合力投资法的步骤和实例解析 ·········· 453

　　第一步：构建顺应宏观大趋势的股票池 ················ 454

　　第二步：定量初选：条件筛选，排序打分 ··············· 455

　　第三步：定性分析：定量数据可靠性评估和非量化要素分析 ····· 455

　　第四步：构建组合，风险管控 ··················· 458

　　实例分析：百度是如何成为股王的？ ················ 463

写给读者的话 ·· 472

第一章

不同的宏观发展趋势，不同的投资主题

《孟子》记载，齐人有言曰"虽有智慧，不如乘势"，意思是说虽然拥有聪明才智，不如懂得对形势善加利用，顺势而为，更容易获得成功，在投资上也是如此。本章给大家介绍一种顺应未来宏观大趋势的投资方法——宏观主题投资策略。宏观主题投资相对传统的投资方法而言是新兴的投资策略，虽然问世时间只有二三十年，却有着相当不俗的投资表现。希望通过本章的学习，能为你的投资方法再添高招。

第一节　新兴的宏观主题投资策略

宏观主题投资法是主题投资方法的一种。所谓主题投资是通过深入分析宏观因素结构性、趋势性的变化，或某些特定性事件发生后的影响，或行业形态改变的趋势，挖掘出其对未来具有重大影响的因素及驱动力，形成最具投资潜力和发展前景的主题，并围绕这一主题对最为受益的资产类别和行业个股进行策略配置的投资方法。主题投资一般分为宏观主题、事件驱动型主题和行业主题投资等。

用句简单的话说：主题投资就是要顺势而为，寻找顺应某一趋势，最可能赚钱的投资机会（投资主题）的方法。

我们做事情，都不希望走错方向，顺水行舟要比逆流而上更轻松。只有认清形势，利用形势的睿智之人，才能成为时代的英雄，也就是人们常说的"时势造英雄"，这是对顺势而为最好的阐述，将其套用在主题投资策略上，就是未来趋势的"时势"造就了能带来丰厚回收的"投资英雄"。诸葛亮未出茅庐而三分天下，因为他看到了汉朝天下分崩离析、诸侯割据的形势，而他为恢复汉刘天下，鞠躬尽瘁，六出祁山，最终陨落五丈原，恰恰是没看到汉王朝大势已去的趋势。美国著名的预测学家和未来学家约翰·奈斯比特在其名著《大趋势》中对顺应趋势有句形象的描述："趋势就像是奔腾的马，顺着它们奔跑的方向来驾驭就比较容易。"所以，顺势而为，事半功倍；逆势而

行,聪明如诸葛孔明,也难力挽狂澜。挖掘趋势,顺应趋势,是主题投资的前提,也是主题投资制胜的关键。

宏观主题、事件主题和行业主题从广义上说都属于主题投资范畴,它们的共同点是都必须具备对未来有重大影响的因素及驱动力,但引起驱动力要素的来源、影响的深度和广度及时间的长短等方面却各不相同。

宏观主题投资策略

宏观主题投资策略出现于 20 世纪 80 至 90 年代,在全球经济一体化的背景下产生,于信息高速化、金融市场跨国化的大趋势中快速发展。其投资方法是:当全球政治、经济、社会、文化、环境或科技等发生巨大变化时,对社会和经济活动及人们每日的衣食住行产生重大影响,形成宏观大趋势。通过深入分析该宏观大趋势对各行各业结构性变化的影响,挖掘出造成此种影响的因素和驱动力,形成最具投资潜力和发展前景的主题,并围绕这一主题对最为受益的资产类别和行业个股进行资产配置,建立可在未来获益的投资组合。

宏观主题投资的关键点是"宏观"+"大趋势",这种宏观大趋势不仅将对世界产生长久和深远的影响,而且涉及面极广,不似一款服饰或一首流行歌曲,只盛行于某一地区,或许两三个月后就过时了。"宏观"一词我们经常听到,顾名思义,它是从大方面着眼,是有内容的载体。政治、经济、社会、文化、环境或科技等都是最重要的宏观因素。比如说,美苏争霸形成世界两大阵营的政治格局;新兴国家经济发展,尤其是中国经济的崛起让全球的经济结构重新洗牌;科技革命使台式电脑变成掌中宝,小小智能手机让网络与人们如影随形,改变了购物社交的习惯;人口膨胀提出老龄化、粮食缺口等严肃紧迫的课题。这些宏观因素,不论是已经过去的还是现在存在的,当它们发生巨大变化时,都对全球产生深远的影响,形成了"大趋势"。所以,宏观大趋势是全球性的,对社会和经济活动及人们日常生活的影响广泛和久远,且还具有紧迫性等特点,这些都是其最主要的特征。

宏观大趋势并不虚渺,它就在人们的生活中,我们每个人都曾经历过或正迎接着某一宏观趋势。中国房屋市场从改革开放以来的发展变迁就是一个例证,中国经济腾飞是全球新兴市场飞速发展宏观大趋势中的一个主题,在中国经济崛起的大环境下,房屋市场也乘势而起,阔步向前。改革开放初期,商品房已经出现,但受人均收入较低、住房以分配为主等因素的影响,房屋市场还未成气候。中国的房屋市场真正起步是在 20 世纪 90 年代前后,经过初期阶段的摸索,1998 年,政府推出进一步深化城镇住房制度改革加快住房建设的政策,停止住房实物分配,实行货币化分配,将中国商品房市场向前推进了一大步。此后,中国房屋市场起飞,房价节节高涨。商业嗅觉敏锐的温州人极早捕捉到这个大趋势。1998 年到 2001 年,温州人大笔投资房地产,当地的房价快速飙升,上涨了近两三倍。当本地的房地产火过头时,温州人将目光瞄准了全国的房屋市场,2001 年温州人开始组团奔赴北京、上海等大都市投资房地产,而后大举进入了杭州、青岛、重庆、沈阳等城市的房屋市场,一时间,"温州炒房团"广为人知。从 1998 年到 2009 年,在中央政策的推动下,中国房价平均上涨 2.5 倍左右,一线城市的涨幅更高,升幅在十倍以上的城市比比皆是。2009 年,因政府大规模经济刺激政策的推动,中国房屋市场表现最为强劲,一年涨幅高达 23％。2010 年,为抑制过热的房屋市场,国家开始实行调控,但房屋价格仍稳步上涨。2012 年随着房地产宏观调控力度加大,房价下跌,温州炒房团消失在房屋市场的舞台之上。如果,你也能和温州炒房团一样,极早看到房屋市场的大趋势,把握时机,顺应趋势,投资房地产,也一定会有很可观的投资回报。中国许多民营企业家发迹于房地产投资,也正是因为他们自觉或不自觉地顺应了中国住房改革的大趋势,成就了辉煌的业绩。这就是顺应宏观大趋势的魅力所在。

宏观趋势的出现不会只有一两天就结束,在其影响下所形成的主题的生命周期都较长,有时是几年,甚至长达几十年,所以它对进场的时机要求并不苛刻,只要宏观趋势依然存在,市场股价还未完全反映此驱动力,就可以随时进场,因为,未来该趋势还将继续推动相关资产上涨,仍有许多获利空间。

事件驱动型主题投资策略

所谓事件驱动型主题投资,是当某特定事件发生时,根据该事件驱动的核心要素,快速找出与其密切相关的部门、行业或子行业,确定事件的影响尚未反映在股价上之后,选出最受影响的目标,形成投资主题的方法。

比如说,2010 年 4 月 20 日英国石油公司 BP 在美国墨西哥湾的石油钻井平台爆炸,发生严重漏油事件。与漏油这一核心事件密切相关的是:发生漏油的直接责任方,漏油后美国政府禁止在墨西哥湾海上钻井和处理漏油的善后工作,产生三个可能获利的多、空投资主题:

其一,空头直接事故受损者主题,石油开采公司 BP plc (BP) 和 Anadarko Petro (APC);

其二,空头间接受损关联者主题,深海石油钻井服务公司 Transocean Ltd. (RIG) 和 Diamond Offshore Drilling, Inc. (DO) 等;

其三,多头直接获益者主题,油污清洁公司 Clean Harbors Inc. (CLH)。

这些主题在漏油事件的推动下,表现远超出同期的市场,两个月内,石油钻井服务业跌幅达 30％左右,油污清洁公司 CLH 则上涨 25％,美国股市下跌近 7％。而后,随着事件逐步解决,该事件对上述行业影响的驱动力也渐渐退去,主题不复存在。

再比如,2011年3月11日,日本东北部海域发生里氏9.0级地震并引发海啸,不仅造成重大人员伤亡和财产损失,也导致福岛第一核电站一到四号机组发生极为严重的核泄漏事故,事件发生后,是否该推行核能发电的问题在世界主要核电国家再度被推上风口浪尖,阻止各国核电站发展进程。德国在大规模的民众抗议过后,宣布该国七座1980年前修建的核电站将"暂时关闭"。瑞士也表示,将冻结新的核电站建设计划。在这一事件驱动下,作为核发电主要原材料的铀矿需求下降,铀矿供应商业务进入冰霜期,产生如下主题:

空头主题

- 铀原料相关行业
- 核电设备相关行业
- 核发电商

多头主题

- 天然气、煤等其他发电原料供应商

事件驱动主题是以突发事件对相关行业产生的重大影响为驱动力,如果说宏观主题的驱动力是长远的马拉松,那么事件主题的驱动力就是考验速度的短跑,需要极强的爆发力。当事件刚发生时,投资者需要以最快的速度作出判断,在股价还没有完全反映此影响因素时,极早构建最具获利可能的投资组合。如果事件被广为传播,知道的人越来越多,事件影响力也逐步渗透,完全反映在股价中时,就不具有投资的意义了。所以,事件主题投资打的是时间战,这类主题的生命周期都较短,在进场时间的要求上比其他主题投资策略更苛刻。

行业主题投资策略

行业主题投资是由于产业升级,或政策因素等原因造成行业本身的基本条件发生变化,而带来的投资机会,比如说新技术、新产品、新的商业模式,供求关系的改变等。

● 美国航空业商业模式改变

美国2008年金融危机给航空业带来巨大的冲击,当时的航空业因管理层被精于市场营销的人士所掌控,他们的着眼点是最大限度地争取市场份额,导致航空业承载量过剩,形成供给大于需求的局面,公司为招揽客户只能竞相削价,外加金融危机的爆发,需求下降,最终很多公司不得不走向破产,被重组。破产重组使行业竞争对手减少,公司重组后,原来的债权人成了股东,这些人通常都是具有金融背景的对冲基金、投资银行的经理人等，他们所追求的是公司的净利润额。因为行业已呈半垄断状态，航空公司便可有效控制承载量的增长，通过提高票价等方式增加其净利润额。航空公司的最大可承载量自 2008 年金融危机后下降 10％，目前远低于 2004 至 2007 年的水平。而美国境内双程平均票价从十年前的 268.73 美元，涨至 355.75 美元，涨幅为 32.3％。航空业出现和以前完全不同的结构性变化，形成多头航空业主题。在该主题驱动下，各大航空公司的盈利不断增加，带动股价节节高涨（图 1-1）。

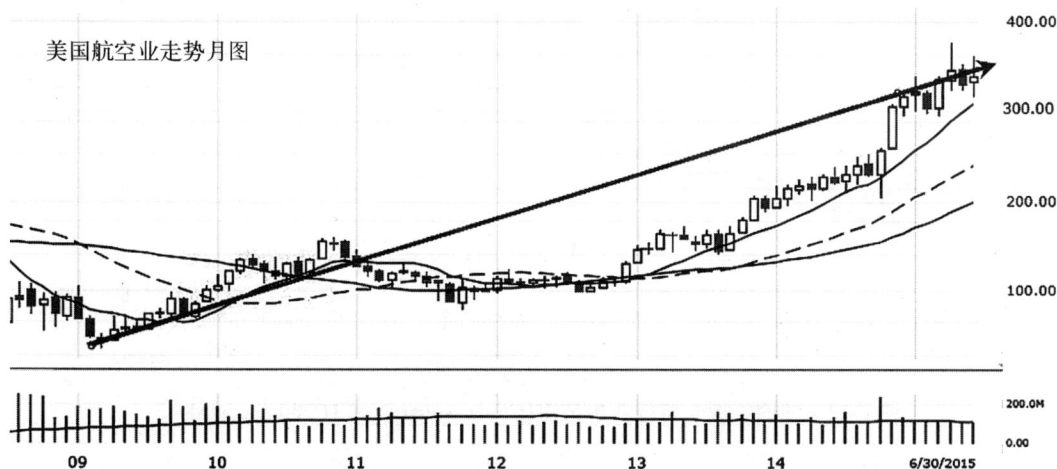

图 1-1　美国航空业走势图（Chart courtesy of TC2000®.com）

• 美国纸板包装材料业的结构变化

2012 年美国纸板包装材料行业寡头垄断局面的形成也是行业性主题的范例。纸板包装材料行业在 20 世纪 90 年代中期时，最大的五家生产商控制仅 43％的北美市场。此后，行业出现一系列并购整合，变成最大的五家生产商控制近 75％的市场，形成少数寡头企业垄断的格局。其中，最大的生产商是国际纸业（International Paper，IP），拥有 34％的市场份额；Rock Tenn（RKT）享有 19％的市场；佐治亚太平洋公司（Georgia-Pacific，目前尚未上市）的市场占有率为 11％；美国包装公司（Packaging Corp. of America，PKG）分得 6％的市场；KapStone Paper and Packaging（KS）占了 3％的市场份额。

寡头垄断的局面有利于企业在产量和价格上控制市场。虽然经济疲软，纸板需求基本持平，但是几大生产商有效地调整生产能力，即使是生产接近满负荷的情况下，库存却持续下降，形成产品供应短缺的局面，为产品涨价创造条件。而后，该行业便开始了产品提价的进程，虽然纸板的销售量并没有增多，但因为价格上涨，使整个行业的销售额和利润额都大幅增加。同时，美国纸板生产商在世界市场的竞争力增加。过去十年,美国纸板生产业受到中国廉价产品的冲击。到 2012 年前后,由于人民币坚挺,人工成本增加,加上产品质量等问题,中国强有力的竞争地位下降,也是推动该行业的利多因素。纸板包装材料业的这些结构性变化,促成了多头造纸业投资主题(图 1-2)。

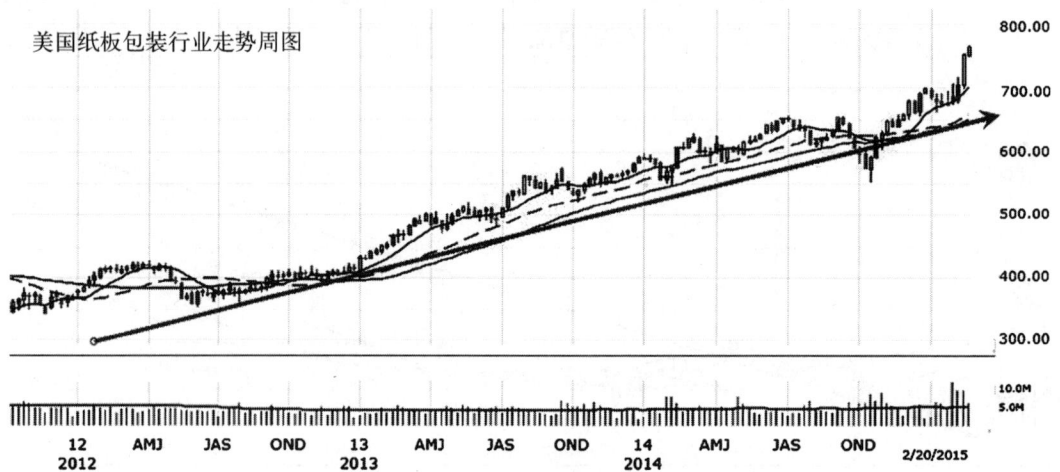

图 1-2 美国纸板包装行业走势图(Chart courtesy of TC2000®. com)

● 美国天然气产量大幅增加给煤炭业致命打击

美国煤炭业没落的主要原因来自能源结构的改变和严格的环保政策。煤炭燃烧后的二氧化硫和粉尘是主要的环境污染源,美国政府制定严格的环保法规,要求电力厂、钢铁业等用煤大户保证其排放物必须符合政府的环保要求,否则将被重责。这无形增加了相关企业的营运成本,但又别无选择,而这种情形随着美国天然气开采技术的突破,天然气的大量开采而出现了 180 度的转变。

美国是天然气储量大国,页岩气的储量极为丰富,但在 2000 年之前,因为开采难度大,页岩气产量几乎为零。美国米歇尔能源开发公司(Mitchell Energy & Development Corp.)创始人——乔治·米歇尔(George Mitchell)经过不懈努力,将水平钻探与水力压裂技术结合,终于使页岩气的大规模商业化开采在 21 世纪初成为现实,而他也被尊称为"美国页岩气之父"。此后,美国页岩气开采便如火如荼地发展起来,美国天然气的价格随着页岩气开采的不断升温,产量的飞速增加,而一路下滑。2009 年,美国已经跃居为世界第一大天然气产量国。美国天然气价格从 2005 年 12 月份每百万英热单位接近 16 美元的高位下跌,2012 年 4 月最低时跌至每百万英热单位 1.9 美元,同时期,每百万英热单位的天然气在欧洲和亚洲地区的价格分别大约是12.5 美元和 15.75 美元,与美国天然气价格呈天壤之别。

天然气几乎不含硫和粉尘等其他有害物质,是洁净环保的优质能源,而且价格低廉,原来的用煤大户纷纷弃煤而改用天然气,给美国煤炭工业致命的打击,近几年煤炭公司的业务江河日下,低迷不振。美国能源结构的变化,形成了空头煤炭行业主题(图1-3)。

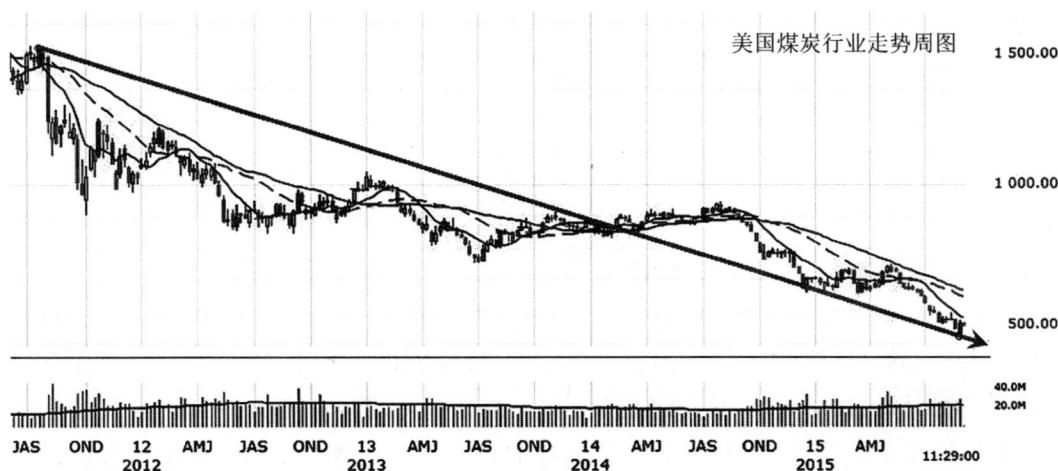

图1-3　美国煤炭行业走势图(Chart courtesy of TC2000®.com)

行业主题投资是以行业的基本条件变化为驱动力,但改变通常不会朝夕之间就完成,所以,行业主题的生命周期既没有宏观主题那么长,但也不会像事件主题那么短,在进场时机上不像事件主题投资那么紧迫,但在其开始到最终形成的过程中,能够越早布局,投资潜力就越大,也就越具投资意义。

宏观主题投资、事件驱动型主题投资和行业主题投资的影响要素归纳于表1-1。三种主题投资策略虽然在影响要素、驱动力和主题的生命周期等方面各不相同,但它们的投资理念、操作程序及构建与管理组合的步骤基本相似。在这三种主题投资策

表1-1　宏观主题投资、事件驱动型主题投资和行业主题投资的影响要素

主题投资类型	影　响　要　素	主　题　实　例
宏观主题投资	因政治、经济、文化、社会、环境和科技等发生重大变化而产生的投资机会	● 新兴国家的兴起 ● 环境安全 ● 全球人口老龄化
事件驱动型主题投资	因某一重大特定事件而衍生出的投资机会	● 日本核泄漏 ● 美国海湾石油泄漏 ● 美国"911事件"
行业主题投资	行业基本条件变化而出现的投资机会	● 美国煤炭工业衰退 ● 互联网兴起

略中,我认为最具投资魅力的是宏观主题投资策略,因为它从宏大处着眼,借助大趋势,形成其独特的驱动力,它所影响的主题的生命周期也最长,具有强市领涨、弱市抗跌的优势,能降低市场下跌的系统性风险,而它与全球股票市场及债券市场的低相关度又能优化整体的投资组合,尤其适用于长期投资策略。

宏观主题投资与传统投资的区别

1. 宏观主题投资法自上而下,从现在看未来

宏观主题投资策略不同于传统投资方法(图1-4),后者采用自下而上的方法,用公司过去的盈利成长、财务状况等因素,选择投资目标,希望过去表现强劲的公司,未来会更强劲。宏观主题投资则是自上而下的策略,通过对现在宏观因素变化的分析,预知其未来走势,构建将来最能从该宏观大趋势获利的投资组合。通过自上而下的方式锁定的投资目标,过去不一定是最好的公司,但因其顺应宏观大趋势,在宏观主题特定的驱动力推动下,未来一定会是最好的公司之一。所以,对这类公司过去的盈利、财务等要求并不是我们首先要考虑的,但对其未来的盈利、销售等趋势却是首先要关注的。所以说,宏观主题投资策略是一种前瞻性和超前性的投资策略。

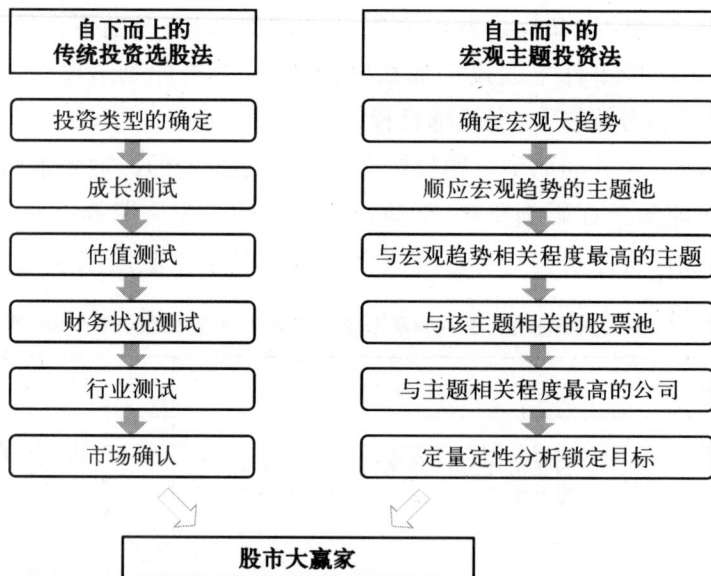

自下而上的 传统投资选股法	自上而下的 宏观主题投资法
投资类型的确定	确定宏观大趋势
成长测试	顺应宏观趋势的主题池
估值测试	与宏观趋势相关程度最高的主题
财务状况测试	与该主题相关的股票池
行业测试	与主题相关程度最高的公司
市场确认	定量定性分析锁定目标

股市大赢家

图1-4 传统的自下而上的投资法与宏观主题投资法比较

2. 优选未来大赢家

宏观主题投资以顺应宏观大趋势为基础,它只投资一个市场,即全球市场。它的投资不受地域限制,无论是在中国还是在美国,也不管是在欧洲还是非洲,只要顺应

宏观主题，最具投资潜力，都可锁定为投资目标。宏观主题策略在资产类别的选择上也灵活多样，股票、债券、外汇、期货及期权等金融衍生产品，只要其最能从宏观大趋势中获益，就是宏观主题的投资目标。比如，与顺应人口增长宏观大趋势的农业主题相关度最高的资产类别包括：农具、种子、化肥等农业投入公司，还有大豆、小麦等农产期货商品。另外，宏观主题投资很适合多空并用，因任何宏观趋势一旦形成，自然会有的行业受益，有的行业受损，投资人便可建立符合宏观趋势、最能获益的主题多头仓位，同时建立因宏观趋势而最可能受损的主题空头仓位。

我们再以中国改革开放早期经济发展宏观主题为例，来说明宏观主题投资在资产类别与投资方式选择上的多样性。在新兴国家蓬勃发展的宏观大趋势中，中国经济迅猛腾飞举世瞩目，带动早期中国经济大发展的是基础设施建设，大量基建项目使中国对铜、钢铁及铝等原材料需求异常强劲，基础金属开采加工就是顺应宏观大趋势的投资主题之一，其中可选择的投资方式包括：其一，如果资金雄厚，可投资硬资产，直接买矿经营开采；其二，构建铜、钢铁等行业上市公司的投资组合，寻求投资获利，比如澳大利亚和巴西的铁矿公司，美国钢铁厂，智利的铜矿开采公司等；其三，投资这些金属产品的期货。根据对宏观趋势的判断，各资产类别或投资形式与主题相关性的程度及投资潜力等的分析，选择其中最佳的投资方式和资产类别，建立组合。

综上，宏观主题投资策略在投资选择上可以多地域，多资产类别，多投资形式，根据最高相关度和最具获利能力原则，从优选定最佳资产类别，构建主题投资组合，以追求最大投资收益可能性。

第二节　为什么新兴的宏观主题投资倍受青睐

我们看投资回收，不能只看一个数值，而忽略其所存在的风险性。一个既能提高投资组合的回收，同时又降低了整体组合的系统风险的投资产品是每个投资人所追求的目标。但是现在既能提高组合回收，又与其他资产的相关度低，能降低组合风险的投资资产似乎少之又少。而顺应宏观大趋势的宏观主题投资因为有四大宏观驱动力和一大微观驱动力的支持，恰恰具备了投资人所梦寐以求的上述两大特性。

宏观主题投资提高组合回收

在比较某一投资产品的回收时，通常都是与和其相关的基准指数（Benchmark）对比。美国明晟公司（Morgan Stanley Capital International，MSCI）是提供全球指数及相关衍生金融产品标的大家，它所编制的各类基准指数涵盖不同的国家、资产和投资策略,明晟的各类基准指数已被世界70％以上的基金经理所采用。

宏观主题投资自20世纪八九十年代问世以来,回收令人刮目相看。作为投资于全球宏观大趋势的宏观主题投资,所对应的是明晟世界股市指数(MSCI World Index)。根据美国对冲基金研究公司(Hedge Fund Research)的数据,自1998年1月至2015年5月,宏观主题投资策略的表现比明晟世界股市指数的表现平均高出两倍左右。显而易见,宏观主题策略有助提高组合回收。

宏观主题投资降低整体组合风险

另一方面,宏观主题投资与全球债市和股市的相关性也非常低。宏观主题投资与明晟世界股市指数的相关系数为0.17,与三个月的伦敦同业拆借利率(LIBOR)的相关系数为0.18。LIBOR是伦敦同业拆借利率(London InterBank Offered Rate),大型国际银行间借贷时的利率,即伦敦银行内部交易市场上的商业银行对存于非美国银行的美元进行交易时所采用的利率。LIBOR常常被作为商业贷款、抵押、发行债券利率的基准。

相关系数是一项统计指标,反映两个变量之间相互关联的密切程度。相关系数的取值在−1到1之间,等于0时,表示两个变量没有相关联系,等于1时,表明两者完全相关,为负值时说明变量间的关系相反。相关系数的绝对值越大,引起的变动程度就越大,一般而言,绝对值在0.8以上,称为高度相关,小于0.3时为低度相关,居于两个数值之间,相关程度适中。

资产之间的相关性是构建投资组合时所要考虑的一个关键问题,主要目的是有效分散风险。市场是不可预测的,没有人知道未来会怎样,我们所能做的是尽可能采取有效措施来防范。在组合中配置相关性较低资产就是其中的一个方法。"不要把鸡蛋都放在一个篮子中"是形容风险分散时常用的比喻。只是做起来并不这么简单,即使你的"鸡蛋"没有放在同一个篮子内,但篮子里"鸡蛋"之间的相关性却非常紧密,暴涨时一起飙升,大跌时一起狂泻,那还是没有真正地做到风险分散。一般而言,股票和债券的相关性较低。天下太平,经济成长时,资金流入股市,流出回收低的债券市场;如果天下动荡,或经济衰退,资金撤离股市,转入安全的债市。传统资产配置上经常可以看到组合中的资产按照60％股票、30％债券和10％的现金配置,以达到无论市场如何变化,都能降低组合波动性之目的。所以说,降低资产之间的相关性是减少组合风险的重要因素之一。

虽然同为股票资产,但中国股市和美国股市的相关性很小。美国股市从金融危机的阴影中走出,于2009年3月中开始上涨,至2014年7月28日,涨幅为192％,同时期,中国股市下跌近3％。此后,中国股市飞升,从2014年7月28日起至2015年6

月12日,不到一年的时间,涨幅高达143%,而在此期间,美国股市仅上涨了6%。如果你的投资组合中一半是美国股市资产,一半是中国股市资产,当中国股市低迷不振时,美国股市资产提高组合的回收。同样,后来中国股市的超常表现也为组合回收添彩。而后,中国股市突变,在6月15日至6月29日的两个星期之内,股市暴跌20%以上,从强牛转眼变成传统意义上的熊市(从高点下跌20%,即进入熊市),但这段时间,美国股市仅下跌了1.7%,在减少组合下行风险上起到了一定作用。这就是低相关性资产可以减少组合波动、分散风险的意义所在。

宏观主题投资特有的驱动力

宏观主题投资和传统投资的方法不同,它是自上而下的投资方式。其投资理念是:在今天构建最能顺应宏观趋势,未来可从中获益的投资组合。通过宏观主题投资法构建的组合,在其特有的宏观驱动力的推动下,未来必然将有许多对该组合利多的消息出现,因这些将来可能出现的嘉惠组合的消息还未反映在股价上,势必将进一步推高股价,从而达到获利的目的。

那么,宏观主题的驱动力又是从哪里来的呢?它来自宏观大趋势的四个特性所产生的宏观驱动力和未来推动股价的不对称信息的微观驱动力。

四大宏观驱动力

我们所说的宏观主题投资顺应的是宏观大趋势,只有当全球政治、经济、社会、文化、环境或科技等宏观因素发生结构性变化时,才对社会和经济活动及人们的日常生活都产生重大影响,形成宏观大趋势,该趋势一般具有四大特性:全球性,广泛性,长期性,紧迫性。宏观主题投资产生的大背景决定了其所顺应的宏观大趋势的四大特性。

宏观主题投资出现于20世纪80年代,最早提出该策略的是UBS的前首席全球策略分析师爱德华·科什纳(Edward Kerschner),将其运用到实际投资当中则是从英国和荷兰开始,其后在美国盛行。

宏观主题投资本身也是顺应宏观大趋势的产物,它顺应的是全球经济一体化的宏观大趋势。人类的交往大概首先是随着经济活动开展的。远古时期,刀耕火种,人们的活动局限在很小的地域。随着生产力的提高,经济活动在地域与地域、国家与国家之间的交往越来越频繁,例如我国的西汉丝绸之路,明朝的郑和下西洋,西方列强的殖民掠夺,不论是公平的还是强制的,都是人类国际贸易史的篇章。第二次世界大战结束后,经济建设成为主旋律,西方国家大力发展经济,市场竞争愈发激烈,人们需要建立一个能够打开贸易壁垒,享受优惠贸易政策,从而实现共同经济利益的更广泛经济合作体。

1947年10月，由美国邀请，23个国家就关税与贸易规则签订多边国际协定——关税及贸易总协定（General Agreement on Tariffs and Trade，GATT），这也是最早的全球性经济组织。1994年更具全球性的世界贸易组织（World Trade Organization，WTO）成立，取代关贸总协定，其成员国现在的贸易总额占全球的97％。经济全球化是世界的大趋势，随着贸易全球化的推进，生产国际化、科技全球化和资本全球化的进程加快，于是，丰田车不只在日本制造，麦当劳的薯条香飘全球，世界主要金融市场绕着时钟圈运行。此后，信息技术的迅猛发展使全球经济更进一步地融合为一体。

全球经济活动走向一体，瞬息万变的信息信手拈来，世界金融市场形成网络，在这样的大环境下，基金经理人需要更广泛的舞台，顺应宏观大趋势的变化，随时把握全球市场的投资机会，宏观主题投资策略应运而生。

- 全球性——全球需求驱动力

宏观主题投资产生的大背景决定了其宏观大趋势的全球化特性。在全球经济一体化的带动下，世界政治格局、社会、文化、科技等因素的变化也必然罩上全球性的色彩。宏观主题投资不是投资某一个地区、某一个单位，而是面向全球市场，其市场的广阔程度无可比拟。比如人口、环保等许多问题不仅仅是一个国家的问题，而是全世界所面临和需要解决的大问题，有着全球性的大市场。宏观大趋势的全球性特征给宏观主题投资带来全球需求驱动力。

- 广泛性——广泛需求驱动力

宏观大趋势的广泛特性反映在两个方面：一是涉及的行业部门广泛。比如，人口大幅增加的宏观大趋势涉及与农业投入相关的所有行业，包括：农业设备、种子、化肥及销售和加工等各个环节。二是涉及每个人的切身利益。无论是发达国家，还是发展中国家，也不管是平民百姓，还是达官贵人，都将成为消费和使用群体。当前世界的人口膨胀问题、气候转暖、土地荒漠化、水资源危机等生态问题涉及众多行业，也关系到每一个人，影响极为广泛，因此，将导致为应对这类问题所需要的相关产品的需求增加，给生产商带来巨大的商机，给投资者带来潜在的投资获利机会。宏观大趋势的广泛性特征给宏观主题投资带来广泛需求驱动力。

- 长期性——长期需求驱动力

罗马不是一天建成的。宏观大趋势的形成关系到世界长远的利益，更不会一两天就结束。同样，由于宏观因素的改变而产生的相关问题不会在一朝一夕之间迎刃而解，也需要一定时间去完成。比如说，世界人口增长过快所带来的粮食供应不足的问题。俗话说，民以食为天，只要人口膨胀的问题存在，解决食品供应不足就是长久的课题。宏观大趋势的长期性给宏观主题投资带来长期需求驱动力。

- 紧迫性——稳定需求驱动力

所有涉及全球宏观大趋势的问题都必须是要优先解决的问题，不会因为受外力影响可以搁置不理。无论经济形势好坏,人们都需要保证最基本的温饱问题;高速成长的经济成果都是以牺牲自然环境为代价,如果不加以治理,不改变生态,人类将丧失在地球村的居住权绝不是危言耸听的说法。这些问题迫在眉睫,解决这些问题所蕴含的商机受经济大环境的影响小,相应降低了投资的下行风险。宏观大趋势的紧迫性给宏观主题投资带来稳定需求驱动力。

从反恐看宏观主题投资四大宏观驱动力的作用

我们就从全世界打击恐怖主义这一宏观大趋势所出现的投资机会,探讨宏观驱动力的作用。

1. 反恐宏观大趋势形成安检设备全球需求驱动力

美国"911事件"是最为严重的恐怖袭击活动,由于机场安检存在漏洞给恐怖分子以可乘之机,导致悲剧的发生。虽然事情发生在美国本土,但却拉响了全世界反恐的警报。世界反恐意识上升到新的高度,大量安装安检设备,提高安检设备功能,增加安检措施等都是顺应这一宏观趋势下的投资机会。这是反恐宏观大趋势给安检设备主题带来的全球需求驱动力。

2. 反恐宏观大趋势形成安检设备广泛需求驱动力

反恐所涉及的不只是机场安全一个方面,车站、码头、地标建筑、政府重地、重要场合等方方面面都面临提高安保的问题,同时也与每个人的利益密切相关。烦琐的安检程序给人们带来极大不便,既能缩短安检时间又能完成安检任务的新型安检设备成为普遍的市场需求。这是反恐宏观大趋势的广泛性给安检设备主题带来的广泛需求驱动力。

3. 反恐宏观大趋势形成安检设备长期需求驱动力

自美国"911事件"至今已十几年,世界各地的恐怖活动有增无减。反恐是世界各国长期的任务,在恐怖主义没有消失之前,此任务也无终结之时,各国对安检设备等相关产品的需求也没有完结之时。这是反恐宏观大趋势的长期性给安检设备主题带来的长期需求驱动力。

4. 反恐宏观大趋势形成安检设备平稳需求驱动力

恐怖分子不会因为经济不景气而减少活动,而恐怖活动也会对经济带来负面的影响。"911事件"严重冲击了纽约市的经济,服装业、旅游业、餐饮业均遭受重创,曾经熙熙攘攘的不夜之城,变得异常清冷。由于经济疲软,税收下降,政府大量削减各类费用支出,但反恐的经费有增无减。由此可见,反恐不仅是长期任务,更是极其紧迫、需要优先解决的问题,所以它不受外力因素所左右,市场大环境对其影响也相对较小。这是反恐宏观大趋势的紧迫性给安检设备主题带来的稳定需求驱动力。

微观驱动力

宏观主题投资的微观驱动力主要来自未来将出现的有利于投资组合的不对称信息对股价的推动。

或许你对"不对称信息"一词很陌生，但一定听说过以获得内部消息而谋求暴利的内幕交易，其实内幕消息就是不对称信息的一种。20 世纪 70 年代，三位美国经济学家乔治·阿克尔洛夫、迈克尔·斯彭斯和约瑟夫·斯蒂格利茨提出了信息在经济活动中的重要性的理论，即不对称信息理论，三人因此在 2001 年获得了诺贝尔经济学奖。

不对称信息是指在经济活动中，某些参与人拥有而另外一些参与人不拥有的信息。"柠檬理论"是不对称信息理论的基础，这里的柠檬不是含有丰富维生素的水果，而是美国俚语，表示次品，没用的东西。阿克尔洛夫最初研究该课题时，就是从广为大众熟悉的二手车市场开始的。在二手车市场上，卖方对车的情况了解得远比买方多，比如车体是否有损伤，引擎是否工作正常，里程数是否真实等。买方因为所知有限，只能采取压低价格的策略，以弥补信息不足的损伤，其结果可能是交易谈不拢，卖方失去机会，或者是买方照价成交，承担物非所值的风险。

在金融市场中，信息分为两大类（如下图 1-5）。一类属于大众信息，被广泛传播，消息已经反映在股价上，利用这类消息投资获利的机会少，利润薄；另一类，就是极为不对称的内部消息，信息天平的砝码偏向了少数内幕人士，大众投资人接触不到，此类消息大部分还没有反映在股价上，投资获利的机会大，利润也很高。利用内幕消息获利的缺点是代价很高，甚至有牢狱之灾。著名对冲基金经理史蒂夫·科恩

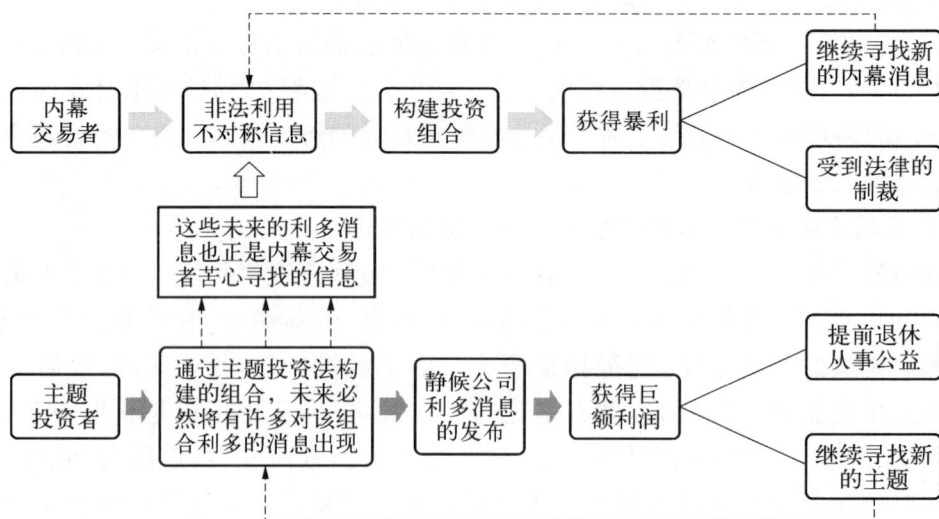

图 1-5　只有主题投资可以"合法"利用未来嘉惠组合的众多不对称信息

(Steve Cohen)的 SAC Capital 以优异的投资回报傲视同行,但却因内幕交易遭到美国政府起诉,受到了 18 亿美元的罚款处罚,参与内幕交易的交易员被判监禁,最高的一位判刑 85 年,自毁一生。SAC Capital 也因此走上终结之路,史蒂文·科恩除了可以管理自己和部分内部人员的资产外,绝大部分的外部资金都返还给投资者。利用内幕交易获利歪曲了市场价格对真实价格的反映,破坏公平竞争的原则,影响大众投资人的信心,所以各国都对内幕交易的行为进行严格监管。

而我们所说的宏观主题投资的微观驱动力来自未来将出现有利于投资组合的"不对称信息",和上面说的内幕交易的"不对称信息"是完全不同的。我们是要用自己的智慧和勤勉去分析,构建顺应宏观趋势的投资组合,以合法手段,事先预知将来有利多的不对称信息出现。如前所说的反恐宏观大趋势下的机场安检设备主题,我们看到这一宏观趋势,就可提前布局,买入最好的安检设备制造商股票,当因市场需求强劲,公司的销售上涨,盈利增加时,随之而来的将会是一系列利多消息,比如盈利超出预期,提高产品价格,订单增加等等,而这些都是可以推动股价上涨的重大微观因素,能给投资带来丰厚利润。当这些信息被公布,成为大众信息时,我们早已提前构建了投资组合。这就是未卜先知的"不对称信息"给宏观主题投资带来的微观驱动力。

综上所述,宏观大趋势赋予宏观主题投资的特有驱动力使其在强劲市场中有优异的表现,在恶劣市场环境下,又能抵御市场的下行冲击力,是具有高阿尔法(α)值的投资策略(关于阿尔法值请参阅本书第五章有关对冲基金介绍的相关内容)。同时,它与全球股市和债市的相关性又很低,降低了整体组合的风险,因而越来越受投资人喜爱。

第三节　宏观主题双趋势投资法概述

宏观主题投资从确定宏观大趋势开始,经千挑万选,最终锁定顺应该宏观趋势且最能从中获益的投资目标,不仅要求投资者有敏锐的嗅觉,极强的逻辑思维,还需要大量阅读等艰苦工作。虽然比较辛苦,但一分耕耘,一分收获,如果宏观主题投资策略能带来丰厚的利润,辛苦也是值得的。宏观主题投资运作比较复杂,但并不是说它是基金经理们的独门秘籍,只要肯用心,愿意投入时间,每一个人都可能成为自己的宏观主题策略基金的经理人。

在实际投资中,各机构投资者采用宏观主题投资策略的理念基本是一致的,只是每个基金经理的投资角度不同,投资偏好各异,在具体的做法上也各有千秋。宏观主题投资策略的历史相对较短,完整系统的论述该投资策略的书籍目前市面上好像还没有,只是有些文章对宏观主题投资策略的基本原则和操作流程作了粗线条的介绍。我从 2002 年开始接触宏观主题投资策略,投入大量精力研究,用于实际投资,将其与传统投资方法结合,取其长,补其短,形成了宏观主题双趋势投资法模式,并在十多年的基金管理工作中不断加以完善。

宏观主题双趋势投资法

宏观主题双趋势投资法的基本原则是由两个大趋势共同确认,一是宏观主题大趋势,一是相对市场大趋势。通俗地说就是,在宏观大趋势下锁定的投资主题要有相对市场趋势的确认,才能构建宏观主题投资组合。

宏观主题双趋势投资法从确定宏观大趋势入手,挖掘出顺应该趋势的主题,进而锁定投资目标,以相对市场大趋势为主要原则建立并管理投资组合,其操作流程围绕两大先决条件,分为五个环节,八个步骤,如图1-6。本书以介绍股票投资为主,在讲解宏观主题双趋势投资法的具体做法中,也将以股票为主,其他资产类别在宏观主题双趋势投资法中的应用就不再赘述。

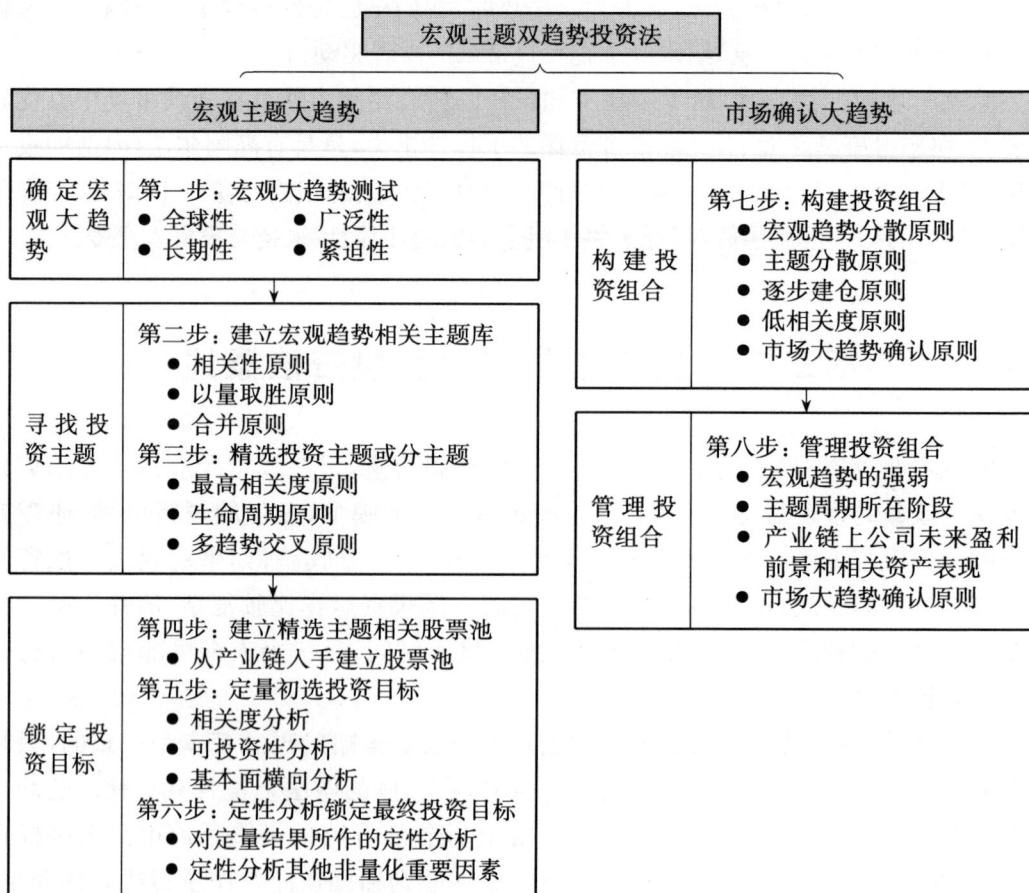

宏观主题双趋势投资法	
宏观主题大趋势	**市场确认大趋势**

	宏观主题大趋势		市场确认大趋势
确定宏观大趋势	第一步:宏观大趋势测试 ● 全球性　● 广泛性 ● 长期性　● 紧迫性	构建投资组合	第七步:构建投资组合 ● 宏观趋势分散原则 ● 主题分散原则 ● 逐步建仓原则 ● 低相关度原则 ● 市场大趋势确认原则
寻找投资主题	第二步:建立宏观趋势相关主题库 ● 相关性原则 ● 以量取胜原则 ● 合并原则 第三步:精选投资主题或分主题 ● 最高相关度原则 ● 生命周期原则 ● 多趋势交叉原则	管理投资组合	第八步:管理投资组合 ● 宏观趋势的强弱 ● 主题周期所在阶段 ● 产业链上公司未来盈利前景和相关资产表现 ● 市场大趋势确认原则
锁定投资目标	第四步:建立精选主题相关股票池 ● 从产业链入手建立股票池 第五步:定量初选投资目标 ● 相关度分析 ● 可投资性分析 ● 基本面横向分析 第六步:定性分析锁定最终投资目标 ● 对定量结果所作的定性分析 ● 定性分析其他非量化重要因素		

图1-6　宏观主题投资的基本流程

● 确定宏观大趋势

首先从基本面入手，通过对大量资料和数据的处理分析，确定宏观大趋势。宏观主题所定义的大趋势不是一般意义的趋势，必须是极具投资价值的大趋势，要具备全球性、广泛性、紧迫性和长期性四大特征。

● 寻找投资主题

寻找投资主题分为两步，首先要建立与宏观趋势相关的主题库。某一宏观大趋势中会同时存在众多相关主题，为了避免人为的偏见，造成有意或无意地将该有的主题忽略，却把不相关的主题选入，在建立主题库时，我们采用相关性原则、以量取胜原则和合并原则，以期由量的积累达成质的转变。

第二步是从主题库中精选投资主题或分主题，此时要遵守最高相关度原则，因为只有与宏观趋势相关性最高的主题才最可能从中受益。同时，我们希望投资的主题如日初升，而不是日落西山，所以要用生命周期原则判断主题周期所在的阶段，以避免精选的主题已经步入中晚期，不再具有投资的潜力。实际投资中，会碰到某一主题不仅顺应我们确定的宏观大趋势，也是与其他宏观大趋势相关度较高的主题，经验表明，同时顺应多个宏观趋势的主题，投资获利的概率更高，因为该主题同时被几股不同的宏观趋势所推动，我们将这样的主题称为多趋势交叉主题，是精选主题时的首选。

● 锁定投资目标

从精选的主题中最终锁定投资目标要经过三道程序。第一道是建立与主题相关的股票池，大部分基金经理建立股票池所采用的方法与建立主题库的方法相同，就是从相关度入手，但我认为这并非最佳方法，一是因为这种方法太花时间，二是不能完全体现出市场上行业与股票的密切相关性。所以，我从产业链入手建立股票池，将产业链上所有相关公司列入股票池，这样的做法既节省时间，同时产业链也起到确定相关性的作用。

定量初选是锁定投资目标的第二道程序，它是对股票池中的公司作业务结构与主题相关度比例、可投资性和基本面横向比较等定量分析。业务相关度最高的公司最可能在宏观趋势推动下获利，但许多相关度较高的公司因其市值小，流动性低，股价往往波动较大，不符合我们所要求的可投资性标准。基本面横向比较的目的是"货比三家"，尽可能选出在相同标准下最好的公司。

最后，我们要通过定性分析锁定主题投资的最终目标。定性分析是在定量结果的基础上，找出数字背后最真实的故事。公司总是会在法律允许的情况下将账目数字做得非常漂亮，所以定量分析的结果不能成为最终依据，还需要通过定性分析来验证这些数字的真实性、可靠性和可持续性。定性分析的另一个作用是对不能被量化的因素作综合研究判断，比如公司管理层的效率，产品在市场上的竞争性，企业文化，等等。

上述的确定宏观大趋势、寻找投资主题和锁定投资目标三大环节都是宏观主题双趋势投资法中宏观的趋势分析程序，但只靠这些研究，要做到最大限度地发挥资金的作用，提高单位投资回收是远远不够的,还需要市场大趋势的确认,也称为相对市场大趋势。

市场大趋势的确认是指宏观主题锁定的投资目标应具备特有的驱动力,其价格表现应优于市场表现,换言之,就是我们通过研究分析所得出的宏观主题投资结论需要有市场的背书确认。如果,我们锁定的宏观主题投资目标的价格表现优于市场表现,说明机构投资者等各方都认可我们的判断,股价上涨的概率也大增。反过来,如果我们通过一系列分析,信心满满地锁定了顺应宏观大趋势的投资目标,但其价格表现却没有市场表现好,这就意味着研究结果存在问题。一种可能是研究有误,此时要重新审核每一个分析步骤。如果经过反复核查,还是得出同一结论,但相对市场大趋势仍然没有对此加以确认,有可能是机构投资者还未入场,他们或许在期待更多的消息,此时我们应耐心等待,密切关注,直至相对市场大趋势确认我们锁定的宏观主题投资目标,才可开始构建组合。如果没有大资金的支撑,过早进场,资金难以发挥最大作用,还可能失去了在其他地方投资获利的机会,增加了机会成本(Opportunity Cost)。所以,只有相对市场大趋势确认了宏观大趋势,宏观主题投资获胜的概率才能更高。

在后面的章节中,我将以理论与实例结合的方式,对宏观主题双趋势投资法分节讲解,并列举我在 2003 年的"中国经济腾飞宏观主题投资"的实例,以便更具体形象地阐述此方法的完整运作。

第四节　如何确定宏观大趋势

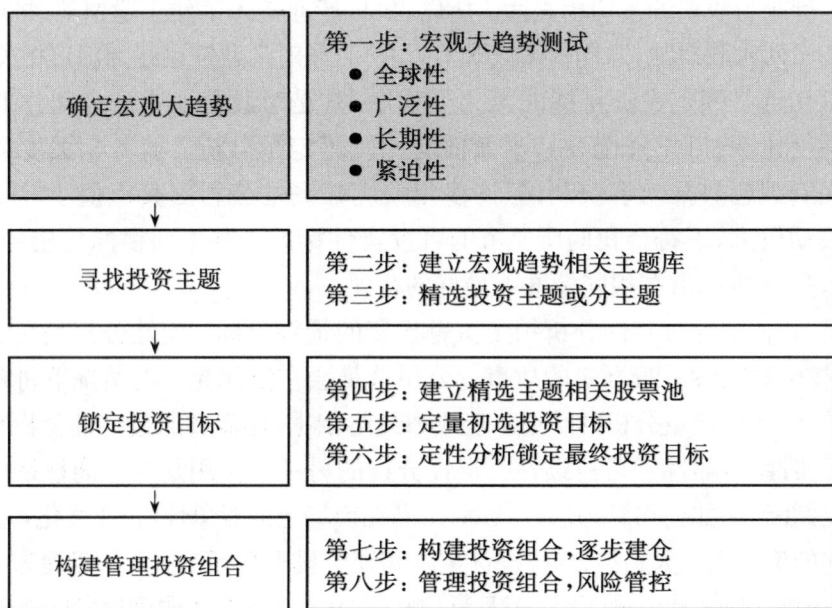

确定宏观大趋势	第一步:宏观大趋势测试 ● 全球性 ● 广泛性 ● 长期性 ● 紧迫性
寻找投资主题	第二步:建立宏观趋势相关主题库 第三步:精选投资主题或分主题
锁定投资目标	第四步:建立精选主题相关股票池 第五步:定量初选投资目标 第六步:定性分析锁定最终投资目标
构建管理投资组合	第七步:构建投资组合,逐步建仓 第八步:管理投资组合,风险管控

第一步：宏观大趋势测试

我们所说的宏观大趋势有严格的定义，它是由全球政治、经济、社会、文化、环境或科技等宏观因素发生巨大变化而引起，将对社会和经济活动及人们每日的衣食住行产生重大影响，并具备全球性、广泛性、长期性和紧迫性四个特征。而宏观大趋势的四大特征恰恰是宏观主题驱动力的来源，所以能准确地确定宏观大趋势是宏观主题投资策略的关键所在。

在验证所确定的趋势是否为我们的宏观主题投资法所定义的宏观大趋势时，除了判断它是否是由宏观因素引起的，还要用宏观大趋势的全球性、广泛性、长期性和紧迫性的四大特征来作测试。第一，要看此趋势是否属于全球性的大趋势，只有全球性的大趋势才可能形成全球需求的驱动力。第二，判断此趋势是否影响广泛，牵涉各行各业，与每个人息息相关，具备这一特性才能形成广泛需求的驱动力。第三，分析此趋势能否持续长久，长期的大趋势才会保证市场长期需求的驱动力。第四，测试此趋势的紧迫性，只有紧迫性的问题才要优先解决，受干扰小，保证需求的稳定驱动力。

宏观大趋势的以上四大特征缺一不可。如果我们所确定的趋势没有同时具备这四大特性，就不是我们的宏观主题投资所定义的宏观大趋势。比如，2002年末到2003初发生的非典（SARS）病毒，它肆虐全球，危害到人们的健康，是急迫需要解决的问题，虽然其具备了全球性、广泛性及迫切性的特征，但不能被确定为宏观主题投资所定义的宏观大趋势，因为它存在的时间短暂，缺少了长期性的特征，在病毒得以控制之后，该趋势也随之结束。所以，将其归为事件驱动更为恰当。

下表1-2中所列的是当今世界存在的宏观大趋势，它们都是因宏观因素的变化而出现，并都具备宏观大趋势的四大特征。

表1-2 当今世界的宏观大趋势

世界宏观大趋势	全球性	广泛性	长期性	紧迫性
人口快速增长	✓	✓	✓	✓
新兴市场发展	✓	✓	✓	✓
自然资源短缺	✓	✓	✓	✓
能源革命	✓	✓	✓	✓
环保	✓	✓	✓	✓

实例分析：确定人口快速增长宏观大趋势

根据美国人口调查局的数据，世界人口大约在1804年前后跨过第一个10亿里程碑,从人类起源到第一个10亿,走过百万多年的漫漫长路;跨入第二个10亿的速度就大为缩短,仅用了一百多年;而到20世纪60年代后,人类跨越新的10亿里程的速度越来越快,只需短短十多年的时间。目前世界人口73亿,以此速度,到2026年,世界人口将再翻新篇,增至80亿(表1-3)。

表1-3 美国人口调查局世界人口增长趋势预测

年 份	1804	1927	1959	1974	1987	1999	2011	2026	2042
世界人口数(亿)	10	20	30	40	50	60	70	80	90
人口每增长10亿的时间间隔		123	32	15	13	12	12	15	16

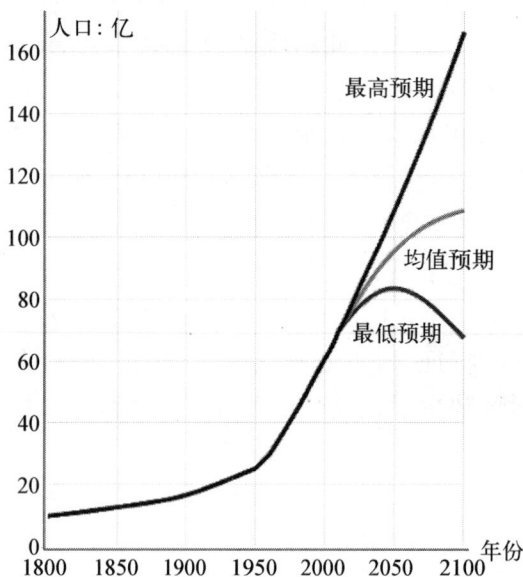

图1-7 联合国世界人口增长趋势预测(来源:联合国)

从上表的时间段不难看出,生活条件改善,生产力大幅提高,医学科技发达,是世界人口迅速增长的原因。根据联合国经社理事会所属人口与发展委员会的预测(图1-7),如果每个育龄妇女平均生2.53个孩子,到2050年,世界人口将达到96亿,至2100年攀升至109亿。如果平均生育率增多半个孩子,那么到2050年世界人口就可达到109亿,而到2100年地球将要容纳166亿人。假如平均生育率减少半个孩子,2050年人口预计为85亿。

在人口高速增长的过程中,其结构也在改变,寿命延长(图1-8),出生率下降(图1-9),死亡率降低,人口走向老龄化,换言之,人口的快速增长不是因为出生多了,而是人的寿命长了,老人增多了。1950年世界人均寿命为47岁,现在平均寿命延长至70岁,到2050年人均寿命将接近76岁,而发达国家的人则更长寿。根据联合国人口趋势报告,全球60岁以上人数到2050年预计将增加几乎两倍,达到20亿人。

另一方面,新兴国家经济崛起,人口城镇化进程加快。2008年,全球城市居民人数在历史上首次超越农村人口,到2050年,城镇人口将占世界总人口的70%,未来的人口增长主要集中于发展中国家。

人口快速增长趋势的全球性、广泛性、长期性和紧迫性四大特征测试:

1. 全球性:我们只有一个地球,资源共享共用。与地球"人丁兴旺"伴随而来的是一系列问题:耕地流失、资源短缺、粮食供求失衡、环境恶化、人口老龄化等,这些都

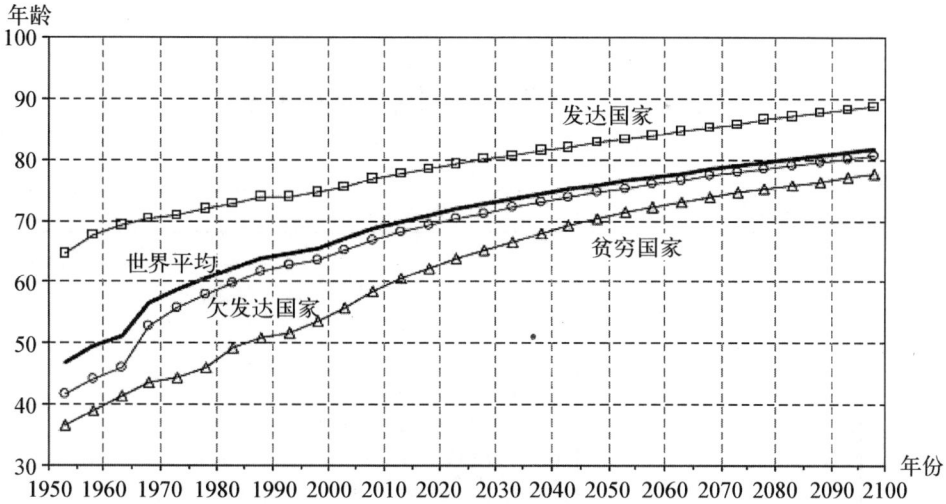

图 1-8 人均寿命延长(来源:联合国)

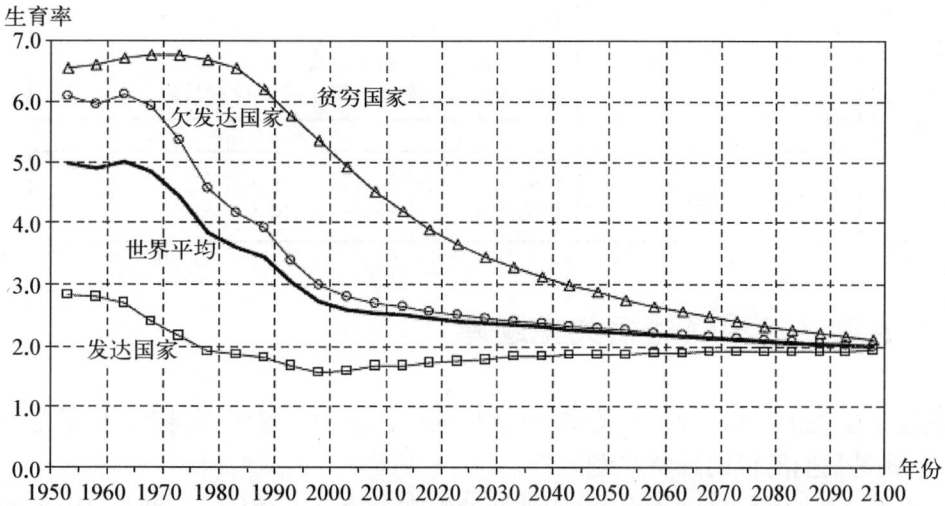

图 1-9 平均生育率下降(来源:联合国)

是世界所面临的问题,具有全球性特征。

2. 广泛性:人口趋势变化影响到资源分配、生活品质等与人们生活息息相关的问题,影响范围极为广泛。

3. 长期性:随着经济的发展,特别是发展中国家经济高速成长,人们生活水平提高,人口将继续增加,必然是长期大趋势。

4. 紧迫性:人口高速增长趋势下出现的资源问题、食品问题、人口老龄化等问题,毫无疑问都是迫切需要优先解决的问题,如搁置不理,将会带来众多社会问题。

综上,人口快速发展趋势符合全球性、广泛性、长期性和紧迫性四大特征,是我们宏观主题投资法严格定义的宏观大趋势,极具投资价值。

第五节　怎样寻找宏观主题

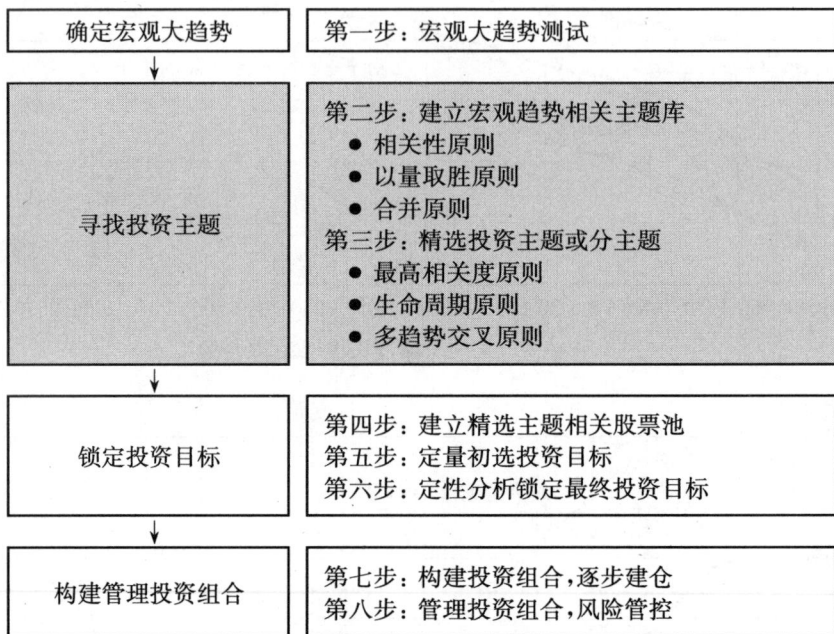

确定宏观大趋势	第一步：宏观大趋势测试
寻找投资主题	第二步：建立宏观趋势相关主题库 ● 相关性原则 ● 以量取胜原则 ● 合并原则 第三步：精选投资主题或分主题 ● 最高相关度原则 ● 生命周期原则 ● 多趋势交叉原则
锁定投资目标	第四步：建立精选主题相关股票池 第五步：定量初选投资目标 第六步：定性分析锁定最终投资目标
构建管理投资组合	第七步：构建投资组合，逐步建仓 第八步：管理投资组合，风险管控

第二步：建立宏观趋势相关主题库

确定了宏观大趋势，接下来要做的就是挖掘出在这一宏观大趋势下存在的投资机会，也就是我们所说的投资主题。

宏观大趋势的影响广泛而久远，所涉及的宏观主题也不会只有一两个，因此，我们要将与宏观大趋势相关的所有主题列出，形成主题库，这样才能做到不遗漏任何主题。主题库的建立是集思广益、广开言路的过程，但也不能信马由缰，我们本着如下三个原则。

一、相关性原则

建立主题库是宏观主题的初选阶段，为下一步的精选主题作准备，因此在主题的选择上只有一个要求，就是寻找一切可能性，只要与宏观趋势有所关联，就都可被列入主题库。

二、以量取胜原则

有量变才有质变，建立主题库是充分发挥研究团队的智慧，群策群力，围绕宏观趋势列举出所有的主题,纳入主题库。这样才能使最好的投资机会不被遗漏或者忽略。

三、合并原则

主题库既要有量,更要有质。在广泛挖掘宏观主题的过程中,可能会出现主题内容雷同或概念重叠的情形。因此要将初选的主题分门别类,进行归纳合并,使主题库的主题多而不乱、广而不杂,为进一步研究宏观主题打下基础。

实例分析:建立与人口快速增长宏观大趋势相关的宏观主题库

我们用上述三原则,从与人类密切相关的衣、食、住、行、娱、健等方面着手,建立与人口快速发展宏观大趋势相关的主题库(表1-4)。

表1-4 人口快速增长宏观主题库

相关领域	相关产业		主题库
衣	服装面料	化纤	石油化工
		棉花	棉花种植、棉花期货价格
		毛料	畜牧业、化工业
	服饰加工		大众品牌、高端品牌
	服饰销售		平价店、专卖店
食	食品		农业种植(种子、农药、化肥、农具)
			家禽、家畜饲养
			水产养殖、捕捞
			奶制品加工
			粮食、肉制品期货价格
			食品储存、加工
	水、饮品		水资源紧缺
			酒、饮料
住	建筑		建材(水泥、木材、石材)
			家用品(装饰品、家具、家用电器)
	城镇化		耕地减少
	环境		生态破坏、环境恶化
行	交通工具		汽车制造、配件、销售
	陆海空客运		运输业
	旅馆		旅馆
	汽油消耗		能源业

续　表

相关领域	相关产业	主　题　库
娱乐	旅游观光	主题公园、博彩业、度假村
	娱乐消遣	休闲设施、网络游戏、影视
健康	保健	运动器材、营养品
	肥胖	体重控制
	人口老龄化	医药产品
其他	教育	教育服务、软件

我们依据相关性、以量取胜与合并原则，建立了所有与人口快速发展宏观大趋势相关的主题库，作为下一步精选主题的基础。

第三步：精选投资主题或分主题

精选宏观主题是从主题库中选出与宏观大趋势相关度最高、最具投资潜力的主题。这是宏观主题投资中至关重要的一步。

与建立主题库的广泛罗列主题的方法不同，精选投资主题是从精从细出发，在主题库中抽丝剥茧，选出最可能带来投资回收的主题，它既需要有缜密的逻辑分析，还要对各行各业了如指掌。我们在精选主题时应遵循以下三个基本原则。

最高相关度原则

将主题库中的主题依据其与宏观大趋势的相关性依高低顺序排列，选择相关度最高的主题。原因是宏观大趋势是宏观主题驱动力的来源，与宏观大趋势高度相关的主题，其所获得的驱动力也会最大，使组合的未来投资回收越高。

生命周期原则

生命周期的四阶段

主题的生命周期从产生到成熟至终结，分四个阶段：形成期、成长期、成熟期和衰退期（图1-10）。宏观主题投资策略适合中、长期投资，所以主题的生命周期越长，对我们来说，进场的时间会更充分，获利的时间也会更长。

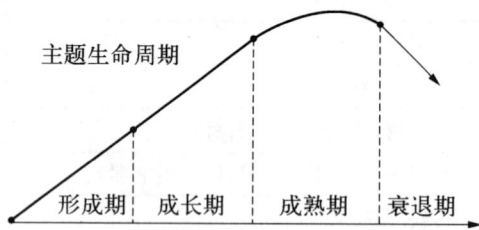

图1-10　主题生命周期

周期所在阶段与主题轮换

虽然宏观主题投资对进场时间没有过多要求，但如能在主题生命周期的初始期，或在其成长的早期进场，就更有可能获得丰厚的投资回报。所以判断主题所处的生命周期阶段比决定周期长短更重要。

　　主题生命周期是以与主题相关的产品或服务因市场需求所反映的销售变化为主要特征，在形成期，市场对产品或服务的需求开始增加，销售开始成长；随着市场需求越来越强劲，销售也开始高速增长，主题生命周期进入成长期；当市场需求趋于饱和时，销售的上涨速度也开始减缓，主题周期达到成熟期；市场需求疲软，产品或服务的销售萎缩，主题生命周期步入衰退期。

　　一个宏观趋势下通常会有若干主题，当大趋势还在时，随着时间的推移，各主题的发展变化各异，某些主题的生命周期已步入衰退期，而另一些主题正方兴未艾，才开始其成长期。这就是我们所说的主题轮换。

　　例如：顺应新兴国家经济飞速发展宏观大趋势的中国经济高速成长主题，在该主题的形成期和成长早期时，也就是中国经济起步阶段，带动中国经济的是基础建设，与此相关的基建原材料钢铁、铜、铝等，和基建所需重型设备等产品的销售增长迅猛，市场需求强劲，在此时投资这类主题的相关行业，投资回报相当可观。2011年开始的中国"十二五"规划提出经济转型，由以工业为主导向以服务业为主导经济转变。在这样的转变中，虽然中国经济成长的大趋势依然存在，但该趋势下的相关主题却出现了轮换，基础建设相关的主题进入衰退期，基本上已不再是我们宏观主题投资所追求的目标。而随着国民收入的增加，高端奢侈消费品的需求越来越强劲，奢侈品主题正处于早期成长阶段，我们的中国经济高速成长宏观主题投资的策略也从基建主题转向高端奢侈品主题。下表(1-5)列出了宏观主题投资在不同主题生命周期阶段所采用的策略。

表 1-5　主题的生命周期与投资策略

主题生命周期	主 题 投 资	理 由
形成期到成长早期	最佳投资时机	因产品销售增长，市场需求大，有成长空间
成长中期	可以投资，如果已有仓位，可加大投资	成长继续扩张
成熟期	不宜再投资，已有仓位可继续持有，注意适当减仓	成长空间有限，投资获利可能小，风险性增高
衰退期	不宜投资，已有仓位要撤离	市场需求减弱，成长驱动力消失

多趋势交叉原则

　　宏观大趋势是宏观主题投资策略的特定驱动力来源，如果精选出的宏观主题同时顺应多个宏观趋势，那么该主题将是上上选择，因为它同时具备多个宏观趋势的多重驱动力推动。如

粮食和农产品发展宏观主题

人口快速增长宏观大趋势　　新兴国家经济发展宏观大趋势　　能源紧缺宏观大趋势

图 1-11　多趋势交叉原则

图 1-11 所示,世界粮食和农产品发展主题就同时顺应三个宏观大趋势:一是全球人口快速增长的宏观大趋势,二是新兴国家经济飞速发展的宏观大趋势,三是能源紧缺的宏观大趋势。我们将在本节的实例分析中进一步解释三大趋势是如何共同推动粮食和农产品发展宏观主题的。

实例分析:从全球人口快速增长宏观主题库中精选出粮食和农产品发展主题

我们以"最高相关度"、"生命周期"和"多趋势交叉"三个原则,从人口快速增长宏观大趋势主题库中选出我们认为最具投资潜力的主题——粮食和农产品发展宏观主题。

1. 用最高相关度原则精选粮食与农产品发展宏观主题

人口飞速增长宏观大趋势影响到衣食住行等多方面,俗话说"民以食为天",所以与"食"有关的主题也与该宏观大趋势的相关度最高。

世界人口预计到 2050 年将接近 100 亿左右,随着经济的发展,城市化进程加快,到 2050 年城镇人口将占世界总人口的 70%。在人口快速增长的宏观大趋势下,21 世纪世界农业发展面临几大挑战:

(1) 全球还有 10% 的人口、近 8 亿人仍吃不饱饭,处于半饥饿之中,虽然人数和 20 年前比大幅下降,但在地球上彻底消除饥饿还需相当长的时间。

(2) 随着人口的持续增加,将需要更多的粮食满足人类需求,全球粮食供给以每年 1.4% 的速度增加,而据联合国粮农组织的预测,到 2050 年,世界粮食总需求量将比现在增加 70%,也就是说,全球每年粮食需求的增长速度约是 1.57%,需求的增速明显大于供给的涨幅。全球粮食需求包括三个方面:

i. 人口快速增长,吃粮人数增加,推动粮食需求增加;

ii. 肉类和高蛋白食品消费增加,带动饲料需求增长,推动粮食需求增加;

iii. 能源危机,用玉米等加工的生物燃料使用增多,推动粮食需求增加。

(3) 经济高速发展和人口城镇化使全球人均耕地面积下降(图 1-12),农业劳动力减少。从农业历史上看,全球农作物产量 90% 来自高产和提高种植密度,其余的依靠耕地面积的增加。但当前可耕地增加幅度有限得可怜,在不破坏环境的情况下,仅撒哈拉以南地区和拉丁美洲尚有耕地可开发。因此,通过提高农业科技水平增加农业产量才是关键突破口,过去 40 年,拜农业技术发展所赐,世界粮食产量提高了一倍。

(4) 自然灾害在粮食种植过程对农作物产量构成巨大威胁,穷困地区技术落后,粮食收割后的损失程度也相当严重。2012 年,全球农业产量因干旱蒙受了 400 亿美元的损失。因储存技术有限,导致粮食在储存运输过程产生的损失也不小,尤其是在经济发展较弱的非洲地区,由于技术落后,该地区收割后的粮食损失高达 40%。

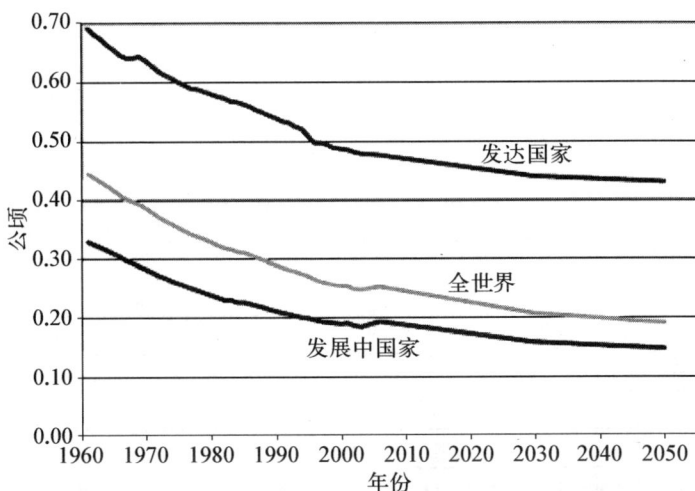

图 1 - 12　世界人均可耕地面积下降（来源：联合国粮农组织）

面对以上挑战，大力促进农业发展，解决食品需求增加，是世界各国政府高度重视的问题。美国 2014 年农业法案给农民提供各种支持，该法案 20％的资金为国内农业扶持性专款，必须直接拨给农民，80％为粮食券的食品补助资金，同时还给农民在保险等方面提供优惠。欧盟的共同农业政策（Common Agricultural Policy, CAP）以提高产量，确保农产品供应，强力支持农业发展为目标。CAP 农业政策支出占欧盟 2014—2020 年财政预算的 37.8％。中国在 2006 年废除了沿袭两千年之久的农业税，"十二五"规划提出"惠农强农"政策，为支持农业生产，增加农民收入，推出一系列政策，包括种粮补贴、良种补贴、农机购置补贴，大力扶植种子企业，提高农业科技化等等。由此可见，解决粮食与农产品供应问题是世界范围内极为紧迫的任务，它是与人口快速增长宏观大趋势相关性最高的主题。

2. 粮食与农产品发展主题的生命周期及所在阶段

我们在前文分析人口快速增长大趋势中提到世界人口的快速增长始于 20 世纪五六十年代前后，也就是第二次世界大战结束后，天下太平，经济恢复，人口开始增加（图 1-13）。到 20 世纪八九十年代，随着全球经济，特别是发展中国家经济的飞速发展，人口成长进入了高峰期，此趋势似乎无停止之意，还将继续。同样，与其高度相关的粮食与农产品发展主题的生命周期也是一个很长的周期。如果说该主题的形成期是在五六十年代，在八九十年代进入成长期，现在还是处于成长期，仍具投资潜力。如果在五六十年代按主题投资策略，构建粮食与农产品发展主题投资组合，现在还可以继续建仓。

3. 多趋势交叉原则

粮食与农产品发展主题不仅顺应了人口发展的大趋势，同时也顺应了新兴国家经济飞速发展和能源紧缺两个宏观大趋势。

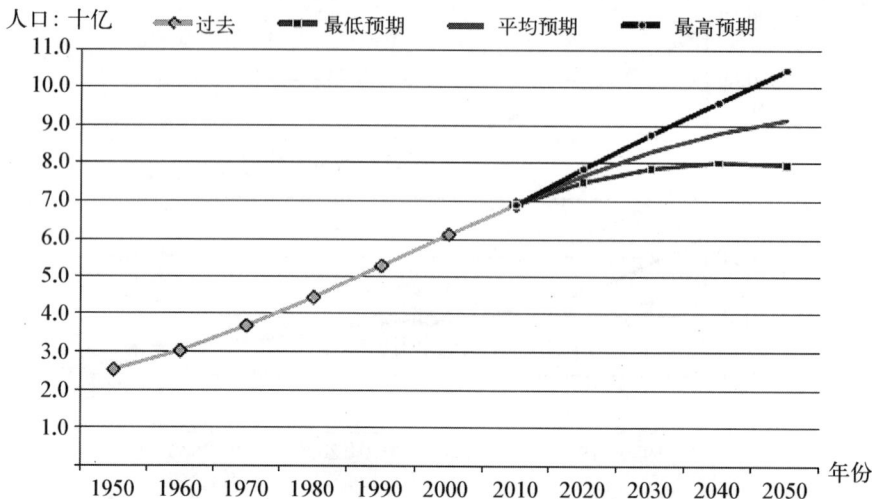

图 1-13　全球人口加速增长（来源：联合国）

（1）与新兴国家经济飞速发展宏观大趋势交叉

所谓新兴国家是相对于成熟或发达市场而言正处于发展中的国家或地区，它们凭借低廉劳动力成本、丰富的自然资源吸引发达国家将生产加工转移至该国或地区，同时也带入先进生产技术，带动其经济的发展，国民收入改善，消费能力提高，形成了新兴经济体。比如，中国、巴西、俄罗斯、印度和南非在内的"金砖国家（BRICS）"；墨西哥、印度尼西亚、尼日利亚和土耳其在内的"铸币国（MINT）"等都是新兴经济体的代表。新兴国家的经济成长速度是发达国家的三至四倍，为全球经济成长贡献了不小的力量，给世界带来广泛而深远的影响，具有全球性和广泛性的特征。随着新兴市场的快速发展而出现的环保、食品等问题都成为需优先解决的紧迫性问题，然而这些问题都不是一朝一夕就可以解决的，需要几代甚至是几十代人的长期努力。所以，新兴国家经济发展的趋势又具备长期性和紧迫性的特征，是我们宏观主题投资所寻找的宏观大趋势。

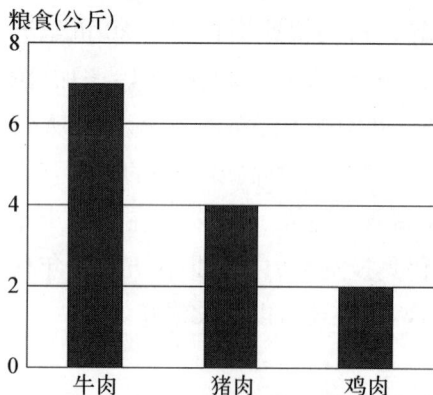

图 1-14　牛、猪和鸡肉的粮食消耗
（来源：先正达数据）

新兴国家经济飞速成长，推动了其人口的快速增长，同时随着国民收入的大幅增加，对食品和其他产品的消费水平也相应提高。根据高盛公司的预测，中国到 2025 年中产阶级人数将占总人口的 76%；到 2030 年，世界中产阶级人数将达到 20 亿。生活水平提高了，膳食结构也相应改变，对肉类、蛋白食品需求增加。根据先正达公司的研究数据，一般而言，一公斤牛肉消耗七公斤粮食，一公斤猪肉消耗四公斤粮食，鸡的消耗量较少，两公斤粮食喂养一公斤鸡肉（图 1-14）。2025 年，世界肉类需求将比现在增加 40%,达到 1 亿吨,而全球粮食产量的三分之一是用于饲料。新兴经济体以粮食为主的饮食结构转向消费更多的肉类等高蛋白食品,间接地增加了粮食的需求。所以,粮食与农产品发展是顺应新兴国家经济飞速发展宏观大趋势的主题。

(2)与能源紧缺宏观大趋势交叉

全球经济大发展,尤其是新兴国家经济高速成长,石油、天然气等能源需求大幅增加。石油和天然气都属于不可再生的矿物能源,储量有限,按现在的速度,或许一百多年之后就被消耗殆尽。另一方面,石油在使用过程中排放出废弃物,危害环境和气候。因此,尽早尽快找到既可替代石油,又能减少污染的新能源成为全世界的课题。生物燃料(biofuel)、水力、太阳能、风能、地热能等都属于新能源,其中生物燃料就和我们的粮食有关。所谓生物燃料是由生物质组成或萃取的燃料,可以替代汽油和柴油。生物质是一切有生命可以生长的有机体,包括植物、动物和微生物,不同于石油、煤炭等,它们可以再生。

美国和巴西在生物燃料研发方面投入最多,目前世界 70% 的生物燃料来自美国和巴西。全球公路上跑的汽车 5% 以生物燃料为动力。在美国的加油站,很多都注明了汽油中添加了一定比例的乙醇,乙醇用玉米加工而得,这是玉米作为粮食和饲料之外的第三大用途。巴西的生物燃料则以甘蔗为原料,其产量占世界生物燃料的 35%,巴西国内的轻型车用的汽油已有 35% 被生物燃料所取代。欧洲也开始发展生物燃料,计划到 2020 年,欧盟汽车燃油将有 10% 为生物乙醇所替代。

生物燃料的最大优势是二氧化碳排放量不到汽油的 10%,绝对的环保友善型能源,而且又可以再生,是缓解能源紧缺问题的重要措施之一。但面对人口不断增长和粮食供应紧张的趋势,生物燃料无疑是从“人”口中夺食,为了既能满足人类的嘴,又有“余粮”让汽车跑,那就只有提高粮食产量,因此粮食和农产品发展主题也顺应了能源紧缺的宏观大趋势。

通过上述分析,人口快速增长宏观大趋势主题库中的粮食与农产品发展主题是与该趋势相关度最高,且其自身的生命周期长,并仍处于周期的成长阶段,又同时顺应了新兴市场高速发展和能源紧缺的宏观大趋势。而我们更关注该主题中与农业相关的科技行业。耕地有限,需求无限,就只能向有限的土地要更多的粮食。以玉米为例,没有经过技术改良,或是技术含量较低的玉米种子每英亩产量约 3.8 吨,全球玉米平均产量为每英亩 5.1 吨,而经过高级技术改良的种子,每英亩产量高达 8.1 吨,比全球平均产量高 58%,比不用或少用技术改良的种子亩产量高 113%。得益于农业科技的发展,过去 40 年全球粮食产量提高了一倍,但现在继续提高产量似乎难有突破(图1-15),因此需要更新的技术。据预测。过去十多年,全球各类高产种子市场以三倍速度成长,达到 460 亿美元,预计到 2020 年将达到 600 亿美元。除了提高产量,农作物保护技术也在农业种植中扮演非常重要的角色。如果没有农作物保护,全球的粮食可能会减少 40％。因此,我们将粮食与农产品发展定为精选主题。

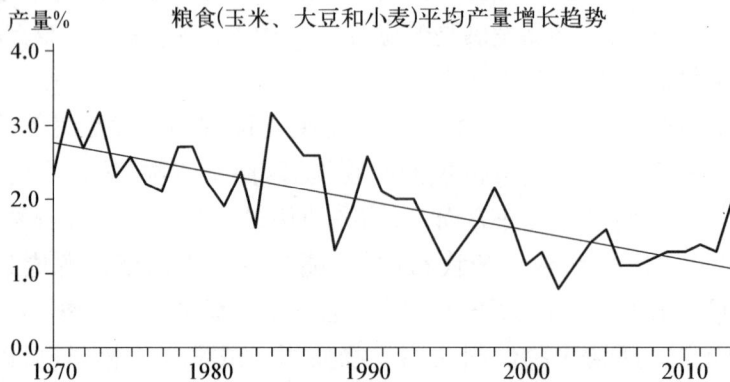

图 1-15 粮食平均产量增长趋势(来源：美国农业部)

第六节 锁定最终投资目标

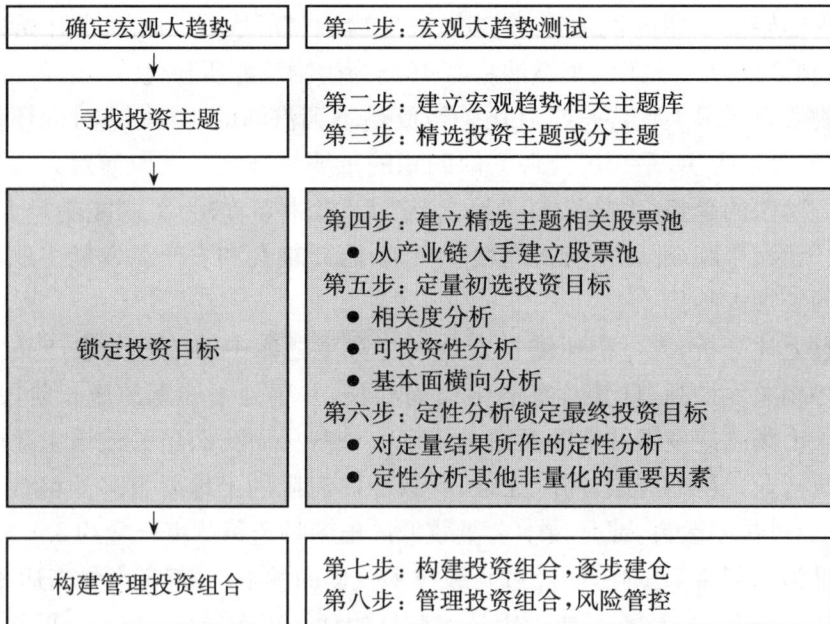

确定宏观大趋势	第一步：宏观大趋势测试
寻找投资主题	第二步：建立宏观趋势相关主题库 第三步：精选投资主题或分主题
锁定投资目标	第四步：建立精选主题相关股票池 ● 从产业链入手建立股票池 第五步：定量初选投资目标 ● 相关度分析 ● 可投资性分析 ● 基本面横向分析 第六步：定性分析锁定最终投资目标 ● 对定量结果所作的定性分析 ● 定性分析其他非量化的重要因素
构建管理投资组合	第七步：构建投资组合,逐步建仓 第八步：管理投资组合,风险管控

第四步：建立精选主题相关股票池

我们的宏观主题投资程序中的确定宏观趋势、建立主题库和精选宏观主题三大步骤都是围绕宏观因素而展开,现在开始我们将进入微观面的研究来锁定主题投资的目标,第一步是建立与精选主题相关的股票池。

从产业链入手建立主题股票池

建立股票池和建立主题池的基本思路一样,尽可能将所有与精选主题相关的股票都纳入股票池。我们的方法是从与主题相关的产业链入手,将产业链上所有的公司归入主题库。

产业链是经济学中的一个概念,简单地说就是在经济活动过程中各产业之间基于一定的技术经济联系,形成的链条式关系,其形成是社会分工的结果。产业包含多个行业,行业又是由企业所组成的。一个企业要生产产品,首先需要另一企业为其提供原料,而它生产出来的产品也需要其他企业来消费,这就产生了经济活动的链条,它包括:制造产品所需要原材料的采集与加工等生产环节,产品储存、运输等流通环节,产品的使用环节,每个部分环环相扣,形成了产业链。

对某行业或某公司产业链的研究其实就是分析该行业或公司是从何处购买完成产品生产所需要的一切物料、技术或服务,而后它又将生产出的成品或技术及服务卖给了谁。图1-16是石油产业部门的产业链,石油产业部门分石油开采、油田设备和服务、石油钻探、石油储存运输和加工及石油冶炼和销售等若干行业。这些行业间相互的经济活动联系形成了石油的产业链,原油的勘探与开采和为其提供相关服务的行业是该产业链的上游,将开采出的原油储存并运往目的地进行加工是该产业链的中游,将石油冶炼后投入市场,送到加油站是该产业链的下游。如果我们要建立与石油开采主题相关的股票池,就要列出上述这些在石油产业链上的所有公司。

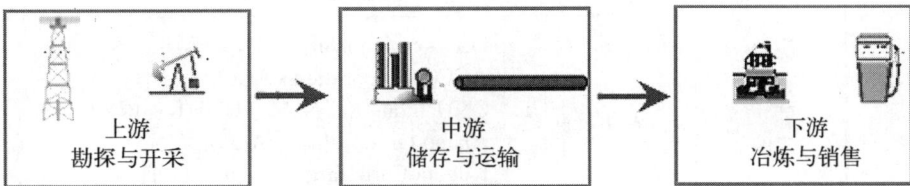

图1-16　石油产业链

实例分析:从产业链入手,建立粮食与农产品紧缺宏观主题股票池

农业产业链也可分成上、中和下游(图1-17)。上游(产前)为农业投入农业种植过程中所使用的种子、肥料、农药、饲料、农机具及农业工程设备等生产资料。中游(产中)以农产种植、禽畜鱼养殖为核心。下游(产后)涉及农产品加工、包装、储存与市场销售等行业。

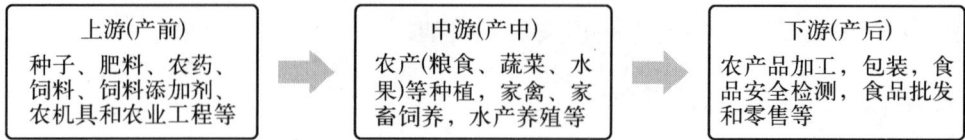

图1-17 农业产业链

我们根据农业产业链每个环节所涉及的行业,列出所有与之相关的公司,如表1-6:

表1-6 农业产业链相关股票池

产业链环节	主要经济活动	相关行业	相 关 公 司
上游	农业投入	种 子	Monsanto Company（MON,美国） Syngenta AG（SYT,瑞士） E. I. du Pont de Nemours and Co.（DD,美国）
		化 肥	CF Industries Holdings, Inc.（CF,美国） FMC Corp.（FMC,美国） Mosaic Co.（MOS,美国） Potash Corporation of Saskatchewan Inc.（POT,加拿大） Sociedad Quimica y Minera de Chile（SQM,智利） Uralkali OJSC（俄罗斯）
		农药、除草剂	The Scotts Miracle-Gro Co.（SMG,美国） Monsanto Company（MON,美国） Syngenta AG（SYT,瑞士）
		动物食品保健	Phibro Animal Health Corp.（PAHC,美国） IDEXX Laboratories, Inc.（IDXX,美国） Zoetis Inc.（ZTS,美国）
		农 具	Deere & Company（DE,美国） AGCO Corporation（AGCO,美国） CNH Industrial N. V.（CNHI,英国） Alamo Group, Inc.（ALG,美国） Kubota Corporation（KUBTY,日本） Tractor Supply Co.（TSCO,美国）
		灌 溉	Lindsay Corporation（LNN,美国） Valmont Industries, Inc.（VMI,美国）
中游	种 植	农业种植	Cresud S. A. C. I. F. y A.（CRESY,阿根廷） Adecoagro S. A.（AGRO,卢森堡） Cosan Ltd.（CZZ,巴西）
下游	农产品贸易	谷物交易	The Andersons, Inc.（ANDE,美国）
	农产品加工	粮食加工	Archer Daniels Midland Company（ADM,美国） Bunge Limited（BG,美国）

续　表

产业链环节	主要经济活动	相关行业	相关公司
下游	农产品加工	奶制品加工	WhiteWave Foods Co.（WWAV,美国） Dean Foods Company（DF,美国） 蒙牛(中国)
		肉类加工	Sanderson Farms, Inc.（SAFM,美国） Tyson Foods, Inc.（TSN,美国） Pilgrim's Pride Corporation（PPC,美国） BRF S. A.（BRFS,巴西）
		蔬果加工	Fresh Del Monte Produce Inc.（FDP,美国）
		食品加工	Campbell Soup Company（CPB,美国） General Mills, Inc.（GIS,美国） Mead Johnson Nutrition Company（MJN,美国） ConAgra Foods, Inc.（CAG,美国）
		食品包装	Bemis Company, Inc.（BMS,美国） Berry Plastics Group Inc.（BERY,美国） Crown Holdings Inc.（CCK,美国） Graphic Packaging Holding Co.（GPK,美国） Packaging Corporation of America（PKG,美国） Sealed Air Corp.（SEE,美国） Sonoco Products Co.（SON,美国）
		食品安全	Ecolab Inc.（ECL,美国） Agilent Technologies, Inc.（A,美国） Mettler-Toledo International Inc.（MTD,美国） PerkinElmer Inc.（PKI,美国） Thermo Fisher Scientific, Inc.（TMO,美国）
	食品销售	食品批发	Hain Celestial Group, Inc.（HAIN,美国） Sysco Corporation（SYY,美国） United Natural Foods, Inc.（UNFI,美国）
		食品零售	Sprouts Farmers Market, Inc.（SFM,美国） Whole Foods Market, Inc.（WFM,美国） The Kroger Co.（KR,美国）

　　从农业产业链入手所建立的农业相关股票池是下一步作定量分析初选投资目标的基础。

第五步：定量初选投资目标

　　从精选主题相关股票池的若干股票中锁定最终投资目标还需经过两道程序,其一是本节将要介绍的定量初选投资目标程序。

所谓定量分析简单说就是对公司的可量化数据进行分析,也就是用数字说话。我们从以下三个方面作定量分析。

一、公司业务与主题相关度分析

分析公司与宏观主题相关业务占公司总业务量的比例,锁定比例最高的公司。公司的业务与主题的相关度越高,其所提供的产品或服务的市场需求才会更广泛、更长久,从而推动公司的销售和盈利成长,继而带动股价上涨。

二、可投资性分析

可投资性分析是为了确定我们所选定的投资目标便于投资,因此首先须是上市公司,而且有一定的流通性,也就是流通股数和日均交易量都不能太少。交易量太小的股票比较难买卖,而且价格波动较大。可投资性分析对公司的市值大小不作过多要求,对大多数投资人而言,上市公司的市值都不算小,但对大的机构投资人来说,这可能是该多考虑的因素。

三、公司基本面横向分析

分析公司的盈利、销售和财务等基本面是将预选目标作"货比货"的横向比较。当所选定的目标在与主题相关度和可投资性方面都不相上下时,通过对公司基本面分析的横向比较,可以立竿见影地选出最优者。主题投资构建的是可在未来获益的投资组合,因此,在做基本面分析时,我们更着眼于公司未来的盈利、销售成长能力,在宏观趋势驱动下,公司的基本面会发生改变,盈利和现金流量等将会显著增加,股东的回收也随之提高。放眼未来也不意味着不看过去,公司以往的盈利成长、财务情况可作为其未来发展的参考。

通过对上述三方面的定量分析,初步选定投资目标后,我们再进行定性分析,锁定最终投资目标。

实例分析:定量初选粮食与农产品发展主题的投资目标

我们依据定量初选投资目标的三个层面,从已经建立的粮食与农产品发展主题的相关股票池中初选最能顺应该主题的投资目标。

一、公司业务相关度分析

股票池中的股票涵盖了农业产业链上的各个环节,其中该产业链的产前部分农业投入是相当重要的一个环节,如果地里长不出庄稼和蔬菜,那么食品加工也就成了

"无米之炊"。世界农业所面临的一个挑战是，人口继续增加，而人均可耕地面积下降，解决世界粮食问题的关键是向有限的土地要更多的粮食，也就是通过农业技术革新提高产量。因此，提供高产种子和保护作物生长产品的公司是首选。我们选定美国的孟山都（Monsanto，MON）、杜邦公司（DuPont，DD）及瑞士的先正达（Syngenta，SYT），分析三家公司的业务同粮食与农产品发展主题的相关度。

孟山都（Monsanto Co.）成立于1901年，于2000年10月上市。总部位于美国密苏里州圣路易斯市，是种子和转基因种子及除草剂、除虫剂等产品的领先生产商，其主要业务包括：种子业务占销售的67%，农作物保护产品占销售的33%（如图1-18）。

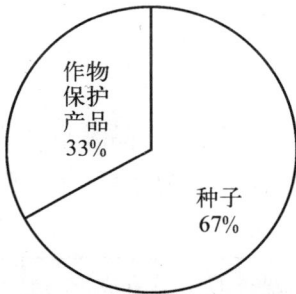

图1-18　孟山都业务　　　图1-19　先正达业务

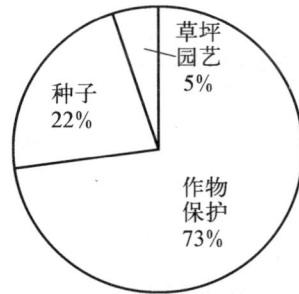

先正达（Syngenta）是2000年11月由阿斯特拉捷利康（AstraZeneca）公司所属捷利康农化公司（以农化业务为主）和诺华公司（Novartis）下属的作物保护和种子业务部门分别从原公司独立后，各自成立的两家公司再合并而成，是极具实力的农业科技企业、全球领先的作物保护公司，作物保护业务占其销售的73%，种子业务占22%，草坪园艺占5%（图1-19）。该公司同时在瑞士、伦敦、纽约和斯德哥尔摩的证券交易所上市。

杜邦公司（DuPont）成立于1802年，是一家科学企业，科学探索历史悠久，创新无数，产品和服务涉及农业与食品、楼宇与建筑、通讯和交通、能源与生物应用科技等众多领域，业务遍及全球90多个国家和地区。杜邦的业务非常广泛，农业与食品是其最主要的业务部门，占销售的32%（图1-20）。

通过对三家公司的业务组成分析，显而易见，孟山都的业务与粮食和农产品发展主题的相关度高，达100%，先正达公司紧随其后，业务相关度为95%，而杜邦公司则弱一些，与粮食和农产品发展主题相关的业务只占其总业务量的32%。通过定量的相关度分析，我们初步选定孟山都和先正达两家公司为投资目标，排除了杜邦公司。我们还将对孟山都和先正达进行另外两项定量分析。

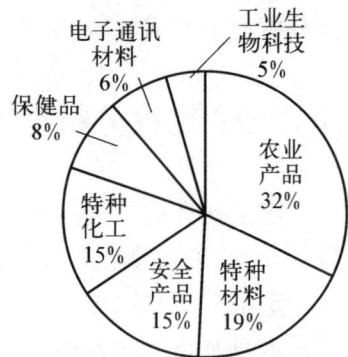

图1-20　杜邦业务

二、可投资性分析

孟山都和先正达都是上市公司,在美国股市的流通情况如表1-7。从发行股数和流通股数看,孟山都和先正达都是市场上易流通的公司,具备可投资性。

表1-7 孟山都与先正达的可投资性分析

公　　司	代号	发行股数	流通股数	90天日均交易量
孟山都(Monsanto Co.)	MON	4.68亿	4.66亿	320万
先正达(Syngenta)	SYT	4.58亿	4.57亿	74万

三、公司基本面横向分析

孟山都和先正达两家公司的核心业务都与粮食和农产品发展主题高度相关,它们之间谁又更胜一筹呢?我们以公司过去的基本面数据为参考,作横向比较:

表1-8 孟山都与先正达的基本面分析

公　　司	销售成长(10年平均)(Sales Growth,%)	营业收入成长(10年平均)(Operating Income,%)	盈利成长(10年平均)(Earning Growth,%)	资产收益率(5年平均)(Return on Assets,%)
孟山都(Monsanto Co.)	11.3%	20.7%	26.2%	10%
先正达(Syngenta)	7.6%	14.6%	13.1%	8.8%

由表1-8中的数据可看出,两家公司过去十年的平均表现都不错。而无论是在销售、营业收入及盈利成长等方面,还是在资产收益率上,孟山都公司都略胜一筹。究竟哪家公司更具有投资价值,公司基本面的定量数据所反映的真实性、可持续性程度如何?仅靠定量分析就下结论,似乎过于轻率,所以,我们还要再通过进一步的定性分析找出答案,锁定最终的投资目标。

第六步：定性分析锁定最终投资目标

定量初选的投资目标还需要作进一步定性分析,才能最终锁定最顺应宏观大趋势、最能在未来获益的投资目标。

定量分析是以数字说话,而定性分析则是凭借分析者的逻辑推演能力和经验,对公司本身及相关的各种信息加以综合、归纳和比较,作"质"的分析。如果定量是知其然,那么定性分析就是知其所以然。定性分析的目的之一是要对定量分析的结果作分析判断，研究其可靠性。比如，分析盈利和销售成长等数字，找出隐含在数字背后的故事，判断其真实性和可持续性。定性分析的第二个目的，是对不能被量化的因素，如公司管理层能力，产品和服务优势，市场垄断因素等作综合研判。例如，知名的SWOT分析法是对公司的优势（Strengths）和劣势（Weaknesses）之处，机遇（Opportunities）和风险（Threats）所在进行分析。

一、对定量数据的定性分析

通过公司的成长、价值和财务等基本面的定量分析的数字可以看出公司成长的快慢、估值的高低和财务状况的强弱。但这些数字如何算出？盈利成长是因为产品需求强劲，还是因为有一次性所得的因素？定量分析的数字是否经得起推敲？这就需要定性分析来回答这些问题。

比如，在分析公司的销售和盈利成长时，不能只看定量的数字，还要定性分析其成长的"品质"如何。推动盈利销售成长的因素很多，公司销售量增加，提高产品价格，或是推出新产品、新服务，这些是提高销售额带来的自然成长。公司通过收购也同样会带来销售成长，但这是非经营因素带来的"人造"成长。这种通过收购的成长要能够维持，对经理人的管理水平要求很高。根据历史统计，收购带来的成长持续性不长，成功率较低。

盈利成长通常是得益于销售成长，但有时因某些特定原因，会出现销售停滞但盈利仍然成长的情形，最常见的原因是公司大幅度削减开支，降低成本，或者公司获得巨大的税收优惠，或者大量回购股票等。

我们希望公司的销售和盈利成长是自然的，且有持续性，这类有成长潜力的公司才更具备投资价值，而只有通过定性分析才可以揭开成长的定量数字的面纱。

二、定性分析其他非量化的重要因素

研究一个公司是否具有投资价值，除了研究其销售、盈利成长，股东回收等可被定量的因素外，还要对公司的产品和服务、市场垄断、经营管理能力等其他多方面因素作定性分析，而这些因素是很难用数据来表达的。

1. 产品和服务优势

公司不仅要有好的产品和服务，而且产品和服务最好是有专利保护，或者有知名品牌的支撑。专利是对发明者产权的保护，在专利保护期内，除非获得许可，其他任何人都不能生产或使用该产品或技术，形成了对产品、技术或服务的垄断，保证了产品的竞争性，为公司带来效益。以研发手机芯片为主的美国无线电通信技术公司高通（Qualcomm，QCOM）之所以取得成功，就是对专利权善加利用的结果。

品牌是公司产品质量和服务品质的象征，是企业的无形资产，是消费者对产品和服务的认知与认可。提到可口可乐不仅让人想起甜甜的碳酸饮料喝后的爽快,还有它独特的红色设计图案和曲线玲珑的瓶子。看到带着刀形弯钩图案的运动鞋和运动服饰,都知道是世界著名运动产品生产商耐克(Nike)的产品。谈到信用评级公司,人们首先想到的是标准普尔和穆迪公司,他们对一个公司的信用评定,或对一个国家主权债务的评级都可能在市场产生不同程度的影响,因为投资人认可和相信他们的评级服务。这些都是品牌效应,如果企业的产品和服务拥有知名品牌的支撑,在市场上将更具竞争优势。

2. 市场垄断

分析公司的产品在市场是否处于垄断地位,或者其产品是否属于稀缺产品。垄断是一个公司控制产品市场供给的局面,完全垄断市场是指市场只有唯一的一个供应者。现在鼓励竞争、反对垄断的市场环境中,完全垄断的情形不多见。我们在分析市场垄断时主要从公司产品是否具有以下特征着手。

其一,公司是否控制生产某一商品的全部资源或基本资源,产品在市场上是否有相近的替代品。芯片龙头公司英特尔(Intel,INTC)控制着全球 85% 的微处理机市场。中国的中石化和中石油两桶油控制着中国 85% 的石油、天然气产量,75% 的石油冶炼和销售市场及 100% 的石油和天然气管道。

其二,客户转换替代产品的费用是否很高,客户如果选择其他同行的产品,是不是要花很高的产品改换费用。替代产品改换费用过高,通常可以阻止客户转向公司的竞争对手。美国网络安全软件和解决方案供应商 Check Point (CHKP)的防火墙等网络安全产品是嵌入客户的信息技术基础设施(IT Infrastructure)上的,如果它的客户想改用其他同行的产品,不仅要承担网络安全保护暂时中断的风险,还需要花费很高的产品改装和人员的培训费用,这就为 CHKP 留住客户多了一层保障。

其三,进入该领域的门槛是否很高,其他公司想进入该行业的难易程度。如果行业门槛很高,其他公司很难或者是不可能进入,从而保证公司产品能具有垄断性。比如,生产某产品需要庞大的生产规模、巨大的资本设备投入,某些厂商凭借经济实力最先达到生产规模,并可满足市场需求,该企业就垄断了行业的生产和销售。而其他公司因实力有限,很难再进入该领域。

造纸业就属于上述情况,该行业的资金投入要求非常高,根据美国农业部的数据,造纸用设备大约需要 3 亿至 5 亿美元,建造一个大型造纸厂的启动资金需要 10 亿美元,进入门槛相当高,所以该行业也就具有一定的垄断性。

其四,是否属于政府特许的行业。美国的造纸行业不仅投资规模要求巨大,也是政府监管较严的行业,政府要求造纸厂要符合清洁空气、清洁水源等法案,还要保护濒临绝种的物种。

3. 经营管理能力

公司管理层的管理能力和管理效率直接影响企业的盈利能力。我们希望看到公司的经营业绩是因为其有高效的管理团队、合理的公司结构和良好的企业文化，而不是因为某一个人的卓越能力，这样公司不会因此人的突然离去而影响整体的运作。公司的经营管理能力还体现在，与其原料供应商和其产品买家的议价能力，对新竞争对手和新产品出现的应对能力等等。

我们通过以上各个方面对公司作定性分析后，就可最终锁定宏观主题投资的目标。

实例分析：定性分析锁定粮食与农产品发展主题的最终投资目标

我们在定量初选粮食与农产品发展宏观主题投资目标时，初选了孟山都和先正达两家公司，现在继续对二者作进一步定性分析研究，锁定最终的投资目标。

一、对孟山都和先正达盈利、销售成长的确认

通过对财务报表的分析不难看出，孟山都和先正达的盈利与销售成长都来自产品销量增加，或产品售价上涨，属于自然成长，而不是通过减少开支等手段形成的人造成长。这样的成长真实可靠，也可持续。

二、孟山都和先正达其他因素的定性分析

1. 产品和服务优势

孟山都和先正达都是农业投入行业的领军者。孟山都以高产种子闻名，先正达以提供杀虫剂、除草剂等农作物保护产品为主。

2. 市场垄断

作为全球最大的种子培育公司，孟山都拥有行业领先的不能被复制的种质资源库（种子基因库，Germplasm Bank），孟山都的改良种子、杂交种子等都有专利保护。除了其自己的种子公司使用其种子性状（Traits）专利外，公司还将专利转让给其他同行，这既可为其获得专利转让费收入，也使孟山都的产品占尽市场优势。先正达的第二代转基因大豆种子就是用孟山都的 Roundup Ready 2 Yield 专利技术。

先正达虽然是除草剂、杀虫剂市场的龙头公司，但这一市场竞争激烈，同行较容易进入，和有专利保护、形成市场优势的孟山都相比，先正达的业务保护壁垒比较薄弱。

3. 管理层效率

孟山都注重产品创新与改良，公司能比同行更早推出新产品，就能抢占更多的市场先机。孟山都改变原先强力敦促农民改用新产品的经营策略，转向倾听农民的诉求，了解市场需求。

先正达致力扩大种子业务，投入大量研发经费，但与孟山都的龙头公司相比，差距还较远。

综合上述定量分析和定性分析,我们选定孟山都(Monsanto Co., MON)为粮食与农产品发展宏观主题投资的最终投资目标,因为它最顺应人口快速增长的宏观大趋势,最有可能在未来投资获益。

第七节　构建与管理主题投资组合

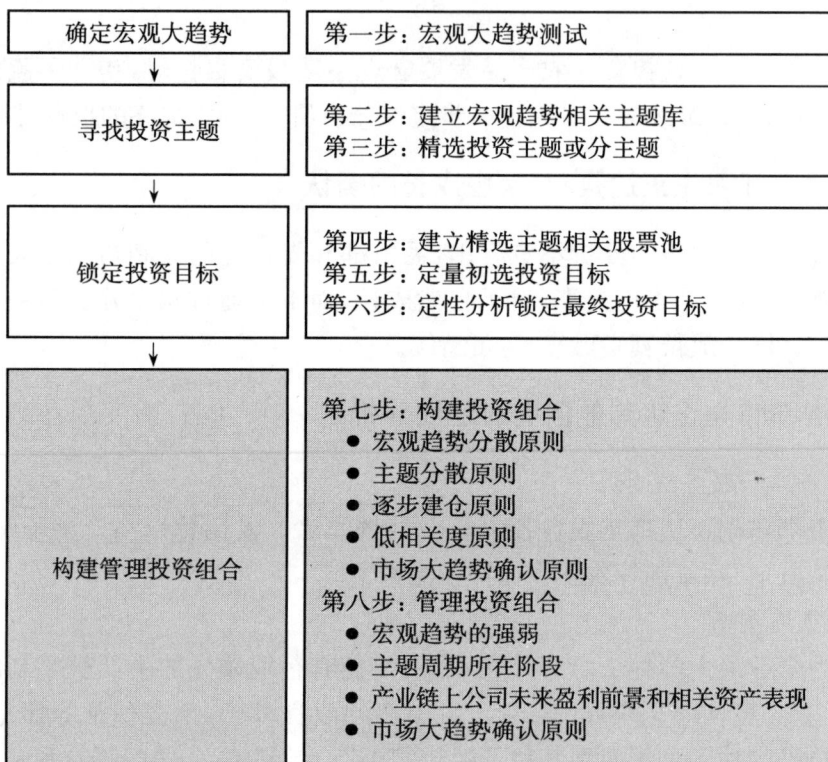

确定宏观大趋势	第一步:宏观大趋势测试
寻找投资主题	第二步:建立宏观趋势相关主题库 第三步:精选投资主题或分主题
锁定投资目标	第四步:建立精选主题相关股票池 第五步:定量初选投资目标 第六步:定性分析锁定最终投资目标
构建管理投资组合	第七步:构建投资组合 ● 宏观趋势分散原则 ● 主题分散原则 ● 逐步建仓原则 ● 低相关度原则 ● 市场大趋势确认原则 第八步:管理投资组合 ● 宏观趋势的强弱 ● 主题周期所在阶段 ● 产业链上公司未来盈利前景和相关资产表现 ● 市场大趋势确认原则

第七步:构建投资组合

前面提到过,主题投资对进场时机没有苛刻的要求,因为在宏观趋势影响下所形成的主题的生命周期较长,只要宏观趋势存在,主题处于生命周期的形成期或成长早期,就可按照以下基本原则,随时构建主题投资组合。

一、宏观趋势分散原则

组合中每个宏观趋势的仓位比重不宜过大,应按照预先所设定比例建仓。比如,设定每个宏观趋势的总仓位不得超过组合的 25%。

二、主题分散原则

同一宏观趋势下有若干主题，最初建仓时，每个主题仓位应等比分配，而后视宏观趋势与主题的发展及其市场表现作相应调整。比如，一个宏观趋势选定了两个投资主题，假定设立该宏观趋势的总仓位是组合总额的 25%，开始建仓时，资金平均分配，每一主题占该宏观趋势总仓位的一半。

三、逐步建仓原则

构建主题投资组合采取逐步建仓原则。一般而言，在主题生命周期的形成期或成长期的早期，先建部分仓位，等到主题进入成长期时再加仓位。这样做，虽然后面建仓部分的利润相应减少，但可以相应降低投资的风险。

四、低相关度原则

构建组合时，在其他条件相同的情况下，应优先选择与组合现在持有的资产类别相关度低或是负相关度的资产类别为投资目标，目的是分散风险，降低组合的波动性。

五、市场大趋势确认原则

虽然宏观主题投资组合对进场的时机没有特别要求，但在构建组合时，应该等待市场大趋势的确认信号，这样有助于提高投资成功率。例如，1978 年到 2000 年，中国经济有了长足的发展，但全球钢铁和铜等基础金属的需求并没有太大变化，相关行业的市场表现也很普通，如果在 20 世纪八九十年代就将资金投入这些资产，在相当长的时间内，所投入的资金不会有大作为，反而可能错过了其他回收丰厚的投资机会。另一方面，我们是凡人，分析研究宏观主题时，可能因资料不全、信息不足、分析能力不高等原因，会产生偏颇，特别是在时机的选择上，更难拿捏。用市场确认的原则来把关，可以使我们的分析判断得到验证，从而提高投资的胜算概率。我们二十多年的实际投资经验也证明了这一点。所以，无论是初始建仓，还是加仓，及至后来的减仓和完全清仓，我们都希望看到市场的认可。

第八步：管理投资组合

投资如同做生意，需要时时地打理照料。主题投资组合也需要有系统的管理，应该定期地对宏观趋势、主题及产业链相关公司和资产等作定量和定性分析，参考战略资产配置策略，根据市场的表现，决定该减仓还是要完全卖出。

一、宏观趋势的强弱

关注产生宏观大趋势的主要因素的变化，分析该变化将对宏观大趋势产生的影响。当宏观大趋势的驱动力减弱时，应及时调整投资组合中该宏观主题的仓位。比如说，中国经济的飞速发展源自中国经济体制的改革，如果改革步伐停滞不前，中国经济成长的宏观趋势也将止步，我们就要对此宏观主题作再思考。如果改革进程加快，且经济发展顺利进行（这也是我们每个中国人所希望看到的），那我们可能要追加投资。

二、主题周期所在阶段

我们在主题生命周期的形成期和成长期早期开始建仓，在成长期加仓，当主题周期进入成熟期时，则要准备适当地降低仓位，甚至全部清仓。

三、产业链上公司盈利前景和相关资产表现

推动股价上涨的最根本动力是公司的盈利，在宏观大趋势的推动下，公司盈利会不断增加，分析师也会逐步调高公司盈利预估。如果产业链上大部分公司的盈利都不被看好时，应通过定量和定性分析，找出其中的原因，决定是否减仓。如果产业链的整体盈利情况都很健康，且主题的趋势还在，只是我们所持有的公司因自身的问题而导致盈利前景暗淡，则应该将资金撤出该公司，转入该主题中其他优质公司。

产业链的相关资产表现也可作为重要的参考因素。如果因需求强劲推动原油价格高涨的宏观趋势而选择投资石油行业，那么当原油市场供需改变、美元强劲等因素导致原油期货价格开始疲软时，石油公司可能因为签订长期协议，或者采用避险措施，短期盈利还未受影响。但从油价的走势表现，我们应该要有所警觉。

四、市场大趋势确认原则

上述各大因素的分析判断结果一定要由市场反映来作最终决定。

如果前四项的分析结果都很乐观，市场表现也不错，则要继续持有，如果建仓还未结束，可择机加仓。

如果前四项的分析结果都很乐观，但市场表现不佳，应该重新分析研究，看看是否有潜在的利空因素被忽略了，如果再次分析的结果还是与市场反映不一致，以市场为准，应该要降低仓位。

如果前四项的分析结果都不乐观，但市场表现还不差，仍然要对上述因素重新评估，寻找是否有潜在的利多因素没有被发现，如果重新评判的结果还是与市场表现相悖，以市场反映为准，等待机会，再作决定。

如果前四项的分析结果都不乐观,市场表现也不好,应该要减仓,甚至全部清仓。

当上述五大考量因素中,有任何一个出现预警信号,我们都要及时评估组合的表现,制定相应的调整策略。

实例分析:构建与管理粮食与农产品发展主题投资组合

我们在锁定孟山都(Monsanto Co.,MON)为粮食与农产品发展宏观主题投资的最终投资目标后,便准备建仓。

构建组合

在宏观大趋势的驱动下,孟山都(Monsanto Co.,MON)的盈利开始成长,2001年盈利比2000年同期增加67%,2002和2003年分别上涨了5%和6%,2004年盈利同比成长26%。MON的最佳建仓时间是2002至2004年期间(见下图1-21),其股价在6—20美元。

管理组合

2008年受美国金融危机影响,孟山都股价跌破上升趋势线,我们降低其仓位。但粮食与农产品发展宏观主题依然存在,金融危机后的盈利成长减缓是暂时的。2011年,孟山都的盈利再度开始成长,我们将减持的仓位补回(见图1-21)。

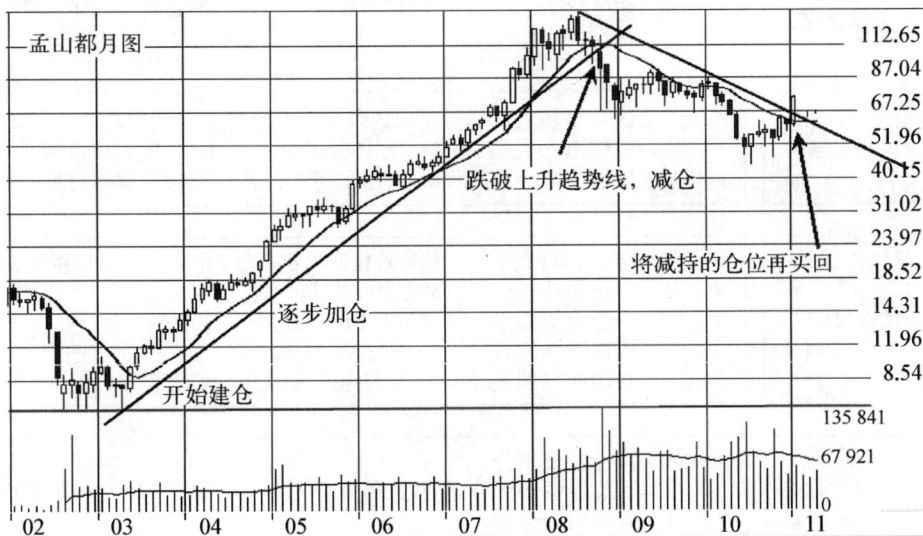

图1-21　粮食与农业生产宏观主题投资孟山都进出场示意图
(Chart courtesy of TC2000®.com)

第八节 实例回顾：新兴市场快速 发展宏观主题投资

20世纪末和21世纪初的新旧世纪交替之际，全球新兴市场快速发展，带来了很多投资机遇。本节将通过我在2003年的宏观主题投资实例之一的中国经济腾飞宏观主题投资的回顾，巩固前面章节所介绍的宏观主题投资策略。

中国经济腾飞宏观主题投资(2003年)实例回顾摘要：

宏观大趋势：全球新兴市场国家经济快速发展

宏观主题：中国经济腾飞

分主题："铁公基"模式拉抬中国经济，基础工业金属原材料需求强劲

多头仓位：巴西淡水河谷(Vale S. A. ，VALE)

美国南方铜业(Southern Copper Corp. ，SCCO)

投资方法：宏观主题双趋势投资法

投资时间跨度：中期

回收/风险评估：高/高

主题风险控制：宏观大趋势、主题周期、公司盈利前景、市场反应等

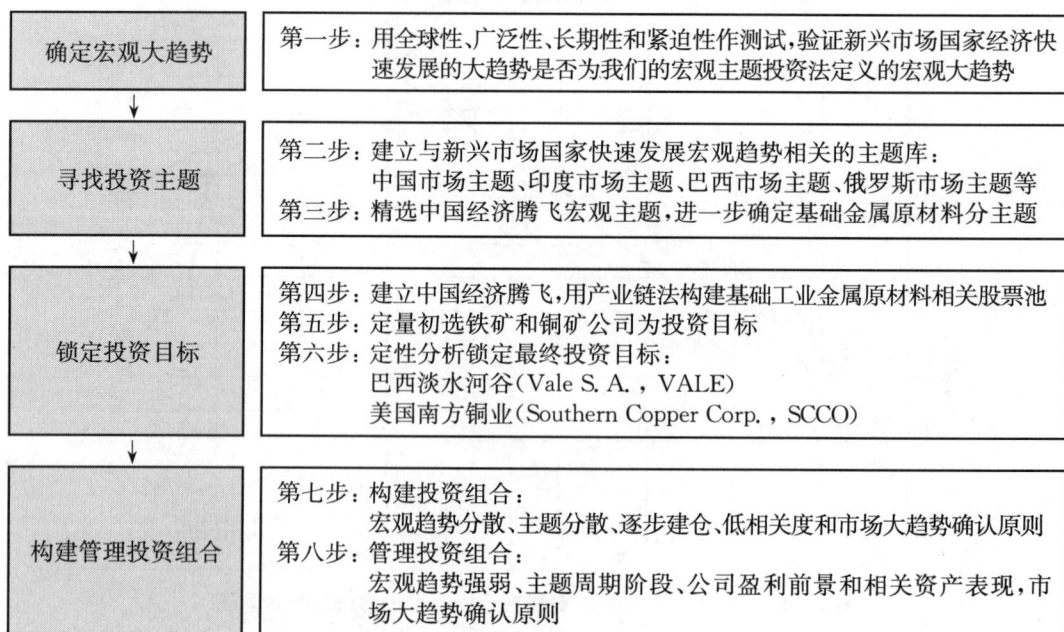

确定宏观大趋势	第一步：用全球性、广泛性、长期性和紧迫性作测试，验证新兴市场国家经济快速发展的大趋势是否为我们的宏观主题投资法定义的宏观大趋势
寻找投资主题	第二步：建立与新兴市场国家快速发展宏观趋势相关的主题库：中国市场主题、印度市场主题、巴西市场主题、俄罗斯市场主题等 第三步：精选中国经济腾飞宏观主题，进一步确定基础金属原材料分主题
锁定投资目标	第四步：建立中国经济腾飞，用产业链法构建基础工业金属原材料相关股票池 第五步：定量初选铁矿和铜矿公司为投资目标 第六步：定性分析锁定最终投资目标： 巴西淡水河谷(Vale S. A. ，VALE) 美国南方铜业(Southern Copper Corp. ，SCCO)
构建管理投资组合	第七步：构建投资组合： 宏观趋势分散、主题分散、逐步建仓、低相关度和市场大趋势确认原则 第八步：管理投资组合： 宏观趋势强弱、主题周期阶段、公司盈利前景和相关资产表现，市场大趋势确认原则

图1-22 中国经济腾飞，基础工业金属原材料需求强劲主题投资操作程序

第一步:确定新兴市场国家经济快速发展宏观大趋势

20世纪末和21世纪初的新旧世纪交替之际,全球新兴市场快速发展,带来了很多投资机遇。2001年由高盛公司的首席经济师吉姆·奥尼尔(Jim O'Neill)提出了金砖四国(BRIC)的概念,BRIC的B是巴西(Brazil),R是俄罗斯(Russia),I是印度(India),C是中国(China),其读音与英文砖头(brick)的读音相同,奥尼尔认为这四个新兴市场国家未来最具投资机会,因此这是块含金量很大的金砖。这里提到的新兴市场国家是指具备一些发达国家经济特征,但尚未达到发达国家标准的经济体。

一、新兴市场飞速发展的全球化趋势

新兴市场的飞速发展本身就是顺应全球经济一体化的趋势而出现的。第二次世界大战后,发展中国家因生产力和技术都相对落后,处于劣势,经济发展缓慢。而欧美等国家掌握先进的科学技术,生产力水平高,占有优势地位,经济快速成长。随着全球经济一体化的进程,国与国之间在经济上互相依存的程度越来越高,商品、服务、技术和资本跨国际的流量也越来越大。经济全球化使国际分工更加深化,发达国家资金雄厚,利用其掌握的技术和人才优势,转向大力发展高新技术产业,而将传统工业和一般技术性产业转向发展中国家,为发展中国家的经济发展带来机遇。中国、巴西、印度和俄罗斯等国家的政治稳定,拥有丰富自然资源和文化基础,劳动力价格低廉,具备接受发达国家产业转移的基本条件;同时,这些国家本身的经济环境已在改善,有发展经济的需求,外力和内力的共同推动,开始了新兴市场国家的经济起飞之路。2000年,中国、印度、巴西、俄罗斯、印度尼西亚等国家的平均出口增长从1990年的9.8%提高到21.7%,外资净流入占全球的比重也从20世纪90年代的4.1%提高到5.9%。在全球经济一体化的趋势下,新兴市场发展是全球性的宏观大趋势。

二、新兴市场飞速发展的广泛性趋势

新兴市场经济的飞速发展不仅导致其本国的社会变化、个人消费改变等,也对世界产生巨大的影响。新兴国家在经济发展过程中,不仅带动了世界范围内石油、钢铁、铜、铝等工业原料需求的迅猛增加;也带动了新兴经济体的个人消费支出的增加,以前只有发达国家人民可以享受的高档品牌产品、高档消费服务也走入新兴国家的市场。生活水平提高,发展中国家饮食结构改变,从基本的吃饱到吃好,吃得有营养,肉类蛋白质需求增加,带动粮食价格上涨。经济实力增强,也使新兴国家在世界的地位得以提高,影响全球政治格局的改变。因此,新兴市场飞速发展的影响范围极广,是具有广泛性的大趋势。

三、新兴市场飞速发展的长期趋势

"民富国强"是民众和政府共同的愿望,只有经济发展,人们的生活水平才会改善,国家的经济实力才会增强,但经济发展不是一蹴而就的。经济活动基本贯穿人类历史,只是在自然经济环境下,基本没有成长。英国的工业革命使人类从手工业作坊转向大机器生产,推动了经济的发展。英、法、德、美等国家经历两次工业革命,经济发展长长停停,成长时间大约百年,奠定了坚实的经济基础。20 世纪 50 年代之后的二十多年时间,是以核能、航空科技、计算机及信息技术为核心的"新技术革命",也是西方国家的第二轮经济高速增长期,最终拉开了发达国家与发展中国家在经济实力上的巨大差距。

无论是发达国家还是发展中国家,经济发展都是一个永恒的主题。尤其对经济基础薄弱的发展中国家而言,建设经济任重道远,是长期性的工作,经济发展的潮流不可逆转。以中国为例,经历了"文革"的浩劫,中国人民生活贫乏,1978 年改革春风吹起,练摊的、个体经营的、下海经商的,举国上下投入到经济建设的大潮中。随着中国经济实力的逐渐增强,在全球的经济地位不断提高,在全球经济一体化的进程中也担任着重要角色,经济的发展趋势自然会持续下去。中国经济发展初期,虽然国内生产总值(GDP)不断提高,但与发达国家相比,人均水平还相对较低,中国劳动力在国际市场上仍具竞争优势,保证中国经济可持续长期发展。印度、巴西、俄罗斯同样各自具备经济发展的优势,也将延续其长期发展趋势。

四、新兴市场飞速发展的紧迫性特征

由于历史原因和其他因素,第二次世界大战后世界经济发展极不平衡。美、日和西欧主要国家经济增长快,成为发达国家。而在发展中国家队伍里,只有少部分国家和地区在经济上取得成功,比如被称为"亚洲四小龙"的中国台湾、中国香港、韩国和新加坡,大部分依然落后。国际货币基金组织(IMF)前总裁米歇尔·康德苏(Michel Camdessus)曾说过:"贫困是当今世界严重的问题,而解决这一问题刻不容缓。"如何摆脱落后,缩小与发达国家之间的经济差距,是发展中国家迫切要解决的问题。经济全球化成为发展中国家脱贫致富,改变经济状况的契机,发展中国家需要抓住机遇,大力投入经济建设,改变落后现状。因此新兴市场飞速发展具有紧迫性的特征。

新兴市场飞速发展符合全球性、广泛性、长期性和紧迫性的特征,是我们严格定义的宏观大趋势,极具投资潜力,值得进一步研究。

第二步: 建立新兴市场飞速发展宏观主题库

虽然全球经济走向一体,但不是每个发展中国家都能借此东风,发展经济,改善

国力。每个国家的政治环境、自然资源、经济环境等因素,决定了该国是否有发展经济的条件。我们依据各国的实际情况,结合过去三年经济成长表现(表 1 - 9),根据建立宏观主题库的相关性原则、以量取胜原则与合并原则,建立与新兴市场经济飞速发展宏观趋势相关的主题库如下。

中国市场,中国经济快速成长主题

印度市场,印度经济快速成长主题

巴西市场,巴西经济快速成长主题

南非市场,南非经济快速成长主题

越南市场,越南经济快速成长主题

俄罗斯市场,俄罗斯经济快速成长主题

表 1 - 9 主要新兴国家 GDP 成长统计

主要发展中国家国内生产总值(GDP)成长(%)							
国　　家	2000 年	2001 年	2002 年	国　　家	2000 年	2001 年	2002 年
中　　国	8.4%	8.3%	9.1%	越　　南	6.8%	6.2%	6.3%
印　　度	4.9%	3.6%	4.5%	南　　非	4.2%	2.7%	3.7%
巴　　西	4.4%	1.3%	3.1%	俄罗斯	10.1%	5.1%	4.7%

(来源:世界银行数据)

第三步:精选中国经济快速成长宏观主题

依据精选宏观主题的最高相关度原则和生命周期原则,我们从主题库中选定中国经济快速成长宏观主题。

中国的高成长与新兴市场快速发展宏观趋势的相关度最高

改革开放后,中国从计划经济转向市场经济。市场经济引入竞争机制,激励了企业发展,刺激了多年被压抑的致富欲望,这一转变是中国经济成长跃马扬鞭的推动力。自此,中国国内生产总值(GDP)节节上涨,经济成长的步伐越走越快。1978 年至 2002 年,中国国内生产总值(GDP)每年增长速度接近 10%(表 1 - 10),是世界平均国内生产总值(GDP)成长率的三倍,在新兴市场国家中也处于绝对的优势。2001 年 12 月 11 日,中国正式加入世界贸易组织(WTO),与世界接轨后,中国的经济不仅会继续加速发展,也将成为世界经济发展的火车头,因此,中国经济的飞速成长与新兴市场快速发展宏观趋势的相关度最高。

表 1-10　金砖四国国内生产总值(GDP)成长统计

金砖四国国内生产总值(GDP)成长统计(1978—2002)								
年份	中国	印度	巴西	俄罗斯	年份	中国	印度	巴西	俄罗斯
1978	11.60%	5.70%	3.20%	—	1991	9.30%	1.10%	−1.50%	−5.00%
1979	7.60%	−5.20%	6.80%	—	1992	14.30%	5.50%	−0.50%	−14.50%
1980	7.90%	6.70%	9.10%	—	1993	13.90%	4.80%	−4.70%	−8.70%
1981	5.10%	6.00%	−4.40%	—	1994	13.10%	6.70%	−5.30%	−12.60%
1982	9.00%	3.50%	0.60%	—	1995	11.00%	7.60%	−4.40%	−4.10%
1983	10.80%	7.30%	−3.40%	—	1996	9.90%	7.50%	−2.20%	−3.60%
1984	15.20%	3.80%	−5.30%	—	1997	9.20%	4.00%	−3.40%	1.40%
1985	13.50%	5.30%	−7.90%	—	1998	7.80%	6.20%	0.00%	−5.30%
1986	8.90%	4.80%	−8.00%	—	1999	7.60%	8.80%	0.30%	6.40%
1987	11.70%	4.00%	−3.60%	—	2000	8.40%	3.80%	4.30%	10.00%
1988	11.30%	9.60%	−0.10%	—	2001	8.30%	4.80%	1.30%	5.10%
1989	4.20%	5.90%	−3.30%	—	2002	9.10%	3.80%	3.10%	4.70%
1990	3.90%	5.50%	−4.30%	−3.00%					

(来源：世界银行数据)

中国经济快速成长主题还在其生命周期的成长早期

　　中国自 1978 年后，开始大力发展经济，向开放型经济发展，经济高速增长，奠定了一定的经济基础。三大产业中，以加工业成长速度最快，这也是带动中国经济增长的主要动力。成为世界贸易组织成员后，中国的市场更加开放，投资环境不断改善，加之具备较雄厚的制造业基础和低廉的劳动力成本等优势，吸引了大量国际资本投入。中国是注重教育的国家，我们虽不提倡"万般皆下品，唯有读书高"的思想，但它反映国人重教育由来已久。厚实的教育基础，使中国既可以完成低端技术加工，也可以满足高端科技生产需要，中国的经济发展踏上一个全新的阶段，中国市场将有更广阔的发展空间。从国内生产总值规模来看，中国 2002 年国内生产总值(GDP)排在世界第六位(表 1-11)，约是 1978 年的七倍，虽然成长速度相当不俗，但与前五位发达国家相比，中国经济的成长才刚刚开始，仍将有相当大的发展空间，该主题的生命周期尚处于成长早期。

表 1 - 11　2002 年全球主要经济体国内生产总值排名

2002 年全球六大主要经济体国内生产总值(GDP)排名					
排名	国家	GDP 总量(万亿美元)	排名	国家	GDP 总量(万亿美元)
1	美国	10.98	4	英国	1.67
2	日本	3.98	5	法国	1.5
3	德国	2.08	6	中国	1.46

(来源：世界银行数据)

确定中国经济飞速发展宏观主题的分主题——基础工业金属原材料分主题

中国经济发展影响到各个领域,带动了各行各业,从基础建设到国防航空,从基本民生到高档消费,从教育到科技,等等,方方面面都发生了巨大变化。因此,与中国主题相关的股票池也涉及众多行业,为便于研究,我们将其分成若干分主题。比如,食品业分主题,经济的快速发展不仅使中国在世界的经济地位不断提升,也使国民的衣食住行水平大大改善。钱多了,就得吃点儿好的,饮食习惯从主粮蔬菜向高蛋白结构转变。当中国人的肉类蛋白消费提高时,对玉米、小麦等粮食谷物的需求也随之增加。中国成为最大的小麦、大豆和大米消费国,第二大玉米消费国。再比如高档消费品业分主题,生活水平提高了,普通消费已满足不了人们日益膨胀的荷包,国人的消费意识在转变,全球知名品牌的高档奢侈品进入中国市场。但是,在中国经济崛起宏观主题下的众多分主题中,我们认为最符合 21 世纪初中国经济成长特点的是基础工业金属原材料分主题。

中国经济的成长是"铁公基"模式拉抬的。所谓"铁公基"就是铁路、公路、机场、水利、电力工程等由政府主导的大规模投资性建设。另一方面,中国人的土地观念根深蒂固,富有之后,首先想到的是置产置地,中国房屋市场飞速发展。1978 年,全国城市住宅面积约 5.3 亿平方米,而在 1979 年至 2002 年期间,新建住宅面积超过 50 亿平方米,增长幅度惊人。但人均住宅面积和欧美等国家相比还相去甚远,中国住宅建设依然是投资的重点。

基础建设和住房建造的双重需求将带动与建筑相关的原材料行业,如钢铁、铜、铝、水泥等的需求将大举增加。以钢铁为例,因为用量增加,中国出现了又一波钢铁热,大到实力雄厚的首钢、宝钢,小到乡镇中的小型钢铁加工厂。当年该行业的火爆程度如何,听听一位乡镇企业的老板怎么说："现在要上钢铁项目,如果每年没有 100% 的回报率,我们是不做的。"由此足可窥见一斑。

商品市场上决定价格的是供需关系。中国对钢铁、铜、铝、铅、锌等原材料的强劲需求,带动了全球期货产品价格大幅上涨。随着中国经济的发展,工业化和城市化的推进,中国将成为全球主要的期货产品消费国,尤其在金属和能源产品方面比重较大。所以,我们认为钢铁和铜金属行业最可能从中国经济飞速发展中获益,具有巨大的潜在投资价值。因此,直接确定该分主题为我们中国经济快速成长宏观主题的投资方向,作进一步研究,以锁定最终投资目标。

第四步:建立基础工业金属原材料分主题相关股票池

钢铁、铜等都是基础工业金属,我们分别从钢铁产业链(图1-23)和铜产业链(图1-24)入手,建立基础工业金属原材料分主题的股票池(表1-12)。

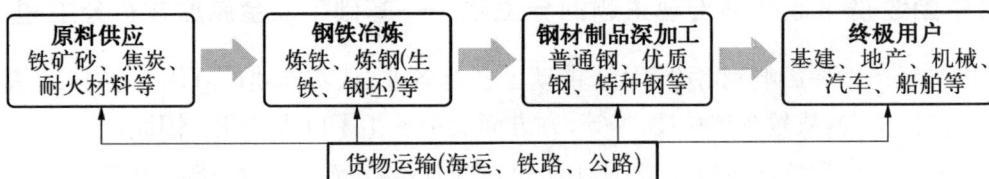

图 1-23 钢铁产业链示意图

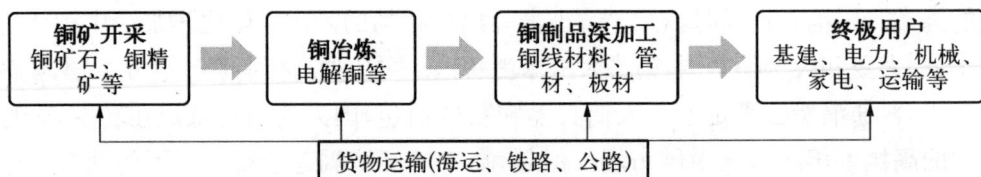

图 1-24 铜产业链示意图

表 1-12 基础工业金属原材料分主题的股票池

分主题相关行业	股　　票
钢铁业	
铁矿砂公司	BHP Billiton Limited (BHP,澳大利亚) BHP Billiton plc (BBL,英国) Rio Tinto plc (RIO,英国) Vale S. A. (VALE,巴西) Cliffs Natural Resources Inc. (CLF,美国)
煤炭公司	Yanzhou Coal Mining Co. Ltd. (YZC,中国) Alpha Natural Resources(ANR,美国) Arch Coal Inc. (ACI,美国) Peabody Energy Corporation (BTU,美国) CONSOL Energy Inc. (CNX,美国) Massey Energy(MEE,美国)

续　表

分主题相关行业	股　票
钢铁公司	United States Steel Corp.（X,美国） AK Steel Holding Corporation（AKS,美国） Nucor Corporation（NUE,美国） ArcelorMittal（MT,卢森堡） Mechel PAO（MTL,俄罗斯） Gerdau S. A.（GGB,巴西） Companhia Siderúrgica Nacional（SID,巴西） POSCO（PKX,韩国） 宝钢（中国） 首钢（中国）
铜业	Freeport-McMoRan Inc.（FCX） 南方铜业（Southern Copper Corp.，SCCO）
铝业	Alcoa Inc.（AA,美国） Aluminum Corporation Of China Limited（ACH,中国） Century Aluminum Co.（CENX,美国） Alumina Ltd.（AWC,澳大利亚） Kaiser Aluminum Corporation（KALU,美国）
运输业	Genco Shipping & Trading Limited（GNK,美国） DryShips, Inc.（DRYS,希腊） Eagle Bulk Shipping Inc.（EGLE,美国） Star Bulk Carriers Corp.（SBLK,希腊） Safe Bulkers, Inc.（SB,希腊） 中国远洋（中国）

炼钢炼铁离不开铁矿砂、煤和焦炭，原材料产品从澳大利亚、巴西等产地源源不断运往中国，矿产资源公司生意红火自然不用说，而与其相关的行业也大为受益，比如干散货船运业，大量的产品远隔重洋运送到中国，给船运公司带来巨大商机。

第五步：定量初选基础工业金属原材料分主题投资目标

中国虽然铁矿资源丰富，但 80％以上是贫铁矿，所以需要大量进口高品位铁矿砂。铁矿砂是钢铁工业产业链上的源头产品，全球铁矿砂供应集中在澳大利亚和巴西的几家大公司手中，形成供应垄断局面。铁矿砂涨价时钢材制品也会水涨船高，但钢材市场价格滑落时，铁矿砂因大多是长期合同，价格不会下跌太多。中国的铜矿资源也相对贫乏，是铜产品进口大国。相对而言，中国铝矿资源比较丰富，20 世纪 90 年代铝工业飞跃发展，成为全球铝业瞩目的焦点，2001 年开始电解铝产量已跃居全球第一，在国际铝制品市场上基本居主导地位。因此，在基础工业金属原材料分主题中，我们将研究重点放在钢铁业和铜工业上，对主要铁矿砂和铜矿公司作定量分析。

公司业务与主题相关度分析

我们先分析股票池中的铁矿砂和铜矿公司的各项业务占其总销售额的比例，确定其业务与主题的相关程度。

相关度分析

股票池中的五家主要铁矿砂供应商其实是四家，BHP Billiton Limited 和 BHP Billiton Plc 同属 BHP Billiton（必和必拓公司），是双重上市公司（Dual Listed Company，DLC），也就是一家公司同时在两个或两个以上的证券交易所上市，其目的：一是公司为了增加自己股票的流通性，二是方便不同地区的投资人投资。BHP Billiton Ltd. 总部位于澳大利亚，在澳大利亚证券交易所上市；BHP Billiton Plc 在英国，在英国伦敦和南非的约翰内斯堡两个交易所上市，两家公司也同时分别以存托凭证（ADR）的形式在美国纽约交易所挂牌。两家公司是同一个董事会，每个公司的股东拥有相等的权利和对两家公司决策的投票权。所以我们只研究 BHP Billiton Ltd. （BHP）。

从下面四家公司的业务比例图上可以看出，澳大利亚必和必拓公司（BHP Billiton Ltd. ，BHP）的铁矿在其业务中所占比例较低，约为 11%。英国的力拓集团（Rio Tinto plc，RIO）的铁矿砂业务是其最大的业务部分，占其销售总额的 38%。巴西淡水河谷公司（Vale S. A. ，VALE）的铁矿业务占其销售的 69%，而美国克利夫斯自然资源公司（Cliffs Natural Resources Inc. ，CLF）是专做铁矿砂开采的（图 1 - 25）。从相关性分析来看，淡水河谷和克利夫斯自然资源公司与主题的相关度最高。淡水河谷是全球最大的铁矿砂开采和出口公司之一，它的开采成本很低，公司拥有从矿山到港口的配套运输系统。克利夫斯自然资源公司的铁矿砂产地在美国的芝加哥、明尼苏达和加拿大东部地区，美国的人工成本很高，钢铁业在美国是日落行业，需要政府的贸易保护。因此，虽然克利夫斯自然资源公司的铁矿砂业务占 100%，与主题相关度最高，但和淡水河谷相比，它是先天条件不足，市场竞争力较弱。通过业务与主题相关度的分析，在铁矿砂公司中，我们倾向于选择淡水河谷。

两家铜矿公司自由港迈克墨伦铜金矿公司（Freeport-McMoRan Inc. ，FCX）和南方铜业公司（Southern Copper Corp. ，SCCO）都是美国公司，自由港迈克墨伦铜金矿公司在南、北美和印度尼西亚拥有铜矿，铜矿产品占其业务的 51%，南方铜业公司在墨西哥、秘鲁、阿根廷、智利和厄瓜多尔等国家经营铜矿开采冶炼业务，铜矿产品占业务的 84%（图 1 - 26）。从业务与主题相关度分析，南方铜业公司比自由港迈克墨伦铜金矿公司略胜一筹。

可投资性分析

这四家铁矿砂供应商和两家铜矿公司都是各自行业的佼佼者，也都是流通性很好的上市公司，都具备可投资性。

巴西淡水河谷
业务部门销售比例

其他 10%
铝 10%
钾 2%
黄金 2%
锰 7%
铁矿 69%

美国克利夫斯自然资源公司
业务部门销售比例

铁矿 100%

英国力拓集团
业务部门销售比例

其他 17%
煤 9%
钻石 6%
铜 12%
铝 18%
铁矿 38%

澳大利亚必和必拓公司
业务部门销售比例

其他 3%
煤 12%
石油 19%
钻石 9%
基础金属 11%
不锈钢 6%
碳素钢 21%
铝 19%

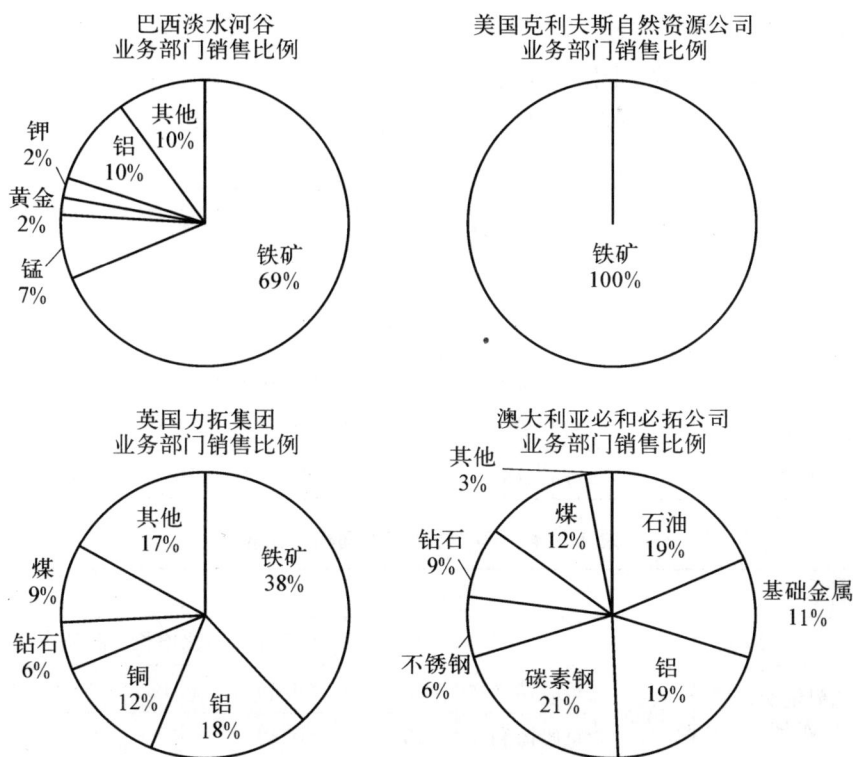

图 1-25　主要铁矿砂公司业务

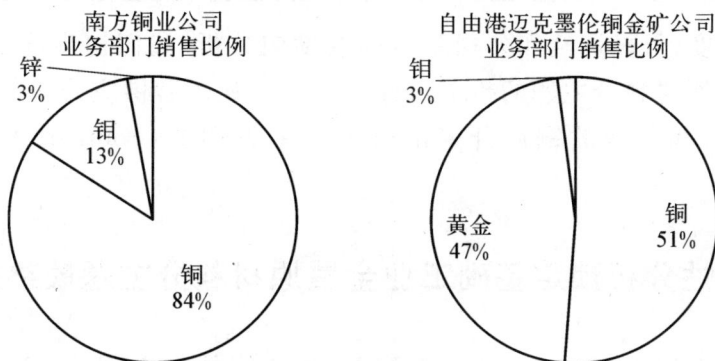

南方铜业公司
业务部门销售比例

锌 3%
钼 13%
铜 84%

自由港迈克墨伦铜金矿公司
业务部门销售比例

钼 3%
黄金 47%
铜 51%

图 1-26　主要铜矿公司业务

公司基本面横向分析

2001 至 2003 年期间,巴西淡水河谷(Vale S. A.,VALE)和美国克利夫斯自然资源公司(Cliffs Natural Resources,CLF)的产品销售都呈上涨之势,但克利夫斯自然资源公司还处于亏损(表 1-13)。同一时期,自由港迈克墨伦铜金矿(Freeport-McMoRan Inc.,FCX)和南方铜业(Southern Copper Corp.,SCCO)两家铜公司中,南方铜业的销售和盈利节节高升,而自由港迈克墨伦铜金矿公司因还有近一半的业务是黄金,所以销售有所波动(表1-14)。从公司的销售和盈利来看,铁矿砂公司巴西淡水河谷和铜矿公司美国南方铜业过去三年都是成长的,未来在全球新兴市场经济飞速发展的宏观大趋势推动下,它们的销售和盈利还会继续增长。

表1-13　铁矿砂公司基本面横向比较

铁矿砂公司							
公 司 名 称	代号		2001年	2002年	同比增长	2003年	同比增长
淡水河谷 Vale S. A.	VALE	每股销售额	$0.87	$0.90	+3.4%	$1.16	+28.9%
		每股盈利	$0.11	$0.15	+36.4%	$0.34	+126.7%
克利夫斯自然资源 Cliffs Natural Resources	CLF	每股销售额	$4.77	$5.77	+20.1%	$10.21	+76.9%
		每股盈利	−$0.40	−$0.82	−105%	−$0.40	+105%

表1-14　铜矿公司基本面横向比较

铜矿公司							
公 司 名 称	代号		2001年	2002年	同比增长	2003年	同比增长
自由港迈克墨伦铜金矿 Freeport-McMoRan	FCX	每股销售额	$6.39	$6.59	+3%	$6.03	−8.5%
		每股盈利	$0.27	$0.42	+55%	$0.59	+40.4%
南方铜业 Southern Copper Corp.	SCCO	每股销售额	$1.36	$1.37	+0.73%	$3.55	+159%
		每股盈利	$0.10	$0.14	+40%	$0.25	+78%

通过相关度、可投资性和公司基本面的横向分析,我们初步选定的中国经济腾飞基础金属原材料分主题的投资目标是巴西的铁矿砂供应公司淡水河谷(Vale S. A.,VALE)和美国的铜矿开采冶炼公司南方铜业(Southern Copper Corp.,SCCO)。

第六步:定性分析锁定基础工业金属原材料分主题最终投资目标

巴西的淡水河谷(Vale S. A.,VALE)和美国的南方铜业(Southern Copper Corp.,SCCO)是否就是基础工业金属原材料主题的最终投资目标呢?我们再通过定性分析来决定。

巴西淡水河谷(Vale S.A.,VALE)的定性分析

1. 对定量数据的定性分析

2000年至2002年,中国之外的世界其他钢铁市场需求略有下降,正是中国对铁矿砂的需求开始强劲,使得淡水河谷在中国的销售大幅增加,抵充了它在欧洲和亚洲

其他市场销售疲软的形势。从其铁矿砂销售(表1-15)及收入与盈利(表1-16)看,公司的成长是可信赖的,并会随着中国需求的不断增长而持续。

表1-15 淡水河谷铁矿砂销售趋势

淡水河谷(Vale S. A.,VALE)铁矿砂产品销售额(2000—2003)				
	2000年	2001年	2002年	2003年
销售额(亿美元)	21.77	26.00	28.20	35.00
同比增长(%)		19.4%	8.5%	24%

表1-16 淡水河谷销售与盈利成长趋势

淡水河谷(Vale S. A.,VALE)销售和盈利成长(2001—2003)				
	2001年	2002年	同比增长	2003年	同比增长
每股销售额	$0.87	$0.90	+3.4%	$1.16	+28.9%
每股盈利	$0.11	$0.15	+36.4%	$0.34	+126.7%

2. 其他非量化因素的定性分析

a. 竞争优势

淡水河谷(Vale S. A.,VALE)是世界最大的铁矿产品开采和出口商,淡水河谷拥有高品位低杂质的铁矿,且开采成本低,其卡拉加斯(Carajás)铁矿是世界上品级最高、开采成本最低的铁矿之一,为淡水河谷带来天然的竞争优势。2003年,淡水河谷控制全球海运铁矿产品市场32.9%的份额,处于领先地位。

b. 经营管理

公司致力于加强发展与主要客户的关系,顺应市场趋势,为满足中国市场需求,扩大投资,并大力增强其物流运输业务的能力,以控制成本。

南方铜业(Southern Copper Corp.,SCCO)的定性分析

1. 对定量数据的定性分析

2000年到2003年上半年,铜价持续相对低迷的走势,于2003年10月开始上涨。2003年铜价比2002年上涨了近50%,南方铜业同年的销售收入和盈利均大幅上扬(表1-17)。南方铜业与客户的协议多是一年或一年以上的合同,价格是按照交货当月伦敦金属交易所的铜价平均价结算调整,铜价每磅上涨1美分,南方铜业的每股盈利增加6美分。此外,占其销售13%的钼市场价格上涨也带动其盈利。2003年,南方铜业的铜和钼的销售数量和销售价格双双攀升,使销售收入和盈利大幅增长,所以,该公司的盈利的成长是可信赖的,随着铜、钼价格的继续走高,盈利也会保持成长势头。

表1-17　南方铜业成长趋势

南方铜业（Southern Copper Corp.，SCCO）销售和盈利成长（2001—2003）					
	2001年	2002年	同比增长	2003年	同比增长
每股销售额	$1.36	$1.37	+0.73%	$3.55	+159%
每股盈利	$0.10	$0.14	+40%	$0.25	+78%

2. 其他非量化因素的定性分析

a. 竞争优势

南方铜业拥有的铜矿储量居世界第一，它的铜矿品位高，宜开采，所以开采成本极低，其开采成本比自由港迈克墨伦铜金矿（Freeport-McMoRan，FCX）等其他同行便宜70%到50%。如果将其铜矿的副产品钼的销售价格算上，其开采成本还可再便宜30%左右，所以钼的销售价格越高，它的铜矿的开采成本也就越便宜，2001年至2003年钼价格节节上涨，也有助于南方铜业的盈利成长。

b. 经营管理

公司在经营管理上极其注重通过控制成本和提高产量来获得最大利润，公司制定控制资本支出、提高开采效率、减少成本的系列措施，尽量争取在铜价低落时还能保证利润，在铜价高涨时获得更高的利润。

通过对巴西的淡水河谷（Vale S. A.，VALE）和美国的南方铜业（Southern Copper Corp.，SCCO）的定性分析，我们锁定这两家公司为基础工业金属原材料分主题的最终投资目标。

第七步：构建基础工业金属原材料分主题投资组合

借助前六步的分析的最终结果，根据构建组合的趋势分散、主题分散、市场确认和逐步建仓原则，我们在2003年初开始，初步建立巴西淡水河谷（图1-27）和美国南方铜业（图1-28）的仓位，并逐渐加仓，在2003年第二三季度完成全部建仓。

趋势分散：按照此原则，该宏观趋势的总仓位不得超过组合的25%。

主题分散：如果同一宏观趋势下，有若干主题，每个主题的仓位不宜过重，最初建仓时，主题仓位应等量分配。比如一个宏观趋势选定了两个投资主题，则每个主题的仓位应是投资组合总额的12.5%（宏观趋势总仓位的一半）。依此原则，淡水河谷与南方铜业的仓位各占组合总额的12.5%。

逐步建仓：每个主题先建60%的仓位，等到市场确认后，再完成剩余40%的仓位。

淡水河谷
Vale S.A.

从2003年初开始建仓，到2003
年第三季度完成全部建仓

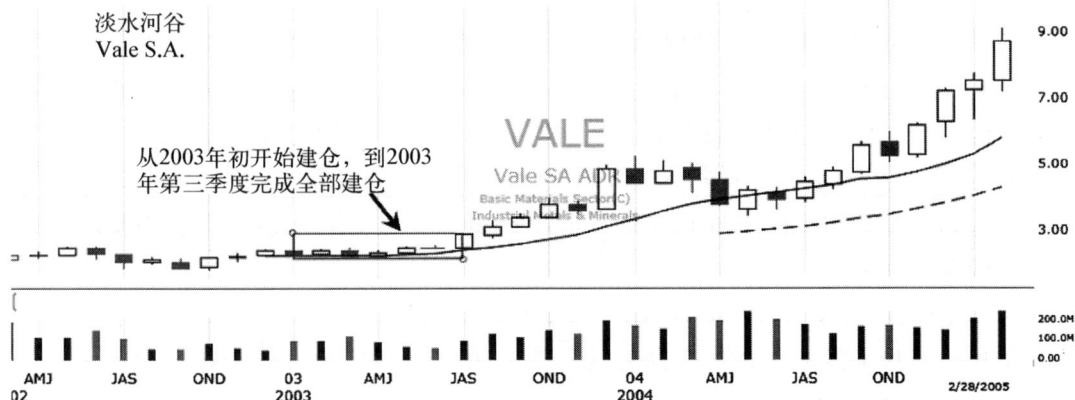

图1-27　建立淡水河谷仓位(Chart courtesy of TC2000®.com)

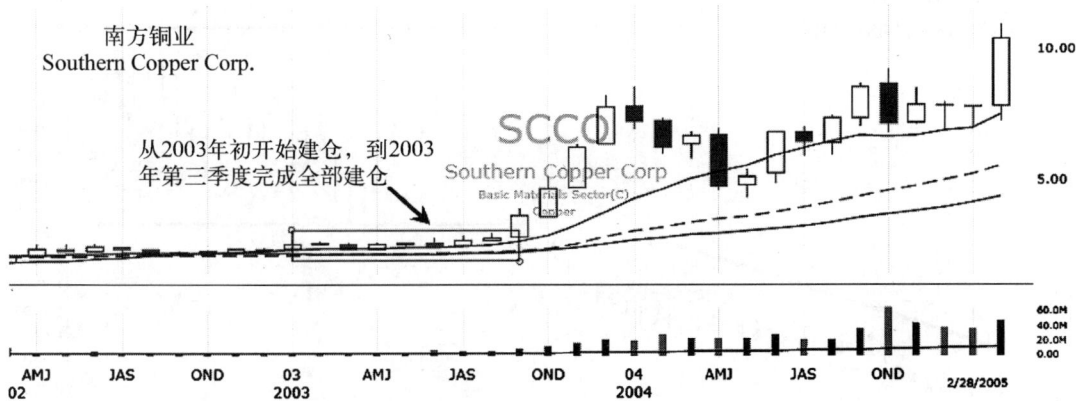

南方铜业
Southern Copper Corp.

从2003年初开始建仓，到2003
年第三季度完成全部建仓

图1-28　建立南方铜业仓位(Chart courtesy of TC2000®.com)

第八步：管理基础工业金属原材料分主题投资组合

管理组合至少要从五大方面考虑：

1. 新兴市场经济发展趋势减弱

2007年春，美国爆发次贷危机，对世界经济产生影响，虽然新兴市场国家经济发展的宏观大趋势还在，但也受到了一定的冲击。2007年中国国内生产总值（GDP）成长高达14.2%，2008年则降至9.6%；印度2007年国内生产总值（GDP）成长为9.8%，而在2008年成长仅为3.9%；巴西和俄罗斯也出现同样的走势，2007年巴西和俄罗斯的国内生产总值（GDP）成长分别为6.0%和8.5%，到了2008年就都降至5%左右。新兴市场的成长趋势减弱，我们的投资组合也要相应减仓，或者全部清仓。

2．主题所在周期与经济周期均给出减仓信号

虽然中国经济仍然保持高速成长的势头，但随着大批基建项目的逐步完善，推动中国经济成长的动力将由基础建设和廉价商品出口转向服务型行业。在新的趋势下，"铁公基"带动的基础工业金属原材料分主题的周期将要进入成长晚期，给出减仓的信号。

同时，基础工业金属原材料属于周期性产品，受美国经济危机的影响，经济周期可能进入高峰期。根据阶段成长周期型股票的操作方法，应该在周期的顶部卖出，也是准备减仓的信号。

3．产业链相关公司和资产的表现令人担忧

从与产业相关的期货资产表现看，铜、铁等价格出现过去少有的较大幅度上下波动，呈现明显的见顶走势（图1-29）。

图1-29　铜期货价格（Barchart. com 图）

从产业链的相关公司看，分析师开始调低铁矿和铜矿公司2008年第三、四季度的盈利预估。行业前景亮起黄灯，引起我们的警觉。

4．资金流出高风险的资产

2007年10月底，美国债市稳定，小幅上涨，资金开始流出风险高的资产类别，如股市、期货市场，转入美国国债等安全资产（图1-30）。根据资金流向的趋势，我们也要暂时调整组合，降低风险。

5．等待市场最后裁决

无论我们的分析多么精确，但总会有这样或那样的因素被忽视，最好的避免错误的做法是看市场的反应。

巴西淡水河谷（Vale S. A. ，VALE）在2008年1月底，出现了特大量的大幅下跌（图1-31），成交量是日均交易量的两倍，且跌破40周平均线。虽然之后有反弹，但

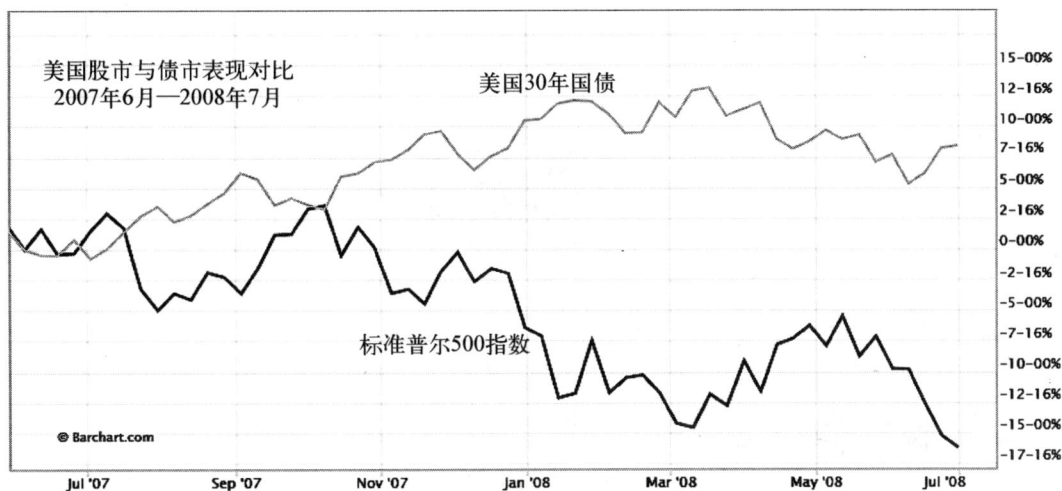

图 1-30　美国股市与债市表现对比（Barchart. com 图）

上涨时成交量却萎缩。我们对其走势保持警惕，2008 年 6 月市场给出减仓信号，确认之前的分析，我们开始减仓，并随市场的进一步恶化，到 7 月中完全清仓。

图 1-31　淡水河谷周图（Chart courtesy of TC2000®. com）

　　南方铜业（Southern Copper Corp.，SCCO）的走势基本与淡水河谷相近，我们采取了和淡水河谷相同的策略，于 2008 年 6 月开始减仓，至 7 月卖出全部仓位（图 1-32）。

　　上述五大管理组合的考量因素都给出了需要调整基础工业金属原材料分主题投资组合的信号，我们从 2008 年 6 月初开始逐步降低淡水河谷（Vale S. A.，VALE）和南方铜业（Southern Copper Corp.，SCCO）的仓位，至 7 月中，全部清空所有仓位，完结该主题。

图 1-32　南方铜业周图(Chart courtesy of TC2000®.com)

附录：实盘演练和答案提示

宏观主题双趋势投资法实盘演练：从央行货币政策、汇率走势和原油供需变化的趋势中寻找投资机会

　　演练目的：宏观主题投资是相对较新的投资策略，为帮助读者巩固本章所介绍的内容，我特别挑选了较新的宏观趋势的主题投资实例作为演练，让读者自我验收对宏观主题投资策略及五大环节八大步骤的理解程度和应用能力。

　　演练要求：根据以下所提供的全球政治、经济、科技等重大因素的变化资讯，通过分析研究，确定宏观趋势，寻找最佳投资主题，锁定最能从该宏观大趋势中获益的投资目标。

　　演练资讯：

　　资讯内容：2014 年 7 月 28 日前全球政治、经济、金融等相关资讯

　　资讯类别：

　　a. 全球主要央行货币政策资讯

　　b. 全球汇率市场资讯

　　c. 全球原油市场资讯

　　d. 主要资产资金流向（2014 年 7 月 28 日）

一、全球主要央行货币政策资讯

　　2014 年全球主要央行的货币政策出现南辕北辙的背离之势：美国联储会准备结束量化宽松，逐步缩紧银根；欧洲央行和日本央行等则继续实行量化宽松。

美国开始退出量化宽松

美联储在 2013 年 12 月份的议息会议上宣布,自 2014 年 1 月起,每月的债券购买金额将减少 10 亿美元,拉开美国终结量化宽松的进程。

欧盟和日本等主要发达国家继续量化宽松

日本——继续现行量化宽松政策

日本自 2013 年 4 月 4 日开始量化宽松政策后,经济并未见多大起色,依然非常疲软,有人甚至提出需要更进一步扩大量化宽松。

欧洲央行——实行负利率政策,暗示会量化宽松

2014 年 6 月 5 日,欧洲央行再次降息,下调基准利率,并将存款利率由零降至负 0.10%,这不仅是该行历史上首次实行负利率政策,在主要央行利率政策史上也非常少见,其目的是抵御长期的低通胀,支持欧元区脆弱的经济复苏进程。欧洲央行的负利率政策不是对广大储户,而是指各商业银行在欧洲央行的存款利率为−0.1%,即商业银行在央行存款,要倒付 0.1% 的利息给央行。除了降息,实施负存款利率之外,行长马里奥·德拉吉(Mario Draghi)还表示,在必要时将进一步放松货币政策,以推动通胀率回到更接近 2% 的水平,其终极目标是价格稳定,改善信贷。

2014 年 7 月 10 日,葡萄牙圣灵银行(Banco Espírito Santo)不能支付到期的短期债务,再度引发市场对欧洲银行体系健康强度的担忧,引起欧洲央行及全球的关注。

英国央行——维持现有量化规模

2014 年 7 月 23 日,英国央行议息会议所有成员一致同意,保持现行利率,维持其 3 750 亿英镑的债券购买计划不变。

二、全球汇率市场资讯

美元指数——资金从 2014 年 7 月 28 日开始流入美元

图 1-33 美元走势(Barchart.com 图)

美元指数构成（图1-34）：

欧元所占比例：58%

日元所占比例：13%

英镑所占比例：12%

加元所占比例：9%

瑞典克朗所占比例：4%

瑞士法郎所占比例：4%

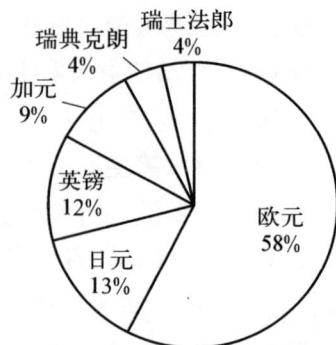

图1-34　美元指数构成

欧元走势

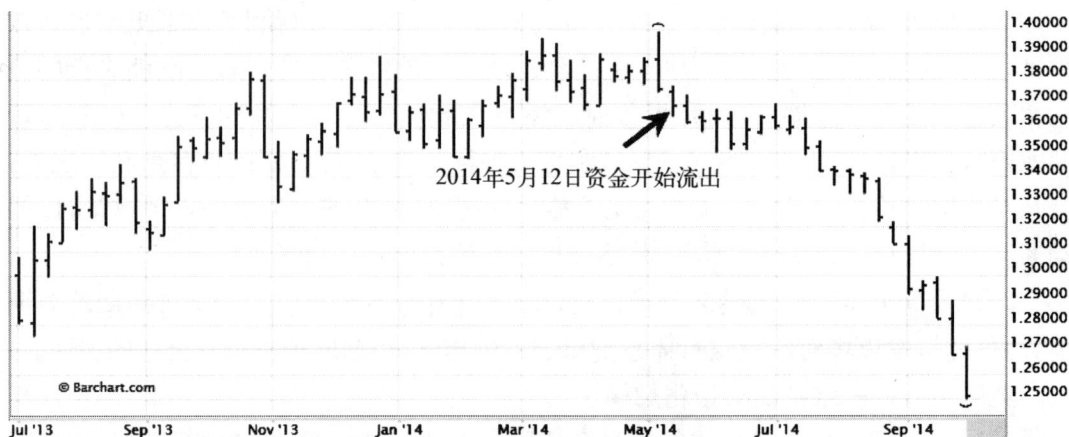

2014年5月12日资金开始流出

图1-35　欧元走势（Barchart. com 图）

日元走势

2014年7月28日资金开始流出

图1-36　日元走势（Barchart. com 图）

英镑走势

图 1 - 37　英镑走势(Barchart. com 图)

三、全球原油市场信息

世界石油市场出现结构性变化,石油输出国组织欧佩克(OPEC)的石油垄断地位大幅削弱。

欧佩克成立于 1960 年,现已发展为包括亚洲、非洲和拉丁美洲的主要石油生产国在内的国际性石油组织,有 13 个成员国:沙特阿拉伯、伊拉克、伊朗、科威特、阿拉伯联合酋长国、卡塔尔、利比亚、尼日利亚、阿尔及利亚、安哥拉、厄瓜多尔、委内瑞拉和印度尼西亚。其宗旨是:协调和统一各成员国的石油政策,以最适宜的方式维护成员国各自和共同的利益,确保国际石油市场的价格稳定,为石油消费国提供充足的石油供应。

欧佩克长期以来通过调整原油产量,控制世界原油价格,保持其高额的垄断利润。当油价低迷时,欧佩克就相应降低石油产量,油价因市场供应下降而上涨;当油价过高时,欧佩克则适当提高产量,使油价因供应增加而回落,以避免过高的油价刺激各国大举发展替代能源,打压未来的石油价格。但随着美国页岩油开采技术的革命,石油产量突飞猛增进,全球石油供需格局大转变,欧佩克的垄断地位受到威胁。

美国是页岩油气储量大国,50 个州近一半拥有页岩油气。随着水平钻井和水压裂变开采技术的突破,页岩油气产量猛增。国际能源机构(IEA)曾在 2012 年 11 月的报告中预测,到 2020 年,美国的石油产量将超越沙特,位居世界第一。事实上,根本没用这么长时间,2014 年美国的原油产量(图 1 - 38)就超出了沙特阿拉伯,成为全球最大的产油国。

目前,世界三大产油国是美国、俄罗斯和沙特阿拉伯,仅沙特阿拉伯为欧佩克成员,美国和俄罗斯都不是该组织成员,原油市场上非欧佩克权重增加,大大冲击了石油输出国组织的垄断地位。

图 1-38　美国石油产量趋势图(来源：美国能源部)

石油产量大幅增加,但需求却并不强劲。虽然美国在大手笔量化宽松政策的护航下,经济开始复苏,但中国的经济成长减缓,日本和欧盟等经济持续低迷,而美国经济好转并不能大幅提高全球原油的需求,因为美国石油产量猛增,已使其从净进口变为可以自给自足的格局,只是受政策所限,美国目前还只能出口汽油,否则,它也该成为原油出口国了。主要经济体的经济形势欠佳对素有"工业血液"之称的石油需求异常疲软,石油市场供给大于需求,供求关系失衡。

四、主要资产资金流向

截至 2014 年 7 月 28 日当周,全球主要资产的资金流向是：

资金流向发生变化的资产(表 1-18 中画圈的资产)是：石油、日元和糖,资金开始流出；

表 1-18　纽约天骄基金管理公司全球资产资金流向表(2014 年 7 月 28 日)

美元⇧ 2014 年 7 月 21 日	明晟全球指数⇧ 2014 年 3 月 3 日	国债↔
黄金↔	白银↔	铜↔
天然气↔	石油⬇ 2014 年 7 月 28 日	日元⬇ 2014 年 7 月 28 日
糖⬇ 2014 年 7 月 28 日	棉花⬇ 2014 年 6 月 23 日	大豆⬇ 2014 年 6 月 9 日
欧元⬇ 2014 年 5 月 12 日	玉米⬇ 2014 年 5 月 12 日	小麦⬇ 2014 年 5 月 12 日

注：近期资金流入⇧　　资金流向中性↔　　近期资金流出⬇

资金继续流入的资产是:美元和全球股市;

资金继续流出的资产是:欧元、棉花、大豆、玉米和小麦;

资金出入持平,呈中性的资产是:美国国债、黄金、白银、铜和天然气等。

表 1 - 19 纽约天骄基金管理公司全球股市资金流向表(2014 年 7 月 28 日)

中国上证指数⇧ 2014 年 7 月 28 日	巴西博维斯帕指数⇧ 2014 年 6 月 10 日	日本日经 225 指数⇧ 2014 年 6 月 9 日
墨西哥 IPC 指数⇧ 2014 年 6 月 9 日	香港恒生指数⇧ 2014 年 4 月 11 日	德国 DAX 指数↔
英国富时指数↔	法国 CAC 指数↔	美国标普 500 指数⇧ 2014 年 3 月 3 日

注:近期资金流入⇧　　资金流向中性↔

截至 2014 年 7 月 28 日当周,全球主要股市的资金流向(表 1 - 19)是:

资金流向发生变化的股票市场是:中国上证指数;

资金继续流入的股票市场是:美国标普 500 指数、日本日经 225 指数、香港恒生指数、墨西哥 IPC 指数和巴西博维斯帕指数;

资金出入持平,呈中性的股票市场是:德国 DAX 指数、英国富时指数和法国 CAC 指数。

演练提示　央行货币政策、汇率走势和原油供需变化大趋势的主题投资策略

我们摘录了纽约天骄基金管理公司(http://www.tjcapital.com)2014 年第三季度"美元强劲,石油供求失衡宏观主题投资"的实例作为宏观主题投资演练的提示,供参考。

美元强劲,石油供求失衡投资主题摘要

宏观趋势:美元强劲,石油市场供大于求

主题:原油价格疲软

多头分主题:美国本土支线航空业

空头分主题:页岩油开采设备与服务业

投资方法:宏观主题双趋势投资法(多空并举)

投资时间跨度：中期

回收/风险评估：高/高

管理投资组合：宏观大趋势、主题周期、公司未来盈利前景、市场走势等

美元强劲，石油供求失衡投资主题分步演示

一、确定宏观趋势

第一步：确定原油价格疲软宏观大趋势

1. 供需关系

供给：美国页岩油开采技术突破，有效提高石油产量，使全球石油供给大幅增加；

需求：虽然美国经济复苏，但日本、欧盟、中国等主要国家经济成长减缓，石油需求相当疲软；

全球原油市场供需失衡，供给大于需求，从卖方市场转向买方市场。

2. 政治因素

欧佩克垄断地位明显下降。

近几年，美国页岩油产量大幅提高，使其跻身世界三大产油国之列，如我们在演练资讯中所提到的，美国、俄罗斯和沙特阿拉伯三大产油国中仅沙特为欧佩克成员，从表面的数字比例上看，欧佩克垄断地位已经受到威胁，而背后的政治意义更是如此。1970年石油危机后，美国对中东的政策以石油为中心展开，一方面扩大其在中东影响，另一方面采取各种措施降低对中东石油供应的依赖。美国页岩油的蓬勃发展，使石油危机之后历届政府无论是共和党还是民主党，所追求的减少对中东石油依赖的理想成为现实。随着美国能源独立性大为提高，其对中东的政策也发生微妙变化，从过去独亲沙特阿拉伯的政策，转向均衡策略，均衡以沙特为代表的逊尼派与以伊朗为代表的什叶派之间的关系，加大欧佩克成员国内部矛盾，以达到削弱甚至完全瓦解欧佩克的目的。欧佩克在世界石油市场呼风唤雨的地位被动摇。

3. 货币因素

除美国外，全球主要央行都在量化宽松，导致美元兑主要货币大幅走高；强劲的美元给以美元计价的石油价格带来下行压力。

二、寻找投资主题

第二步：以相关性原则、以量取胜原则和合并原则，建立与趋势相关的主题库

包括：

1. 所有石油相关行业

2. 以石油为原料的化工业

3. 运输业

4. 替代能源

5. 节能减排

6. 有效使用能源技术等

第三步:根据最高相关度原则、生命周期原则和多趋势交叉原则,精选投资主题或分主题

● 空头主题:

石油相关行业中的页岩油设备和服务业

理由:

1. 和其他方式开采的石油相比,页岩油的开采成本基本上是最高的(仅次于油砂矿),油价下跌时,也受伤害最深;

2. 最直接受到伤害的首先是石油开采服务公司,放贷给页岩油开采公司的银行更担心页岩油设备和服务公司在油价下跌时的偿债能力,因为石油开采公司地下埋着石油,油价下跌只是使其硬资产价值缩水,而相关开采服务公司则可能会受低油价的拖累,而资不抵债。

● 多头主题:

运输业中的美国本土支线航空公司

理由:

1. 航空公司的油耗占其成本的30%,在运输业中比例最高;所以,油价下跌,其受惠也是最大的;

2. 2008年后,美国航空工业从破产的边缘起死回生,然后通过兼并收购,航空工业发生结构性的变化,从恶性削价竞争转向半垄断地位;

3. 美元强劲,美国国际航线航空公司在国际市场上竞争力下降,而德国、日本等国家的航空公司因本国货币贬值,在价格上比美国的同行更有优势,从而吸引乘客。但是,美国本土支线航空公司却不受强劲美元的影响,而且美国经济一枝独秀,民众旅游开支增加,嘉惠该行业。

三、锁定投资目标

第四步:建立与主题相关的股票池

航空业及价值链上的公司:

United Continental Holdings, Inc.(UAL,美国)

American Airlines Group Inc.(AAL,美国)

Southwest Airlines Co.(LUV,美国)

Alaska Air Group, Inc.(ALK,美国)

Delta Air Lines, Inc.(DAL,美国)

JetBlue Airways Corporation（JBLU，美国）

Spirit Airlines，Inc.（SAVE，美国）

Allegiant Travel Company（ALGT，美国）

Ryanair Holdings plc（RYAAY，英国）

China Southern Airlines Co. Ltd.（ZNH，中国）

China Eastern Airlines Corp. Ltd.（CEA，中国）

Copa Holdings SA（CPA，巴拿马）

页岩油服务及价值链上的公司：

Nabors Industries Ltd.（NBR，百慕大）

Precision Drilling Corporation（PDS，美国）

Helmerich & Payne，Inc.（HP，美国）

Patterson-UTI Energy Inc.（PTEN，美国）

Schlumberger Limited（SLB，法国）

Halliburton Company（HAL，美国）

Baker Hughes Incorporated（BHI，美国）

Oasis Petroleum Inc.（OAS，美国）

Emerge Energy Services LP（EMES，美国）

U. S. Silica Holdings，Inc.（SLCA，美国）

Hi-Crush Partners LP（HCLP，美国）

第五步：通过相关度、可投资性和公司基本面横向分析等定量分析方法，初选投资目标

多头目标：美国支线航空公司

JetBlue Airways Corporation（JBLU）

Spirit Airlines，Inc.（SAVE）

Allegiant Travel Company（ALGT）

空头目标：页岩油开采服务沙砾原料供应商

Emerge Energy Services LP（EMES）

U. S. Silica Holdings，Inc.（SLCA）

Hi-Crush Partners LP（HCLP）

第六步：对定量结果和其他非量化的重要因素作定性分析，锁定最终投资目标

最终多头目标：

美国支线航空公司捷蓝航空（JetBlue Airways Corp.，JBLU）

理由：

● 100％美国本土业务

- 成长最快的支线航空公司
- 股价处于相对合理的价位

最终空头目标:

页岩油开采沙砾原料供应商 Emerge Energy Services LP（EMES）

理由:

- EMES 是石油开采服务公司
- 为页岩油开采公司提供沙石产品是其全部的业务
- 高开采成本的页岩油开采受油价下跌的影响最大

四、构建与管理投资组合

第七步:构建投资组合

请依据构建组合的趋势分散、主题分散、逐步建仓、低相关度和市场确认原则,根据你的实际投资规模,建立仓位。

我们在构建组合时,捷蓝航空(JBLU)和 EMES 的建仓区间如图 1-39 和 1-40,仅供参考。

多头美国捷蓝航空(JetBlue Airways Corp.，JBLU)

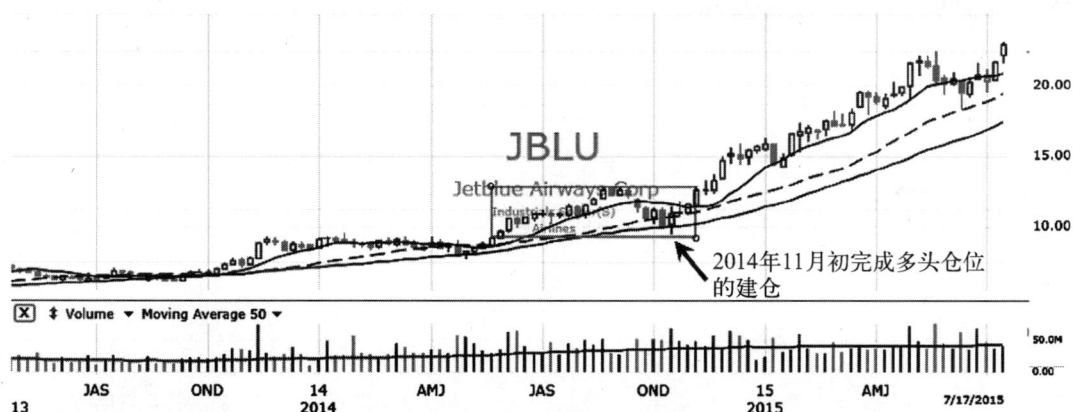

图 1-39　捷蓝航空(JBLU)周图(Chart courtesy of TC2000®.com)

第八步:管理投资组合

管理组合时,请考虑宏观趋势变化、主题周期所在阶段、公司盈利前景和石油等资产的表现及市场确认等重要因素,同时还要特别注意石油的期货期权市场对其价格的影响。石油是期货产品,除了现货市场外,还有期货、期权等衍生产品并存的金融市场。2014 年,全球原油日需求量和期货市场日均交易量的比率约为 23% 左右,也就是说,世界 81.3% 以上的石油是用于投机或对冲避险的。而在 2008 年原油价格高峰时,这一比例更高。所以,供需的不确定,以及石油的现货与期货共存增加了石油市场的复杂性,导致石油价格极易大幅波动。

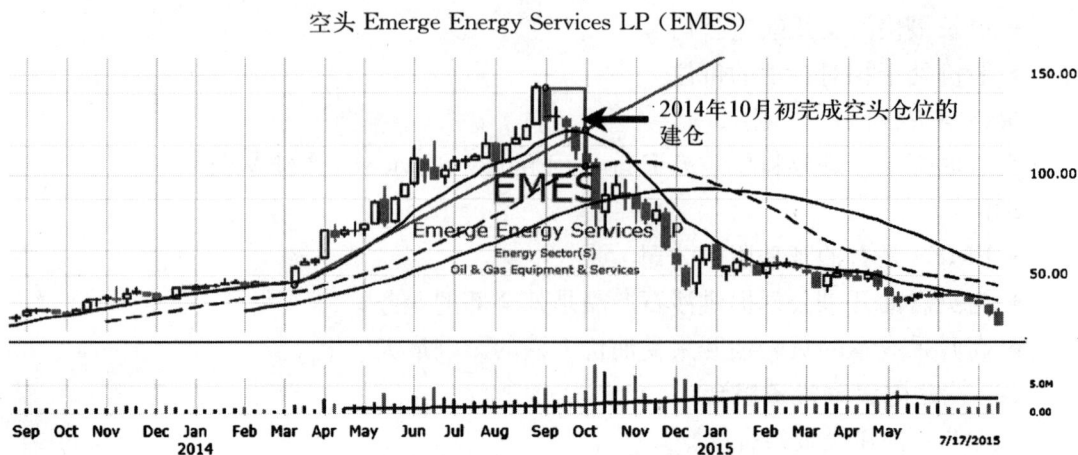

图1-40　EMES周图(Chart courtesy of TC2000®. com)

　　宏观主题演练没有准确的答案，也没有统一的标准，唯一检验答案正确与否的是，能不能获得与风险相适应的高投资回收。只要你能从演练所提供的相关因素中，确定宏观趋势，找到顺应该趋势的投资目标，并从中获得高额利润，就是正确答案，也是对本章学习成果的最好验收。

第二章

不同的经济周期阶段，不同的板块轮换

·

选股投资的方法五花八门，但若要从金融领域较盛行的专业选股方式而言，一般分为两大类，一类是自上而下选股法，另一类是自下而上选股法。

- 自上而下选股法

从宏观大市入手，首先确定当前的宏观环境是否有利于股市投资，然后找出此宏观环境下最为受益的产业部门和行业，最后确定这些行业中的龙头公司。该方法根据公司相对经济的成长速度，通常将股票分为：快速成长型、稳步成长型、缓慢成长型、周期成长型和负成长型等。

- 自下而上选股法

从挖掘最具潜力的股票入手，不太关注宏观环境、产业部门和行业形势，一旦确定了目标即买入，不管宏观经济和市场走势如何。根据选择的股票类型可分为：高收益型、价值型、成长型、大市值股、小市值股、高 β（贝塔）值股或高 α（阿尔法）值股等。

为什么采用自上而下的选股法

条条大路通罗马，每一种方法都有其道理，也都出现过大师级的代表人物，但我本人还是倾向于自上而下的选股方法，因为宏观因素对行业和公司的影响无处不有、无时不在。我们来看看下面几个例子：

1. 美国政府向网店开征销售税冲击网络零售业

在美国购物，店家都会收取零售销售税。自网店开始，因为没有明确的法规，在网上购物是没有销售税的，这也是网络购物吸引消费者的原因之一。但这也让各州政府的财政收入短缺了一部分。几经周折之后，2013 年，美国政府通过法案向网络零售商开征销售税，这对网络零售商特别是小型网店公司产生极大负面影响，因为增加了公司的运营成本。如果用自下而上的选股方法，是无法看到征收销售税可能影响电子商务公司未来收入的潜在风险。

2. 政府支持清洁能源行业

政府为了支持绿色能源工业和扩大就业,拨款购买大批太阳能路灯,推动太阳能行业和相关公司,也带动了其他相关行业,如工程安装、配套材料制造业,甚至某种程度上说,还会对电力行业产生一定影响。

3. 廉价的天然气和严厉的环保法规击垮煤炭业

近几年,美国政府推出了越来越严格的环保法令,不仅对煤炭开采公司提出严格的保护环境的要求,也要求电厂等煤炭大用户严格执行排放物成分要求,加之,美国因天然气开采技术突破产量大增,天然气价格极其便宜,使很多电厂纷纷弃煤就气,导致煤炭需求遇冰冻期,美国煤炭业苦不堪言,煤炭公司的破产重组已不是新闻,煤炭行业一蹶不振。

4. 央行的宽松货币政策几乎嘉惠所有行业

央行采取的低利率宽松货币政策,可以刺激企业和个人的贷款活动,增加银行的贷款量,提高银行业的盈利。同时,企业因借贷成本下降,也更愿意多借资金,投入再生产,从而促进了就业市场和经济的发展。可以说宽松的货币政策会影响到几乎所有行业。

除上述情形外,通货膨胀、贸易顺(逆)差、汇率的波动、就业环境的改善、最低薪资的增加、货币战争等等,都会给行业和公司的盈利带来重大影响。由此可见,宏观因素的影响是方方面面的,从宏观因素入手的自上而下的选股法,可以帮助我们较全面地分析一切可能对未来股价产生影响的因素,了解投资的潜在风险所在,并根据宏观因素的变化及时调整投资的方向。与孤立地研究某一公司估值和成长的自下而上的选股法相比,自上而下的选股法更具优势。

自上而下选股法的三段式分析

自上而下的“上”——宏观

“上”是具体地分析宏观经济现在所处的周期阶段,判断其未来的发展趋势。

自上而下的“中”——行业

“中”包括两个方面:一方面是分析经济周期对产业部门和行业的影响,也就是在不同的经济周期大环境下,哪些产业部门和行业将最为受益或受损;另一方面是根据各行业自身的特点以及主流社会常用的分析方法作进一步的分析。

自上而下的“下”——公司

“下”是对公司的研究,分析公司的财务状况和估值等是较常见的研究公司的方法,这部分我们主要是通过定理初选来完成,没有花太多的笔墨,而是侧重于从成长的角度出发,依据公司所在的成长周期阶段不同,确定不同类型的投资目标,并着重介绍我们在实际投资中,针对不同成长类型的公司所采用的最有效的投资方法。

第一节　股市具有超前性,分析宏观经济
要着眼于其未来趋势

　　如果你是一名医生,你需要熟悉各种病症,如何用药;如果你是一名律师,要将各典章制度和法律条文了然于胸;如果你是电脑程序设计员,你要知道的是如何缜密思维,写出符合逻辑的程序;原料采购员要知道市场行情;产品销售员需要了解客户和市场需求;各行各业都有自己的门道,所谓术业有专攻。但是在股市投资上,"专攻"可能还远不够。我们常说股市是博大精深的,它的博大在于它的涵盖面广,它的涉及面深。在交易所挂牌交易的公司基本上来自各行各业,股市既是现代经济活动中不能缺少的部分,它本身就是庞大的经济活动的缩影。所以做股市投资,我们首先要知道宏观经济环境是如何影响股市的,当然这不是要求每个人都成为经济学家,但至少应该具备一点经济学的概念,这样我们才知道股市喜欢什么样的经济环境? 在不同的经济环境下,我们又该如何投资?

股市喜欢什么样的经济环境

　　经济稳步成长,物价稳定、通胀温和,就业市场健康,对外贸易平衡和货币币值平稳的经济环境是股市最喜欢的,也是各国政府和央行所追求的目标。

一、股市喜欢经济稳步成长

　　经济成长是各国政府都乐于见到的。经济成长也就是我们常听到的 GDP 增加,GDP 是国内生产总值(Gross Domestic Product)的英文缩写,是一个国家或地区在某时期内生产的所有最终产品和提供劳务的市场价值,反映该国的总体经济面貌。

　　● 经济成长,皆大欢喜

　　经济成长也就是生产出的商品和提供的服务增多了,这对老百姓而言,是国民的物质生活水平相应提高;对政府财力来说,是税收增加,经济带动就业,也降低了政府发放失业救济金的压力,赤字减少,国库充实;从社会安定看,经济形势良好,失业率下降,社会问题减少。经济稳步成长,百姓安居乐业,社会繁荣稳定,一片国泰民安的景象,也是股市的黄金期。

　　● 经济成长要可持续性

　　经济成长带来一片繁荣,但也不是说成长速度越高就越好,最关键的要看经济成长的强度和耐力,换句话说,就是促成经济成长的真正动力有多强,和这一推动力能

否持续。股市不喜欢看到由信贷扩张带来的经济成长,而更喜欢看到通过提高产能和生产率实现的可持续的经济成长,而经济成长率也不能长期高于生产率可支持的增长速度,否则将引起通胀等问题。

二、股市喜欢物价稳定的经济环境

物价稳定就是没有通货膨胀。通货膨胀,说简单一点就是,在某段时期,给定经济体中的物价水平普遍持续增高,造成货币购买力的持续下降。也就是我们常说的,钱不值钱了。

通货膨胀不一定都是威胁经济的洪水猛兽,温和良性的通货膨胀有利于经济的发展。通常来说,各国央行都希望能将通货膨胀率控制在2%左右,这是较为理想的水平,如通胀率高过3%就可能对经济成长产生负面影响。当然也不能说某国的通货膨胀率是3%就非常糟糕,通胀率的绝对数值固然重要,但也要分析其相对性,也就是与其他国家作比较,如果其他国家的通胀率都在5%或6%上下,那么本国3%的通胀应该说是相当不错了。所以说,通货膨胀率既不能太高,也不能太低,维持在2%左右最好。

● 高通胀阻碍经济成长

高通货膨胀的结果是产品价格上涨,企业生产成本提高,本国的产品与其他国家的同类产品相比,价格相对较高,在国际市场上失去竞争力,从而影响出口贸易,进而导致经常账户收支失衡。另一方面,高通货膨胀也使货币贬值,本国货币的购买力减弱,不利于货币的稳定,而每个国家都希望自己的货币币值能够稳定。当经济发展过热,通货膨胀率高升时,央行为抑制过热的经济,常采用加息的方法,给经济成长踩刹车,抑制通货膨胀,最终导致经济成长减速。此外,在高通胀环境中,因为央行可能加息的力度等不确定因素的存在,资本投资者无法作成本核算,投资积极性大受打击,多采取观望态度,影响了经济活动。所以,股市不喜欢通货膨胀过高的经济环境。

● 低通胀危害经济成长

当然,通货膨胀率也不能过低。低通胀出现的情形一般是失业率过高,工业产出量较低,导致市场对产品需求大幅下降,造成低通胀的情形,进而引发经济衰退。但是有一种情况例外,那就是由于技术先进带来的成本大幅下降而造成的低通货膨胀。另外,低通胀还会使负债高的消费者的实际负债增加,动摇消费者的信心,最终影响到整体经济。低通胀也会影响到央行的货币刺激政策,使货币刺激不见效果,因为利息下调的空间已所剩有限。

综上,高通胀阻碍经济发展,低通胀是经济衰退的前兆,所以,只有不高不低适度的通货膨胀才是股市所喜欢的。

三、股市喜欢健康的就业市场

经济学家普遍认为失业率在 3% 左右，就可以说是比较健康的充分就业市场，这样的就业环境反映出经济正在满负荷的运转中。为什么要保证充分就业呢？

● **高失业率让失业者没了信心，增加了政府负担，造成社会不安定**

在高失业率环境下，长期失业让失业者对未来丧失信心，因为失业，很多人失去了收入，有些靠领取政府的补助获得低收入，所以他们不敢消费。由于看不到希望，他们也不想再去学习新的技术和技能，寻找新的就业机会，也无法满足未来工作岗位的要求，长此以往，成为社会的长期负担。很多人失去了收入，需要依靠政府的失业救济金，大量发放失业金增加政府的借贷负担。太多人没有工作，也必然导致社会的不稳定，犯罪率高升，特别是年轻的失业者易有犯罪行为。所以，高失业率是最让政府头疼的事情，也是股市极为厌恶的。

● **就业市场过热，可能导致通货膨胀，进而遏制经济成长**

经济高速成长时，就业市场也越来越强劲，人们找到工作，有了收入，消费信心增加，贫富差距逐渐消除，社会环境也相对稳定，这些都是有利于经济发展和推动股市上涨的一面。但是，否极泰来，泰极否至，过于健康的就业市场也并不就是十全十美。充分就业的另一层含义是，劳动力市场紧张，劳动力短缺，出现了公司需要人却雇不到人的局面。供给减少就意味着价格上涨，企业间为了延揽优秀员工，只得提高薪水，增加福利，其结果是公司的营运成本增高，导致所生产的产品或所提供的服务的价格上涨，带来了高通货膨胀；当高速经济成长和高通货膨胀同路而行时，央行又得忙着抑制通货，给经济降温，最终成长止步。

四、股市喜欢贸易平衡

贸易平衡是指一个国家或地区在特定时间内对外贸易进出口总额基本上趋于平衡。当然这是一种理想状态，在现实中，真正能够达到贸易平衡的现象并不多见，要么就是贸易顺差，要么就是贸易逆差。贸易顺差是在某时间内，出口贸易总额大于进口贸易总额，又称"出超"。贸易逆差则是在特定时间内，出口贸易总值小于进口贸易总值，即贸易逆差，又称"入超"、"贸易赤字"。

● **产品在海外市场竞争力下降，贸易失衡**

一般而言，各国政府都会想方设法保持本国在对外贸易中的进出口收支平衡，如能达到小额顺差，则有利于经济的发展。但是一个国家如果因为技术落后，或者是生产成本过高等原因，产品在国际市场上不具竞争力，需求疲软，出口减少，就可能造成贸易逆差。长期的贸易赤字的结果可能是该国货币的贬值，因为该国要用更多的本国货币去支付进口商品款项。另一方面，政府也需要本币贬值，使出口商品的价格在海外市场具有吸引力,从而提高出口,改善出口不利的局面。货币贬值的结果是,资产外流,影响经济发展,对老百姓而言是生活水平下降,因为进口产品的价格越来越昂贵了。

- 逆差未必都是坏事,顺差也未必都好

贸易逆差也不都是坏事,具体问题要具体分析。如果该国的经济正处于高速发展阶段,因为需要进口大量的原材料等生产物资,而导致进口远远高于出口,而出现贸易失衡,这是一种良性现象。所以,分析贸易平衡,要具体情况具体对待。还有一种情形是经济快速成长,导致国内通货膨胀高升,相比而言,进口产品的价格反倒比本土产品更便宜,因而大举进口海外产品,导致了贸易失衡。

贸易顺差表明出口强劲,促进经济增长,但贸易顺差并非越多越好,过高的贸易顺差可能意味着该国经济的成长比过去任何时候都更依赖于海外市场,一旦海外市场需求疲软,将冲击本国的出口,影响经济发展。

五、股市喜欢币值平稳

一般来说,一国货币强劲是其经济繁荣的写照。第二次世界大战后的日本和德国,生产力不断提高,产能大增,失业率持续下降,经济飞速发展,日元和当时的德国马克一路坚挺。

- 恰当的货币升值,利国利民

对于老百姓而言,本国货币越强越好,可以出手阔绰地到海外消费,也可以买到更多的海外资产,增加投资所得。对于国家来说,强劲的本国货币也是益处颇多,进口产品价格便宜,既降低企业进口原材料的成本,也提高国民生活水平。当然,货币强劲不利于出口,但如果产品的技术含量高,竞争力强,该国还是有能力消化强势货币对出口的负面影响。而且从某种程度上说,强势货币对出口企业也是一种激励,刺激企业采取积极的措施提升在国际市场上的竞争力,比如提高生产力,将资金投入到产业链的高端环节等等。但是,如果坚挺的货币是外汇市场的过度投机所致,而并非经济成长的结果,那就说明相对于经济成长来说,该国的货币被高估了,这样可能会伤害其经济发展,引发经济衰退。

另一方面,货币不仅要强劲,而且要强劲在恰当的时候,当经济扩张时,货币强劲是最佳时机,它可以降低通胀压力,促进经济继续成长。但如果是在经济衰退时,货币升值,却会因为冲击出口,而导致经济进一步衰退,这就是屋漏偏逢连夜雨,货币升值时机不当。

- 货币贬值,福祸相依

货币贬值通常多是经济疲软所致,经济衰退时,央行会降息,降低了本国金融产品对海外资金的吸引力,减少对本国货币的需求。造成货币贬值的其他原因包括:该国政府债台高筑;贸易逆差巨大;央行大手笔向市场注资刺激经济;国家政局不稳定,以致让人担心该国货币是否还能继续流通等等。

当然,货币贬值也不尽是坏处,它有利于出口贸易,因为本国产品价格在国际市场上更有竞争性,同时因为进口产品价格昂贵,也刺激了国内市场购买本土产品的需求,增进本国经济的发展。

经济周期变化的主因是货币与财政政策的纠偏矫枉过正

稳定的成长、温和的通胀、充足的就业、贸易收支平衡、货币稳定不只是股市最理想的经济环境,也是各国政府理想的执政目标。经济成长,失业率下降,人民生活水平提高,社会安定,国内生产总值(GDP)提高,政府的税收增加,发放失业救济金的负担减轻,财政赤字减少。

然而,理想总是和现实存在着差距,为什么呢? 经济成长、通货膨胀、就业、贸易平衡和货币等宏观因素之间既相辅相成,也相生相克,它们之间存在着矛盾。

一、经济成长中的矛盾

1. 经济成长与通货膨胀的矛盾

经济成长,个人收入增加,带动消费,而过度的消费也就带来通货膨胀的压力,特别是当经济成长是靠大举扩张信贷而促成的 GDP 增长时,社会总需求(AD: Aggregate Demand)成长速度高于总供给的成长速度,导致通货膨胀。社会总需求又称总支出,是经济活动中对物品与劳务需求的总和,即 AD＝C＋I＋G＋(X－M):

C:是消费需求,也就是国民的日常消费;

I:是投资需求,企业投资过程中对商品和劳务的购买;

G:是政府需求,也就是政府的开支,是政府部门对商品和劳务的购买;

X－M:是出口需求,X 是出口,M 是进口,反映国外市场对本国商品和劳务的需求。

凯恩斯经济理论认为,总需求决定了国民收入与就业市场水平,总需求分析是凯恩斯经济理论的核心。和总需求相对应的是总供给,即生产活动中,实际可以提供给市场的供最终使用的产品和劳务量总和。供需关系决定价格是经济学的基本理论。所以,当总需求大于总供给时,意味着价格上涨,也就导致了通货膨胀的增加。

2. 失业率下降与通货膨胀的矛盾

经济成长固然创造了大批就业机会,使失业率大幅下降,但也最终造成劳动力紧缺,结果是员工薪资上涨,企业经营成本增加,导致终极产品价格攀升,引发通货膨胀;反之,失业率大幅增加时,也是经济处于不景气的时候,通常通货膨胀率也较低。

这种失业率低时通胀高,而失业率高时通胀低的失业与通货膨胀的反比关系就是著名的菲利普斯曲线(Phillips Curve)所揭示的含义。

3. 经济成长与贸易平衡和币值稳定的矛盾

随着经济的发展,人们的生活水平提高,对海外产品和服务的需求增长,进口增加;而另一方面,当经济强劲时,本国货币币值也相当坚挺,货币升值影响了出口;进口增加,出口下降,形成贸易逆差,长期的贸易逆差导致货币的贬值。

二、政府在经济发展偏离时的纠偏行为是导致经济周期变化的主要原因

当经济发展出现上述矛盾时,经济的步伐偏离了理想状态的轨道,政府会通过货币或财政措施,进行纠偏,在经济衰退时给予刺激,在经济过热时抑制通胀。货币措施通常包括:调整利息,增加或减少货币供应量等;财政措施常用的有:调整税率,调整政府开销影响需求等。

（一）货币政策调控经济

调整利率政策是近几年各国央行最常用的经济调控手段。当经济衰退时,央行通常会调低利息,来刺激经济,央行降息的主要目的是提高社会总需求,以带动经济复苏。降息的作用如下:

1. 刺激民众消费,因为钱存在银行,利息收入很低,消费者宁可拿去消费;另一方面利息低了,消费者购买大件物品的贷款利息下降,也刺激了消费。

2. 鼓励企业投资,因为利息下降,公司的借贷成本便宜了,企业可以增加借贷,扩大投资。

3. 减轻浮动利率债务人的负担:对选择浮动利率贷款购房购车的消费者,利息下降时,他们的债务负担也随之减轻,有了更多的消费能力,就可以再去消费。

4. 利息下降,贷款利率降低,消费者购房意愿增加,有利于房屋市场发展,房屋市场是经济的重要环节,房屋市场的复苏和成长可以带动木材、水泥、五金建材、电器产品等大批直接或间接与房屋相关的行业的发展。

5. 扶植出口,降息后,本国金融资产对海外投资人的吸引力下降,导致货币贬值,提升了本国产品在国际市场上的竞争力,有利于出口企业的发展,从而带动国内经济成长。

当经济成长过速时,通货膨胀也抬头,央行会采取加息的措施,降低社会总需求,来给经济降温,控制通货膨胀。加息的作用如下:

1. 抑制民众消费,加息后,银行储蓄的利息收入增加,同时因贷款利率增加,消费者购物的意愿下降,宁愿把钱存入银行。

2. 企业借贷下降,借贷利率增加,企业因借贷成本升高,而不愿意过高举债,借贷量下降,公司的投资活动减少。

3. 增加浮动利率债务人的负担，浮动利率贷款购房购车的消费者，在利息上升时，他们的债务负担也随之加重，更不想再去借债消费。

4. 加息阻碍房屋市场，贷款利息增加，购房的负担加重，房屋销售下降，影响相关行业。

5. 加息后，本国金融资产吸引了海外投资人，导致货币升值，削弱了出口产品在国际市场的竞争力，阻碍出口，影响经济发展，出口减少可能使贸易逆差增加。

6. 政府的借贷成本也因加息而增加，影响其财政预算，可能迫使政府提高税收增加财政收入。

（二）财政政策调控经济

政府财政措施主要是通过增加税收，或者是调控社会总需求中的"G"即政府开支来达到调节经济的目的。

1. 经济疲软时，政府会降低税收，增加开支

经济不佳时，政府通过降低税收和增加开支来刺激经济。增加开支就是扩大政府的需求，向企业购买更多产品和服务，扩大经济活动。降低税收等于提高个人或企业的收入盈余，以期刺激个人和企业的消费，拉抬经济。既增加开销又降低税收，结果是政府的财政收入相应减少，产生财政赤字大增的后遗症。

2. 经济过热时，政府会提高税收，削减开支

经济过热时，政府通过提高税收和削减开支来抑制经济过热。削减开支的目的是降低社会总需求中的政府需求，减少经济活动。提高税收后，个人和企业要缴纳更多的税，所得相应下降，连锁反应就是个人和企业的消费支出相应减少，从而降低了社会总需求中的消费和投资需求，达到给经济刹车的目的。政府提高税收，减少支出，国库充实了。

（三）货币政策与财政政策谁对经济更有效？

货币政策和财政政策都可能对经济调节起到一定的效用，但不同的经济时期效用不尽相同。如果是经济大萧条时期，一般是财政政策更有效，因为这个时期，利息已经非常低了，继续降息的空间有限，而且消费者极其缺乏信心，利息再低，也很难达到刺激消费的作用，让消费者彻底恢复信心需要相当长的时间，所以货币政策的刺激作用不明显，但财政措施却可能会收到立竿见影的效果。依靠政府扩大开支、增加需求、刺激经济是凯恩斯经济理论的主张，在 20 世纪五六十年代极其盛行，所以那个时期用财政政策刺激经济较为普遍。但到了七八十年代，货币政策理论开始盛行，财政政策的影响力减弱。

（四）为什么政府对经济的货币政策和财政政策经常不起作用？

政府希望通过货币措施或是财政来稳定经济，但结果却常常事与愿违，原因是：

1. 政府决策者常常号错了经济的脉搏，不知道当前的经济形势真正的需要是什

么,没能对症下药。比如,通货膨胀已经得到控制,但因为判断失误,央行还在继续采用加息等紧缩政策,导致了经济的衰退。而当经济已经快速成长了,政府还继续给予宽松的货币和财政刺激,最终的结果是经济过热和通货膨胀。

2. 大多数国家的政府都是官僚机构,工作程序烦琐,效率较低,等到决定采取什么措施、什么时候开始实施时,基本是大势已去了。

3. 政府扩大开支的政策虽然可以扩大需求,但也会引起个人消费或企业投资下降的挤出效应(Crowding Out Effect)。当政府在扩大开支刺激经济时,无形当中也成了私人或企业的竞争对手,分流市场的资金,没有达到预期的刺激经济的效果。

4. 政府扩大开支有时也会形成极端的浪费,会大大减少未来刺激效果的力度,但政客们不会适时地停止刺激措施,其结果不仅造成刺激过度,导致经济过热,同时也使政府囊中羞涩,捉襟见肘。

5. 过于宽松的货币政策给市场提供了太多的货币供给,使经济成长高于长期可持续成长力之上,致使总需求成长速度比经济活动能够提供的总供给高很多,这种严重的供需失衡势必导致价格飞升,薪资上涨,出现经济过热的情形。

正是因为在经济调控时,货币政策和财政政策存在各种缺陷,而央行和政府又常常出现失误,控制通胀,却控制过头,引起经济衰退;刺激经济,又矫枉过正,造成经济过热;导致经济的荣枯循环,所以政府在经济发展偏离时的纠偏行为是导致经济周期变化的主要原因之一。根据美国国家经济研究局的研究统计,这种周期状的经济循环通常分成五个阶段:扩张早期、扩张中期、扩张晚期、衰退早期和衰退晚期(图2-1)。

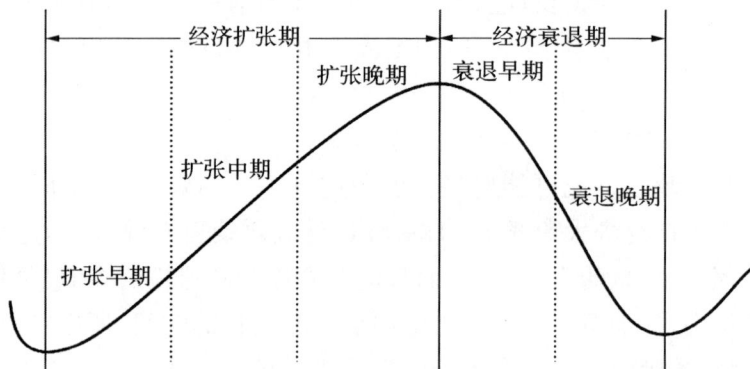

图2-1 经济周期变化

股市具有超前性,与经济发展密切相关

股市与经济密切相关,因为经济发展有周期性,所以我们的投资也要顺应经济的周期变化而作相应调整。

自上而下投资法首先就是从分析宏观经济入手，通过对各种经济数据的分析和研究，确定当前经济环境处于哪一周期阶段，但这还不够，因为，股市具有超前性，它反映的是未来的经济成长趋势，而不是现在的经济形势，所以我们的最终目的是要通过现在的经济数据研判出未来的经济趋势。

为什么股市具有超前性？

股价是公司盈利、红利和利率的综合反映，投资人关注的是未来公司的盈利，而现在的已经反映在股价上了。股价对公司未来盈利的反映具有超前性，而公司未来的盈利又受到未来经济发展的影响，所以股价是未来经济的反映，而不是现在经济的反映。

因为股市对经济反映具有超前性（如图2-2所示），我们在研究宏观经济时，不仅要研究现在的经济状态，更重要的是分析经济的未来发展趋势，以决定投资的方向。比如，我们根据对经济指数的分析，得出的结论是经济处于快速发展的阶段，而理想的经济环境是经济成长，通胀温和，若经济继续高速发展，未来通货膨胀的威胁将增加，在这种情况下，我们应该密切关注与通胀相关的经济数据。一旦通胀抬头，央行或政府可能采取相应的紧缩政策来防止通货膨胀的恶化，这将使经济成长减缓，超前反映经济的股市会提前下跌，而不是反映当前的经济成长而上涨，所以我们要降低投资与经济发展密切相关的行业板块的比重。如果，通过对经济数据的分析，我们看到经济正处于低通货膨胀，低工业生产率，产能下降的衰退阶段，央行或政府可能会采取宽松的政策刺激经济，就要关注政府长短期债券利息变化走势，当债券价格上涨、收益率下降时，市场可能预计到央行将会降息或采用量化宽松政策，经济衰退可能见底，股市会在经济走出低谷之前提前上涨，我们要增加投资在早期经济复苏时最为受益的行业板块。

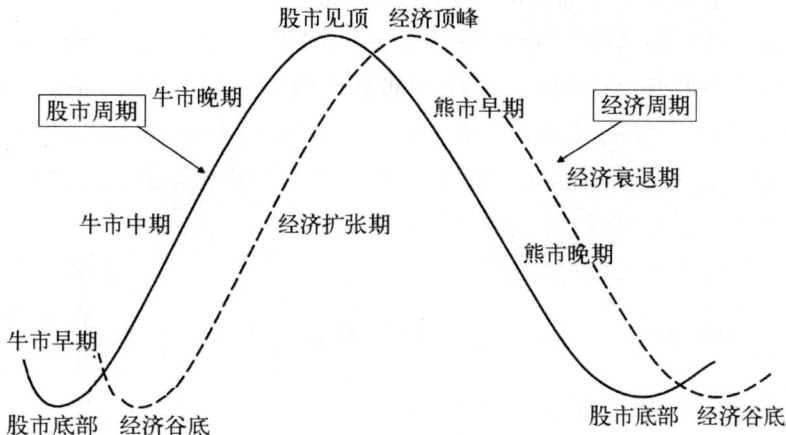

图2-2　股市超前经济

研判宏观经济的发展趋势对股市投资非常重要，它有助于我们了解市场未来的资金流向及相关产业和行业板块轮换，大大提高投资获利的可能性。怎样评估当前的宏观经济？又该如何从当前的经济变化中判断未来的经济走势呢？最简捷的方法是分析经济数据，特别是经济先导指数。

怎样评估当前的宏观经济？

各国政府和民间财经信息研究机构都会定期公布各类经济数据，这些数据反映了就业市场、制造业和服务业活动、消费者信心、通货膨胀、房屋市场及进出口贸易的变化情况。其中的国内生产总值、就业报告、新房开工和新房销售、制造业和服务业指数、消费者物价指数及零售销售指数等都是对股市有重大影响的经济指数，也是反映当前经济环境最重要的经济数据。

一、评估经济增长——国内生产总值（GDP）

国内生产总值（GDP：Gross Domestic Product）反映一个国家在一定时期内生产的所有最终产品和服务的总价值，包括：个人消费、私人投资、政府支出和净出口额（即出口额减去进口额之后的净值）。GDP报告不仅反映经济的总体趋势，还揭示了经济形势大环境背后的重要趋势，比如，GDP中的消费支出、企业投资和价格指数等指标。

国内生产总值有名义GDP和实际GDP。实际GDP是排除通货膨胀因素之后得到的数据，如果不将通货膨胀因素排除，即使总生产量没有增加，只是价格水平升高，名义GDP也仍然会上升，不能反映经济的真实增减情况，没有实际意义。所以，对市场产生真正有影响的是实际GDP。

国内生产总值按季度公布，将本季度数值与去年同期或者跟前一个季度的数据比较，得出GDP增长率。GDP增长率是反映一个国家经济发展状况的重要指标。假如GDP上升，说明商业、就业和个人收入都有所增加，经济成长。若GDP增长率下降，说明经济萎缩。一般而言，GDP连续两个季度下降，表明经济进入衰退。

GDP数据也是各国央行最关注的经济数据之一，用来决定如何调整经济发展方向，当GDP加速增长时，央行可能通过提高利率来抑制通胀；而当GDP连续下滑时，央行可能考虑降低利率，以刺激经济。

二、评估通货膨胀水平——消费者物价指数和生产者物价指数

● 消费者物价指数

消费者物价指数（Consumer Price Index）是某段时间内消费品零售和服务价格的

平均变化值，是衡量一个国家通货膨胀程度的主要指标之一。

消费者物价指数中能源和食品价格受季节性因素和国际政治经济的影响，常常起伏较大，进而造成价格总水平的波动，而事实上这种波动跟货币供应的关系并不紧密，因此经济学家和货币政策决策者通常会再编制一个不包括能源和食品价格的消费者物价指数，称为核心消费者物价指数（Core CPI），用以判断单纯的因货币因素造成的物价变动，因此市场也更关注核心消费者物价指数。

一般而言，消费者物价指数增幅超过 3% 时，表明出现通货膨胀；当增幅超过 5% 时，就是严重的通货膨胀。

- 生产者物价指数

生产者物价指数（Producer Price Index），也称为批发物价指数，是衡量生产者在生产过程中所需采购品的物价情况，包括原料、半成品以及终极产品三个阶段的物价信息。和消费者物价指数一样，由于食品和能源价格受季节影响波动较大，所以生产者物价指数也有一个去除食品和能源价格的核心生产者物价指数（Core PPI）。

从理论上来说，生产过程中出现的物价波动通常会转移到最终产品的价格上，因此生产者物价指数常被用来预测消费者物价指数和总体的通胀趋势。

三、评估个人就业与消费趋势——就业报告和零售销售

- 就业形势报告

就业形势报告涵盖经济所有的重要部门，是反映总体经济活动的重要指标。以美国为例，美国劳工部劳工统计局每月的月初发布前一个月全美就业情况的详细报告，包括失业率（Unemployment Rate）和非农业就业人数（Nonfarm Payroll），非农部门每周平均工作小时和每小时薪酬的变动情况。该报告是在对美国 6 万个家庭和对 40 万个企业的问卷调查的基础上编写的。

美国的就业报告在每月第一个星期五公布，比其他经济指数的公布时间要早，而且覆盖面广泛，所以它不仅是预测其他指标的重要依据，也为在其后所公布的经济指数定了基调，对金融市场的影响极大，同时也是央行非常关注的经济数据。

- 零售业销售

零售业销售（Retail Sales）是反映消费者开支和信心的最权威报告之一。报告的抽样既包括固定的商店销售，也包括邮递和网络销售情况。零售销售通常含有两个部分，零售销售总额和排除汽车销售的零售销售额，因为汽车销售传统上受季节影响波动较大，所以排除汽车销售的零售销售额会降低数据的波动性。

如果零售业销售数据低于预期，表明经济增长减缓，消费者捂紧荷包，削减开支，央行可能会松动银根刺激消费，推动经济前进。

四、评估企业商业活动——制造业、服务业和房屋市场指数

- ISM 制造业指数

ISM 制造业综合指数是美国供应管理学会（Institute for Supply Management）根据对美国 50 个州 21 个行业的大约 300 个制造企业的采购经理人所作的月度调查而编制的重要数据。制造业指数以 50 为临界点，高于 50 表示制造业在扩张，低于 50 表明制造业在萎缩。供应管理学会还编制很具代表性的采购经理人指数（PMI），因为采购经理人活跃在生产活动的第一线，最了解制造业的繁荣与衰败，所以采购经理人指数对经济发展更敏感，该指数同样以 50 为界，大于 50 表明制造业正在扩张，小于 50 则显示制造业正在萎缩。

很多国家或地区都公布反映其制造业盛衰的采购经理人指数（PMI），比如中国的财新 PMI 指数，德国的 PMI 指数，法国的 PMI 指数，以及反映区域制造业发展的 PMI 指数，比如欧元区的 PMI 指数等。

- ISM 非制造业指数

ISM 非制造业指数以对全美 60 个行业中近 400 个企业采购和供应经理人的调查结果为基础，反映的是美国非制造业也就是服务业的荣枯情况，该指数也是以 50 为荣枯分水岭，50 以上时，就意味着服务业活动扩张，在 50 以下，表明服务业在萎缩。

- 新房开工

新房开工（Housing Starts）衡量一定时期新开工的住宅数量。它反映建筑业的活跃度，是经济的先导指标，因而受到密切关注。研究新屋开工数据，了解房屋市场的发展趋势，可以确定与房建相关行业的投资方向。

- 新屋销售

新屋销售（New Home Sales）是指签订出售合约的新建住房数量，影响新房销售的因素包括利率水平、就业状况、个人收入和政府的退税优惠政策等等。新房销售不仅衡量住房市场的需求，更是衡量经济动力的一个重要指标。新房开工等数据是预测未来新房销售最直接的指标。如果新房开工数量减少，说明未来几个月的新房销售也将下降。反过来，如果新房销售疲软，也预示着未来几个月的新房开工将降温。

新房开工对股票市场、债券市场和商品市场有着直接的影响。房建业对经济的影响面非常广泛，与金融、基本材料、家具、家用电器、就业和总体经济增长等都有相当大的关联程度。当开发商建造新房时，也创造了更多的建筑及其他相关行业的就业机会；一旦新房售出之后，还会给房地产经纪、家用电器以及家具等行业带来收入，因此房建行业的兴衰会在经济中产生巨大的“连锁效应”。活跃的房建市场有利于股市上涨，因为房建业对耐用消费品等产生的连锁效应，会增加相关行业和企业的利润。对于债券市场而言，如果新房开工率下降，债券价格会上升；而新房开工率上升时，债券价格就会下跌。

五、评估贸易平衡与汇率——贸易平衡与货币指数

- 贸易平衡

进出口贸易量的变化以及贸易失衡状况(尤其是贸易逆差)是分析国内外经济形势的重要依据。贸易数据最先直接影响到的是一国货币的币值,进而影响整个金融市场。一般而言,如果一个国家的对外贸易长期失衡,存在贸易逆差,增加了该国对外国货币的需求,导致本国货币贬值;反之,如果该国的贸易逆差缩小,或长期贸易盈余,其货币就会升值。

贸易差额(Trade Balance)因受原油价格剧烈波动的影响,每个月数据往往相差悬殊,因此,分析贸易平衡时,最好使用几个月的平均值。

- 货币指数

货币指数评估一个国家货币汇率的强弱,通常是与一揽子主要贸易国货币相比,这样能比较客观和正确地反映市场真实情况。主要货币指数有美元指数、人民币指数及欧元指数等。

美元指数

美元指数(US Dollar Index)是用来衡量美元对一揽子货币的汇率变化强弱程度,反映美元在国际外汇市场的汇率情况,也间接反映美国的出口竞争能力和进口成本的变动情况。美元指数各主要货币的权重为:欧元(EUR)57.6%,日元(JPY)13.6%,英镑(GBP)11.9%,加拿大元(CAD)9.1%,瑞典克朗(SEK)4.2%,瑞士法郎(CHF)3.6%。

CFETS人民币指数

CFETS人民币汇率指数包括13种货币,追踪人民币对欧元、澳元、墨西哥比索等13种货币的表现,其中美元(USD)在一揽子货币中的权重为26.4%,欧元(EUR)占比为21.4%,日元(JPY)为14.7%。

欧元指数

道琼斯欧元指数选择了美元、英镑、日元、瑞士法郎和澳大利亚元这五种流动性最强的货币为样本货币。指数权重:美元(USD)为44.28%,英镑(GBP)为24.91%,日元(JPY)为21.55%,瑞士法郎(CHF)为6.29%,瑞典克朗(SEK)为2.98%。

纽约期货交易所的欧元指数权重:美元(USD)为31.55%,英镑(GBP)为30.56%,日元(JPY)为18.91%,瑞士法郎(CHF)为11.13%,瑞典克朗(SEK)为7.85%。

如何判断未来的经济走势?

通过对GDP、就业市场、制造业、通货膨胀等指数的分析,我们了解到当前的经济

形势,但是如何从这些数据中看到未来的变化趋势呢?最有效的工具就是经济先导指数。

一、经济发展的昨天、今天和明天——经济滞后指数、同步指数和先导指数

经济数据种类繁多,每一指数所反映的经济状况的时间序列各不相同,有些数据对经济的反映时间超前,可以预测经济将要发生的转变,有些指数对经济的反映与经济变化同步,还有些指标是对前一段经济的反映,即是滞后的反映。

美国的民间经济研究机构世界大型企业联合会(The Conference Board)对几百个经济数据作回顾测试,根据它们对经济周期反映的时间先后,分为三大类:超前于经济周期发展的归为先导经济数据类,与经济周期同步变化的归为同步经济数据类,滞后于经济周期的归为滞后经济数据类。为了方便研究和使用,它在每类经济数据中选出若干影响程度大的经济数据,用加权优化的方法,分别编制成单一的经济指数,即经济先导指数(Leading Indicator),经济同步指数(Coincident Indicators)和经济滞后指数(Lagging Indicators)。以经济先导指数为例,在选入该指数的十大经济指标中,每一指标的权重是不同的,比如,制造业生产工人或非管理人员平均每周劳动小时数的变化对未来经济的预测作用最大,所以在指数中的标准化权重最高,为0.278 1;而私人住宅建筑许可数的作用相对较小,标准化权重仅为0.027 2。经济先导指数、经济同步指数和经济滞后指数都是由一组指标构成,与单一指标相比,其波动性较小,也更便于使用。

- 经济先导指数

经济先导指数的高峰和低谷出现在经济周期的高峰和低谷之前,一般比总体经济活动提前六个月。大型企业联合会用十个先导指标编制出经济先导指数,以预测未来六个月美国经济活动的趋势。十个先导指标包括:制造业生产工人或非管理人员平均每周劳动小时数、初次申请失业金人数、生活资料厂商新订单、ISM新订单指数、非国防重工业生产资料新订单、私人住宅建筑许可数、股市指数、先导信用指数、长短期国债利差和消费者信心指数。过去几十年来,经济先导指数准确地预示了每一次的经济衰退。

- 经济同步指数

经济同步指数是反映当前国民经济周期波动的指标,其到达高峰和谷底的时间与总体经济出现高峰和谷底的时间大致相同。主要经济同步指标包括:非农业雇用人数、个人收入、工业生产力、制造业和贸易等现况指标。

- 经济滞后指数

经济滞后指数是在总体经济活动出现高峰和谷底之后才达到高峰和谷底,一般比总体经济活动滞后六个月,经济滞后指标主要包括:平均失业时间、库存与销售比、

制造业劳动成本变化、银行平均最优贷款利率、工商业未偿还贷款、信用对个人收入比、服务业的消费者价格指数等滞后指标。

二、为什么经济先导指数会领先经济而行？

为什么经济先导指数对经济发展趋势有预测作用？因为这一类指数现在的变化都预示着未来经济活动可能出现的改变。我们用在经济先导指数中两个标准权重大的制造业生产工人或非管理人员平均每周劳动小时数和债券利差指标为例，来解释为什么这些构成经济先导指数的经济指标对经济周期有超前的反映。

（一）制造业生产工人或非管理人员平均每周劳动小时数变化预示未来就业趋势的改变

制造业是经济的前沿地带，对经济的好坏异常敏感。所谓"春江水暖鸭先知"，当经济回暖时，制造业会最先感觉到经济开始活跃了，而当经济降温时，也是制造业最先意识到经济前进的脚步放缓了。当制造业的高管们注意公司的订单不如以前踊跃时，感觉到经济的成长在发生微妙的变化，但他们还不能确定经济增长的步伐是否就此止步，一般会选择先减少工人的工作小时时数，然后再根据经济环境的变化及公司的业务情况，决定是继续缩减工作小时数，还是直接裁员。同样，当公司感觉到经济可能开始复苏时，会先增加员工的工作小时时数，当经济稳步复苏、公司订单增加时，再扩大招工。由此可见，制造业生产工人或非管理人员平均每周劳动小时数比非农就业人数和失业率更能较早地反映未来就业市场的变化，具有先导作用。所以，在研究就业趋势时，要着重研究制造业生产工人或非管理人员平均每周劳动小时数。

（二）长短期国债利差——收益率曲线

长短期国债利差又称债券收益率曲线（Yield Curve），是一组信用风险相同、到期日不同的债券收益率差别的曲线。比如，美国联邦政府的短、中、长期债券的收益率曲线即表明不同到期日的美国国债间的利率差。收益率曲线的纵轴代表收益率，横轴则是距离到期的时间。

收益率曲线是债券市场的基准利率曲线。正常情况下，长期债券的收益率高于短期债券的收益率，收益率曲线是向上倾斜。但这种情况也不是绝对的，随着人们对未来经济成长预测的改变，收益率曲线的走势会改变，甚至出现暂时的扭曲，形成短期收益率高于长期收益率的倒置曲线。为什么会出现这种变化呢？

通常来说，短期债券的收益率由央行决定，而中、长期债券的收益率则由债券市场决定，也就是债券投资人根据对未来经济成长及通货膨胀程度的预测所作出的投资行为影响债券的收益率。因为长期短期债券的收益率由两组不同的人的行为所决定，所以会出现偏差，常常会出现以下四种情形：

1. 正常的收益率曲线(图2-3),表明在某一时期,债券的投资期限越长,收益率越高,长期债券收益率高于中期债券收益率,中期债券收益率高于短期债券收益率。

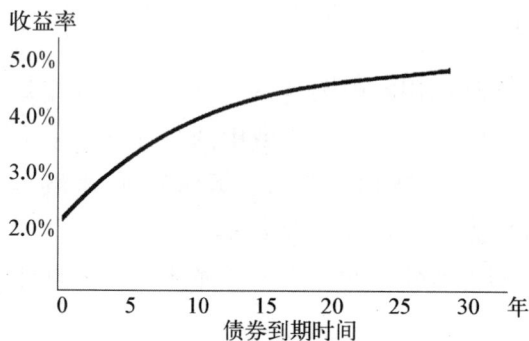

图 2-3　正常收益率曲线

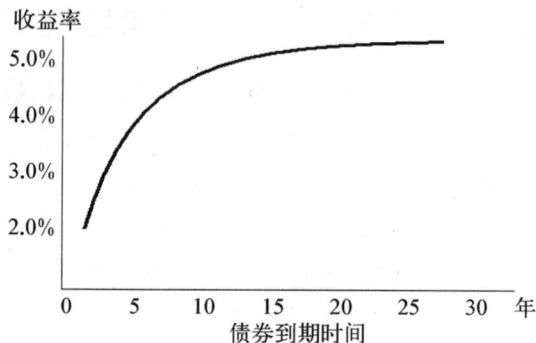

图 2-4　陡直收益率曲线

2. 陡直的收益率曲线(图2-4),长、中、短期利率差比历史正常水平高许多,长期收益率的升幅大于短期收益率,致使收益率曲线变得非常陡。

3. 平行的收益率曲线(图2-5),长、中、短期利率几乎相同,收益率的高低与投资期限的长短无关。

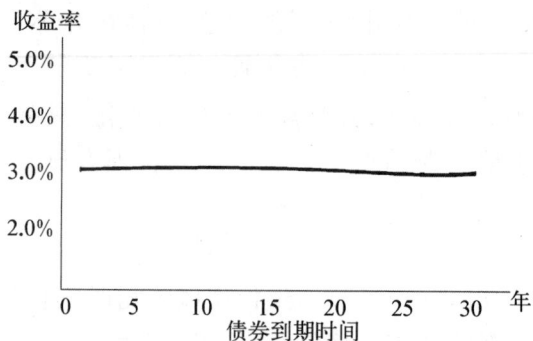

图 2-5　平行收益率曲线

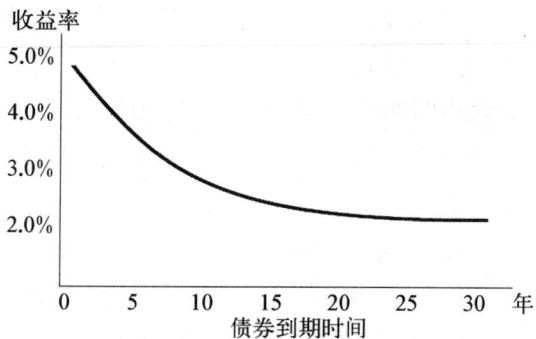

图 2-6　倒置收益率曲线

4. 倒置的收益率曲线(图2-6),表明在某一时期,债券的投资期限越长,收益率越低,而期限越短,收益率越高,形成长期债券收益率低于短期债券收益率的情况。

研究收益率曲线,也就是研究短、中、长期债券收益率之间的关系,它可以帮助我们判断出经济周期所处的阶段。正常的收益率曲线常出现在经济扩张的中期阶段,而当经济衰退结束,刚刚开始复苏期的早期时,收益率曲线常常是陡直的。倒置的收益率曲线一般在经济开始萎缩的早期衰退时期出现,在这一阶段,央行可能误判经济的发展形势,采取了抑制经济过热的措施,比如不断地加息,使短期利息大幅攀升;与此同时,债券投资人却有不同的观点,认为央行的措施很快会造成经济衰退和通货紧缩,然后央行又要开始减息,于是仍然继续持有或者是买入长期债券,使长期债券的价格上涨，收益率下降（债券的收益率和债券价格成反比），而短期收益率则因为央行步步加息而升高，使收益率曲线形成倒置，它预示着经济衰退将开始，股市的熊市即将来临。2000年3月，美国就出现倒置的收益率曲线，而后网络泡沫破灭，美国股市进入三年的大熊市。

收益率曲线不仅是一项重要的经济先导指标，也是我们研究与预测股市的未来走势的重要工具。

三、经济先导指数的预测结果需要同步指数和滞后指数的确认

经济先导指数虽然可以预示经济未来的变化趋势，但是它不能孤立地运用，经济的先导指数只有得到同步指数的确认时，它的预测准确性才高；而滞后指数也要确认先导指数预测的未来趋势和同步指数反映的经济现状，这样的预测效果就更好。所以，我们在研究经济先导指数的同时，也要分析同步指数和滞后指数。

经济同步指数与经济周期的转折点同步发生，而不是预示将来的变化趋势，但它可以验证现在的经济状况是否与经济先导指数所预测的一致。如果经济同步指标与经济先导指标所预计的经济发展方向相同，说明先导经济指数所预测的当前经济走势将持续下去。例如，在六个月前，先导指数预测经济将要复苏，而六个月后，经济同步指数也显示经济已经开始复苏，这是个好的信号，经济继续复苏的可能性极高。如果六个月前，经济先导指数预示经济要复苏了，但六个月后经济同步指数反映的是经济并没有复苏的迹象，说明经济先导指数所预见的经济复苏的可信度较低。

滞后指数反映的是经济行为的过去时，我们可以从经济已经走过的足迹，看到经济的发展是否与同步指数反映的形势相吻合，是否与先导指数所预测的趋势相一致，从而确定先导指数和同步指数所显示的经济发展方向是否正确，经济是否会继续沿着此方向运行下去。

四、如何运用经济先导指数判断未来经济走势？

使用经济先导指数预测经济趋势不仅要看其指数本身，而且还要看同步经济指数和滞后经济指数的走势，有时还要分析构成先导经济指数的十大经济指标。我们介绍两种比较有效的利用经济先导指数判断经济走势的方法。

（一）比率法

经济先导指数不宜单独使用，要有同步指数和滞后指数走势的确认，否则预测的可信度较低，比率法就是用经济先导指数的走势和经济同步指数与经济滞后指数比率的走势来相互确认的分析方法。

比率法的理念是：当经济先导指数上涨一段时间后，经济同步指数和经济滞后指

数也会随之上涨,特别是在转折点处,同步指数上涨的速度要比滞后指数快,所以,同步指数与滞后指数的比率也呈上涨走势,从而确认了先导指数的变化方向,提高其预测的准确度。如果同步指数与滞后指数比率没有和先导指数同时上涨,说明先导指数所预测的经济发展趋势不会持续,或者最多算是小反弹。

（二）宽广度法

宽广度分析法既要研究经济先导指数本身表面的变化趋势,也要分析其内在所包含的各成分指标的变化方向,来判断先导指数所预测的经济发展方向的可持续性如何。如果经济先导指数和其大部分成分指标的变化方向一致时,预测的可信度较高;若表里相悖,预测的可信度就要打折扣。

比如,经济先导指数在过去的三个月均呈上涨之势,但在这三个月中（时间由远及近）,先导指数的 10 个成分指标的上涨与下跌比例分别为 7∶3、6∶4 和 5∶5,很明显,上涨的成分指标越来越少,说明整体上涨乏力,不像先导指数本身所表现的那么乐观。

结　语

经济先导指数是分析经济未来趋势的有效工具,但它也有局限性:指数常常给出的信号不明显,很难作出分析结论;数据的更新时间较长,影响了时效性;指数中的成分指标大部分与制造业密切相关,对预测以服务业为主的国家的经济发展趋势效果不佳。任何分析工具对我们作投资决策都有一定的帮助,但一把钥匙开一把锁,股市没有万能钥匙,也没有永恒不变的定理公式能包你赚钱,很多时候,投资的艺术性高于科学性,所以,只有系统地掌握投资基础理论知识,才能灵活地运用,降低投资的风险,提高回收。

通过对宏观经济的分析,我们确定了经济所处的周期阶段以及未来的发展趋势,完成了自上而下投资法的"上"。股市具有超前性,其步伐早于经济周期的脚步,不同的经济周期阶段,产业与行业板块的投资回收完全不同,所以下一步我们要做的是,根据行业的特性作分析研究,确定在某一特定经济周期时哪些行业最有投资潜力,在经济周期未来之前事先布局。这是自上而下投资法的"中",是我们下一节要探讨的问题。

第二节　行业板块周期转换双确认投资法

自上而下的投资方法的优越性之一就是能够根据宏观经济周期,确定可从中受益的行业，适时调整组合，使整个组合跑赢市场。这一策略通过对宏观经济周期的分析，判断当前经济所处的阶段，增加那些历史上在此阶段表现最好的行业板块的权重，减少那些表现差的行业板块的权重，从而保证投资组合有超出大市表现的回收。

实践证明，如果在投资之前，能够认真地分析当前的经济所在的周期及所处的阶段，选择在此阶段的强势行业，规避弱势板块，就可以提高投资回收。标准普尔公司曾经做过回顾测试，投资 1 000 美元，分别用三种策略进行投资：

投资买进且持有（Buy and Hold）策略，即股票买进，组合建立后，就不再调整组合；

市场时机选择（Market Timing）策略，即预测市场的拐点，在底部时买进，顶部时卖出；

行业板块轮换（Sector Rotation）策略，每年将资金投资在表现最好的行业板块上。

十年后，以上三种策略的投资所得分别为：

买进且持有策略组合总资产为：$6 000

市场时机选择投资方法的组合总资产为：$15 000

行业板块轮换投资方法的组合总资产为：$63 000

这三种策略的投资回收很明显地说明了选择正确的行业板块投资，绝对可以提高投资回收。

著名的研究机构 CDA/Weisenberger 也做过类似的一个试验，比较行业投资和市场时机选择投资的回收：

试验用两组数据：

第一组：1940 年至 1973 年的数据

第二组：1980 年至 1992 年的数据

两种投资方式：

第一种：预测市场时机投资法——T 投资

T 投资法能准确预测市场有 10% 以上的大波段，在市场底部时买进，市场顶部时卖出。

第二种：行业投资——S 投资

S 投资法投资市场表现最佳的行业

测试结果：

第一组数据：S 投资回报是 T 投资回报的 30 倍

第二组数据：S 投资回报是 T 投资回报的 4 倍

行业板块周期转换双确认投资法

一、理念

经济周期影响行业板块和个股的表现,只有正确地分析判断未来经济走势,确定其在经济周期发展中的具体位置,将资金投资在最受益的行业中,才是符合经济规律的投资策略。

二、策略

第一步:分析判断未来经济周期走势。

第二步:根据历史上各行业板块在不同周期表现不同的规律,增加投资表现最好的行业比重,达到跑赢市场的目的。

三、具体做法

(一)判断经济周期所处阶段

经济是按照周期发展的,其过程分两个时期五个阶段(也有人分为四个阶段)。两个时期是经济的萎缩期和扩张期:

萎缩期:通常开始于央行认为经济过热,启用紧缩的货币政策,比如加息等措施,给高速成长的经济降温的时期。

扩张期:往往开始于央行发现加息过头,经济出现走下坡路的迹象,启用宽松的货币政策,比如降息等措施,刺激经济的时期。

萎缩期分萎缩早期和萎缩晚期两个阶段;而扩张期则包括扩张早期、扩张中期和扩张晚期三个阶段。

(二)了解每个周期阶段的主要特征

经济处于不同的周期阶段时,通胀、利率、企业活动和消费者心理都各有特点,归纳如下:

● 衰退早期

消费者信心大减,工业生产率下降,通货膨胀率上涨的速度开始放缓,利率不再向上攀升,收益率曲线时而倒置,时而平直。

● 衰退晚期

消费者信心止跌回升,工业生产率下降速度减缓,通货膨胀率下降,央行采取宽松的货币政策,继续降息,收益率曲线由倒置朝正常的向上方向发展。

● 扩张早期

经历了经济衰退,央行采取降息和向市场注资增加货币流通性的措施,以及在财政上实现减税，增加政府开支，起到一定作用，消费者信心开始增加，工业生产率止跌，甚至上升。但经济衰退的影响仍让企业和个人心有余悸，在消费和投资上仍然很保守，通货膨胀率继续下跌，但利率已经开始出现明显见底的信号，说明降息可能接近尾声，收益率曲线呈陡直状。

● 扩张中期

扩张的中期阶段，经济继续成长，消费者信心增强，工业生产率大幅上升，通货膨胀率的下滑也止步，有开始抬头的迹象，利率随着通货膨胀率而继续上升，收益率曲线由陡直的形状回归正常形态。

● 扩张晚期

在扩张的晚期，消费者的信心开始减弱，工业生产率增长幅度减小，呈微小的增长，通货膨胀进一步抬头，引起政府相关机构的警觉，并采取相应的防范措施，比如，央行开始实施紧缩的货币政策，利息开始上升，收益率曲线出现水平状。

（三）锁定各个周期阶段表现最好的行业板块

宏观经济环境对行业的影响非常显著，每个行业在不同的宏观经济周期阶段的表现也截然不同。有效的投资策略是在不同的经济周期阶段，将资金投在最受益的行业上。比如，在经济衰退至扩张早期时，科技业、运输、生产物资等行业最为获益，因为经济开始复苏，百废待兴，需求开始增加，产能也在扩张，所以企业需要更新技术，需要生产物资的投入，也有很多产品急等运送。而当经济发展进入扩张的晚期时，由于过度的生产和政府过多的刺激和扶植，造成产品价格和利息上涨，因为股市的超前性，预计到经济可能衰退，所以股市可能下跌，而日用消费品等防守型行业最受投资人欢迎。当经济步入衰退晚期时，央行为刺激经济，采取降息及大规模宽松货币的措施，公用设施和金融等行业大为受益。在衰退期的尾声时，长期的低利息大大减少了借贷成本，吸引了更多的消费和生产，此时消费类周期股表现最好。

然而，金融市场是复杂而又多变的，在真实的投资中，行业板块会随着不同的经济周期的变化，也会因受政治、军事或恐怖袭击等突发事件的影响，而与理想的模式产生偏离。我们了解造成行业变化的前因后果，做到具体问题具体分析，本本主义和教条主义在投资中绝对行不通，验证一种投资策略是否有效，只有一个方法，就是到市场上去检验该方法的投资回收效果。而要熟悉每个行业，就需要了解其特性，知道如何分析行业。

每个经济周期阶段都有不同的经济特征，各个行业的表现也不一样，顺应周期特征的行业可以说是如鱼得水，而不属于这一周期阶段的行业，也就很难有表现。具体来说，每一经济周期阶段中，表现出色的主要产业与行业部门归纳如下图2-7：

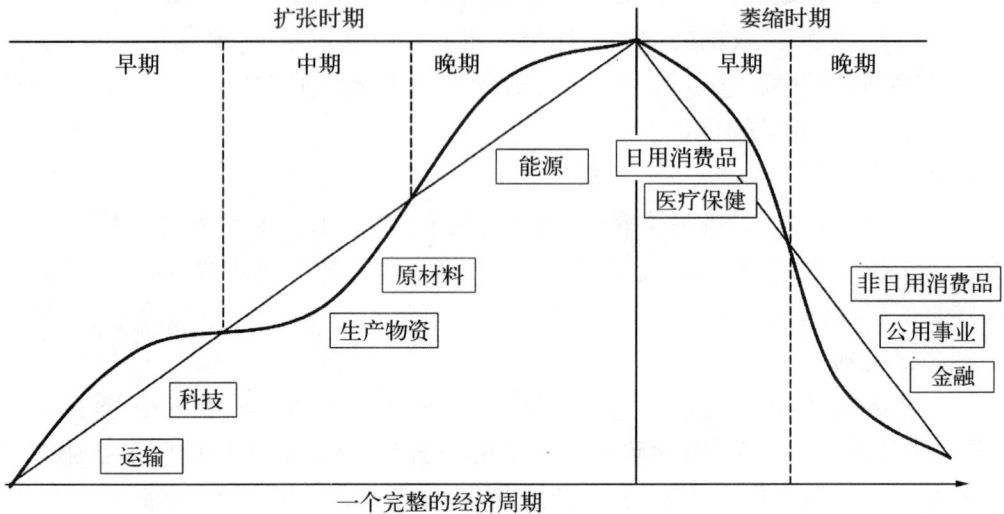

图 2-7 行业与经济周期的关系

1. 扩张早期阶段最为受益的主要产业和行业板块

● 运输板块

包括：航空运输、卡车运输、铁路运输、海洋运输、机场服务和海港与港口服务，等等。

● 科技板块

包括：半导体产品、半导体设备、计算机软件、计算机硬件、计算机存储与周边设备、互联网软件与服务、信息技术咨询与其他服务、通信设备、电子元件、技术产品经销商、数据处理与外包服务、办公电子设备、电子制造服务和电子设备与仪器，等等。

2. 扩张中期阶段最为受益的主要产业和行业板块

● 生产物资板块

包括：航天航空与国防、建筑与工程、重型电气设备、农用机械与重型卡车、工业集团企业、工业机械和环保设施，等等。

● 原材料板块

包括：化肥与农用药剂、化工及特种化工、林业产品、工业气体、纸制品、纸材料包装、金属与玻璃容器、铝、钢铁、黄金白银及贵重金属矿石、多种金属与采矿、轮胎与橡胶，等等。

3. 扩张晚期阶段最为受益的主要产业和行业板块

● 能源板块

包括：综合性石油与天然气企业、石油与天然气设备与服务、石油与天然气的储存及运输、石油与天然气的勘探及生产、石油与天然气的冶炼及营销、石油与天然气钻井、煤与消费用燃料，等等。

4. 衰退早期阶段最为受益的主要产业和行业板块

● 日用消费品板块

包括：个人用品、包装食品与肉类、啤酒酿造、大卖场与超市、家庭用品、烟草、药品零售、软饮料、农产品、酿酒商与葡萄酒商、食品批发和食品零售，等等。

● 医疗保健板块

包括：制药、生物技术、医疗保健设备、医疗保健用品、保健护理服务、保健护理机构、生命科学工具与服务、管理型保健护理、医疗保健技术、医疗护理产品经销商，等等。

5. 衰退晚期阶段最为受益的主要产业和行业板块

● 金融板块

包括：大型银行、区域性银行、互助储蓄银行与抵押信贷、消费信贷、财产和意外险保险、人寿与健康保险、再保险、多元化保险、保险经纪商、房地产开发、房地产服务和管理、住宅房地产投资信托、工业房地产投资信托、特种房地产投资信托、抵押房地产投资信托、写字楼房地产投资信托、零售业房地产投资信托、多样化房地产投资信托、综合性资本市场、资产管理与托管银行、投资银行业与经纪业、资产管理、特殊金融服务和其他综合性金融服务，等等。

● 非日用消费品板块

包括：住宅建筑、家用器具与特殊消费品、广告、广播、有线和卫星电视、电影与娱乐、摩托车制造、汽车制造、机动车零配件与设备、纺织品、鞋类、服装、服饰与奢侈品、休闲用品、休闲设施、特殊消费服务、赌场与赌博、酒店、度假村与豪华游轮、教育服务、消费电子产品、家庭装潢零售、家庭装饰品、家用电器、售货目录零售、网店、服装零售、汽车零售、百货商店、家庭装饰零售、计算机与电子产品零售、专卖店、综合货品商店和餐馆，等等。

● 公用事业板块

包括：电力公用事业、供水公用事业、燃气公用事业、复合公用事业和独立电力生产商与能源贸易商，等等。

（四）双确认周期所处的阶段

1. 利率确认

经济扩张阶段始于央行降息，萎缩始于央行加息，所以利率的变化对市场影响最大，表现为利率曲线形态的变化。用利率走势来确认我们所判断的经济是在扩张期还是萎缩期，以及处于周期的哪一阶段尤为重要。

2. 市场确认

股价表现是超前反映的，在经济周期的某个发展阶段，过去在这个阶段表现好的行业,从理论上说,现在也应该表现得好,且好于市场,通过该行业相对市场的强弱表现,可以帮助我们进一步确认周期真正所处的阶段。反之,说明适合该行业的经济周期还未到来,市场还没有反映出这一趋势。

不同的经济周期阶段表现最好的主要行业的分析要领

一旦确认了当前经济周期所处的阶段,我们就可以很快地锁定表现最佳的部门和行业以及相关的个股,但是每个行业也都有自身的特性和不同的分析和研究方法,估值方法也并不完全相同,下面我们从经济周期的扩张阶段开始,介绍每个时期表现最好的部门和其中的主要行业,提纲挈领地列出各行业的分析研究要领,帮助读者更有效地应用"行业板块周期转换双确认投资法"进行投资。

如何分析航空运输业?

所属产业部门:运输业　　　　　　　　　　　**表现最好的时期:经济扩张早期**

一、航空运输业概况

(一)航空运输业定义

提供用飞机运载人员或物品的空中运输服务的行业。根据所提供的服务范围不同,航空公司可以分为:国际航空公司、本土航空公司和区域性航空公司。

(二)全球主要航空公司

中国:中国国际航空公司(Air China)、中国东方航空公司(China Eastern Airlines)

美国:美国航空公司(American Airlines)、达美航空公司(Delta Air Lines)、联合大陆公司(United Continental)以及快递公司联邦快递(FedEx)和联合包裹(UPS)

欧洲:法航荷航集团(Air France-KLM)、德国汉莎航空(Deutsche Lufthansa)

日本:日本航空(Japan Airlines)

澳大利亚:澳洲航空公司(Qantas Airways)

二、投资航空运输业的分析研究要领

(一)宏观因素对航空运输业的影响

航空运输业是受宏观经济影响巨大的行业。当宏观经济从衰退期的晚期开始复苏时,航空运输业是最能从中受益的行业之一。商务舱乘客是航空公司的高利润客户群,当经济环境好转时,商业活动开始增多,商务舱乘客也随之增加,航空公司收入提高,利润增加。反之,如果经济环境欠佳,前述情形就是另一番光景,商务活动减少,很多公司甚至降低员工出差费用标准,禁止乘坐商务舱,航空公司最赚钱的商务舱客户急速减少，导致利润大幅缩水。

　　另一方面，经济的好坏影响到旅游出行的人数以及人们所选择的交通工具。飞机快速便捷，省时省力，但是机票费用却不便宜。所以，经济不景气时，人们出门旅行，如果不是赶时间，都会从经济实惠出发，选择费用较便宜的火车、轮船代步，或者是自驾出行以节省费用。毫无疑问，其结果是，航空公司的客运量下降，收入减少。而当经济强劲时，人们的经济实力也相对雄厚，在开销上也不会控制过紧，出门旅行，能坐飞机就不会选择其他方式，航空公司的生意兴隆，收入盈利大增。所以，航空运输业是与经济形势密切相关的行业，一定要在经济周期处于成长阶段时投资航空公司。

　　（二）分析航空运输业要点和常用的方法

　　1. 消费者信心

　　航空公司的业务与经济环境密不可分，分析航空运输业景气程度的一个最简单而直接的方法是，查看消费者信心指数中一项关于乘机旅游人数的调查数据，这一数据是准备在未来六个月出门旅行的受访者中要搭乘飞机出行的人数与同期准备出行旅游总人数之比，当然是比值越大越好。

　　2. 付费乘客里程（Revenue Passenger Miles，RPMs）

　　航空运输业的付费乘客里程，就是付费乘客所飞行的总里程数，其计算方式：

$$付费乘客里程＝所有付费乘客人数×搭载航段的里程$$

　　在分析航空运输业的付费乘客里程时，通常要作环比和同比比较，以确定航空运输业的景气程度。

　　3. 有效座位里程（Available Seat Miles，ASMs）

　　有效座位里程是可供乘客使用的座位数乘以该座位可飞行的里程数，有效座位里程的增加或减少反映航空运输业的供需变化情况。如果航空公司增加飞机数量或飞行航班，也就是可供乘客使用的座位数在增加，过多的供给将会给航空公司的票价带来压力。

　　4. 载客率（Load Factor）

　　载客率是乘客实际使用的座位比例，它是付费乘客里程与有效座位里程之比。载客率衡量航空运输业的成长情况。每个行业或企业都有其生意经营的盈亏平衡点，航空公司盈亏平衡点就可以用载客率来衡量，也就是说，假定每乘客里程的收支不变，要使公司保持运营收入与支出平衡的最低载客率就是其盈亏平衡点。对航空公司来说，如果其载客率达到60%，就能够收支平衡，当载客率超过60%以后，航空业的利润就会大幅上升，因为无论是载客率在50%，还是60%，甚至是80%，飞一个航班的成本基本是一样的，当然是载客率越高越好了。

（三）航空公司分析

1. 估算航空运输业的主要数据也同样适用于航空公司

估算航空运输业发展程度的付费乘客里程、有效座位里程和载客率等数据也可以用于分析航空公司的发展情况，将航空公司的这些数值与行业平均值相比，确定该公司在行业中所处的位置；同时，也要与该公司过去的历史数值作比较，分析与其以往相比公司现在的境况如何。

2. 航空公司的定价

乘客里程收益是航空公司从每一乘客飞行一单位里程获得的收入，也就是航空公司搭载一位乘客的机票收入，扣除燃油费用、空地勤人员薪资等各种成本后的利润。这一数字既要和其他同行相比，也要和公司的历史数据相比，来判断公司的盈利和公司的定价趋势。

3. 航空公司的成本

航空公司的成本主要包括人工薪资福利、油耗、维护费用、租金及利息等费用成本，而其中油耗和人工成本所占比重较大。通常来说，航空公司的人工成本占其总成本的 15%—25% 左右，而油耗成本比例更高，基本占其总成本的 15%—35%，是当之无愧的耗油大户，油耗高低取决于飞行的距离、机型、飞机的新旧程度及公司的原油投资策略。因为起飞和降落最耗油，所以短程飞行比长距离飞行耗油，旧飞机比新飞机耗油。原油是期货商品，大多数航空公司为了避免因油价大幅上涨增加成本负担都纷纷采取对冲避险的手段，当油价大幅上涨时，航空公司可以因为有效的避险而免受损失。但如果油价不涨而大跌，他们的对冲就会出现损失，进而影响盈利。所以，当油价大幅波动时，要特别关注该公司是否采用了对冲策略及如何对冲。飞机的维护费用占成本的 5%—6%，机龄越老维护费用越高。租金或利息也在成本中占一定比例，大多数航空公司是租赁飞机，租金高低影响利润。若是购入飞机需要庞大资金，所以航空公司的借债比例也较高，利息是不小的开支。

4. 航空公司的估值方法

估值中最常用的市盈率（P/E）估值方法用在航空公司上并不恰当，作为主要期货资产的原油价格的不确定因素很多，价格常常大幅变动，常常导致航空公司亏损，所以无法用市盈率作估值。

（1）对于直接拥有飞机而不是租赁的航空公司

可用广泛使用的企业价值倍数（EV/EBITDA）来估值。企业价值倍数的公式是 EV÷EBITDA，其中：

EV 是公司的价值（Enterprise Value），EV＝市值＋债务－现金

EBITDA 是税息折旧及摊销前利润（Earnings before interest，tax，depreciation and amortization)。

如果数值相对于行业平均水平或历史水平较高,说明股价被高估,反之,数值低于行业平均值说明股价被低估。

（2）对于部分或全部租赁飞机的航空公司

相应的估值方法也变形为 EV/EBITDAR 倍数法,即企业价值比上税息折旧摊销及租金前的利润（EBITDAR）,R 为航空公司的租金费用,通常来说,航空公司的 EV/EBITDAR 倍数在 5 倍左右是较合理的估值。

如何分析卡车运输业?

所属产业部门:运输业   **表现最好的时期:经济扩张早期**

一、卡车运输业概况

（一）卡车运输业定义

为客户提供整车货运（Truckload,TL）和零担货运（Less-than-Truckload）服务的行业,大部分公司自己拥有卡车,也有的公司租借卡车用于运输业务。卡车运输是货运的主要形式,它在运输路线和时间安排上都很灵活,可以送货上门,节约时间,方便用户,因此在运输业中所占的比例稳步上升。

（二）全球主要卡车运输公司

美国:康威（Con-way）、JB 亨特（JB Hunt）、耶路全球（YRC Worldwide）、施奈德物流公司（Schneider National）

日本:日立物流（Hitachi Transport System）、西浓运输（Seino Transportation）

英国:斯途巴特（Stobart Group）

法国:Norbert Dentressangle 物流集团

加拿大:TransForce 货运公司

二、投资卡车运输业的分析研究要领

（一）宏观因素对卡车运输业的影响

1. 经济敏感型行业

卡车业是对经济极其敏感的行业,也是宏观经济变化的晴雨表,当经济在早期复苏时,企业预计经济将复苏,开始增加生产,卡车运输业业务量激增。反之,当经济开始衰退,卡车运输业的业务量也迅速减少。

2. 利率变化

卡车行业的资产负债表的债务都很高,因为卡车业的运转需要投入大量资金购买大卡车,大多公司都借债较高,因此利率变化对其费用成本有重大影响。

3. 油价

卡车行业也是耗油大户,油料费用占其成本的 18%—27%。

（二）卡车行业分析

1. 重型卡车销售量趋势

重型卡车销售的趋势是研究卡车运输行业未来前景的重要指标。经济复苏时,重型卡车销售上升,说明经济成长,货运需求增加,用来运货的重型卡车需求才会强劲。

2. 每月卡车运输的运费总额和总运量数

分析每月卡车行业的运费总额和货运总量的变化,是判断卡车行业现状的重要工具,运费总收入增加,运输总量增加,说明行业健康发展,现在值得投资;反之,应静观其变,不要急于进场。

3. 卡车平均营运比率

卡车平均营运比率是衡量行业利润率的重要指标,计算方法是:

$$卡车平均营运比率＝总开支÷总销售$$

如果,卡车业的平均营运比率为 85%,则利润率是 15%。

（三）卡车公司分析

1. 分类分析

分析卡车公司首先要了解所投资的卡车公司属于哪种类型? 卡车公司根据其运货的方式可以分为:整车货运和零担货运。

● 整车货运

指的是大宗货物运输,从起点到终点,中间基本没有转运环节。整车运输基本是两点式的运输,不需要大量的中转站、昂贵的计算机管理系统及销售人员,行业准入门槛低,市场竞争性较高。

● 零担货运

为不同的客户运送小批量货物,发送到不同的目的地,中途还需要转运。零担货运由于是散货运输,需要许多中转和货运站网络来支持,运输数量庞大,目的地繁多,势必需要智能电子系统进行优化管理,更依赖庞大的销售团队去揽货,以保证不跑空车。总之,零担货运成本高,进入门槛高,相比整车货运而言,市场竞争性相对较低。

2. 盈利利润率分析

分析盈利利润率主要是与行业平均营运率比较,同时与公司去年同期相比,来确定公司的盈利趋势。

3. 估值方法

市盈率(P/E)、市销率(P/S)和企业价值倍数(EV/EBITDA)是常用来评估卡车公司的估值方法。

市盈率也称"本益比",以当前股价除以年度每股盈利得出市盈率(Price Earnings

Ratio，即 P/E Ratio），是最常用的股价估值指标之一，用以判断公司股价是被高估了还是低估了，如果公司的市盈率高于行业或市场的平均值，则估值可能相对过高。

市销率是股价与每股销售额的比值（Price-to-Sales），市销率越低，说明公司的估值较低，有投资的潜力。经济萧条时，没有盈利的年度使用市销率估值比较有效。

投资卡车公司的最佳进场点往往是在经济刚刚开始复苏时，在这一时期，虽然才经历了衰退，公司的盈利额比较小，上述的估值比率可能都在历史高点，但却是较好的投资时机，因为公司的销售和盈利将随着经济的回升而增加。所以，对公司估值时不能只看绝对数，还要分析所处的经济周期阶段，以及与行业平均水平比较。卡车公司通常都不发红利，不适合红利型投资人。

如何分析铁路货运业？

所属产业部门：运输业　　　　　　　　　**表现最好的时期：经济扩张早期**

一、铁路货运业概况

（一）铁路货运业定义

为客户提供通过铁路运送货物服务的行业，铁路货物运输是现代运输的主要方式之一，也是构成陆上货物运输的两个基本运输方式之一，在整个运输领域中占有重要的地位。根据运输方式分为：整车、零担、集装箱三种。整车用于运输大宗货物；零担方式运送小批量的零星货物；集装箱则适于运输精密、贵重、易损的货物。从运输的距离可分为：远程运输、区域运输和短程运输。

（二）全球主要铁路货运公司

美国：北柏林顿铁路（Burlington Northern Santa Fe）、联合太平洋（Union Pacific）

德国：德国联邦铁路公司（Deutsche Bahn）

二、投资铁路货运业的分析研究要领

（一）宏观因素对铁路货运业的影响

虽然同属运输业，但与航空和卡车运输业相比，铁路货运业的盈利受宏观经济周期的影响最小，而受天气的影响却很大。如果是大雪封门的天气，卡车公司只要清扫停车场，航空公司只需清理机场，就可以继续运转，但铁路公司需要清扫整个铁路线才能保证线路畅通，才不会影响营运。若是大雨造成洪水冲坏铁路线，导致铁路货运瘫痪，给铁路业造成的损失就更大了。所以，天气是铁路货运业最大的变数。

（二）铁路货运行业分析常用的方法

1. 吨里数

吨里数等于总运量乘以平均里程数，是衡量铁路货运业运量的重要指标。

2. 总吨位

顾名思义,就是铁路运输的总吨量,也是用来判断铁路货运业的重要指标,其变化走势反映行业的荣枯前景。如果总吨位的成长快于吨里数,说明远程运输的成长比短程运输快。

3. 每周车皮数

通过统计,计算每周的车皮数量来分析货运的发展趋势,这一方法主要用于短期货运趋势的分析。

4. 单位吨里收益

单位吨里收益是计算单位运输价格的方法,即铁路业运送一吨货物每一英里所收取的运输费用,这一指标主要用来评估运费发展变化的趋势。2002 年,每单位吨里收益是 2.26 美分,到 2010 年该数值升至 3.33 美分,涨幅近 50%。

(三)铁路货运公司的分析

1. 铁路业的分析数据同样适用于铁路公司的分析

上述介绍的吨里数、每周车皮数、单位吨里收益等分析铁路货运业的数据也同样可以用于分析铁路货运公司,将公司的数值与行业的平均值相比较,判断铁路货运公司的成长和盈利情况,并将现在数据与公司的历史数据相比,分析其自身的发展趋势。

2. 估值方法

市盈率(P/E)、市销率(P/S)和企业价值倍数(EV/EBITDA)是常用来评估铁路货运公司的估值方法。作估值时不仅要看表面绝对数据,也要分析其历史的估值水平。管理层的管理效率也是评估铁路货运公司的主要因素。管理得好、效率高的铁路货运公司的估值也比同行高。分析管理层水平的最好切入点就是:研究公司在经济不景气时,有没有出现盈利大幅下滑的现象,我们希望所投资的铁路货运公司盈利平稳。

如何分析计算机软件业?

所属产业部门:科技业　　　　　　　　　**表现最好的时期:经济扩张早期**

一、计算机软件业概况

(一)计算机软件业定义

计算机软件(Software,也称软件)是为客户提供计算机系统中的程序及其文档和相关服务的行业。计算机软件一般分为两大类:系统软件和应用软件。

- 系统软件

系统软件是对计算机系统中各种独立的硬件进行管理,使硬件和软件在同一个机体内可以协调工作。比如视窗操作系统(Windows)、Linux 操作系统和 UNIX 操作系统等。

系统软件一般包括操作系统和一系列基本的工具，比如编译器、数据库管理、存储器格式化、文件系统管理、用户身份验证、驱动管理、网络连接等。

- 应用软件

应用软件是针对特别用途而开发的软件，它可以是一个特定的程序，比如一个图像浏览器；也可以是一组功能联系紧密、可以互相协作的程序的集合，比如微软的Office软件；也可以是一个由众多独立程序组成的庞大的软件系统，比如数据库管理系统。

（二）全球主要计算机软件公司

美国：微软（Microsoft）、甲骨文（Oracle）、奥多比（Adobe Systems）、赛门铁克（Symantec）、动视暴雪（Activision Blizzard）及 Salesforce. com 等

德国：SAP SE

法国：达索系统（Dassault Systemes）

英国：赛捷软件集团（The Sage Group）

二、投资计算机软件业的分析研究要领

（一）宏观因素对计算机软件业的影响

1. 经济敏感型行业

计算机软件业是经济敏感型的行业，在大多数情况下，公司或个人并不会急着更新最新版的软件。这样，当经济强劲时，公司为少缴税等原因，会增加一些开销，花钱去更新软件；当经济不景气时，IT 部门可能是公司削减预算的首要对象。

2. 汇率影响

大型软件公司的产品一般都在全球范围内销售，汇率变化对这类公司的影响不容忽视。

（二）计算机软件行业分析

1. 软件业的生存之道是什么？

进入软件业并不太难，一台计算机和一个聪明的编程脑瓜就可以了，但是想在软件业成功立足绝非易事。今天还是如日中天的软件公司，明天可能因为新产品和新竞争对手的出现，而失去竞争的优势，从此走向没落，这是行业常见的现象。大型软件公司都拥有先进的产品和有效的推销能力，而小型软件公司一般着力某一领域的软件研发，成为其行业的佼佼者，通过与大型公司的合作保证生存。我们投资软件公司时，不仅要选择当前市场上最强的软件公司，还要确保所投资的公司的产品在未来也能保持竞争优势，不会被市场淘汰。这就需要对行业、对公司有相当的专业了解，在投资软件业时从以下分析研究要点入手，有助减少投资的风险，增加胜算：

（1）客户使用竞争对手的产品代价高，如果客户在更换竞争对手的软件时，因为

要付很高的费用,得不偿失,会选择继续使用原来公司的产品,以保证该公司在市场上的竞争力。

(2) 公司有广泛的客户基础,市场的新产品很难在短时间改变客户习惯。

(3) 公司产品的知名度高:一般知名度高的产品其客户的忠诚度也相对较高。

(4) 公司的研发投入大:研发投入是保持产品竞争力的重要因素,公司致力于新产品研发,且有超强的技术力量,就可能保证不会在市场的更新换代大潮中被淘汰。

2. 软件运营(SaaS)是软件业服务的大趋势

软件运营也称软件即服务(Software-as-a-Service),英文缩写为 SaaS。它是以互联网为基础提供软件服务的应用新模式,是互联网技术的发展和应用软件趋于成熟的有机结合。软营公司为用户搭建信息化所需的网络基础设施及软件、硬件运作平台,负责前期的实施和后期的维护等一系列服务,有了这样的系列配套服务,用户可以不用再保留自己的 IT 技术部门,而是根据需要,向软营公司租赁软件服务,节省了大笔费用,尤其对中小型企业来说最为有利。

2003 年,美国的 Salesforce 公司首创软件运营应用模式,并得到广泛认同,该公司也连续三年保持50%以上的增长速度,它的成功在于:依靠互联网改变了软件的应用模式;采用免费或按需付费的方式,改变了软件的商业模式;随时修改,不断升级,改变了软件的开发模式。

软件运营 SaaS 服务模式与传统的软件销售的收费方式不同,传统的软件销售收取版权使用费及相关服务费用,客户不仅需要一次支付一笔可观的费用,还要有其他 IT 技术投入才能正式启动。而软件运营供应商一般是按照客户所租用的软件模块来进行收费的,用户可以根据需要订购相应的软件应用服务,软件运营公司负责系统的部署、升级和维护。

软件运营 SaaS 已成为软件行业的一个重要服务模式,是该行业发展的大趋势。

(三) 软件公司分析

1. 关注预收款的变化

一般提供大型复杂的软件系统的公司都为客户提供与产品相关的服务,通常是客户预先支付某段时期的服务费。比如,某软件公司为该客户提供三年的服务,客户先预付三年的服务费。这笔费用虽然是预收款,但还不能作为确认的收入,在财务记账上列为递延收入(Deferred Revenue)。

软件公司的预收款是我们特别要关注的项目,它预示公司的销售趋势,如果预收款的收入大幅减少,说明产品销售疲软,所以相应的配套服务业务也在下降,应引起我们的警觉。

2. 研究应收账款变化

应收账款(Account Receivables)是公司卖出产品或提供销售后,尚未收回的已经确认的收入,我们要密切关注软件公司资产负债表中的应收账款的变化。如果应收账款的增长速度大大高于公司的销售增长速度,说明公司在给客户更长的付款时间,也就是产品面临更激烈的市场竞争,需求疲软,公司为促销产品不得不给客户更优惠的付款条件来吸引客户,说明生意较难做。

3. 公司估值方法

为便于更好地研究软件公司的估值,我们先来了解软件公司的收入形式。因软件产品的特殊性,软件公司收费也有多种形式,包括:软件使用版权收入,软件维护服务收入,软件培训服务收入及软件订阅费(订阅费是按照使用软件的固定期限收取费用,比如按月、按季度或按年收费)。

软件公司的估值方法因公司的发展周期或收入方式而异,成熟型的软件公司和处于发展成长阶段的公司的估值方法是不一样的。

• 成熟的软件公司的估值方法

对于大型成熟的软件公司,市盈率(P/E)、现金流折价法是常采用的估值方法。

现金流折价法(Discounted Cash Flow)是对公司未来的现金流量及风险做预估,然后选择合理的折现率,将未来的现金流量折合成现值。换句话说,就是通过预测公司未来的盈利能力,估算公司现在净现值,以确定是否估值过高。

• 新兴软件公司的估值方法

对于仍处于发展早期,还在成长阶段的软件公司而言,它们基本上都还没有开始赚钱,无法用市盈率等估值方法,通常采用企业价值与总销售额比率(EV/Sales)来评估公司。

• 固定期限使用权收入的公司估值

收取固定期限内软件使用费的公司或者是提供长期服务合同的公司,通常都是按月收取费用,用未来现金流折现法来分析这类公司是较有效的估值方法,也最符合此类公司收费形式。

如何分析网络业?

所属产业部门:科技业　　　　　　　　**表现最好的时期:经济扩张早期**

一、网络业概况

直接与网络相关的所有行业的统称,主要包括:

(1) 网络出版、广播、搜索引擎和社交媒体,主要公司:

中国:百度(Baidu)和腾讯(Tencent)

美国:谷歌(Google)、脸书(Facebook)和雅虎(Yahoo)

日本:DeNA

韩国:NHN

（2）网络拍卖

中国：淘宝（阿里巴巴所属）

美国：电子海湾（eBay）

阿根廷：MercadoLibre

（3）网店

中国：淘宝（阿里巴巴所属）、京东（JD. com）

美国：亚马逊（Amazon）、自由互动传媒（Liberty Interactive）、HSN、J. Crew

英国：Shop Direct Home Shopping

日本：乐天株式会社（Rakuten）

二、投资网络业的分析研究要领

（一）宏观经济因素对网络业的影响

广告收入是网络业的主要收入来源之一。如果经济不景气，企业会大幅缩减开支，包括网络广告，从而影响网络业的广告收入。经济不佳也会打击消费者的购物积极性，影响网店的销售收入。当然，如果经济强劲，个人消费支出增加，公司也会增加广告花费等开销，从而提高网络业的收入。

（二）网络行业分析

1. 网络业发展的周期

网络业的发展分为三个阶段：

第一阶段：抢市场

公司处于开创期，需要大量的人力和财力的投入，在其服务领域和全球范围内占有市场。这一阶段，市场占有率最重要，是第一位的，而盈利是第二位的。

第二阶段：赚利润

当抢占到足够的市场份额后，公司要着手制定让庞大的网络资源转化为现金的办法和措施。

第三阶段：再扩张

在成功地将网络资源变为现金后，能不断推出新产品、新服务，满足市场需求，避免客户的流失，进一步扩大市场份额。

在上述三个阶段中，一般而言，第一阶段的风险较高，第三阶段的风险较低，当然高风险也会带来高回收，想让投资的风险平稳一些，就不要对回收寄望太高。所以我们在分析网络行业或公司时，首先要分清其所在的发展阶段，看看投资这样的公司是否符合自己的风险承受范围。

2. 网络行业的生财之道

提供不同服务形式的网络公司，其收入来源也各不相同。网络出版、广告或搜索服务商主要是满足个人或企业的资讯和娱乐需求，这类公司在为客户提供资讯的同时,搭建一个受广告商欢迎的广告平台,赚取广告收入。对于网店而言,是利用网店营运成本低,24小时营业及网络无远弗届的优势,可以将部分节省的费用与消费者分享,以相对优惠的价格提高竞争力,吸引大量的网店顾客,建立庞大的客户基础,通过直销或代销产品,挣取利润。网络拍卖店的拍卖活动既没有时间限制,可以每天随时进行,也没有地域差别,可以在本地,也可以跨国界进行。凭着这些传统拍卖公司无可比拟的优越性,网络拍卖公司吸引了大批拍卖客和买家,向拍卖公司收取会员费及其他服务费用。

（三）网络公司分析

1. 财务盈利分析

（1）公司的收入来源

网络公司的收入形式有：广告收入、会员费、产品销售或服务费等。

（2）过去的盈利历史

公司过去一至三年中,销售与盈利业绩趋势如何,特别是营运现金流的趋势,是呈增长之势,还是盈利和营运现金流一年不如一年。

（3）市场定价权

网络服务业市场的定价权掌握在谁的手中,是用户市场,还是网络服务供应商的市场。

2. 网站流量分析

网站流量包括现有客户的流量和引荐来的客户流量,分析网络流量趋势,从而判断网络公司未来的盈利成长趋势和潜力。

3. 运作技术

分析网络营运技术含金量的高低,以及人力与外包服务的需求趋势。

4. 行业地位

分析公司在行业中所处的地位及竞争优势,成长前景如何,以及竞争对手进入该领域的难易程度。

5. 客户基础

公司的客户来源及新客户的增加趋势。如果是付费方式,分析现在有多少交费客户,每个客户的估值是多少。

6. 知识产权

公司所经营的网络业务是否有从业执照要求或专利和版权保护。比如网络视频服务商要获得电影和电视剧的版权；网络券商也要拥有相关专业执照。

7. 估值与风险

（1）传统估值——第三阶段公司

对于已经有盈利的第三阶段的网络公司,可采用常用的估值方法,如折价现金流、企业价值倍数(EV/EBITDA)等。

（2）流量点击估值——第一阶段公司

对于第一阶段的网络公司，大多数仍在赔钱，一般用网站流量或点击率来估值，并参考行业的平均流量和点击率的平均价格，来估算公司的真实价值。

（3）风险

主要从判断公司所处的发展阶段入手，处于早期发展阶段的公司风险相对较高，一旦公司获得成功，投资的回收也相当丰厚。

如何分析半导体制造业？

所属产业部门：科技业　　　　　　　　　**表现最好的时期：经济扩张早期**

一、半导体制造业概况

（一）半导体业定义

半导体制造业包括半导体制造业和半导体设备行业。半导体制造业是以半导体为材料，通过晶圆的生长，薄膜沉积、光刻、蚀刻和掺杂等工艺技术，制作成半导体组件和集成电路的行业。半导体设备业是为半导体制造业提供生产所需的设备。

（二）全球主要半导体公司

美国：英特尔公司(Intel Corp.)、应用材料公司(Applied Materials)、泛林半导体设备(Lam Research Corp.)、威可仪器公司(Veeco Instruments)

荷兰：阿斯麦控股(ASML Holding)

日本：东京电子(Tokyo Electron Ltd.)、日立高新技术公司(Hitachi High-Technologies Corp.)

二、投资半导体行业的分析研究要领

（一）宏观因素

1. 周期型行业

半导体行业是周期性极强的行业。经济扩张时，生意繁荣；经济萎缩时，生意萧条。投资半导体公司一定要注意经济的发展情况，要关注经济先导指数、GDP、采购经理人指数(PMI)等经济指数数据，这是最基本的分析要领。

2. 汇率的影响

由于大多数半导体公司的产品都行销全球市场，因此，汇率的波动对半导体行业的收入和盈利影响重大。

（二）行业分析

半导体业的成长取决于计算机、手机等终端产品的需求，市场竞争激烈，波动较大。技术强弱是公司竞争成败的决定性因素。产品周期短、更新换代快是半导体行业的显著特征，因此该行业需要投入大量的研发经费，满足市场对新产品的需求及保证产品的先进性，以确保市场的占有率。全球半导体总需求是决定行业发展的重要因素，可以从以下几个主要行业报告中获取相关资讯。

（1）半导体业全球销售报告

半导体工业协会（The Semiconductor Industry Association，SIA）出版的月刊《全球销售报告》提供美洲、欧洲、日本及除日本外的亚太地区半导体销售同比、环比及三个月的平均数据，是了解半导体行业近期发展趋势非常有用的宏观信息来源。比如，2015年2月底，全球半导体业销售下降5.2%，3个月平均下降2.8%，与2014年同比下降4.4%。

（2）半导体设备订单销售比（Book-to-Bill Ratio）

由国际半导体设备与材料协会提供的半导体设备订单销售比反映半导体行业的资本投入，是该行业的晴雨表。当半导体产品需求强劲时，生产商便会增加购买半导体设备；反之，市场疲软时，便会减少或延后购进设备。订单销售比的计算方法是：

订单销售比＝全球半导体设备三个月的平均订单量÷全球半导体设备三个月的平均销售量

如果订单销售比的比值大于1，说明订单数超过销售量，即半导体公司在增加投资新的半导体设备；若比值小于1，显示半导体公司对市场前景不乐观，缩减支出，减少半导体设备的购买。这样就可以预测未来半导体业需求的趋势。

（3）晶圆加工厂产能使用率

晶圆加工厂产能使用率也是值得半导体投资人关注的重要数据，半导体工业协会（SIA）公布每季度半导体生产产能使用率的统计数据，从使用率变化情况来确定半导体行业所处的周期及发展趋势。当半导体业如日中天时，产能使用率可达九成以上，2000年时的半导体行业就是如此红火；而在金融危机的2008年，产能使用率仅为55%左右。

（三）半导体公司分析

1. 订单销售比、晶圆产能使用率等数据也可用于分析公司

分析半导体公司也可通过分析公司自己的订单销售比、晶圆产能使用率等相关数据，来判断公司的销售及盈利趋势，也可用公司的这些数据与行业平均值比较，来分析公司营运情况与同行的差距。

2. 了解末端客户及大客户

由于半导体行业产品繁多，横跨多个产品链，所以要分析公司的主营业务，其末端产品是什么，是智能手机还是通讯设备，是台式计算机还是平板电脑，这对分析公司非常重要。除此之外，占公司销售10%以上的大客户是谁，其经营销售情况如何，

也是必须要搞清楚的问题。

3. 估值方法

对半导体公司作估值时,基本上采用传统的估值方法,如市盈率(P/E)、市盈率相对盈利增长比率(PEG)、市销率(P/S)、股价与现金流比率(Price/Cash Flow)等。

市盈率相对盈利增长比率(PEG),也叫本益成长比,是从市盈率衍生出来的估值指标,由未来市盈率除以每股盈利的未来增长率预估值而得,它考虑了公司的未来成长因素,弥补了市盈率不能反映公司成长变化的不足。一般而言,本益成长比的数值小于1,说明股价可能被低估。

股价现金流比率是股价与每股现金流的比值,是衡量公司未来财务状况的指标,现金流是公司一定时期的现金和现金等价物的流入和流出总量。

如何分析黄金开采加工业?

所属产业部门:原材料　　　表现最好的时期:局势动荡,通胀飙升,美元贬值等

一、黄金开采加工业概况

(一)黄金开采加工业定义

从事生产或开采黄金及相关产品的生产商,包括开采或者加工黄金的公司以及那些主要投资金矿但并不直接经营金矿的金融公司。

人类很早就发现了黄金,大概在原始社会时人们就知道了这一黄灿灿的金属。在与人类相伴的历史中,黄金在不同的历史时期,扮演着不同的角色,大致可分为四个阶段:代表权贵的黄金(19世纪前),金本位时期的黄金(19世纪初到20世纪20年代),布雷顿森林体系时期的黄金(1944年至1973年)和非货币化后的黄金(20世纪70年代至今)。

(二)全球主要黄金开采加工公司

黄金主要出产国为:南非、美国、加拿大、中国、澳大利亚等。主要黄金矿公司如下:

中国:中国黄金集团、紫金矿业

美国:纽蒙特矿业公司(Newmont Mining)、自由港迈克墨伦公司(Freeport-McMoRan Inc.)

加拿大:巴里克黄金公司(Barrick Gold Group)、加拿大黄金公司(Goldcorp Inc.)

南非:盎格鲁阿山蒂黄金公司(AngloGold Ashanti)、金田(Gold Fields Ltd.)

二、投资黄金开采加工业的分析研究要领

(一)宏观经济对黄金开采加工业的影响

黄金开采业与黄金价格变化密不可分,而美元汇率、利息、央行货币政策等都是

影响黄金价格的宏观经济因素。黄金以美元计价，一般来说和美元走势相反，美元升值，黄金价跌，美元贬值，黄金价涨。央行利息变化对黄金价格有一定冲击，黄金虽有保值的功效，但一般是在恶劣情势下才显出这一特性，它也不会像债券等投资有利息收入，所以，加息时通常给黄金价格带来压力。央行采取宽松的货币政策时，黄金的防通保值作用最明显，因为大量的货币进入市场，就是钱不值钱了，所以人们会拥抱黄金。美国 2008 年金融危机后，大手笔向市场注资，黄金价格在 2009 到 2011 年表现如日中天，就是最好的例证。

除了上述宏观经济因素，战争、地缘政治局势紧张，特别是产金国局势不稳定，都会影响黄金价格。南非是最大的黄金出产国之一，但政局不稳，或者是矿工工人罢工而影响黄金产量的情况时有发生，影响黄金的供应，导致黄金价格的波动。

（二）黄金开采加工业行业分析

1. 黄金的供需关系影响黄金开采业发展

（1）黄金的供给

黄金的供应主要来自三个渠道：新开采的黄金、再生的黄金、央行释出的储备黄金。再生黄金就是从黄金首饰或报废的电子产品，如手机、笔记本电脑和电路板中回收再熔炼而出的黄金，约占总供应量的三分之一。

（2）黄金的需求

黄金非货币化后，黄金的主要职能是国家储备的重要资产，投资人投资保值的工具，消费者珠宝首饰及工业产品。需求以珠宝首饰为主，几乎占总需求的一半，其余是满足投资、工业应用及各国央行储备所需。

供求关系决定黄金价格走势。黄金市场需求强劲，金价稳步上涨时，有利于黄金开采加工业的发展，反之，当黄金需求疲软时，黄金开采加工业也将陷入低潮期。由于文化背景的原因，中国和印度是最喜欢黄金饰品的国家，是全球最大的金饰市场，2014 年，两大市场共占全球消费需求的一半以上，所以这两个国家的金饰市场的强弱程度，直接影响黄金的需求变化，进而影响黄金开采业的发展。

2. 黄金开采加工业的结构

黄金开采加工业通常都需要大量资金投入，进入门槛相对较高。按照主营业务不同，该行业可分三种类型：黄金勘探、融资开发和金矿开采。

勘探公司不拥有金矿，其主要目的是找到矿源，所以它们的资金投入较小，一旦找到金矿，有些公司会试着寻找投资的资金，开发此矿，或者将其卖给金矿开发公司。

金矿开发公司是找到已确认的金矿资源，着手筹集资金，准备开矿。

黄金开采加工公司拥有并开采已确认储量的金矿，按照其开采能力，可分为：大型金矿公司，年产量在 100 万至 500 万盎司；中型金矿公司，年产量在 30 万至 100 万盎司；小型金矿公司，年产量在 30 万盎司以下。

（三）黄金开采加工公司分析

1. 分析公司主营业务

要仔细分析公司的业务是黄金勘探还是金矿开发，或者是金矿开采加工。

2. 金矿开采公司的成本

都是黄金开采加工公司，但它们的开采成本可能会相差甚大。黄金价格由期货市场决定，所以开采成本的高低，决定一家黄金公司相对于其他同行的获利能力。如果，甲金矿的开采成本为每盎司500美元，乙公司的开采成本为每盎司800美元，黄金市场价格为1 200美元一盎司，两家公司都有利润，甲公司盈利高于乙公司，若是黄金价格跌破800美元一盎司，甲公司尚有利润可赚，乙公司就开始亏损了。所以，开采成本越低的公司，在黄金价格低迷时，才更容易挺过难关。

（1）现金开采成本

现金开采成本包括采矿、打磨、矿山使用权费用、容量及其他直接与采矿相关的费用，而不包括税收、折旧、融资、销售和营运管理的费用。现金开采成本可以视为黄金开采公司的盈亏平衡点，只要金价高于其现金开采成本，金矿公司都可以继续开采。

（2）影响现金开采成本的要素

矿藏的类型和埋藏深度、矿产的品级和矿山的位置是影响金矿开采加工公司现金开采成本的主要因素。

● 矿藏的类型和埋藏深度

矿藏是地面矿还是地下矿，地下矿的开采成本高于地面矿，埋藏得越深，开采成本越高。

● 矿产品级

金矿埋藏在矿山中，每挖出一吨矿石，能产出多少盎司的黄金，这一比率就是矿石的品级。当然是含金量越高的高品级矿石的开采成本越低。

● 矿山地理位置

矿山所在的地理位置是影响黄金开采的一个很重要的因素。南非的金矿极易开采，但是在南非开金矿会经常因政局不稳等原因导致停工停产，出不了产品。所以，一家位于政治环境稳定但开采成本略高的黄金公司，可能比处在局势不稳但开采成本低的金矿公司更值得投资。

（3）金矿开采公司的总成本

总成本包括现金开采成本和税收、勘探、折旧、融资、销售和营运管理的费用。用总成本分析金矿开采公司会更客观和全面一些，它反映的是公司真正的营收情况。即使是黄金价格高于公司的现金开采成本，但如果公司在勘探或其他方面支付过高，也会影响其盈利。

3. 金矿开采公司的估值

黄金开采公司是比较特殊的行业,用市盈率对这类公司估值,准确性不高,而多是从金矿公司所拥有的资产入手来评估其股价的高低,主要方式有:

● 每盎司黄金储备市值(Market Capitalization per Ounce of Reserves)

用公司的总市值除以其所拥有的黄金储备量,这一数值可便于投资人将不同的黄金开采公司作比较,得出估值高低。比如甲公司每盎司黄金储备市值为 100,而乙公司为 50,显然如果其他条件相同,乙公司相对较便宜。

● 每盎司黄金产量市值(Market Capitalization per Ounce of Production)

用公司的总市值除以其现在的黄金生产总量,它表示公司每生产一盎司黄金,投资人愿意支付的金额。但该数值只能看出现在的产量,反映不出市场对公司未来的生产能力的投资意愿。

● 原始投资回收时间(Payback Period to Recover the Initial Investment)

是用每盎司预计黄金产量市值除以现在黄金价格与公司现金开采成本之差,这一比值表示,如果公司按照预计的产量和现在的黄金价格水平,需要多长时间收回原始投资。

如何分析工业金属行业?

所属产业部门:原材料　　　　　　　　**表现最好的时期:经济扩张中期**

一、工业金属行业概况

(一)工业金属行业定义

提供钢铁、铝、铜、铅等金属生产加工的行业。我们主要介绍工业金属行业中最主要的钢铁业和铝制品业。

钢铁业从事铁矿石采选、钢铁冶炼和钢材制品加工。铝制品业包括铝土矿开采、冶炼及铝制品加工。

(二)世界主要工业金属公司

钢铁公司:

中国:宝钢集团 (Baosteel)、河北钢铁公司(Hebei Iron and Steel)

日本:新日铁住金株式会社(Nippon Steel & Sumitomo Metal)、JFE 商事株式会社(JFE)

韩国:浦项制铁公司(POSCO)

印度:塔塔钢铁有限公司(Tata Steel)

美国:美国钢铁公司(United States Steel)、纽柯钢铁公司(Nucor)

卢森堡:安赛乐米塔尔集团(ArcelorMittal)

德国:蒂森克虏伯股份公司(ThyssenKrupp)

铝制品公司：

中国：中国铝业公司(Aluminum Corp. of China)

美国：美国铝业(Alcoa)、爱励铝业(Aleris)、诺兰达铝业(Noranda Aluminum)

挪威：挪威海德鲁公司(Norsk Hydro)

英国：力拓公司(Rio Tinto)

俄罗斯：俄罗斯铝业(RUSAL)

印度：印度铝工业有限公司(Hindalco Industries)

二、如何分析工业金属行业

（一）宏观经济因素对工业金属行业的影响

1. 经济成长强弱影响产品需求

钢铁、铝的最大市场是汽车制造和建筑业，而汽车和建筑业又都是受经济周期影响极大的行业，所以钢铁和铝制品行业也是典型的经济周期行业，与经济的健康强弱密切相关。经济扩张时，汽车和建筑业回暖，钢铁和铝制品的需求也会强劲；当经济萎缩时，汽车和建筑业需求疲软，钢铁和铝制品的需求也下降。

2. 价格竞争

钢铁和铝制品都是期货产品，拼的是价格，而价格竞争取胜的关键是能否控制好成本，包括劳动力成本是否有竞争优势，生产工艺是否先进而可以降低成本。此外，除了分析本国市场的价格外，还要参考全球市场的价格走势。可作为参考的主要钢铁和铝制品的市场价格如下：

钢材制品：

螺纹钢：土耳其螺纹钢出口价格、中国螺纹钢价格

热轧卷：中国热轧卷价、美国热轧卷价

废钢：土耳其进口重熔废钢价格、美国中西部废碎料价

铁矿石：普氏 IODEX 铁矿石定价指数、铁矿石块矿溢价

铝制品：

美国铝交易、成本加保险运费(CIF)韩国铝溢价、日本季度铝进口溢价、日本现货铝进口溢价

（二）工业金属行业分析要点

1. 不同的工业金属产品受经济影响的时间不一

工业金属的各种产品因为性能不同，终端客户有别，所以受经济周期的影响也有先有后。根据这一特点，工业金属可以分为周期早期金属和周期晚期金属，因此我们在做行业分析时，要有所区分。

（1）周期早期金属

一般而言，铝制品主要用于消费产品，当经济周期从衰退转向复苏时，首先回暖

的是消费耐用品的需求,这是铝制品的主要市场,所以铝制品的需求先开始增加,属于周期早期金属。

(2)周期晚期金属

钢铁产品主要用于汽车、建筑和重型设备等生产物资行业,它们的市场需求是随着经济的逐渐扩张而增加,钢铁产品属于周期晚期金属。

2. 产品的终端需求

(1)钢铁业的供需分析

● 钢铁业的供应趋势

分析钢铁业的供应情况可以从产量和产能使用率、加工服务中心库存和发货数量等方面着手。研究钢铁行业的产量和产能使用率要做纵向比较,比较现在的产量和产能使用率与上一年同期的水平,以及和上周的水平,通过一系列的对比,得出钢铁业的产量趋势。钢铁加工服务中心库存变化也是反映钢铁业强弱趋势变化的重要指标,服务中心的钢铁消耗大约占钢铁业产量的 25%,如果服务中心的库存高于其正常水平,钢铁业需求疲软,如果库存量低,说明市场需求强劲。

● 钢铁业的需求趋势

汽车业和建筑业是钢铁产品的两大主要市场,基本上三分之一的钢铁产品用于汽车制造,近四分之一的产品用在建筑业,所以了解汽车和房屋市场的走势有助于分析钢铁行业的需求趋势。

Wardauto. com 是汽车工业资讯研究公司,提供每周和每月的汽车和重型卡车的产量、库存和销售情况,通过对这些数据的研究,可看出汽车市场的强弱程度,进而判断钢铁行业的前景如何。

建筑业是经济的主要部门,建筑支出数据和房屋市场价格行情反映建筑市场需求趋势,房屋市场强劲,建筑支出增加,表明市场活跃,需要的钢材制品就会增加,推动钢铁业。

(2)铝制品业的供需分析

● 铝制品业的供应趋势

国际铝制品协会(The International Aluminium Institute,IAI)每个月会公布全球铝制品的产量、发货和库存情况。伦敦期货交易所(LME)也有每天更新的铝产品的库存情况。通过这些数据我们可以了解到铝制品市场的供应趋势。

● 铝制品业的需求趋势

铝制品最大的市场是易拉罐等包装市场,大约占产品的 30%,铝制品行业向饮料包装业的发货情况反映其产业的强弱。汽车和建筑业也是铝制品的主要市场,汽车销售和房屋市场的强弱直接影响铝制品的需求。

（三）工业金属公司分析要点

1. 公司经营情况分析

我们从总发货量、市场份额、产品结构和成本控制四个环节分析工业金属公司的经营情况和盈利趋势。

（1）总发货量

工业金属公司都需要庞大的厂房、设施和运输系统，因此固定费用很高，只有销量达到盈亏平衡点，才能保证公司能够继续运转。工业金属都是大宗商品，价格的竞争是很重要的。因此，在保证盈亏平衡的基础上，发货量越大，公司的单位固定费用成本下降，公司的产品才越有竞争力。

（2）市场份额

工业金属市场是成熟饱和的市场，想增加销量是件不容易的事，如果要扩大销售，就需要增加市场份额，可能要向海外市场扩军。当公司的销售下降，盈利减少时，要分析引起销售减少的原因，是全球需求下降还是公司的市场份额萎缩。如果是前者，因为是大气候不佳，还有情可原；但若是后者，则要小心，说明公司的竞争力下降，或者是公司的经营策略有问题。

（3）产品结构

工业金属产品可以分为：低端产品和高端产品，低端产品多是大宗商品，靠价格和销量取胜。高端商品是服务增值型产品，相对来说是高利润的产品。镀层钢板和平轧卷等产品属于钢铁业的高端产品，要比热轧卷之类的低端产品利润高很多。对于铝制品公司来说，用于运输业的产品是高端产品，比用于建筑和软饮料包装的产品价值高、利润大。高端产品在市场强时，价格上涨得快，利润高，而当市场疲软时，高端产品的价格下跌幅度相对于低端产品来说也相对较小。所以，分析公司的产品结构，了解其高端产品所占比例，有助于分析公司在不同市场环境下的盈利能力。我们希望看到公司的高端产品的比例高于低端产品。

（4）成本控制

成本控制对工业金属公司尤为重要，低端产品价格竞争激烈，要控制好成本。而对于高端服务加值型产品，如果为了推出高端产品，徒然使成本大幅提高，导致利润微薄甚至没有利润，那就得不偿失了。

2. 公司的财务状况分析

工业金属公司需要庞大的运作资金，所以公司通常都是高负债，通过以下分析方法，衡量公司的债务风险高低。

（1）利息负债率

利息负债率＝EBITDA（即未计利息、税项、折旧及摊销前的利润）÷利息支出利息负债率是风险指标,衡量公司的税前利润能否支付当期利息,以及在境况不佳时,有没有融资能力扭转困境。如果该比率低于1,说明公司的利润不够用来支付债务利息,债务风险增高。

(2)债务总资本比(Debt-to-Total Capital)

是债务与总资本之比,反映公司的长期偿债能力,比率越小,还债能力越强;比率过高,说明公司债务负担较重,风险较大。

综上所述,工业金属公司一般而言都没有绝对的竞争优势,如果一家工业金属公司成本低,债务低,应该是值得投资的对象。

3. 工业金属公司的估值

我们可以用市盈率(P/E)、股价现金流(P/CF)等估值方法对工业金属公司作综合评估。除此之外,还可以参考近期行业中的同类公司的收购价格来评估公司的估值是否合理。以同类公司的收购价格为参照,按照目前公司的盈利和资产,计算收购价与盈利的比例和收购价与公司资产的比例,来比较公司的估值高低。

如何分析航空航天与国防工业?

所属产业部门:生产物资　　　　　　　　　**表现最好的时期:经济扩张中期**

一、航空航天与国防工业概况

(一)航空航天与国防工业定义

提供民用或军用航空航天及国防设备、零部件或产品的生产商,我们主要介绍提供商业飞机及零配件的飞机制造业和提供国防产品的国防军工行业。

(二)世界主要航空航天与国防工业的主要公司

美国:波音(Boeing)、通用动力(General Dynamics)、雷神公司(Raytheon Co.)、洛克希德·马丁公司(Lockheed Martin)、诺斯洛普·格鲁门公司(Northrop Grumman)

加拿大:庞巴迪(Bombardier)

荷兰:空中客车集团(Airbus Group)

英国:BAE 系统公司

意大利:莱昂纳多-芬梅卡尼卡集团(Leonardo-Finmeccanica)

二、商业飞机制造业分析要点

(一)宏观经济周期对商业飞机制造业的影响

1. 经济环境影响商业飞机制造业

商业飞机制造业最大的用户是航空运输公司,航空运输业是受经济影响密切的行业,所以,商业飞机制造也是受经济周期影响非常大的行业。宏观经济欠佳,航空运输公司生意不景气,航空公司就不会急于增购新的飞机。2007 年全球一年的飞机购买数是 2 880 架,而一年后,经过金融危机风暴的冲击,2009 年全年的飞机订购数锐减至 573 架。这一期间,美国航空业刮起破产重组风,美国联合航空公司的股价从 2007 年的高峰 40 多美元跌至 2009 年最低时只有 3 美元多,而波音公司的股价也从 2007 年的 107 美元一路跌至 2009 年最低位 29 美元左右。经济大环境影响航空运输业,进而影响商业飞机制造业的连锁反应,由此可见一斑。

2. 利息变化影响商业飞机制造业

航空公司大多是借债购买飞机,而且借贷比例不低,利息支付是航空业较大的开销,因此利率的变化也会影响航空公司的购买计划,当利率上涨时,购买意愿降低,飞机制造业需求下降;反之,利率低了,航空业也更有积极性贷款购买新飞机,飞机制造业的需求增加。

3. 消费者信心影响商业飞机制造业

消费者对前景有信心,乘机人数增加,航空公司需要扩大承载量,就会购入新的飞机;相反,消费者信心不足,缩减开支,航空公司载运量下降,也不会想着去买新型飞机了。

(二)商业飞机制造业行业分析

商业飞机制造业基本上与航空运输业有着一荣俱荣、一损皆损极为密切的连带关系。所以分析飞机制造业的前景,就要研究航空运输业的发展方向。

1. 分析航空运输业需求情况判断飞机制造业前景

航空运输公司的客运量增加,飞机制造业的订单也会相应增多。根据国际航空运输协会(International Air Transport Association,简称 IATA)的预计,从 2014 到 2034 年的 20 年时间里,航空公司的飞机数量将以平均每年 3.6% 的速度增长。这一数字是该机构对航空运输业的发展预测所得出,他们预计未来的 20 年中,航空运输业的乘客量将以平均每年 4% 的速度增长,货运里程收益和乘客里程收益会分别以平均每年 4.7% 和 4.9% 的速度成长,航空公司的盈利增长幅度为平均每年 3.1%。如果航空业按照航空运输协会的预测发展,飞机制造业的订单增长速度保持在平均每年 3.6%,但是如果期间经济飞速发展,航空业生意红红火火,成长速度高于预期,那么飞机制造业的订单增加速度也会比预期的高;同样,航空业不景气时,飞机的销售也会下降。所以,我们要关注航空业的发展趋势,确定飞机制造业的前景。

2. 分析航空运输公司飞机机龄组成,预测未来飞机制造业订单的前景

飞机是耐用品,但从飞行安全考虑,不能无限期使用,一架飞机的服役时间一般是 20 年左右。飞机机队数据库公司(http://www. airfleets. net)提供所有航空公司现役飞机的机龄数据,根据其 2016 年 3 月的统计,中国的航空公司的飞机机龄比美国的航空公司的飞机机龄年轻很多,如下表 2-1 所示。

表 2-1　中、美主要航空公司机龄比较

中国航空公司			美国航空公司		
航空公司	飞机数(架)	平均机龄(年)	航空公司	飞机数(架)	平均机龄(年)
南方航空	492	6.8	达美航空	812	17.1
中国民航	364	6.2	联合航空	715	13.6
东方航空	397	5.4	美国航空	940	11.2

如果美国的达美和联合航空公司要淘汰旧飞机,或者中国的航空公司继续扩大规模,增开航线,增加航班,飞机制造业的订单将会增加。因此,关注航空公司的飞机机队的机龄结构,可以了解商业飞机制造业的发展情况。

3.飞机制造业盈利前景

飞机制造业盈利前景取决于产品需求,换句话说,也就是航空运输业的盈利好坏,航空公司利润增加,飞机制造业需求强劲,盈利增加;反之,需求疲软时,销售下降,影响盈利。同时还要注意的是,有的时候,从经济的角度出发,航空公司也会购买相对较新的二手飞机,给商业飞机制造业带来一定的冲击。

(三)商业飞机制造公司分析

1.分析公司订单情况

分析公司的订单,一要看公司新订单情况,二要看公司的积压订单(Backlog)情况。新订单增加势头强劲,说明公司的销售增加。积压订单是公司已经收到但尚未交货的订单,导致订单积压的原因有两个,一是市场需求强劲,另一原因也可能是生产问题所致。如果是市场需求强劲造成订单积压,那意味着公司的销售将增加,盈利也将上涨,从这一角度说,积压订单越多越好。

2.分析公司制造成本

飞机的造价昂贵,而且产品品质要求极高,毕竟这是在高空飞行的设备,安全、舒适、节油等都是飞机制造商在研发时要考虑和解决的问题,因此,公司投入研发的经费相当高。一部飞机引擎的造价高达 10 亿至 20 亿美元,研发周期约 10 年左右。而一代新机型的推出,从设计到成型要反复修改,大约需要 10 年的时间,花费在 250 亿美元左右。所以飞机制造公司的研发投入和制造成本影响其利润。

三、国防工业分析要点

(一)宏观因素对国防工业的影响

国防工业和经济周期基本没有关系,当国家安全受到威胁时,无论经济处于哪一阶段,都要保疆守土。所以,影响国防工业的是政府的国防预算和突发的地缘局势紧张。

在正常时期,各国政府的国防预算不会太高,以美国来说,普通情况下国防开支占其国内生产总值(GDP)的 4%,在越战时间,国防开支占 GDP 的 8.9%,朝鲜战争时期为 11.7%,而在第二次世界大战时期,国防预算则占到经济总收入的 34.5% 之多。

各国政府国防开支的用途也随着国际局势的变化各有侧重。在冷战时期,预算开支多用于远程导弹、核潜艇等远距离战争工具的投入。而目前,反恐是各国政府的主要目标,所以国防预算在小型灵巧的无人机等军工设备上的投入增加。

(二)国防工业的行业分析

政府是国防工业的客户,以美国国防工业为例,政府支付国防产品生产商的费用通常有两种形式:一种是成本+合同费方式,一种是包干费。

成本+合同费:公司为完成订单所投入成本由政府实报实销,合同费是公司的收入所得。也有些条款会附加节约成本奖励,即公司的成本如果低于政府的预算,政府会给予一定奖励。

包干费:政府支付一笔固定费用,公司承担成本开销,如果公司能将成本控制得好,其所留收入也相应增加。

(三)国防工业的公司分析

1. 销售成长

如果公司推出适应新形势的新产品、新武器,带动公司的销售成长,或者政府增加产品的订购,促进其销售增长,这是国防公司投资人最愿意看到的。但如果公司的成长是由兼并和收购而来,这种成长一般不会维持太久。

2. 盈利成长

我们希望看到国防公司因为销售的增长,带动盈利的成长,这说明公司是从生意上实实在在的赚钱,而不是因为一次性卖出公司资产等原因出现短暂的盈利增加。当然我们最大的希望是世界和平,不要打仗。

四、航天航空与国防工业的公司估值

商业飞机制造和国防公司都是规模庞大、资金雄厚的公司,在财务能力上基本上没有太大区别,主要看其在行业中的竞争地位和公司的债务趋势。

企业价值倍数 EV/EBIT(企业价值与息税前利润之比)和 EV/EBITDA(企业价值与税息折旧及摊销前利润之比)常用来评估商业飞机制造和国防公司,一般来说,企业价值倍数在 5 至 8 左右属于相对合理的估值。

如何分析重型机械设备和卡车行业?

所属产业部门:生产物资　　　　　　　　　**表现最好的时期:经济扩张中期**

一、重型机械设备和卡车行业概况

(一)重型机械设备和卡车行业定义

为工程建筑、农业生产、能源和矿产开采,以及卡车运输等行业提供重型机械设备和重型机车的行业。

用于工程建筑的重型设备包括:混凝土机械、挖掘机、起重机、高空作业平台等;农业生产所用的重型设备有:播种机、收割机、拖拉机、喷雾机、采伐联合机、伐木归堆机等;用于能源和矿产开采的重型设备包括:钻机、吊斗铲、矿用液压铲、硬岩开采机、长壁开采机、露井联合端邦开采系统等;重型机车包括:客车、重型卡车及相关零部件等。

(二)世界主要重型机械设备和卡车公司

中国:三一重工(Sany Heavy Industry)

美国:卡特皮勒(Caterpillar)、特雷克斯(Terex)、约翰迪尔(John Deere)

日本:日立(Hitachi)、小松集团(Komatsu)

韩国:斗山集团(Doosan Infracore)

英国:凯斯纽荷兰工业(CNH Industrial)

德国:利勃海尔(Liebherr Group)

瑞典:阿特拉斯·科普柯集团(Atlas Copco)、沃尔沃（Volvo）

二、重型机械设备和卡车行业分析要点

(一)宏观经济因素对重型机械设备和卡车行业的影响

1. 不同的经济扩张阶段,不同的重型机械设备行业获益

重型机械设备和卡车行业虽然是经济周期型行业,但因为行业内不同重型设备公司所针对的终端市场不同,因此受经济周期影响的时间也各有先后。卡车运输业在经济扩张的早期即开始复苏,所以重型卡车及零件行业在经济扩张的早期最能获益;而当经济扩张至中期时,建筑和原材料行业繁荣,为工程建筑和矿山开采提供重型设备的行业处于发展的黄金期;能源业在经济扩张的晚期最得益,而这一阶段,为能源开采提供重型设备的行业也从中受益。所以,分析宏观经济对重型机械设备和卡车行业的影响,要根据经济周期的特点和行业的特性区别对待。

2. 汇率变化对重型机械设备和卡车行业影响较大

重型机械设备和卡车行业多是规模较大的企业,公司的数量并不太多,产品基本上都是全球范围内销售,因此汇率变化对公司的销售和利润影响较大。比如,美元兑人民币汇率的变化既会影响到中国的三一重工的海外销售,也会影响到美国卡特皮勒公司在中国的利润。

(二)重型机械设备和卡车行业分析

1. 用宏观经济指数判断重型机械设备和卡车行业的需求趋势

● 建筑支出指数

建筑支出数据反映建筑市场的活跃程度,从中可分析与工程建筑相关的重型机械设备行业的市场需求趋势。

● 农产品价格和农民收入变化

玉米、小麦、大豆等农产品期货价格的变化,影响农民的种植意愿,粮食价格走高,农民扩大种植的积极性大,收入增加,投资农机设备的开销也相应提高。如果粮食价格萎靡不振,农民种粮的收入下降,农机设备需求也自然降低。

● 能源价格趋势

石油、天然气价格趋势影响能源业发展,油价高涨,石油公司利润丰厚,会增加购买设备,加大开采;油价低迷时,石油公司利润缩水,过低的油价甚至导致公司亏损,能源开采设备的需求也会大受打击。

2. 重品牌、销售周期长是行业的特点

● 重品牌

重型机械设备和卡车行业涵盖的产品较为广泛,很多公司是在某一领域技术领先。而对于用户来说,购买这类设备都是大金额投入,谁都不希望花了大价钱买回来的机械设备因为品质问题无法使用,或者总要检修维护,增加额外花费。所以客户在选购时,不会只看价钱,而更会看重代表质量的品牌,所以品牌效应在该行业中相当重要。

● 销售周期长

重型机械设备的销售工作通常是长期的任务。因为重型设备是笔不小的开销,用户在购买时通常需要层层报批,有时还需要董事会批准。对客户初次销售产品时,初期投入的时间往往较长,一旦设备卖出去了,客户的后续订单也就会接踵而至。

● 了解客户订购的原因

当客户订购产品时,要了解订货的初衷,是因为现有设备老化而需要汰旧换新,还是因为经济好转,用户的业务量增加,而扩大资本物资的投入。

3. 重型机械设备和卡车行业的成长方式

重型机械设备和卡车行业的成长扩张可通过以下几种方式来实现:

(1)增加产品种类,在旧有产品的基础上,扩大同类产品的品种;

(2)推出全新产品,开辟新的产品领域;

(3)通过兼并和收购扩大市场份额;

(4)与同类公司合资合作增加销售,特别是行业希望向海外市场扩张时,与当地的同行合营合资应是不错的选择。

(三)重型机械设备和卡车公司分析

1. 分析公司的管理策略

重型机械设备和卡车公司的扩张空间相对有限,如果要追求高利润率,就得在管理上下功夫。所以要分析公司的管理策略,研究公司如何能做到优化管理,提高利润率。一般而言,大型重型设备和卡车制造公司所采用的管理方式有三种:六西格玛管理法(Sigma Six)、精益化生产(Lean Manufacturing)和最佳实践(Best

Practice）。

- 六西格玛

六西格玛管理方式最早出自摩托罗拉公司，其管理方式是以客户为中心，用统计数据作指导，注重产品生产过程中的品质管理，采用主动管理，提高防范作用，将产品品质问题解决在生产线上，而不是下线后再去返工，强调团队精神，力争零失误，追求完美。

- 精益化生产

精益化生产简单地说就是制造商根据客户的实际需要，按照所需数量，制造符合客户要求的产品。该管理方法使企业不需要不间断地开足马力生产，而是根据客户需求及时制造，达到无缺陷、无库存，杜绝浪费的目的。

- 最佳实践

最佳实践是一种管理标准，是指在生产技术、生产过程或管理机制中都存在着一个能够使这些活动达到最优化结果的行为标准，也就是公司为完成经营任务应采取的最成功的解决方案。

2. 从财务面分析重型机械设备和卡车公司

- 从损益表分析公司的收入

重型机械设备和卡车公司基本都有相似之处，大部分公司都是根据客户需要，为客户量身定制设备，一般都是长期合同。客户根据工程进度支付费用，完工时结清全部费用是常见的合同条款，称为按照完工百分比支付费用。公司分期分批从客户处收到款项记录在公司的损益表上。在分析这类公司时，要注意两点：

（1）不希望看到公司过于激进地使用完工百分比的收入，不希望公司根据自身财报的需要人为调整，而是按照工程的实际进展和相应的成本如实收报。

（2）慎防管理层利用完工百分比的方法，在公司经营不佳时，提前挪用后期的百分比收入，公司经营好的时候，将百分比收入挪后，以备盈利不济之时，借以掩盖公司的真实营收情况，制造人为的虚假繁荣。

- 从资产负债表分析公司的债务

重型设备公司的生产和制造投入较大，借债运转是很普遍的，但是公司的借债规模也不能太高，通常而言，公司的债务总资产比（Debt/Total Capital）在30％至50％为宜，或者不要高于行业平均水平。同时，公司的现金流要为正，能够支付其债务。

3. 从订单情况看重型机械设备和卡车公司未来盈利

分析公司当前的订单和订单的执行情况，判断其未来的盈利能力。

- 新订单与积压订单

如果公司的新订单和积压订单都呈上升趋势，说明公司业务健康，未来的销售和盈利可能增加。

- 订单出货比(Book-to-Bill Ratio)

订单出货比反映公司已经接到的订单发货执行情况。一般而言,订单出货比大于1,表明公司经营良好,接到的订单数量多,来不及发货。如果该比值小于1,说明公司的新订单在下降。

4. 重型机械设备和卡车公司的估值

市盈率(P/E)、市销率(P/S)和贴现现金流(Discount Cash Flow)都可以用来评估重型机械设备和卡车公司。但是,该行业是经济周期性行业,在经济萎缩期时,公司的生意量会大幅减少,以致出现亏损,此时就无法用市盈率来作评估,而应该用市销率来取代市盈率。这类公司也多是大资金投入的行业,开销加大会影响盈利,因此贴现现金流能更好地反映公司的真实经营状况。

如何分析能源业?

所属产业部门:能源　　　　　　　　　　　**表现最好的时期:经济扩张晚期**

一、能源业概况

(一)能源业定义

将埋藏在地下的石油、天然气开采出来,储存运输再到加工和销售的产业链的所有相关行业。其上游阶段是,石油的开采,包括石油勘探、钻井、开采等所有与石油天然气开采相关的行业;中游阶段以运输储存为主,将从地下采集出来的石油天然气输送到港口、石油冶炼商的工厂和客户的指定地点;下游包括石油的冶炼和销售,也就是将原油制成成品油并销售的环节。

大多数能源行业公司都是只侧重于产业链的某一业务活动,比如石油勘探公司,钻井服务公司,或是冶炼公司;但是一些大型综合性石油公司,其自身的业务活动涵盖了石油工业产业链的开采、运输到冶炼的全过程,比如埃克森、英国石油、中石化等公司。

(二)世界主要能源公司

1. 世界主要大型石油天然气开采公司

中国:中石油、中石化、中海油

美国:埃克森美孚公司(Exxon Mobil)、康菲石油公司(ConocoPhillips)、阿帕奇公司(Apache)

英国:英国石油公司(BP)

俄罗斯:鞑靼石油(Tatneft)、卢克石油公司(LUKOIL)

伊朗:伊朗国家石油公司(National Iranian Oil Co.)

巴西:巴西国家石油公司(PETROBRAS)

荷兰：荷兰皇家壳牌石油公司(Royal Dutch Shell)

沙特阿拉伯：沙特阿美石油公司(Saudi Aramco)

2. 世界主要油气田服务和设备公司

中国：中海油田服务股份有限公司(China Oilfield Services)

美国：斯伦贝谢(Schlumberger)、贝克休斯公司(Baker Hughes)、哈里伯顿公司(Halliburton)、纳伯斯工业(Nabors Industries)、国民油井华高(National Oilwell Varco)

3. 世界主要石油天然气钻井服务公司

美国：艾伍德海事公司(Atwood Oceanics)、赫尔默里奇和佩恩公司(Helmerich & Payne)

英国：恩斯寇(Ensco plc)

加拿大：恩赛因能源服务(Ensign Energy Services)

瑞士：瑞士越洋钻探公司(Transocean)

二、能源业行业分析要点

（一）宏观因素对能源业的影响

能源业直接受原油价格的影响，国际原油价格市场上主要有两种原油价格：一个是伦敦期货交易所的布伦特原油价格，另一个是纽约期货交易所的美国西得克萨斯轻质原油(WTI)价格。影响原油价格的主要宏观因素如下：

1. 经济成长

石油被称为工业的血液，受经济影响较大。经济成长时，工业生产率高涨，对石油的需求大幅增加，油价上涨；经济成长减缓时，石油的需求相应减少，油价走低。

2. 美元走势

国际期货市场的石油是以美元计价的，一般情况下，美元汇率变化与原油价格走势相反，美元坚挺时，原油价格走势较弱；而当美元疲软时，原油价格相应走强。

3. 产油国局势

产油国政治局势对原油价格影响很大，中东地区的产油国经常出现骚乱或动荡，以致石油开采停产，影响石油市场的供应，导致油价上涨。一旦局势稳定，原油价格就会回落。

4. 供求关系

（1）全球石油供应

从当前世界石油市场的格局来看，石油供应主要有三股力量：

- 欧佩克：石油输出国组织(Organization of Petroleum Exporting Countries)
- 俄罗斯及属于苏联的加盟共和国
- 以页岩油开采为代表的美国新型原油

成立于1960年的石油输出国组织欧佩克曾经在全球石油市场占有举足轻重的地

位,随着美国页岩油开采技术的突破,世界原油供给格局发生质的改变,欧佩克对全球石油市场的影响力日渐削弱。而另一个削弱欧佩克影响力的原因来自其内部,就是主要成员国之间的宗教派别矛盾,也就是代表逊尼派的沙特阿拉伯和代表什叶派的伊朗之间的矛盾。逊尼派和什叶派是伊斯兰国家的两大政治和宗教派别,两派的矛盾由来已久。两个派别有过逊尼派迫害什叶派的时期,也有过和平共处的阶段。1979年伊朗的伊斯兰革命取得胜利,伊朗成为强势的什叶派国家(约90%的伊朗人是什叶派),并支持中东地区其他国家占少数的什叶派起来反抗,让逊尼派如芒刺在背,深感恐惧,也让逊尼派占近九成的沙特阿拉伯坐立不安。随着伊朗的强大,逊尼派和什叶派之间长达数世纪的教派之争也重新开启。伊拉克战争打破了地区的平衡,伊朗成为什叶派占多数的伊拉克的最强大后盾,进一步刺痛了逊尼派国家,伊、阿矛盾再升级。作为欧佩克主要成员国的伊朗和沙特的政治矛盾也波及至石油产量、石油交易上,致使欧佩克的影响力衰弱。

(2)全球石油供求关系

研究全球石油供应情况,可以借助主要石油协会和经济机构公布的石油供给与需求的数据,比如国际能源署(International Energy Agency,IEA)、欧佩克(OPEC)、经济合作与发展组织(简称经合组织,Organization for Economic Co-operation and Development,OECD)、美国石油协会(American Petroleum Institute,API)和美国能源信息署(Energy Information Administration,EIA)等都会定期公布现有的石油产量、库存及需求消耗情况,也会对石油未来的供需趋势作出预测。

(二)石油天然气开采业分析要点

1. 行业分析

石油开采一般要经过四个阶段,勘探、钻井、完井和采油。

● 石油勘探

利用各种勘探手段了解地下的地质状况,寻找和查明油气资源,评估其含油气远景,确定最可利用的油气聚集地区,找到储油气的圈闭,并探明油气田面积。这项工作通常由地质学家等专业工作者完成。

● 石油钻井

在勘探发现的储油气区,利用钻机设备及破岩工具等专业设备及技术,在预先选定的位置,钻井达地下油气层。钻井工程是十分重要的工序,其目的是进行地质评价、开发油气藏量,根据使用目的不同可分为勘探井、开发井和特殊用途井等,用途不同技术要求也不一样。

● 完井

完井在石油开采过程中起着承上启下的作用,它是钻井的最后一个重要环节,也是采油工程的开端,与以后油气田的开发紧密相连,完井的质量影响到油井的生产能力和经济寿命。

● 采油

采用一系列工程技术措施使油、气畅流入井,并将油气从井底举升到地面的过程,其目标是经济有效地提高油井和原油采收率。

2. 石油天然气开采公司分析

(1) 分析公司的产量变化

看公司的石油和天然气的产量变化趋势,产量是增加还是减少。石油价格波动是影响石油公司开采量的主要因素,油价上涨时公司愿意多采油;油价疲软时,会减少产量。减少供应量在某种程度上也是维护油价不再下跌的策略,供给减少,价格自然会上涨。

(2) 分析公司的储量替换率

储量替换率(Reverse Replacement Ratio)是石油天然气公司在一段时期新增加的已探明油气储备量与其在同一时期内油气产量的比值。储量替代率大于1,表明公司储量增加量大于开采量。分析这一数据是要了解公司是否有充足的油气储备,保证公司继续运营。

公司用来增加油气储备的方法有:改进技术提高现有油井的产量,增加新的油井或通过兼并收购获得其他公司的油气储量。

(3) 分析公司的开采成本

石油的开采成本包括勘探和开发成本及生产成本。勘探和开发等前期投入成本较大,油田开发就是钻井的过程,钻井的费用有时几乎占了石油开采成本的一半。如果公司能有效地控制成本就可以增加利润。

(三) 石油天然气设备与服务业分析要点

石油天然气开采公司通常都不会自己钻井,因为钻井是技术性很强的工程,不仅需要特殊的设备,也需要专门的人才和技术,与其自己配备人员,购买设备,不如外包给提供油田服务的专业公司。石油天然气设备与服务包括设备提供和钻井服务,主要设备有钻头、钻杆、钻井液,泥浆泵、套管、油价管和井口装置等;主要服务包括:地震成像分析服务、泵压服务、电缆测井服务、定向钻井、随钻测量、欠平衡/气体钻井、深海开采供给服务等。

钻井分海洋钻井和陆地井架,海洋钻井平台根据深度可分为:

浅海开采——浅于550英尺

中层水域开采——550—5 000英尺

深海开采——5 001—7 500英尺

超深海开采——深度超过7 501英尺以上

陆地井架分为:

轻型——低于 5 000 英尺

中型——5 000—10 000 英尺

重型——10 000—16 000 英尺

1. 石油天然气设备与服务行业分析

（1）钻井平台机数量

分析钻井平台数量的升降，判断石油开采公司的生产趋势。大型油气田服务公司如斯伦贝谢和贝克休斯，以及美国石油协会等专业机构都会定期公布截至某段时间在运转的钻井平台数量的变化情况，数字是以实际清点或估算的方式得出。

（2）钻井平台使用率

钻井平台使用率衡量目前在运转的钻井平台占总钻井平台数量的百分比。总钻井平台数是在运转的、即将投入使用的和闲置的钻井平台的数量总和。钻井平台使用率高显示行业运行接近其负荷能力；反之，钻井平台利用率过低显示空闲钻井平台较多，市场需求不强。钻井平台使用率直接影响到行业的盈利。

（3）钻井服务费

油气田服务公司的钻井服务合同通常有三种费用方式：按日计费；按钻井的深度计费；按工程计费。

• 按日计费（Rig Dayrate Contract）

按日计费是目前最普遍的费用方式，这一方式比较容易知道公司的收入是多少。

• 按钻井深度计费（Footage Contract）

根据实际钻井的深度计费，这种方式公司的服务收费比较难确定，因为油藏到底埋得有多深，在工程没有结束之前，无法确切地预先知道。使用此收费方式的服务公司越来越少。

• 按完工工程计费（Turnkey Contract）

服务公司承包全部工程，直到油井可以交付使用，服务商承担劳力成本、一切原材料，独立运作。使用这一方式，服务商的风险加大，所以现在也只有为数不多的公司还在用此收费方法。

（4）新钻井平台工程

当钻井日费用率上涨时，服务公司会建造新的钻井平台，因为它们相信随着钻井费用不断高升，可以很快收回投资。分析新钻井平台开工趋势可以判断未来钻井平台市场的供给情况。

（5）石油开采的上游资本支出趋势

石油开采的上游资本支出是油气开采公司为采出油气所花费的探油和油田开发的费用，这一费用的变化趋势直接影响油田服务公司的收入。能源研究公司 IHS Herold Inc. 和英国巴克莱银行（Barclays Plc）都提供相关的石油行业的上游资本支出统计数据。

2. 石油天然气设备与服务公司分析

(1) 公司钻井平台所在地区

了解公司的钻井平台所在地区,主要是根据该地区的钻井费用情况,判断公司的营收。如果公司所在地区的钻井日费用率呈现上涨之势,公司的钻井收入会相应增加。大多数钻井平台都是可移动的,当某一地区的石油开采活跃,钻井日费用率上涨,公司会将费用率低的地区的钻井平台运送到价格高的地区,虽然运送费用绝不便宜。一般来说,海上钻井平台比陆地井架更容易搬运,成本也较低。

(2) 服务计费方式与合同期限

了解公司的钻井服务合同情况、收费方式、合同期限,判断其盈利趋势。

在分析钻井服务收费的同时,还要研究公司的服务合同是长期还是短期的。如果公司的合同都是长期的,当按日计费费率上涨时,公司因为大部分合同锁定了低费率的费用,服务收入不会随费用上涨而增加。反过来,当日费用率下降时,如果公司的合同是短期的,其新的合同就只能随行就市地签订较低的费率。

(3) 分析公司的收入与盈利

收入是一次性的还是分期分批的多次性收入? 公司的产品在行业中是数一数二的新技术型产品,还是普通大众产品? 比较公司的钻井平台数的变化和钻井平台使用率,以及其日费用率,这些都是影响公司收入和盈利的重要因素。

(四) 石油运输和储存行业

石油和运输储存行业是石油产业链的中游环节,关于这一行业的分析我们在后面介绍缓慢成长红利型股票的章节中有详细的介绍,在此就不赘述。要补充的一点是要注意战略储备油的变化对该行业的影响。

(五) 石油冶炼和营销行业

石油冶炼和营销是石油产业链的下游环节,石油冶炼公司将原油加工提炼成汽油、柴油等成品油,再卖给批发商或运送到加油站销售。研究石油冶炼行业和公司的关键是分析冶炼利润率和销售利润率。

● 冶炼利润率

石油冶炼利润率用"裂解价差(Crack Spread)"来衡量,即一桶冶炼好的石油产品的现货价格和一桶原油的市场基准价格之差。价差增大,冶炼利润率增高;反之价差缩小,利润率减少。

● 销售利润率

销售利润率包括批发和零售的利润,是冶炼公司购买一桶自己公司提炼的,或者从其他公司购买同类产品所需要的花费和将其在批发商或零售市场上出售的价格差。一般来说,原油价格过高时,冶炼公司的销售利润下降,因为公司很难极快地将高成本转嫁给其客户。

（六）能源公司的估值

原油价格与能源公司关系密切，油价波动较大，且难以预测，所以对能源公司估值时，通常综合使用市盈率（P/E）、前置市盈率（Forward P/E）、本益成长比（PEG）、价格流通现金比（P/CF）、前置价格流通现金比（Forward P/CF）和企业倍数（EV/EBITDA）等方式，不同行业类型的公司所侧重的估值方法也不同。

用企业倍数评估石油开采公司时，要作一些调整。EBITDA是利息、所得税、折旧、摊销之前的盈余，而石油开采公司的高额的勘探费用被摊销了，所以要把这费用加回来，才能更准确地反映公司的价值，税息折旧及摊销前利润（EBITDA）调整为税息折旧及摊销和勘探费用前的利润（EBITDAX），X为勘探费用，企业倍数相应调整为EV/EBITDAX。

使用石油公司的市盈率（P/E）和价格流通现金比（P/CF）评估时除了作横向和纵向的比较外，还要参考其前置市盈率（Forward P/E）和前置价格流通现金比（Forward P/CF）。前置市盈率是以预计的公司未来某一时间的每股盈利计算出的市盈率；前置价格流通现金比是股价与预计公司未来某时间内可产生的现金流的比值。

埃克森、康菲等大型综合性石油公司的业务范围广泛，几乎包括石油产业的上中下游的每一个环节，对于这类企业的估值，通常是先将其每一业务部门单独估值，然后再加起来。

如何分析家庭和个人日用产品行业？

所属产业部门：日用消费品　　　　　　　　表现最好的时期：经济萎缩早期

一、家庭和个人日用产品行业概况

（一）家庭和个人日用品行业定义

生产包括洗涤剂、肥皂、尿布、家用卫生纸及纸用品等家庭非耐用消费品，或化妆品、香水等个人美容护理用品的行业。

（二）世界主要家庭和个人日用品公司

美国：宝洁公司（Procter & Gamble Co.）、高露洁公司（Colgate-Palmolive）、吉列公司（Gillette Co.）、金佰利公司（Kimberly-Clark Corp.）、雅诗兰黛（Estée Lauder）、雅芳（AVON）

法国：欧莱雅（L'Oréal SA）

二、家庭和个人日用品行业分析要点

（一）宏观因素对家庭和个人日用品行业的影响

1. 非经济周期性行业

家庭和个人日用品行业是基本不受经济周期影响的行业，无论经济的荣枯程度

如何，都不会影响人们洗脸刷牙，保持必要的个人仪表，以及窗明几净的家居环境。所以，该行业与经济周期没有密不可分的关联，相对平稳，在经济强劲、股市牛气冲天时，一般不会有太抢眼的表现，但在经济开始衰退时，却反而能显出其平稳的特质，因此被称为"防御型"行业。

2. 个人收入与个人支出

消费者可支配的收入和消费趋势影响家庭和个人日用品行业的销售。个人可支配收入是扣除一切税赋后，个人可以完全调用的资金，个人消费支出（Personal Consumption Expenditures，PCE）反映个人的消费趋势，它是国内生产总值（GDP）的一部分。一般来说，收入和支出为正比，收入多了多花钱，收入低了少消费。虽然经济环境的变化对家庭和个人日用品行业影响不大，但收入的高低会改变人们的购买习惯，荷包鼓了可以买价格较贵的高品质产品，荷包瘪了就要瞄准低价商品了。

3. 通货膨胀

物价上涨影响消费者的购买力，所以通货膨胀率如呈上升之势，不利于家庭和个人日用品行业。消费者物价指数是衡量通货膨胀趋势的重要经济指标。此外，家庭和个人日用品行业的生产需要大量的原材料，产品价格上涨影响公司成本。

4. 人口趋势

家庭和个人日用品行业所在市场的人口趋势变化影响产品的市场需求，人口增加时，每日需要消耗家庭和个人日用品也相应增加，带动销售上涨。反之，人口减少时，消耗量下降，需求降低，销售下滑。

5. 汇率

很多知名的家庭和个人日用品提供商都采用全球销售和在海外设分公司等经营方式，汇率的波动会影响公司的营收。

（二）家庭和个人日用品行业分析

虽然牙膏肥皂之类的家庭和个人日用品都是极不起眼的商品，既没有太高的科技含量，也很少有价格不菲的产品，但该行业还是有成长的机会，主要的成长途径有：

1. 新产品

新产品包括现有产品的改型和全新产品的推出。美国绿山咖啡公司（Keurig Green Mountain）成功地推出操作便捷的 K 杯（K-Cup）咖啡机，使公司的销售快速成长，就是通过新产品成长的典范。

行业在推出新产品前，首先会小范围试销，成功后再扩大推广，推出强有力的广告宣传造势，并注重打出品牌，在促销新产品的同时，带动其他相关产品的销售。

2. 品牌效应

品牌是公司产品品质的代名词，品牌知名度高，也能增加客户的忠诚度，从而带动其他产品的销售。比如,人们购买高露洁的牙膏,也会选择它的牙刷和漱口水等等,所以注重提升品牌效应是公司成长的一大策略。

3. 产品结构多层次

家庭和个人日用品的产品都是多层次的,同一类型的产品有低端,也有高端,以满足不同的消费群需求。该行业有生产自有品牌的公司,也有代造品牌加工(Private Label)的公司,也就是公司为客户加工生产,产品冠以客户的商品标签。很多大型零售商会要求家庭和个人日用品生产商将加工的产品打上零售商自己的商品标签。这类客户通常订单规模较大,给家庭和个人日用品生产商带来相对稳定的收入,但俗话说"客大欺店",零售商的订单数量大,也就掌握了议价权,会大幅杀价,使生产商的利润减少。

4. 扩张策略

企业的扩张渠道一是向海外要市场,这既可以扩大产品的销售,也使产品的地域市场相对分散,达到分散风险的目的。

收购兼并或者联营也是行业扩张常采用的方式,通过收购一些好品牌的公司,用优质品牌带动公司其他产品的销售,促进成长。

(三)家庭和个人日用品公司分析

1. 定性分析

从公司的产品结构,分析低端和高端产品的比例;分析产品创新的能力,以及公司产品品牌的知名度及其市场占有率;从海外市场发展潜力等方面对公司作深入的研究,确定公司在行业中所处的地位、竞争实力和进一步扩张成长的潜力。

2. 定量分析

(1)销售成长

分析销售成长的原因、动力是什么:是因为新产品增加了销售?还是价格没有上涨,只是产品销量增加,带动销售增长?是因为产品涨价增加了销售额?还是随着行业的整体销售趋势而增加?或者销售成长是得益于公司市场份额的增加,等等。

(2)毛利润

我们不希望看到公司为了提高销售而削价竞争,导致毛利润下降,因为靠降价的销售手段通常都难以维持,过度的削价,使利润大幅缩水,甚至可能亏损。

3. 估值

家庭和个人日用品公司的盈利相对稳定,可采用市盈率(P/E)和贴现现金流(DCF)的估值方式评估股价是被高估了还是低估了。估值比较时要横向比较,也要纵向分析,横向比较公司的估值与同类公司和行业平均水平的差别,纵向分析是与公司自己的历史水平相比。

如何分析制药业？

所属产业部门：医疗保健   **表现最好的时期：经济萎缩早期**

一、制药业概况

（一）制药业定义

从事药品研究、开发与生产的行业，我们在此介绍的制药业是以生产化学合成药品为主的制药公司，不包括仿制药品制造业和生物科技业。

（二）世界主要制药公司

美国：默克集团（Merck & Co.）、辉瑞制药有限公司（Pfizer）、强生（Johnson & Johnson）、礼来公司（Eli Lilly）、百时美施贵宝公司（Bristol-Myers Squibb）

德国：拜耳公司（Bayer）

英国：葛兰素史克（GlaxoSmithKline）

瑞士：诺华制药有限公司（Novartis）、罗氏制药集团（Roche Holding）

法国：赛诺菲集团（Sanofi）

二、制药业行业分析要点

（一）宏观因素对制药业的影响

1. 人口结构

人口结构的变化趋势影响药品的销售趋势，比如，人口趋向老龄化，药品的使用将会大幅增加。

2. 政府医疗补助

政府医疗补助拨款趋势，特别是对高价药品的补助政策，会影响药品销售。政府如提高医疗补助拨款，有利制药业发展；反之，则影响行业的销售。

3. 政治风险

很多药品的价格都不便宜，如果药品价格上涨幅度远远超出通货膨胀的平均增长幅度，会引起政府对药价过高的关注，引发政治风险。比如，美国某制药公司将40美元一粒的药涨到2.8万美元一粒，令患者愤慨，也让政客坐不住。所以，在2016年，美国总统大选中，无论是共和党还是民主党候选人，都打出严控药物涨价的牌，以拉拢选民。

4. 汇率变化

大型制药厂都是全球范围内经营销售，因此，汇率的变化会影响制药业的出口水平，也影响跨国型制药公司在海外的销售收入和利润。

（二）制药业行业分析

1. 新药研发是制药业的生命线

一般来说，药品的专利保护期是20年，公司申请新药的专利保护是在进行药品研发时就要做的,而不是等到药品获得监管部门批准上市才去申请专利;否则研发了一半,却被别人申请了专利,公司的前期投入就白费了,真成了竹篮打水一场空。而药品从研发到获准上市大约要历时十年左右的时间,也就是等公司的新药真正可以商业化推广时,专利保护期就只剩下一半的时间了。失去专利保护的药品,公司可能将其变成非处方药,也可能由仿制药品公司获得生产权,制成仿制药品,无论哪种情形,其销售价格都远低于有专利保护的处方药的价格,无疑会冲击制药业的盈利。人们将制药业因专利保护失效而导致公司销售额和利润飞流直下的现象称为专利悬崖(Patent cliff)。2011 至 2015 年欧美的主要制药厂的部分主营药品,如百时美施贵宝公司的抗凝血药物波立维(Plavix)、辉瑞公司的降脂药立普妥(Lipitor)和诺华公司的高血压药缬沙坦(Diovan)等相继走向专利悬崖,威胁到公司的销售和盈利。所以,制药业保持竞争优势的不二法门就是保证不断有新的产品问世。

2. 制药业研发经费名列所有行业前茅

为满足政府对新药上市的严格要求,制药业在药品研发上要投入大量的人力、物力和财力,药品研发经费是制药业最大的开销,几乎占据所有行业之首。根据统计,美国制药厂推出一种新药的过程所需花费少则 5 亿到 6 亿美元,多则高达几十亿美元。分析行业研究经费的投入,是判断行业未来发展趋势的重要指标。

3. 漫长的研发过程和严格的监管是导致巨额研发费的原因

研发新药的漫长过程和政府的严格监管是制药业研究经费昂贵的原因。俗话说,是药三分毒,把一些化学合成品用在人身上,既要保证药要对症,又要保证其使用的安全性,将对人体的伤害控制在最小,所以每一种新药都要经过反反复复的实验,从动物到人体,从健康人到病患,经历多层次的检验。我们从美国制药公司新药研发的过程,就知道为什么新药的成功要如此长的时间,也就不难理解,为什么制药商总想把药卖得很贵。

一般而言,美国的新药从研制到上市需要通过四个实验阶段、两个申请时段,和不间断地给美国食品药品监督管理局(药管局,Food and Drug Administration, FDA)的数据报备,实验阶段包括一个临床前和三期临床试验,有时候,为评估长期疗效,新药上市后,药管局还会要求再增加第四期临床试验。各阶段的实验目的和所需时间如下:

- 临床前试验

实验室和动物研究阶段,研究化合物对目标疾病的生物活性,进行安全性评估,时间约三至四年。

- 申请临床试验

如果临床前试验成功了,公司首先要向药管局提出研发中的新药申请(Investigational New Drug Application, IND),若 30 天内未被药管局否决,申请即可生效,公司开始临床试验。临床试验开始后,公司需至少每年向药监局提交一份试验进展报告，并需得到药管局的准许。此外，公司的临床试验申请还需得到制度审核部门(Institutional Review Board)的批准。

- 一期临床试验

在正常健康的志愿者身上做试验，目的是研究药物的安全剂量等安全性问题。时间是一年左右，所需的参与人数约100人。

- 二期临床试验

在患者身上试验，目的是评估药物的疗效。这个阶段大约需要两年左右时间，约需100到300名志愿患者参与。

- 三期临床试验

在病患身上试验以确定疗效和不良反应。大约要三年左右的时间，参与者为诊所和医院的患者，约1 000至2 000名。

- 新药申请

在三个临床阶段结束后，如果试验数据成功地证明药物的安全性和有效性，公司将向药管局提出新药申请(New Drug Application，NDA)。一般药管局审核新药申请的时间约为六个月，但实际的审批时间通常都会长一些。药管局对新药申请的审查，不仅只限于审查药效和安全性，还包括对药物使用指南、药物专业标签及生产设施等的审查。

- 批准

一旦药管局批准了新药申请，新药便可上市，凭医生处方销售，公司还需要定期向药管局提交新药疗效副作用等记录。

- 四期临床试验——上市后的研究

新药获准上市后，药管局也可能要求公司对某些药物作进一步研究，评估长期疗效，这算作第四期临床研究。

（三）制药公司分析

1. 定性分析

- 主营产品

公司的主营产品在市场的地位及占有率，如果市场占有率下降，要深究其中的原因，是因为有新药出现，还是竞争对手降价竞争所致。

- 主营产品专利保护期

研究主营产品的专利保护期的到期时间，旧药品的专利保护期到期后，公司是否有新的药品替补。

- 未来新药的构成

分析公司在研发中的各种新药以及研发进展情况，包括每种药品研发到哪一阶段，其市场潜力如何，公司的财务能力是否可以支持产品的研发，以及公司的产品与竞争对手已上市的产品或在研究的同类产品相比，优势如何。

2. 定量分析

● 销售

公司现有产品的销售情况如何？是比较稳定,还是大幅波动？推动销售成长的原因是什么？是销量增加,还是价格上涨,或者因为兼并收购所致,或几种情形兼而有之？

● 利润率

虽然新药开发的费用在制药公司的成本中占很高的比例,但我们也不希望看到公司利润率的增加是因为公司削减了研发支出,这种情形无疑等于公司在切断其生命线。

● 现金流

管理层如何支配其现金流关系到公司的未来发展。从现金流的支配方式可以知道管理层的眼光,是只看眼前利益,还是更注重未来发展,抑或是眼前与未来兼顾。管理层采取提高红利、回购股票等策略,虽可以短期见效,但最终会影响公司的未来发展。

3. 制药公司的估值

市盈率(P/E)和贴现现金流(DCF)估值法常用于对制药公司的评估,以判断其股价是否合理。估值时不能只看现在的绝对数值,要多作比较,比较公司现在的估值相对其历史水平是高是低,与其最相近的同行或行业平均值相比,公司是否便宜。

如何分析餐馆业？

所属产业部门：非日用消费品　　　　　　　　**表现最好的时期：经济萎缩晚期**

一、餐馆业概况

（一）餐馆业定义

为消费者提供餐饮服务的行业。餐馆的类型按照服务方式不同可分为：餐桌服务型、快餐型、自助型、咖啡馆等。若按菜式风味分那就种类繁多了,日式、法式、意式、中餐、西餐,仅中餐就有我们传统的中国八大菜系。现代人工作繁忙,压力大,时间紧,越来越多的人到餐馆就餐。

（二）世界主要餐馆服务公司

中国：全聚德、狗不理、杏花楼

美国：麦当劳(McDonald's)、百胜餐饮集团(Yum! Brands)、达登餐厅(Darden Restaurants)、星巴克(Starbucks)

加拿大：汉堡王(Restaurant Brands International)

英国：格雷格斯(Greggs)

菲律宾：快乐蜂集团(Jollibee Foods)

日本：云雀(Skylark)

二、餐馆业行业分析要领

（一）宏观因素对餐馆业的影响

1. 经济成长

经济健康成长，就业充分，消费者对经济前景有信心，餐馆就餐的人数增加，有利于餐饮业的发展。反之，经济不景气，失业率增加，消费者对前景渺茫，会缩减花费，不利于餐饮的发展。

2. 消费者物价指数

消费者物价指数是重要的通货膨胀指标，反映整体的物价水平，如果消费者物价指数上涨，说明通货膨胀增加，不仅增加了餐馆业的营运成本，也抑制了就餐者的消费行为。物价平稳，没有通货膨胀压力的环境有利于餐馆业。

3. 食品期货价格

除了参考消费者物价指数，同时也要关注玉米、小麦、食用油、鸡、牛、猪等食品的期货价格的变化，这些都是餐馆业必需的开销，期货价格上涨，餐馆业成本增加，影响利润。有时，也得注意原油价格的变化，在原油价格高飙的年代，美国驾车者汽油开支大幅增加，喂饱了座驾，就不能再很阔绰地去餐馆就餐了。

4. 个人可支配收入变化趋势

个人可支配收入(Disposable Personal Income)是通货膨胀率调整后的个人税后收入，此数据是决定消费开支的最重要因素，当个人可支配收入呈增长趋势时，个人的消费开支也会相应增高，餐馆业会从中获益。而当个人可支配收入下降时，花费在餐馆上的消费也将缩减。

5. 利率变化

餐馆运作需要场地和设施投入，公司如以贷款方式购买地皮和设备，利率变化将影响公司的债务成本，利率上涨时，公司的利息负担增加，而当利率下降时，利息成本也相应减少。

（二）餐馆业行业分析

1. 经营形式

餐馆业大多采用连锁店的经营方式，如麦当劳、必胜客、星巴克等。连锁经营形式一般有三种：直营连锁、自愿连锁和特许连锁。

直营连锁是公司直接拥有的连锁门店，由公司对各分店的人、财、物及其他方面统一管理。这是最基本的连锁形态。其优势是管理高度集中，易于与供货商打交道，但过度集中统一的管理，不利发挥分店的主动性和积极性。

自愿连锁形式的成员店是独立法人，有独立的经营权和核算权，只是在部分业务范围内合作经营,总部与成员店之间的关系是协商与服务的关系。各门店的独立性大,总部统一运作的作用有限。

特许连锁是公司以特许经营合同形式,给加盟店特许经营权的授权,允许其使用公司的商标、商号、产品和专有技术等,在特许者统一的业务模式下从事经营活动;被特许者按合同规定向特许者支付相应的费用。特许连锁店也称为合同连锁、契约连锁或加盟连锁,是餐馆业连锁店的主要形式,肯德基、麦当劳、7 - Eleven 都采用此方式运行。其特点是,总公司与加盟店之间的关系由特许转让合约维系。不受资金和时间限制,发展迅速是其优点,弊端是加盟店过于独立,难以控制。

2. 行业进入门槛低,成功率小

餐馆业不是技术性极强的行业,当然餐桌服务型的餐馆考验大厨的厨艺,但总体来说,餐馆业是属于进入门槛较低的行业,固定开销大,竞争比较激烈,企业的成功率相对较低。我们常常能看到经营不佳的餐馆频繁易主的情形。快餐店靠运作效率高、销售数量大取胜;而餐桌服务型的餐馆靠高利润项目和有效的市场营销策略取胜。

3. 成长形式

餐馆业扩大销售的方式通常有:增开新店,或提高同店的销售。通过增开新店的方式扩张,到一定程度,规模达到饱和,继续成长的空间有限。公司就只能从提高同店销售上下功夫,同店销售是衡量开店时间一年以上的门店,在相同时期的销售变化情况,可以月、季度为时间段比较销售变化趋势反映餐馆的盈利能力。餐馆常采用更改菜式品种、提高单位顾客消费额等方式来增加同店销售。美国快餐业竞争异常激烈,面对激烈的竞争,麦当劳有段时间销售节节下降,为改变局面,公司推出了全天候早餐的销售策略,短短的时间内,销售大为改观,盈利开始增加。而其同行 Jack in the Box 抱怨,因为麦当劳推出"全天候早餐",导致他们的午餐客户流失,销售下降。

4. 成本结构

影响餐馆业成本结构变化的因素主要有三个:

(1) 食品饮料材料价格

食品、饮料价格的变化对餐馆业影响较大,为减少价格波动,公司会采取措施降低成本,比如用玉米、小麦等产品的期权或期货合同对冲避险,保护产品的定价。

(2) 订立长期合同

争取与供货商签订长期采购合同,用大数量和长期购货的条款向供货方争取优惠价格,降低成本。

(3) 控制营运成本

餐馆业高管的薪水一般都是底薪加奖励,将高管的个人利益与公司的效益挂钩,激励高管积极为公司争取最好的盈利结果,另一方面,如因大环境欠佳而导致公司利润缩水,支付给高管的薪资也相应减少,可为公司降低一些成本。

　　餐馆的场地费用也是不小的投入，是购买地产还是租借场地，取决于公司的财务能力。购买地产，资金投入较大，一旦经营不下去，损失会加大。租用地产相对灵活，但若要是在好地段，租金也会相当昂贵，还可能被愿意出高价租赁的人挤走，迫不得已搬迁，造成大笔开销。

　　（三）公司分析

　　1. 管理层经营策略

　　分析公司的经营和扩张策略，研究管理层制定的现行经营策略和未来的扩张策略是否符合当前的发展趋势。要分析成长动力来自公司自身的扩张，还是得益于兼并与收购；公司采取的是多种经营分散风险的策略，还是发挥优势集中经营的方针。

　　2. 销售趋势

　　同店销售情况是检验一家餐馆的经营是否得到市场认可的工具。如果整个行业的同店销售都在上涨，而某公司的同店销售却在大幅下降，要找出下降的原因，是菜式不符合市场要求，还是因为服务品质？

　　除了分析同店销售的数据，还要分析餐馆平均每周的销售量和公司的全部销售量的变化趋势。

　　3. 利润率

　　利润率检验餐馆的盈利能力，也就是每卖出一元钱，能挣多少钱。既要比较公司以往的利润率，也要和行业的平均水平相比，以确定公司的获利能力。

　　餐馆的成本结构是影响其利润率的主要因素，分析公司是否有能力控制原材料成本，是否采用有效保护措施来避免原材料价格大幅波动伤害到利润，以及公司在行政管理等方面的成本控制策略的效果如何等等，判断公司经营的利润率高低。

　　4. 公司的估值

　　餐馆业是经济敏感的行业，随着经济周期的变化，行业的营收也波动较大，用市盈率（P/E）和企业倍数（EV/EBITDA）等方式对餐馆公司评估时，不仅看比值的绝对值，还要将其与业务经营最相近的同行作横向比较。因为餐馆业周期变化的特点，在评估时，还要比较公司在以往相同的经济周期阶段的估值水平。

如何分析零售业？

所属产业部门：非日用消费品　　　　　　表现最好的时期：经济萎缩晚期

一、零售业概况

　　（一）零售业定义

　　零售店根据其所销售的商品针对的客户群不同，分为百货店、折价百货店等不同行业。百货零售业通常货品齐全，种类繁多，信用相对宽松，并为顾客提供免费邮寄等加值服务。折价百货零售业销售的货品也是品质齐全，但和百货店相比，它们的产品相对低档,价格比较便宜,为顾客提供的服务也比较少。

（二）世界主要百货店

美国：梅西百货（Macy's）、杰西潘尼百货（JCPenney）、西尔斯百货（Sears）

加拿大：哈得孙湾集团（Hudson's Bay Co.）

英国：玛莎百货（Marks & Spencer）、德本汉姆百货（Debenhams）

西班牙：西班牙百货集团（El Corte Inglés）

德国：古洛迷亚百货（Galeria Kaufhof,2015 年 1 月被哈得孙湾集团收购）

法国：老佛爷百货（Galeries Lafayette）

日本：伊势丹三越（Isetan Mitsukoshi）

二、零售业行业分析要领

（一）宏观因素对零售业的影响

1. 经济因素

经济环境对百货零售业影响较大。经济不景气时,光顾百货店的人数大为减少。偌大的百货公司的停车场上,稀稀拉拉地停着几辆车,商场里营业员比顾客多,这就是 2008 年金融危机后美国百货零售业的写照。只有经济成长,就业市场健康,基本上人人都有份工作,消费者才可以时常到商场里光顾、消费,大幅促进零售业的销售成长。

2. 人口趋势

居民人口增长将会带动地区的零售业消费的增加;反之,人口流失严重的地区,零售业也必定受到冲击,如果人口持续减少,购物需求不断下降,零售业销售和利润缩水,零售商只能缩减规模,甚至撤出该市场。

3. 收入与开支

个人可支配收入和消费趋势影响零售业的未来销售变化,个人可支配收入增加,消费趋势增加,预示着零售业的销售将上涨。反之,消费者会降低开支,零售业销售也将相应减少。

4. 消费者信心

消费者对经济充满信心会促进消费支出,一般来说,消费者信心指数在 90 以上说明消费者信心较强,对零售业是利多消息。

5. 通货膨胀趋势

通货膨胀率上涨,钱不值钱,货币贬值的同时物价高涨,消费者的购买力大幅减弱,购物的欲望下降,零售业的商品销售也进入寒冬期。当然,如果通胀温和,物价稳定,有利于零售业的发展。

6. 利率趋势

利率变化从两个方面影响零售业：第一,消费者购物多是以信用卡支付,如果利率上涨,信用卡的利息负担增加,会降低消费,对零售业不利;而当利率下降时,利息负担减轻，消费者会增加购物开支，有利于零售业发展。第二，利息增加时，银行存款利息和固定收益产品的回收升高，消费者会把钱存在银行或投资于债券赚得利息，相应减少购物开支；而在利息下调时，存款利息收入不多，消费者乐得去购物。

（二）零售业行业分析

1．从零售销售指数看零售业强弱度

零售销售指数反映零售行业的整体发展形势，零售销售指数持续上涨，表明零售业发展强劲；若零售销售指数下滑，说明消费者的购买活动减少，商家的销售下降。

2．有效的库存管理是零售业的关键

零售业的运作流程的大框架是：首先是商品采购，其次是通过科学有效的库存管理，保证商品的适销对路，提高销售，降低库存。

（1）采购

零售商订货一般是根据过去三到五年的销售统计数据，制定年度计划。

（2）先进的库存管理

拜计算机软件发展所赐，零售业的库存管理也越来越高科技化。为便于产品管理，每个商品都有其统一的商品编号，即 SKU 号码。SKU 是英文 Stock Keeping Unit 的缩写，即库存量单位，就是库存进出的计量单位，它的单位可以是件、盒等。每一个商品都有自己的编号，同一款商品不同的颜色，对应不同的商品编号。同时，现在大型零售商都使用销售时点系统（Point-of-Sale），这一系统不是简单的收银机，而是在商品销售时，通过自动阅读与扫描设备，在结算收款的同时，收集商品的销售信息，如品名、单价、销售数量、时间、出售货品的门店、顾客的信息等等，并将各类信息汇总分类，通过系统网络传至管理层，以便管理层及时掌握销售情况，适时调整库存。

（3）有效调整库存

有效的库存调整策略是根据库存分析，在满足顾客要求的同时，保持最低的库存。比如，在换季期间，掌握好进货，减少当季货物，增加适应新季节的商品。

3．零售业的成长方式

增开新的店铺，提高同店销售，增加销售渠道以及兼并和收购都是零售业常采用的扩大销售的方法和策略。

4．零售业的行业趋势

网络的兴起对传统的门店零售业来说，既是机遇也是挑战。网络为零售商宣传和销售开辟了新的途径，借助电邮、网络搜索及社交媒体平台等方式，商家扩大促销宣传，吸引顾客，在保持门店销售的同时，也增加网店销售。这是网络给零售业带来的机遇。

网络给传统零售业带来的挑战，准确地说，是来自以亚马逊、电子海湾、淘宝（阿里巴巴）等为代表的网店的兴起。网店的经营特点使它们的商品售价和传统零售商相比更具竞争性,大大分流了传统零售商的业务量。

网店的前期投入较大,以后还需要大量的网络维护和更新费用。网店在某些产品的销售上存在局限性,比如服装销售,顾客在网上购买服装,因为没有提前试穿过、担心尺寸不对、真正穿上后效果不佳等原因而止步。买回的衣服也会因尺寸不合适等原因,常会被退货或换货,既让顾客感到不便,也增加了零售商的额外成本。网店正朝着让顾客买到最中意的商品的方向努力。据说,一些服装网店采用特殊的软件,顾客在网上购买服装之前,将自己的身高、体重信息输入,并将照片上传,就可显示出购物者穿上该款服装的效果,确保客户能买到合适的衣服,这或许是服装网店未来的发展趋势。如果网店越来越让顾客买得放心、买得舒心,将会给传统零售业带来更大的压力。

在分析网店公司时,先看其是否有利润,如果尚未盈利,要看其财务状况如何,分析债务和资产比率(Debt to Capital)及现金流情况,确定公司的现金流是否足够支撑公司的未来发展。

(三)零售业公司分析

1. 分析公司的进货情况

投资人最怕零售商进错了货或进多了货,以致为清理库存而折价销售,最终赔钱。要保证营运良好,就要做到在合适的地方、恰当的时间以适当的价位将商品售出。如果将高档用品商店开在人均收入较低的贫民区,或是三伏天里一个劲儿卖冬衣,这样的门店销售上不去、库存下不来,是必然的结果。

2. 关注公司库存变化

如果公司的库存成长高于销售成长,只有两种可能,一是公司因为增开新店而准备的货物;另一种情况是公司的销售出了问题,可能是商品货不对路,难以满足顾客需求,或者是大环境恶化,影响销售。

3. 库存周转率

库存周转率是货物出售量与平均库存量的比率,使用该数值分析公司的商品周转情况时,一般不是计算整个商店的出售量与平均库存量比率,而是计算某类产品的出售量与其同类产品的平均库存比率,比如,服装和服装比,电子产品与电子产品比,这样可以更直观、更容易了解库存的周转情况。

4. 公司提供自家信用卡利弊同在

很多大型零售商提供自家信用卡,顾客用本店的信用卡购物还会获得优惠,这有利于商家促进销售,也提高了顾客的忠诚度。同时,商家根据顾客信用卡的使用信息,可以了解到顾客的消费喜好,确定自己的进货是否能满足顾客的消费需求。另一方面,提供信用卡也给公司带来额外收入,即信用卡利息和迟付罚款收入。这些都是对零售商有利的因素。

不利的是,当经济欠佳时,顾客可能会违约不支付账单,造成公司的损失。顾客的信用卡欠债是公司的应收账款,属于流动资产,如果顾客长期欠债,到一定的时间,公司就将其视为坏账处理,影响利润。所以我们要关注公司的流动资产变化情况,若出现明显变化,应分析是否是大量坏账的原因。

5. 公司的估值

评估零售公司的估值方法是市盈率。在估值时要动态地分析市盈率的变化,公司的市盈率相对零售业平均水平如何,现在的市盈率与其历史市盈率相比处于什么位置,等等。

如何分析银行业?

所属产业部门：金融业　　　　　　　**表现最好的时期：经济萎缩晚期**

一、银行业概况

（一）银行业定义

经营货币和信用业务的金融机构,分为大型综合性银行和区域性银行。大型综合性银行的主要业务为商业信贷、零售银行业务和中小企业信贷业务。区域银行多在某特定地区经营银行业务。

（二）全球主要银行

中国：中国银行（Bank of China）、中国工商银行（Industrial and Commercial Bank of China）

美国：摩根大通银行（JPMorgan Chase）、美国银行（Bank of America）、花旗银行（Citibank）、富国银行（Wells Fargo）

欧洲：西班牙国际银行（Banco Santander）、法国巴黎银行（BNP Paribas）、德国德意志银行（Deutsche Bank）

二、投资银行业的分析研究要领

（一）宏观因素对银行业的影响

1. 利率影响

利率是对银行业影响最大的因素,央行的货币政策取向是分析银行业的关键点。而除了关注由央行决定的短期利率的变化外,还要关注由市场决定的国债长期利率变化趋势,以及长短期利率差的趋势,这些都是对银行的盈利有重大影响的要素。

2. 经济成长

贷款是银行最主要的业务。经济环境好时,银行的贷款量增加,债务人的还款能力强,降低了银行的信用风险,所需的预留款准备金减少,银行的未来盈利增加;反之,经济境况恶化,不仅银行的贷款数量减少,而且债务人欠债不还的债务违约现象增多,银行的信用风险大增,所需的预留贷款准备金金额增加,导致银行的未来盈利缩水。

（二）银行业行业分析

1. 银行是如何赚钱的？

银行的收入主要分两部分，一是利息收入，另一个是服务费收入。服务费收入包括电汇、账户维护费等固定费用收入，这部分收入不是我们在分析银行业和银行时要特别关注的，因为服务费用基本比较稳定。而变数较多的利息收入才是我们需要花时间去研究的。

利息收入是银行向贷款者收取的贷款利息和支付给存款人的存款利息的差额。银行是把你在银行的存款拿出来，借给需要资金的个人或企业，向借钱的人收取利息，再将挣到的部分利息付给你。当然，银行要生存，它不会分文不差地将从贷款人那儿收来的利息，转付给你，而是要扣下一部分利息作为利润。所以你在银行存1 000元获得1%的利息，而如果向银行借1 000元，你需要支付它3%或5%的利息，这中间的差价就是银行的收入。

银行以收取利息差为主要收入，这也是为什么银行的业务受利率影响极大的原因。一般来说，存款利息以央行短期利息为准，而贷款利息则由市场的长期利率决定，如果短期利息不变，当长期利息上涨时，银行赚得的贷款与存款利息差加大，也就是银行的收入增加；反之，短期利率不变，长期利率下降，利息差值减少，银行的利息收入会下降。

2. 银行业的信用风险

信用风险是指获得银行信用支持的债务人不能依据贷款合约如期还本付息的风险，也是银行业的主要风险。说简单一些，就是从银行借了钱的人既不支付利息，也不归还本金，给银行造成损失。当然，申请抵押贷款的债务人借款时会有实物抵押，比如房贷以房产做抵押等，如果还不了贷款，银行可以拍卖他的房产，获得资金，但这不是银行放出贷款的本意，毕竟银行不是地产公司，也不能保证拍卖所得的资金足够弥补欠债。

为了降低信用风险，银行业通常采取以下三种措施：

（1）分散风险

不将大额贷款集中贷给一个客户，而是尽可能地分贷给多个客户，这样避免一个客户违约就全盘皆输的局面。

（2）保守政策

提高贷款人的收入和抵押要求，比如控制债务人的债务与收入比例，提高首付额度等。当然，这样会减少潜在的客户。

（3）催促还贷

密切关注债务人的还债时间，出现到期不付款迹象的，随时催促客户还款，有的银行甚至会请专门的服务公司代为催债。

除上述措施外,当客户违约时,银行也会采取与其重新磋商贷款条款,提高损失准备金(Loan Loss Reserves)的措施来减少损失,或降低可能带来的风险。

3. 银行的利率风险——来自利率敏感性缺口

银行的利率风险来自利率敏感性资产与利率敏感性负债的不等价变动。利率敏感性资产(Interest Rate Sensitive Assets,IRSA 或 ISA)是指将在一定期限内到期的或需要根据最新市场利率重新确定利率的资产,利率敏感性负债是指将在一定时间内到期的或需要重新确定利率的负债,主要包括:货币市场借款、短期储蓄账户、同业拆放等。银行借给你的贷款是它的资产,因为它要收回借款,属于利率敏感性资产,你存在银行的钱是银行的负债,因为你随时会把钱取走,属于利率敏感性负债。

利率敏感性缺口就是利率敏感性资产与利率敏感性负债之差。当利率敏感性资产大于利率敏感性负债时,银行经营处于"正缺口"状态。此时,如果利率上涨,银行的收益会随之增加,因为利率敏感性资产的总值大于利率敏感性负债的总值;而若利率下调,银行的收益也将相应减少。反之,当银行的利率敏感性资产小于利率敏感性负债时,银行存在"负缺口",当利率上调时,银行的收入下降,而在利率下调时,银行的收入则增加。所以,对某个银行而言,利率上升或下降是祸是福不能一概而论,这是分析银行风险的最重要因素。

利率波动对银行的影响极大,如果利率波动频繁,而银行又缺乏足够的风险管理,如未能及时调整利率缺口,就会遭受严重的损失,这就是利率频繁波动对银行业的危害。

4. 流动性风险

流动性风险是指银行可以支配的流动资产不能满足即时支付到期负债的需要,也就是储户到银行取钱时,银行没钱了。其结果是银行可能丧失了清偿能力,造成损失,严重的甚至破产。一般来说,有两个原因可能造成流动性风险:一方面是因流动性管理不善而造成的风险,就是银行的流动性不足直接导致的,但这种情形相对少见;另一方面是长期隐藏的风险最终变成流动性风险,而这一种是较常见的情况。比如说信用风险、经营风险、管理风险、法律风险、汇率风险等都可能变形为流动性风险,使银行陷入困境。当一家银行出现流动性问题时,它很难靠负债增长或以合理的成本将资产变现得到所需要的流动资金,因而会影响其盈利。流动性的有效监管是通过及时调整"贷存比"和"流动性比率"来实现。

- 贷存比

是银行资产负债表中的贷款资产占存款负债的比例,也就是银行将存款转化成贷款的比例,如果贷存比为 50%,就是银行将 100 元存款的一半转成贷款,若比率为150%,就是银行收到 100 元存款,放出去 150 元贷款。央行在改变其现行货币政策之前,一般会与金融业有很好的沟通,银行也会相应调整其利率敏感性资产与负债的比例以降低利率风险。比如,在央行采取宽松的货币政策、降低利息时,银行应增加其敏感性负债的比例;如果央行加息,则要提高敏感性资产的比例。

- 流动性比率

衡量银行偿还短期债务的能力,计算公式是:流动性比率＝流动资产÷流动负债。流动资产包括:现金、短期债券及短期可变现资产等;流动负债包括:活期存款、短期定存、短期债券、短期到期应付利息等。一般而言,流动性比率≥1.2是较好的比率。

(三) 银行公司分析

1. 银行分析要素

分析银行,一般要从以下因素分析:

(1) 财务实力

研究银行的资产负债表,确定其财务健康状况。

(2) 规模

一般来说,银行的规模越大越好,对投资人来说相对较安全,也就是人们常说的"大而不倒(Too Big to Fail)"。如果是投资区域性银行,也应该选择在该区域处于半垄断地位的数一数二的区域银行。

(3) 客户的忠诚度

客户转换银行的成本过高,会帮助银行留住客户。此外,银行的自动提款机等便利设施分布是否广泛,便于客户使用,也是分析银行能否吸引客户、留住客户的考量因素。小银行自动提款机数量少,客户想取钱存款都很麻烦,特别是出外旅行时更不方便,从这一点说,大银行比小银行有优势。其他如营业时间长短、服务态度、网络支付等也都会影响客户的忠诚度,同样是要考量的因素。

(4) 分析银行给股东带来利润的能力

资产收益率和净资产收益率是衡量银行运用资金获利的能力。

- 资产收益率

资产收益率(Return on Assets,ROA)是衡量银行每单位资产创造多少净利润的指标,公式为:

$$资产收益率＝净利润÷总资产总额$$

- 净资产收益率

净资产收益率(Return on Equity,ROE),又称股东权益报酬率,是净利润与平均股东权益的比率,用百分比表示,该指标衡量公司运用自有资本的回收效率,反映股东权益的收益水平。净资产收益率越高,说明公司给股东的收益越高。

2．银行的估值

市净率是评估银行股票的有效估值指标。市净率是每股股价与每股净资产的比率，也叫股价与账面价值比率（Price to Book Value，P/BV）。账面价值又称每股净资产，是每股股票所代表的实际资产的价值。一般来说市净率较低的股票，估值相对较低，具有投资价值；反之，市净率较高的股票，估值也相对较高。对于银行类股而言，通常大型银行的股价在二至三倍的市净率，其估值较合理，而对区域性银行要略低一些。

如何分析财产与意外伤害保险业？

所属产业部门：金融业　　　　　　　　　表现最好的时期：经济萎缩晚期

一、财产与意外伤害保险业概况

（一）财产与意外伤害保险业定义

财产与意外伤害保险（Property/Casualty Insurance）是指投保人向承保人交付保险费，获得保险合同，承保人按保险合同对所承保的财产及其有关利益因自然灾害或意外事故造成的损失承担赔偿责任的保险，提供这类保险服务的行业是财产与意外伤害保险业。

（二）全球主要财产与意外伤害保险公司

中国：中国人民财产保险公司（PICC）、平安保险

美国：美国国际集团（AIG）、State Farm

日本：东京海上控股（Tokio Marine）

欧洲：德国安联保险集团（Allianz）、法国安盛公司（AXA）、瑞士苏黎世保险公司（Zurich Insurance）

二、投资财产与意外伤害保险业的分析研究要领

（一）宏观经济对财产与意外伤害保险业的影响

1．利率变化影响定价和销售

财产与意外伤害保险业的保险费与利率变化成反比。利率上涨时，保险费下降，因为保险公司所收取的保险费大多是用于投资固定收益产品，赚得利息收入，当利率上涨时，保险公司投资的利息收入也增加，就可以降低保费吸引更多的客户。相反，当利率下降时，保险公司就会调高保费，因为此时其所投资的固定收益产品的利息所得也相应减少，为保证公司收入，就得要涨价。

2．通胀变化影响定价与销售

如果通货膨胀率呈上升之势，保险公司未来用于赔付的费用支出也会增加，公司要调高保费也就顺理成章，当然其结果可能会影响销售。反之，如果通货膨胀率下降，或是出现通货紧缩，保险公司未来要支付的赔偿金额也相对减少，公司便会调低保费，扩大销售，增加盈利。

（二）财产与意外伤害保险业行业分析

1. 财产与意外伤害保险业如何赚钱？

财产与意外伤害保险公司向投保人承诺担负投保标的未来的损失风险，收取保费，其获利方式一般有两种渠道：

（1）靠概率获利

保险公司收取少量保费，担负未来一旦发生意外的大额赔付承诺，为降低风险，财产与意外伤害保险公司是将单个投保人的风险并入一个庞大的保险组合中，达到分散风险的目的。通过精算师的计算从概率上保证保险公司的整体组合的净收入大于净赔偿，也就是公司向所有投保人收取的保费总收入要大于保险公司未来可能需要支付的赔偿金额。以汽车保险为例，你向某保险公司购买一份汽车保险，而该公司同时也卖出成千上万份汽车保险，形成公司的汽车保险组合。因事故造成车体损失和人员伤害的事件不会天天发生，买保险只是以防万一，一旦"万一"发生了，保险公司就从汽车保险组合所获得的总保费中，支付其承诺的赔偿金，只要收取的保费总额大于赔付金额，它就可以获利。所以，财产和意外保险公司最怕遇到重大的天灾人祸，需要支付大笔损失赔偿金，因而影响收入。因此，投资财产和意外保险业，要关注小概率事件对行业的影响。

（2）靠时间差获利

财产与意外伤害保险公司是先收取保费，将来才赔偿，大多数情况下甚至不需要赔付。所收得的保费可以在没有被用于赔付之前，投资债券等获得投资收入，利用保险金收进和支付赔偿的时间差赚取投资利润。

2. 了解财产与意外伤害保险行业的特殊性

财产与意外伤害保险业是一个相对特殊的行业，所以它的损益表和资产负债表上的很多项目术语和大部分公司不同，我们在投资之前，一定要对以下一些常用的保险业术语有所了解，才能有效投资。

• 毛保费

保险公司收取的全部保险费，包括从其他保险公司收取的分保费。

• 净保费

扣除保险销售人员佣金后的保费净值。保险公司雇用大量保险代理销售其各类保险产品，保险代理的酬劳大都是以佣金方式结算，即卖出的保单所得保费的百分比，所以毛保费里包括销售人员的佣金收入，扣除后才是保险公司的实际保费收入。

• 已赚净保费

保险公司在收到投保人支付的保费后，还不能立刻将其视为公司的利润，而是随着时间的推移，逐步将扣除分保及其他成本后的净保费变为已赚的净保费，只有保单到期，公司也不需要作任何赔付，净保费才能成为保险公司真正的所得利润。

● 赔付率

即一定会计期间内，公司支付的赔付金与所得保险费收入的百分比，计算公式是：

$$赔付率＝（赔付金额÷保险费收入）×100\%$$

● 综合成本率

综合成本率包括赔付率和费用率，是衡量财产与意外伤害保险业盈利能力强弱的重要指标。综合成本包括公司运营、赔付等各项支出。综合成本率是100％时，公司不赔也不赚，也就是保费收入全部用来支付公司的营运开销和保险赔付金，所以，综合成本率越低说明保险公司盈利能力越强。

（三）财产与意外伤害保险公司分析

1. 公司分析要素

分析财产与意外伤害保险公司，一般要掌握以下主要原则：

（1）公司的规模和名气

投资财产与意外伤害保险公司的一个基本原则是选择公司规模大、资产雄厚、历史悠久的公司。

（2）分析公司成长情况

如果财产与意外伤害保险公司的成长是来自兼并和收购，这是在常理之中，只要不支付过高的金额收购即可。但若是公司靠自身的经营策略达到快速成长，反倒要小心这类公司，因为公司可能是以非常宽松的条件，很激进的促销方式获得客户、增加销售，公司的风险性也相应提高。

（3）注意坏账冲销

公司经常冲销坏账，坏账数量增加，说明公司经营情况恶化，也说明平时没有做好风险管控。

（4）分析公司的投资组合

财产与意外伤害保险公司将保费收入用于投资，我们要分析其投资组合，评估投资风险，比如公司所投资的债券的信用评级如何，当前债券市场的表现怎样，若公司投资蓝筹股，则要关注股市的表现。

2. 财产与意外伤害保险公司的估值

市盈率等估值方式可以作为评估财产与意外伤害保险公司的参考，但股价与账面价值比（P/BV）即市净率更适合用于评估这类公司。

第三章

不同的盈利成长速度,不同的选股策略

我们自上而下的投资法已到了最后一步:公司的分析研究。谈到分析公司,传统的方法都是从公司的三大财务报表入手,即资产负债表、损益表和现金流量表,根据财报的数据研究公司的盈利能力、财务状况、现金流等基本面因素,并作横向和纵向的比较。如果我是在二十多年前写这本书,可能我会花一些篇幅,介绍如何计算各种估值、成长、财务等基本面参数的比值,因为当时研究公司的财务很多时候是需要读公司年报和季报等财报数据,手工计算;但现在,已经时过境迁了,因为有计算机,有网络,有数不清的提高研究效率的软件,任何基本面的数据投资人都可以很容易地在网上或使用特别的财务软件获得,所以,我也就不在这方面多花时间了。我要给读者介绍的是在实际投资中,最实用的选股和投资方法。

很多投资人作投资基本上只用一种投资方法,将其视为万能钥匙,其实这在投资上是行不通的。且不说市场多变,单从每一个上市的公司来看,它们也是千姿百态,各有特点。我的经验是从公司所处的成长周期入手,进行分析研究,实际效果最好。

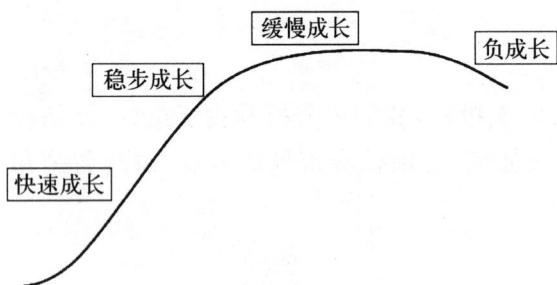

图 3-1 公司的成长周期

公司的成长周期一般可分为:快速成长、稳步成长、缓慢成长和负成长四个阶段(如图 3-1),在每一个成长阶段,公司的盈利、财务等方面都有不同的特点,而且股价的走势、波动率、市场的认知度等方面也都有很大的差别,必须要用一把钥匙开一把锁的方法,才能打开获得与风险相适应的高回收的成功之门。

我在多年的投资实践中,根据上市公司不同成长时期的特点,形成了不同的投资方法,比如,对快速成长未来型的公司,采用相对强度卖空挤压进场法;对稳步成长蓝筹型的公司用卖出期权投资法;对缓慢成长红利型的公司则用排序打分纵横比较投资法；而对于成长前景堪忧型的公司用背离卖空投资法来做空，等等。本章就与读者分享这些心得，希望对大家未来找出适合自己的投资方法，学会灵活投资起到抛砖引玉的作用。

第一节　快速成长未来型——相对强度卖空挤压进场法

根据多家研究机构的计算机大数据的统计，在华尔街一百多年的历史中，大凡股票在短短的一到三年的时间里，股价上涨两至五倍的公司，都具有盈利高速成长且估值适当的基本特征。所以，我们在投资成长股时，就是根据这两大特征作定量筛选和定性分析，找出快速成长的未来型公司。

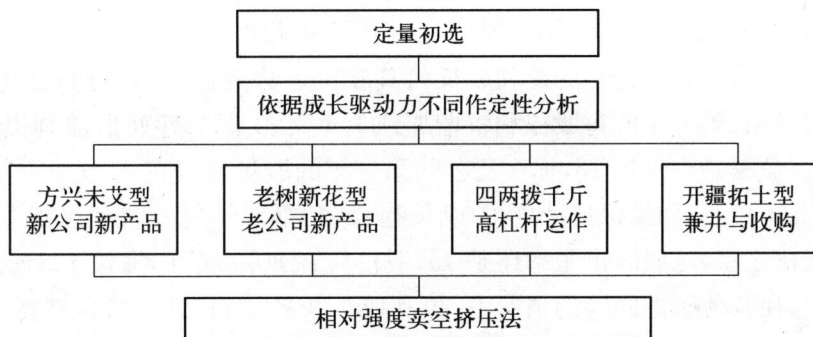

```
          ┌─────────────────┐
          │     定量初选      │
          └─────────────────┘
                    │
      ┌─────────────────────────────┐
      │  依据成长驱动力不同作定性分析    │
      └─────────────────────────────┘
   ┌────────┬────────┬────────┬────────┐
┌──┴──┐ ┌──┴──┐ ┌──┴──┐ ┌──┴──┐
│方兴未艾型│ │老树新花型│ │四两拨千斤│ │开疆拓土型│
│新公司新产品│ │老公司新产品│ │高杠杆运作│ │兼并与收购│
└──┬──┘ └──┬──┘ └──┬──┘ └──┬──┘
   └────────┴────────┴────────┴────────┘
                    │
          ┌─────────────────┐
          │  相对强度卖空挤压法  │
          └─────────────────┘
```

图 3-2　快速成长未来型相对强度卖空挤压进场法操作流程图

如何挑选和分析快速成长未来型股票

盈利长期快速成长是高速成长股最重要、最基本的特征。我们在买房子时，最重要的是看地点，那么买股票时，首先要看的就是公司盈利。而分析成长股的盈利，不仅要看过去，还要看未来；不仅要看每年的盈利成长，还要看每个季度的盈利成长；不仅要看盈利成长值，还要看盈利成长的趋势。总之就是一句话，公司的盈利成长越快越好。

一、快速成长未来型股票的量化筛选标准

（一）盈利高速成长

为什么盈利成长如此重要呢？我们用下面一个简单的例子来看看盈利成长是如

何影响股价的。在对公司估值时,市盈率是最常用的指标。甲、乙两家公司现在的市场价格都是 15 美元,每股盈利都是 1 美元,甲公司的未来成长率为 20%,乙公司的未来成长率为 40%。下表 3-1 列出了两家公司在现在盈利水平的基础上,依据各自的成长速度,如果市盈率保持不变,它们在未来五年的每股盈利和股价的变化。

表 3-1　盈利成长与股价关系

	成长率	市盈率保持不变	现在		第一年		第二年		第三年		第四年		第五年	
			每股盈利	股价	每股盈利	股价	每股盈利	股价	每股盈利	股价	每股盈利	股价	每股盈利	股价
甲公司	20%	15	$1	$15	$1.2	$18	$1.44	$21.6	$1.73	$25.95	$2.08	$31.2	$2.5	$37.5
乙公司	40%	15	$1	$15	$1.4	$21	$1.96	$29.4	$2.74	$41.1	$3.84	$57.6	$5.38	$80.7

甲公司以 20% 的速度增长,第一年的每股盈利将增加到 1.2 美元,市盈率是股价和每股盈利之比,那么如果第一年的市盈率依然是 15 的话,股价要涨到 18 美元。同样,到第二年,公司的盈利增加到每股 1.44 美元时,若市盈率还保持在 15,股价应涨到 21.6 美元。再来看乙公司的盈利成长与其股价走势变化,该公司的盈利成长速度比甲公司快一倍,第一年的每股盈利将增加到 1.4 美元,第二年每股盈利提高到 1.96 美元,如果市盈率始终保持 15,那么乙公司第一年的股价应该在 21 美元,第二年的股价应升至 29.4 美元,如果保持 40% 的成长趋势,到第五年每股盈利达到 5.38 美元,是现在的五倍之多,若届时市盈率还是 15,股价应在 80.7 美元,涨幅 438%。

很显然,在其他条件同等的情况下,盈利成长快的公司,其股价也涨得快,这就是盈利成长对股价影响的重要意义所在,这也是为什么我们在投资不同类型的股票时,都尽可能选择该类型中成长相对较好的公司的原因。而投资成长型公司,我们更要看重的就是公司提高盈利的能力,所以,成长股的定量标准要从盈利成长的多角度来筛选。我们的条件如表 3-2 所列:

表 3-2　快速成长未来型股票定量标准

季度盈利成长的历史及趋势	年度盈利成长的历史及趋势
本季度盈利同比增长率≥25% 本季度盈利同比增长率>上季度盈利同比增长率 下季度预计盈利同比增长率≥25% 下季度预计盈利同比增长率>本季度盈利同比增长率	过去五年每年同比增长率>25% 今年预计盈利同比增长率≥25% 明年预计盈利同比增长率≥25% 明年预计盈利同比增长率>今年预计盈利同比增长率

（二）估值适当——市盈成长率（PEG）

市盈率是常用的估值方法,但它不是万能钥匙,有时并不能反映一个公司真实估值的高低,特别是对于成长型的公司,市盈率可能歪曲了公司的价值。成长潜力反映公司未来的盈利能力,对成长型公司未来的市盈率影响重大,离开成长率谈成长型公司的市盈率会有失偏颇。所以,赫赫有名的麦哲伦基金经理人彼得·林奇先生喜欢用市盈成长率(Price/Earnings to Growth Ratio,PEG)作为评估成长型公司的估值指标。

市盈成长率是将市盈率与成长率兼容考虑的估值指标,即由公司的市盈率除以该公司未来三至五年的成长率,以确定估值如何,它弥补了市盈率无法反映企业成长动态变化的缺憾。这一指标在分析高速成长型公司时最有效,但不适合分析周期成长型的公司。在定量筛选时,我们对市盈成长率按照如下标准划分:

市盈成长率大于1,表示公司的估值相对偏高;

市盈成长率等于1,估值适中;

市盈成长率小于1,表明估值相对较低。

因为在定量分析之后,我们还要作定性分析,所以在定量初选时,对市盈成长率的要求会相对宽松一些,以避免将一些有特殊情形的优质成长型公司遗漏掉,只要市盈成长率不高过1.5都可以考虑。

二、快速成长未来型股票的定性分析

定性分析的目的一是深挖定量数据背后的真实情况,二是探究无法用定量筛选来判定,但又会对股价产生重大影响的重要因素,比如说公司如何成长,推动和拖累公司成长的因素有哪些,管理层水平如何,产品或服务的市场潜力如何,等等。

(一)对定量数据的定性分析

1. 盈利成长率的定性分析

(1) 不要被公司误导

公司的业绩再不好,也得丑媳妇终要见公婆,所以往往会在文字上做文章,比如,用盈利创历史纪录等字眼向投资人表功。创纪录看起来很唬人,但要看这个纪录有多好。如果公司今年每股盈利是1.01美元,这是公司有史以来最高的盈利水平,确实是创下纪录,但是该公司去年的每股盈利是1.00美元,今年的盈利与去年相比,成长率仅为1%,这种盈利成长就让人不敢恭维了。

(2) 防止一次性的收入带来的盈利增长

某公司以往的盈利成长一般在30%左右,销售成长在20%上下,忽然这一季度盈利成长达到50%,但销售增长还是20%,保持过去的水平。我们就要分析其中的原因,如果这季度盈利的快速增加,不是因为产品销售增加了,而是公司卖出厂房、地产等资产,出现的一次性收入所带来的增长,那么成长的含金量就不足了。厂房和地产不能每个季度都有得卖,这种盈利成长是难以持续的。

(3) 销售成长要与盈利增长相近

一般来说,如果公司管理得当,成本开销控制得好,成长型公司的销售成长和盈利成长幅度应该比较接近。如果公司以往的盈利和成长都基本保持在15％至20％的水平,而这一季度盈利虽然仍是上涨了20％,但是销售却仅增长了7％,说明公司盈利持续高位数成长,不是因为产品的销售继续扩大,而是公司可能采取了更有效的成本控制策略,通过削减开支、降低成本而维持了盈利的成长速度。换句话说,销售的成长开始放缓,可能因为市场竞争激烈,或者是产品需求下降所致,无论何种情况,产品销售的势头都不及以前,盈利的成长率也就堪忧了。所以,我们希望看到的是盈利加速成长的同时,销售也能加速成长,这才说明公司的成长是有干货的,没有掺杂水分。

（4）现金流确认盈利

公司可以用各种方法把盈利成长做得非常漂亮,甚至很离谱,但要想在现金流上做手脚可能比较难。如果公司的每股现金流大于其每股盈利,就可以保证公司盈利的真实性。

2．市盈成长率的定性分析

（1）市盈成长率中的成长率一般是公司在未来三年的成长预期值,用未来的数值作估值既增加了预测难度,又降低了预测的准确度。俗话说世事难料,未来的事很难说。各国央行手攥着满把的经济数据,有最完善的经济预测模式,对经济形势的判断也鲜有准确的时候,而且经常会出现始料不及的经济走势大逆转的事件,更别说我们是对经济活动中小个体的未来作预测了。从公司的现状判断其下个季度的盈利情况,比预测它在三年后的盈利能力要容易得多。所以我们在分析市盈成长率时,所选择的未来成长率的正确与否是合理估值的关键。

（2）横向比较,比较是为了更好的选择。虽然,一般来说市盈成长率大于1表示公司的估值较贵,但任何一个指标都有其绝对值和相对值两个层面。因为我们的目的是要选出市场上同一类型的股票中最上乘的公司,所以分析了公司自身的因素后,还要跟市场的平均水平比较,如果市场的平均市盈成长率为2.5,而某成长型公司的市盈成长率只有2.1,那么虽然该指标大于2,但和市场平均水平相比,其估值并不算高。

（二）对公司成长途径的定性分析

在我们的传统理念中,一个公司能保持快速成长,应该要有拳头产品,特别是受到市场欢迎的新产品,这样公司的销售才会不断增加,盈利才能高速成长。其实公司的成长是多途径的,新产品的推出是公司成长的一种途径,包括新公司标新立异的产品和老公司推陈出新的产品。收购兼并和高借债扩张也都是公司成长的途径。

1．新公司新产品——方兴未艾式的成长

新公司新产品全在一个"新"字上。公司是上市不久的新公司,提供的产品或服务是全新的。虽然是全新产品,但却很容易让用户接受,因而有很好的市场潜力,所以能够快速成长,而很多新公司的新产品的出现,甚至是一种全新的行业的兴起。

　　人们出门旅游,为保证行程顺利,通常都会提前作好安排,比如预先订好各个行程的车、船、机票、旅馆及租车等诸般事情,现在这些事宜都可以在网上直接完成。这就是网络普及后出现的在线旅游代理商行业给人们出游带来的便利。最先推出网上订票服务的是美国人杰·沃克(Jay Walker)在 1998 年创立的旅游服务网站价格在线(Priceline)。其经营模式是给想购买机票的人提供一个反拍卖式交易平台,"由客户订价"和"由客户自选"是该公司的两项专利。由客户定价,让客户自愿,价格在线作为中间人,将愿意接受客户出价的航空公司和客户联系在一起,促成交易。此后,旅行者可以在价格在线预订的内容越来越多,从机票到旅馆到租车,方便快捷。此网站一经推出,就很受欢迎,1999 年第一季度,它卖出了近 20 万张机票,最火爆的一天卖出了 6 000 张机票。价格在线的经营模式不仅受到消费者的欢迎,也给竞争激烈的航空公司和旅馆等行业开通了一条新型的销售渠道。当价格在线于 1999 年 3 月在纳斯达克上市时,投资人表现出极高的热情,短短几周的时间股价便翻了一番。其后,价格在线受到了网络泡沫的冲击,进入短暂的低谷期,但在 2003 年后,公司开始了一波更迅猛的成长攻势,并向欧洲和亚洲市场扩张。2006 年第三季度公司的盈利季度成长为 34%,年成长率高达 65%,销售额成长 15%,股东权益回报率接近 20%。此后公司一直保持不俗的成长速度,而其股价也步步高升,从 2003 年到其最高峰时,股价上涨了 40 多倍。价格在线是新公司新服务成功的典范。

　　美国泰瑟国际公司(TASER International Inc.)也是因其特有的新产品而快速成长获得成功的公司。泰瑟国际成立于 1993 年,起初时最主要的产品是泰瑟电击枪。泰瑟枪可以击倒人,但不会置人于死地。这样的枪对警察等执法人员是最好的武器,真枪的杀伤力大,警察在执行任务时佩戴真枪,若使用不当,一方面可能会导致犯罪嫌疑人受伤,甚至死亡,增加破案的难度;另一方面也很可能因为伤及无辜而给警员带来无妄之灾,在美国这种各族裔大融合的国家里,这类事件甚至可能引发社会的动荡。而使用泰瑟电击枪,既可以制服嫌犯,也可以保证警察的安全。2003 年至 2004 年是泰瑟公司飞速发展的黄金期,盈利和销售以三位数成长,销售增加了 130%,盈利增长了 220%,而股价也在高成长率的推动下大幅飙升。

　　投资一个成功的新公司可以带来丰厚的回报,但不是每一家新公司都能成功,新公司刚刚起步时产品或服务比较单一,市场对新产品的认知度和接受度直接影响到公司的销售和利润能否成长,继而影响到股价。因此投资新公司有一定的风险,所以有人将投资新公司称为"豪赌"。

　　新公司要获得成功,其产品要有一定的特殊性,甚至可以改变现有的行业趋势。为了保证公司能够处于垄断或是半垄断地位,产品要有专利保护。新公司一般开销比较大,特别是在初创阶段花费更多,所以盈利不稳定是可以理解,也可以接受的,但是销售成长不能过于波动,一定要形成强势的成长趋势。此外,新公司的管理者持股比例一般较高,使其利益与公司利益挂钩,与股东利益一致,所以他们会尽心尽力地管好公司。

2. 老公司新产品——老树新花式的成长

新产品不一定都是新公司才有的,已经具备一定规模的公司也同样可以创新,推出全新的甚至能够引导潮流的产品,如果获得成功,可以使发展步入瓶颈的公司再闯出一片天地。大家都非常熟悉的苹果公司就是最典型的例子。

苹果公司(Apple Inc.)原名苹果电脑公司(Apple Computer Inc.),由史蒂夫·乔布斯(Steve Jobs)在 1976 年和他的两位朋友所创建,起初的主要产品是苹果品牌电脑。借助个人计算机在 20 世纪 80 年代初的兴起,1980 年 12 月苹果上市时造成不小的轰动,并快速发展,以最短的时间跻身世界 500 强的行列。但到 20 世纪 80 年代中期,个人电脑越来越普及,电脑生产商也越来越多,苹果电脑遇到强大的竞争威胁,加之董事会撤销了乔布斯的管理权,迫使其离开苹果另起炉灶,随着微软视窗 95 系统的问世,苹果电脑的生意一落千丈,在相当长的一段时间处于困境。之后,乔布斯再掌苹果管理大权,2001 年 10 月苹果推出了一种全新的与个人计算机毫无瓜葛的便携式数码多媒体播放器 iPod,以及与其配套的音乐、视频等数字多媒体下载软件 iTunes。苹果的 iPod 大获成功,在其之前,日本索尼的 Walkman 大行其道,但 iPod 迅速击垮 Walkman,成为全球使用率最高的音乐播放器。2007 年,苹果再出新产品,跨界手机行业,推出 iPhone,是兼容手机、iPod 和上网等功能的智能型手机。2010 年苹果 iPad 诞生。在 iPod 推出后,2002 年苹果的盈利就上涨了 100% 多,而后在产品不断更新换代、新产品相继推出的历程中,苹果保持着傲人的成长速度,十年的销售平均增长率为 36%,而盈利平均成长率高达 70% 以上。在强大的业绩支撑下,苹果股价也节节高涨,2012 年至 2015 年,苹果始终保持稳坐全球市值最大公司的宝座。

老公司推陈出新,在新产品的定性分析上与“新公司、新产品”的要求相近,就是要有很好的市场潜力,稳定的销售成长才能带来盈利的成长。但两者也有不同之处,新公司经理人的持股比例相对较高,而老公司通常都有一定的历史,上市时间较长,因此股东众多,一般而言,管理层不会持有太多股份,所以,在分析具有高成长潜力的老公司时,管理层持股比例是一个重要的考量因素。高层持股比例越高越好,因为他们的利益和公司一致,自然就会更积极有效地管理公司。不仅如此,还要看经理人本身是否有良好的业绩。一个持股比例较高,又善于经营,有着良好业绩的管理者一定会给公司带来丰厚的利润,给投资人以优厚的回报。

3. 高杠杆运作——四两拨千斤式的成长

高杠杆运作是运用金融杠杆融资以小吃大的经营模式。因为公司大举借债去扩张,如果成功,回收可以相当丰厚,但如果失败,损失也会非常惨重。举一个简单的例子,某公司现有可动用资金 100 万元,如果公司只用这 100 万做生意,赚得 10 万元,回收是 10%。但如果该公司以 100 万元融到 1 000 万元的贷款扩张生意,如果赚得 100 万元(不计融资利息),其回收多 9 倍。但是要是生意失败了,不借钱的损失是 100 万,亏损率 100%,借钱融资的损失是 1 000 万元,亏损高达 10 倍。

哈雷戴维森摩托车公司(Harley-Davidson,Inc.,HOG)的哈雷摩托现在行销到世界 200 多个国家,受到消费者青睐的不只是它的摩托车及服饰等相关产品,还有由哈雷摩托赞助的世界上最大的摩托车组织哈雷车主会(H.O.G)。为什么要在这里提到哈雷摩托,因为它是通过高杠杆运作使公司起死回生、成为高成长公司的典范。

哈雷摩托初创于 1903 年,第一次世界大战使其快速发展,第二次世界大战令其名扬天下。战后哈雷摩托回归,成为时尚的运动。但是好景不长,20 世纪 60 年代,日本经济兴起,特别是日本的汽车和摩托车制造业异军突起,飞速成长。摩托车以本田公司的产品最为有名,迅速抢夺了哈雷摩托的半壁江山。1981 年,本田进军美国,因其质优价廉,导致哈雷摩托美国本土市场的消费者倒戈,改买本田的产品。这一年,哈雷摩托卖出 41 000 辆摩托车,销售下降了 18%,全球市场占有率从 33.9% 跌至 29.6%,美国市场损失更是惨重,跌至 5%。公司走到了破产的边缘,有心找到买家,将自己出售,却是求售无门,无人问津。也许是投资人号不准哈雷摩托公司的脉,不知道公司的症结所在,而不愿贸然投资。但是包括产品总设计师在内的哈雷高层主管熟悉公司,知道如何对症下药,将公司带出低谷。于是在 1981 年,其高层管理人员筹集 100 万美元资金,并向花旗银行借得 8 150 万美元,买下已经摇摇欲坠的哈雷摩托,开始了企业重建计划,书写摩托行业的传奇。杠杆使用率是 1:81。

哈雷摩托易主后,新公司采用双管齐下的策略。首先提高产品自身的品质,降低制造成本。在这一点上,哈雷是哪儿丢了哪儿补,偷师本田摩托车,本田的生产成本要比哈雷低 25% 至 50%。在提高品质、控制成本的同时,哈雷还打出了关税壁垒保护的牌。他们到白宫游说,要求相关部门对本田摩托车实施暂时的惩罚性关税,以给哈雷摩托恢复元气的机会。游说相当成功,时任总统里根签署了法令,自 1983 年开始对本田摩托开征惩罚性关税,而后逐年降低。该法令将本田的关税从 4.4% 一下提高到 49.4%,税率差基本就是两家摩托车公司的生产成本差异。惩罚性关税到 1984 年降至 39.4%,在 1985 年减至 22.4%,一直递减下去,直到 1988 年回复到原先的 4.4% 的税率水平。除此之外,公司还在 1983 年发起成立了哈雷车主会(Harley Owners Group,缩写为 H.O.G),目的是提高客户的忠诚度并随时了解市场的反馈信息。在内力外力的共同推动下,哈雷摩托终于开始恢复元气,渐入佳境,并保持了长足的发展壮大。1986 年哈雷摩托上市,之后股价大幅攀升,到 2000 年,股价上涨了 120 倍。

采用高杠杆运作的公司有一个关键的问题就是其举债,公司总是会认为自己的产品前途光明,而我们从债务人的身份上也能判断出公司的前景如何。由投资银行、私募基金等专业投资机构出资放贷和由普通散户投资人出借资金是完全不一样的。

有经验的机构投资人在放贷前会认真地做功课，了解公司的历史，研究市场潜力，确定投资的风险，有他们背书的高杠杆运作公司，可以降低投资人的风险。资金雄厚的公司在逆境中可以渡过难关，高借债的公司一旦遇到经济环境恶劣、市场不佳、销售和盈利难有成长时，可能导致公司破产。因此，分析这类成长型的公司，首先要确定宏观环境是否健康，其次要研究公司有没有足够的现金流，用以偿还公司债务的本金和支付利息。

公司的信用评级是非常重要的分析公司偿债能力的参考依据，我们所说的信用评级一定是在国际上享有盛名、认知度很高的信用评级公司，比如标准普尔、穆迪及惠誉等著名信用评级公司给出的信用评级。标准普尔公司在 1986 年给哈雷戴维森摩托公司的信用评级是 B＋，属于垃圾评级，就是说公司存在违约的可能。而后，随着公司业务的蒸蒸日上，标准普尔先后六次调高哈雷的信用评级。1992 年哈雷的信用评级被提高到可投资级，2004 年再跃至 A＋，即次优信用评级，就是说投资人基本不需要担心公司的债务偿还能力。

4. 兼并收购——开疆拓土式的成长

并购是兼并(Merger)与收购(Acquisition)的合称。兼并通常是两家或多家独立的公司合并，组成一家公司，被兼并的公司不再作为独立的法人存在。收购则指企业以现金或股票投资购得另一公司部分或全部的股份，分为资产收购和股份收购，资产收购是买方只购入卖方的部分或全部资产；股份收购，则是买下公司的部分或全部股份。

买卖交易通常都是在自觉自愿的基础上完成的，但前提必须是价格公道，双方能就交易的对象的价格达成一致意见。所以，要使公司并购顺利完成，被并购公司的定价至关重要。常用的公司估值定价方式有：现金流折现法、估值比较法和息税折旧及摊销前利润(EBITDA)估算法等。

● 现金流折现法是预先估计收购完成后能够为企业增加的净现金流，即收购带来的现金流减去所支付的现金流的净值，再根据某一适当的折现率计算出净现金值，作为对被并购公司估值的依据。

● 估值比较法是运用常用的估值指标来给并购对象定价。市盈率(P/E)、市销率(P/S)、市净率(P/BV)和股价与现金流之比(Price / Cash Flow)等估值方法都是用于企业估值的指标，将并购对象的估值比率与同类公司或行业平均值相比较，确定并购的价格。

● 息税折旧及摊销前利润(EBITDA)估算法，息税折旧及摊销前利润是没有计算利息、税项、折旧及摊销前的利润，计算公式为：

$$EBITDA＝净利润＋所得税＋利息＋折旧＋摊销$$

　　它主要用于衡量企业主营业务产生现金流的能力。息税折旧及摊销前利润估算法是并购中最常用的方法,一般并购价是五倍的被并购公司的息税折旧及摊销前利润。

　　美国网络设备供应商思科公司(Cisco)堪称是以兼并收购扩大规模、保持成长的楷模。思科公司成立于1984年,于1990年2月上市,以其特有的并购加外包的经营模式,成为美国股市史上的传奇,股价从新股上市到最高峰时,上涨了70多倍。思科是提供交换器和路由器等网络设备的科技龙头公司,但它却是少有的不是靠科技取胜的科技公司。20世纪90年代初期,随着网络的兴起与快速发展,交换器和路由器产品的需求不断增加自然不用说,就连产品的技术要求用日新月异来形容也不为过。从技术而言,思科的产品并不比其他竞争对手的产品更有优势,而新的路由器等产品的研发周期大约是18个月左右,可市场上新产品的更新速度有时候快过了研发速度,花费了时间和经费研发出来的新产品却跟不上市场的需求,这可是得不偿失的事情。公司很清醒地意识到在技术方面缺少优势和网络设备市场高速发展的趋势,与其耗时间费资金去研制新产品,不如去收购技术过硬、产品先进的公司,于是思科通过大手笔兼并与收购,将自己打造成一家提供路由器、交换器等与网络产业链相关的一条龙服务的公司,以方便客户为其经营目标,事实证明这是一个成功的模式。除了兼并收购外,思科经营模式中的另一个重要策略是通过生产和服务外包的方式,大大降低产品成本,在产品价格上取得优势。思科是最早深知外包可以大幅降低成本的公司之一,并将此优势发挥到极致。

　　1993年到1996年的三年时间,思科共收购了14家公司,思科在1993年买下了其并购史上的第一家公司,这是一家销售额不到1 000万美元,名为克莱斯肯多(Crescendo)的公司,思科花了8 900万美元将其买下,大家都认为思科花钱太大方了,但该公司在四年后,给思科带来了5亿美元的销售额。1995年,思科用1.2亿美元买下光流公司(Lightstream),是看重了该公司的高端异步传输技术,当时该公司的销售收入只有150万美元,思科将其纳入旗下一年后,光流为思科创造了4 500万美元的销售额。在思科收购史上,高回收的并购案的例子还有很多,我们不再一一列举。思科初上市时,随着网络的兴起与快速发展,网络设备市场高速成长,思科的盈利大幅成长,销售年成长高达396%,盈利增长145%,其市盈率为30,就其高成长率而言,思科是相当便宜的公司。其后通过一系列的并购,思科不仅技术力量不断壮大,技术水平大幅提高,公司的销售和盈利也都成倍增长,股价更是飞速上涨。

　　思科的成功收购也得到了市场的认可。一般而言,公司在宣布收购消息时,如果收购价不是过低,消息公布后的第一天,被收购公司的股价通常会大幅上涨,而收购公司股价会下跌,因为投资人对收购公司是不是把价格抬得太高,并购后的公司能否整合成功,公司成长是否会受到影响等等感到担心。但是思科的收购却是个例外,因为它有着良好的收购成功的记录,所以投资人宁愿相信它的每一次收购都会很成功。当你看到公司的总裁们拿到几百万、几千万年薪时,大可不必感觉葡萄太酸,因为他们的收入与其高瞻远瞩的战略眼光、果敢的魄力和卓有成效的管理才能为公司带来的巨额利润相比,真是不足为道。

兼并收购是非常考验公司管理层眼光智慧和敏锐度的交易。买下适合自己企业发展的好公司,形成强强联手或是如虎添翼的格局,对公司业务的成长发展极为有利。因此公司管理层以往的收购业绩是很重要的参考因素,一方面要分析管理层所经手的收购案的成功率有多高;还要分析过去的收购与合并给公司带来的成长收益和近期收购的企业回收表现如何。

快速成长未来型相对强度卖空挤压进场法

一、快速成长未来型相对强度卖空挤压进场法的投资理念

美国的《投资日报》是与《华尔街日报》齐名的金融报刊,他们曾经对在 1952 年到 2001 年期间出现的 600 只回收表现最好的股票作过研究统计,得出这样的结论,股价开始上涨的时间要比公司盈利开始成长的时间晚一到两个季度,也就是说,公司的盈利已经提高了,但股价还没有反映出这一趋势。在他们用来研究的这 600 家公司中,有四分之三的公司是盈利成长起步早于其股价开始上涨的时间。以曾经红极一时的网络通讯设备生产商思科公司(Cisco)为例,它是在 1990 年第二和第三季度盈利增长率分别达到 150% 和 155% 之后,股价才开始了持续三年的大幅飙升。苹果电脑(Apple Computer)也是同样的情形,公司的盈利已经飞速上涨了 350%,股价才跟随其盈利成长的脚步而大幅走高。在线旅游代理商价格在线(Priceline)的初起阶段,盈利虽然不像思科和苹果一样有非比寻常的成长能力,但也是在盈利先增长 34% 后,股价才起步上扬,其后它的盈利成长速度越来越快,增幅从两位数跃上三位数,股价也节节高涨。

快速成长型公司股价的另一特点是:价格在大幅上涨之前,通常是处于横向盘整状态,盘整的时间一般是七周到十五个月,而后股价突破盘整区开始上升趋势,并且在向上突破时都会伴随着大交易量。股价从盘整区突破开始上涨时是最佳的进场点,而之后,股价在沿着上升趋势攀升的过程中,也给我们提供了继续增加仓位的机会。如何有效地在股价的上涨趋势中增加仓位呢? 我们采用相对强度卖空挤压进场法来增加优质快速成长股的仓位。在此,特别明确一下,该方法是用于快速成长股上升趋势中的加仓,而不是上升趋势开始时的突破买进。

当一只高速成长股终于破茧而出,冲破盘整区,开始上涨时,通常都会引起投资人的注意。这类股票有一个共性,就是波动较大,也就是贝塔值(β)较高。这是因为成

长型公司刚刚开始时一般市值都较小,而且投资人对公司未来的诸多不确定性也心存疑虑。比如说,公司的新产品和新服务能不能被市场接受?公司通过大手笔兼并和收购,能不能整合成功,带来预期的或超预期的回收?高杠杆公司有没有很强的债务偿还能力?凡此种种让投资人很难对公司产生坚定的信心,略有风吹草动,就急于出场,导致股价上升走势出现暂时回档的局面。另一方面,随着股价的不断攀升,公司的估值在许多不太专业的投资人看来也相应提高,自然会吸引空头力量的进场,也引起股价的波动。这些恰恰为我们在适当的时候出手加仓,提供两全其美的机会,一则可以在较好的价位增加仓位;同时,也可以对空头者形成挤压,迫使其平仓补空,而进一步推高股价。

二、相对强度卖空挤压进场法解析

(一)理论依据——反向心理

相对强度卖空挤压进场法的理论依据是反向心理,或者说逆向思维理论。逆向思维是美国投资专家汉弗莱·尼尔(Humphrey Neill)提出的,在他 1954 年出版的《逆向思考的艺术》(*The Art of Contrary Thinking*)一书中有详细的阐述。他的逆向思维的观点用一句话概括就是:当所有人都想得一样时,每个人都可能是错的(When everybody thinks alike, everyone is likely to be wrong)。

逆向思维就是反其道而行,当大家都认同某一事情,沿着固有的方向思考问题时,而你却从问题的相反一面思考,得出完全相反的结论,并作出与大众行为相反的举动,就是反向心理。人是有感情的动物,在群体中很容易受到其他人的情绪和行为的影响,以致极端时人们不再用自己的大脑思考,所以人很容易冲动,往往作出错误的决定。只有人们在独处时,才会用大脑思索,此时作出的决定正确性也较高。所以,尼尔说,人人都有一样的想法时,大家都错了。反向心理在股市中常常出现,在股市大幅下跌后,每个人都处于恐惧,认为市场还将下跌,而此时市场可能就此止步,甚至回头上涨了。

(二)相对强度卖空挤压进场法的进场信号

当某一成长型的公司在上涨一段时间后,投资人开始对公司的未来表示担心。他们不确定公司的产品和服务的销售能否继续扩大,支持股价上涨的最基本动力的盈利是否可以持续增长,在低点买进的投资人纷纷离场,卖出股票锁住利润,股价开始回档,随着股价的下跌,越来越多的投资人的信心被动摇。当大众投资人都极度不看好该公司时,股价的短暂回档可能要结束,当精明投资人(机构投资者等)开始悄悄买进时,就是进场的信号。

大众投资人因为对公司的发展状况认识不足,所以缺乏信心,卖出股票;或者看到别人在卖,股价又在下跌,在从众心理的作用下,没有经过认真分析和思考就随大流地认为公司有问题,将股票卖出。但是,精明的投资人却恰恰相反,他们通过专业系统的研究分析,得出公司依然有相当不错的成长潜力,股票的估值还是相对便宜,所以股价在上升趋势中回档时,恰好是再次买进的绝佳时机。精明投资人反大众投资人心理的逆向思维,让他们作出了与大众投资人完全相反的投资举动。我们在投资中要跟随市场的大资金流向走,也就是追踪精明投资人的投资方向。

(三)如何判断投资人的情绪和精明投资人进场

我们如何知道投资人出现了对公司极端不看好的情绪,又该怎样确定精明的投资人在买进呢? 相对强度和卖空强度是我们用来解决这两个问题的方法,相对强度用以确定精明投资人的行为;卖空强度指标用来判断大众投资人的情绪。

● 相对强度

相对强度就是股价相对于市场的表现,精明投资人进场时往往不希望被其他投资人所觉察,只能悄悄地进场,但我们可以从股价相对市场表现的强弱中看出端倪。关于如何使用相对强度,请阅读本书第四章的第八节相关内容。

● 卖空强度

卖空强度是从卖空衍生出来的市场反向心理指标,是判断大众投资人情绪的有效工具。卖空者是在股价处于高位时先将股票卖出,当股价下跌至一定价位时,再将股票买回,赚取股价由高到低的差价利润的方法。本章第四节《成长前景堪忧型——背离卖空投资法》将对卖空策略作系统的介绍。

卖空强度是通过卖空率(Short Interest Ratio)来体现的。卖空率的意思就是,当公司出现重大利多消息时,卖空该公司的所有空头投资者如果按照该公司的日均交易量的速度买回股票补仓,一共需要多少天的时间。计算方法是:

$$卖空率＝股票被卖空的总股数÷该股的日平均交易量$$

股票的价量经常会因为这样或那样的原因大幅波动,会出现成交量突然暴增的情形。如下表3-3所列,某公司在市场上被卖空的总股数是100万股,该股每天的平均成交量是25万股,它的卖空率是4天。也就是说,当公司宣布了诸如盈利大幅成长,或是获得大合同等利多消息时,股价朝不利于卖空者的方向大幅上涨,如果所有空头者将市场上卖空的仓位全部补回,一共需要4天的时间。

表3-3 卖空率

卖空量(股)	日均交易量(股)	卖空率	计算公式
100万	25万	4天	1 000 000÷250 000

在利多消息推动下,多头投资者纷纷买入股票,空头投资者被迫买回股票补仓,两股力量同时买进,导致股价大幅攀升,这种现象称为"卖空挤压"。在实际应用中,

为避免因暂时不正常的交易量变化而使卖空率指标失准,误导判断,我们在使用卖空率时,不是简单地用 20 天的平均交易量,而是采用 12 个月加权的日均交易量。

我们分析卖空强度时,不是孤立地只看一个卖空率的绝对数字,而是用运动变化的观点,作纵向比较,将现在的卖空强度与公司过去一段时间(比如三年或五年)的卖空强度作横向比较,看看现在卖空强度相对于过去这段时间的卖空强度相比,是处在高位还是低位,来判断投资人的情绪。

根据对卖空强度和相对强度的分析,如果我们所选择的快速成长型公司的卖空强度很高,表明大众投资人都不看好该公司,如果该股的相对强度也同时显示股价的表现优于市场,说明精明投资人在买入,资金流入该股。当两种情形同时出现时,股价的回档可能要结束,是我们增加仓位的好机会。股价止跌回升,对空头形成挤压,空头被迫买回股票平仓,甚至转为多头,将进一步推动股价上扬。

第二节　稳步成长蓝筹型——卖出期权投资法

蓝筹股是大家都不陌生的名字。初入股市的人选择蓝筹股,因为对其他上市公司不了解,而蓝筹公司名气较大;上了年纪和不愿冒险的投资人选择蓝筹股,因为它们的股价相对平稳;退休基金为客户选择蓝筹股,因为蓝筹公司鲜会破产而给客户造成重大损失。蓝筹股的优点确实不少。那么究竟什么是蓝筹股? 该投资什么样的蓝筹股? 投资蓝筹股的最佳策略是什么呢? 本节我们就对蓝筹股一探究竟,并介绍使用卖出期权投资稳步成长蓝筹股的策略。

蓝筹股素描

蓝筹股简单地说就是有知名品牌产品、实力雄厚、历史悠久的大市值公司的股票。蓝筹股的名字最早出现在 20 世纪的 20 年代,道琼斯公司的记者奥利弗·金戈尔德(Oliver Gingold)在他写的一篇关于股价在 250 美元以上的大公司的文章中,给这类大公司冠名为蓝筹股。为什么是蓝筹,不是红筹或其他颜色? 因为在赌场上蓝色的筹码代表 25 美元,红色筹码是 5 美元,白色的筹码是 1 美元,蓝色筹码是最贵的,所以金戈尔德把市场上股价在 250 美元以上的股票称为蓝筹股。

当然现在所说的蓝筹公司的股价未必是市场上最高的,但这些蓝筹公司却都是市场上数一数二的好公司。蓝筹公司的标准是什么呢? 其实评选蓝筹公司是一个较模糊的概念,没有统一的标准。美国《财富杂志》是通过问卷调查的方式选定蓝筹股的。

《财富杂志》从美国 1 000 家最大企业和财富全球 500 强中市值在 100 亿美元以上共计 1 400 家公司中,选出各行各业的龙头公司 668 家作为问卷调查的基础。这668 家企业来自全球 29 个国家,分属 55 个行业,《财富杂志》向公司高管、董事和行业分析师等 4 000 多人做问卷调查,内容涉及企业的创新能力、管理层素质和效率、资产利用情况、社会责任、财务实力、长期投资价值、产品质量及全球竞争性等方面。根据受调者的反馈,对公司排名,选出最顶尖的蓝筹公司,排名时既要考虑现在的调查结果,也要结合上一年的排名情况。2015 年《财富杂志》选出的蓝筹公司有:苹果电脑、谷歌(Alphabet)、巴菲特的伯克希尔哈撒韦公司、亚马逊、星巴克、迪士尼、丰田和宝马等。

最具代表性的蓝筹公司是美国道琼斯工业指数中的 30 家公司,甚至可以称为蓝筹中的蓝筹。

稳步成长型蓝筹股定量定性分析

虽然蓝筹股并没有严格的标准,但是能称为蓝筹股的公司都具备一些共同的特征,归纳起来就是:公司历史悠久,市值大;产品知名度响;市场占有率高;股东人数众多;股票交易活跃;股价波动性小,等等。

稳步成长蓝筹股的特点

- 利润率高

蓝筹公司的一个最基本的特点是业绩优良。蓝筹公司经过了企业的初创期、高速发展期,进入到成熟期;在起步和发展的过程中,公司的产品打出了知名度,建立了一定的市场份额,在其所在的行业居龙头地位。某种程度上说,蓝筹公司在市场有一定垄断地位,因此拥有产品的定价权,这些都是公司获得稳步利润的保证。

- 稳步成长

蓝筹公司大多是成熟的公司,是已经具有一定规模的行业龙头公司,但因为公司规模太大,要求蓝筹公司快速成长是不现实的。如果按成长将蓝筹公司分类,可以分成三类:一类是成熟型公司,这类公司基本已经不再有成长,公司受经济周期的影响较小,比如电站水厂、食品公司等等;第二类是周期型蓝筹公司,这类公司受经济周期影响较大,成长与否也与经济周期密切相关,比如重型机械设备公司、钢铁公司等;还有一类是稳步成长型蓝筹公司,这类公司处于成长晚期,向成熟期过渡,公司的盈利仍可稳步持续成长,比如蓝筹型科技公司等。第三种类型是符合我们选股标准的理想蓝筹公司,当然我们对蓝筹公司的成长值寄望不能太高,一般来说,能保持 10% 至12% 的稳步成长水平就很好。

- 行业垄断

蓝筹公司多在行业中占垄断地位,拥有较高的市场份额。市场份额是公司产品在同类产品中所拥有的市场占有率,公司所占的市场份额越大,说明公司产品的竞争力越强,就能在市场上立于不败之地。市场份额较低的公司其竞争性也较弱,会很容易被同行击败,失去市场。吉列剃须刀占有世界近七成的市场,家乐氏(Kellogg)的谷类早餐和各种零食全球闻名。处于行业垄断地位的公司往往在技术升级和产品更新上也处于主导地位。

- 产品多元化

公司的产品多样化可以达到分散风险的目的,如果只有一个产品,一旦市场饱和,或因其他原因,产品需求下降,会影响公司的利润。一般来说,蓝筹公司在开始时大多产品单一,在靠主要产品和服务打开市场后,公司会逐步扩大新的业务,并且扩展成功,因此公司很少只靠一种产品当家。

- 市场多元化

蓝筹公司还有一个特点,就是有广泛的海外市场,特别是在全球一体化的今天,海外市场的渗透率更是衡量蓝筹公司规模与实力的主要参数。广泛的海外市场对公司来说是在销售区域上的风险分散,有道是"东边日出西边雨",尽管全球经济趋向一体化,但各国的经济发展并不完全同步,常常是东起西落,北升南降,存在一定的差异。当发达国家的市场饱和时,新兴市场经济成长,巨大的消费潜力正弥补了发达国家市场疲软的不足,大型公司纷纷向国际市场伸展。所以,如果公司在全球市场拥有较大的市场份额,销售和盈利就可以不因一个市场的衰退而大受打击。

- 收入稳定性强

产品和市场多元化的蓝筹公司,由于产品种类众多,某一产品销售不佳,还有其他产品可补充;销售市场广泛,某一国家经济减缓,还有其他地区的销售可以弥补,所以公司收入相对稳定。即使本国经济不景气,公司依然可以稳步成长。

- 公司管理层大部分是股东友善型

扩大再生产、偿还债务、回购自家股票和给股东分红是公司将赚来的钱花出去的四个主要途径。由于蓝筹公司一般都财力雄厚,借债较低,同时公司及所在的行业通常也相对成熟,能再投资的机会不多,继续扩张的空间甚为有限,因此分红就成了蓝筹公司除了买回自己股票之外,用以长期回馈股东的最佳方式。理想的蓝筹公司不仅能长期给股东分红,还要能不断提高红利。

- 波动性低

从基本面看,产品种类多样,市场占有率高,全球市场比重大,公司能保持稳步成长,收入相对稳定,波动性不会太大。

从技术面看,蓝筹公司不仅是散户投资人的最爱,也深受很多机构投资人的青睐。因为这类公司股票发行量大,股东众多,在市场上交易活跃,流通性很好,所以波动性较小,股票买卖差价也很小。用风险分析的术语说,就是蓝筹公司的贝塔(β)值较低。

什么是贝塔(β)值?贝塔值用来衡量股价的风险,即股价相对于整体市场的波动性。贝塔值是1,说明股价的波动性同市场一致;贝塔值小于1,说明股价的波动性比市场小;贝塔值大于1,说明股价的波动性高于市场。如果将市场的波动风险定为1,当市场上涨5%时,股票也上涨5%,股价波动与大市的波动一致。如果市场上涨5%,股票上涨10%,该股的贝塔值等于2,股价的波动性是市场的两倍,所以,当市场下跌5%时,该股的下跌幅度就可能是10%。如果市场上涨10%,股价涨幅为5%,说明股价的波动性比市场低。波动性低的股票为低贝塔值的股票,波动性高的股票为高贝塔值的股票。理想的蓝筹公司的贝塔值要小于2。

稳步成长蓝筹股的定量初选标准

根据以上所述的理想稳步成长蓝筹公司的各项条件,我们设定如下定量初选标准:

表 3-4　稳步成长蓝筹股的定量初选标准

参 数 分 类	定 量 标 准
基本要求	市值>300亿美元 90天平均交易量>100万股
销售与成长	年销售额>100亿美元 盈利成长≥10%
债务	流动比率>1 债务股权比<2
股东回收	股东权益回报率≥15% 红利收益率>0.5% 过去十年红利成长>0
股价波动性	贝塔值<2

稳步成长蓝筹股的定性分析

我们希望投资的蓝筹公司是能够稳步成长的蓝筹公司。前文我们提到过蓝筹公司根据成长与否和成长的方式,可以分为成熟型公司、周期成长型公司和稳步成长型公司。

　　成熟型的蓝筹公司经营模式固定,没有更多的投资扩张的机会,也不会有什么成长,公司的大部分收入不是放在扩大再生产上,而是用于给股东分红,属于红利型的公司。如何投资红利型公司,请见本章第三节《缓慢成长红利型——排序打分纵横比较投资法》。

　　周期成长型公司顾名思义,公司的成长快慢完全受经济周期的影响,分析这类公司主要就是分析经济周期的规律,相关内容,我们在第二章已有详细的论述。

　　蓝筹公司从收入、财务、债务等各个方面都可以说是无可挑剔的,否则也称不上蓝筹股。所以,我们在定性分析稳步成长的蓝筹公司时,就不在这些方面多下功夫。稳步成长的蓝筹公司是否能保持一定的成长,取决于它所在的行业处于周期的哪一阶段,这就是我们定性分析的主要内容。

　　为什么要从行业的周期阶段来分析蓝筹公司呢?

　　蓝筹公司都是行业的龙头公司,它们从初始起步,经过快速成长,发展壮大,最后形成规模的过程基本上也就是该行业的生命周期的轨迹。这一点我们可以从历史悠久的道琼斯工业指数中成分股的变化得到佐证。

　　道琼斯工业指数于1896年5月26日正式推出,而早在1884年7月,查尔斯·道便开始编写道琼斯指数,他选择了当时最优秀的11家上市公司作为指数的成分股,而其中有9家公司是铁路公司。为什么会有如此多的铁路公司入选呢?因为当时是美国铁路业发展的巅峰时期。美国铁路修建起于19世纪的30年代,政府推出税收优惠,赠送土地等政策,鼓励大力发展铁路,及至19世纪末20世纪初,美国铁路公司多达1 300多家,铁路里程创历史高峰,构成庞大的铁路网。据统计,当时98%的货运量和77%的客运量是由铁路公司承运的,足见铁路运输业的红火程度,也难怪查尔斯·道在编写指数时会选出如此多的铁路公司作为成分股。但是,现在的道琼斯工业指数中没有一家铁路公司。在20世纪初,美国铁路业的发展登峰造极,政府为打破铁路一家独大的垄断局面,开始控制铁路的扩张,大力促进公路和航空运输的发展,美国铁路业江河日下。

　　世界最大的摄影器材公司伊士曼柯达公司(Kodak)也曾是道琼斯工业指数中较有历史的一家公司。它在1930年被纳入道指,在2004年4月被赶出道琼斯工业指数,2012年11月公司申请破产保护。乔治·伊士曼是柯达的创始人,他在1883年发明了胶卷,柯达公司于1888年推出柯达相机,公司初创时,伊士曼就意识到巨大的全球民用摄影市场潜力,积极向世界市场扩张。一百多年的发展,柯达成为家喻户晓的产品。但是随着数码相机的兴起,在新兴行业的冲击下,柯达的光环褪去,不仅被从道琼斯指数中换出,还被纽约证券交易所摘牌,最终走向申请破产保护之路。而更具讽刺的是,数码摄影技术是1975年柯达公司的工程师斯蒂夫·萨森(Steve Sasson)发明的,当时公司对他这一无胶卷技术发明的定论是:"这一发明很酷,但是不能告诉任何人。"当然如果将其公告天下,必然会冲击柯达的胶卷生意。但是技术发展的趋势不可阻挡,30年后,数码相机大行其道,柯达彻底地败在数码技术之下。

所以,无论多么威名远播、名声赫赫的蓝筹公司,如果它所处的行业已经日暮西山,公司不再有成长,甚至是负成长,就不是我们所希望投资的蓝筹公司。我们理想的蓝筹公司一定要有适度的成长,也就是它所在的行业应该是成长期转入成熟期,以往的高速成长率虽然已经不在,但依然还有较为稳定的温和成长。

行业转入成熟期时,处处都透着"成熟"二字。首先是行业技术成熟,行业中的公司基本都使用相同的、稳定的先进技术。其次是产品成熟,这一阶段公司已基本上不会再推出新产品,消费者对现有的产品认知度很高,徘徊在不同公司品牌的同类产品之间,因此,当产品成熟时,产品价格和服务品质是消费者最关注的,也是公司之间的竞争所在,竞争的激烈性不只是在国内市场,也包括国际市场。所以,当产品趋于成熟时,也就标志着行业进入成熟期了。

行业在成熟期时,市场需求基本饱和,逐步从卖方市场转入买方市场,市场竞争越来越激烈,公司的利润和高速成长时期相比开始下降。在这一阶段,行业常用的竞争策略包括:成本领先策略、差异化策略和集中策略。

成本领先策略是从控制成本出发。在成熟期,公司想提高产品价格已经越来越难,最好的方法是采用有效的成本管理措施,比如,控制原料价格,缩减研发经费,降低广告和促销费用,削减行政管理开支等等,降低成本也就提高了利润。

差异化策略是公司要树立自家产品或服务的形象,制定公司自有的销售策略,在产品质量和产品设计上形成特色,以区别于同行的产品,使客户和消费者能很容易将本公司与其他竞争者区别开来。

集中战略说得通俗一些,就是锁定市场目标,将产品营销的重点放在某一特定消费群或地区。确定市场范围后,便可实施相应的成本领先策略和差异化策略。

根据上述行业在成熟期的特征,当蓝筹公司所在的行业从快速成长进入成熟期时,竞争更加激烈,基本上是品牌的区别和价格的竞争,所以公司已不再可能有20%以上的高速成长,为能保持10%左右的稳步成长,公司需要提高其产品的影响力,控制成本,保证利润。

当行业进入衰退期时,这类蓝筹股的盈利成长会逐年萎缩,该是我们离场的时候了。

稳步成长蓝筹型卖出期权投资法

我们通过定量筛选和定性分析,最终锁定了稳步成长的蓝筹股,接下来要考虑的是何时买进。一般情况下大家买股票的做法是,选定目标,择机进场,获利后高位卖出，这是直接的买卖方式。但我们在投资蓝筹股时采用卖出期权的间接投资策略，卖出期权包括卖出卖权和卖出买权两种方式。卖出期权法投资蓝筹股涉及期权知识及投资方法，如果你对期权还不是很了解，请先阅读本节的附文《期权投资速成》。

稳步成长蓝筹型卖出期权投资法流程

第一步：卖出锁定的蓝筹股的卖权

在确定了蓝筹股投资目标后，我们不直接买进股票，承担市场波动的风险，而是用卖出卖权策略间接进场，通常是卖出合约价比市场价格低5％至10％的卖权，收取权利金。在卖权到期时，可能出现两种情形：

第一种情形，股价高于合约价，卖权失效，收取的权利金是投资的利润。我们重复第一步，继续卖出合约价比当前市场价格低5％至10％的卖权，收取权利金。

第二种情形，股价低于合约价，此时进入第二步。

第二步：履行卖权义务按合约价买入蓝筹股

当合约到期时，股价低于合约价，我们履行卖权的义务，按照合约价买入该蓝筹股，同时赚得权利金。实际购入价格为：合约价减去所收取的权利金。此时，手中持有蓝筹股，我们进入第三步。

第三步：卖出所持有的蓝筹股的买权

当手中持有的蓝筹股价格上涨时，我们不直接卖出股票，而是卖出合约价比当前市场价高约5％至10％的买权（有备买权），收取权利金。在买权到期时，同样可能会出现两种情形：

第一种情形，股价低于合约价，买权失效，收取的权利金是投资的利润。我们重复第三步，继续卖出合约价比当前市场价格高5％至10％的买权，收取权利金。

第二种情形，股价高于合约价，此时进入第四步。

第四步：履行买权义务按合同价卖出蓝筹股

当合约到期时，股价高于合约价，我们履行买权的合约义务，按照合约价卖出该蓝筹股，同时赚得权利金。实际卖出价格为：合约价加上所收取的权利金。此时，股票已卖出，我们再重复第一步。

卖出期权投资稳步成长蓝筹股的四步流程见图3-3。

卖出期权法投资蓝筹股的理念

股票大部分的时间（约70％）都是处于盘整阶段，大幅上涨和大幅下跌的可能性都很小。特别是在信息化的社会中，公司的很多消息会很快地反映在股价上，对蓝筹公司更是如此。苹果电脑（Apple Inc.，AAPL）有多达45位分析师追踪，而许多上市公司只有一两位，甚至是没有分析师追踪，这样的对比就足以说明这一现象了。

```
┌─────────────────────────────────────────────────────────┐
│                   锁定稳步成长蓝筹股目标                  │
└─────────────────────────────────────────────────────────┘
                         │ 第一步
                         ▼
┌─────────────────────────────────────────────────────────┐
│ 不直接买入,而是卖出合约价比市价低 5% 至 10% 左右的卖权,收取权利金。│
│ 如果卖权到期时,股价高于合约价,卖权合约失效,赚到权利金。重复第一步。│
│ 否则,进入第二步。                                        │
└─────────────────────────────────────────────────────────┘
                         │ 第二步
                         ▼
┌─────────────────────────────────────────────────────────┐
│ 卖权到期时,因股价低于合约价,以合约价买入股票,同时赚取权利金。│
│ 实际买入价为:                                            │
│                  合约价 − 收取的权利金                    │
└─────────────────────────────────────────────────────────┘
                         │ 第三步
                         ▼
┌─────────────────────────────────────────────────────────┐
│ 卖出合约价比市价高 5% 至 10% 左右的买权,收取权利金。     │
│ 如果买权到期时,股价低于合约价,买权合约失效,赚到权利金。重复第三步。│
│ 否则,进入第四步。                                        │
└─────────────────────────────────────────────────────────┘
                         │ 第四步
                         ▼
┌─────────────────────────────────────────────────────────┐
│ 买权到期时,因股价高于合约价,以合约价卖出股票,同时赚取权利金。│
│ 实际卖出价为:                                            │
│                  合约价 ＋ 收取的权利金                   │
│ 重复第一步。                                             │
└─────────────────────────────────────────────────────────┘
```

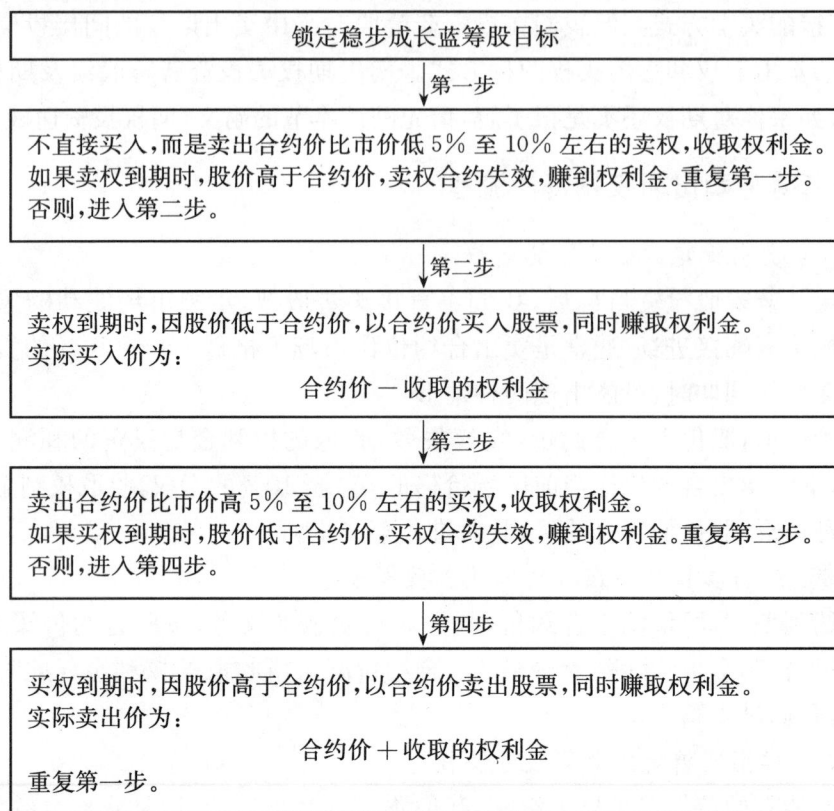

图 3-3　卖出期权投资法流程图

通常而言,蓝筹公司成长不会太快,属于稳步成长型。而且,因为公司财务好,实力强,很多公司几乎可以影响整个国家的经济命脉,一旦公司出了严重的危机,国家也会出手相救,所以蓝筹公司出现黑天鹅现象的可能性很小,股价的调整是逐步渐进的,大涨也涨不到哪里去,大跌也跌不到哪里去。具备这种特征的股票最适合用卖出期权方法来投资。这就是卖出期权投资蓝筹股的理念所在。

蓝筹股卖出期权投资获利的概率优势

概率是表征随机事件发生可能性大小的量,是事件本身所固有的不随人的主观意愿而改变的一种属性,所以它是客观的、具有说服力的。具备概率优势的投资模式才是成功的策略。卖出期权的投资策略正是具备概率优势的投资模式。

我们把股价的表现分成大涨、大跌、小涨、小跌和不动五种情形,而股价大部分时间都表现得稀松平常。所以,对于卖出卖权来说,小跌、小涨、大涨和不动时,投资均可获利;对于卖出买权来说,大跌、小跌、小涨和不动时,投资均可获利。也就是说,无论是卖出卖权还是卖出买权,都有八成的胜算概率,具有概率优势。而蓝筹股波动小,更适合用卖出期权的投资策略,即使碰到了两成的失算概率,严格来说,也并不是真的失算,因为我们本来就是投资蓝筹股。如果卖出卖权后,股价大幅下跌,我们按照合约价买入蓝筹股,比开始直接从市场上买进,成本降低了5%至10%,而且还赚取了保证金,进场的成本相应降低,也就是降低了投资风险,所以是非常适合蓝筹股投资的策略。

我们用中国的网络巨头阿里巴巴为例,来看看卖出期权的胜算概率。阿里巴巴某日股价69.5美元,以2.75美元卖出五个阿里巴巴两个月到期63.0美元的卖权,当股价出现大涨10%、小涨5%、大跌10%、小跌5%和不动(0%)的五种情况时,投资盈亏如下表3-5:

表3-5 卖出阿里巴巴卖权的盈亏概率

股价涨跌幅度	大涨10%	小涨5%	不动(0%)	小跌5%	大跌10%
股价	$76.45	$72.98	$69.5	$66.03	$62.55
卖出卖权盈亏	获得权利金$1 375	获得权利金$1 375	获得权利金$1 375	获得权利金$1 375	获得权利金$1 375 $63.0买进阿里巴巴股票,实际成本$60.25 (63.0-2.75)

如果阿里巴巴股价大幅下跌,我们卖出的63.0美元的卖权被买方要求履约,以63.0美元买入500股阿里巴巴股票。之后,阿里巴巴股价在61至65美元左右盘整,当股价在64.5美元时,以2.25美元卖出五个阿里巴巴一个月到期70美元的买权,当股价出现大涨10%、小涨5%、大跌10%、小跌5%和不动(0%)的五种情况时,投资盈亏如下表3-6:

表3-6 卖出阿里巴巴买权的盈亏概率

股价涨跌幅度	大涨10%	小涨5%	不动(0%)	小跌5%	大跌10%
股价	$70.95	$67.73	$64.5	$61.28	$58.05
卖出买权盈亏	获得权利金$1 125 $70卖出阿里巴巴股票,实际卖出价格$72.25(70+2.25)	获得权利金$1 125	获得权利金$1 125	获得权利金$1 125	获得权利金$1 125

从表3-5和表3-6中,我们可以很清楚地看到卖出期权投资策略的概率优势。

卖出期权投资法降低蓝筹股投资风险,提高回收

从概率的角度说,卖出期权策略有投资获利的概率优势,而从投资的风险与回收来考虑,卖出期权可以降低风险,提高回收。

- 卖出卖权进场降低投资风险

我们在卖出目标蓝筹股的卖权时,一般将合约价定在比市场价格低 5% 至 10% 的价位上,也就是说当该股再下跌 5% 至 10% 时,我们才会依据合约价买进该股,而因为卖出卖权还收取了权利金,最终买入该股的价格是在比市场价低 5% 至 10% 的基础上再减去权利金。打个比方,某蓝筹企业 ABC 公司现在的股价是 50 美元,我们认为股价在 45 美元较安全,卖出一个月到期 45 美元的卖权,收取合同权利金 2 美元。如果到期时,股价跌至 44 美元,卖权被执行,我们以 45 美元买入 ABC 股票,因为先收取了 2 美元的权利金,所以真实的买进成本是 43 美元。目前的市场价和 50 美元相比,下跌了 12%,通过卖出卖权进场法,我们将进场成本降低至 43 美元,与用 50 美元直接买进相比,成本降低了 14%,所以虽然股价下跌了 12%,我们还没有亏损,这就是卖出卖权降低进场风险的作用。

- 卖出买权提高回收

通过卖出卖权买入蓝筹股后,当股价处于横向盘整或小幅上涨时,我们选择机会卖出买权,收取合约权利金,买权的合约价一般定在比市场价格高出 5% 至 10% 的价位上。如果到期时股价低于合约价,我们赚取了权利金,手中还持有该蓝筹股,继续卖出合约价比市场价格高出 5% 至 10% 的买权,再收取合约权利金。通过赚取权利金,我们进一步降低了蓝筹股的购进成本。以上面的 ABC 公司为例,我们的实际买进价格是 43 美元,如果该股上涨至 50 美元,我们卖出一个月到期 55 美元的买权,收取权利金 2 美元,到期时股价 53 美元,赚取权利金,继续持有该股。此时其实际买入成本已降为 41 美元。如果合约到期时,股价涨至 56 美元,买权被执行,以 55 美元卖出 ABC 股票,因为赚得 2 美元权利金,实际卖出价相当于 57 美元 (55+2)。

因为蓝筹股波动较小,大幅涨跌的可能性不大,持有蓝筹股,卖出买权赚取权利金,就如同蓝筹股的额外分红,提高投资回收。

- 卖出卖权只是承诺,现金可以赚取利息收入

卖出卖权只是一种承诺,在合约被执行之前,我们不需支付全部履约金额,只是用现金作抵押,而且现金保留在账户中还可赚取利息收入。实际上卖出卖权并不需要 100% 的抵押金,特别是蓝筹股通常都是只需要合同履约金的三分之一的金额即可,而且我们还可以借用杠杆提高回收(见阿里巴巴的例子)。

卖出期权法投资阿里巴巴

我们仍以中国电子商务巨头阿里巴巴为例,来演示卖出期权投资蓝筹股的方法。

第一步:卖出阿里巴巴卖权

阿里巴巴目前市场价 66.1 美元,较理想的买入价位是 57 至 60 美元之间,卖出一

份两个月到期(到期天数 60 天)57.5 美元的卖权合约,权利金为 2.95 美元,赚取权利金总额 295 美元(2.95×100)。

下图 3-4,是卖出阿里巴巴 57.5 美元的卖权的盈亏示意图,该卖权的权利金是 2.95 美元,如果股价在 57.5 美元以上,此卖权都不会被执行,而一旦股价跌破 57.5 美元,卖权被执行,以 57.5 美元买入阿里巴巴,因为有 2.95 美元的权利金垫底,所以实际买进阿里巴巴的价钱是 54.55 美元,也就是说,只有当股价低于 54.55 美元后,我们才开始赔钱,54.55 美元就是卖出阿里巴巴 57.5 美元卖权的盈亏平衡点。

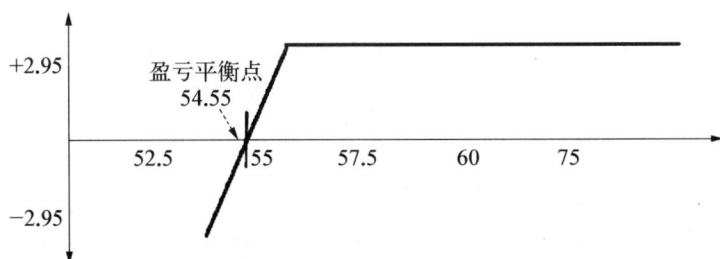

图 3-4 卖出阿里巴巴卖权的盈亏示意图

合约到期之前可能出现两种情形:

● 情形一:

阿里巴巴的股价在合约执行价格之上,赚取 2.95 美元权利金,年回收 31.2%,计算如下(不计利息收入和佣金):

$$(2.95×100)÷(57.5×100)÷60×365×100\%=31.2\%$$

其中:2.95×100 是卖出一个合约所得的权利金;

57.5×100 是履约金额,也就是如果卖权合同被执行,依据合约价格买入 100 股阿里巴巴股票所需要的金额;

60 是卖出卖权合约时距离到期日的时间天数,将 60 天的收益年率化。

如果我们使用 20% 的杠杆,年回收就是 39%;若是 40% 的杠杆,年回收 52%;如果用到 60% 的杠杆,年回收高达 78%。

合约失效后,我们再根据市场行情,重复第一步,继续卖出阿里巴巴的卖权。

● 情形二:

阿里巴巴的股价在合约执行价格之下,进入第二步,依据卖权合约买入阿里巴巴股票。

第二步:履行卖权义务,按合约价买入阿里巴巴股票

合约到期时,阿里巴巴股价为 56.5 美元,我们以 57.5 美元买入阿里巴巴,因赚取了 2.95 美元的权利金,实际购入成本是 54.55 美元(57.5－2.95),与直接用 66.1 美

元买入阿里巴巴股票相比,卖出卖权将风险降低了17.5%,即使股价下跌了10%,卖出卖权还没有亏损。

此时,我们已经持有了阿里巴巴的股票,进入第三步。

第三步:卖出阿里巴巴买权

买入阿里巴巴股票之后,股价在65到70美元之间徘徊,我们预计短期内,股价不会有太大的涨幅,在股价67.5美元时,卖出阿里巴巴一份一个月到期合约价为75美元的买权,收取权利金2.00美元,赚取权利金总额200美元。

在买权合约到期时,有两种情形:

● 情形一:

阿里巴巴股价低于买权的合约价,买权失效,赚取了200美元的权利金,仍然持有阿里巴巴股票,但阿里巴巴的购入成本已进一步降低至52.55美元(54.55－2)。合约失效后,根据市场行情,重复第三步,继续卖出阿里巴巴买权。

● 情形二:

阿里巴巴股价高于买权的合约价,进入第四步,依据买权合约卖出阿里巴巴股票。

第四步:履行买权义务,按合约价卖出阿里巴巴股票

在买权到期时,阿里巴巴股价为76美元,买权合约被执行,按照合约价75美元将阿里巴巴股票卖出,因为收取了2美元的权利金,实际相当于77美元卖出阿里巴巴。

阿里巴巴股票卖出后,根据市场行情,重复第一步,再卖出阿里巴巴卖权。

其他投资蓝筹股的方法

道狗红利投资法

道狗红利投资法是华尔街较典型的蓝筹股投资法。它以道琼斯工业指数的30只蓝筹股为对象,以红利回收为投资目标。这一方法省却选股的烦恼,将投资简单化,因为能进入道琼斯工业指数的公司都是蓝筹公司中的顶级公司。其具体做法是,将道琼斯工业指数的30只股票按照红利相对收益率的高中低分成三组,每组10只股票,将资金平均分配在红利收益率最高的10只股票上,组合每年调整一次,根据本年度30只股票的红利收益率,将该年度红利收益率排名从最高的10只股票中出局的股票卖出,买入新晋级到最高档红利收益率的股票。迈克尔·欧希金斯(Michael B. O'Higgins)在1991年出版的《战胜道指》(*Beating the Dow*)一书中介绍过这一方法,根据他的统计,在1973年到1998年之间,道狗投资法每年的回收都好于道琼斯工业指数的表现。

附录：期权投资法速成

一、什么是期权？

股票选择权,又称股票期权或期权,是在交易所挂牌的有关买卖权利的标准化合约。期权的买方可以选择在合约规定的时间或之前,以约定的价格向期权的卖方买入或者卖出约定的股票。买方向卖方支付一定数额的权利金（Premium）获得此种权利,卖方收取权利金,承担相应的义务,只要期权持有人要求执行买进或卖出的权利,卖方就必须按约履行卖出或买进的义务。

买卖期权和炒楼花有些类似。建筑商在北京繁华地带开发豪华公寓楼,一年后交工,预定售价 300 万元,开发商先拿出图纸给购房者认购,认购者先交 30 万元预付金,即可在一年后按照约定的 300 万元购得房产,无论当时的市场价格是多少。因为尚未完工,房价相对便宜,购房者认为房价在一年后会大幅上涨,现在买楼花是最佳投资机会,便先投入 30 万元买下一年后购房的权利,待竣工后,交清剩余款项,获得产权。如果购得楼花后,房价持续上涨,到竣工时,房价涨至 350 万元,楼花的价格也随行就市,楼花持有者可以卖出楼花转手获利；也可以等到开发商完工时,按照与开发商当初约定的但比现在市场价低的 300 万元的价格购得房屋。当然,楼价上涨是买楼花和炒楼花的人得意之时,因为当初买楼花的决定是明智的。但如果楼价不涨反跌,买楼花和炒楼花的人就不开心了,假设该房价在交工时市场价是 250 万元,但买楼花的人还得按照当初约定的比现在市场价高的 300 万元购得房屋,也就是说他买贵了。

股票期权是标准化合约,规定在约定期限内买进或卖出特定股票,即标的股票（Underlying Security）的权利,它具备五个要素,一是合约的特定股票,二是规定的合约价格（Strike Price）,三是合约的有效期（Expiration Date）,四是合约的权利金（Premium）,五是交易的股数。

一手期权合约代表 100 股股票。期权是一定时间内权利和义务的约定,因此每一个期权交易都有开始生效（Open）与合约结束（Close）。当买方购买看涨期权后,期权合约开始生效,当该看涨期权被执行,出售或到期后,合约就结束了。期权有购买（Purchase）和出售（Sale）两种交易形式。购买期权开始生效的,无论是看涨期权还是看跌期权,是期权的买方；卖出看涨期权或看跌期权开始生效的,是期权的卖方。

期房合同与股票买权合约的对比

- 30 万元预付金相当于期权的权利金
- 购买楼花者,是认购合同的买方
- 开发商是卖房者,是认购合同的卖方
- 合同约定 300 万元购房价相当于期权合约的合约价格

- 一年后交房的时间是期权合约的到期日

构成期权合约的要素如表 3-7：

表 3-7　期权合约要素

合约方	合约的买方和卖方
标的股票(Underlying Stock)：	在约定期限内买进或卖出的特定股票
合约价格(Strike Price)：	合约议定的执行价格
到期日(Expiration Date)：	合约的有效时间,逾期失效。每月的第三个星期五之后的星期六是当月股票期权的到期日;当月期权的交易在到期月的第三个星期五停止。美国式期权在到期前可以随时被执行;而欧洲式期权只能在到期日被执行,不能提前
合约数量：	一手合同 100 股股票
权利金(Premium)：	期权的售价,买方支付权利金,获得权利,卖方收取权利金,承担义务
期权生效(Open)：	买方买入期权,合约开始生效
期权结束(Close)：	期权被执行、出售或到期后,合约结束 美国式期权在到期前可以随时被执行

二、期权的历史

1973 年 4 月,美国芝加哥期权交易所(Chicago Board Options Exchange)首次开始挂牌交易标准化的股票期权。起初只有看涨期权的交易,1977 年看跌期权开始交易。现在,股票期权凭借其显著的以小博大的杠杆效应,已经成为相当普遍的交易工具,吸引了无数的投资者。

某些期权的有效期长达两年甚至更长,称为长期期权(Long-Term Equity Anticipation Securities,简称 LEAPS),目前大多数长期期权有效时间在 24 个月以内。

2005 年,芝加哥期权交易所推出了单周股票期权,以满足市场需求。单周期权在每周四推出,有效期八天,于一周后的星期五到期。一般交易活跃、波动性较大的股票都有单周期权。

- *四重魔力日*

投资朋友们可能会经常听到"四重魔力日"的说法,它是指每年的 3、6、9 和 12 月的第三个星期五是股票指数期货、股票指数期权、股票期权和单一股票期货合约共同的到期时间,通常在这几天,交易者常有疯狂表现,可能导致市场急剧震荡、交易量增加等,人们借用莎士比亚《麦克白》(*Macbeth*)中的诗词,称其为"四重魔力日"。

三、期权的种类

股票期权分看涨期权（Call）和看跌期权（Put）两种类型，看涨期权的买方预期股价会上涨，买入看涨期权增加多头仓位。看跌期权的买方预期股价可能下跌，买入看跌期权增加空头仓位。

● 买权的买进与卖出

买权也称看涨期权，投资人预计股价会大幅上涨时买入买权；但卖出买权的投资人则认为股价会下跌，或不会大幅波动而卖出买权，赚取权利金。

阿里巴巴（Alibaba）即将上市，新闻炒得火热，上市定价越调越高，孙先生不想追高阿里巴巴，但也不想错过这一时机。转而一想，雅虎（Yahoo）是阿里巴巴的大股东之一，如果阿里巴巴股票开市大幅飙升，雅虎也一定会同步上涨，但阿里巴巴新股上市有风险，他不想直接买入雅虎股票投入过大，于是选择了以小博大的股票买权来投资雅虎。

雅虎的市场价 36.25 美元，孙先生决定支付每股 1 美元的权利金，买入一份雅虎 37.5 美元三个月有效的买权合约。他支付 100 美元的权利金，获得在到期日之前，以 37.5 美元买入 100 美元股雅虎股票的权利。在到期日之前，可能出现以下两种情形：

如果雅虎的股价高于 37.5 美元，孙先生会执行买入的权利，要求从卖给他买权的人手里，以 37.50 美元的价格购买 100 股雅虎股票，权利金不退还。

如果雅虎的股价低于 37.50 美元，直接在市场上买入股票更便宜，所以孙先生不会执行买入的权利，权利金不退还。

孙先生支付了权利金，获得了未来以约定的价格买入股票的权利，是股票买权的买方（多头），作为股票买权的买方，他拥有的是权利，可以执行他的权利买入股票，也可以放弃权利。

孙先生的对方，即卖给孙先生股票买权的卖方（空头），收取了孙先生 100 美元的权利金，承担未来按合约规定的价格卖出股票的义务。也就是在合约到期日之前，如果孙先生要求执行合约，买入 100 股雅虎的股票，买权的卖方有义务依约将雅虎以 37.5 美元卖给孙先生。

● 卖权的买进与卖出

卖权也称看跌期权，投资人预计股价会大幅下跌时买入卖权；但卖出卖权的投资人则认为股价会上涨，或不会大幅波动而卖出卖权，赚取权利金。

李先生持有 100 股百度公司的股票，目前股价 152.5 美元，他想卖出股票，可又担心：

如果卖了——股价会上涨，钱少赚了。

如果不卖——股价会下跌，反而赔钱。

于是,李先生决定以每股 8 美元的权利金,买入了一份百度 150 美元两个月有效的卖权合约。他支付 800 美元的权利金,获得在到期日之前,以 150 美元卖出 100 股百度股票的权利。在到期日之前,可能出现以下两种情形:

如果百度的股价低于 150 美元,李先生会行使权利,要求以 150 美元将 100 股百度股票卖给卖权的卖方,权利金不予退还。

如果百度的股价高于 150 美元,直接在市场上卖出百度更划算,所以不会要求执行合约,而在市场以更高的价格卖出获利,权利金不予退还。

李先生支付权利金,获得了未来以约定价格卖出百度股票的权利,是股票卖权的买方(多头)。作为股票卖权的买方(多头),他拥有的是权利,可以执行他的权利卖出股票,也可以放弃权利。

李先生的对方,即卖给李先生股票卖权的卖方(空头),收取了李先生 800 美元的权利金,承担未来按合约规定的价格买入股票的义务。也就是在合约到期日之前,如果李先生要求执行合约,卖出 100 股百度股票,卖权的卖方有义务依约按每股 150 美元的价格买下李先生的 100 股百度股票。

股票的买权与卖权交易双方的权利和义务,以及对股票走势方向的预测,归纳于下表 3-8。

表 3-8 期权买卖双方的权利和义务

交易方向	买 权	卖 权
买方	买入买权 预计股价:上涨 权利:按合约价格买入股票的权利	买入卖权 预计股价:下跌 权利:按合约价格卖出股票的权利
卖方	卖出买权 预计股价:下跌或盘整 义务:按合约价格卖出股票的义务	卖出卖权 预计股价:上涨或盘整 义务:按合约价格买入股票的义务

四、期权在什么状态下有钱赚

股票期权的价格称为权利金(Premium),包含内涵价值(Intrinsic Value)和时间价值(Time Value)。合约约定的股票价格的上下波动和到期日的远近都将影响权利金的变化。期权持有人可能的最大损失就是购买期权所付出的权利金。

● 买权的权利金

买权的履约价和股票的市场价之间存在三种状态:如下图 3-5 所示,当股票的市场价高于履约价时,期权处于"价内"(In-the-Money)状态;市场价等于履约价时,为"平价"(At-the-Money)状态;市场价低于履约价时,为"价外"(Out-of-the-Money)状态。

当市场价高于买权的合约
价时，买权处于价内状态

当市场价等于买权的合约
价时，买权处于平价状态

合约价$50

当市场价低于买权的合约
价时，买权处于价外状态

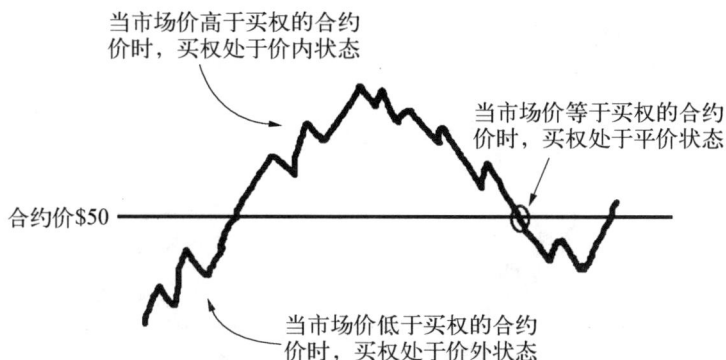

图3－5　买权的履约价相对于股票市场价的三种形式

在买权到期前，如果处于"价内"状态，即市场价高于履约价，是具有内涵价值的买权，内涵价值愈大，买权的权利金价值愈高。下表3－9所列的是百度在一个星期到期的不同合约价的买权的权利金及其内涵价值、时间价值、合约价格相对于市场价格的状态。

表3－9　买权的价内状态

市场价格	合约价格	权利金	内涵价值	时间价值	合约价格相对于市场价格的状态
160	155.00	11.6	5.0	6.60	价内
	157.50	10.15	2.5	7.65	价内
	160.00	8.50	0.0	8.50	平价
	162.50	7.45	0.0	7.45	价外
	165.00	6.20	0.0	6.20	价外

百度现在的市场价格是160美元，合约价低于此市场价的买权都处于"价内"状态，是具有内涵价值的买权，表中所列的合约价格为155美元和157.5美元的买权，都有其内涵价值。对于同一到期时间的期权而言，内涵价值愈大，权利金价格愈高，所以表中155美元的买权的权利金比其他合约价格的买权权利金都贵。

当股价上涨时，买权的权利金也随之上涨，涨幅因合约价格与市场价的差距和到期时间的长短不同而各异。当买权权利金超过买入时的价格时，买入买权的投资人可以择机卖出期权结束合约，获利了结。如果买权处于价内状态，买权的买方也可以行使权利以合约价买进百度的股票，然后在市场售出获利。当然，在买权处于价外或平价状态时，买权的买方是不会去行使权利的，不会按照合约价去买股票，因为从市场上直接买股票会更便宜一些。

● 卖权的权利金

卖权的"价内"和"价外"状态则与买权相反，如下图3－6所示，当市场价低于合约价时，卖权处于"价内"状态，而当市场价高于合约价时，卖权处于"价外"状态。同样，市场价等于履约价时，就是"平价"状态。

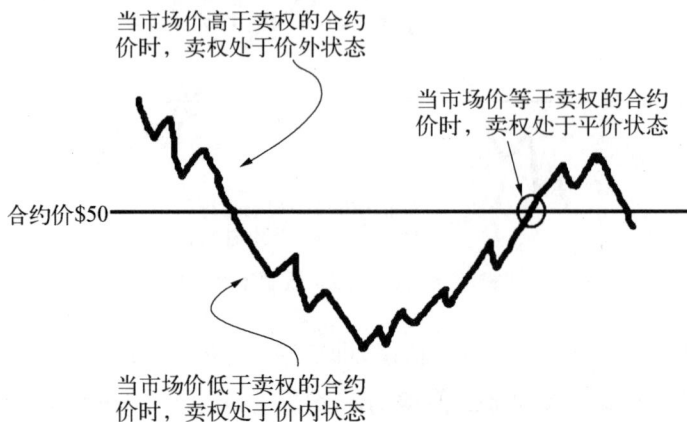

当市场价高于卖权的合约
价时，卖权处于价外状态

当市场价等于卖权的合约
价时，卖权处于平价状态

合约价$50

当市场价低于卖权的合约
价时，卖权处于价内状态

图 3-6　卖权的履约价相对于股票市场价的三种形式

在卖权到期前，如果处于"价内"状态，即市场价低于履约价，是具有内涵价值的卖权，卖权的内涵价值愈大，权利金价值愈高。下表 3-10 所列的是百度在一个星期到期的不同合约价的卖权权利金，及其内涵价值、时间价值、合约价相对于市场价格的状态。

表 3-10　卖权的价内状态

市场价格	合约价格	权利金	内涵价值	时间价值	合约价格相对于市场价格的状态
	165.00	11.75	5.0	6.75	价内
	162.50	10.25	2.5	8.00	价内
160	160.00	8.65	0.0	8.65	平价
	157.50	7.40	0.0	7.40	价外
	155.00	6.40	0.0	6.40	价外

百度现在的市场价格是 160 美元，合约价高于此市场价的卖权都处于"价内"状态，是具有内涵价值的卖权，表中所列的合约价格为 162.5 美元和 165 美元的卖权，都有其内涵价值。对于同一到期时间的卖权而言，内涵价值愈大，权利金价格愈高，所以表中 165 美元的卖权的权利金比其他合约价格的卖权权利金都贵。

当股价下跌时，卖权的权利金上涨，涨幅因合约价格与市场价的差距和到期时间的长短不同而各异。当卖权的权利金超过买入时的价格时，买入卖权的投资人可以择机卖出该卖权结束合约，获利了结。如果卖权处于价内状态，卖权的买方也可以行使权利以合约价卖出其所持有的百度的股票。卖权的买方一般不会在卖权处于价外或平价状态时去行使权利，即按照合约价卖出股票，因为在市场上直接卖，可以卖得更高一些。

● 影响权利金价格的主要因素

股票市场价格

股价变化是影响期权价值的最重要的因素。股价上升时，买权升值，卖权贬值；股价下跌时，则相反，买权贬值，卖权升值。

期权合约价

合约价格决定了期权内涵价值的大小。内涵价值加大，则期权价格上升，反之亦然。

期权到期日

随着期权到期时间的消失，无论买权还是卖权，时间价值都将加速下降；对于平价期权来说，影响尤为显著。

股价波动率

价格波动率为股价在特定期间的预期波动程度，显示可能出现涨势、跌势或上下波动。价格波动率极难把握，但攸关投资盈亏，对期权权利金具有重大影响。价格波动率愈大，获利可能性愈高，买方愿意支付较高的权利金，卖方也要求收取较高的权利金。一般说来，价格波动率增大时，无论买权还是卖权的权利金，都因而升高；对于平价期权来说，影响尤为显著。

利率

股票的市场价格是现行的价格，期权的履约价是未来的成交价格。利率越高，合约价格的现值越小，相对地买进股票价格较便宜。买权的权利金会随利率上升而增加，而卖权的价格则下跌。

五、股票期权的妙用

（一）买入买权（Buy Call）策略——多头投机客的最爱

买入买权投资策略的作用是增加多头投资回报，保护空头仓位利润。

● 买入买权增加多头仓位获利

当投资人看好某股涨势，希望从中获利，即所谓做多头，除了直接买进股票外，可以购买看涨期权。

假定 IBM 股票在 12 月某日的市场价为 105 美元，投资人认为股价还有上涨可能，在此价位买进有获利的可能，他可以用 10 500 美元直接买入 100 股股票，也可以买入一个 IBM 的买权。此时，几种不同履约价格的 IBM 买权的权利金价格如下：

表 3 - 11   IBM 买权权利金

履约价格	1 月份	2 月份	3 月份
$100	$6.37	$7.50	$8.25
$105	$2.00	$3.87	$4.75
$110	$0.37	$1.56	$2.75

前文已经说过,权利金的价格包括内涵价值(Intrinsic Value)和时间价值(Time Value)两部分。以履约价 100 美元的期权为例,1 月份到期的权利金为 6.37 美元,其中内涵价值为 5 美元,即股价 105 美元与履约价格 100 美元之差,剩下的是时间价值 1.37 美元(6.37—5)。

表中 IBM 期权的三个不同履约价格,与市场价相比,依次处于价内、平价和价外的状态。在同一期限内,内涵价值愈大,权利金当然愈贵;反之,权利金愈低。因此,该表中权利金的价格依次由高走低。

同一履约价格的权利金因到期时间不同而不同,此时内涵价值不变,唯时间价值随着到期日加长而增加。这是因为,期权期限愈长,越可能进入较高的价内状态,获利机会较大,"身价"为之攀升。期权的时间价值将随着到期时间临近而降低,越临近到期日,时间价值耗损越快。此时,即使股价上涨,内涵价值增加,权利金也不一定上升,甚至反而可能下跌。在期权到期日,时间价值为零,权利金等于内涵价值,因此到期时平价或价外的期权不值一文了。

还是上面的例子,假定 IBM 股票在 12 月某日的市场价为 105 美元,投资人认为股价还会上涨,其 1 月份到期的履约价为 100 美元的看涨期权权利金是 6.37 美元。如果投资人选用购买看涨期权代替直接买入股票,买进一份 IBM 履约价格为 100 美元 1 月份到期的看涨期权,需支付权利金 637 美元(6.37×100)。也就是说,他仅以 637 美元的成本,控制了价值为 10 000 美元(履约价为 100 美元×100 股)的 IBM 股票,杠杆倍率为 15.7(10 000÷637)。

在到期日前,如果 IBM 的股价升至 106.37 美元,买涨期权的持有人要求执行合约,按履约价格 100 美元买进 100 股股票,花费 10 000 美元,若按市场价格卖出,可以收入 637 美元,正好抵消权利金成本 637 美元。所以,IBM 涨至 106.37 美元就是期权持有人的损益持平点(Break-Even Point),如果股价继续上升,则开始获得净利。(为便于说明,本例忽略交易佣金不计,下文相同。)

假定期权到期前,IBM 每股升至 110 美元,看涨期权持有人执行合约后脱手,获得净利

$$(110-100)\times100-637=363(美元)$$

投资报酬率为

$$363 \div 637 = 57\%$$

如果直接买入股票，要花费 10 500 美元（105×100），股价升至 110 美元时出手，获利

$$(110 - 105) \times 100 = 500（美元）$$

投资报酬率为

$$500 \div 10\ 500 = 4.76\%$$

与买入买权交易的报酬率 57% 相比大为缩水，可见期权具有强大的杠杆效应。

在买权到期前，如果股价大幅上涨，买权的权利金也随之增加，买权持有者可以将其直接出售，结束合约，赚取权利金的差额获利。当然，这是一种如愿盈利的情况。如果 IBM 股价没有上涨，买权的权利金也不见涨势，买权持有者的权利金可能会部分甚至全部损失。

- 利用买权保护空头仓位

买入买权策略的另一个作用是给卖空的仓位对冲避险。如果投资人在 100 美元的价位卖空某一股票，担心股价会与预期走势相悖，不跌反涨，于是同时买入该股 100 美元的买权保护卖空仓位。假如股价大幅上扬，投资人可以执行买权，以 100 美元买进股票平仓，损失购买买权的权利金。如果投资人的卖空仓位有一定利润，但不急于补空平仓，又不希望失去利润，也可以买入买权保护空头仓位。此外，美国的投资人也会在年底前使用此策略，达到延税的作用。比如投资人的空头仓位在临近年终时利润颇丰，但本年度收入较高，买回空头仓位，将因产生资本利得而缴更多的税，若要想将利润体现到下一年度，可又不希望因为延税而失去利润，就可用买入买权的方式保护空头仓位的利润。

（二）卖出买权（Sell Call）策略

卖出买权（Sell Call）分有备买权（Covered Call）和无备买权（Uncovered Call or Naked Call）两种情形。有备买权（Covered Call）是手中持有股票，卖出该股的买权，是最常用一种保守性投资策略。无备买权，就是投资者手中没有股票，卖出买权，风险比有备买权高多了。

1. 卖出有备买权（Sell Covered Call）策略——长期投资者的最爱

投资人认为手中的持股会下跌，或处于不大上涨也不大下跌的"横向"走势状态时，可卖出该股的有备买权，以降低下跌风险，提高回收。换言之，他愿意承担以特定价格出售该股的义务，获取一定报酬。我们用下面的例子说明如何运用此策略。

投资人持有 INTC 股票，买入价 31.50 美元，卖出 3 月份到期履约价格 35 美元的

买权,权利金为每股 2.5 美元。可能会出现以下两种情形。

(1) 买权有效期内,INTC 股价始终低于履约价格

买权未被执行,到期作废,卖方赚得权利金,仍然持有股票。因为获得了权利金,INTC 的买入价格相应降低。

(2) 买权有效期内,INTC 股价上涨,超过履约价格

买权买方要求执行合约,卖方如约以 35 美元出售 100 股 INTC,算上卖出买权获得的权利金,卖方实际卖出 INTC 的价格相当于 37.50 美元,共计获利 600 美元。

由此可见,对长期投资者而言,卖出有备买权是保守有效的策略。股价总是上下起伏的,长期投资者可以在持有股票的同时,通过卖出买权赚得权利金,降低持股的投资成本,从而减低了股价损失的风险。但这种策略也使获利受到一定限制,一旦股价大幅攀升,远高过期权的履约价,卖出买权的投资人只能按照履约价出售股票,失去了可以在市场上以更高价位卖出获利的机会。在卖出买权时,选择较高的履约价格,提高了封顶的上限,股价上涨时受益潜力相对提高,但权利金收入也相应减少,股价下跌时的抵偿作用也减小。卖出有备买权,减少下跌风险的效果有限,在期权到期日前,股票被锁住,股价大幅上涨,不能卖出股票,而股价大幅下跌时,还是会带来很大的亏损风险。因此使用此策略时,应综合考虑股价走势、市场环境等多种因素。

卖出有备买权是相对保守型的投资策略,它甚至可以在退休金账户中使用。但如果卖出的是无备买权,那情况就不一样了。

2. 卖出无备买权投机获利

直言不讳地说,卖出无备买权(Uncovered Call or Naked Call)是一种投机的策略,其风险是无上限的。和卖出有备买权的投资人不同,卖出无备买权的投资人不看好股价走势,而想投机性地赚取一定的权利金。一旦事与愿违就惨了。因为当股价上涨超出期权履约价时,买权的买方要求执行合约,卖方必须如约将股票交给买方。如果手中没有股票,就只能从市场上购得,理论上讲,股价的上涨是没有终点的,所以卖出无备买权投资人的风险也没有极限。

(三) 买入卖权(Buy Put)策略——空头投机者的最爱

买入卖权投资策略的作用是,以小博大,增加空头投资回报;保护多头仓位利润。

1. 买入卖权增加空头仓位获利

当投资人不看好某股涨势,认为股价有下跌的空间,可以卖空获利,即所谓做空头,也可以购买卖权。

假设 IBM 目前市场价格 180 美元,投资人不看好其后市走势,买入一个 7 月份到期 180 美元的看跌期权,付出权利金 250 美元(2.5×100)。

在到期日前,如果 IBM 的股价跌至 177.50 美元,卖权的持有人在市场上购入 100 股 IBM 股票,花费 17 750 美元(177.5×100),要求执行合约,按履约价格 180 美元卖

出股票，所得 18 000 美元，收入 250 美元，正好抵消权利金成本 250 美元。所以，IBM 跌至 177.50 美元就是该期权持有人的损益持平点（Break-even Point），如果股价继续下跌，则开始获得净利。

假定期权到期前，IBM 每股跌至 170 美元，卖权持有人执行合约后脱手，获得净利

$$(180-170)\times100-250=750（美元）$$

投资报酬率为

$$750/250=300\%$$

如果在 180 美元直接卖空 100 股 IBM，当股价跌至 170 美元时，买回平仓，获利

$$(180-170)\times100=1\ 000（美元）$$

投资报酬率为

$$1\ 000/18\ 000=5.5\%$$

和上述买入卖权的回收相比，再次显现出期权四两拨千斤的强大杠杆效应。

在期权到期前，如果股价呈跌势，卖权的权利金也随之上涨，期权持有者可以将其直接出售，关闭合约，赚取权利金的差额获利。当然，如果事与愿违，IBM 股价没有下跌，期权的权利金也不见涨势，期权持有者的权利金可能会部分甚至全部损失。

在某种程度上说，使用卖权做空比直接卖空股票有一定的优越性。做卖空时，如果股价不跌反涨，投资者将承担无限的损失；因为从理论上说，股票下跌的空间有限，但上涨的幅度却是无止境的。如果以买进卖权代替直接卖空，一旦方向做错了，最大的损失就是付出的期权权利金。另一方面，如果卖空者融资卖空，若股价上升，可能因要求"追加保证金（Margin Call）"，而被迫亏损平仓；但卖权持有人不存在这种额外风险。

买入卖权策略可以在股价下跌时获利，而在市场不稳时，买入卖权还有另一个作用。

2. 购入卖权保护多头仓位

买股票是为了获利，但在市场震荡时，手中持股存在下跌的危险。此时，可以考虑适当地购入卖权，以保护多头仓位，这等于用相对较少的权利金买一份保险。卖权到期之前，如果市场价格低于履约金时，期权持有者有权要求按合约出售股票。这种对冲作用限制了股价下跌的风险；而当股价上涨时，仍保有无限获利的机会。当股价下跌时，卖权的权利金随之上涨，权利金价格高出买入价时，投资人可以直接卖出卖权获利，用来补偿股价下跌的损失。但一旦买入的看跌期权因赚取权利金差价而被

转手卖掉,合约也随即终止,股票也就失去保护,承受下跌风险。

举例来说,如果每股 50 美元买进 XYZ 股,当股价上涨到 65 美元时,除了继续持有、待价而沽,或抛出获利了结两种选择之外,还可以买入卖权来锁住利润,比如,购入履约价为 60 美元的看跌期权作保护,当股价回落至 60 美元以下时,可以要求执行合约,将股票按照 60 美元出手。因买的是价外卖权,权利金较便宜。当然,投资人可以选择更高履约价的卖权,付出较高的权利金,换取更大的保护幅度。

我们比较下面三种情况,来说明卖权对多头仓位的对冲避险效用。

(1)只持有股票,不买入卖权加以保护

假定持有 100 股 ABC 股票,买进价为 60 美元,如果股价下跌,出现亏损,本金有可能全部损失;反之,如果股价上涨,即开始获利。

(2)持有股票,购入履约价格与买进价位相同的卖权

假定持有 100 股 ABC 股票,买进价 60 美元,购入一份履约价同为 60 美元,为期六个月的平价看跌期权,权利金每股 2.5 美元。履约价格等于买进股票的价格,损益持平点是 57.5 美元,只要股价低于此价格,这份卖权立即开始补偿损失。

(3)持有股票,还购入履约价格低于买进股价的卖权

如果投资人有意为自己的股票提供防跌保护,但不愿付太高的权利金,可选购一份溢价卖出期权。在本例中,持有 100 股 ABC 股票,买进价为 60 美元,购入一份履约价格为 55 美元的为期六个月的卖权,权利金 1 美元,比第二种情形中的平价卖权便宜,损益持平点是 54 美元,只要股价低于此价格,卖权开始补偿损失。

(四)卖出卖权(Sell Put)投资策略——机构投资者的最爱

卖出卖权策略的作用是降低投资成本和风险,赚取权利金获利,有保守型和激进型两种类型。

(1)保守型策略:投资人卖出卖权是希望以较低的价格买进长期看好的股票,减少股票购入成本,降低投资风险。

(2)激进型策略:投资人卖出卖权并不是希望买进股票,而是以赚取权利金来获利。

假定 ABC 公司股价 71.25 美元,其三个月到期 70 美元的卖权权利金为 3.5 美元,保守型和激进型的投资人都同时卖出了一个卖权,损益持平点为 66.50 美元(70—3.5)。股价的走势可能出现以下几种情形,投资人相应的投资盈亏分析如下。

情形一:到期时,市场价为 65 美元,低于合同履约价 70 美元,也低于损益持平价 66.50 美元。

股价低于履约价,卖权的买方要求卖方履约,将股票按合约价出售给卖方,因此卖方履行其合约义务,以 70 美元买进股票,扣除 3.5 美元权利金,实际买进价格 66.5 美元(70—3.5),股价亏损 1.50 美元。和直接以 71.25 美元买入股票相比,每股少亏

损了 4.75 美元[(71.25−65)−(70−3.5−65)]。

情形二：到期时,市场价 69 美元,介于 66.5 至 69.99 美元间,股价低于合同履约价 70 美元。

卖出卖权的投资人履行合约义务,以 70 美元买进股票,扣除 3.5 美元权利金,实际买进价格 66.5 美元(70−3.5),股价利润 2.5 美元。结果远好于直接以 71.25 美元买入股票。

情形三：到期时,股价高于合同履约价 70 美元。

卖出卖权的投资人保留权利金 3.5 美元。

无论上述哪种股价行情,激进投资人和保守投资人的情形是相同的,只是他们投资的目的不一样,所以结果也与预期略有出入。对保守型投资人而言,情形一和情形二都是他希望的结果,因为他看好该股,希望以相对低的价格购入,通过卖出卖权,降低了投资成本,减少了投资风险。这两种情形的结果并不是激进型投资人的愿望,他购入 ABC 公司的股票是不得已而为之,因为期权的卖方收取了权利金,就承担了履约的义务。第三种情形是激进型投资人所希望的,如愿以偿地赚得了权利金,但对于保守型投资者来说,虽然获取了权利金,但也错过了股价上涨获利的机会。

假如甲和乙两个投资人都想买 IBM 公司股票,目前市场价格 97.5 美元,两人的理想买价是 90 美元以下,并都预期两个月内股价可能会跌至此价位,两人采取了不同做法。甲下了一张三个月有效的限价单,以 90 美元买 500 股 IBM,在有效期之前可随时取消。乙则是以 2.5 美元卖出五个三个月有效的 IBM 卖权,履约价格 90 美元,获得权利金 1 250(2.50×500)。此后至期权到期的三个月内,可能出现的情况如下：

(1) IBM 股价没有低过 90 美元,期权到期时,IBM 在 90 美元以上

由于股价没有低于 90 美元,甲的三个月有效的限价单未被执行。而当股价在期权履约价格 90 美元以上,买入卖权的投资人不会要求乙执行合约,乙赚得了卖出卖权的权利金 1 250 美元。

(2) 期权到期时,IBM 股价 87.5 美元,低于 90 美元

在 IBM 股价跌到 90 美元时,甲的限价单成交,以每股 90 美元的价格买到 500 股 IBM,此时,每股账面损失 2.5 美元。在 IBM 低于 90 美元时,卖权的买方会要求乙履约,按照履约价以每股 90 美元买进 500 股 IBM,由于乙之前收取每股 2.50 美元的权利金,所以乙买进 IBM 的实际成本是 87.5 美元(90−2.5),账面无损失。

乙通过卖出卖权的方式投资 IBM,即使 IBM 没有下跌到理想的买进价位,他还是因收取权利金而获利。当 IBM 股价低于履约价时,乙又因收取权利金实际上降低了买进 IBM 的价格。相对于直接买进股票的甲而言,乙多了一次投资获利的机会(保留权利金),又因实际买进成本比甲低,相应的风险也降低。

第三节　缓慢成长红利型──排序打分纵横比较投资法

红利是上市公司给股东的分红,就像是买股票所得的利息,所以也称股息。分红的方式可以是现金也可以是股票,现金方式比较普遍。我们在本节介绍的是以现金分红的红利股,红利型股票也就是红利回收相对较高的股票。

红利投资的历史久远,要追溯到那家在投资历史长河中非常有名的荷兰东印度公司,从1602年它成为史上第一家发行股票的公司之后,股票分红就是投资人分享其所投资的公司利润的主要渠道。投资人分享红利收入不需要将股票卖出,也不需要公司解散,只要公司营运正常,愿意将部分利润分发给股东,股东就理所当然地获得这一固定收益。

投资红利型股票有四大好处:第一是有较稳定的非劳动收入(Passive Income);第二是公司相对成熟稳健;第三是投资风险较低;第四是有双重获益的机会。为什么呢?

第一,有较稳定的非劳动收入:只要公司的业务稳定,红利政策没有变化,就会一直向股东派发股息,作为股东的你每个季度都会收到公司分给你的红利,而且直接付到你的账户或是寄给你。这种红利收入与拿薪水不同,拿人家的薪水,你得先付出劳动,而红利型股票是你的投资资本在工作,是钱生钱。如果希望每个月都能收到比较稳定的收入,红利型股票是不错的选项之一。

第二,公司相对成熟稳健:一般来说分发红利的公司都是营运已经相当成熟的公司,所以它们也会相对稳定。我们很少看到科技或生物公司特别是处于早期成长阶段的科技公司给股东分红,因为他们的资金大都用于技术和产品开发的再投资上。以微软公司为例,它于1986年3月上市,直到2003年1月才首次宣布分红,而这时候的微软也确实是相当成熟的公司,股价的波动性也大幅减弱,走势趋向稳定。

第三,投资风险较低:因为红利型股票是有固定股息收入的成熟稳健的公司,所以它的股价波动性要比非红利型的股票小,但凡事有好的一面,也必有不好的一面,价格相对稳定的另一面是价格也很难大涨。当然,在一些特殊的环境中,红利型股票的表现有时也会像科技类股似的大幅攀升。比如2014年,美国的公用设施红利型股票上涨高达26.89%。但红利型股票大部分时间都是表现平平,特别是在经济好的大牛市中表现通常都是垫底,而在大幅下跌的市场中,红利型股票的这种低波动的特性就成为其特有的优越性。一些金融学者经过研究,得出了这样的结论:在市场大幅震荡时,高红利收益率、低市盈率(P/E)、低市净率(P/B)和低贝塔值(β)的股票跌幅最小。比如1987年股市大崩盘时,红利收益率在3.8%以上的红利型股票下跌幅度为16.7%,而同时期,成长型公司股价跌幅高达31.79%。由此可见,红利型股票的稳定性是除了固定收益之外的另一个最有吸引力的优势。

第四,有双重获益的机会:红利型股票可能给你带来两重投资收益,一重是作为股东,从公司所分得的利润,即股票的红利;另一重是作为股票的持有者,股价上涨所实现的投资资本利得。

排序打分纵横比较投资法

市场上派发红利的公司很多,投资红利型股票也不能不管是什么样的公司,只要发红利,就去买。公司的红利高不高? 公司前景如何? 红利能发多久? 它是市场上最好的红利型股票吗? 诸如此类的问题都该是红利型股票投资人在进场前要认真考虑的问题。

不是每个公司都发红利,各行业之间分红的情况也完全不同。一般而言,我们较难从生物科技业或是网络、半导体等高科技行业中找到高红利型的投资对象,但是公用设施、能源产业链中游的业主有限合伙公司(MLP)、房地产信托及日用消费品行业等却都是优质红利型股票所在的行业,是投资人寻找固定收益投资的理想选择,因为这些行业的营运模式,与经济周期的低相关性,或是特殊的公司结构等特征决定了它们的高红利特点。优质红利股必须具备以下条件:

一、红利面

● 公司不仅有长期分红的良好记录,还要有红利长期增长的良好记录,而且红利的增长要高于行业平均水平。

● 红利收益率的绝对值和相对值都要高。

● 红利发放率既不能太低,又不能高得离谱。

二、基本面

● 公司不仅过去有稳定的盈利,而且未来的盈利前景也很乐观,盈利成长要高于行业平均水平。

● 公司财务状况健全,债务不能过高。

三、行业

● 公司属于受经济周期影响较小的非日落行业。

缓慢成长红利型排序打分纵横比较投资法流程

排序打分纵横比较投资法是我们在为以固定收益为投资目标的客户选择优质

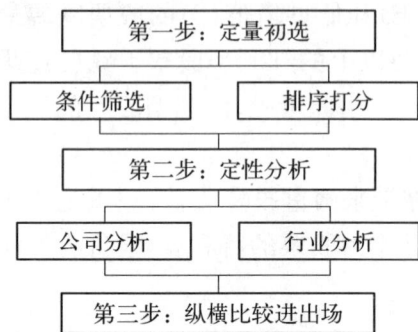

图3-7　排序打分纵横比较投资法流程图

红利型股票时所采用的方法。它分三大步（图3-7）：

第一步：定量初选

条件筛选：用计算机程序将红利、盈利、财务指标等可以量化的参数进行筛选，从大量红利型股票中筛选出100只左右符合标准的红利型股票。

排序打分：将筛选出的股票根据红利、盈利、财务指标等量化参数按照由好及差的顺序排名，排名最好的为100，最差的为1。然后，根据各种参数在分析红利型公司时的重要程度作优化加权，计算出每一项的排名在优化加权后的得分，最后计算出加权后的综合分数，初选出得分最高的20%的公司。

第二步：定性精选

在定量初选的基础上，对无法定量分析的因素作进一步分析研究，包括公司定性分析和行业定性分析。

第三步：纵横比较确定买进时机

纵横比较是考察红利收益率在其历史高、低位时股价的变化，既要与公司本身的历史相比，也要同市场作比较，目的是选择理想的买进时机。

我们将逐一介绍每步的具体做法，讲解定量分析中各种参数的意义，如何对红利型公司作定性分析，以及红利型股票的进出场策略。

第一步：缓慢成长红利型股票的定量分析

（一）条件筛选

条件筛选是通过一些最基本的条件，去芜存菁，将分红不高、红利收益率低、公司成长不佳、财务状况较差或是估值过高的红利股去除，留下符合基本条件的红利型股票，作进一步甄选与分析。

下表3-12是条件筛选的基本标准，各项参数含义解释如下。

表3-12　缓慢成长红利型股票定量筛选条件

红　　　利	公　司　基　本　面
红利 　过去十年 　　每年红利收益率＞0 　　每年红利成长率＞0 　　每年红利成长率＞行业成长率	成长 　　十年盈利平均成长率＞0 　　未来五年盈利平均成长＞0 财务

续　表

红　　　利	公 司 基 本 面
红利收益率 　　2%＜红利收益率＜8% 红利发放率 　　40%＜红利发放率＜100%	速动比率＞1 偿债备付率＞2 债务股本比＜2 估值 　　市盈率＜20 　　前置市盈率＜20

● 红利相关参数

(1) 红利收益率(Dividend Yield)

红利收益率衡量投资红利股每年的固定利息回收,计算方法是用公司每年以现金形式派发的红利除以买入股票的价格,通常用百分比表示。

对于某投资人来说,购进股票价格是 10 美元,该公司每季度发红利 0.1 美元,全年红利为 0.4 美元,该投资人的红利收益率是 4%(0.4÷10)。当在准备购进该股票时,该股票的红利收益率随股价的波动而变化,比如说,周一该股股价是 10 美元,红利率为 4%,到周五该股票上涨到 12 美元,每股分红不变,还是 0.4 美元,其红利收益率是 3.33%。

如何界定红利收益率的高低呢? 有人采用相对比较法来界定,一般来说,低于市场的平均红利收益率就是低红利股票,高于市场平均红利收益率的为高红利股票。也有人采用绝对值来界定,红利率在 3% 以上通常即被视为高红利股票。

(2) 红利成长率 (Dividend Growth)

红利成长率就是指公司有能力通过增加盈利,提高分红,让股东分享更多的成长硕果,这是选择红利型股票一个非常重要的因素。假设两家公司的红利发放率都是 50%,一个红利稳步成长但红利发放率相对较低的公司,比红利逐年下降的高红利收益率的公司更值得投资。

我们要求公司在过去十年都能持续增加红利,意味着无论在经济的扩张期还是萧条期公司都能保证红利成长,也就预示其风险性和波动性都低于大市。

美国资讯公司 Mergent 每年都编辑出版《股东分红成就公司手册》,列出长期持续提高分红的公司。该手册的前身是信用评级公司穆迪(Moody's)最早于 1979 就推出的"股东分红成就公司名录",获选进入名录的公司都是能连续十年或更长的时间提高股东分红的公司。之后穆迪每年都出版《股东分红成就公司手册》,并于 1998 年转卖给 Mergent 公司继续出版。2004 年第一个以股东分红成就公司为基础的指数问世,而后各类股东分红成就公司相关的指数陆续推出,诸多的资讯为红利型投资人提供了方便。据统计,投资能够 10 年、15 年甚至是 20 年保持提高分红的公司,其回收都比标准普尔 500 指数表现得好。

（3）红利发放率（Payout Ratio）

红利发放率就是告诉我们公司的盈利有多少是作为红利回馈给股东的,用百分比的形式表示,计算方法是:

$$红利发放率＝（每股红利÷每股盈利）×100\%$$

比如,某公司每年每股分红 0.4 美元,每年每股盈利为 1 美元,其红利发放率为 40%。

● 基本面相关参数

（1）成长参数

公司的利润是派发红利的基础,盈利稳步成长,才能保证股东可以长期分得红利,公司也才可能有提高红利的本钱。所以,我们要求公司不仅要有盈利,而且盈利能够逐年成长,且成长率要高于行业平均水平。

（2）财务参数

衡量公司财务健全的最主要指标就是公司的债务负担,如果债务太高,一旦公司盈利下降,沉重的利息负担可能影响到公司未来红利的支付。衡量公司财务状况的主要指标有:

✔ 速动比率（Quick Ratio）:如果是 1,说明公司有足够的资产去支付短期债务,有能力支付红利。如果小于 1,投资人应小心。有一些保守的投资人,对速动比率还不放心,还直接查看公司手里的现金额是否足够支付红利。

✔ 偿债备付率 （Debt Service Coverage Ratio）:是指公司一年的营运收入与流动负债的比率。公司借债并不一定是坏事,但如果借过头了,就有麻烦了。一般来说,如果公司营运所产生的现金流是流动债务的两倍,公司就可以不需要通过举债来支付红利。

✔ 债务股本比（Debt-to-Equity Ratio）:是衡量公司财务杠杆的指标,也称为负债股权比率,是公司的所有债务与股东权益的比率,即显示公司建立资产的资金来源中股本与债务的比例。债务股本比太高的公司要用大量的资金去支付利息,这样留给发放红利的钱就少了,通常这一比率要小于 2。

（3）估值参数

估值的方法很多,主要的方法有市盈率（P/E）、市净率（P/B）、市现率（P/CF）及股价与每股营运现金比等等。在条件筛选中,我们通常选择市盈率和前置市盈率两个参数,希望公司现在和未来的估值都不要太高。

对于个别行业,比如房地产信托行业等,则是用股价与每股营运现金比代替市盈率。

营运现金（Funds From Operations, FFO）是用以评估房地产信托的重要指标,该指标是房地产信托公司来自其营运所得的现金流,换句话说,从这一数字上,我们就能够知道公司有多少资金可以用于支付红利。房地产信托公司的红利发放率正确的计算方法是红利总额除以来自营运的现金流,而不是除以公司净收入。

房地产信托公司的营运现金流计算方法是:

$$营运现金流＝净盈利＋折旧＋摊销——一次性销售所得$$

房地产信托公司每季度公布财报时,会同时公布这一数据。营运现金流除以房地产信托公司的总发行股数,得出每股来自营运的现金流。它可帮助投资人纵向比较公司的营运表现如何,也可以横向比较不同公司之间谁更胜一筹。

股价与每股营运现金流比率是:

$$股价÷每股营运现金$$

如果比值很低,说明房地产信托公司的估值相对便宜。但该数值是多少才说明其估值合理呢? 这取决于地产公司所投资的对象,投资商业楼宇、民宅或工业厂房的地产公司,其价格与每股营运现金流的比率是不一样的,总体来说,如果该比值在 10 左右,应该算是合理水平。

（二）排序打分

经过条件筛选,我们选出了当前市场最符合条件的 100 只红利型股票。如果筛选出的股票数量过多时,可以依据市场情况,适当调整筛选条件,尽量将初选结果控制在 100 只股票以内。现在,我们要给符合条件的这 100 只股票排序打分,从中选出最好的 20% 的股票。

假设饮水思源自来水公司是 100 只股票中的一只,它的各项排名如下表所列,如果单从每一项的排名看,该公司很不错。但只有这些单项排名还不够,还要看公司的综合素质,而且每一项筛选条件在综合考量时的侧重程度也不尽相同,所以我们要根据每项参数对衡量红利型公司的重要程度差别,对其做优化加权,进行综合评分。饮水思源自来水公司的综合评分是 90.05（表 3-13）,从综合考量的成绩来看,它确实是比较不错的红利型公司。

表 3-13　饮水思源自来水公司排序打分

参　　　数		条件筛选排名	优化加权	得分
红利因子	过去十年			
	每年红利收益率	96	6.50%	6.24
	每年红利成长率	88	12.00%	10.56
	每年红利成长率相对于行业成长率	90	10.00%	9.00
	红利收益率	95	21.50%	20.42
	红利发放率	90	10.00%	9.00

续　表

	参　　数	条件筛选排名	优化加权	得分
债务因子	速动比率	87	4.50％	3.91
	偿债备付率	86	5.50％	4.73
	债务股本比	89	10.00％	8.9
估值因子	市盈率	90	2.00％	1.8
	前置市盈率	85	8.00％	6.8
成长因子	过去十年盈利成长率	88	4.00％	3.52
	未来五年盈利平均成长率	86	6.00％	5.16
饮水思源自来水公司综合评分				90.05

第二步：缓慢成长红利型股票的定性精选

经过排序打分后，我们初选了20只当前市场上较好的红利型股票，但是这还不是最终的结果，因为数字并不能反映一切。是什么原因导致公司的红利收益率很高？高红利支付率的公司分红趋势又如何？是越付越多，还是一年不如一年？公司靠什么保证股东的分红？这些都是需要在投资之前弄明白的问题，而这些问题要通过定性分析找出答案。

定性分析是对所有不能简单地用量化分析的因素做深入研究，比如宏观环境、经济政策等对行业和公司有何影响，公司的经营模式、盈利成长潜力、影响公司业务的主要因素，财务状况、公司管理层如何看待股东权益等等。

前文提到优质红利型股票通常都集中在公用设施、能源产业链中游的业主有限合伙公司(MLP)、房地产信托、电信服务及日用消费品等行业，而能通过我们定量初选条件的高红利股票也大多属于这五大红利型行业。它们每个行业都有自己的特点，分析时应有针对性，不能千篇一律，我们先将定量初选的结果按照行业分类，以便于定性分析比较。

一、定性分析解开定量数据中的迷思

定性分析首先要解开定量分析的各种参数数值背后的故事。是不是红利收益率和红利发放率很高就好？公司的成长和红利发放率与收益率又有什么关联？我们要逐一分析，得出答案，精选出真正优质的红利型股票。

● 红利收益率与红利发放率

红利收益率是买红利股每年的固定利息回收，如果股价相同，当然是红利收益率越高越好。但仅有红利收益率高还不够，还要公司能保证每年都能连续分红，红利发放率就是用于衡量公司的红利支付水平。那么是不是红利收益率高，红利发放率也

高,这样的组合是最好的呢?并非如此,红利发放率很高的公司一旦销售下降,利润减少,势必影响其分红的趋势,公司可能因此调低红利。我们更喜欢红利收益率很高,但红利发放率还相对较低的公司,因为红利还有成长的空间。

红利发放率是多少才比较合理呢?一般而言,低于50%的红利发放率都不算理想的红利型公司,但也不能将这类公司完全排除,因为它们可能还有很大的潜力,可以在未来提高分红,关键是要弄清楚是什么原因造成红利发放率较低。如果是公司因为业务扩张,需要更多的资金投入新业务,那还是值得投资的,而且公司成长也会带来股票增值的潜力。如果公司并没有将资金用于发展新业务,而是经理人倾向于将资金用在其他地方,比如增加高层薪水,购买公司的私人飞机等,那就另当别论了。公司的红利发放率常见的是50%到70%之间,范围高低因行业而异,比如说,电站水厂的红利发放率就较高,因为它们的成长空间有限,没有什么再投资项目需要资金。在交易所挂牌的业主有限合伙公司(Master Limited Partnerships,MLPs)因其特殊的公司结构,红利发放率可高达100%,甚至更高。对于高红利发放率的公司,我们也应作进一步分析,了解公司是通过增加盈利还是靠举债来实现高红利发放率,如果是后者,则要避免此类公司。

● 红利收益率与红利成长

红利收益率高说明红利回报好,但是过高的红利收益却可能会使投资事与愿违。如果某公司的红利收益率远高过其行业平均水平,可能是两种原因所致,一是公司将绝大部分的收入都用在派发红利上,第二种可能是公司的股价过低,红利收益率与股价呈反比,红利不变时,股价下跌,红利收益率自然提高。

石油管道运输公司威廉姆斯(Williams Companies,Inc.,WMB)在2016年2月11日的股价是13.29美元,每股红利2.56美元,红利收益率高达19%左右,半年前,该公司股价位于其历史高位60美元左右,当时的红利收益率仅为4.3%。由于该公司没有完全对冲其石油的敞口,当油价从100多美元下跌到20多美元时,公司收入锐减,财务状况恶化,股价暴跌,才使红利收益率从4.3%飙升到19%。这种高红利收益率是因为股价大幅下跌所带来的,不是公司大举提高分红或者盈利大幅增加的结果,绝对不是我们寻求的投资目标。我们可以预见在不远的将来,公司将会宣布削减红利,甚至完全取消红利。

我们要搞清楚是什么原因造成股价的大幅走低。如果是市场大环境不好导致股价下跌,问题不大,但若是因公司的基本面存在严重问题导致股价低迷,那问题就严重了,这样的公司即使其红利收益率再高,也应避而远之,因为公司可能是销售下降,盈利下滑,最终就得削减股东的红利了。所以,我们不希望红利收益率的提高是因为股票价格大幅走低了,而喜欢看到高红利收益率是因为公司持续提高分红所致,因此要选择红利持续成长的公司。

稳定的红利收入是投资红利型股票的目的,在选择投资目标时,不仅要看公司是否有能力在未来提高分红,还要翻翻公司以往派发红利的历史,看是否有调低红利,甚至是停发红利的情形。考察红利历史的时期不宜过长,但也不能太短,以十年左右为佳。如果公司削减过红利,之后又逐步提高了红利,则不必太在意,但要弄清削减红利的原因是什么。

● 红利成长与公司盈利成长

一般来说,上市公司的利润主要有四个用途:第一是扩大再生产,争取赚取更多的利润;第二是用来还债;第三是买回自家的股票,提高每股净利润;第四就是通过派发红利的形式与股东分享部分利润。所以,只有公司的销售和盈利不断成长,才能保证分红的增加。当公司宣布提高分红时,也说明公司有信心赚得更多的利润,有信心让股东分享更多利润。但是,如果某公司管理层为了蒙蔽投资人,掩盖自己经营不善的业绩,通过增加红利,甚至是靠举债来实现红利成长,这是我们绝对要避开的公司。

公司偶尔提高一次红利是远远不够的,还要看能否持续提高红利,以及顺境和逆境时是不是都能保持提高分红? 所以,分析红利成长要看现在,思过去,想未来。

公司宣布提高红利——好;

公司有良好的提高红利的记录——好上加好;

公司在恶劣的经济环境中有提高红利的记录——极其的好;

公司无论是在顺境还是逆境中都有提高红利的优良记录——最好;

公司在整个行业都苦不堪言时,还能照样宣布提高分红——视为极品。

● 估值的定性分析

无论是市盈率(P/E)、市净率(P/B)、市现率(P/CF)还是股价与每股营运现金(FFO)比等等,我们都希望股价的估值较低,但是如果离开未来成长谈估值就没有意义了(虽然红利型的股票成长都比较慢)。同样是本益比(市盈率)为 10 的两家公司,甲公司的成长为 20%,乙公司根本没有成长,甲公司自然比乙公司便宜。

● 公司管理层分析

将股东权益放在首要位置的管理层主要表现是:

(1) 不断增加红利,管理层将公司赚来的利润,马上回馈给股东,而不是去投资一些胜算不高的项目。

(2) 偿还公司债务,公司的债务减少,说明股东的权益增加,是间接回馈股东的一种形式。公司借债并不一定是坏事,但如果借过头了,就有麻烦了。

(3) 大手笔回购股票,回购股票意味着市场上的总股数下降,现有的股东占有公司的股权自然增加。从供需关系的角度来看,总股数减少了,也就是供给减少了,股价自然上涨得快。从估值的角度看,回购股票股数减少,每股盈利增加,股票的估值也下降,如果市场的市盈率维持不变,股价也应会上涨。所以,公司回购股票,投资人除了享受红利收入外,还可以获得因股价快速上涨而获得更大资本增值的收益。

(4)管理层持有较多公司的股份,说明管理层与股东利益一致,一定会想投资人所想,急投资人所急。

二、具体行业具体分析

公用设施、能源产业链中游公司、房地产信托、电信服务及日用消费品行业都支付很高的红利,我们在选择时,还是要认真地分析挑选,货比三家,根据每个行业自身的特点,从宏观与微观等不同角度做全方位的分析比较,综合考量,选出现在红利高、未来分红还将继续提高的上乘公司。

(一)生意稳定、红利稳定的公用设施业

1. 相对垄断、生意稳定是公用设施行业的特点

电力公司、煤气公司和自来水公司都属于公用设施行业,它们为消费者提供照明的电力、取暖煮饭的煤气和日常用水,而这些也同样是企业正常运转所必需的。这类行业的共同特性是,竞争性小,基本处于垄断;煤气水电的收费标准由政府制定,公司声誉比较稳定,一般不会轻易倒闭,通常红利发放率较高。

以电力业为例,要将一家电力公司投入正常运转,需要有大量的基础建设,成套发电设备,庞大的电力输送网,供应充足的发电燃料,而这些都需要雄厚的资金投入,自然会将实力不足的公司挡在门外,无形中减少了行业间的竞争,形成了垄断。另一方面,因为电力公司不多,消费者主动选择有限,只能被动接受有限的电力公司的服务,所以电力行业的客户群庞大,销售相对稳定。电力不仅是人们生活起居所必需的,也是政府、商号、工厂等一切企事业单位正常运转所必需的,为既能保证电力公司有营收维持正常运转,又不能让用电的人感觉电价太贵而不满,政府在权衡各方利益后定出的电价费率能让电力公司获得较合理的营收。无论经济是好是坏,灯总是要点的,电总是要用的,产品总是有需求,所以电力行业鲜有破产的时候。电力公司的运转成本都已算在电费中,也不需要将利润用于再投资,因此可以将大部分收入发给股东。一般而言,公用设施行业60%至80%的利润用来派发红利,同时因为它们的业务稳定,收入平稳,所以如果不是出现极端恶劣的情形,该行业也很少会削减红利。

当然,任何事情都得看两面,分析公用设施行业也不例外。煤、天然气等原材料价格的上涨会侵蚀利润,政府提高环保要求等会增加烧煤等污染性大的电力公司的运作成本。如果政府加强对公用设施公司的监管,设定费率上限,公司很难将成本转嫁给消费者,只能由公司承担,也就是得由股东分摊。这些都是对该行业的不利因素,可能导致公司的利润下降,最终结果是股东的分红要缩水了。

2. 分析公用设施行业主要考量因素有哪些?

分析公用设施行业时不能只考虑红利收益率,而是要从宏观、微观及公司的红利

历史等不同角度作全方位的分析比较,综合考量。

(1) 宏观面

• 利息

公用设施行业因为需要庞大的营运资金,通常都是借债很高,属于利息敏感型行业。我们可以从两个角度分析利息对该行业的影响:一是从行业的角度分析利息变化对其收入的影响;另一是从固定收益型投资人的角度看利息变化对公用设施行业投资优势的影响。

从行业的角度看:如果央行提高利息,对公用设施类行业绝对不是好事,因为它们的借贷成本会增加,要拿出更多的收入去支付利息,能够保留下来的利润也相应减少,股东们的分红可能要被调低。但是当央行调低利息时,对该行业是极为有利的,公司借贷的成本下降,也就意味着利润增加了,股东也就可能分得更多的红利。

从投资人的角度看:红利型投资人追求的是固定收益回报,当央行调高利息时,市场上其他利息收入型产品,如定存、国债、地方债等所支付的利息也随之提高,而这类资产的风险却比公用设施类股低得多,公用设施类股的竞争力下降。反之,如果利息被调低后,定存、国债、地方债等其他利息收益型产品的利息收入也下降,投资人不再对这类资产感兴趣,而是将资金投入到红利型的公用设施类股上,希望获得更高的投资收益。

• 经济成长

虽然公用设施属于非经济周期行业,但不等于说经济成长的好坏对其没有丝毫影响。实际上,客户对电力等的需求随经济的扩张与收缩而增多或减少,但煤气水电毕竟与个人生活和企业活动紧密相关,不管经济好或不好,基本的需求是不会少的,只是在经济成长时,百业兴旺,用电用气量也大幅提高;经济不景气时,从个人到各行各业都在缩减开支,用电用气量也相应下降。

• 人口趋势

人口趋势的变化也同样影响公用设施公司,人口大幅增加,对产品需求自然增加;相反,人口数量呈下降之势时,产品消耗也随之减少。

• 新屋开工

新屋开工增加,意味着煤气水电公司的新客户将增加,每一栋新房子都得配备这些必需的设施,人们迁居新所,人口数量增加,煤气水电的使用量也增多。

• 气候变化的影响

持续高于历史平均的高温或低温等极端气候变化会影响市场对公用设施公司产品的需求,夏季持续高温,空调使用增加,用电需求将大增;如果夏季异常清凉,不用说,电力公司的老总也感觉到心凉了。

（2）微观面

● 服务区域

分析公司服务所涵盖的地区,了解该地区的经济发展情况,以判断产品的需求量,如果公司所服务的地区人口密集,公司也易获得客户。如果该地区经济繁荣,会吸引人口迁徙至此,居民增加,需求增加,所以要密切关注企业所在地的经济发展状况及未来该地区的前景。

● 用户结构

通过剖析公司用户的组成结构,看商业客户和居民客户的比例,我们不喜欢看到公司的收入集中在一家或几家大型企业客户身上,因为这些大客户都是竞争对手们希望争取的对象,大客户的丢失会影响公司的盈利。所以,我们更喜欢客户群比较分散、以居民用户为主、大客户生意占公司整体收入比重不要太高的公司。

● 公司的竞争性

要尽可能投资生产成本低、效率高的企业,这样才能在宏观环境不利的情况下,仍能够维持正常运行,保证红利派发。

● 经营策略

公用设施公司的主营业务是提供水、电、煤气,如果管理层不务正业,大力扩展非核心业务,这对股东来说不是好事。因为公司会将利润投入到这些业务上,投资结果姑且不论,股东的红利收益受到威胁是一定的。所以,我们应该选择完全投入本职业务的公用设施公司。

● 燃料多元化

天然气、石油、煤等是电力公司发电的主要燃料,而它们本身也都是期货商品,所以价格波动较大。我们希望电力公司的燃料多元化,石油、天然气、煤、核能、水能、太阳能及风能等等,这样就可以避免因某种燃料价格的大幅上涨而导致成本大幅增加,从而影响利润。

● 公司债务比例

公司债务偏高是公用设施行业的普遍现象,但借债也不能过重,特别是不能比行业平均水平高太多。在利息攀升时,债务高的公司比债务低的公司波动更大,因为其借债负担也更重。

（二）不动产投资信托——不拥有块砖片瓦也能获得高收益的房地产分红

世界上第一只不动产投资信托于 1960 年在美国诞生,时任美国总统艾森豪威尔签署了美国第一部不动产信托法规《1960 年不动产投资信托法》,该法令的签署使大众投资人能享受专业的不动产投资管理服务,在投资选择上更多元,为散户投资大资金的商业地产提供便捷之门。现在,不动产信托因其所享受的特殊税收优惠,已经成为最主要的高收益型投资工具,特别是在低利息环境下,更为投资人青睐。

不动产投资信托公司必须符合以下条件：

（1）信托每年毛收入的 75% 需来自房地产相关的收入，比如租金收入等；

（2）信托总资产的 75% 必须用于房地产的投资，如投资地产或房产抵押贷款等；

（3）净利润的 90% 要派发给投资者，符合这一标准，公司可以免除营业收入所得税和资本利得税；

（4）至少有 100 个股东，必须符合 5/50 规则，即 5 个或 5 个以下的投资者不得直接或间接持有 50% 以上的股票或受益凭证。

不动产投资信托的运作形式类似共同基金，就是将投资人的资金集中在一起，由专业的房地产投资公司代为投资，共同基金以投资股票、债券或者期货等资产为主，房地产投资信托所投资的对象是房地产和相关业务，比如公寓楼、商业楼宇、物业管理和抵押贷款等等，大部分收入来源于房地产租金、抵押贷款利息或出售房地产的收益。但是，在交易形式上，不动产投资信托比共同基金灵活，它可以在二级市场自由买卖，可以卖空，也有期权交易。

1. 不动产投资信托的多种类型

不动产行业是个比较广泛的行业，不只是简单的房子买卖和出租，如果从投资的方式看可分为直接投资和间接投资；根据信托拥有人类别不同可分为传统型信托、伞形合伙不动产投资信托（Umbrella Partnership REIT 或 UPREIT）和嫁接合伙不动产投资信托（Down REIT）；根据投资的不动产市场类别分为：写字楼信托、工业用地信托、民宅信托、商场用地信托等等。

（1）按投资的方式分类

● 权益式信托：信托直接投资地产，如房地产开发、楼宇出租及物业管理等。

● 抵押式信托：信托不直接从事地产开发或物业管理，而是将资金借给地产开发商或运作者，或是投资房地产抵押债券。

（2）按信托拥有人结构分类

● 传统型信托：信托直接拥有资产。

● 伞形合伙不动产信托：是不动产信托与其他地产拥有人一起成立的不动产信托运作合伙人公司（Operating Partnership），不动产信托是普通合伙人以现金出资，地产拥有者是限制性合伙人以不动产出资。

● 嫁接合伙不动产信托：与伞形合伙不动产信托不同，不动产信托本身直接拥有不动产，其他投资人可以用其所拥有的房地产作为投资，入股不动产信托，获得相应的股份。

（3）按所投资的不动产市场分类

● 写字楼不动产信托：拥有写字楼出租给企业，一般租约期限是一年，大多数都是几年的长期合约。经济成长，就业市场红火，写字楼出租生意也红火，因为公司扩大雇人，就需要更多的工作空间给新增员工。反之，经济疲软，公司裁员，也相应缩小办公室规模，写字楼出租就不太容易了。

- 工业用地不动产信托：投资者主要侧重以仓库型产业为主，投资制造业厂房的较少。

- 民宅不动产信托：投资公寓楼出租，人口增长和就业市场改善都有利于民宅不动产信托；利息下降却不利于公寓楼出租，因为贷款利率下降，买房子可能比租房子更划算。租约一般是一年，也有月租等其他时间形式。

- 零售业不动产信托：主要投资商店、购物中心等地产。消费者需求强劲，开支增加，零售商需要扩大销售店面，开更多的商店，零售业房地产信托的收入增加。但如果情形相反，消费者捂紧荷包，商家就得关门，偌大的购物中心里，只有寥寥几家商店开业，零售业房地产信托遇上寒冬，这就是2008年金融危机时的写照。

- 旅馆不动产信托：投资酒店度假村等产业。商务公出和私人旅行是旅馆客房收入的两大来源，经济好时，企业的商务活动频繁，个人旅游也增多，旅馆收入增加。而当经济欠佳时，企业开始缩减开支，个人也减少花销，旅馆酒店收入下降。

- 健康医护中心不动产信托：所投资的房地产主要用于开办医院或是康复中心等，人口老龄化，医保福利等是决定这类房地产信托收入好坏的主要因素。

- 个人储物中心不动产信托：房地产主要用于经营个人物品存放中心，将储物间出租给个人。

- 林场不动产信托：其地产用于种植树木、加工木材，房地产市场强劲，对木材等建筑材料需求强劲，有利于这类信托。

2. 不动产信托的主要特点

不动产信托具有红利高、投资简便、易交易的优势：

- 红利发放率高

不动产信托公司必须将收入的90％以红利的形式分给股东，当然，如果公司效益好，管理层愿意更多地回馈股东，也可以提高红利发放率，比如将收入的95％给股东分红，但是绝对不能调低红利发放率。高红利发放率也意味着该行业的平均红利收益率可能比其他行业高。

- 投资房地产的捷径

你不需要自己去研究房地产市场，寻找投资目标，因为不动产信托公司的专业管理者会替你做功课。你也不需要担心可用在房地产投资上的资金不足，不动产信托不需要庞大的投资资金也没有最低的投资额要求。

- 易流通性

不动产信托可以随时在股票市场上买卖，交易的完成只需要几秒钟；但如果你想把一栋房子在市场上卖出，可就没这么容易了。

当然,不动产信托也没有铜墙铁壁,也会受到许多不可避免的负面因素的影响:

● 地产市场下行风险

不动产信托主营业务是地产买卖和出租,如果房地产市场欠佳,地产市价下滑,或出租率下降,空房率上升,都会损害公司收入。

● 高红利发放率增加公司债务负担

不动产信托公司必须把收入的90%以上拿来发红利,如果管理层想增加地产项目的投资,可能需要借债投资,从而增加公司的债务比例,进而增加红利型投资人的风险。

● 利息的不利影响

利息提高,不仅增加公司借债的成本,影响到收入;也使债券等同类资产的竞争力增强,投资人可能分流资金到债券上。

3. 评估不动产信托公司的方法

分析不动产信托公司要从信托公司的经营项目、业务所在的地理位置及公司租约、营运现金流等方面着手。

● 经营项目

前面介绍过房地产公司投资的房地产项目多种多样,受经济的影响各不相同,所以分析不动产信托公司首先要知道它的经营项目,是公司写字楼还是购物中心,是工业厂房还是居民住宅。知道了公司经营业务,才能知道其收入来源和影响公司利润和红利的主要因素。

● 地域分散

地理位置是房地产投资的关键所在。分析不动产信托公司所拥有的地产主要分布在哪些地区,是集中在一个地区,还是分散在多个区域。若只在某一地区,那么该公司的经营取决于该地区的经济发展;如果公司拥有的地产分布在不同地区,公司的经营收益受单一地区经济形势的影响较小。另一方面,公司拥有的房地产所在区域是供应紧缺的地区,还是很容易进入的市场。北京、上海、纽约、洛杉矶等人口密集的大都市房地产价格都较昂贵,因为土地有限,房屋价格用寸土寸金衡量也不为过,但是在地域宽广、人口稀少的地区,土地资源较易获得,房价也相对便宜。

● 租约条款

公司的租约何时到期?租约的条款如何?现在市场的租金比已签约的出租价钱是高还是低?如果在租约价格上涨时,公司有大量租约即将到期,这对公司来说是好事,因为新的租约可以更高的价格租出。公司的出租使用率是否有上升的趋势?短期租约有利于公司调高租金,但是旧租户到期后,需要有新租客补上,否则就出现空屋期;租金上涨,使用率增加,是房地产信托投资人所希望的。

● 经济成长

国内生产总值(GDP)反映经济活动情况,GDP 成长率变化反映经济是成长还是衰退。经济成长时,对写字楼、工业用地和购物中心等类别房地产需求强劲。

- 利息

央行根据经济形势强弱决定利息政策,经济成长缓慢时,央行通常会通过降息等宽松的货币政策刺激经济;而当经济快速成长、出现过热现象时,为抑制通货膨胀,央行一般会采取加息等措施收紧市场上的货币量。不动产信托是对利息非常敏感的行业,要具体问题具体分析,加息对工业、零售和办公楼等类型的不动产信托基金不利,因为加息将使经济成长减缓,使它们的客户减少。降息可能给民宅不动产信托带来负面影响,因为低利息会吸引更多的人去买房子,而冲击了房屋出租市场。

- 失业率

失业率高低对写字楼不动产信托影响较大,失业率低,说明公司不断在雇人,也就需要扩大办公场所;失业率增高,公司大幅裁员后,办公室租用率也随之下降。

- 零售销售

零售销售强劲,商家需要多开店面,对店铺的需求增加;如果零售业不景气,商家可能关门结业,对店铺的需求也相应下降。

- 住宅建造

新屋开工增加,未来新屋市场的供给也将增多,在美国,一家庭结构的房屋多是自住,多家庭结构的房屋则多用于出租,如果多家庭房屋供应量增加,那么房屋出租市场的竞争性也更剧烈,民宅不动产信托公司要留住租客或提高租金会有一定难度。

- 空房率

空房率是未租出的房屋数量与总房屋数的比值,它衡量房屋出租市场的健康度如何,空屋率高说明出租市场疲软,房东需要通过降低租金或其他促销策略吸引租客。

（三）生产日用消费品的公司也会派发很高的红利

不管经济形势如何,人们总得要吃饭,要刷牙洗脸,烟民们也不会因经济不景气就戒烟。因为这些都是人们生活必需品,而且也都是易消耗的产品。日用消费品行业和公用设施行业一样,也是受经济周期影响较小的非经济周期行业,市场对日用消费品的需求相对稳定,而产品供应也比较平稳,市场的需求能力比较容易估计,而且用于生产产品的原材料供应也很充足。因此,日用消费品公司一般是生意平稳、收入稳定的成熟型公司,而这些也正是红利型公司所具备的特点。

我们在定性分析红利型日用消费品行业和公司时,通常要从以下各方面入手:

1. 宏观面

- 经济成长

日用消费品行业受经济成长或是衰退的影响较小,无论经济是温是火,是冷是热,日常生活所必要的吃穿用度是不可缺少的。

- 消费周期

日用消费品行业不受消费者的消费周期影响,经济不好时,消费者收入下降,囊中羞涩,消费者缺乏信心,通常不会也没有条件去花钱换辆好车、买一套豪华的音响系统,或是到山村海岛去休闲度假;但是,不管消费者能支配的钱有多少,一日三餐绝对不能少,个人清洁用品也不能缺,这类钱是不能省的。

- 利率

利率对红利型的日用消费品类股的影响与对公用设施类股的影响相似,利率上涨时,其他固定收益型资产的收益增高,日用消费品类股的竞争力下降,投资人将资金从日用消费品行业撤出,转入其他固定收益型资产。反过来,当利率下降时,日用消费品类股对投资人又具吸引力了,资金再转回来。

- 通货膨胀

通货膨胀率上涨侵蚀日用消费品行业的利润,该行业需要大量的原材料,当通货膨胀率上升时,说明产品价格上涨,其原料成本增加,如果不能将物价上涨转嫁给消费者,公司的利润会下降;如果将价格上涨转嫁到消费者身上,成品售价提高,超过了消费者的购买能力,消费者可能减少购买或寻找低价位的其他同类产品,公司的销售下降同样影响到利润。

- 国际市场

在全球一体化下,大型企业纷纷向海外发展,增加世界市场份额可以扩大产品销售这是好事。但凡事有利必有弊,国际贸易涉及外汇结算,外汇汇率波动影响到公司的利润。比如,本国货币对美元很坚挺,产品价格在国际市场上失去竞争力,其出口利润将受影响。而美元过于强劲,对美国的大型跨国公司会造成伤害,这些公司在海外的利润会被汇率差所侵蚀。

2. 微观面

(1) 从消费者的角度分析

消费者都很精明,购买物美价廉的商品始终是大多数消费者追求的目标,对于大多数人来说,品牌不是第一位的,价格是最主要的,与其说消费者忠于品牌,不如说他们更忠于价格。所以,能为消费者提供质优价廉产品的公司才会拥有广大的客户基础,也是其盈利的保证。

(2) 从公司的角度分析

- 公司的市场份额

在同类产品中,该公司的产品是否占有一定的市场,这关键看其产品的知名度有多高,也就是它的品牌有多强。家乐氏(Kellogg)的谷类早餐和各种零食全球闻名,吉列剃须刀占有世界近七成的市场,全球每天喝可乐的人接近 20 亿。品牌是产品质量的代名词,公司品牌的强弱决定其所拥有的市场份额,强大的市场份额说明公司比其他同行更有竞争力。

- 成本与价格

大多数日用消费品的生产原料都是大宗商品,要分析公司在采购原材料时有没有议价的主动权,能否争取到最低原料进价;公司的原料产品是不是稀缺产品,难以替代,这类产品如果价格上涨,公司是否别无选择,只能被动接受,成本难以掌控。所以,能够有效地控制原材料成本就等于提高产品的利润。对于制成品的销售价格,我们既不喜欢看到公司为竞争而削价销售,也不希望公司因为进货成本增加而涨价,因为这两种情形都影响公司的利润,而只有成本控制得当,终极产品价格稳定或有上涨空间,才能保证公司的净利润。

- 管理层的策略和效率

食品、饮料、清洁用品等日用消费品都大同小异,所以公司的销售会不会成长,全看管理层是否有正确的策略。日用消费品公司大多是成熟的企业,但不是说就不要求公司继续成长,一般而言,这类公司的成长率是通货膨胀率的二至三倍。营运利润率(Operating Margin)是分析这类公司成长的重要指标,其计算公式是:

$$营运利润率＝营运收入÷净销售额$$

公司可以采用在不增加额外成本的基础上推出新产品或者提高现有产品的价值等策略,提高其营运利润率。在分析公司的营运利润率时,要研究其成长是得益于产品卖得多了,还是因为销售价格提高但销售量下降,我们当然不希望看到后者。

- 其他考量因素

公司是否有创新,其市场竞争壁垒是否很高,而使其他公司不易介入;公司的产品是否不易被替代。

(四)电信服务公司同样是高红利型的投资

现在的电信服务公司已经不是原来单纯提供电话服务的公司,随着通信业的不断发展进步,电信服务公司包括有线电话、手机、网络、有线电视等综合电信业务。

分析电信服务公司最主要的一项是客户增长潜力,如果越来越多的用户使用其服务,公司盈利增加,股东就可能获得较高的红利。但现在科技发展迅猛,电信服务公司所面临的压力越来越大,投资电信业的风险性比以前有所增加。

评估分析电信服务公司时,我们多从以下主要因素来分析:

(1)市场渗透率

通过分析市场渗透率,我们可以知道电信公司已经拥有的市场份额和其未来的市场成长潜力。市场渗透率的计算方法是:

$$市场渗透率＝现有客户÷潜在客户总数(或总人口)×100\%$$

（2）新用户成长潜力

客户有没有成长决定公司未来的盈利收入会不会增加，客户成长潜力是投资人非常关注的数字，电信公司在每个季度的盈利业绩报告中都要公布公司的用户是增加了还是下降了，其用户增长率的计算公式是：

新用户增长率＝该季度新增用户量÷该季度开始时的用户总量

我们当然希望看到新用户增长率呈上涨之势，说明公司未来收入将会增加；但如果新用户增长率持平，甚至出现下降，就不是理想的选择目标了，因为其未来收入难以增加，可能会影响到红利分配。

（3）老用户的忠诚度

分析老客户的忠诚度主要是衡量客户的稳定性。电信公司之间竞争激烈，为延揽客户，公司都会打出很多诱人的促销牌，所以用户会很轻易地就改用其他公司的服务。用户遗失率可以反映电信公司在每个月里客户流失的情况，其计算公式是：

用户流失率＝该月取消服务的用户数量÷该月的用户总量×100％

该数字当然是越低越好，数值低说明公司客户损失得少。

（4）客户净增加率

客户来，客户走，电信市场是个竞争较为激烈的市场。如果公司一个月增加了2万新客户，但有3万个客户转到其他电信公司，实际上公司客户并没有增长，而是减少了1万个客户。所以，电信公司如果要维持成长，它的新用户增长率必须要高于用户流失率，也就是公司的客户是净增加的。

（5）用户花费情况

能留住用户和吸引到更多新的用户固然是好事，但这些还不能完全反映出公司的经营情况是否强劲，还要看看从每个用户身上能获得多少收入。通常以"每位用户平均营收"来衡量，一般是与行业平均值比较。我们很乐意看到这一数字在增加，更希望看到它比行业的平均值高，如果公司的用户增加，用户的平均营收也在增多并高于行业水平，说明该公司的营收不仅会增加，而且会比其他同行高。

（6）财务状况健康度

电信公司需要维护和更新其通讯系统，通常也是债台高筑的行业，但我们不希望所投资的公司债务太高，因为太高的债务意味着公司能留下来发给股东红利的现金不多。一般而言，负债股权比率（Debt-to-Equity Ratio）为1以下还算比较理想，若比率过高，风险也相应增高。自由现金流是判断公司能否保持发放红利的一个重要指标，公司若要能保证股东分得红利，其自由现金流就必须足够多，完全能够支付借债的利息和股东的红利。如果公司的自由现金流是其应付债务利息的两倍，公司就应该有足够的资金给股东分红；如果自由现金流还不够用于支付利息的，那股东的分红也就没指望了。

(7) 公司服务地区的人口趋势

公司业务涵盖的地区人口呈增长趋势,获得潜在客户的可能性更多,如果服务地区人口逐渐减少,公司获得新客户的机会也下降了,也就会威胁到公司的销售收入。

除了上述因素外,在选择电信公司时,还要注意行业之间的兼并,电信业是个薄利多销的行业,通过兼并收购不仅可以降低成本,同时分食大饼的人少了,公司也就可以涨价了。

(五) 业主有限合伙人公司(MLPs)——能源业的高红利型公司

1. 业主有限合伙人公司的结构与历史

业主有限合伙人公司(Master Limited Partnerships,简称 MLP)属于高红利型的投资,这是由它的公司结构所决定的。业主有限合伙人公司是在证券交易所公开交易的有限合伙人公司,其普通合伙人负责公司的管理运作,根据公司的盈利情况获得酬劳;限制性合伙人为出资方,定期获得分红,出资人可以是个人,也可以是团体。

业主有限合伙人公司必须符合两个条件:第一,收入来自利息、红利、出售不动产所得,地产出租、期货投资所得或与石油、天然气及矿产资源开采相关的营收;第二,必须将至少90%的收入分发给限制性合伙人。

业主有限合伙人公司虽然和股票一样可以在二级市场上随意买卖,但与上市的股份制公司不同之处在于:业主有限合伙人公司的投资者是公司的限制性合伙人,承担限制性责任,对公司的管理没有话语权;除了分红高,投资人喜爱它的另一个主要原因是其在所得税上的优惠,合伙人公司不需要缴纳公司所得税,而是将收入直接转移给其合伙人,由合伙人自己上缴个人所得税。股票投资人持有股份制公司的股票,是公司的股东,不承担公司的责任,对公司管理有话语权。而股份制公司的收入要缴纳公司所得税,税后的利润分发给股东后,股东还要再报个人所得税,形成双重纳税。

美国第一家业主有限合伙人公司是 1981 年石油开采公司阿帕奇(Apache Corporation,APC)成立的;后来这一公司结构形式越来越流行,旅馆、有线电视等各个行业都出现了业主有限合伙人公司,此形式甚至被一些职业篮球队所采用。

2. 能源产业链中游的业主有限合伙人公司

业主有限合伙人形式在能源产业链的中游行业极为普遍,以经营石油、天然气的运输和储存相关业务为主。这类行业与石油开采和冶炼公司有一个本质的区别:石油天然气开采公司开采的是油和气,卖的是石油和天然气及相关产品,因此受原油和天然气价格波动影响非常大,利润与原油价格息息相关。但运输和储存相关公司并不涉及与油价直接关系的业务,而是投资石油、天然气的运输和储存设施,不管油价如何波动,采出的石油总要有储藏的地方,也得有运送的设施,因此它们的业务受油价的影响不是太大。经营石油管道运输、石油储存中心或终端站一般都需要投资地产等硬资产,所以大多采取合伙人公司的形式。现在越来越多的石油开采与生产商也开始将公司从股份制转向合伙人制形式,以避免双重纳税,但是他们的业务与原油价格密切相关,不是理想的红利型投资选择,所以我们对这类公司不多作介绍,而是将重点放在研究能源业中游产业链的业主有限合伙人公司及如何分析该行业和相关公司。

石油、天然气运输储存行业的公司分类

提供石油、天然气运输和储存的业主有限合伙人公司的业务模式大部分是按服务收费,所以与石油天然气期货价格的波动没有太大太直接的关系。按照公司所提供的服务不同,可分为以下几种类型:

- 石油、天然气采集公司

用4至6英寸的管道将石油或天然气从油井中采集到主输油管道,或作进一步处理。

- 天然气处理

将天然气中的水分、二氧化碳、氢化硫等可能会损害输送管道的杂质清除掉,使天然气达到适运标准。

- 天然气蒸馏

将乙烷、丁烷、异丁烷、丙烷及天然汽油等物质从液态天然气中蒸馏分离出来,这些物质都有其特殊用途,可用作化工原料或燃料等。

- 管道运输

管道运输是一张巨大的网络,将采集好的天然气,液体天然气,原油及石油冶炼品如柴油、汽油和飞机用燃料油的产品从产地输送给用户。管道运输大多是签订固定的按服务收费的合同,所以现金流相对稳定。

- 铁路运输

火车也可以用于运送石油,根据运载量和运输距离,按车皮收费。

- 石油码头

终端站主要是接收原油或是成品油,分内河码头和海运港口,内河码头是产品的接收和转运站,海运港口接收管道或油轮运送的原油或成品油产品。

- 储存场地

石油和天然气是重要的工业原料,也是交易活跃的期货商品,价格波动较大,囤积石油待价而沽的投机商需要场地存放石油。通常原油和成品油储存设施在地上,天然气的存储设备都在地下。

总而言之,石油和天然气的运输与储存业务的收入一般都相对稳定,但因业务侧重不同,收入的稳定性还是有差别的,管道运输公司的现金流最稳定,天然气处理公司的现金流最易波动,下表3-14是将能源产业链中游行业的公司类别依据现金流的稳定性从高到低排列,并列出了各类业务的合同期限,收入类型,与油、气期货价格的相关性及其客户群。

表 3‑14　能源产业链中游公司现金流稳定性排列表

公司业务类型	合约期限	收入方式	与石油、天然气期货价格相关性	客　户　群	现金流稳定性
天然气管道运输	10 年以上	租赁费，照付不议	很小	天然气批发商，煤气、电力公司等等	最高
原油管道运输	5 至 10 年，或更长	租赁费，计量收费	很小	冶炼商、开采加工商、金融公司	
储存场地	3 至 5 年	租赁费，计量收费	很小	公用设施公司、营销商	
冶炼产品管道运输	1 至 5 年	租赁费，计量收费	很小	冶炼商、营销商	
液态天然气管道运输	1 至 5 年	租赁费，计量收费	很小	石化公司、开采加工商	
石油、天然气采集公司	月租或长期租约	租赁费，计量收费	很小	石油、天然气开采加工商	
天然气蒸馏	大多为短期合约，长期合约渐成趋势	按服务收费，照付不议	很小	天然气开采加工商	
铁路运输	1 至 5 年	按运输距离收费	很小	石油开采商、冶炼商	
石油码头	1 至 3 年	计量收费，其他服务费	很小	石油开采商、冶炼商	
天然气处理	月租或长期租约	按服务收费，或与天然气价格挂钩	与天然气价格有一定相关性	天然气开采商	最低

3. 如何分析能源产业链中游环节的储存运输公司？

运输储存这类能源产业链上的中游企业提供设施和服务，收取服务费，大部分公司的收费是按量收费，比如按照运输的数量、加工的数量或储存的数量等，这类收费方式与石油和天然气期货市场的价格波动无关，而是与提供的服务数量有关。但有一些公司是按照产品售价收费，其收入自然有受期货价格影响的风险。所以在分析时，我们要了解其收入的方式是什么，与其相关的风险性是什么？

（1）影响公司收入的风险

● 收入受油价、天然气价格的影响

天然气处理公司的收费方式有两大类：一是按照服务收费，根据所处理的天然气数量收费，这与期货价格波动无关；另一类是，与天然气和液体天然气的价格相关，比如按照处理好的天然气的销售额的百分比收费，很明显这与天然气价格挂钩，天然气价格上涨,公司的收入就增加,当然,天然气价格下跌时,公司的收入也就缩水了。大多数天然气处理公司是采用两大类收费混合型的收费方式。

提供石油天然气储存场地的公司如果囤积的石油天然气是公司自营交易的,其收入与油、气的期货价格有联系,与其他中游的服务公司相比,其收入受期货价格波动的影响较大,因此通常会出售远期合约,以维持账面平衡,降低风险。

- 收入受产品数量的影响

石油、天然气采集和石油、成品油及液态天然气管道运输一般都是计量收费,与石油、天然气的期货价格相关度很低,收入高低取决于采集量和运输量的多少,但其服务合同不像天然气管道运输合同,有"照付不议"条款的保护,也就是如果运输量不足,也要按照合同规定付费,所以如果石油或成品油采集量和运输量下降,收入也相应减少。为第三方提供石油储存场地的公司也是按数量计费的,如果存放量下降,收入也自然下降。

(2)其他考量因素

- 经济环境:石油和天然气既是重要的燃料,也是非常重要的基础原料,与经济密切相关,经济不景气时,需求自然疲软,最终也将影响到公司的利润。

- 债务:业主有限合伙人公司的资本结构一般是债务与股本各占一半,如果债务的砝码加重,就可能影响现金流,最终影响到红利的发放。

第三步:纵横比较选择进出场时机

我们在定量分析环节中用条件筛选选出 100 只符合标准的红利型股票,再通过排序打分初选出 20 只综合分数最高的,而后通过定性分析从 20 只股票中精选出 10 只最理想的投资目标。现在,我们要考虑的是如何买进这些公司。不管是什么类型的投资人,买股票都讲究进场时机。对于红利型股票的进场方法,我们不研究市场趋势和时机选择,而是用纵横比较法来确定进场时机。什么是纵横比较法呢?横向比较,看公司的红利收益率相对于市场平均红利收益率的表现,将那些相对市场红利率低的股票剔除;纵向比较,看公司历史上其红利收益率的范围,在其处于红利收益率高的区间买入,红利收益率低的区间卖出。

- 横向比较

有比较才有选择,我们将所选定的股票的红利收益率与市场平均红利收益率作横向比较的目的是要确定该公司的红利收益水平是不是优于市场。我们知道,红利收益率与股价成反比,当市场大幅上涨时,大部分股票也都随行就市地走高,红利收益率也相应降低。如果市场的平均红利收益率是 4.5%,股票甲的红利收益率是 3.9%,若单纯从红利收益率来看,股票甲 3.9% 的红利收益率也不错,但却比市场的平均红利率低,所以,它不应成为红利型投资人的选择,为了更好地选出高于市场平均红利收益率的股票,我们引入相对红利收益率的概念。

相对红利收益率是股票红利收益率与市场红利收益率的比值,相对红利收益率为100％时,说明公司的红利收益率和大市的红利收益率一样;如果相对红利收益率大于100％,表明公司的红利收益率高于市场红利收益率;若相对红利收益率小于100％,说明公司的红利收益率低于市场的平均红利收益率。我们的标准是公司的红利收益率不仅要高于市场,而且要是市场的1.2倍以上,即相对红利收益率要大于120％。我们将10只最理想的投资目标用相对红利收益率法加以计算,筛选出相对红利收益率高于120％的公司,作进一步的纵向比较。

　　● 纵向比较

　　横向筛选后,我们再对这些相对市场红利收益率大于120％的公司作纵向比较,分析其红利收益率在历史高、中、低的区间范围,争取在其处于红利收益率高的区间买入,红利收益率低的区间卖出,这就是我们纵向比较的目的所在。

　　红利收益率与红利成正比,与股价成反比。如果股价的红利收益率很高,股价相对较低,则该股具有投资的潜力。当然,有时候过低的股价和相对应的高红利是因为公司基本面存在严重的问题而造成的,但是我们可以不必考虑这层因素,因为在定量初选和定性分析的环节中,已经将存在这些问题的可能性排除在外了,所以,可以放心大胆地根据红利收益率与股价的相互关系择机进场。我们在前文提到过大多数红利型行业和公司都受经济周期的影响较小,但受影响小,不等于没有影响,经济衰退时,都多多少少会受到冲击,引起股价的波动。所以,我们在纵向比较,研究公司的红利收益率历史与股价表现时,要往回倒看20至30年的时间。每行每业每个公司都有自己的红利收益率的高峰低谷,红利收益率和股价都不可能有统一的最高和最低值,如果我们人为地定一个高红利收益率的最低值标准,比如3％,当大牛市时,所有的股票都随着牛市水涨船高,红利型股票也不例外,这样整个市场的红利率就偏低,能达到3％的红利率的股票凤毛麟角;反之,当熊市时股价普遍偏低,3％以上的红利收益率比比皆是,这个标准也没有任何意义。所以说,最好的方法还是看看该公司历史上红利发放的范围,将该范围分成高、中、低三个区间,比如某公司在过去30年的红利收益率范围是3.0％到6.0％,其高红利收益率区是5.0％到6.0％,中红利收益率区是4.0％到5.0％,低红利收益率区是3.0％到4.0％。根据红利收益率与股价成反比的原理,当红利收益率处于高位区时,股票的价格应该在其历史的低位的范围,估值也相对较低,是进场的好时机。同理,当红利收益率处于低位区时,股票的价格应该在其历史的高位的范围,估值也相对较高,是出场的好时机。这就是我们纵向比较的理论依据。

　　下图3-8是饮水思源自来水公司的股票30年的红利收益率和股价表现,实线曲线是该公司的股价走势,虚线曲线是其红利收益率。该公司的红利收益率范围是3.5％到5％之间,当红利收益率升至4.5％到5％的区间范围时,股价在35到40之间,是较好的进场区间;当红利收益率在3.5％到4％的区间范围时,股价在46到51之间,是较好的出场区间。

　　我们将锁定的红利收益率处在历史高位范围内的股票作为最终的投资目标。当

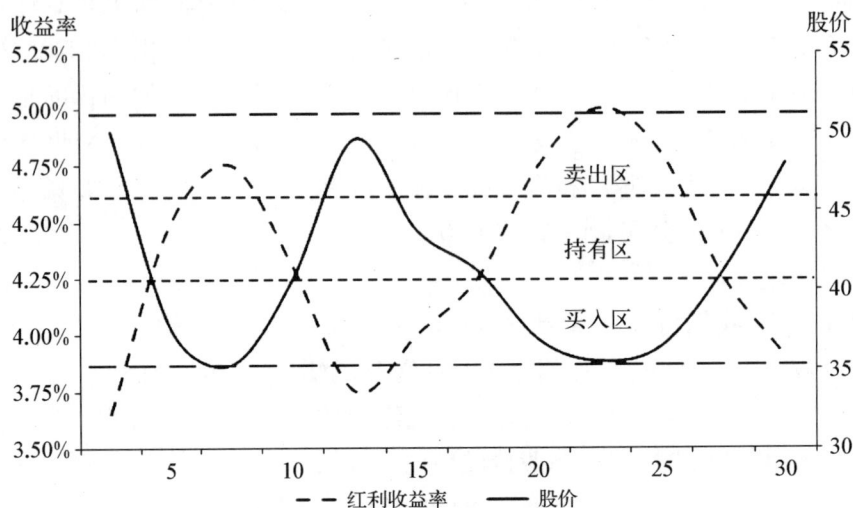

图 3 - 8　红利收益率与股价

这些股票在其良好的基本面和健康的行业驱动力的推动下,股价不断上涨,红利收益率跌至历史的低位范围时,是我们该考虑获利了结,寻找新的投资机会的时候。

附录:红利型股票相关的基本知识

涉及公司分红的重要日期

公司向股东派发红利并不是法律所约束的行为,而是取决于公司的意愿。对于上市公司而言,发红利也不能想到哪儿做到哪儿,今天想起了该给股东分点儿钱,就立马分红。派发红利由公司董事会决定,大多数上市公司都是选择按季度发放红利。但公司的股票在二级市场公开买卖,投资人今天买明天卖,所以,公司在宣布发放红利时,既要明确派发的钱数,也要明确什么时候成为公司的股东才能获得红利,以及真正派发红利的时间,这就涉及一系列的日期,对于想要参与公司分红的投资人来说,一定要搞清楚每个日期的含义,才能更好地维护作为股东享有的分红权。以美国股市为例,通常涉及分红的主要日期包括:

• 派息宣布日(Day of Declaration):公司董事会宣布下次派发红利的公告日期,公告的内容包括派息的金额、派发的日期、股本登记日(Date of Record)等。

• 交易日与交割日:交易日是你买进股票的日子,但是,买进股票的当日,你还不是真正意义上的股东,必须等到钱(买股票的钱)、票(股票)两清后,你的名字才能记录在案,成为真正的股东,这一天称作交割日。在美国,股票买卖的交割时间是三个交易日。

• 股本登记日(Date of Record):这是股东能够获得最新宣布的红利的最后股本登记日,比如说,公司宣布于 3 月 16 日派发季度红利,每股红利 1.25 美元,2 月 27 日登记在册的股东均可获得红利。2 月 27 日是可获得红利的股本登记日，若想获得 3 月 16 日的红利，按照美国的交割方式，你最晚应该提前三个交易日买入，以保证在 2 月 27 日完成交割登记在册。如果你在登记日的前一天 2 月 26 日买进该公司股票，对不起，你拿不到 3 月 16 日公司派发的红利，因为你的交割日是在规定的股本登记日 2 月 27 日之后。

● 除息日（Ex-Dividend Date）：除息日决定了什么时候买进或卖出股票可以获得红利。对于买入股票的人来说，如果在除息日之前买入该股，则可以获得此次分红，如果在除息日当日或之后买入该股，则不能参与此次分红。而对于卖出股票的人来说，在除息日之前卖出，则意味着放弃此次分红，但如果在除息日当日或之后卖出该股，则可获得此次红利。除息日时，股价会根据所发的红利金额调整。比如，此次红利为 1 美元，股价除息日前一个交易日的收盘价是 80 美元，除息日开盘时股价要下调 1 美元，前一日的收盘价应从 80 美元调到 79 美元。

在全球化的今天，投资人的组合中会持有各国的股票，关于分红的重要日期，虽然理念是相似的，但各国的具体规定不同，投资人在作投资决定之前，要具体情况具体对待。

第四节　成长前景堪忧型——背离卖空投资法

提到卖空，人们总是将其与投机联想在一起，甚至将股市的大跌归罪于卖空者，而熟知卖空做法的人都知道对卖空者如此定位是有失公允的。世界上所有发达的金融市场都允许卖空，足以说明卖空的存在对金融市场是利大于弊。

为空头者正名

1. 卖空者是打假和去泡沫的先驱

有人说卖空者都是恶意的，这种说法有欠妥当。世上没有无缘无故的爱，也没有无缘无故的恨，卖空者都"欺软怕硬"，如果不是所选择的卖空对象自身有问题，他们不会以身犯险去卖空，因为卖空的利润有限，而风险却没有封顶（我们在后文中解释）。所以，一家基本面超好、股价走势强劲的公司完全无需担心会被空头客盯上。空头者通常寻求造假公司和泡沫公司作为卖空对象，而从中获利。做空的人很注重对经营不善、业绩很差、用不当手段欺骗投资人的可疑公司作深入的调查研究，使骗子公司的阴谋被曝光。当市场出现泡沫时，空头者会不断警告多头投资人，认为市场估值偏高，发出与当时牛气冲天的市场环境极不协调的声音。虽然，人们起初根本不会在意空头者的声音，但当投资人后来看到大市不妙时，才会恍然大悟地想起空头者的警告，觉悟早的，还可能会避免些损失，甚至保留部分投资盈余。

正是因为卖空者怀疑安然公司（Enron），质疑世界电讯公司（WorldCom），对威朗制药国际公司（Valeant Pharmaceuticals International）心存疑虑，才使这些公司的丑闻被公之于世，让警觉的投资者看出端倪，免受损失。卖空不是导致股市波动的原因，而那些通过弄虚作假人为抬高股价、欺骗投资人的公司，才是股市的祸水。从这个意义上说，空头是市场环境的净化器。

2. 卖空防止暴跌暴涨，降低市场的波动性

在没有卖空只能做多的单边市场中，当牛市来时，政府、上市公司及大大小小的投资人都对市场信心满满，大家一起买股票，导致市场估值与真实估值相比大幅偏高，投资的风险不断累积，最终引发暴跌，市场的估值也向较合理的位置回归。暴跌使投资人对市场的信心大受打击，市场进入了长时间的筑底阶段，最后又换一批新人入市，再重复一次估值从真实走向偏高的过程，不断地循环往复。但是在多头和空头同时存在的双边市场中，情形就不一样了。

在双边市场中，当市场估值偏高时，空头者会寻找机会做空打压市场，形成多空博弈、牛熊相争的局面。当空头占上风，市场开始下跌时，多头方离场，空头方利润大增，择机补仓买回股票，获利了结，市场的需求增加，从而延缓了下跌的速度和幅度。当市场见底时，估值相对偏低，多头开始买进，空头投资人要补仓，也在买进股票，空头者与多头者共同推高了市场，使市场重启上升趋势。在多空双方的共同作用下，价格始终在接近真实价值的范围内波动，很难形成像单边市场那样一边倒的上涨行情，防止了市场的大涨大跌，降低了市场的大幅波动。

3. 空头增加市场的流通性

卖空是借来股票，先卖出去，待股价下跌后，以低价买回。从这一操作流程来看，卖空没有给市场增加额外的股票供给量，但是却提高了市场的流通性。在单边市场中，当市场进入熊市时，大部分情况是买进股票就意味着赔钱，所以投资人都会少买甚至不买股票，市场的流通性大减，一片死气沉沉。双边市场中，当市场下跌时，空头者乘势出击，或套利，或对冲避险，增加了市场的流通性和活跃性。卖空给投资人在看涨做多之外多了一条看跌做空获利的途径，如果只有做多、没有做空的话，无疑像是少了一条腿。

市场上的卖空者以及其卖空的目的如下表：

表3-15 市场上的卖空者

卖空者	目的
造市商	通过卖空增加市场的流通性
套利者	发现市场价差，通过卖空套利
投机者	个人和机构投资者，根据公司价格被高估，卖空获利
对冲基金	多空并举型对冲基金的投资策略，降低投资风险

当然,卖空也有弊端,而自卖空出现后,股市史上也不乏因为卖空泛滥导致市场巨幅震荡的例子,但只要有完善的制度、严格的监控措施,卖空对股市的作用还是利大于弊,所以,发达的金融市场都允许卖空,要让卖空真正发挥积极作用,关键还在监管,千万不要因噎废食。

卖空的基本操作

卖空操作方式

卖空(Short Selling)是常规的低买高卖投资获利方式的逆向操作。常规投资是低买高卖,在价格上涨时获利,而卖空也是低买高卖,只不过是先高卖然后再低买,顺序变了一下,这样自然是在价格下跌中赚钱。卖空的基本操作程序是:投资人先向证券公司借来股票(因为手中没有持股),然后在市场上卖出去,等待股价下跌后,在市场上以较低的价位将股票买回,赚取差价。

例如,你认为亚马逊(Amazon,AMZN)股票价位偏高,在 360 美元时卖空 100 股。三个星期后,亚马逊的股价跌至每股 315 美元。你买回 100 股亚马逊股票了结此笔交易,从中获利 4 500 美元,(360−315)×100＝4 500(不计交易佣金及其他卖空相关费用),同时将 100 股亚马逊股票返还给券商完成交易(记住:卖空者是向券商借的100 股股票,而不是当时以每股 360 美元卖出 100 股股票所得的 36 000 美元)。

买进股票的交易涉及买、卖两方;卖空则涉及三方:卖空者、买方和股票出借者。卖空者向券商借来股票,在市场上卖出,叫卖空(Short Selling);然后再将卖空的股票买回还给券商,叫补空(Short Covering)。在美国,卖空只能在融资账户(Margin Account)中进行。

卖空的盈亏计算

理论上说,卖空的获利空间有限而风险无边。股票下跌时,最多也就只能跌到零,这也是卖空获利的最大上限(100％)。但卖空的损失却可能是代价惨重,因为股价的涨幅是没有上限的,可以无限制地攀升。如果股价上涨了一倍,卖空损失就是100％,股价越涨越高,卖空损失也就越来越大。

例如,以 50 美元卖空 ABC 公司 500 股,如果该公司破产,股价一文不值,获利为:

$$50×500＝25\ 000(美元)$$

但是,如果股价涨一倍,至每股 100 美元,卖空亏损为:

$$(50−100)×500＝−25\ 000(美元)$$

如果股价涨两倍,至每股 150 美元,卖空亏损为:

$$(50-150)\times500=-50\,000(美元)$$

所以说风险控制在卖空交易中非常重要。

卖空操作过程中的风险

（一）券商提前收回出借的股票的风险

一般说来，卖空交易何时了结，由卖空者自己决定。但是，偶尔也有出借股票的证券公司迫使卖空者还回所借股票的情形。为什么会发生这样的情况呢？卖空者做空前要先向证券公司借股票，而证券公司能够出借的股票有两个来源：一是在其客户融资账户中的股票（美国证券委员会规定券商可以将存在客户融资账户中的股票借给空头者，但不能将现金账户的股票出借给空头投资人）；另一个是向其他证券公司借来股票再出借给空头投资人。不管是从哪儿借来的股票，只要股票的持有者想要卖出其持股，而证券公司又无法找到其他股票来源时，就只能向卖空者要回股票还给出借者，而此时不管卖空者的空头仓位是账面利润丰厚，还是亏损严重，他都必须补空平仓，还给证券公司。从这一点来说，专业的机构卖空者都很注重卖空对象的流通性，一般都要选流通性好、容易借到的公司，避免流通性差的小盘股。

（二）因追缴融资保证金而被迫补仓的风险

卖空是在融资账户中进行，而且卖空者最终一定要将股票买回，所以卖空时，融资账户中要求一定要有现金或等价的有价证券。目前根据美国证券委员会（SEC）的规定，卖空刚开始时，在融资账户的现金额至少是卖空总额的50％，也就是说，卖空10 000美元的股票，账户中至少要有5 000美元的现金，而当价格开始上下波动后，属于你的本钱5 000美元也会随股价的变化而变化，纳斯达克和纽约交易所对已卖空仓位的最低资金维持额的要求分别是30％和25％，证券公司的要求略高一些。比如，如果你卖空的仓位因股价上涨，开始赔钱，属于你的资金从5 000美元降到4 000美元，只要这4 000美元占卖空头寸的百分比超过30％（假设是纳斯达克的情形），券商都不会叫你补钱。前文说过，卖空的风险无限，当卖空的股票价格一路上涨时，证券公司会根据卖空的盈亏情况，要求卖空者追缴融资保证金（Margin Call）。我们用下面的例子来看看，当卖空的股票价格上涨（高于卖空价格）或下跌（低于卖空价格）时，融资保证金的变化情况。

假设，卖空100股假大空公司股票，股价100美元，最低保证金要求5 000美元（总卖空额的50％），最低资金维持额要求30％。

卖空后，账户的总值为：

卖空市值：	$10 000（$100×100）
最低现金额要求：	＋　$5 000（$100×100×50％）
账户现金总存额：	$15 000

当假大空公司的股价下跌至75美元，账户的总值为：

账户现金总存额:	$15 000
卖空市值:	— $7 500($75×100)
账户总值:	$7 500

股价下跌,卖空仓位账面获利,账户总值 7 500 美元,远高于最低资金维持额要求,无需追加保证金。此时,若以 75 美元的价位买回补空,锁住 2 500 美元利润,因为卖空时存入 5 000 美元的最低保证金,所以账户总值是 7 500 美元。

如果,股价朝相反方向运动,上涨至 125 美元,账户的总值为:

账户现金总存额:	$15 000
卖空市值:	— $12 500
账户总值:	$2 500

股价上涨,卖空仓位账面亏损,账户总值 2 500 美元,低于最低资金维持额要求,最低资金维持额是 3 750 美元,所以投资人需要补交 1 250 美元。具体计算方法如下:

因股价上涨,从 100 美元涨到 125 美元,卖空市值从原来的 10 000 美元涨至 12 500 美元,根据最低资金维持额为 30% 的要求,账户所需的最低资金维持额为 3 750(12 500×30%)。现在投资人的账户总额是 2 500 美元,所以要补交 1 250 美元(3 750−2 500)。

如果股价继续上涨,投资人需要不断地向账户中存入最低融资保证金。如果资金没有及时到账,证券公司会冻结账户,也有权买回补空,关闭交易。

与卖空相关的各种费用

做空和做多相比多了一道借股票的程序,费用上除佣金外,也多出了很多项目,如下表所列,这些是卖空者应得收入,或需要支付的费用。

卖空所得收入:

- 现金利息

账户中的现金余额所得利息收入。

- 卖空回扣

卖空在融资账户中进行,卖空者必须缴纳融资保证金,证券公司将卖空者在融资账户中的保证金用于再投资,并支付一定的利息给卖空者,就是给空头者的回扣。通常只有机构投资人才能获得卖空回扣。

卖空所支付的费用:

- 融资利息

证券公司提供融资所收取的利息。

- 借股票的费用

证券公司出借股票要收取一定费用,或按每笔交易收取固定费用,或依据卖空金额按比例收费。比如,按卖空额的 0.25% 计费,若卖空总额为 500 000 美元,借股票的费用是 1 250 美元。

● 卖空股票的红利

如果卖空后,赶上公司派发红利,卖空者需要支付同等金额的红利给出借股票的持股人。原因何在呢?

卖空者向甲方借了股票,在市场上卖给乙方,甲方作为出借方,虽然仍然是股票的持有人,但是在市场的交易记录上,乙方现在才是该股票的持有者,获得公司的分红,卖空者是股票的卖出方,实际卖出的是甲方的股票,所以要承担支付甲方红利的义务。证券公司会将红利总额从卖空者的账户中扣除,付给甲方。因此,在卖空时要注意公司的除息时间,尽可能不要卖空高红利的股票。

第一位卖空者和史上最牛的卖空者

卖空并不是新鲜事物,而是颇有历史,大约可以追溯到 17 世纪初期,几乎与股市的历史一样久远。1602 年世界上第一个股票交易所在荷兰阿姆斯特丹成立,第一家上市公司是荷兰的东印度公司。1609 年,荷兰商人伊萨克·勒梅尔(Isaac Le Maire)认为荷兰东印度公司的股价被高估了,于是卖空了该公司股票,并且获利颇丰。此后,卖空随着股市在欧美各国的出现而逐步发展起来。

勒梅尔是卖空史上第一个吃螃蟹的人,而要论到谁是最会卖空的人,可能很多人会想到是被称为"打垮了英格兰银行的人"的乔治·索罗斯(George Soros)。索罗斯确实以卖空闻名,但要说是最牛的卖空者,则当数 20 世纪 30 年代华尔街的传奇人物杰西·利弗莫尔(Jesse Livermore)。他在 1906 年卖空联合太平洋(Union Pacific)铁路公司,随后旧金山地震,卖空获利 25 万美元,当时的 1 美元相当于现在的 26.32 美元(如图 3 - 9),其获利按今天算,相当于 657.8 万多美元。1929 年他又卖空美国股市,后股市大崩盘,他大赚 1 亿美元,按美元的通胀率折算,等于现在的近 14 亿美元。

```
$1 worth of 1906 dollars is now worth $26.32
$1 worth of 1907 dollars is now worth $25
$1 worth of 1908 dollars is now worth $25.64
$1 worth of 1909 dollars is now worth $26.32
$1 worth of 1910 dollars is now worth $25
$1 worth of 1911 dollars is now worth $25
$1 worth of 1912 dollars is now worth $24.39
$1 worth of 1913 dollars is now worth $23.81
$1 worth of 1914 dollars is now worth $23.81
$1 worth of 1915 dollars is now worth $23.26
$1 worth of 1916 dollars is now worth $21.74
$1 worth of 1917 dollars is now worth $18.52
$1 worth of 1918 dollars is now worth $15.63
$1 worth of 1919 dollars is now worth $13.7
$1 worth of 1920 dollars is now worth $11.9
$1 worth of 1921 dollars is now worth $13.16
$1 worth of 1922 dollars is now worth $14.08
$1 worth of 1923 dollars is now worth $13.89
$1 worth of 1924 dollars is now worth $13.89
$1 worth of 1925 dollars is now worth $13.51
$1 worth of 1926 dollars is now worth $13.33
$1 worth of 1927 dollars is now worth $13.7
$1 worth of 1928 dollars is now worth $13.89
$1 worth of 1929 dollars is now worth $13.89
```

图 3 - 9 美元通货膨胀率

背离法选择前景堪忧的卖空对象

由于卖空有其自身的特殊性,而且股价总是走楼梯上去,坐电梯下行,速度很快,所以卖空的投资方法自然也与多头的投资方法完全不同。我们在前面几节介绍的选择缓慢成长红利型、稳步成长蓝筹型、快速成长未来型的多头投资方法时,都是先定量初选,再定性分析,但如果按照这一方法,也先用定量标准去筛选卖空的股票,结果往往是通过空头的定量标准的股票,大多是股价早掉得家都找不到了,若等到现在再去卖空,可真的应了句老话,"正月十五贴门神——晚了半个月了",甚至这时可能到了坏消息出尽该买入的时候了。为什么会发生这种情形呢? 原因我在后面解释,在此先引入背离法的概念。

背离的意思就是事物的运行脱离了原来的正常的轨道,或者偏离常规、常理。我们选择的卖空对象主要有两种,一种是基本面出问题却造假蒙骗理性投资人的公司;另一种是因为投资人的非理性投机造成的泡沫股。这两种卖空的对象,无论哪种情形都是因为与正常产生偏离,所以我们从背离入手,锁定卖空的目标。

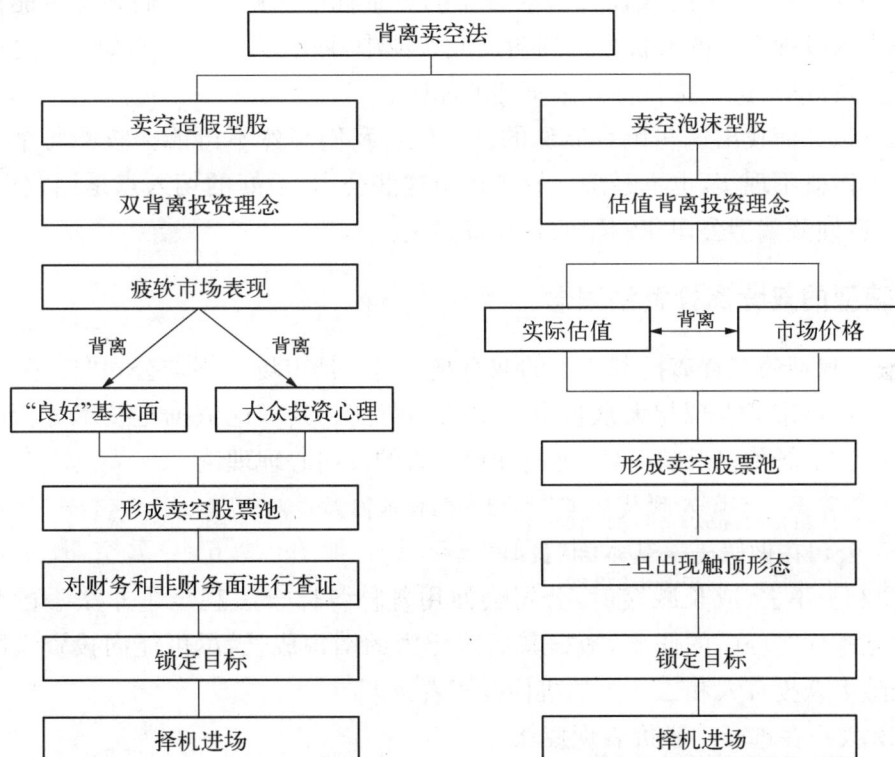

图 3-10　卖空背离法流程

双背离法锁定造假蒙骗型的公司

造假蒙骗型的公司是基本面出现问题,但却想方设法掩盖实情的公司。它们往往是昔日的明星股,都曾有过快速成长的、极辉煌的基本面,在强大的基本面支撑下,股价有过巨大的涨幅。但凡事都有一个极限,任何公司成长到一定阶段,就很难再继续扩张。金融界有一个形容公司成长瓶颈的"200 亿美元成长曲线",也就是当一个快速成长的公司销售达到 200 亿美元时,其成长速度可能就到顶了,成长会开始减缓。如果一个销售额为 2 亿美元的公司的成长速度是 25%,其销售额要增加 5 000 万美元。但要是让一个销售额为 200 亿美元的公司增长 25%,它的销售额要增加 50 亿美元,很显然将销售提高 5 000 万美元要比增加 50 亿美元容易多了。

当曾经红极一时的公司走入末路时,其股价也会有大幅的下跌空间,这是股价与基本面表现一致的正常表现。但现实中却常常出现完全不一样的情形,当公司成长遇到瓶颈时,公司总是会通过各种方法,向投资人呈现其依然"良好"的基本面。对于这些基本面"良好"的公司,财报数据表面上还反映不出公司存在着问题,所以,如果用前面所介绍的选择不同成长类型的股票的定量标准来筛选,它们甚至可能都会符合要求,进入各种类型的成长公司的初选股票池中,而事实上却并非如此。这就是为什么用定量标准筛选空头目标效果不佳的原因。

那么,该如何找出这些鱼目混珠的公司呢?我们当然不可能去查阅每个公司的报表,这样做既不现实,也不经济。想要找出这些公司,最好的切入点是用背离法,而对于锁定造假蒙骗型公司我们用的是双背离法。

造假蒙骗型的双背离投资法理念

造假蒙骗型的双背离投资法中的双背离:其一是市场表现与公司"良好"基本面的背离,其二是市场表现与大众投资人情绪的背离。其理论依据是技术分析的三大假设之一的"市场价格反映一切"理论和投资人的反向心理理论。

第一个背离:市场表现疲软与"良好"基本面背离

(一)公司在做假——基本面"良好"

当盈利上不去、成长减缓时,公司会使用各种各样合法甚至是非法手段制造数据,造成基本面"良好"的假象,掩盖其后续乏力的销售成长,尽可能向投资人隐瞒真相,以蒙蔽大众投资人和二三流的机构投资者。

(二)大户在逃——股价表现疲软

人们常说,再狡猾的狐狸也逃不出好猎人的眼睛。公司人为地制造"良好"基本面的表象繁荣可以一时蒙蔽住大众投资人,但却很难逃出经验丰富的大基金经理的眼睛,精明的大机构投资人总能够看出公司在财报数字上做手脚。他们的投资规模都很庞大,在看到所投资的公司出现危险要撤出资金时,不会大张旗鼓地行事,而是悄悄地进行。他们不会告诉其竞争对手,更不会在媒体上发表利空言论,反而会为公司说一些无关实质问题好话,诸如短期看该公司可能会遇到一些问题,但长期发展依然看好，对公司管理层很有信心等等。

　　但是，说归说，做归做，洞晓公司基本面玄机的精明机构投资者还是在静静地出货，由于这些机构投资者的仓位较大，即使是想暗中出货，也很难做到不留痕迹，就好比大象过溪，总能带出水迹，因此，股价常常出现以下顶部形态特征：

　　1. 股价表现弱于市场和行业

　　以往曾经引领市场的明星股现在却表现得越来越疲软，成了市场的拖累，说明资金正流出该股。

　　2. 平均线走向反映股价见顶

　　10 周或 40 周平均线走向从向上转向横盘，甚至转为下探的情形；股价跌破重要平均线（如 10 周平均线）等都是股价可能见顶的信号。如果股价比 200 天平均线高出 100％以上时，价格上涨可能进入穷途末路，根据统计，在以往最好的市场中，仅有不足 5％的股票价格比 200 天线高 200％。

　　3. 股价跌破主要趋势线的见顶信号

　　股价过去一直沿着主要上升趋势线攀升，突然下跌，穿破该趋势，说明沿着该趋势线上涨的走势可能到头，如果下跌时伴随大交易量，股价见顶的信号更加明显。

　　4. 顶部价格形态反映股价见顶

　　常见的顶部盘整的价格形态，如双顶、三重顶、圆形顶、头肩顶和矩形顶等等都是造顶时期的典型形态，我们可以通过辨别这些价格形态，来确定股价见顶。

　　5. 价量表现反映股价见顶

　　股价虽然保持上涨，但常常收在一周的高低区间的底部，而且会连续几周都出现同样的情形，说明股价上涨遇到阻力，总会被卖下来，也就是机构投资人在顶部出货。股价上涨时交易量不大，但下跌时成交量却激增，是造顶时常见的特征。股价创新高时成交量却大幅萎缩，或者股价出现过去上涨过程中少有的单日大幅下跌的走势，在上升趋势中出现枯竭性跳空等现象，也都是股价见顶时的主要价量特征。

　　6. 从风险考量，我们再加上几条筛选条件

　　（1）卖空对象不能是强势行业的成分股，我们不想卖空一家欣欣向荣的行业里的造假公司，以免该公司被想进入此热门行业的糊涂公司收购而损失惨重。

　　（2）坚持反向投资心理理论，不卖空大众投资人都知道公司可能造假并已大量做空或买进卖权（看跌）的股票，因为此时利润肯定是不多了。

　　（3）不要卖空流通量少、市值小的造假公司，因为盘小的公司很容易被操控挤压。

　　具备上述特征的股票往往都是市场的弱势股，但其基本面看起来还是那么好，我们将这种反常现象称为市场疲软表现与"良好"基本面的背离。既然，市场反映一切，疲软的市场表现暗示着不佳的基本面，说明这"良好"的基本面含有水分，并没有那么好，这就是为什么出现这种背离的公司是我们的潜在卖空对象。

第二个背离：市场表现疲软与大众投资人乐观心理的背离

尽管大机构投资人在悄然撤离,尽管股价的市场表现越来越疲软,但是公司还是在一如既往地不断鼓吹自己,不明真相的媒体也在大肆宣传公司的辉煌业绩,不明就里的大众投资人仍然对公司信心满满,还在抱着极大的热情纷纷买入该公司股票。从投资的反向心理学角度来说,大众投资人对公司前景非常乐观的时候,往往是股价要见顶之际。

当精明的机构投资者在出货,而大众投资人还不明是非地依然乐观买进时,说明股价还没有完全反映出公司的虚假繁荣,公司依然在用其"良好"的基本面蒙蔽大众投资人,而为了要让"良好"基本面持续下去,公司只能寅吃卯粮,继续将后续的盈利提前使用。但纸里包不住火,一旦事情败露,股价必将大幅下跌。这种具备市场疲软表现与大众投资人乐观心理背离的公司也是我们空头的目标。需特别指出的是,如果"良好"基本面公司的股价表现疲软,而大众投资人也极不看好该公司,说明公司虚假繁荣的"良好"基本面已经完全反映在股价上,市场上该卖的都已经卖了,股价此时可能要见底了,这样的公司就不值得再作为卖空目标进一步研究追踪,因为此时卖空已没有太多利润了。

如果一家公司同时具备上述两种背离的情形,就可能大大提高卖空的成功率,便可进入我们的造假蒙骗型卖空股票池,下一步我们将对这些公司从非财务和财务面作全面查证,锁定最终的空头目标。

非财务危险信号查证

非财务危险信号是除公司的财务状况之外,出现的可能预示公司经营欠佳、存在问题的信号,比如大股东和高层的异动,公司新闻频发,削减股东权益以及监管机构的行动等,都属于非财务范围的危险信号。我们应从以下几方面入手:

第一,从管理层入手

(一)公司高层和大股东的异动

管理层人士变动频繁可能意味着公司存在着问题。一个管理有方、实力雄厚的企业很容易留住人才,因为员工在这里工作会觉得未来有奔头,这是最朴素的道理。反之,一个经营不善、江河日下的公司人员流失的现象可能司空见惯,特别是其高层管理人员的离去,会给公司带来极其负面的影响。高管人员最清楚公司的家底和经营情况,如果情况好也不会想着另谋出路,一旦老总和财务总监等要职人员突然辞职,公司可能存在不小的问题。

(二)管理层的背景调查

研究公司的管理团队时,要查看公司高层管理人员的背景,如果过去有管理的公司破产的记录,或曾经有做假账的不良行为等其他有关诚信的问题,那么公司所披露的一切信息的可信度也要大打折扣。

（三）大股东和高管非正常的股票交易

公司大股东和高管集中出售股票也从侧面反映公司可能存在问题，如果经营状况良好，财务健全，股价稳步上涨，大股东们也希望能从股票中赚取更多的利润，自然不会急着卖股票；但是，假如情况相反，公司岌岌可危，股价摇摇欲坠，这些手握低价购得的大把股票的持股人，也只能争先恐后地抛售了。

（四）管理层的薪资结构

大多数上市公司给高层主管的酬劳都是与公司的业绩挂钩的，使管理层的收入与企业利益成长密切相关，想要获得高报酬，首先要为公司创造高利润。所谓重赏之下必有勇夫，这种对高层主管的激励机制，必将使高管们八仙过海尽显其能，为公司创造效益。但凡事有利必有弊，这种奖励制度也是把双刃剑，当公司发展进入瓶颈，高管们江郎才尽时，他们不愿意看到自己的所得也随之缩水，在利益的驱使下，只能在账面上做文章。他们起初也许只想暂时做做表面文章，希望公司的境况能很快好转，但事与愿违，经营每况愈下，账面也就越做越假，让公司成为因高管一己之私而牺牲投资人利益的股市蛀虫，也正是卖空者要敲打的对象。

第二，从媒体资讯入手

（一）管理层说一套做一套

虽然公司的大股东和高管都对公司前景失去了信心，自己在大量抛售股票，但又担心其他股东跑在自己前头，所以公司不会对大众投资人坦诚以待，将真实情况公布于众，而是会编制很多公司前途光明的故事。为了不引起大众的怀疑，公司会不断地发布好消息，甚至一天会发出好几条，不仅新闻数量多，而且内容上也是文过饰非，总之是不希望大众投资人觉察到公司出了问题。

（二）各种媒体和专业期刊等的负面报道

某公司出现问题常常能在新闻媒体，特别是当地的报刊的报道中最早看出端倪；此外，还有各行业的专业报刊，或者是参加行业的一些会议等，也都可能有发现公司问题的机会。

第三，从公司的重大举措入手

（一）公司削减股东权益

给股东派发红利是公司回馈股东的主要方式，红利要靠盈利来支撑，如果盈利欠佳，支付红利就会成为公司的负担，公司就只能缩减派息，甚至取消回馈给股东的红利。这也正是公司盈利衰退、财务转弱的最有力旁证，是空头者喜欢看到的信号。

（二）反向分股

另一个会引起空头投资人警觉的信号是公司的反向分股，或者称缩股、并股。分股是将公司的股票分拆，其结果是股票数量增加，股价变小。这种情形通常是公司的股价太高,对投资人缺少吸引力,分拆后,股票价格相对便宜了,可以便于更多大众投资人参与投资。百度在 2010 年 5 月 12 日一股分拆成十股前,股价在 700 美元左右,很多大众投资人想买百度,也只能望高而止步;分股后,股价变为 70 美元左右,方便了大众投资人。一般来说,公司敢提出分股,都对未来比较有信心,而大多数公司在分股后,股价都会继续上涨,比如苹果(Apple Inc.)、亚马逊(Amazon)及百度等。但是反向分股就不一样了,公司可能由于许多问题,股价表现疲软,想要让股价上涨,却是无力回天,只能通过并股的方式,降低市场的供给,从而提高股价。比如说,某公司股价保持在 10 美元上下,发行的总股数是 600 万股,市值 6 000 万美元。如果公司采用三股合一股比例的反向分股,公司的股价将升至 30 美元,总股数则减少至 200 万股,市值还是 6 000 万美元。

（三）对抗卖空者

当公司的股票被大量卖空时,出于本能的自我保护意识,会不遗余力地攻击卖空者。常用的方法就是与卖空者唇枪舌剑,指责卖空者散布对公司不利的谣言而从中渔利,并发誓要对簿公堂,让卖空者承担法律责任,但大多数情况下,这类公司都言出不行,最后没了下文。至于是卖空者危害了公司,还是公司自己出了问题,最终的答案还是揭晓在股价的表现上。

公司对抗卖空者的另一方法是,呼吁股东抵制卖空行为。我们从卖空的操作程序知道,卖空首先要向证券公司借股票。而股东的记录方式有两种,一种是股东的名字直接记录在公司,一种在证券公司开户,股东是记录在证券公司名下,当然无论哪种方式,都不影响股东获得红利、分股等权利,只是渠道不同而已,一个是由公司直接给股东,一种是公司发给证券公司,再转给股东。因为股东将股票记录在证券公司名下,所以证券公司才可以将股票出借给做空的投资人去卖空。当公司看到自己的股票被大举卖空时,便写信给股东,希望将记录在证券公司的股份,转记到公司名下,这样的做法,一来是证券公司没有股票可再出借给卖空者,二来是如果股票由证券公司的名下转记到公司名下,卖空者必须将股票买回还给证券公司,缓解了对该公司股票的卖空压力。这种情形在 2008 年金融危机时很常见。

（四）公司的重磅消息

有些时候,当公司要公布重大消息时,会要求暂时停止股票交易,以给市场一定的时间去消化和理解将要公布的重磅新闻。这种情形很多时候是公司有重大利空消息的前兆。

第四,从政府监管和审计等入手

（一）政府监管机构的行动

政府对上市公司的监管包括对公司营销操作的监督和证券委员会对公司上市行为的管理。如果公司为扩大市场而过度促销,采用不实广告或违规手段误导用户,受到监管部门的处罚;或者证券管理委员会发觉公司在信息披露等方面有不当举措,对公司展开调查,并暂时将公司停牌等,这些都是空头投资人喜欢看到的较明确的信号。

（二）与审计、会计部门关系紧张

其中包括,频繁变更审计会计事务所,在重大的信息披露问题上常对注册会计师提出不合理的要求,干涉注册会计师的审计工作,常常宣布延迟公布财务报表,或选择名不见经传的审计公司等。

第五,从末端需求或客户入手

（一）对末端市场调查

实际考察是获得第一手资料的最直接办法。如果你对某服装零售商的销售情况表示怀疑,可以到其商店里走走,看看顾客多不多,商品款式及定价如何,也可以询问购物者对该店的看法,通过亲身的调研,你会知道商家是否存在问题。

（二）对客户的调查

新增客户和客户流失的情况;十大客户的订单情况;境外客户的销售情况等等。

公司财报真实性查证

当公司的盈利和销售由于市场竞争激烈或新产品的出现等种种原因再不能保持以往的增长速度,或由于公司管理层经营不当,导致公司盈利锐减时,管理层为维护自己的利益,通常不会在第一时间向股东坦陈实情,而是尽一切可能地掩盖盈利不济的真实情况,提交给投资人的财务报表仍然是一份不错的成绩单,也就是我们在前文所提到的"良好"基本面。

公司可能会认为在编制虚假财务报表,粉饰其"良好"基本面上做得很成功,但是假的就是假的,没有天衣无缝的谎言。我们只要认真研究分析,就能从数字中看到公司存在问题的蛛丝马迹,找出公司的症结所在。

● 应收账款和总销售增长的不一致性

根据财务制度的明确规定,公司的收入可以由两种形式来体现:一是现金;一是应收账款,即在未来某时间可以变为现金的收入。现金收入是实打实的收入,收到一分记录一分,不可能被多记;但应收账款却是可以通过一些方法使其增多,所以应收账款是公司最容易用来遮掩其生意滑坡的作弊方式。

（一）应收账款是公司给客户让利

应收账款的性质是公司给客户让利的行为,是公司给客户的无息贷款,应收账款记录在资产负债表中,大部分公司都允许部分的销售可以以应收账款的形式完成。产生应收账款的原因较多,可能是公司为应对市场竞争激烈的举措,也可能是产品销售和收款的时间差异,等等。

1. 市场竞争激烈

由于竞争激烈,公司需要采取相应的促销措施,吸引客户,扩大销售。打广告牌提高产品的知名度,保证产品质量,增加价值服务,在价格上给予折扣都是常见的竞争手段,还有一种方式就是给出更优厚的货款支付条款,如原本是即时现金支付的,现在可以是 30 天支付,原本是 30 天付款的,现在可以变成 60 天付款等等。

2. 销售和收款的时间差

大多数情况下,我们去商店买东西,商店采用的是钱货两清的即时现金交易,当场交钱拿货(当然,电器家具等大价值商品有借贷购买的形式)。但是企业之间,一般很难做到当场现金交割,一些行情紧俏的商品卖家可能要求预付货款,而大部分情况下,卖方交货和买家付款之间都有一个时间差,产生了应收账款。这种方式的应收账款有别于公司直接给客户放贷所产生的应收账款。

恰当地使用应收账款,可以帮助公司促进销售,增加市场份额,保持与客户的良好关系,因为它是卖方给客户的无息贷款,所以能够吸引客户。另一方面,应收账款将公司的库存转变成在未来某时间可以转成现金的债权,从降低库存的角度来说是对公司有利的,它不仅减少库存,也节省了仓储、保险和管理费等存货相关的成本。应收账款给公司带来的另一个好处是,在计算流动比率时,库存和应收账款都可算成流动资产,但是,在计算速动比率时,库存是不包括在流动资产上的,如果公司能将库存转换为应收账款,这样就可以大大提高速动比率,降低短期债务风险。

应收账款既然是公司为增加销售而采用的赊账销售方式所形成的未收货款,它增加了公司资金回收的时间,存在着信用风险,时间越长信用风险越高。如果经济环境不差,公司产品的市场还有成长的空间,而且公司也有严格有效的保护措施,能将风险控制在最低,这种自然风险是允许存在的。但是,如果经济转坏,或者市场饱和,产品竞争过于激烈,公司的应收账款过多,风险性也就会增高。更糟糕的是,一些经营不善的公司,为了掩盖拿不出台面的销售业绩,而人为地用应收账款制造虚假的销售业绩,这类公司无异于是股市这棵大树里的蛀虫,正是空头这只股市啄木鸟所要搜寻的目标。

那么如何评判公司的应收账款相对于同期的总销售收入是否有不正常的大幅增加的趋势呢?答案在应收账款周转天数上,这是衡量公司应收账款风险的重要指标。

(二)分析应收账款周转天数判断公司的销售实情

应收账款周转天数就是公司在某一段时间内收回应收账款所需要的时间,所需的天数越少,说明公司流动资金使用效率越高。

因为应收账款周转天数是在某一段时间应收账款的回收情况,所以在计算该指标时,要选择相应的时间段,美国的上市公司都是每个季度公布一次盈利报告,所以我们一般看公司一个季度的应收账款周转天数情况,计算方式如下:

应收账款周转天数＝(该季度应收账款÷当季销售总收入)×(365天÷4)

应收账款是公司为鼓励客户订货而给出的让利形式,特别是当销售达不到预期目标时,管理层为了完成业绩,希望客户踊跃订货,便会以更多的优惠来吸引客户,比如说给出更长的付款期限等。在优惠促销的驱动下,客户将原本可以在下季度再订购的货物,提前买走但不需要现在付款。这样公司完成了这一季度的销售目标,但是实际上,我们知道这只是提前销售,把下一季度的销售在本季度预先实现。公司采用寅吃卯粮的做法完成现在的销售任务,那么以后的销售又该如何实现呢？所以,研究应收账款周转天数对于判断公司的销售是否能保持成长和发现公司财务问题极具意义。

分析应收账款周转天数既要作横向比较,也要作纵向研究。横向比较是将公司的应收账款周转天数与其所在行业的平均水平相比,这是绝对值的比较。纵向比较是与公司的应收账款周转天数的历史记录比较,包括本季度的应收款周转天数与前一季度相比、与去年同期相比,作这样的比较,目的是要判断公司的应收账款周转天数的变化趋势。如果本季度的应收账款周转天数比上一季度或比去年同期都有所增加,即使只是增加了三五天的时间,风险也都是很高的,应该要引起注意。如果该周转天数每个季度都在增多(如图3-11),那就更要警觉。而一旦这种情形发生,空头投资者应该感到欣慰,多头投资者则应尽快卖出该股。

图3-11　应收账款周转天数变化趋势

公司的应收账款周转天数增多也就是应收账款金额增加,如果应收账款周转天数增加,我们要探究其中的原因,分析公司是以什么方式导致应收账款高增。不同业务类型的公司,其应收账款产生的方式也不同,一般而言有两种形式：一种是提前销售的货款,另一种是按完工百分比结算的费用。

(1)提前销售增加的应收账款

上市公司的一言一行都可能影响其股价走势,特别是盈利报告这一类重量级新闻。公司股价因为盈利没有达到预期而大幅跳水的情况比比皆是,出现这种情况投资人不开心,大股东也会给管理层施压。所以,管理层会想方设法,保证完成盈利目标。所以,除了让利削价竞销抢夺市场外,就是以更优惠的付款条件(延长付款时间)为交换,让客户提前下订单。打一个简单的比方,厨具总汇公司是一家餐馆用具批发商,因为同行很多,市场竞争非常激烈,公司产品滞销。为了扩大销售,公司不仅价格大打折扣,付款时间也延长了。在公司的大力促销下,客户订单激增,销售确实增加了。但这种销售增加不是市场真实需求的反映,而是体现在应收账款的增加。原本公司有50%的销售是客户买了货就付款的现金收入,现在客户买了货,可以不需要即刻付款,但公司从这个客户所得的全年总收入并没有增加,只是把以后的销售提前做了,这样的销售是难以为继的。

(2) 完工百分比增加的应收账款和人为地提高毛利润

按照完工百分比支付费用通常是设备制造或建筑工程等合同中出现的条款,合同规定客户根据工程进度支付费用,完工时费用全部结清。

公司为保证完成盈利目标,会向客户虚报工程进度,让客户提前支付部分费用。比如说,磐石房建公司与开发商签订了建造一套豪华别墅的合同,1月1日开工,12月31日交工,费用总计120万美元,磐石每月要完成十二分之一的工程,开发商按月支付费用10万美元,若工程进度加快,开发商按照当月的实际进度付费。工程开工两个月后,磐石完成六分之一的工程,客户支付了20万美元的费用,到第三个月时,磐石公司因为其他业务进展不顺,为确保第一季度的预期盈利不受影响,磐石告诉客户第三个月工程进度加快,又完成了六分之一的工程,依据合约规定,客户这个月要支付20万美元的费用(其中10万美元相当于是提前支付的),第五个月磐石依法炮制,又让客户提前支付了10万美元的费用。但是,合约所规定的建筑费用是固定的,客户提前支付了工程费用后,到最后交工时,应支付的费用也相应减少,也就是说,磐石公司在最后一个月的销售收入还是会大幅下降。

公司除了高报完工比例外,还会压低原料成本估值,以提高毛利润。但这些都不能真正解决公司所面临的销售和盈利难以维持成长的严峻问题,如果不能从根本上扭转销售不佳的局面,公司终将陷入盈利捉襟见肘的困境。

● 原材料与成品库存增长的不一致性

公司从购进原料,加工成成品,到出售产品,收回资金,完成一个销售过程。在这一过程中,如果市场需求强劲,产品能很快卖出,资金快速回笼,是良性的循环,盈利可以继续成长;但如果市场需求疲软,产品滞销,库存积压,公司未来的盈利令人担忧。所以,通过分析公司库存情况可以预知该公司未来的盈利、销售和现金流的趋势。

追踪库存情况的一个重要指标是库存周转天数,我们也是根据公司每季度公布盈利的惯例而追踪每季度库存周转天数，其计算公式是：

$$库存周转天数＝(该季度库存÷当季销售商品成本)×(365天÷4)$$

我们在分析库存周转天数时，和分析应收款周转天数的方法相同，也是既要看公司相对于其所在行业的平均水平如何，也要与本身的库存周转天数的历史比较，包括本季度相对于前一季度、本季度与去年同期相比，目的是找出库存周转天数的趋势。如果公司的库存周转天数同上一季度和前一年相比都有所增加，说明公司库存在增多。

但是，分析库存仅仅看一个库存数据还不够，还要分析其内在的结构。公司的生产涉及购买原料、加工生产和产品销售，因此库存就包括了原材料、在加工的半成品和完工后的制成品三大部分，每一部分的周转天数的计算方法和库存周转天数的计算方法相同。

分析各个公司生产过程各阶段的库存情况，可以更正确地判断公司的库存管理水平如何，通过追踪公司的存货变化趋势，预测未来的盈利发展方向。对于一家健康的公司，我们希望看到的情形是：原材料的变化与在制品和制成品出现正向背离，也就是原材料增加，而在制品和制成品的增加速度却滞后，换句话说，就是库存没有增加，这是公司库存管理良性的表现。这种原料与半成品或成品的正向背离，说明市场需求强劲，公司销售策略得当，成品库存量不高，出货通道上没有库存积压。在可预见的未来，产品需求会继续强劲，所以公司才会大量购进原材料，以满足市场对制成品的需求。这种情形预示着公司未来的销售、每股盈利和现金流都可能增长，股价也会因此走高。

但是，如果原材料、在制品和成品之间的变化方向出现负背离，即制成品大幅增加，速度超过了销售的增长率，而原材料的库存却呈下降之势，这种情况，说明市场需求疲软，公司销售减缓，生产出来的产品卖不出去，因此成品库存迅速增加；而面对疲软的市场环境，公司也预计市场难有起色，不希望造成过多的产品积压，只能暂缓购进原材料，同时控制在制品的数量。这些反映在库存的变化上就是，原材料库存下降，而成品库存大幅增加，预示着公司未来的销售、盈利及现金流都存在着下降的风险。这也是我们用来判断真实的基本面与"良好"的基本面背离的一项重要财务性手段。

● 现金流与盈利收入的不一致性

现金流(Cash Flow)是指公司在一定时期的现金和现金等价物的流入和流出及其总量的总称。

我们为什么要研究现金流呢？因为现金流是评估一家公司健康与否的根本所在，一般情况下，它不容易被做手脚。做生意当然是为了要赚钱，所以，盈利是投资人最为关注的要素。绝大多数公司的财会记账使用的是公认会计制度中的权责发生制会计（Accrual Accounting），它和只记录实际发生的现金交易的现金会计（Cash Accounting)的记账方法不同,记录某段时间公司产生的收入和费用,但不一定是实际发生的现金交易。因此,我们就经常会见到一家公司的盈利高涨,但公司的现金流却是负的,说得简单些,就是公司的盈利风风光光,但却可能明天连发工资钱都没有了。

为什么会出现这种南辕北辙的情形呢? 我们在分析应收账款产生的原因中提到,由于地域的差异使公司之间的交易很少能做到付款和交货同时进行,或者公司为吸引客户,鼓励购买,而给客户开出延期付款的条件,这些都产生了应收账款,也就是公司卖出很多产品,但在一段时间内却收不回资金,更有甚者,在市场需求疲软,产品滞销的时候,公司不仅给客户延长付款时间,还允许客户用不完的货可以退回。而权责发生制会计记账方式是只要一笔货物售出,就记为公司的收入,但实际上公司还没有真正收回此笔款项,甚至公司都不知道这笔款项是否能够安全收回。这就出现了公司明明有盈利,却没有现金真正进账的问题。所以,研究现金流才能了解公司在某一时期的真实的现金流量变化,从而确定公司是否处于健康营运状态,这就是研究现金流的意义所在。

现金流量表反映公司现金流的变化情况以及变化的原因,分为三大部分——营运现金流、融资性现金流和投资性现金流。

- 营运现金流（Operating Cash Flow, OCF）

是公司的经营活动所带来的现金,包括卖出产品、提供服务所得现金收入,以及购买原料、薪资、利息等现金支出。

- 投资性现金流（Cash Flow from Investing Activities）

是公司投资活动所获得的现金流,主要包括购入资产、企业、有价证券或其他投资所支付的资金;出售资产、证券或其他投资而实际收到的资金,以及投资收益等。

- 融资性现金流（Cash Flow from Financing）

是公司融资活动产生的现金流,通过募集或向银行贷款所得的现金,以及发放红利、回购股票和付还本金的现金支出。

在这三大部分中,经营活动现金流最为重要,因为它反映的是公司的营运情况,包括公司出售产品所得的现金收入;用于购买原材料,支付行政管理费用、薪资及其他开销所花费的现金。公司只有在正常的经营活动所带来的现金流无法维持日常活动开销时,才会采用融资方式增加现金流,也就是说公司需要借钱维持正常运转。借钱做生意对于新公司、新行业来说,可以理解,但作为一家长期经营且盈利稳步成长、业绩优秀的公司还要大举借债,那就该引起投资人的关注了,当然这也是最能够吸引空头投资者的关键之一。

根据权责发生制会计记账方式,产品卖出了,公司就可以记录收入,而至于何时能收回资金不重要,这样公司就能很容易地做出亮丽的账面盈利。但现金流就比较难操纵,只有钱进账了,才能记录在现金流量表上。所以,当一个公司的盈利还在快速成长,但其现金流成长却在减速,或者出现负数时,我们要分析营运现金流(OCF)与公司净利润之间的关系,不仅要看两者之间差距的绝对值,还要看看其发展趋势如何? 理想的情况是营运现金流要超出净利润,更谨慎一些的投资人还要分析今年的营运现金流和净利润之差与去年的水平相比,去年水平再和前年相比,以确定公司的营运是走在正轨上还是出了问题。如果公司的营运现金流少于净利润,且过去的营运现金流与净利润之差的同比也呈下降趋势时,要作进一步的分析研究,挖掘出真正的原因,如果是公司在盈利上做了手脚,制造人为的繁荣,投资人就要小心了,空头投资者就可以从这里入手。

现金流虽然不易被操控,但不等于说完全不能造假。公司还是会通过延期记录应付款项等修饰其现金流。

● 关联企业是公司调整利润编制账目的另一途径

关联企业是包括上市公司的母公司、子公司、兄弟公司、其附属企业以及一切与其有各种共同利益的公司。

上市公司用关联企业调整利润是较普遍的现象,许多国家允许公司这样做,前提是必须向公众披露与关联企业的业务往来,但很多公司都对与关联企业的交易隐瞒不报。上市公司利用与关联企业的交易遮掩公司经营缺陷,常用方法有:(一)通过与关联企业的交易人为地提高公司的盈利效益,比如将产品以高于市场水平的价格卖给关联企业,以体现公司主营业务收入的增加;(二)用远高于市场水平的价格与关联企业做资产或股权的置换,将劣质资产转给关联企业。假设公司拥有一栋建筑,目前市价是5 000万美元,公司以9 000万美元卖给关联公司。(三)用极低或极高的利息与关联公司进行资金往来,比如在给关联公司贷款时,收取超高的利息;而当向关联企业借钱时却支付极低的利息。(四)通过分摊共同费用的方式让关联企业摊大头降低自身费用。上市公司与关联企业之间还有其他的交易方式,我们在此不多加介绍。

当公司宣布与某公司签订重大合同时,我们要辨清新合同是不是与关联企业签订的。上市公司只要在财报上加注与关联企业的交易行为,很多交易都是在法律允许的范围内,所以我们要认真仔细地研读财报,特别要留意财报的注脚文字。如果公司与关联企业有大量的交易往来,应该引起警觉,看看公司是不是在借此方式粉饰其处于滑坡的业绩。

除了上面介绍的几个主要项目,公司用以编制"良好"报表的其他方式还包括:在固定资产投资上做文章,根据需要或提高成本,转移资金,或有意低估成本,提高利润;在"其他业务利润"上下功夫,在坏账准备金上动脑筋等等,我们就不一一列举。

总而言之,公司是尽可能让财报在表面上看不出瑕疵,但最终的结果是无法逃脱股价惨跌的厄运。

做空朗讯科技公司——真实基本面与"良好"基本面的背离

俗话说,若要人不知,除非己莫为。做出的账目再漂亮,也终会被揭穿。朗讯科技公司就是这样一个典型。

朗讯科技公司在 1996 年从电话公司 AT&T 分离而出,成为独立的上市公司,主要提供网络系统、软件和服务。2006 年 12 月 2 日与法国阿尔卡特公司合并,更名为阿尔卡特-朗讯(Alcatel-Lucent),2015 年 4 月 15 日诺基亚宣布收购阿尔卡特-朗讯公司,收购于 2016 年 1 月完成,从此朗讯的名字便从市场上消失了。朗讯公司本身是一家拥有雄厚技术实力的网络通讯设备公司,但是因为管理层太过激进,最终将公司带进深渊,成为卖空者的猎物。

1. 在从母公司分离时即设计了用高额预留储备金弥补未来盈利不足的计划

根据公认会计原则(GAAP),公司在并购、重组与分离时,允许公司预先作一个预留金的估算。预留金主要用于未来冲销分离重组等所需的资金,称为冲销重组坏账储备金,通常在估算时,公司都会将此数值预估得高高的,让资产负债表(Balance Sheet)更具吸引力。公司重组完成后,如果在未来的某一季度,盈利和销售达不到预期目标,公司可以用预留储备金来弥补盈利的不济。而公司也会为这一行为找到冠冕堂皇的借口,比如,"由于我们领导有方,管理有效,前期预留的冲销重组坏账储备金不需要太多,所以便将此部分预留金放到公司的盈利收入中"。从 AT&T 分出来的朗讯科技公司当然也有预留储备金可用,而且数额不菲。朗讯在从母公司分离时,准备了 28 亿美元的冲销重组坏账储备金,以备未来重组的开支所需。结果证明,朗讯这 28 亿美元的储备金是太过充裕了,比其实际所需的费用高出了至少 5 亿美元。言外之意,朗讯一从 AT&T 出来,且不论公司未来盈利如何,它已经先有了 5 亿美元为其将来的盈利垫底,一旦盈利果真跟不上,还有这笔钱救驾,以保证公司的盈利和销售稳步增长的表面现象。

2. 变收购中的商誉摊销为技术研发费,保证完美的账面盈利

公认会计原则允许公司在收购和重组时可以灵活地选用公司认为最合适的估价计算法。一般来说,一家公司在收购另一家公司时都会给出较高价格,超出部分的是被收购公司的商誉费用。此项费用按季度摊销,这样会降低公司未来的盈利,这是公司管理层不喜欢看到的。但是兼并收购是促使公司高速成长的捷径,为了解决商誉费用分摊侵蚀盈利的矛盾,很多高科技公司便会将相当一部分的商誉算为收购对象的技术研发经费,计入收购价中,而不算作商誉。这样一来,公司既可以通过收购保证成长,也不会因为过高的商誉摊销影响了未来的盈利。朗讯公司为保持增长可以

说是几近疯狂地收购，自 1996 年到 2000 年，短短四年的时间共收购了 40 多家公司。为了不让高昂的商誉拖累公司的未来盈利，朗讯采用了将大部分商誉改计为技术研发经费的方法，回避了高达 20 亿美元的商誉摊销费用，极大地降低了商誉摊销对未来盈利的影响，保证了公司完美的账面盈利增长。

3. 激进的收入确认

20 世纪末，网络通讯设备市场虽然发展迅猛，但市场的竞争也异常激烈。面对强大的竞争局面，朗讯采取折价竞销和延长付款期限等策略扩大销售，以保证能够支持其股价上涨所需要的成长率。由于过度的延长货款回收时间，仅 1998 年到 2000 年的两年时间里，朗讯的应收账款周转天数增加了 50%，该公司采用激进会计制度的程度可见一斑。

4. 为降低库存，对客户大举放贷

网络通讯设备市场需求转向疲软，朗讯的库存大幅增加，原材料和成品库存出现负向背离。为降低库存，公司不仅继续采用更激进的方式促销，而且向客户高额放贷，鼓励客户购买其产品。在给客户放贷时，公司甚至不考虑客户的信用品质如何，即便是信用不良，对接近破产边缘的客户，朗讯也毫不犹豫地给客户放贷，鼓励其购买设备。而这些情况，公司都没有在向证券委申报季度和年度财报时作如实的披露。

5. 现金流量与盈利大背离

因为采用了如上所述的种种激进的措施，最终的结果是朗讯公司的营运现金流与净收入出现严重偏离，1999 年公司的现金流已经是负 10 亿美元，而收入却达到 30 亿美元。在这棵大树倒下之前，已经出现了很多危险信号和财务虚假的不实之处。

如果你是精明的投资人，运用我们前面介绍各种识别公司造假的研究分析法，就可以早日发现朗讯公司存在的问题，即使不去卖空，也可以逃过一劫。掌握这些知识和分析方法，就如同在老君炉中练就了一双火眼金睛，可以一眼区分出市场上的妖股和绩优股，运用卖空的手法为股市除妖，还股市一片净土。

我们通过财务和非财务的方法找出朗讯这只股市的蛀虫，但这还不是兴奋点，我们的最终目标是把我们的辛勤劳动通过卖空获利来获取应得的回报。既然目标已经锁定，该何时进场呢？从下图 3 - 12，我们来分析一下朗讯股价造顶形态的完整过程。图中 A、B、C 处是明显的头肩顶形态；1 处大量同时跌破 50 天和 200 天平均线，然后小量反弹，说明大户出逃，小户接手；图中 2 处死亡交叉的出现是明显的空头信号；图中 3 处在 50 天线附近艰难徘徊，但始终没有大买盘，大卖盘却不少，这个顶可能守不住了；图中 4 处大量跌破支撑线，是建立空头敞口的最佳进场位置，股价从此开始其下降趋势。

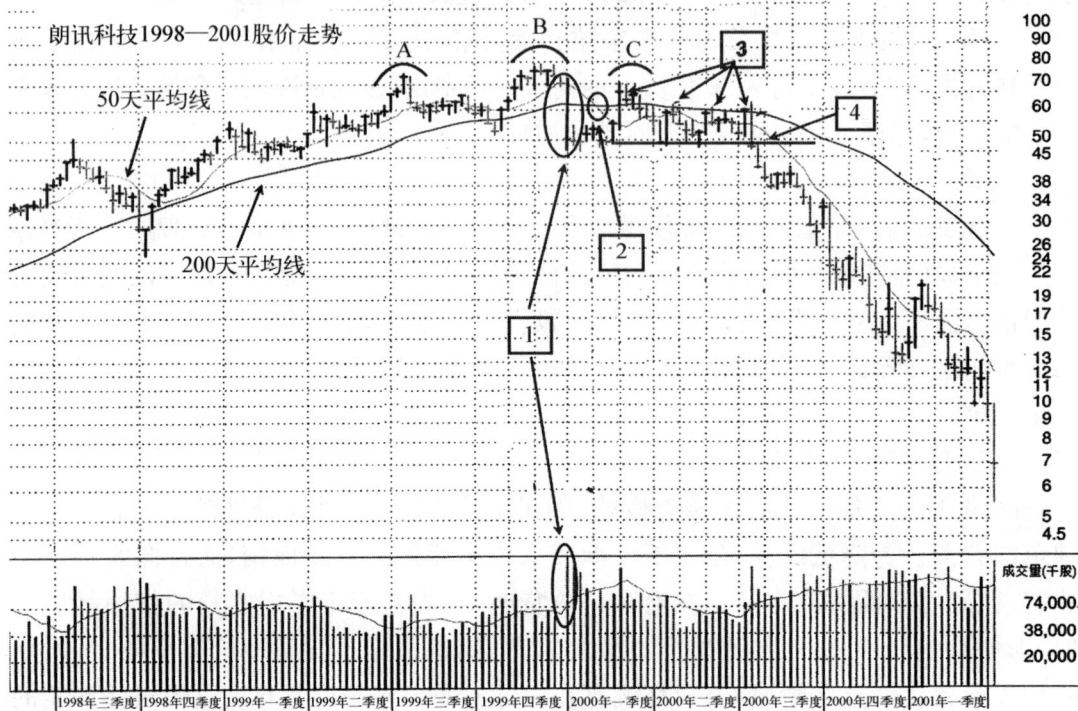

图 3-12 朗讯科技 1998—2001 走势图(Chart courtesy of TC2000®.com)

背离法锁定非理性投机的泡沫股

　　金融泡沫是过度投资的产物。正常情况下,所投资的资产价格变化应反映实体的真实价值,但当投资者失去理性,过度投资,资产的价格与实体真实价值的距离越行越远,以至达到不可理喻的地步,形成了泡沫。

　　人类历史上出现过无数的泡沫,17 世纪的荷兰郁金香泡沫,18 世纪的英国南海泡沫,20 世纪的美国 1929 年股市大崩盘,21 世纪美国因房屋市场次贷危机引发的金融海啸等等。泡沫破灭一个,又来一个。为什么会一而再、再而三地出现呢?这是人性的贪婪与恐惧的结果,每一次产生泡沫的对象不同,但过程相似,因为江山易改,但人的本性是很难改变的。

泡沫是怎样"吹"成的?

　　泡沫的形成可以分为四个阶段(如图 3-13 所示):估值较低,默默无闻,价格蓄势待发阶段;估值偏高,声名鹊起,价格节节攀升阶段;估值离谱,人人皆知,价格扶摇直上阶段;辉煌之后,回归理性,价格返璞归真阶段。

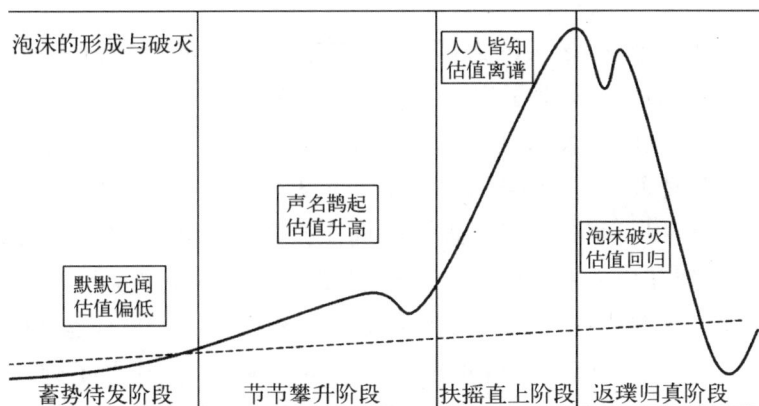

图3-13　泡沫的形成

- 蓄势待发阶段——精明投资人进场

精明的投资人往往总能洞察先机,发现好的投资机会。股市上许多泡沫在开始时,公司的知名度都不高,但已有相当不错的基本面,且相对估值较低,引起了市场精明投资者的关注。但因为公司还相对较新,精明投资人的判断也需要时间的验证,所以他们开始悄无声息地缓慢建仓,这是价格蓄势待发的阶段。

- 节节攀升阶段——机构投资人进场

公司的基本面继续良性发展,逐渐地,更多机构投资人也开始注意到该公司,被其未来的光明前景所吸引,也纷纷进场,随着价格的攀升,估值也相对偏高。这段时期有些信心不坚定的投资人看到股价上涨后,急于获利了结,股价出现短暂的卖压,但精明投资人则视每一次价格上涨的回档期为继续增加仓位的最好时机,所以价格在回调后,又会继续走高。

- 扶摇直上阶段——大众投资人进场

一旦精明投资人和机构投资人完成建仓,他们便会很乐意也很大方地与其他投资人分享研究成果,而这些机构投资者既是可以在金融市场呼风唤雨的能人,也是媒体的宠儿。在媒体的推波助澜下,该公司的名声大噪,引无数投资人尽掏腰包,价格一路飙升。股价的强势表现不断地吸引着越来越多的大众投资人的注意力,几乎人人都知道了这只股票,更多的资金涌入,价格也越炒越高。而此时的价格已经与基本面的真实估值产生了重大的背离,但在丰厚的投资回收面前,投资人已经很难理性地作出判断,也根本无暇考虑该公司的估值是不是过高,基本面条件能不能支持已高高在上的价格并继续走高等问题;他们只有一个信念就是,买进该股就能赚钱。即使投资人已感觉到是泡沫了,但还是可以找出各种理由说服自己,让自己相信,这不是泡沫,而是前景光明的投资。价格继续攀高,泡沫继续膨胀,也到了即将曲终人散的高潮时期。

● 返璞归真阶段——投资人恐慌出场

当所有的资金都进场，该买的人都买了，再也没有新的资金进入时，泡沫开始破裂了。投资人意识到情形发生了变化，精明投资人开始撤出，机构投资人也纷纷离场，虽然他们还会在媒体上表示，公司基本面依然强劲，这只是正常的回调，投资人无需过度紧张。大众投资人可能会暂时相信精明投资人或机构投资者的言论，而当看到股价继续下跌时，担心利润没了的恐惧心理让投资人惊慌失措中纷纷抛售，价格一落千丈，最终回归到其合理的估值水平。20世纪90年代，日本房地产泡沫时，东京的房屋价格被炒到每平方英尺 $139 000（约每平方米 $1 500 000），是当时纽约曼哈顿房价的350多倍，泡沫破灭后，价格回归，与其巅峰时期相比，相差了近80%。

泡沫在膨胀的过程中，几乎是人人都疯狂，无论是机构投资人，还是大众投资人，甚至连公司都认为是投资的最佳时机，都担心过了这村就没那店了。20世纪末美国科技网络泡沫时期，科技公司大受投资人的追捧，举凡公司名字与网络科技沾边的都是人们热衷的投资对象。当时，一家极不入流的名为 Norris Communications 的小公司，股价只有6美分，1999年公司更名为 E. Digital（E. 数据）后，其股价如同坐上火箭，飞向24.5美元，一年后随着科技网络泡沫开始破灭，该公司的股价也踏踏实实着陆，回到0.1美元。投资人在泡沫中就是如此不理性地投资，但这种疯狂不仅仅体现在大众投资人身上，也体现在公司的投资行为上。当年网络科技明星雅虎是被投资人捧上天的宠儿，而雅虎自己也被网络泡沫冲昏了头脑，斥巨资大举收购新兴网络公司，1999年它花费59亿美元收购 Broadcast.com，用43亿美元买下 GeoCities 网站，后来这两个网站都关闭了，100多亿美元的投资就在泡沫中消失殆尽。而泡沫的不断膨胀，也让一些生意与网络不沾边的公司跃跃欲试，希望向网络科技靠拢，搭上新兴科技的跑车。美国玩具巨头美泰公司（Mattel Inc.）就是其中之一，1999年它以40多亿美元收购了教育软件公司 The Learning Co.，在2000年又以2 700万美元将其转手卖给他人，这一投资基本是打了水漂。由此可见，当时的科技泡沫有多膨胀，与其真实价值的距离差距有多悬殊。据统计，那一时期纳斯达克上市的科技公司市值总和比世界上绝大多数国家的国内生产总值（GDP）还高。

泡沫膨胀过程中的投资人心理

泡沫的膨胀过程也可以用博傻理论、趋势外推和羊群效应等心理学理论加以解释。

● 我是难得糊涂，等待真糊涂的人

投资人都不傻，也知道价格过高，买的是泡沫，但是他也坚信即使现在买进了，一定还会有比他更傻的人用更高的价格买走他手上的泡沫，这就是博傻理论。每个人都抱着同样的心理，做着同样的游戏，一直继续下去，直到一个新的傻子接手进场后，忽然发现，后面再没有新的傻瓜跟进了，于是他成了这场游戏中最后的傻瓜，泡沫开始破灭了。泡沫可能随时都会破灭，谁能保证，自己不是最后的傻瓜呢？

● 知过去，晓未来

投资人根据某投资目标过去丰厚的回收表现，和现在炙手可热的火爆程度作出推断，预测到如果现在买进，也一定能从中获得相似比例的回收，于是赶紧进场，以免错过机会。这种根据投资标的的过去和现在的发展情形推断未来趋势的方法就是趋势外推法。其理念是决定事物过去发展的因素，在很大程度上也决定该事物未来的发展方向，现在已经上涨的还会继续上涨。

● 羊群效应

大众投资人是缺乏经验、信息闭塞的投资群体，他们没有第一手信息，也没有专业的投资模式，大多数情况是以市场上其他投资人的行为为自己投资方向的指导，也就是在跟风，这种情形称为"羊群效应"。放羊的人知道，管好了头羊，就管住了群羊，因为羊是很散漫的，平时无组织、无纪律，羊群碰在一起就瞎冲乱撞，但如果头羊动起来，其他羊就会跟随其后。"羊群效应"也称为"从众效应"，当街头巷尾都在谈论着投资某产品有多好时，投资人也就很少会独立思考该投资行为的对与错，而是追随大众的想法行动，也跟着买进。

卖空泡沫股的投资理念

泡沫就是由于投机行为造成了实际估值远大于真实价值的现象。当市场或个股出现这种实际估值和真实估值严重背离时，由于缺乏实体经济的支撑，最终的结果就是像泡沫一样随时会破灭。价格先是毫无理由地狂涨，继而再莫名其妙地瞬间暴跌，最终回归其原来的合理估值。这种价格与真实估值重大背离的修复过程也是卖空的良机，非常值得深入研究。

1. 泡沫无法用形成的时间长短来判断

泡沫持续的时间可长可短，有的或许不足一年，有的却可以持续三年五载。前面提到的美国网络泡沫开始于1995，破灭于2000年，大约持续了五年的时间。所以，泡沫无法用一个明确的时间作衡量标准，进而确定它何时会破灭并建立空头敞口。

2. 泡沫无法用传统的估值方法来判断

泡沫又是非理性投机的结果，既然是非理性的，也就没有价值可言，无法用传统的估值方法来决定何时可以卖空。

3. 泡沫无法用财务的方法来查证

泡沫公司和我们介绍的因为业绩不佳而造假欺骗投资人的公司不同，它不存在作假。泡沫在还没有膨胀之前，有强劲的基本面，投资人看好其美丽的前景而投资，生怕失去这一"千载难逢"的投资机会，投资的是一个未来前景光明的概念。

所以，要卖空泡沫股不能用常规的方法，我自己在长期的投资实践中创造了一种方法，把它称为背离法，具体做法分两步：

第一步：先确定估值严重偏离

泡沫时的价格比用最激进的估值方法所预测出来的未来价格还要相去甚远。

第二步：用技术分析理论来确认进场点

我们从价量表现、价格形态、动能、相对市场强度、投资人心理入手，同时参考历史上泡沫破灭的走势特点，寻找最佳进场时机。为什么用技术分析理论来确定进场时机呢？因为泡沫就是投资人心理上的非理性因素造成的，而技术分析的三大假设之一就是应用投资人的心理进行投资，所以解铃还须系铃人。

卖空泡沫股讲究的是技巧

卖空泡沫股有很强的技巧要求，与其说这是一种科学，不如说是一种艺术。当确定了某股票估值过高，是泡沫后，不能马上卖空。从理论上说，卖空的风险是无限的，如果是多头看涨，最坏的情形是公司可能破产，投资人的最大损失就是全部的本金，但如果是卖空，风险是没有上限的，股价可以涨到无穷高。

1998年夏天，我的一位事业有成的金融高才生朋友告诉我，他在35美元（雅虎分股后的价位）左右卖空了雅虎，理由是他怎么算雅虎的股价都太贵了。从当时雅虎的基本面来说，他说的并没错。但是那个时候，雅虎的投资人，从机构投资者到大众投资人，都处于疯狂的状态。投资人选择投资雅虎用的是博傻理论，靠的是从众心理，基本面的分析差不多是被抛在九霄云外了，雅虎的股价在2000年1月涨至其历史的巅峰256美元。我这位以基本面宣判雅虎死刑的朋友自己早已因追缴融资保证金而出局了。

那么，他错在哪里呢？首先，当市场出现泡沫时，是找不到估值方法的，基本上是属于1958年中国大跃进疯狂年代的做法，就是"人有多大胆，地有多大产"，所以亩产两万斤的口号也不足为怪。其次，他在价量表现牛气冲天、资金大量流入时，逆势操作，成为泡沫的牺牲品也不奇怪。正确的做法应该是这样：

一、认同这位金融高才生的观点，确认这是泡沫，坚信迟早要破灭；

二、等待见顶信号，如下图3-14。

图中1处：雅虎创新高无量，而回档时大量，可能是后知后觉的散户在买，精明的大户在跑；

图中2处：股价大量跌破关键的50天平均线，继而跌破200天平均线，是非常典型的见顶信号；

图中3处：出现空头乐见的死亡交叉（50天线跌破200天线）；

图中4处：股价在50天线附近苦苦挣扎，买家非常少，最后投资者信心越来越不

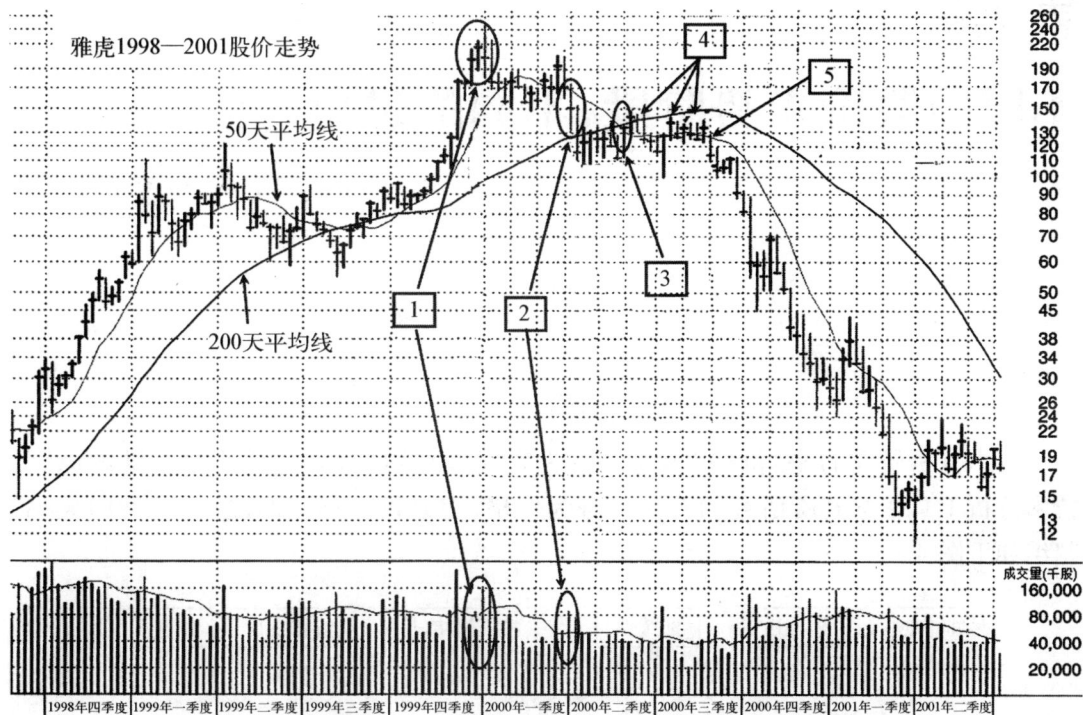

图 3-14　雅虎 1998—2001 走势图(Chart courtesy of TC2000®.com)

足,以至在图中 5 处全面放弃,大量跌破 50 天线(130 美元左右),这是最佳的卖空进场点,雅虎的股价也从此一去不复返。

综上所述,我们在卖空泡沫股时不仅要有耐心,更要讲究技巧,要牢记两个重要原则:

原则一,不要用传统的估值方法去衡量泡沫的价值来决定卖空。

泡沫股所延续的时间可能比你想象的要长得多,一旦发现提前卖空了,要果断停损。如果你做不到严格停损,千万不要做空。因为卖空的风险是无限的。

原则二,技术分析方法在卖空中占重要地位。

只有价格走势出现典型的顶部形态时,进场才安全。一般而言,市场曾经的宠儿一旦开始下跌,机构投资人和媒体通常都会出来护盘,所以股价造顶都需要一段时间,因此要耐心等待。

第四章

不同的股价走势阶段，不同的进出场法

技术分析研究的是"价格"本身的行为表现，而不是背后造成价格波动的原因。技术分析工具依据其所研究的对象可分为价格、交易量、时间和投资人情绪四大类，归纳如下图 4－1。

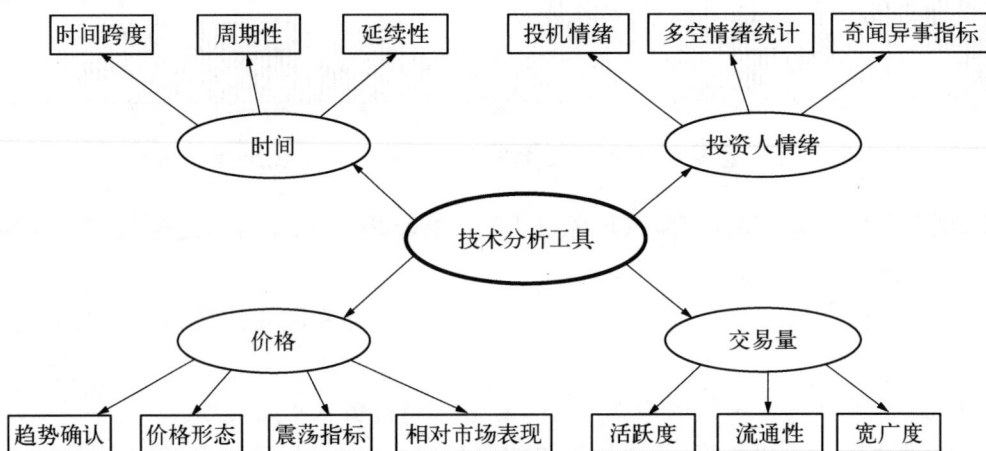

图 4－1　技术分析工具分类

技术分析的方法很多，而讲解技术分析的书籍更多，但大多是以介绍技术分析的工具为主，基本上都是就价论价、就指标论指标，而对于在实际投资中，什么时候该用什么指标却很少有较系统的说明。实战实用是本书的宗旨，所以在这一章中，我们就从实际应用的角度出发，讲解在价格的不同周期阶段，该如何正确地使用价、量、时及投资人情绪这四大类技术分析工具来确定价格的走势及最佳进出场点。至于各种技术工具的定义及用途，读者都可以通过网络或其他技术分析的书籍了解，我们在此只作简单介绍。

但在学习如何使用技术分析方法之前，我们首先要知道它的投资理念和理论基础。俗话说，内行看门道，外行瞧热闹，只有真正明白技术分析的理论，才能更好地掌握和运用此方法。而关于技术分析理论基础的文章和书籍也不少，但大多是以理论阐述理论，本书则主要从投资行为学（即投资心理学）和实战的角度剖析，帮助读者了解和掌握这一有效的投资工具。

第一节　技术分析的三大理论依据及心理学解释

技术分析以图形为主，分析价格的变化，判断价格的未来走势，技术分析者不是对价格趋势作凭空的预测，而是看技术图形怎么说，就怎么做。技术分析有三大理论假设：

一、市场行为反映一切
二、价格呈趋势运行
三、历史会不断重演

一、市场行为反映一切

（一）基石论

"市场行为反映一切"是技术分析的基石，这里说的"一切"包括政治经济的宏观因素、公司盈利的微观层面等公开和未公开的信息以及投资人的心理因素等，它甚至可以提前反映出恐怖袭击事件的发生。"市场行为反映一切"的假设是技术分析最基本的理论假设，如果市场行为不能全面地对影响价格变化的因素作出反映，而是时而有效，时而无效，那么技术分析的有效性就大打折扣了。

（二）供求关系论

供求关系影响价格变化是经济学的金科玉律。技术分析都认同股价的涨跌变化就是市场的供给与需求的反映。当需求大于供给时，价格将会上涨；反之如果供给多过需求，则价格将下跌。虽然技术分析不考虑是什么引起价格的变化，而只看股价变化的结果，但他们不否认价格的变化是宏观、微观和投资人心理等内因外力综合作用的结果。当基本面发生改变，或预期未来会有变动时，市场对股票等投资标的的需求也相应发生变化，如果基本面等因素朝好的方向变化，市场对该股的需求增加，价格就会上涨；相反，若基本面因素恶化，市场对该股的需求下降，价格就会下跌。所以，与其说技术分析是研究价格变化，不如说是通过研究供求关系的转变来找出价格变化的规律。

（三）间接反映论

影响股价变化的因素有基本面因素、心理因素和不对称信息等等，而供求关系的改变也正是基于这些影响股价的主要要素的变化。所以,技术分析其实是基本面、心理面或内幕信息等因素对股价作用的间接反映。

1. 基本面的反映

基本面包括宏观的经济形势、政策法令和微观的公司盈利等因素。当经济健康成长,公司盈利增加,基本面向好,市场反映出的是对该公司股票的需求不断增加,但市场上的供给有限,股价随之走高。如果经济疲软不堪,公司盈利缩水,基本面交恶,市场反映出的是投资人对该公司的兴趣下降,需求不强,但供给不断增多,价格因之一路下行。比如,运输公司,当新客户不断增加,基础分析的投资人根据公司客户量的变化计算其收入,预计公司营收将增加而买入该公司股票,此时市场对该股的需求强劲,技术分析的投资人就根据市场对该股票的需求增加、价格上涨而买入股票,并不问究竟是什么原因使股价上涨。由此可见,技术分析的结果其实是基本面改变的间接反映。

2. 投资心理的反映

市场行为是基本面改变的反映,更是投资人心理变化的反映。华尔街流行一种说法,投资是"三分经济,七分心理"。人们对未来预期的心理改变时,基本面可能还没有发生变化,但价格已经开始有所行动。20世纪七八十年代的中东战争时,石油供给并未受到影响,但投资人的内心认为战争将不利于未来的石油供给,原油价格已提前上涨了。这就是投资人的心理在价格中的反映。

牛市时投资人对市场的未来有信心,买入股票,需求大于供给,推动价格上涨,形成上升趋势。反之,在熊市时,投资人对市场失去信心,不仅不想买股票,还时刻准备着离场,导致供给增加,需求疲软,价格一跌再跌,形成下降趋势。所以说,技术分析是投资心理的间接反映。

3. 不对称信息的反映

技术分析不仅反映市场上已经公开的一切信息,而且也反映出尚未公开的内幕消息,即不对称信息(详情请见本书第一章第二节)。我们经常会看到,某公司在利多消息出来之前,股价已经悄悄地上涨了很多,或是在利空消息公布之前,股价几乎日日下跌。还有一种情形,当重大利多消息出现时,股价反倒不涨,或者在极度的利空新闻发布时,股价却并不下跌。这些都说明价格已经提前反映了消息,知情者在好消息被大众知道之前提前买入,在坏消息被公布于众之前早已离场。这也是为什么很多投资者在看到消息后再进场却很难赚钱获利,甚至赔钱的原因。研究股价与消息之间的关系在实际投资中非常重要,我们就多花一些时间,作详细的分析。

技术分析的价、量对市场各种信息的反映大致有以下12种情形,如表4-1:

表 4-1　股价对消息的反映

	利 多 消 息	无 消 息	利 空 消 息
上涨有量	利多消息带动价格上扬;需求强劲,大量资金流入;前景看好。	虽无利多消息推动,价格依然上扬,说明机构投资人预期将有利多消息到来;需求强劲,大量资金流入;前景非常看好。	非正常反映,市场完全忽视利空消息,价格不跌却大量上涨,说明坏消息没有预期的恶劣,或已提前反映在股价中;需求强劲(可能有部分卖空补仓),大量资金流入;最坏的时光可能已经过去了。
下跌有量	非正常反映,市场完全忽视利多消息,不涨却大量下跌,说明消息没有预期的好,或已提前反映在股价中;需求疲软,供给大增,资金大量流出;前景不乐观。	虽无利空消息推动,机构投资人预期将有利空消息到来,价格走低;需求疲软,供给增加,资金大量流出;前景非常不乐观。	利空消息推动价格下跌;需求疲软,供给增加,资金大量流出;前景不乐观。
上涨无量	利多消息本该大量上涨;无量说明无大资金流入,市场已提前反映了利多消息;前景不乐观。	在牛市中,说明上涨开始乏力,资金流入趋缓,可锁定部分利润;在熊市中,说明是超卖状态下的短期反弹,应是出场的好机会。	利空消息不跌却小量上涨,说明坏消息已反映在股价上,且没有预期的恶劣;仍有小量资金流入,持股人并未急着减仓;对看多方是不错的情况。
下跌无量	利多消息未带动股价上涨,却下跌,但无量;少量资金流出;前景虽不被看好,但程度尚不严重,大多投资人持观望态度。	价跌量小说明资金流出缓慢;在牛市中,股价可能要横向盘整,或小幅回档;在熊市中,可能短期见底,甚至会出现反弹。	利空消息未造成大量资金流出;在牛市中,这是一种健康现象,说明前景并不差;在熊市中,说明环境有所好转,坏消息只造成小量资金流出。

在上表所列的 12 种情形中,只有涨、跌有量的六种情形才值得关注,追踪上涨有量的股票寻找多头看涨的机会,研究下跌有量的股票发现卖空的机会。而价量表现无所作为的基本上也无太多利润可图,就不需要花时间精力去追踪研究了。

俗话说:"水有源,树有根。"股价的变动也都有原因,而价格走势反映了一切公开的或未公开的消息。2000 年 12 月的美国安然公司因做假账而破产的事件,不仅让很多大众投资人蒙受重大损失,也坑了摩根大通(JP Morgan Chase)和花旗银行(Citibank)等金融大财团,安然也成为公司欺诈的代名词。安然公司成立于 1985 年,以从事能源交易为主,后扩张成为世界最大的天然气、电力交易商之一。从 20 世纪 90 年代到 2000 年,安然利润成倍增长,股价从 1995 年的 15 美元左右升至 2000 年 8 月的 90 美元左右的历史高位。2000 年,安然在美国《财富》杂志的"美国 500 强"中位列第 7 名,在世界 500 强中居于第16位。而就是这样一个业绩傲人、成绩辉煌的企业,从2001年7月起,一些投资者和分析师开始对公司的营运和盈利模式表示质疑,到2001年12月2日公司申请破产保护,再到2002年1月15日被纽约证券交易所摘牌,仅半年多的时间就大厦倾覆,土崩瓦解,彻底退出了金融市场的舞台。但是,如果从股价的技术图形上看,安然的问题早在2001年7月之前就已经发生了,只是它还不被大众所知。其股价在2000年8月创历史新高后,价格走势较以前已有所不同,2001年初股价跌破头肩顶的盘整形态开始呈现下降趋势(如图4-2)。这样的价格行为告诉我们有人在大量卖出股票,因为公司长期的造假必然导致其最终无法自圆其说,公司的高管自然知道其中原委,于是开始抛售股票,但是对于向公众投资人通报公司经营的真实情况的做法,他们并不以为然,而是得过且过,能不捅破这层窗户纸,就不捅破它。然而高层卖股票不是小数量,也不会一两天就结束。我们不知道公司做假账,但股价的行为反映出,有不利于公司的消息在其后,这个时候我们不需要问原因,因为公司不是到了纸里包不住火的时候,是不会托出实情的。即使有投资人或一些分析师开始怀疑公司的盈利有问题,公司也会矢口否认。由于存在利益关系,分析师也不会立刻给出正确的股票评级,在安然公司准备申请破产的前一个半月的时间内,追踪该公司的15位分析师依然全部给出"买入"建议,此时股价从最高位已经跌去了近八成。而在安然申请破产的前20天,15位分析师中仍然有11位给出"买入"建议,仅有一位分析师建议投资人卖出该股。如果跟着公司高层的言论走,听着分析师的建议来投资,投资安然的结果基本上就是血本无归。但是,如果依照技术分析的方法行事,理解技术分析的价格反映一切理论,就会明白股价表现如此疲软,一定有不为人知的利空消息在推动,应该要果断采取行动卖出股票。多头投资人可以提早锁住利润,避免损失;空头投资人则可以卖空安然获得

图4-2 安然价格图形

丰厚的回报。这就是市场行为反映一切的最佳说明。

技术分析的"市场行为反映一切"不仅能反映宏观、微观层面的所有消息,甚至可以提前反映"恐怖事件"可能发生。俗话说若要人不知,除非己莫为。任何事情都会被人知道,包括谋划"恐怖事件",当然在事件出来之前,我们无从知晓到底会发生什么,但是技术分析的价格图形告诉我们有事情要发生,因为握有内幕信息的人已经采取行动出场了。我是 2001 年 9 月 11 日发生在美国的"911 恐怖袭击事件"的亲历者,当第一架飞机撞到世贸大厦时,我正在大楼底下的地铁转运中心,刚下了地铁,准备赶往公司。当时,我们不知道出什么事了,只看到警察在往里冲,大喊着要里边的人赶紧向外跑,大家都拼命地跑,到了外面时,第二架飞机也撞到世贸的另一大楼,只听到一声巨响,然后很大的冲击波袭向奔跑着的人们,灰尘铺天盖地,一位女士受到冲击波的冲击,摔了一跤,撞到我身上,她的高跟鞋也飞出去了,我赶忙把她扶起来。人们都朝着四面八方跑去,根本不知道是飞机撞了世贸大楼,有的人还往世贸中心的方向跑。到了公司,才知道发生了如此恐怖的事件。该事件使世界金融腹地华尔街陷入瘫痪,当日,美国股市及其他金融市场全部关盘,过了整整一个星期才重新开市。开市后的第一个交易日,道琼斯工业指数狂泻 684.81 点,跌幅高达 7.1%,恢复交易后的第一个星期,市场的跌幅高达 14.3%(图 4-3)。这是事件发生后市场的反应,而在其发生之前的两三个星期,市场已经显出将有大事要发生的端倪(图 4-4)。当时,并没有重磅的宏观或微观等基本层面的利空消息,但是按照我的选股程序却很难找到符合进场标准的多头投资目标的股票,与此同时,手中持有的多头仓位,却一个一

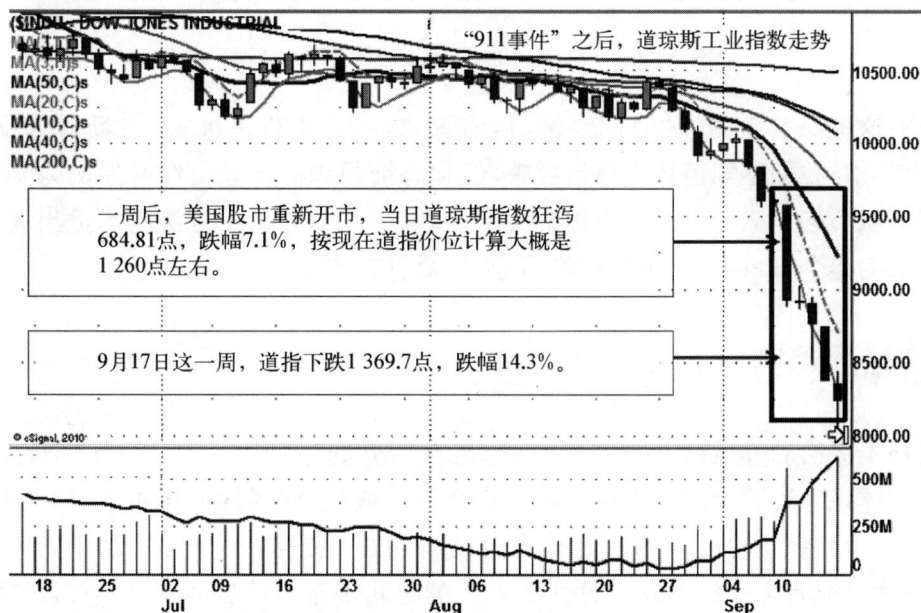

图 4-3 "911 事件"后道指走势(eSignal 图)

个地碰到设好的停损停利点,根据我的交易规则,手中的多头仓位被全部清空了。我当时感到很困惑,跟公司的同事说,大家最近进场要格外小心点儿,不知道有什么事情在等着。岂料竟然发生了如此人神共愤之事,我记得"911"的晚上,长时间的电闪雷鸣,大雨倾盆,真是天怒人怨。好在我们有严格的风控管理制度,在"911"之前我们的多头仓位都已被停损停利而卖出了,由我直接操盘管理的客户的资产没有任何损失。从另一个角度说,我们也真该感谢市场反映一切的理论,使我们没有花时间去追究为什么下跌,而是果断地卖出,才逃过了市场的这一劫。

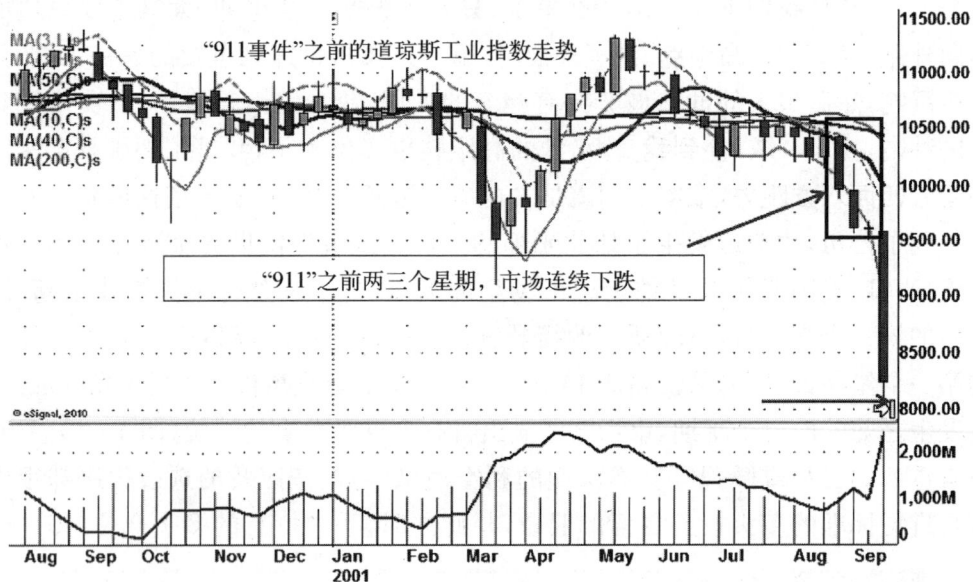

图 4 - 4 "911 事件"之前道指走势(eSignal 图)

我在这里花费篇幅以"911"为例,目的有二,一是想告诉大家"市场行为反映一切"所言不虚,我们不知道什么事情要来,但和恐怖组织有千丝万缕联系的人知道,他们会提前从市场上撤资。二是要提醒大家,如果用技术分析的方法决定进出场,就应听从图形的指令行事,当它出现危险信号时,要引起注意。

二、价格呈趋势运行

价格走势沿着其运行的方向延续,这是自然界的牛顿第一定律——惯性定律在股市上的体现。当股价的上升或下跌趋势开始形成后,在惯性的作用下,如果没有外力的作用,价格将沿着已开始的走势方向继续下去。正是因为价格依照趋势方向运行,投资才可能有丰厚的回收。股价在 70% 的时间是原地踏步的横盘走势,投资获利可能性较低,只有 30% 的时间有明显的向上或向下趋势,而在这三成的机遇中才存在着投资获利的巨大潜能。

（一）价格成趋势运行的背后是各种宏观或微观因素对股价产生持续影响的结果

价格运行依照趋势方向演变与"市场行为反映一切"是相吻合的。市场行为反映了任何影响股价的宏观和微观等因素。有利于股价上涨的经济成长趋势，除非有突发状况，通常都不会在短时间内转变方向。政府为刺激经济，或是鼓励某一行业的发展，所推出的经济政策、法规或扶持计划也不会朝令夕改，而是会在未达到预期效果之前，继续实行下去。所以宏观因素对股价的影响一般都不会是昙花一现的短期因素。公司盈利等微观因素对股价的推动也是如此。公司的生意要一单一单地做，盈利成长随着生意量的增加而加速，公司在市场上的竞争力也不会一夜之间就消失殆尽。只要公司能保持盈利成长，其股价上涨的大方向就不会轻易改变。所以，在宏观或微观消息的推动下，股价开始上涨时，如果这些作用力没有减弱，或没有因突发的外力因素改变了对股价的影响力时，价格将继续沿着上涨的方向运行。同样，当影响股价的负面因素一直如乌云罩顶，压制股价步步走低时，价格下跌的趋势也不会马上改变，如果没有利多因素的出现，价格会一直跌下去。

2014 年下半年开始，石油价格开始其下行趋势，由于全球经济增长减缓，导致石油需求疲软，而各产油国为保有自己市场份额又都不肯减产，使石油需求如麻绳提豆腐提不起，而供给却似江水滔滔，绵绵不绝地增加，供求关系严重失衡，迫使石油价格的走势一波低过一波。尽管在油价下跌期间偶尔出现过一些有利于油价上涨的因素，比如中东地区地缘政治的动荡或石油库存下降等消息，使油价下滑的脚步暂时停歇，出现短暂的抬升，但是直至 2015 年底，因为抑制油价下跌的供求关系的主因一直没有消退，所以价格向下运行的大趋势也始终没有改变。

（二）从估值的角度看为什么价格成趋势运行

任何用于买卖交易的对象都有其自身的价值，股票也是一样。衡量一只股票便宜或昂贵的方法很多，比如市盈率、市净率、市销率等等，但绝对不是像很多散户投资人那样，只看股价的高低来判断便宜与否，一家公司的股价是 15 元，另一家公司的股票卖 150 元，不能说 15 元的就便宜，150 元的就贵，毕竟买股票和在菜市场买西红柿完全不一样。关于如何评估股票的价值，我们在第二章相关行业分析中已有详细介绍，在此，我们只简单地用市盈率为例，来剖析是什么促使价格呈趋势运行。

1. 公司的市盈率

市盈率也称作本益比，就是股价与每股净盈利的比值，如果公司的股价为 15 元，其每股净盈利为 1 元，则市盈率为 15。推动股价上涨的一个主要因素就是公司的盈利成长，当公司的盈利在提高，如果市盈率保持不变，其股价就要上涨，如下表 4-2 所示。甲公司第一年每股净赚 1 元钱，其股价为 10 元钱，本益比是 10；如果公司第二年盈利比第一年增长了 50%，为每股净利润 1.5 元，本益比若要保持在 10，则其股价要涨至 15 元;第三年公司盈利继续成长,比第二年再高出 50%,达到每股盈利 2.25 元,本益比还是 10,股价应该可升至 22.5 元。

表 4-2　公司的市盈率与股价

	第一年	第二年	第三年
股价	10 元	15 元	22.5 元
每股盈利	1 元	1.5 元	2.25 元
本益比	10	10	10

随着公司盈利的增长,其股价也要随行就市,只要盈利成长的劲头没有减弱,其股价上涨的趋势就不会改变。

2. 市场的市盈率

从基本面来说,公司盈利、市场市盈率的扩张和红利是推动股市上涨的三大主要因素。公司始终保持盈利成长是很难的事情,盈利没有成长的公司在市场好的时候,股价也会随着市场的主流方向上涨。为什么呢? 因为在市场越攀越高的时候,整个市场的市盈率也在提高。2008 年美国金融危机之后,美联储为救市,刺激经济,在本已零利息的基础上,再实施大力度量化宽松政策,自 2008 年末到 2014 年 10 月结束,美联储分三次,共向市场注资 3.5 兆美元。在联储量宽开始后,美国股市于 2009 年 3 月从金融海啸的阴影中走出,开始了持续 6 年的上涨走势,当时标准普尔 500 指数的本益比为 13 左右,而经过 6 年的上升趋势,到 2015 年 12 月,标准普尔 500 指数的本益比已经高达 22 左右。这一段时间,市场的上涨除了公司盈利的增加所推动外,市盈率的扩张也是市场攀高的另一原因。而促使市盈率扩张,带动市场上涨的一个主要动力正是美联储施行的接近于零的低利息政策。利息太低,钱存在银行或买债券的利息收入甚微,资金无处可去,相比之下股市更有吸引力,而联储的量化宽松刺激计划也让投资人对股市更有信心。还有一个推动市场上涨的原因就是公司大规模地回购自家股票,在无法使盈利有机成长的情况下,很多公司借用低利息的大好时机,借债买回股票,变相提高每股盈利,标普 500 公司中有一半以上的公司是以每股盈利为标准衡量公司 CEO 的业绩的。所以市场上涨,但公司的盈利没有成比例增长,市场的本益比也就越来越高。如果甲公司从 2009 年到 2015 年的净利润没有丝毫成长,每股盈利始终是 1 元,其股价在 2009 年 3 月时为 13,本益比是 13,当市场的本益比从 13 提高到 22 时,甲公司的本益比也会朝市场平均本益比的水平靠拢,如果它的本益比也达到 22 的话,股价应该上涨到 22 元,若市场的本益比继续增高,甲公司股价也会保持和市场同步上扬的趋势,直到有足以改变此趋势的外力因素出现。

所以,从宏观与微观因素的作用和股价估值角度来说,股价一旦开始其上升趋势或下降走势,在促使其改变运动方向的外力出现之前,趋势是不会停止的。除此之外，投资人心理也是促使价格走势呈趋势运行的原因之一，我们将在下文分析"历史会不断重演"中具体介绍投资人心理对股价的影响。因此，华尔街常说"要与趋势交朋友"，我们中国古语也有"顺势而为，事半功倍"的箴言。做投资就是要学会善于寻找大趋势，抓住趋势，乘势投资，才可能获得优厚的回报。我们将在后面的章节中详细地讲述如何使用技术分析在上升趋势中做多获利，在下降趋势中做空赚钱。

三、历史会不断重演

"历史会不断重演"就是说价格会重复自己以前的形态走势。技术分析是通过对过去价格走势特征的研究，归纳总结出各种价格形态和技术指标规律，当这些现象再次出现时，便可预知价格将要如何变化。为什么价格的历史会重演？其根本所在是投资人心理作用的结果。股市的主角是人，市场上充满着贪婪与恐惧，无论是技术分析中的支撑与阻力，还是明显的上升或下降趋势，都与投资人的心理密不可分。下面，我们就从心理学的角度，对价格在盘整或形成趋势时投资人的心理进行分析，来验证价格走势的历史会不断重演这一技术分析的重要假设。

（一）支撑区——投资人的心理反应

下图4-5中，股价呈典型的区间盘整走势，A、C的价位区是支撑区，B点和D点是阻力区。我们就从投资人心理变化的角度来分析为什么价格回落至C点时不再下跌，而是重复了其在A点的走势，反弹上涨，使这一价位区间成为支撑区。又为什么当价格回升到D点时，就上涨乏力，像在B点一样反转下跌，使该价位区成了上涨的阻力？

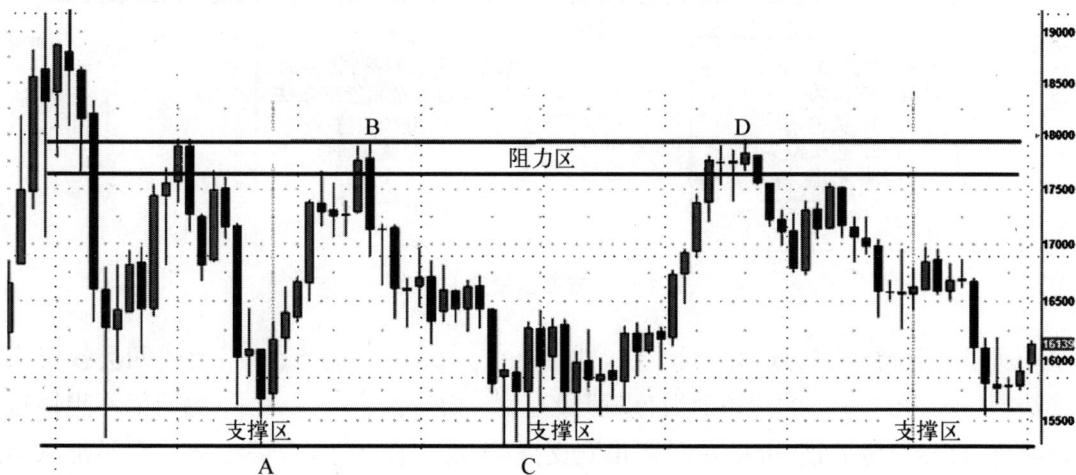

图4-5　支撑与阻力

当股价在 A 点时,如果不考虑卖空,投资人可以分为两大类四种人:一类是手中没有持股的投资人,有两种人,一种人是买进,另一种人是想买,但又想看看能不能买到更好的价钱,所以没有买进;另一类是手中持有该股的投资人,也有两种人,一种人是担心股价会继续下跌,卖出股票,另一种人则不想卖,继续持有股票(如图 4 - 6)。当价格在 A 点回头上涨,攀升至 B 点时,这四种投资人的心理反应如下:

A 点买进的投资人:庆幸自己买对了,有机会应多买;

A 点没有买进的投资人:后悔当时没买,认为 A 点是好价位,有机会一定要买;

A 点卖出的投资人:后悔自己卖得太早了,有机会一定要买回;

A 点没有卖出的投资人:庆幸自己没有卖出,有机会还要加买。

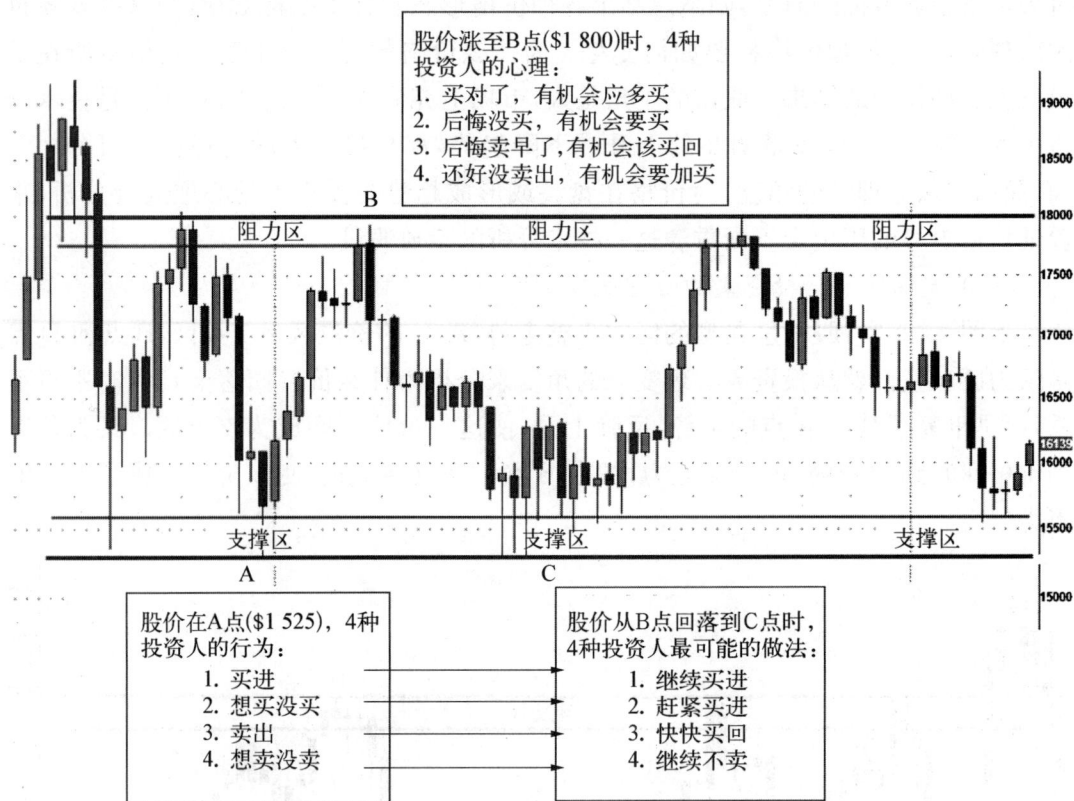

图 4 - 6 支撑区投资人行为

所以,当价格从 B 点回落到 C 点,即接近前一次 A 点的价位时,上述四类投资人都清晰地记得到 A 点的价位时股价就开始上涨,而这次机会又来了,他们都不想错过好时机,自然纷纷买进,价格在 C 点得到支撑,下滑力度消失,反弹上涨。在股价从 A 点涨到 B 点,再从 B 点跌落至 C 点再上涨的起伏过程中,主要有两种心理在驱动投资人,一是思维惯性,一是后悔理论。

1. 思维惯性(Knowledge Attitudes)

世界上每天都有很多事情发生,人们很难一一记下,最简单的方法就是对事物的特性加以总结以便于记忆,形成惯有的思维模式,但随着时间的推移,惯性思维的作用也越来越小。这也是支撑阻力的效果会越来越弱而最终被突破的原因。当股价从阻力区跌落至 C 点时,在 A 点的四种投资人因为思维惯性的作用,记得前一次价格到了这一价位就下跌止步而后上涨,于是他们都会买入该股,这就是支撑形成的心理学理论依据。

2. 后悔理论(Regret Theory)

心理学的后悔理论由格兰汉姆·卢姆斯(Graham Loomes)和罗伯特·萨格登(Robert Sugden)等所创立。都说世上没有后悔药,但是"悔不该当初"的事儿却屡屡发生,所以,一旦后悔该做的时候没有做,人们就总会努力尝试去弥补过去的错误。因此,当初在 A 点没有买进和在 A 点卖出的投资人看到股价上涨后,都对自己手中没有股票而感到非常后悔,当价格再回到 C 点时,他们也都不想再失去机会,坐看股价上涨而后悔莫及,便即刻采取行动买进。这便是支撑形成的另一心理学依据。

无论是投资人的惯性思维作怪,还是后悔心理作祟,总之,当价格再次接近 A 点的价位,市场上的四种投资人,有三种人在买进,一种人继续持有,价格便在同一价位附近(C 点)再次上涨。历史就是这样重演,直到某一重大消息的出现改变了支撑或是阻力区的平衡,价格便开始向上或向下走势。

(二)阻力区——投资人的心理反应

在阻力区的心理和支撑区一样,也是投资人的惯性思维和后悔心理作用的结果。当股价从 A 点上涨至 B 点时,同样会有四种情形:手中没有持股的投资人一种是买进,另一种是想买,但希望能买便宜一点所以没有马上买进;手中有股票的投资人一种是卖出,另一种想卖但没有卖出。当价格在从 B 点跌至 C 点时,这四种投资人的心理反应如下:

B 点买进的投资人:后悔自己买错了,有机会要卖出;

B 点没有买进的投资人:庆幸自己没在高点买入,知道这不是买点;

B 点卖出的投资人:庆幸自己卖对了,有机会还要再卖;

B 点没有卖出的投资人:后悔没有卖出,有机会要赶快卖出。

所以,当价格从 C 点反弹至 D 点,即前一次 B 点价位时,后悔自己在 B 点买错了的投资人和在 B 点没有卖出的投资人,要改正错误,都趁高价卖出;在 B 点卖出的投资人,看到股价又回到了高点,继续卖出;在 B 点庆幸没买进的投资人以思维惯性觉得上次股价到了这儿就回头,这次也会发生同样的情形,所以还是不想买。市场上卖盘大于买盘,也就是供给大于需求,股价上涨遇到阻力。在阻力区时,市场上的四种人,有三种人在卖,一种人不买,价格当然涨不上去,就再一次回落(图 4-7)。

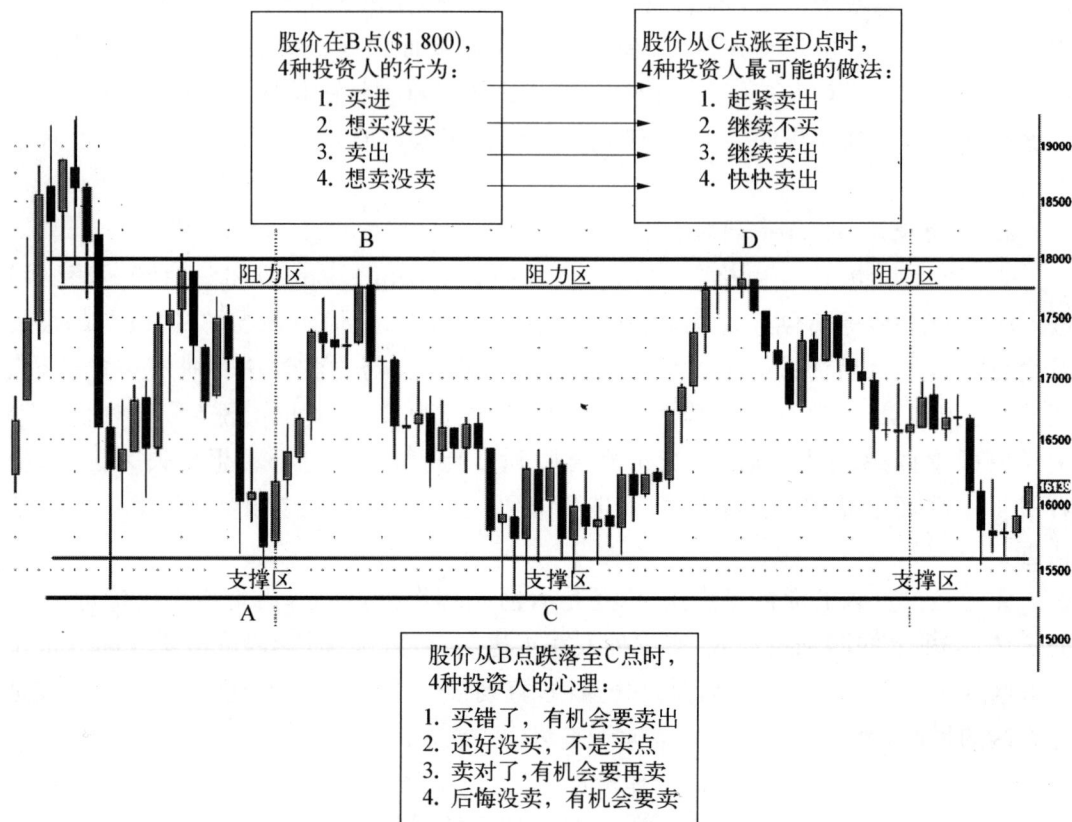

图 4-7　阻力区投资人行为

在投资人的惯性思维和后悔心理的作用下,股价重复着在支撑区反弹、到阻力区回落的价格走势,形成了盘整形态。盘整走势会持续下去,一直到某一重大基本面消息的出现,在消息驱动下,股价开始突破阻力区或是跌破支撑区,盘整结束,价格开始其上升或下降的趋势。

（三）趋势阶段——投资人心理

1. 价格上涨时的投资人心理

股市大部分时间都是在盘整,一旦盘整区被突破,价格不再回到盘整区后,便开始了向上趋势(如图4-8),投资人的情绪也随之改变。当价格刚刚突破时,投资人还是有如下四种情形:

第一种:在刚刚突破盘整区时买进的;

第二种:突破盘整时,想买但没买进的;

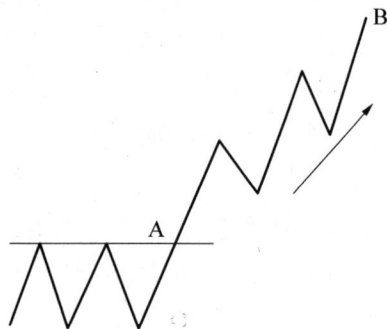

图 4-8　开始上升趋势

第三种：持有股票的投资人在股价破盘整区时，卖出持股的；

第四种：持有股票，想卖但没有卖出的。

我们都知道股票市场上"是价格引导消息，而不是消息引导价格（Price leads news，not news leads price）"，所以当股价改变原来的横向盘整走势，向上攀升时，分析师、媒体也都尽一切可能找出股价上涨的理由。眼见着股价步步高涨，上述四类投资人中，有股票在手的很高兴，自己买对了，等待有好的机会再加买；卖出股票和想买未买的投资人就很后悔没能在最好的价位买入，希望能够有机会买进。股价不断攀升，舆论也一边倒地看好该股，越来越多的投资人喜欢这只股票，看到别人买了赚钱了，自己也不能落于人后，也要买入，这也就是心理学上从众心理在股价走势中的典型反映。

从众心理（Adaptive Attitudes）

从众心理是穆扎费·谢里夫（Muzafer Sherif）提出来的，1937 年他做了一个很著名的实验，让一群人坐在一个黑暗的房间内，通过一个小洞观察一个光点，并事前告诉参与实验的人们，这个光点会移动，要他们估计出光点移动的距离。实际上，光点根本没有被移动。参与实验的人被分成几组，其结果是，大家都认为光点被移动了，至于移动了多远，同一组的成员对光点移动的距离基本上观点一致，而不同组之间的意见则大相径庭。这就是说，人们的思维判断经常会因受到周围人言论的影响，形成相同的观点，特别是对很复杂或难以预测的事情更是如此。当人们拿不准主意时，就会随大流，也就是人们常说的人云亦云吧。这种从众心理在股市投资中是很常见的，当市场牛气冲天时，人人谈股，全民炒股，最后连从不知股票是什么的人都在讲股票，以致忘记了投资的风险，比如 2000 年时的美国股市，以及 2006 年和 2015 年中国的全民炒股时光，这些都是投资人从众心理的极致反映。

2. 价格回档时的投资人心理

股价在上升趋势中，不会一直上涨，因为投资人的恐惧与贪婪弥漫在市场上。贪婪的心理让投资人期待价格能涨得高一些，希望利润继续奔跑，所以并不急于卖股票。而恐惧的心理又让投资人总是担心，价格会跌下来，既得的利润会缩水。所谓"百鸟在林，不如一鸟在手"，一旦市场有风吹草动，他们会很快卖出股票，这就使股票在上涨过程中出现了回档休整的时候（图 4 - 9）。

在股价刚刚突破时没有买进或是卖出的投资人，由于后悔心理的作用，渴望在价格疲软时能有机会买入，最理想的买进价格当然是突破盘整时的

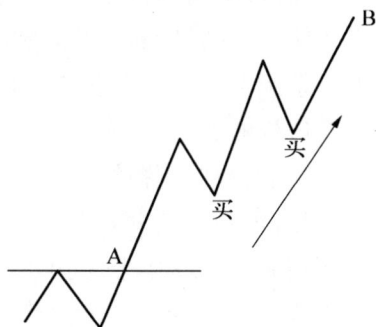

图 4 - 9　上升趋势中的回档

价位,即他们之前卖出股票的价位。但因为公司的基本面仍然被看好,分析师和媒体也都继续为公司唱颂歌,投资人认为股价回档是个别人获利了结所致,公司的前景仍然是一片光明,股价的回档是短暂的,应是买进的好机会。在这种氛围影响下,他们也认为应该买入,至少回档后的价位比之前的高价位便宜多了,买进后如果股价再涨回原来的高点就可以把失去的中间这部分的利润挣回来。投资人为自己在此时进场是正确的找到了理由,这种心理就是自我保护心理。在此心理的支持下,这类投资人买入该股,价格止跌,回档结束,股价重回上涨趋势的进程。

自我保护心理(Ego Defensive Attitude)

自我保护心理是美国哥伦比亚大学的研究员约瑟夫·T. 克拉珀(Joseph T. Klapper)于1960年在他的书中提出的,此心理所反映的行为是,人们总是选择对自己有利的观点,为自己的行为找到正确的理由。这种心理在投资人中可以说是相当普遍。我们经常听到投资人表示很喜欢某只股票,因非常适合短线炒作,买进后,如果赚钱了他会马上获利了结;但若事与愿违,股价没有朝其预期的方向上涨,而是转头下跌,短线获利的希望破灭,他却不想赔钱停损卖出,于是就给自己找出一堆理由将短线炒作变成长期持有,比如,这是很好的公司可以长期投资,或者我没有卖出股票,只是纸面损失,不算真正赔钱。大多数散户投资人都是先卖赚钱的股票,把赔钱的都攥在手上,如果不是遇到诸如追缴保证金通知(Margin Call)等情况而被迫出仓,他们是不会主动卖出赔钱的股票的。在熊市时,大部分人都被套牢,也都不会主动地卖出赔钱的股票,甚至连看都不想看了,所以熊市的时候,市场的成交量不大。而当投资人因追缴保证金等原因被迫将赔钱的股票卖掉时,熊市可能也就到头了。

股价的上涨力度暂时减缓时,投资人担心如不在此时买进恐怕又失去机会,在从众心理的驱使下,他们也希望买进该股,同时,基于自我保护的心理,他们会找出股价回档是正常的、大趋势依然存在、价格还会上涨等理由,表明在此时买进该股以纠正自己在价格突破时失去良机的错误是明智之举。

所以,在股价的上升趋势中虽会出现短暂的歇息调整,但投资人在从众心理、后悔心理和自我保护心理的作用下,价格每次稍事休整后,又会被推向新高,并不断重复着这样的走势,形成了高点越走越高、低点也越走越高的上升趋势。

当股价在下降趋势时,也会出现同样的走势,只是方向相反,因为投资人希望尽快出场,所以股价每次反弹后,又会滑向新低,如此反复,形成高点低、低点更低的下降趋势。读者自己也可以参照上述方法,将投资人分为几类,应用投资人的从众心理和自我保护心理,就会得出当股价进入向下趋势时,其价格走势特征形成的原因。

股价在筑底、上升、造顶和下降四个不同周期阶段,投资人的心理反应归纳如下图 4-10。

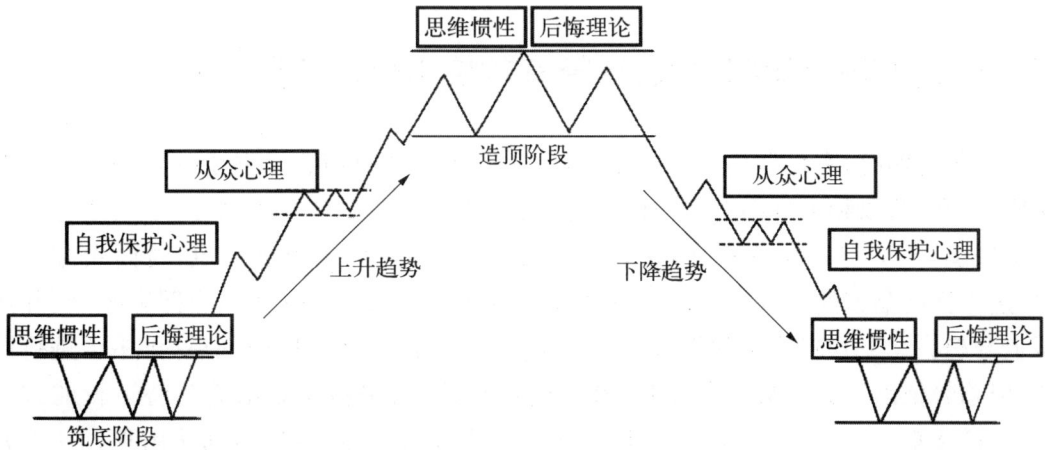

图 4-10 心理学理论在股价各阶段的应用

技术分析的三大理论假设给我们的启示

"市场行为反映一切"、"价格呈趋势运行"和"历史会不断重复"三大理论假设是技术分析的理论基础,我在学习研究这些理论时得到很多启示,在此与读者分享,希望对你们理解和掌握技术分析这一有效的工具有所帮助。

"市场行为反映一切"的启示:当价格出现异常的大涨大跌之时,其背后一定有原因,不必急于寻找其中的原因,而是要立即作出买进或卖出的决定。在实际投资中,常常是当你把原因搞清楚后,股价也已经完全变了样,找到的原因已毫无投资价值了。所以在金融市场上,是价格引导消息,而不是消息引导价格,否则"市场行为反映一切"的理论假设就不成立了。

"价格呈趋势运行"的启示:发现趋势,并顺着该趋势的方向投资和交易比逆势操作的成功率更高。华尔街的名言"截短亏损,让利润奔跑(Cut loss fast, let profit run)",就是对这一理论最精辟的概括。在现实生活中人们常说"识时务者为俊杰",在股市投资中更要辨清方向,认清大势所趋,资金所向。

"历史会不断重复"的启示:技术分析是可以信赖的。因为几百年来,投资人在变,人性却不变,所以,许多反映人性特征的技术形态就一而再、再而三地重复出现,这为我们预测价格未来走势,寻找最佳进场点和出场点提供了有效工具。

第二节　筑底阶段没有结束前不要急于进场

认识价格的每个周期阶段,选择有效技术分析工具

一年有四时,春夏秋冬周而复始,每一时令季节各有特色。股价的走势也同样有筑底、上升、造顶和下降四个阶段的周期变化(图4-11)。价格大幅下跌后,卖方势力逐渐减弱,买方势力略有抬头,买卖双方在此拉锯,时而买方占上风,时而卖方高一筹,进入横向盘整的筑底阶段。当买方势力逐渐压倒卖方,价格从底部突破,便开始了上升趋势。上升趋势常常不会一口气完成,而是在上涨一段时间后,价格会进行调整,但趋势依然为买方势力所掌控,在短暂休息后,价格再重新沿着趋势运行的方向前进,最终走完上升趋势,就像爬山一样,爬一段,歇一会儿,最后到达山顶。在上升趋势的全过程中,休整后再迸发的情形可能会重复出现多次。上升趋势接近尾声时,买方的势力逐渐减弱,卖方势力悄悄发展,买卖双方力量此消彼长,又开始了对抗战,价格也由上升趋势转入横向盘整的造顶阶段。造顶阶段的后期,卖方势力逐渐居于支配地位,价格跌破顶部盘整区,开始了下降趋势。和上升趋势的完成过程相似,下降趋势中也是经过一次或多次休整再继续的模式,最终完成整个走势。

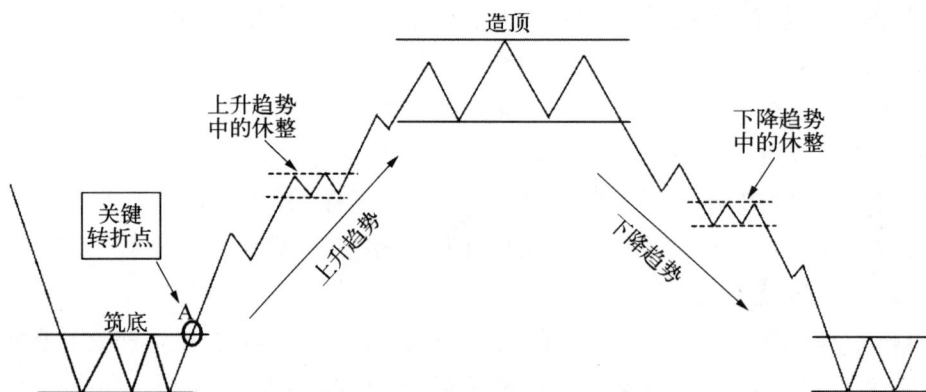

图4-11　股价走势的四个阶段

价格在不同的周期阶段,其形态、交易量、趋势和指标等都各有特点,因此技术分析工具在每个周期阶段的效用也不尽相同。在没有方向的盘整阶段,如果用趋势指标作进出场信号,获利的难度较大;而在上升趋势中,如果用区间震荡指标决定出场,可能在趋势还没结束之前就提前了结,失去获得丰厚利润的机会。所以,正确有效地使用技术分析的前提是要能准确判断价格所在的周期阶段。我们将按照价格周期,

分段讲解每个周期阶段的特点，如何判断，该使用什么样的技术分析工具，采取何种投资策略，并将重笔介绍筑底阶段结束开始上升趋势（图 4－11 中 A 点的位置）时的投资策略，因为这是趋势改变的关键转折点，也是最佳的进场点，更是所有技术分析者所追求的理想进场点，此时进场，风险低，获利空间大。

希望读者朋友通过每一价格周期的学习后，能够掌握以下要点：

- 如何判定价格所在的周期
- 适用于每一周期阶段的技术分析工具
- 不适用于每一周期阶段的技术分析工具
- 每一周期阶段的投资策略

筑底阶段的特点

当价格大幅下跌后，利空消息基本出尽，进一步下跌的动力消失，但也没有能够推动股价大幅上涨的力量，价格进入底部盘整的筑底阶段。价格在盘整期间既不会像上升趋势，高点越走越高，也不会像下降趋势，低点越来越低，而是上涨时高不过某一价位，下跌时也低不过某一价位，在高低价格之间出现两三次甚至更多次的反复波动。盘整阶段的高点基本上相似，低点也大致相仿，从高点和低点各引一条线，就是盘整区的支撑线和阻力线（图 4－12），价格被约束在支撑线和阻力线之间横向徘徊。盘整区的底部是支撑区，顶部为阻力区。

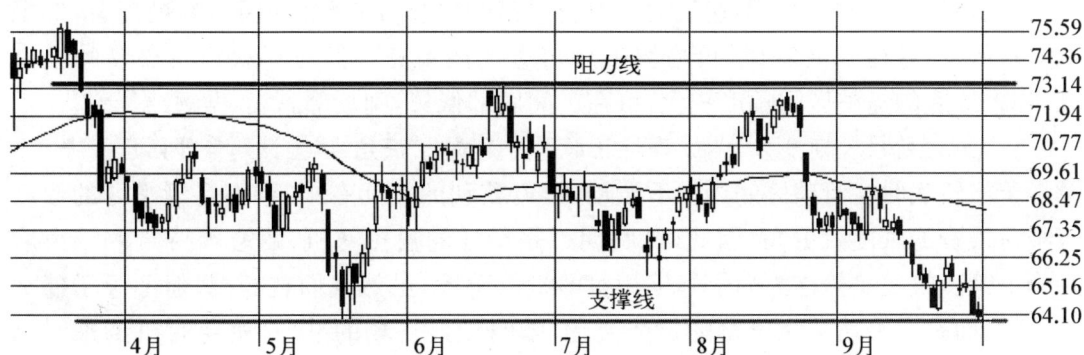

图 4－12　盘整区的支撑与阻力（Chart courtesy of TC2000®.com）

如何通过对价、量、时和投资人情绪的分析判断，确定价格进入筑底阶段？

（1）股价：价格在一定的区间内波动；平均线走势趋于平缓，无序排列，价格在平均线上下波动，长期平均线与短期平均线之间的距离忽宽忽窄（图 4－13）。

（2）交易量：筑底阶段是股价从顶部下跌，到此止步，开始打底。股价下跌可能是因公司盈利不佳，行业前景暗淡，或者是大市的原因，引起投资人的恐慌抛售，导致

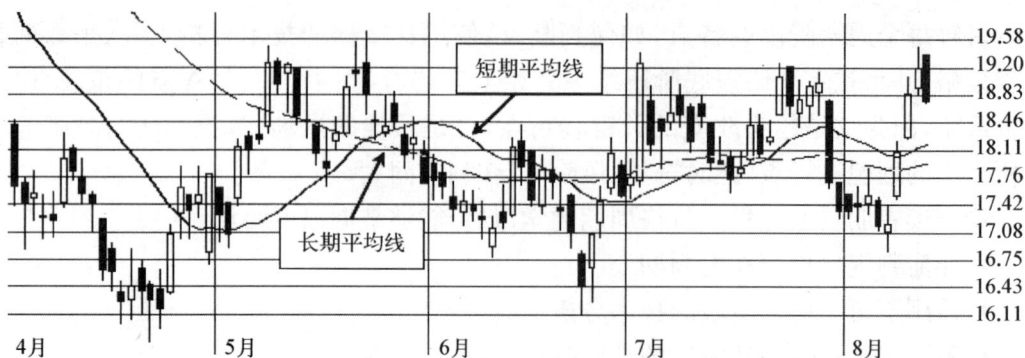

图 4-13　筑底期间的平均线(Chart courtesy of TC2000®.com)

价格一路下跌。价格到底部后,成交量与前一段价格下跌时相比开始萎缩。

（3）时间：底部盘整的时间可能是几个月,也可能长达几年,盘整的时间越长,其后突破盘整,开始上升趋势的力度也越强。

（4）投资人情绪：底部盘整,经常出现利空消息时,股价下跌,但跌不破支撑区;而利多消息时,股价的上涨也涨不过阻力区。原因在于,投资人已失去信心,对公司的动态表现冷漠,该公司也不是市场头条所关注的对象;另一方面,股价到了底部,该卖的人都卖了,没有卖的,也不急于卖了。

筑底阶段的投资策略

筑底阶段,方向不明,不建议大笔建仓,特别是追求高资金利用率的投资者,应采取静观待变,等待筑底完成,价格突破后再进场的策略。但对喜欢短线交易的投资人,如果筑底的盘整区间幅度较大,可在区间底部低买,到顶部高卖,做短线操作。

一、筑底阶段长期投资策略：等待底部形态完成,筑底结束,上涨趋势开始后买进

价格筑底时在盘整区间内上下波动,投资获利的空间有限,特别是盘整区的幅度很窄时投资的难度就更高,因此,筑底期不是最佳的投资时机,耐心等待筑底结束应视为上策。筑底是价格为向上爆发积蓄力量的阶段,虽然我们在等待,但不等于什么都不做,而是应密切关注价格的走势变化,随时做好进场的准备,避免时机到来时措手不及。该如何准备呢? 我们可以借助底部反转形态,来确定价格的筑底阶段是否将要结束,从而作出相应的进场设置。

股价的变动取决于市场上需求与供给的变化。底部盘整是多空双方互相较力,一段时间内,供给大于需求,卖方势力强;一段时间后,需求大于供给,买方又暂时控制了市场。市场的供求变化反映在价格上,其变动的轨迹形成了价格形态。价格与交易量在买卖双方的拉锯过程中出现不同的形态,比如,双重底、三重底、圆形底、反向头肩底、V形底、岛形反转、矩形底等都是筑底阶段常见的价格形态,其中双重底、

圆形底、三重底、头肩底和矩形底是很典型且成功率较高的底部反转形态。我们将从形态的形成与特点，进场设置、进场信号及风险和利润管理四方面对这五种成功率高的典型形态详加说明。

典型底部反转形态之一：双重底的特点与交易策略

● 形成与特点

当价格延续下跌走势，出现新的低点，喜欢捡便宜的投资人趁机逢低买入，价格逐渐回升，到一定高位后，由于公司的基本面还没有明显改变，股价遇阻力再次下跌；当股价跌至上次的低点附近时，买入者看到上次价格跌至此位置后开始反弹，因此再次买入，而卖出者在此也不再急于出手，价格开始上涨；如果股价继续攀升，冲破两次低点之间的高点，并伴有大交易量时，宣告双重底形态完成，筑底阶段结束。一般来说，双重底第一个低点时的交易量比第二个低点要大，如图 4－14，当价格第一次跌至低点（A）时，持有股票的人恐慌，纷纷卖出，同时价值投资人认为股价便宜了趁低买入，导致交易量大增（A'）。而第二次下跌时（B），投资人已经不像前一次那么恐慌，基本上到这一时刻，还继续握有该股的大多是非常"坚定"的投资人，所以交易量也比第一次的低点时减少（B'）。

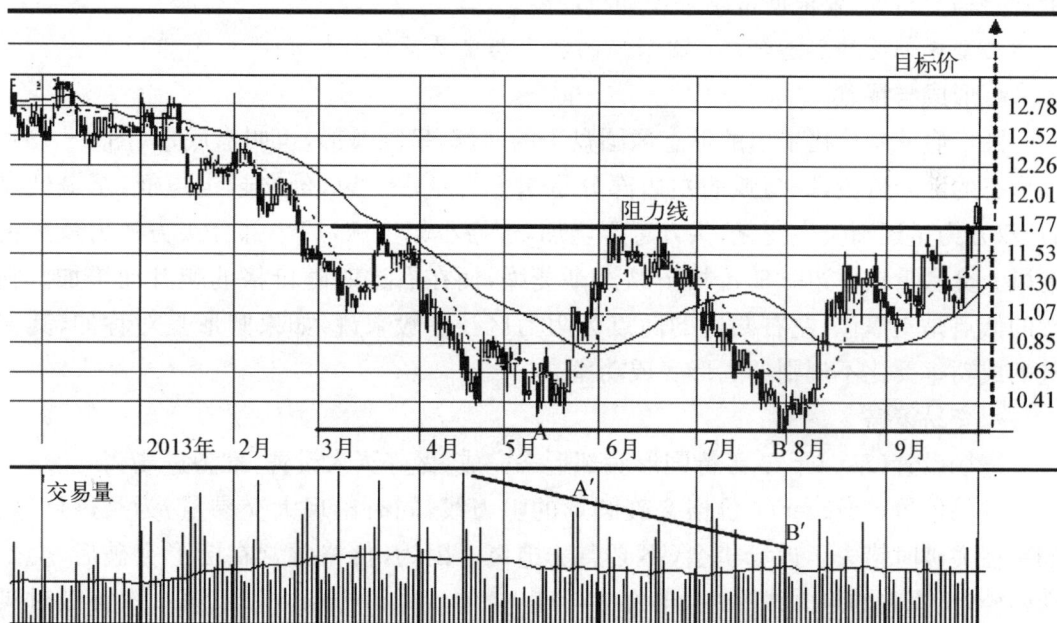

图 4－14　双重底形态(Chart courtesy of TC2000®. com)

● 交易策略

进场设置（Set Up）：双重底形成的时间可能是几个月，也可能是几年，如果在形态还未完成时，提前进场，投资的利润可能微乎其微，而资金被长期套牢的可能性却很高,难以最大发挥资金的使用率。所以,最好静静地等待形态完成,筑底结束。在此期间,我们所能做的是根据双底形态的特点,做好进场准备。

进场信号(Trigger):价格大量上涨突破阻力线,且伴随大交易量时,为买进信号。双重底突破后,通常有回档的机会,在价格回调时,原来双重形态的阻力线已经改变角色,成为支撑线。若未能在形态突破时第一时间买进,可以等到价格回档到支撑线附近,再上涨时择机进场,此时也是加仓的理想时机。但要注意的是,健康的价格回落交易量不能过大,如果下跌时伴随交易量,那就要另当别论了。另外,突破的力度越强,回档的可能性越小,千万别因小失大,以为价格已经涨高了,不想花略高的价钱买入,结果却失去了股价飞升的巨大投资机会。

风险与利润管理:双重底突破后,价格会有一定的涨幅,但如果破线后,价格又跌回到双重底形态的阻力线之下,特别是收盘时收于其下,表明此次突破可能失败,真正的形态或许还没有完成,比如说可能形成三重底或者是矩形盘整等等,此时应考虑减仓甚至是出场。

参考目标价为双重底形态的最高价位加上形态的最高与最低点之间的距离,如图4-14所示。目标价仅为参考,未必突破后就一定涨到目标价,也不是说到了目标价就要马上出场,要根据价格表现随机应变。

典型底部反转形态之二:圆形底的特点与交易策略

● 形成与特点

圆形底就是价格走出的形态像圆盘子的底部,呈圆弧形,也叫盘底形(图4-15)。该形态的前半阶段,即圆弧的左边部分是卖方力量占上风,价格越走越低,至最低点后,双方力量逐渐发生变化,买方意愿增加,价格小幅上涨,后半部分买方的力量渐占上风。交易量在左边时随价格下跌渐渐萎缩,而在右边时随价格的爬升而增加。圆形的低点是支撑位,左右两边的高点为阻力区。一般来说,如果圆形是对称的,其突破的成功率要比不规则的圆形底成功率高。

● 交易策略

进场设置(Set Up):等待圆形底部形态完成,做好买入设置,准备进场。

进场信号(Trigger):价格突破圆形的阻力线,同时出现大交易量,为买进信号。如果在突破时错失了进场机会,不必急于追高。因为,价格常常在圆形突破后,会出现回档,至原先的阻力线附近,当价格再度上涨时,择机进场。如果第一次突破时买入了,可考虑在此处增加仓位。只是回档的程度因突破的强弱不同而有差别,一般而言强势突破后,回档的可能性不大。

风险与利润管理:如价格突破后,又跌回到圆形的阻力线之下,表明形态可能尚未完成,应考虑降低仓位或者出场。

参考目标价为突破时的价位加上圆形阻力线到最低点的距离,如图4-15所示。

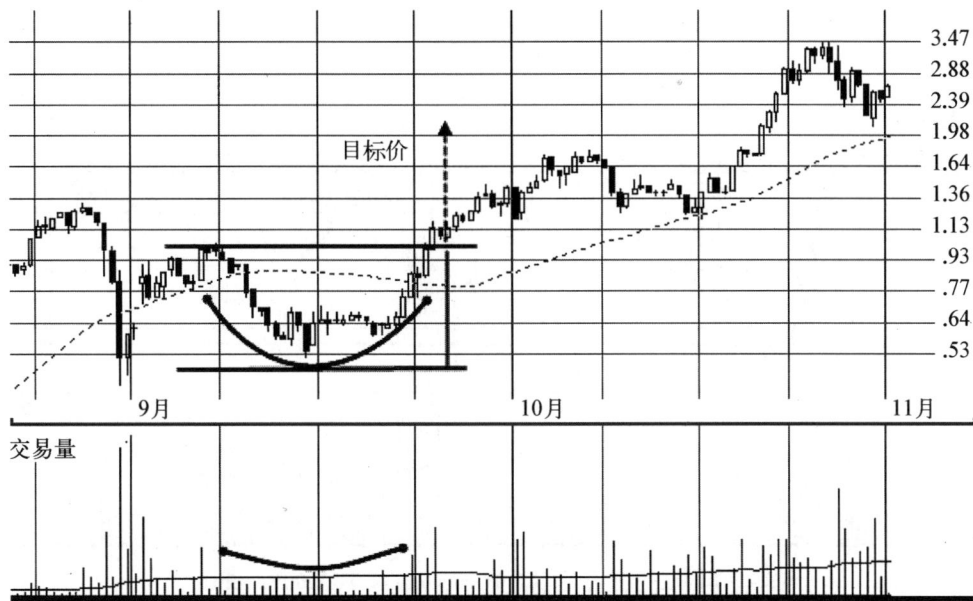

图 4 - 15　圆形底形态(Chart courtesy of TC2000®. com)

目标价仅为参考,根据实际表现调整。

典型底部反转形态之三:三重底的特点与交易策略

● 形成与特点

三重底是双重底的延续,好比双重底未能突破,再度下跌出现了第三个低点,形成了三重底(图 4 - 16)。这也是为什么我们一再强调要耐心等待形态完成后再进场。如果贪图价格便宜,在形态没有完成之前提前进场,资金可能会在相当长的时间被套住,实际上是丢西瓜捡芝麻。交易量在第一个低点时很大,但随着第二和第三个低点的出现,交易量逐渐萎缩,也就是说卖方的力量在削弱。三重底形成的时间比其他形态的成形时间长,因此该形态常易在周线图中见到。

并不是出现三个低点就形成三重底,它的一个重要特点是三个低点基本相同。如果中间低点比其他两个低点低,可能形成头肩底(后文中详解)。价格三次跌至同一水平线就会被买上去,因此支撑区的支撑能力很强。

● 交易策略

进场设置(Set Up):耐心等待形态的完成,同时做好进场设置准备。

进场信号(Trigger):当价格向上突破阻力线,放量上涨时,即为买进信号。如果未能在此买进,可等待回档的机会,若价格无量回档到三重底的阻力线(现已变为支撑线)附近,再上涨时是第二次买进的机会。

风险与利润管理:如果价格又跌回到三重底形态的阻力线之下,特别是收在其下,突破可能失败,应考虑减少持股或全部卖出。

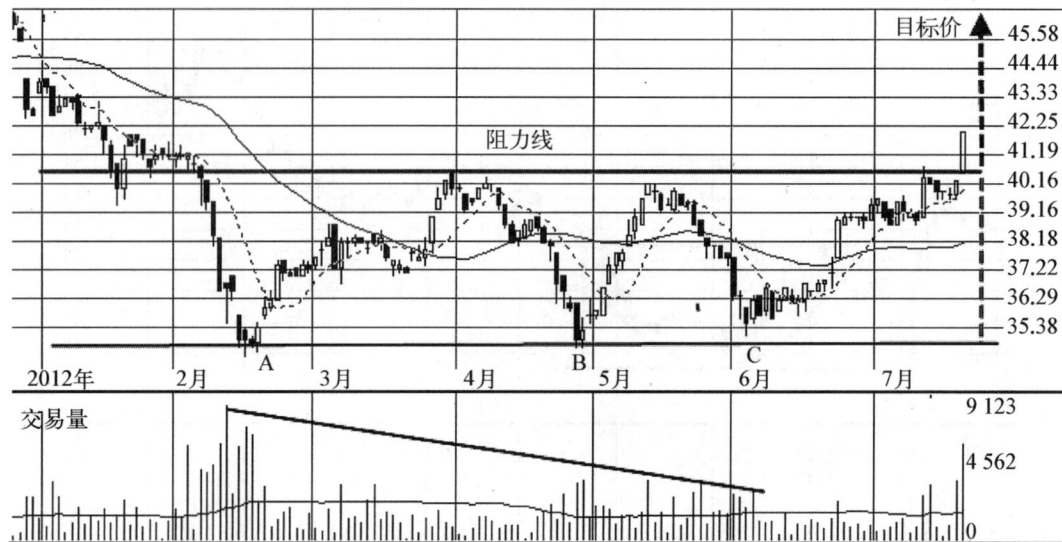

图 4-16　三重底形态(Chart courtesy of TC2000® . com)

参考目标价为形态的最高价位加上形态的高低点之间的距离,如图 4-16 所示。目标价仅为参考,未必突破后就一定涨到目标价,也不是说到了目标价就要卖,市场多变,交易也该随机应变。

典型底部反转形态之四：头肩底的特点与交易策略

● 形成与特点

头肩底形如其名,"两个肩膀扛一个头",但是倒着头和两肩(图 4-17),所以也称"反头肩形态"。在下跌趋势的尾声,价格创新低后反弹,上涨到一定位置后,再次走低,而这次的低点比前一个价位更低,价格再次反弹,至前两次低点间的最高位附近,再度下跌形成第三个低点,但这次的低点不会低过第二次的低点。价格前两次的上涨都遇到阻力回头,说明市场的供给大于需求,卖方势力较强。但价格两次从低点上涨,买方已经在积蓄力量,当价格从第三个低点上涨时,买卖双方的力量改变,买方势力继续增强,战胜卖方,价格终于突破阻力线。在这一过程中,第一次的低点是左肩,第二次的低点为头,第三次的低点是右肩,左肩形成后的高点(A)和头部出现后的高点(B)的连线为颈线(图 4-17)。一般情况下,左肩的交易量很大,头部时交易量减少,到右肩时交易量继续萎缩。当价格从头部向右肩爬升时,成交量逐渐增加,说明需求在增加。和圆形一样,对称式的头肩底突破的成功率会更高。

● 交易策略

进场设置(Set Up)：做好进场设置,等待形态完成,准备进场。

进场信号(Trigger)：当价格突破颈线,有量上涨时,为买进信号。如果颈线的倾斜度很陡时,用突破两肩之间的最高点为进场信号更佳,突破时同样也要有大交易量

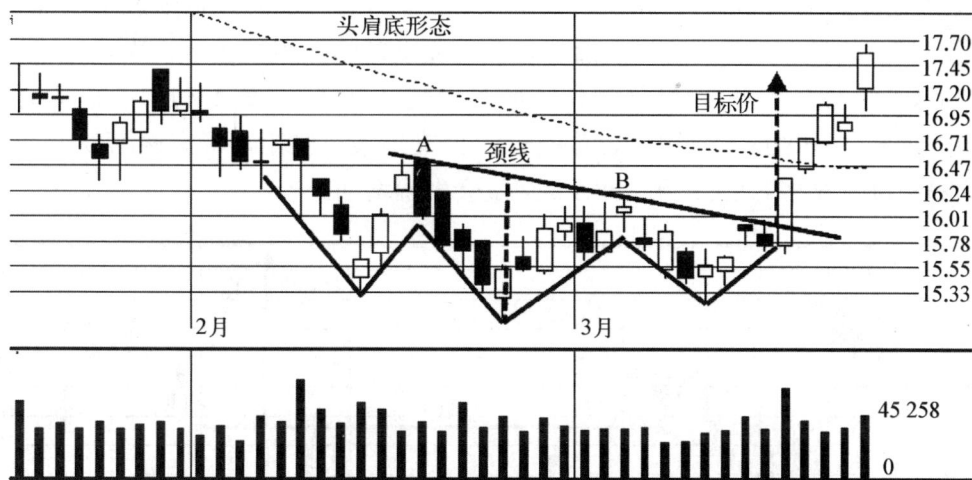

图 4 - 17　头肩底形态(Chart courtesy of TC2000®.com)

的支撑。如未能在第一次破线买入,可以等待健康回档时择机进场,即价格小量回落到颈线等阻力区附近,再上涨时进场。

　　风险与利润管理:如果价格突破后又跌回到颈线之下,特别是收在颈线下方,突破可能失败,应考虑减仓或全部卖出。

　　参考目标价有两种计算方法:第一种是在突破价格的基础上加上头部低点到颈线的距离(图 4 - 18A)。第二种,如果颈线向上倾斜且倾斜度很陡,则用右肩的高点和头部低点的距离作为价格突破后可能上涨的幅度来计算目标价(图 4 - 18B)。目标价不是硬性价位,可根据价格的实际走势灵活调整。

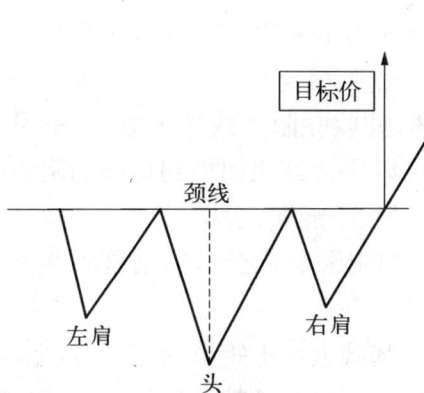

图 4 - 18A

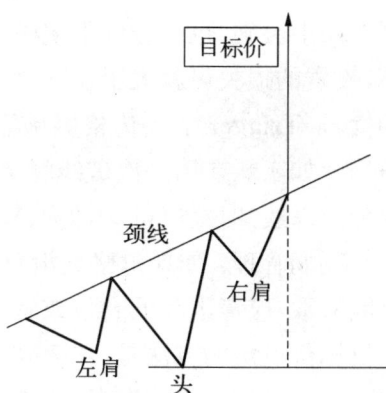

图 4 - 18B

典型底部反转形态之五:矩形底的特点与交易策略

● 形成与特点

在盘整过程中,价格攀升到某一高点后,上涨乏力,转而下跌,而跌至某一低点附近时,卖压减少,买盘增加,价格又开始向上运行,到前一次的高点附近再转而下跌,至低点附近,又触底反弹。这样反反复复上下波动的情形可能出现多次,每次的高点连线和低点连线基本平行,价格的盘整形态如同一个矩形(图4-19)。矩形的上边(高点的连线)为阻力线,下边(低点的连线)为支撑线。在矩形形态逐渐发展的过程中,交易量渐渐增多,到突破阻力时,成交量会大幅增加。

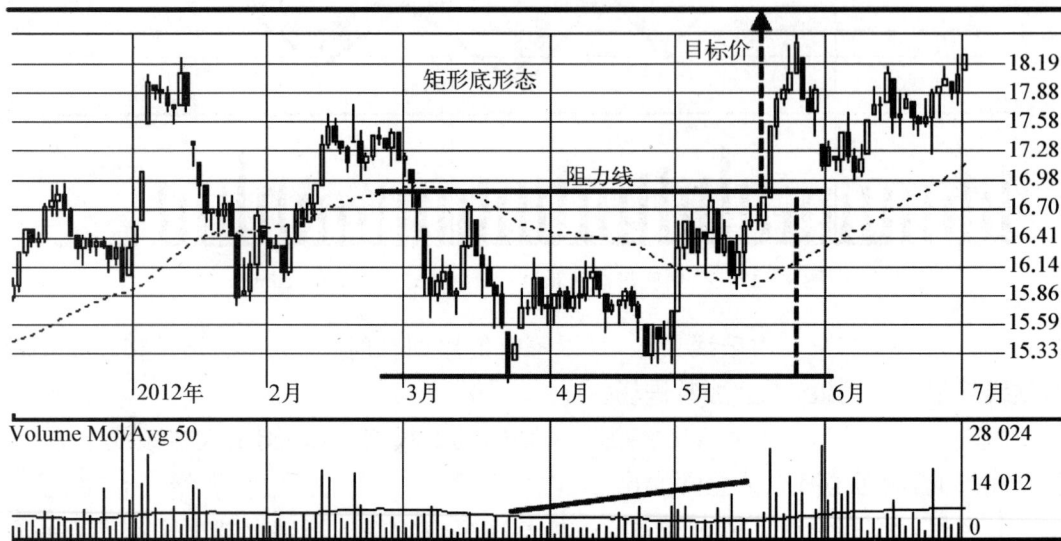

图4-19 矩形底形态(Chart courtesy of TC2000®.com)

● 交易策略

进场设置(Set Up):一定要等到股价向上突破,矩形形态完成时再进场,因为矩形形态可能向上突破,也可能向下突破。如果不等到形态完成而提早进场,一旦出现向下突破,投资的损失可就大了。

进场信号(Trigger):当价格突破阻力线,并收在阻力线的上方,且有量上涨时,为买进信号。如未能在第一次破线时买入,可以等待健康回档到矩形的阻力线(形态完成后变为支撑线)时择机进场,但回档时交易量不能太大。

风险与利润管理:如果价格又滑落到矩形的阻力线之下,特别是收在其下方,矩形突破可能失败,应考虑降低仓位或者出场。

参考目标价设定的方法是,在突破价位的基础上加上矩形的宽,即两条高低平行线之间的距离。目标价仅作参考,价格可能涨不到目标价就开始回头,也可能很容易就超过目标价,但涨势丝毫不减,因此,实际操作时要灵活运用。

使用形态时的注意事项:

以上是几种典型的底部反转形态的使用方法,其他的反转形态的特点与用法的原理基本相同,我们就不再一一讲解。在使用底部反转形态时应该注意以下几点:

1. 让形态走完自己的路,不要试图指挥形态

在一个形态没有完全形成之前,千万不要预测会出现什么结果,因为你左右不了形态的变化。

2. 对待形态要有耐心,使资金利用率最大化

我们在讲解几种底部反转形态时,在进场设置中一再强调,"要耐心等待底部反转形态的完成",只有价格突破形态的阻力并伴随大交易量才能确认形态已经完成。如果在形态没有完成之前提前进场,原来的形态可能演变成新的形态,比如底部的双重底可以变成三重底,价格还将继续盘整,入场的资金不能被充分利用,而是随价格起伏上下波动,获利较难。但任何形态都可能向上突破,也可能继续向下趋势。如果盘整结束了,但价格不仅没有向上突破反转上涨,反而继续原来的下降趋势,投资必然遭受损失,这是最糟糕的情况,对形态失去耐心,急于进场就有可能"赔了夫人又折兵",得不偿失。

3. 形态完成一定要有交易量的支撑

价格向上突破盘整区,一定要有大交易量的支撑,才能视为形态的完全形成,此时进场的成功率也较高。有价无量,说明需求不强,只有当价格突破和大交易量同时出现时,才反映出市场的需求开始强劲,才能进一步推高股价。

二、筑底阶段的短线投资策略:根据盘整的特点做区间交易

筑底阶段的一大特点是价格走势没有明确的方向,涨涨跌跌,晴两天,阴两天。从大波段看,不会有所作为,原因我们在盘整区的长期投资策略中作过说明。但如果盘整区的幅度较大,有一定的投资获利空间,在长期等待的过程中,短期可依据价格在盘整区的波动方向作"短平快"的投资。简单地说,就是当价格回落到盘整区的底部,即支撑区附近时择机买入;价格攀升至盘整区顶部,即接近阻力区时视情况卖出。

1. 盘整区交易的进场设置、进场信号及风险与利润管理策略

我们将从进场设置、进场信号、风险与利润管理三大步骤,详述区间盘整的短线投资策略。

第一步:进场设置

盘整区间炒作时,进场设置分为两部分,一是价格在盘整区所处的位置,二是技术指标所给出的信号。

● 股价在盘整区的位置

盘整区可分为三部分,底部、中间和顶部。盘整区的底部是做多的买进区,或是空头仓位的补空区;盘整区的顶部是多头仓位的卖出区,做空的卖空区;当价格运行到盘整区的中间时,从投资的风险和利润角度而言,无论是做多还是做空都不宜有任何作为,我们将此区间称为不作为区。底部做多、顶部做空是盘整区的两大操盘方法(图4-20)。

● 技术指标信号

盘整区短线交易成功的关键所在是选择适合此阶段的有效技术分析指标。由于价

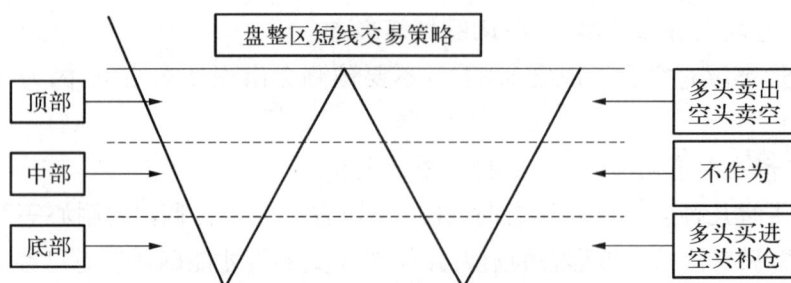

图 4-20　区间盘整操作策略

格在盘整期间没有明显的上涨或是下跌趋势,因此平均线等趋势指标在底部盘整状态中的指导意义不大。我们在筑底的特点中提到过,价格围绕平均线忽上忽下,平均线走势平滑,排列无序。短、中、长期平均线既不像上升趋势中做正序排列,也不像下降趋势中呈倒序排列,如果根据均线交叉和葛氏均线法则等理论来操作,成功的概率不大。而区间震荡指标(Oscillator),比如价格变动指标(ROC—Rate of Change)、相对强弱指数(RSI Index)和随机指标(Stochastic)等却是盘整区操作时有效的技术分析工具。震荡指标使用时通常以出现交叉、超买超卖和背离为进出场信号(图 4-21)。

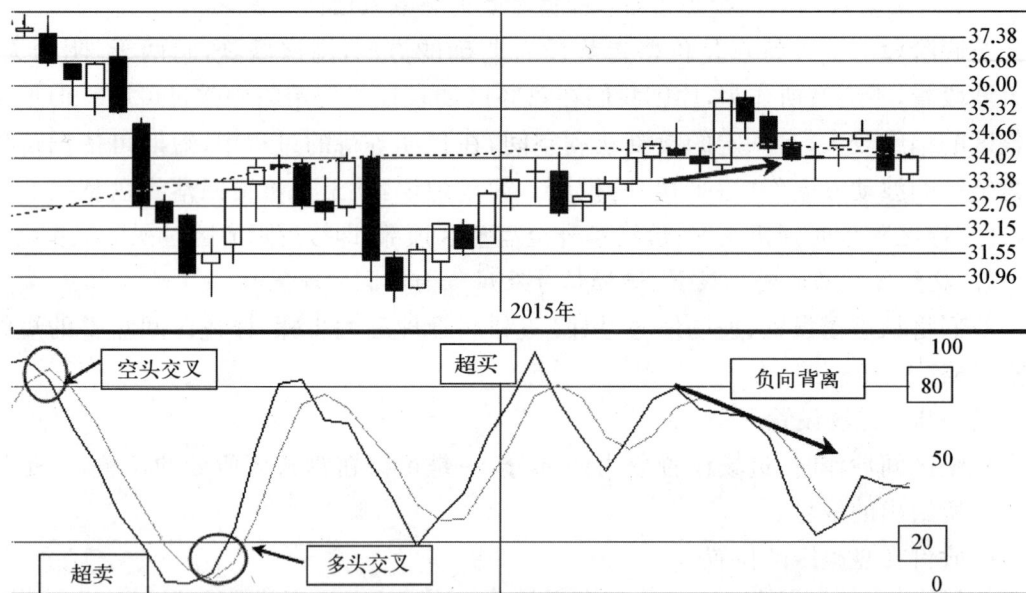

图 4-21　震荡指标的超买超卖、交叉和背离(Chart courtesy of TC2000®.com)

● 超买超卖:相对强弱指数和随机指标等是通过价格波动的幅度来反映价格走势的强弱和超买超卖现象,在价格趋势未改变之前,发出进出场信号,随机指标低于20 是超卖,高于 80 为超买,相对强弱指标低于 30 是超卖,高于 70 为超买。

● 交叉:指标穿越中心线或 0 线,或是穿过超买线和超卖线。向上交叉时为多头信号，向下交叉时为空头信号。

● 背离（Divergence）：价格的走势与指标的方向相反，分正向背离（Positive Divergence）和负向背离（Negative Divergence）；当价格向下运行，而技术指标已经开始向上攀升时是正向背离，为多头信号；反过来，当价格向上行走，而技术指标向下运行时是负向背离，为空头信号。

上述所列的震荡指标信号可能单独出现，也可能几种情形同时出现，我们根据超买超卖、交叉和背离信号做多头和空头的进场设置。

第二步：进场信号

根据震荡指标做好进场设置后，还不能马上进场，需要进一步等待市场的确认。因为市场情形复杂多变，没有任何一个技术指标给出的信号是百分之百的正确，因此，在实际投资中，特别是短线交易中，我们建议采用不同类型的技术分析工具，从不同的角度研判，如果得出同一结论，势必大大提高投资成功的概率。K线图的形态分析是最好的短线分析工具，常用来辅助确认短期买卖信号。

K线图也称红烛图，最初是三百多年前日本米商用以研究米价涨跌的工具，后来演变为十分有效且被广泛应用的技术分析方法。K线图将当日的开盘价、最低价、最高价和收盘价一组数据反映在同一个条形上，可以单一图形使用，也可以两个或多个交易日图形组合使用。比如锤子、刺透线、看涨吞没线和十字启明星等是底部反转的K线图形态（图4-22）。

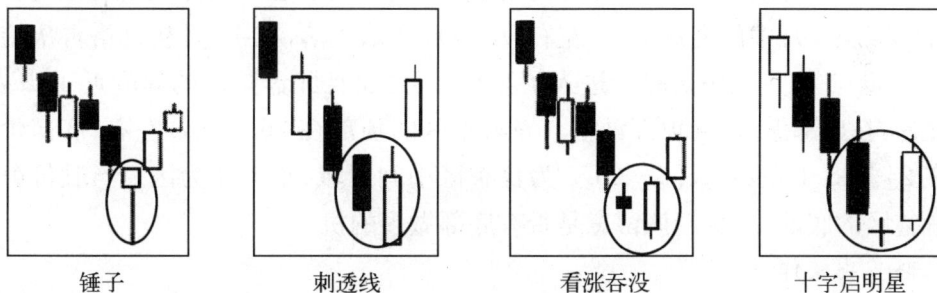

| 锤子 | 刺透线 | 看涨吞没 | 十字启明星 |

图4-22　多头K线图形态

上吊线、乌云压顶、看跌吞没线和十字黄昏星等是顶部反转的形态（图4-23）。

第三步：风险与利润管理

盘整区的风险和目标管理要从两个角度考虑。第一个角度是利润风险比。一般而言，投资利润与风险比在2.5或3以上是较理想的投资机会，在2以下都不是可取的投资机会。价格在盘整区内运行，短期投资的利润基本就是区间的波动幅度，假如交易的区间波动幅度为15％，期望的利润风险比为3，那么此交易的风险管理应定为5％，如果在该盘整区的买进区以20元买入，停损点定在19元［20-（20×5％）］。

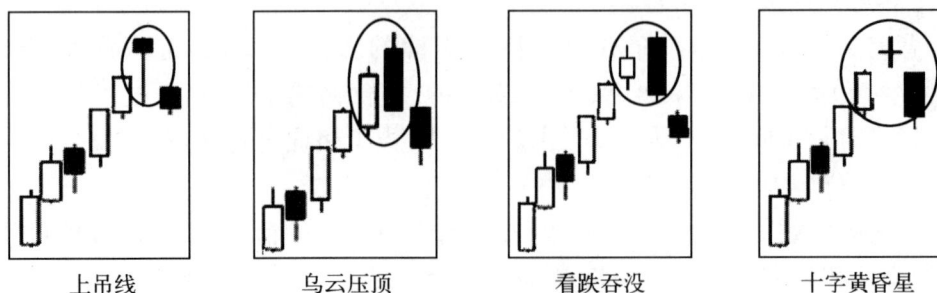

| 上吊线 | 乌云压顶 | 看跌吞没 | 十字黄昏星 |

图 4-23　空头 K 线图形态

第二个角度是盘整区可能会被突破,特别某一形态可能接近结束时,一旦形态完成,股价将突破盘整区的阻力开始等待已久的上升趋势。如果按照盘整区炒作的策略在卖出区(顶部区)已经将股票卖了,可能会失去最理想的投资机会。所以,当股价突破时,应该将股票买回来,千万别因为股价比你卖出时的贵了就不想买回来,以免错失了获得巨大利润的绝佳投资机会。原因为何,我们将会在第三节详细说明。

2. 盘整区短线交易的操作演示

我们根据上述盘整区的短线交易策略,通过以下两个演示具体说明怎样做盘整交易的进场设置,如何进场,怎么进行风险与利润管理。

操作演示一:

如图 4-24 所示,股价从 7 月份的高点 28 左右跌落至 8 月中的低位 24 左右(A点),反弹涨至 9 月中的高点 27.5 左右(A′点),开始回落,在 10 月初价格再次接近了 24 左右的低点(B点),确认股价进入了盘整走势,而且此盘整区的幅度近 15%,适宜短线交易,在底部做多,到顶部做空。该盘整区的顶部在 26.5—28 左右,底部价格的范围在 24—25.1 左右,25.1—26.5 为盘整区中间区域,是不作为区。当股价第二次进入盘整区的底部时,我们该留意是否有底部做多的机会。

底部多头操作

• 进场设置

如图 4-24 所示,股价在 9 月中旬从盘整区的顶部(A′点)反转下跌,至 9 月 30 日进入盘整区的底部,同时相对强弱指数(RSI)显示股价处于超卖,确立了进场设置。

• 进场信号

10 月 1 日,股价触及盘整区的低点 24 左右的价位,K 线图出现锤子形态(B点),底部锤子是多头形态,预示股价可能在此反转上涨,进场信号出现,在 B 点买入。

• 风险与利润管理

目标价是盘整区的高点 27.7—28 附近,盘整区的波动幅度(15%)是底部做多的目标利润,我们一般设定利润与风险比为 3,则风险应控制在 5% 以内。停损点为盘整

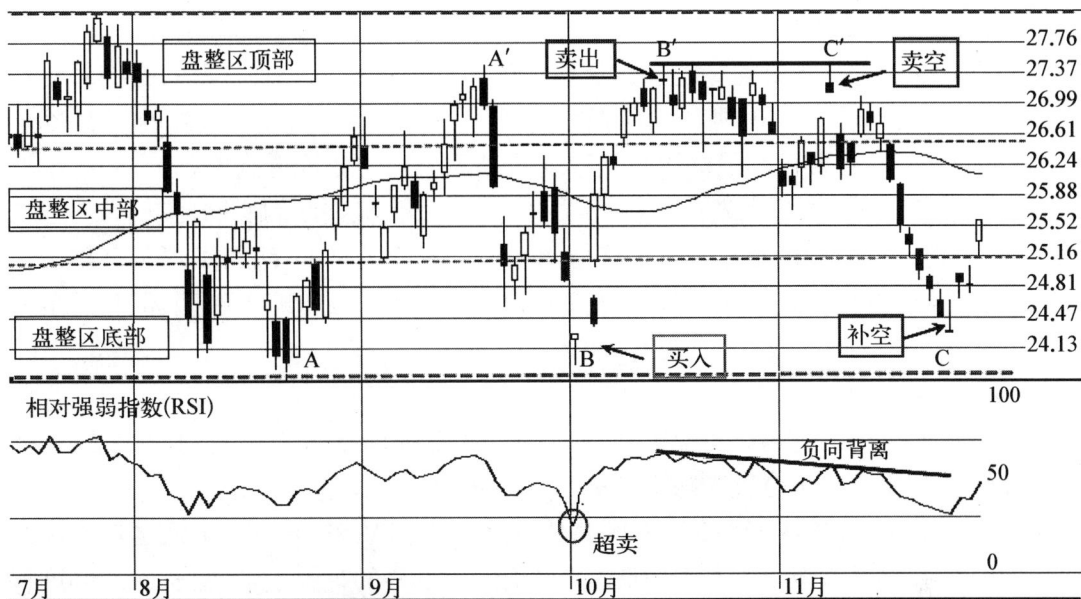

图 4-24　盘整区短线交易操作演示之一(Chart courtesy of TC2000®.com)

区的低点 24 左右,如果买进价位和区间最低价相差幅度超过 5%,应考虑降低仓位。比如,买入价格和停损价之间的幅度为 7%,超过了 5% 的风控限度,就该少买些,原本要买 1 000 股,应改为买 600 股为宜。

在 B 点买入后,价格如期反弹,连续四个交易日上涨后,价格涨过 26.5,进入盘整区的顶部,接近预期的利润目标,我们希望价格继续上涨,能在目标价卖出,当价格向盘整区高点逼近时,K 线图出现十字星(B'点),是股价走势可能要发生变化的预警信号,虽然离目标价尚有一小步之遥,我们还是决定在此卖出,获利了结,完成了盘整区低买高卖的多头操作。

在上述多头操作结束后,股价还在盘整区顶部徘徊,接下来我们该看看是否有顶部做空的机会。

顶部空头操作

● 进场设置

在图 4-24 中,股价攀升至 B'点后,在顶部小幅徘徊,有短暂时间滑落到中部区间但很快又回到顶部区 C'点,创了这段时间的高点,而相对强弱指数的走势却全不同,当股价还在顶部徘徊时,相对强弱指数已呈下跌之势,与股价负背离,预示极有可能再探盘整区的底部,确立空头进场设置。

● 进场信号

股价在顶部波动,到 C'点时 K 线图出现流星线,顶部反转信号出现,预示股价可能终结现在的走势,转而下跌,在此卖空。

● 风险与利润管理

目标价是盘整区的低点 24 左右,盘整区的波动幅度(15％)是顶部卖空的目标利润,设定利润与风险比为 3,则风险应控制在 5％以内。停损点为盘整区的高点 26.5 左右,如果卖空价位和区间最高价相差幅度超过 5％,应考虑降低仓位。

在 C′点卖空后,股价如期向下运行,跌破 25.1 回到盘整区的底部,我们希望股价继续下探,能达到我们的目标价。价格继续下跌,至 C 点时,K 线图出现了墓碑十字线,是底部反转的信号,表示价格可能止跌反弹,虽然离目标价略差一些,但反转信号出现,在此补空平仓,完结空头交易。

操作演示二:

操作演示一中的进场设置是股价位置结合相对强弱指数来设定的,在第二个操作演示中我们将用股价位置和随机指标的超买超卖信号作进场设置。

图 4-25 中,股价从 114.5 左右的高位下跌,7 月底跌破 104 后,下跌之势基本结束,股价反弹后,再跌至 104 左右的低点(A)确定了价格的盘整走势,盘整区的幅度接近 10％。盘整区的底部价格在 104—107.5 左右,顶部区价位大约在 111—114.5,中部不作为区的价格在 107.5—111 之间波动。股价 9 月底 10 月初进入盘整区底部,寻找时机进行多头进场设置。

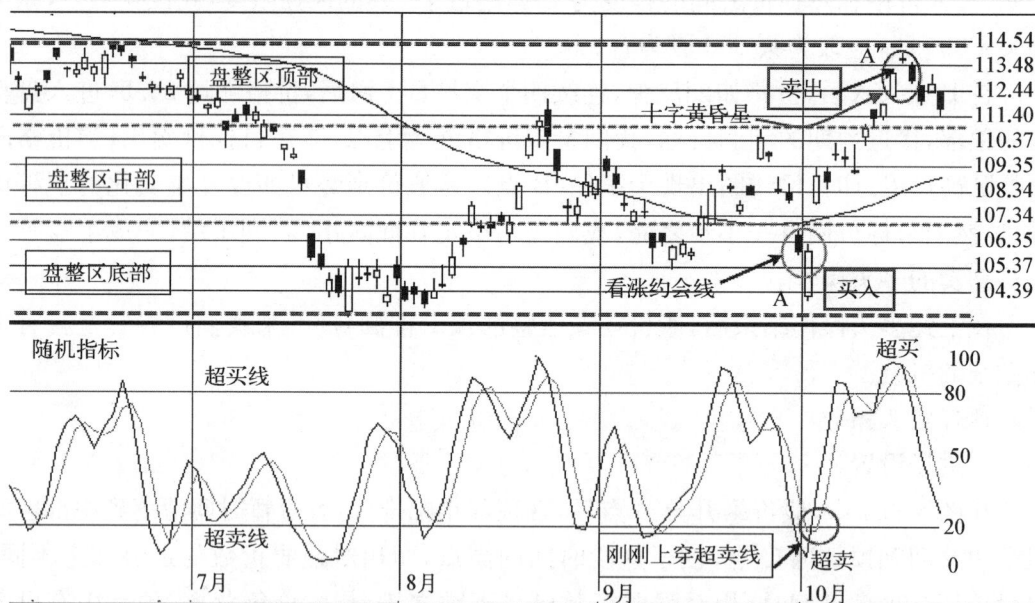

图 4-25 盘整区短线交易操作演示之二(Chart courtesy of TC2000®.com)

多头操作

● 进场设置

9 月的最后一个交易日,股价进入盘整区的底部,随机指标出现超卖,而且刚刚向上穿过超卖线,确立了多头进场设置。

- 进场信号

10月1日,股价触及盘整区的低点,K线图在 A 点出现看涨约会线组合形态,预示价格走势可能止跌上涨,进场信号出现,即刻买入。

- 风险与利润管理

目标价是盘整区的高点 114.5 左右,盘整区的波动幅度(10％)是底部做多的目标利润,如果设定利润与风险比为 3,则风险应控制在 3％左右。停损点为盘整区的低点 104 左右,如果买进价位和区间最低价相差幅度超过 3％,要考虑降低仓位。

在 A 点买入后,价格如期反弹上涨,超过 111 后进入盘整区的顶部,希望股价能再探盘整区的高点,达到我们的目标价。价格继续上涨,但我们发现 K 线图出现十字黄昏组合,预示价格可能顶部反转,再次下探盘整区的底部,在 A'卖出,获利了结。多头仓位结束后,还可以继续寻找在盘整区顶部卖空的机会,进场设置、进场信号和风险与利润管理的方法前面已经介绍过,就不再赘述。

三、区间盘整交易策略总结

综上所述,在盘整区底部做多或是顶部做空的操盘方法在进场设置、进场信号和风险及利润管理方面归纳如下:

- 底部多头交易策略

进场设置:首要前提是盘整的区间至少有 8％—10％的波动幅度,太窄的盘整区不适合区间炒作。

(1)股价运行至区间的底部。

(2)震荡指标出现超卖信号,正向背离或多头交叉,或是几种情形同时出现。

进场信号:K线图出现多头信号。

风险与利润管理:

目标价:盘整区的最高价,盘整区的幅度为多头交易的预期目标利润,若设定回收风险比为 3,则风险控制在利润率的 1/3。停损价位是盘整区的低点,如果买进价位与低点之间的差距大于风险幅度,则应考虑降低仓位。比如盘整区间的目标利润15％,回收风险比为 3,则风险应控制在 5％,当买入价格和停损价之间的幅度为 7％时,风险超过了 5％限度,如果计划要买 1 000 股,应该相应降低仓位,使交易金额的总风险能够控制在 5％左右。此外,为防止庄家骗线而被洗盘,止损价可以设定得比最低价位略低一点。

- 顶部空头交易策略

进场设置:首要前提是盘整的区间至少有 8％—10％的波动幅度。

(1)股价运行至区间的顶部。

(2)震荡指标出现超买信号,负向背离或空头交叉,或是几种情形同时出现。

进场信号：K线图出现空头信号。

风险与利润管理：

目标价：盘整区的最低价，盘整区的幅度为卖空的预期目标利润，如果设定回收风险比为3，则风险控制在利润率的1/3。停损价位是盘整区的高点，若卖空价位与高点之间的差距大于风险幅度，则要降低仓位。为防止庄家骗线而被洗盘，止损价可以设定得比最高价位略高一点。

筑底阶段的投资建议

筑底阶段是股价经过下降趋势之后形成的，股价因公司基本面的恶化，在层出不穷的利空消息中，一路下滑。价值型投资人会认为公司被贱卖，估值已相当便宜了而开始买进，价格止跌。但是这不能说明公司的基本面已有了显著的改善，要把一个烂摊子收拾好，一般需要几个月甚至几年的时间。也许你认为，在底盘时趁低买进，等股价涨起来就可以赚钱了。这种守株待兔、陪着公司共渡难关的做法，我们并不提倡。公司通过整顿走出低谷，是皆大欢喜的结局。然而事情并不总是都向好的方面发展，基本面变质了的公司不是都能东山再起的，一蹶不振以至于最终彻底退出舞台的公司也为数众多。

"时间就是金钱"，与其在情况没有明显转变时早早将资金投入，然后苦苦地等待，不如择优投资，选择基本面上乘、价格又刚刚突破盘整、开始向上走势的公司，让资金充分得以利用。而等待也并非就都有好结果，因为盘整不一定都会向上突破，也可能再次跌破底部，继续下降走势，而此时的盘整可能就是下降趋势中的休整。如果是这种情形，过早的进场就更得不偿失了。所以，在形态未完成时，买进并长期持有的投资策略不是上策，因为不知道要持有多长时间才能等来上升趋势的开始，资金不能被充分利用。而通过低买高卖的短线区间炒作，也只能从中获得一点利润，又是赚"辛苦钱"，因为你总要花时间盯着价格走势，不像盘整结束开始上升趋势后，可以买进并持有直到上升趋势完成再卖出，顺势而为不仅可以使资金利用率最大化，而且可以轻轻松松地获得丰厚的利润。

我们在做投资时，就是要不见兔子不撒鹰，将有限的资金在最好的时机投入。中国股市自2007年大幅下跌之后，经过了长达7年多的盘整时间，这期间投资中国股市很难有出色的表现，但是2009年3月以后的美国股市和2008年底至2012年之间的黄金资产等都呈上升趋势，如果顺势而为投资，就都有丰厚的回收。及至2014年7月21日，中国股市突破盘整，全速上涨，创造了不到一年上涨144%的世界股市历史上的奇迹。这个时候，如果把握机会，顺应市场的大趋势来投资，就会大有斩获。由此可见，有趋势的市场才容易投资获利，所以当市场在筑底阶段还没有形成明显的趋势之前，我们只能耐心等待，等到市场实实在在地告诉我们盘整结束了，价格的上升趋势开始起动时，才是最佳的进场时机。虽然本节中盘整区区间交易策略是为喜欢短线炒作的投资朋友而写，但在此还是要提醒大家，筑底阶段最好的投资策略应是耐心等待，当筑底完成，价格从底部盘整转向上升趋势时，才是投资的绝佳机会，才会使资金利用率最大化，才能获得丰厚的利润。上升趋势的特点与投资策略我们将在下一节重笔详述。

第三节　不要在上升趋势没有结束前出场

——上升趋势中有效技术分析工具的选择及交易策略

经过了耐心或许也是漫长的等待，股价走势终于要改变，是冲出牢笼也好，是破茧而出也罢，总之价格将不再受盘整区的阻力所禁锢，向上突破，开始第二阶段的上升趋势。

大家可能都有这样的体会，特别是刚入场的新手，经常是买了一只股票，有了利润，当股价略有回落，有时甚至是股价还没有跌，就急急忙忙地卖出股票，获利了结了。结果呢？已经到手的利润固然是赚到了，但其后股价一路攀升，面对后面永远不会到手的更大的利润，只能用痛心疾首、追悔莫及来形容了。为什么会这样呢？价格是顺着趋势运行的是技术分析的三大理论依据之一，趋势一旦开始，如果没有外力的作用，便会一直延续下去。华尔街有句关于利润和风险的名言"Cut loss fast, let profit run（截短亏损，让利润奔跑）"，所以如果股价是一列朝着上升趋势飞奔的列车，你若搭上这趟车，就千万别急着下车，要尽可能坐到终点站，即使中途在小站下错了车，也要争取到下一站重新赶上这趟车，哪怕付出更高的价钱，花更大的代价也是值得的。股市投资中，买对了，卖错了，都是很正常的，上升趋势的最低点和最高点只有一个，能够买在最低、卖在最高固然非常完美，但几乎不可能每次都做到。如果你是个追求完美的人，在股市上可能会天天遗憾，只是大可不必，因为即便是股神也会出错，我们所能做的就是不断提高理论，改进方法，完善投资模式，尽可能地向完美靠拢。这样即使出现错误，也能够及时纠正，最终还是会有比较理想的投资回收。

中国古人说：智者顺势而为；华尔街讲：趋势是你的朋友。很多投资理论都告诉我们趋势很重要，要追随趋势，不要在趋势没有开始之前进场，也不要在趋势没有结束之前出场。在上升趋势中，如何抓住趋势、顺势而为、不错过机会呢？

如何判断上升趋势？

当股价突然突破盘整区的高点时，大部分业余投资人一般都不会马上相信，因为在筑底阶段，价格长时间有如一潭死水，偶有涟漪，但不见大浪，价格虽然也曾试图冲破阻力，但均以失败告终，这种价格走势已在他们脑中烙下印记，很难在股价真正突破时，很快地改变自己固有的认知。但是有丰富投资经验的高手却知道价格真正突破时以往的盘整走势在根本上发生了转变,会立即买进。他们之所以如此果断,是因为清楚地知道历史上股价从筑底阶段向上升趋势转变时的特征,当这些特征出现时,便会在第一时间采取行动。这也就是人们常说的"外行瞧热闹,内行看门道"吧。

那么该如何判断股价的筑底阶段结束,进入上升趋势了呢?我们还是分别从价格、交易量、时间和投资人情绪四大方面,看看在上升趋势中,它们各具什么特点:

1. 价格

(1)价格突破关键的阻力区,通常而言,如果是真正的上升趋势开始了,股价一般不会再跌回到原来的阻力区,即使出现回档到筑底阶段的阻力区,也只是在盘中出现,收盘一定要收回到阻力区之上。

(2)价格运行在关键平均线之上,比如长期平均线40周线等。

(3)上涨过程中,价格呈高点高,低点高。

(4)价格突破后常会回落,去测试原先的阻力线,现在已经变为支撑线。

2. 交易量

突破时交易量大增,一般为50天平均交易量的1.5倍以上。上涨过程中,上涨有量,下跌无量。

3. 时间

股价突破阻力后,停留在阻力区以上的时间越长,真正上升趋势开始的可能性越高,而且在盘整区滞留的时间越长,一旦突破,成功率也越高。

4. 投资情绪

如果价格刚刚突破时,并没有太多正面消息出现,这样的突破更值钱。某种程度上说,有消息推动的突破反而较容易失败,因为投资人的信心是来自利好消息,股价随消息大涨,说明该消息已经反映在股价中,如果没有进一步利多消息的支撑,股价很难继续上行,成功的概率也就较低。反过来看,如果股价上涨但没有什么重大利多消息出现,说明好消息还没有被公布,当真正的利多消息发布后,股价还会有一波上涨,这样的走势对上升趋势的确定更有帮助。

根据上述特点,如果价格突破盘整时,同时出现以下两种或多种情形,盘整突破的真实可信度就更高:

表4-3 向上突破时的价量参考

股价	当日价格幅度	收盘价	交 易 量	平 均 线	消 息
上涨	2倍的ATR	收在高点	上涨时为日均交易量的2.5倍以上	股价收在关键平均线之上	无利多消息

平均真实波幅(ATR)是衡量价格波动性的技术分析指标,由韦尔斯·王尔德(Welles Wilder)创立,最初用于期货交易中。价格一天的交易幅度是单纯的最大值

与最小值的差距，而在计算真实波幅时，除了当日的高低价之外，还要考虑前日的收盘价，真实波幅是取当日高低价之差、当日最高价与前日收盘之差的绝对值、当日最低价与前日收盘价之差的绝对值这三个数值中的最大值。平均真实波幅就是一段时间内，比如 14 日或 20 日，真实波幅的移动平均值。一般而言，波动幅度较大的股票，其 ATR 值较高，波动幅度较小的股票，ATR 值也相对较小。

在无重大利多消息的推动下，股价大幅上涨，通常是平均真实波幅的两倍以上，并且收在高点，且在主要平均线之上，同时成交量至少是其 50 天平均交易量的两倍半，这种突破的力度最强，成功性最高。

当股价和交易量的表现都表明价格走势将出现关键性转变，可能从筑底阶段突破，开始上升走势，此时是进场的最佳时机。专业投资人有完整的交易计划，一般会在价格刚刚突破、涨幅在 5％以内时就完成了建仓。但普通投资人因时间有限等种种原因不能及时捕捉到最佳的机会，因此当知道股价向上突破时，价格往往已有了一定的涨幅，总期望价格能回落一些再买。但应注意的是，回档是正常的，但是如果像上述的强势突破的情形，回档的可能性很小，或者即使有回档，幅度也比较小。如果价格突破的力度较弱，那么回档的可能性较高，且回档的幅度也较大。所以，当价格突破盘整区时，不要想着能买得便宜些，省点小钱，而是要综合分析市场的真实环境，以及突破的强弱程度，作出正确的判断，千万不要因小失大，错过了最好的投资机会。

上升趋势中的有效技术分析工具

我们在前面说过，不同的价格周期阶段，技术分析工具的实效性也各不相同。当价格走势出现明显上升趋势时，我们在筑底阶段所使用的底部形态、震荡指标等技术分析方法就不宜再用了。因为在上升趋势中，使用震荡指标的结果大多不尽如人意，它们常常给出错误的信号，比如当股价开始向上走势，震荡指标会给出超买信号，随着股价一直攀升，指标也一再显示超买状态，如果按照该指标操作，你会在上升趋势没有结束前，提前获利了结，失去了更多的获利机会。而平均线、趋势线、摇摆线、回归线和点数图等趋势分析的工具与震荡指标相比，更能在上升趋势中充分发挥作用，能帮助我们分析趋势、抓住趋势，从中投资获利。

趋势分析的技术指标种类很多，根据指标随时间变化与否，可分为时间序列型和价格决定型两大类，如图 4-26。

随时变化型是指技术分析指标随着时间的延续，而自动调整变化。比如移动平均线，如果设定了 20 天平均线，即使股价没有丝毫变化，但随着时间的推移，过去 20 天的平均值也相应自动改变。随价变化型是技术分析指标只有价格在某些关键点发生变化时才出现改变。比如趋势线，一旦上升趋势线形成，只要价格不跌破趋势线，

```
                    ┌──────────────────┐
                    │ 趋势投资主要技术分析方法 │
                    └──────────────────┘
                    │                  │
        ┌───────────────────┐   ┌───────────────────┐
        │   随时变化型         │   │   随价变化型         │
        │   Time Series      │   │   Price            │
        └───────────────────┘   └───────────────────┘
         │         │             │      │      │      │
    ┌────────┐ ┌────────┐ ┌────────┐┌────────┐┌────────┐┌────────┐
    │移动平均线│ │ 回归线  │ │价格突破 ││趋势通道线││ 点数图  ││ 摇摆线  │
    │Moving  │ │Regression││N-Day  ││Trend Line││Point  ││Swing  │
    │Average │ │Line     ││Break out││& Channel││& Figure││Break out│
    └────────┘ └────────┘ └────────┘└────────┘└────────┘└────────┘
```

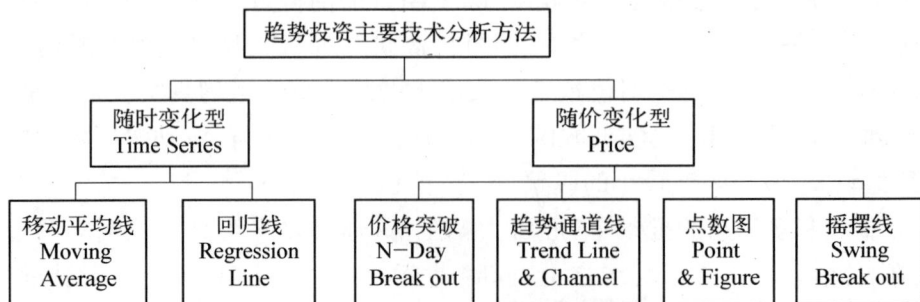

图 4-26　趋势投资主要技术分析方法分类

趋势线不会随时间的变化而改变,只有当价格跌破上升趋势线,随着价格的改变,原先的趋势线失去效用,新的趋势线生成。趋势线和平均线的不同之处是前者是价格在关键点发生改变时才改变,而后者则随着时间的变化而变化,这也是随价变化型和随时变化型技术分析指标的不同之处。

我们将逐一解释图中所列的六大类趋势技术分析工具的使用方法和优劣势。

一、移动平均线

移动平均线听起来很复杂,其实很简单,就是某段时间所有价格的平均值。50 天平均线就是过去 50 个交易日内价格的平均值,如果股价跌破 50 天平均线,就意味着过去 50 天内买入该股票的投资人,大多数都赔钱。

依据计算方法不同分为简单移动平均线 (Simple Moving Average)、加权移动平均线 (Weighted Moving Average) 和指数移动平均线 (Exponential Moving Average)。平均线的时间可长可短,取决于你的投资时间跨度,欧美股市的专业投资人常选择 20、50、200 天为短、中、长期平均线,中国的很多技术分析软件多用周线、月线和年线为短、中、长期时间段的参照。

1. 实际投资中如何使用移动平均线操作?

移动平均线可用一条平均线也可选择两条或多条平均线同时使用,选择单一平均线时采用突破法为买卖信号,若用多条平均线则用交叉法做信号。

(1) 单一平均线突破策略

一般有两种做法,一种是当股价自下而上涨过平均线时为买进信号,当股价自上而下跌破平均线时是多头出场的信号;还有一种做法是,买进时,除了价格要向上穿过平均线,同时还要求平均线本身呈向上趋势,在卖出时,平均线自身的走势应是下降趋势。图 4-27 所示,股价在 A 点向上穿破 20 天平均线,买入;股价在 B 点时,向下跌破 20 天平均线为卖出信号。当股价到 C 点时又一次从下而上穿过了平均线,买进信号再次出现,但如果这次按照买进信号进场,很快在 D 点就按照 D 点出现的卖出信号出场了。C 点的买入信号和 A 点的买入信号的区别就是平均线本身的走势,在

A点时，平均线已从下降的趋势开始向上翘起，而C点出现买入信号时，平均线依然呈下降趋势，所以在A点买入后股价会持续走高，但在C点买入时却失败了。因此，使用单一平均线信号买进或卖出时，如果加上平均线自身走势的要求，就相当于起到双保险的作用。

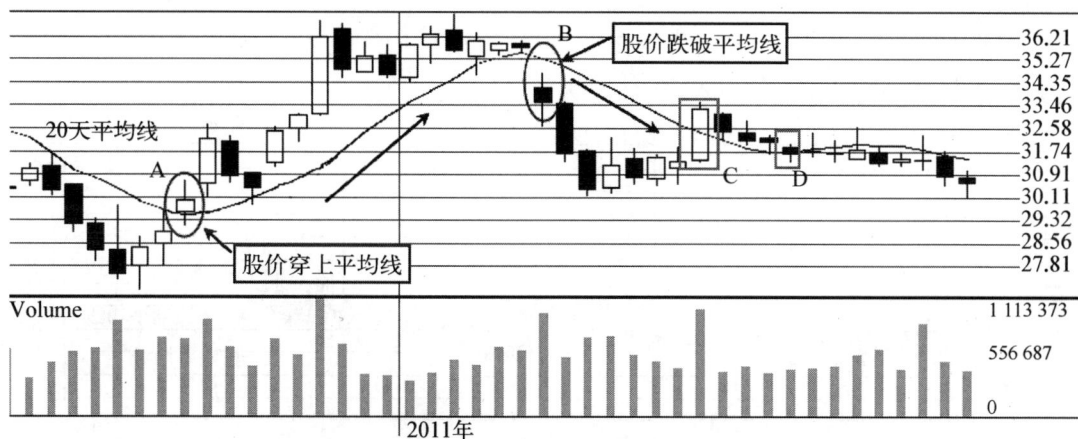

图 4-27　单一平均线投资策略(Chart courtesy of TC2000®.com)

（2）双平均线单交叉策略

两根平均线一般一为长期，一为短期，比如50天和20天平均线。长期平均线用来界定趋势，短期平均线则作为买卖的进场信号。两根平均线的使用也有两种方法：其一，当短期线自下而上突破长期平均线时，也就是出现了大家经常听到的黄金交叉，此为买进信号；反之，当短期线自上而下跌破长期平均线时，也就是常说的死亡交叉，为出场信号(图 4-28)。

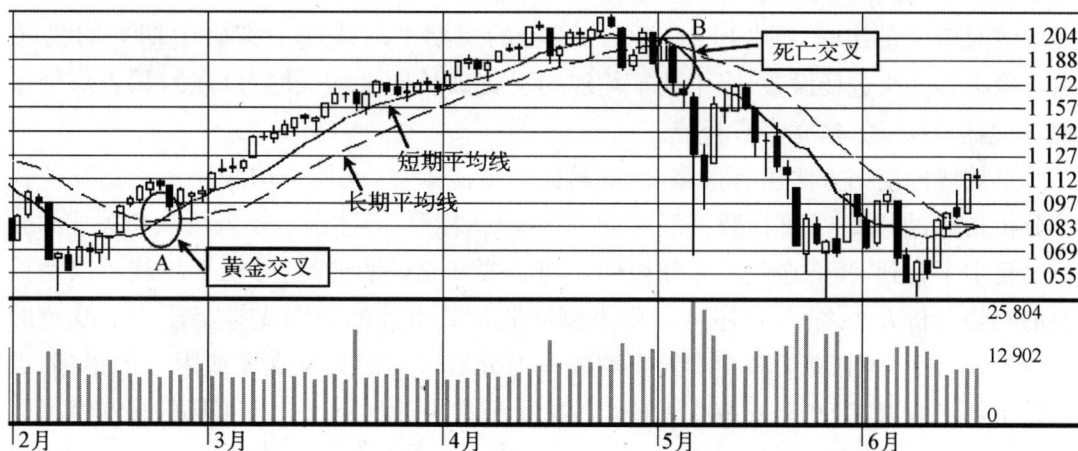

图 4-28　双平均线投资策略一(Chart courtesy of TC2000®.com)

　　两根平均线的另一种用法是,当股价同时在两条平均线之上时做多;当股价同时在两条平均线之下时卖出;如果价格介于长短平均线之间,则是什么都不做,耐心地等待。如图 4-29 所示,股价在 B 点出现黄金交叉,而在 A 点和 C 点也都有死亡交叉,但这段时间股价和平均线呈胶着状态,价格围绕长、短平均线波动,同时长、短期平均线的距离也很紧密,所以若在 B 点根据黄金交叉进场,在 C 点就该出场,很难获利。但是当平均线在 D 点出现黄金交叉后,长短期平均线的距离拉开,股价也逐步运行到两条平均线之上,D 点买入,成功率大增。

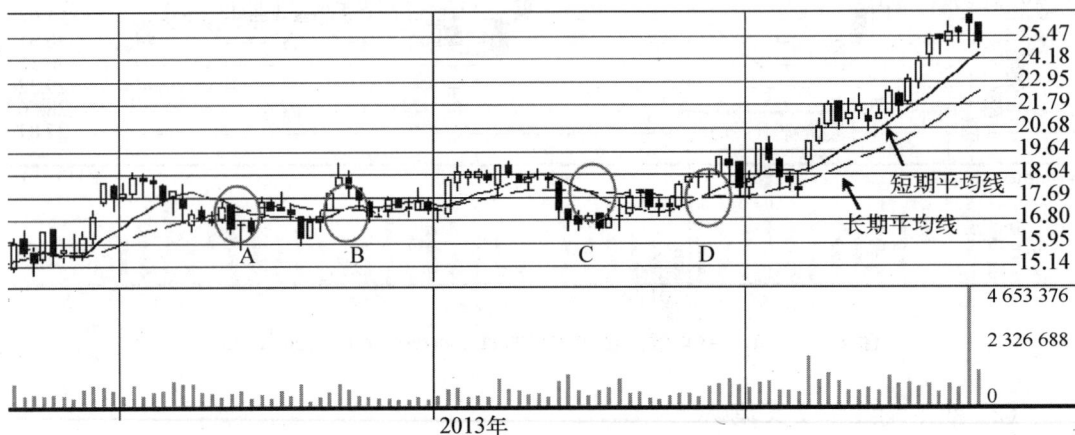

图 4-29　双平均线投资策略二（Chart courtesy of TC2000®.com）

　　(3) 三条平均线双交叉策略

　　三条平均线是由短、中、长三个时间跨度的平均线组成。短期移动平均线向上突破中期平均线为多头进场设置,中期平均线向上突破长期平均线时是多头进场信号;短期移动平均线向下跌破中期平均线时可考虑降低仓位,中期平均线向下穿破长期平均线时应全部出场。图 4-30 中,当股价的短期平均线向上穿破中期平均线(C点),应准备多头进场设置,当中期平均线向上突破长期平均线时(D点),买入信号出现,依据信号进场,建立多头仓位。

　　平均线的使用方法还有很多,比如葛氏均线法则等,此外平均线还衍生出其他技术分析指标,如 MACD(指数平滑移动平均线)指标等,具体细节读者可从相关技术分析书籍中了解到,我们在此不多作说明。但需要补充说明的是,移动平均线不仅是重要的趋势分析方法之一,它还可以用来判断股价或市场的重要支撑与阻力。欧美的专业投资人士常用 50 天和 200 天平均线作为分析市场的关键支撑或阻力的指标,也常以市场上股票在 50 天或 200 天平均线之上或之下的比例来分析市场的多空情绪。

　　2. 移动平均线的缺点

　　平均线是使用非常普遍的一种趋势指标,但任何事都没有完美,平均线也不例

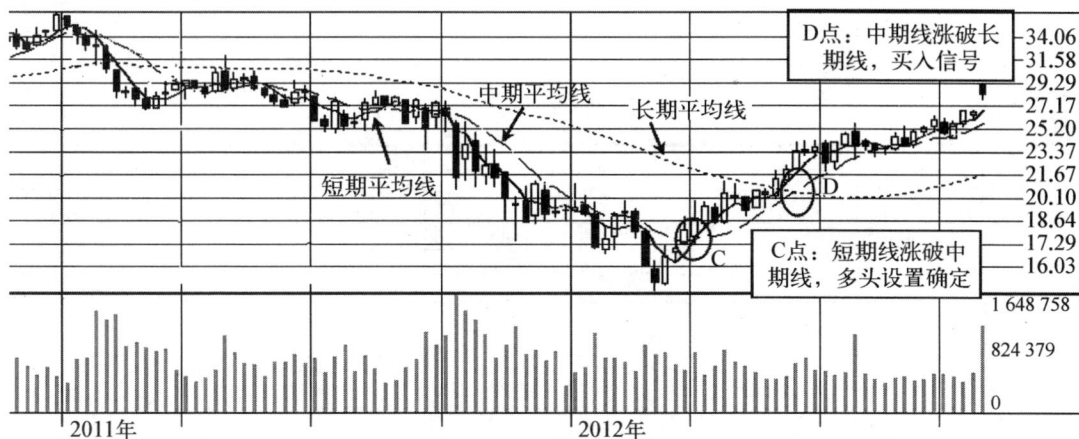

图 4 - 30　上升趋势中三条平均线的投资策略(Chart courtesy of TC2000®. com)

外,其缺点是:

- 滞后性

移动平均线虽然是追随趋势的指标,但对于价格波动较大的金融产品,如石油期货及新兴市场的股市等,并不是很适用。因为当前的平均值是按照过去某段时间,比如 50 天或 200 天的股价计算而得出的,当日大幅波动的价格仅对平均价有五十分之一或两百分之一的影响,不能及时反映出股价的大幅震荡,这是平均线的滞后性特点,所以,在大波动的市场中使用平均线的效果不好。有人试图通过缩短平均线的时间跨度来提高其敏感性,比如将 50 天改为 20 天,200 天改为 50 天等,但缩短时间后,虽然敏感度增加了,但错误信号也增多了,平均线功效的可靠性也相应下降。另外,时间段选择非常有技巧,很难做到恰到好处的准确拿捏。

- 不适合用于无方向的盘整走势

在盘整的市场,平均线就变得非常乏力,往往是当平均线给出买进信号时,正好是股价到了区间盘整的顶部;而后股价出现反转,接近盘整区的底部,不再继续下跌的时候,平均线却给出了卖出信号,而股价却触底反弹。如果在区间盘整时,根据平均线信号操作,结果会令人感到沮丧,在盘整期间,不要使用平均线方法,而应选择区间震荡指标来操作,效果会更好。

二、价格 N 天突破法

当股价突破某一段时间的高点,比如 60 天或一年的高点,也是典型的趋势投资方法之一(图 4 - 31)。不积跬步无以至千里,高点突破法的理论依据是任何大的涨幅都是由每一个微小的步骤累积而成,当股价涨破几日的高点后,也就预示价格的新趋势开始了。从市场供求关系的角度来看,价格突破是需求大于供给的反映,顺势而为,投资获利的可能性很大。

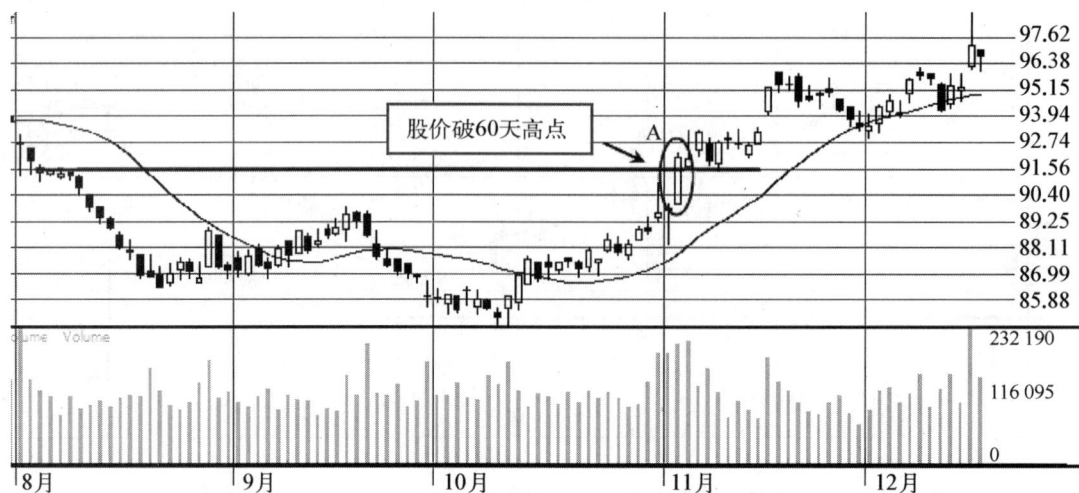

图 4-31　股价破 60 天高点(Chart courtesy of TC2000®. com)

1. N 天突破投资法的典型代表

将 N 天突破法发挥到极致的代表人物是理查德·丹尼斯(Richard Dennis),一位美国期货市场的传奇人物,他用 400 美元在期货市场上赚回 2 亿多美元,不仅如此,他还培训出一批出色的基金经理,而他们大多数都控制着上亿美元的资产。丹尼斯最初的工作是在期货交易所做场内跑手,收入甚微,两三年后他决定进入期货市场试水,没有人认为 400 美元在期货市场中能成就大事,而丹尼斯遵循其追随趋势的投资原则做到了。威廉·厄克哈德是丹尼斯的搭档,两人配合默契,但两人却对一个问题各执己见,僵持不下,那就是"一个成功的交易员是先天注定的,还是后天努力的结果"。丹尼斯是投资的实干家,多年在市场中冲杀,从实践中总结出自己的投资方法,所以他认为后天的努力也可以造就优秀的交易员,而喜欢研究理论的厄克哈德则不以为然,两人谁也说服不了谁,决定打赌分输赢,通过举办交易员培训班来验证能不能训练出成功的交易员。

1983 年底到 1984 年初,他们登出了培训广告,从上千名应聘者中层层筛选,最后只录取了 23 人入选接受培训,为了使实验具有说服力,他们所选的学员的学历、背景、个人经历和喜欢完全不同。丹尼斯毫无保留地将自己的交易方法和原则传授给学员,告诫受训人员投资首先要确定市场方向,然后追随趋势而行,同时要做好风险利润管理。丹尼斯曾参观过一家水产养殖场,对养殖场自成体系的海龟繁殖印象深刻,于是决定把自己的学员也称为海龟。理论课程结束后,丹尼斯给每位学员 10 万美元进行实战操作,在 4 年的培训中,海龟们的表现相当出色,除 3 人退出,其余 20 人的年均回收都在 100% 左右。海龟交易培训班名声大噪,小海龟们也纷纷被华尔街许多大基金公司挖走或自立门户,如今大多是金融界的大腕人物。事实证明,丹尼斯是对的,通过学习和严格训练可以培养出成功的交易者。这个故事也告诉我们,只要认真学习，掌握正确的方法，并严格遵循有效的交易模式，你也可以在投资上获得成功。

丹尼斯的 N 天突破交易模式简单地说就是趋势投资＋突破进场，概括如下：

- 多头策略

25 天平均线在 350 天平均线之上，确定多头趋势。

短期投资策略：价格突破 20 天的高点，为买进信号；当价格下跌，跌破 10 天低点时卖出。

长期投资策略：价格突破 55 天的高点，为买进信号；若价格下跌，跌破 20 天低点则卖出。

- 空头策略

25 天平均线在 350 天平均线之下，确定空头趋势。

短期投资：价格跌破 20 天的低点，为卖空信号；当价格上涨，涨破 10 天高点时补空平仓。

长期投资：价格跌破 55 天的低点，为卖空信号；若价格上涨，涨破 20 天高点时补空平仓。

图 4-32 是丹尼斯的股价 N 天突破短期多头投资策略操作法演示，根据他的交易模式，首先要确认趋势，即使是短期交易，做多头的前提也必须是价格呈上升趋势。图中股价的短期平均线（25 天）在长期平均线（350 天）之上，确认价格的向上趋势。股价于 11 月初突破 20 天高点（A）时，是短期多头投资的进场信号，买入。买进后，价格继续上涨，价格在 B 点之前，虽有几日下跌走势，但价格没有跌破 10 天的低点，所以一直持有该股，直至 B 点，股价自买进后第一次跌破了 10 天的低点，卖出多头仓位。

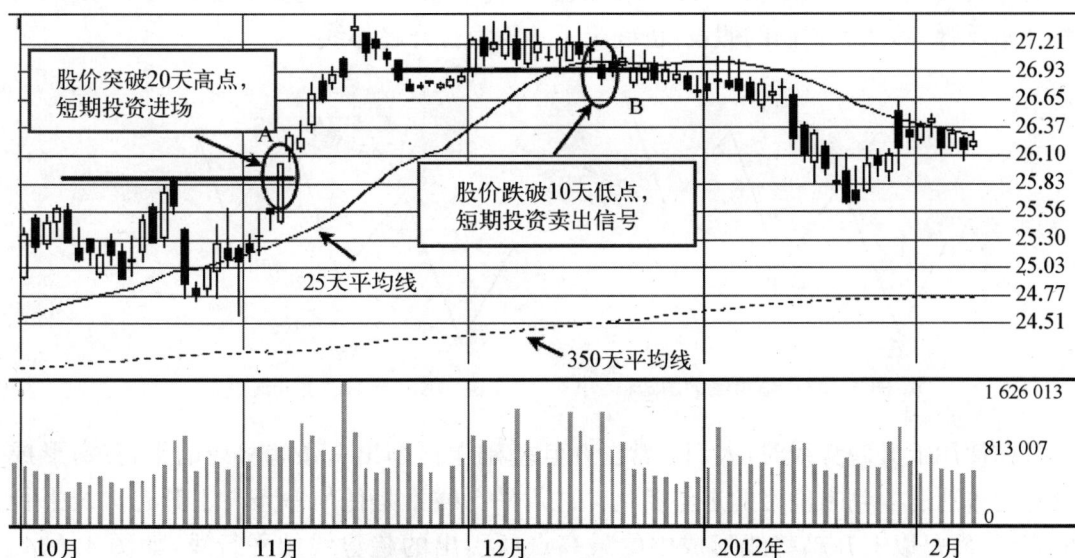

图 4-32　丹尼斯的短期多头投资策略的演示（Chart courtesy of TC2000®. com）

如果是长期投资的话,丹尼斯选择的是 55 天高点和 20 天低点,在上升趋势确认的前提下,要等到股价创 55 天的高点买进,买进后如果价格出现 20 天的低点,就该卖出。卖空时,也以这几个关键价位做短期或长期的进出场信号,当然首先要确认股价呈下降趋势,25 天短期平均线在 350 天长期平均线之下,具体做法我们就不再演示。

2. N 天突破方法的缺点

如果不能在价格突破某高点的第一时间买入而追高的话,风险也随之加大,比较难做风险管控。另外,N 天突破买入的止损点通常是定在某段时间的低点,如果突破失败,投资损失较大,所以,一定要在成功突破的交易中,让向上趋势走足了,这样才能使交易系统的回收风险比不至于太低。

三、趋势线

趋势就是方向,在价格涨涨跌跌的运行过程中,如果最新出现的波峰和波谷比前一次的波峰和波谷高,就是上升趋势;相反的,如果最新出现的波峰和波谷比前一次的波峰和波谷低,就是下降趋势;而当最新出现的波峰与波谷与前一次的波峰和波谷基本一致的话,说明股价走势在横盘,暂时无方向无趋势可言。

1. 如何画趋势线:假想的趋势线和确认的趋势线

在股价上涨时,将依次走高的两个波谷(低点)连成一线,成为假想上升趋势线,当高过这两个波谷的第三个低点也落在假想趋势线上,价格开始反弹,假想的趋势线便成为确认的上升趋势线。如图 4-33,股价的 B 点比 A 点高,从 A 点向 B 点画一条直线,我们假设未来的价格将沿着 AB 线上升,所以这条线还只是一条想象中的趋势线,至于这一假设是否成立,还要看以后价格的走势,当价格从 B 点上涨,出现新的高点后价格出现回档,回落至 C 点,而 C 点也正好在假想上升趋势线 AB 线上,之后价格开始反弹,确认了我们的假设,也确定了 AB 为上升趋势线。

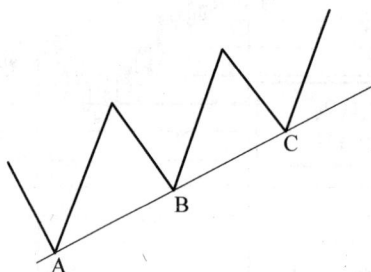

图 4-33　趋势线的画法　　　　图 4-34　上升通道

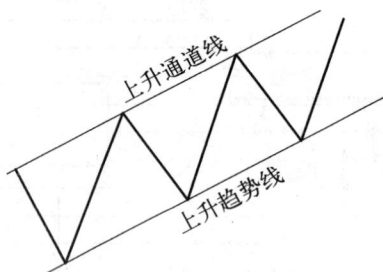

在使用上升趋势线时,人们通常会在其基础上再画出一条趋势线的平行线,形成上升趋势通道以判断价格的走势变化。这条平行线不是任何一条与上升趋势线平行的直线,而是以上升趋势线形成中的最高点所引出的趋势线的平行线,如图 4-34。上升趋势线和上升通道线,之间为上升通道,一般而言,价格在上升通道中运行,跌至

上升趋势线时价格开始反弹上涨,涨至上升通道线时再回落,滑向上升趋势线。上升趋势线对价格下行起到支撑作用,而上升通道线则阻挡了价格的上行力度,是阻力线。当价格上涨突破上升通道线或是跌破上升趋势线时,就应依据股价的走势重新画出新的上升趋势线及对应的上升通道线。

2. 趋势线的不同分类

趋势线可根据时间跨度或趋势上升的速度分成不同的类型。

(1) 按时间分类

按照所选择的时间跨度不同可分为短期、中期和长期趋势线,在下图 4-35 中,AB 线是短期趋势线,AC 线为中期趋势线,AD 线为长期趋势线,三条趋势线中,短期趋势线走势最陡,中期趋势线次之,长期趋势的走势就更为平缓。

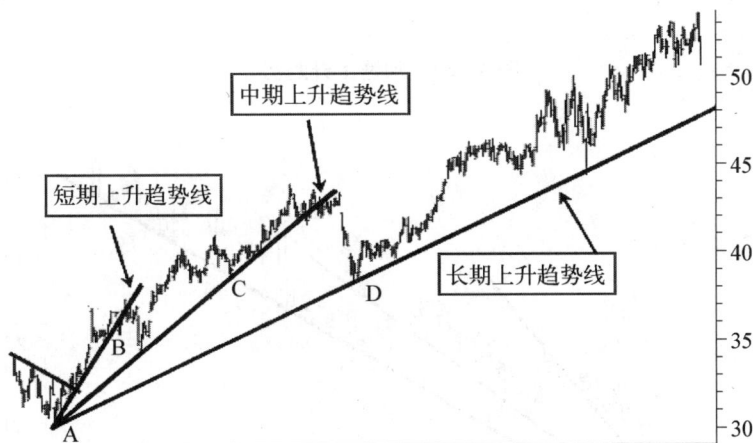

图 4-35 趋势线的时间分类

(2) 按运行的速度分类

趋势线根据其运行速度可分为加速型和减速型。

a. 加速上升趋势线,如图 4-36,AB、CD 和 EF 是典型的加速上升趋势线

当股价经过一段时间的下跌走势,止跌反转突破下跌趋势线后开始上涨,起初可能因没有什么重大利多消息,上涨的速度比较缓慢(图 4-36 的 AB 线)。随着重大利多消息的不断出现,股价上涨速度加快,趋势线(CD)也变得陡起来,最后,当更多的利多消息推动股价进一步上涨时,上升趋势线(EF)的走势也继续加快,趋势线也更陡。

b. 减速上升趋势线,图 4-37 所示 AB、AC 和 AD 是三条减速上升的趋势线

减速趋势线的形成和加速趋势线相反,当股价突破下跌趋势线,开始反转上涨时,可能因某一特大利多消息带动飞速攀升,一开始就形成了很陡的上升趋势线,图中的 AB 线,随着利多消息逐步反映在股价上,上涨的步伐有所减缓,股价跌破了 AB 线,但上升趋势还在,只是形成了一条新的上升趋势线(AC),该线的倾斜度也比第一

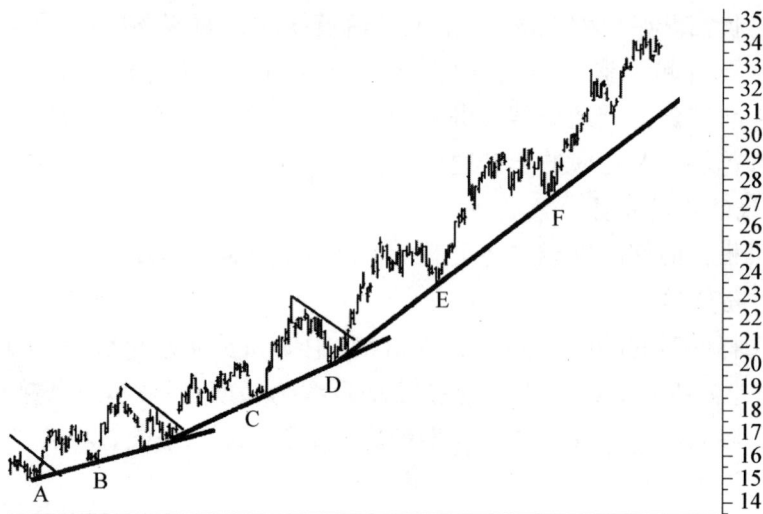

图 4‑36 　加速上升趋势线

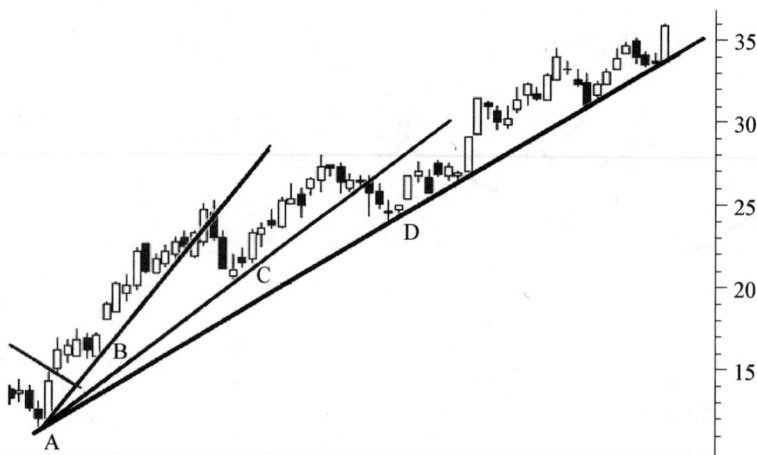

图 4‑37 　减速上升趋势线

个上升趋势线平缓了一些。由于没有更多的利多消息跟进,股价的上涨势头继续减弱,价格跌破了第二根上升趋势线(AC),所幸大的上升趋势仍然没有改变,价格的走势形成了第三个上升趋势线(AD),但是它的上升速度和前两条上升趋势线相比大为减慢,趋势线的倾斜度也更为平缓。这就是减速趋势线的形成过程,将速度逐渐递减的上升趋势线依次画出,如同一把折扇,因此也称为趋势线的扇形理论。

3. 实际投资中如何使用上升趋势线操盘?

用上升趋势线作投资决策时,首先要确定投资的时间跨度,若是短期投资应当根据短期趋势线出场,中期投资则应顺从中期上升趋势,切忌不依据选好的时间跨度操盘。用短期趋势线进场后,一旦股价跌破短期趋势线,不立即出场,而改用长期趋势线操作,结果短线投资变长期被套。所以,成功的投资在进场设置、进场信号和风险及利润管理上一定要做到令行禁止,绝对不能有令不行。

（1）进场

a. 保守型进场

我们知道趋势线画出后需要有第三点的确认,而当趋势线被确认时也就是进场的信号。如图4-38,股价在6月初前后由下降走势反转上涨,在7月初回落时出现的低点(点2)比6月初的低点(点1)高。我们画出假想趋势线12,假设股价将按照此线的方向上涨,但是此刻还不能进场,需要等到股价的进一步确认。股价从8月份的高点回调,在9月初跌至假想趋势线(点3)止跌回头,点3确认了上升趋势线,给出了买入信号,根据进场信号买入。

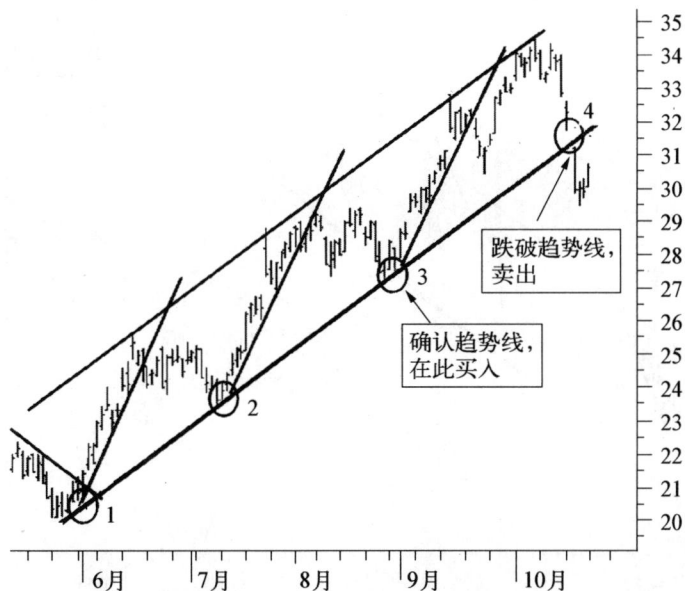

图4-38　趋势线破线出场方法

b. 激进型进场

激进的投资人可以在假想趋势线形成时试探性进场,在趋势线确认时加买。图4-38中,当股价从低点1上涨后回档到点2处止跌,假想趋势线12形成,当股价在点2处反弹上涨时,可先建立部分仓位。如果股价回到点3确认该趋势线时,继续买进。

c. 回档加买

如果在趋势确认时,没有及时买入,可等待价格回档到趋势线附近止跌上涨时买进,已经买进的,也可在此时增加仓位。

（2）出场

根据趋势线结束的方式不同,出场的方法也有多种。

a. 跌破趋势线出场

如上图4-38，在第3点处买入后，股价顺势上涨，在10月中价格跌破上升趋势线（点4），说明价格沿着该上升趋势线上涨的走势将结束，在此卖出持股，完结交易。

b. 高位盘整出场

很多时候，股价在沿着趋势上涨后会出现高点盘整，特别是上涨趋势接近尾声时，如下图4-39所示，当股价第四次回落到上升趋势线再上涨后，价格没有超过之前的高点，到A点后就开始下跌，说明价格沿着该趋势线的上涨走势可能接近尾声，将进入盘整。这时，可先卖出部分或全部仓位。如果没有卖出，在价格跌破B点时应考虑出场。如果还没有卖出，那么在价格跌破上一次的低点（C）时，应该全部卖出。

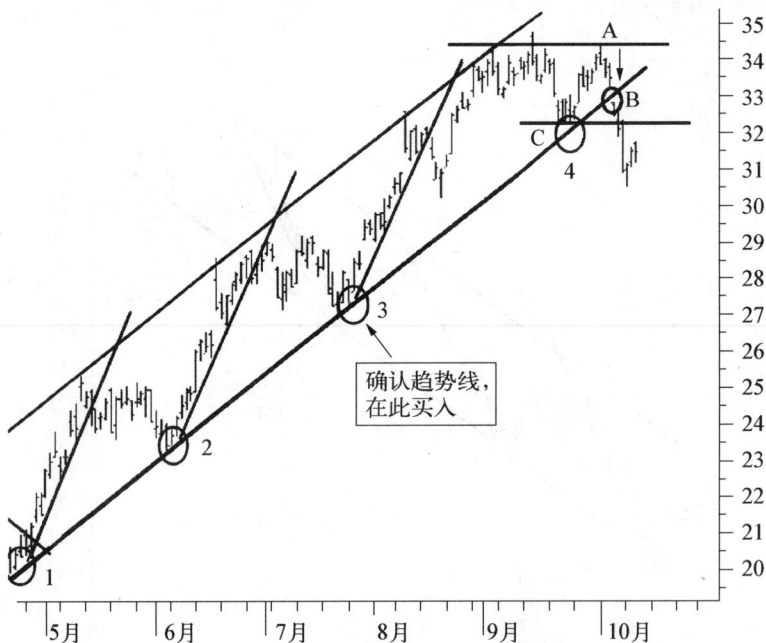

图4-39 趋势线高位盘整出场法

4. 趋势线的弱点

（1）当股价因突发事件造成某一日的高点和低点与过去的价格走势出现较大偏离时，趋势线很难反映出正常的价格走势，会影响其准确性。

（2）新上市公司，没有足够多的数据画出中、长期趋势线，在这类情况下趋势线的使用受到限制。

（3）趋势线在时间跨度的选择上需要相当高的技巧，对初学者而言较难掌握。

四、线性回归法

统计学被广泛地用在技术分析中，回归线分析法就是借助回归分析这一数量统计工具进行定量预测的方法，即利用预测对象和影响因素之间的关系，通过建立可回归的方程式进行预测。所以线性回归法确切地说,不是对趋势的追踪,而是对未来的预测更恰当。

回归法在股市投资中的应用,是以最小平方匹配法求出一条直线,使这条直线与每个价格距离的平方和是最小的。它是有别于传统线性的趋势线法,也是最接近股价趋势的一条线,是体现中间价和平衡价的一条直线(图 4 - 40)。

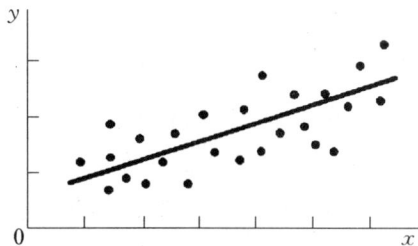

图 4 - 40 线性回归

1. 如何使用线性回归法投资?

回归线基本是均值所在的位置,无论价格涨得多高,跌得多深,最终都将调整返回至回归线附近。价格相对回归线偏离得越高,反转的可能性也越大。当回归线呈上升趋势时,股价未来上涨的概率很高;反之,当回归线呈下降趋势时,股价未来下跌的可能性也很高。

使用回归线的第一步是:确定多空方向,回归线向上时,说明趋势向上,以做多为主,回归线向下时,说明趋势向下,以做空为主。

第二步:方向确定后,可以画两条回归线的平行线,一条在上,一条在下,上通道线是阻力线,下通道线是支撑线,通道线与回归线的距离用该时段内的价格离回归线的最大值来确定,如图 4 - 41。

图 4 - 41 线性回归法投资策略(Chart courtesy of TC2000®. com)

第三步:根据已经确定的方向和价格在回归线通道间的位置,等待进出场信号。图 4 - 41 的回归线向上,做多为主。以回归线为中线,当股价处于回归线下方,接近下通道线附近时,择机买进,图4-41中的A点、B点和C点位置,都是多头进场的位置。当股价位于回归线上方,运行至回归线的上通道线附近时,价格可能反转下跌,准备出场,在D点、E点和F点应该卖出。

2. 线性回归法的缺点

回归线不是追随趋势的技术分析工具,而是对股价未来的可能走势的预测工具。人最不能做到的就是准确预测未来,包括对混沌无序的股票市场的预测也绝非容易之事,因未来有很多不确定因素,因此预测的目标离现在越远,预测的准确度就越低,回归线的预测也是如此。

五、点数图

点数图是较有历史的一种技术分析工具,最早出现在19世纪末,1898年一位名为霍伊尔(Hoyle)的人在他的书中提到了点数图,但刚开始的点数图并不是像今天我们所熟悉的在小格子中画×画○的点数图。直到1933年,维克多维里埃(Victor de Villiers)出版了《点数图预测股价变化法》(*The Point and Figure Method of Anticipating Stock Price Movements*)首次正式提出了点数图(图4-42)的概念。

点数图不是在股价图上作出图线指标,与常见的技术图形不同,它只关注价格的表现,而不考虑成交量,也不在意价格在某时间段内的变化过程,因此点数图具有以下优势:

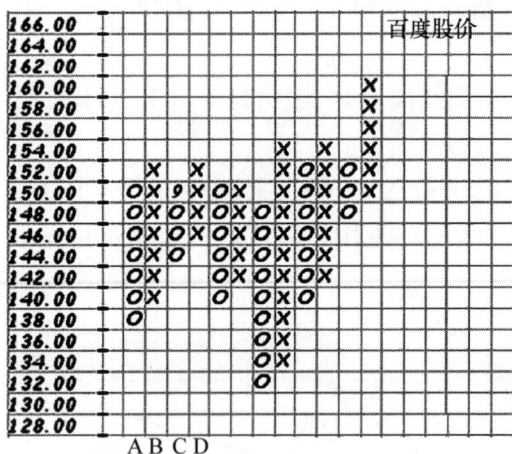

图4-42 点数图的画法

(1) 价格从盘整到向上突破,开始新的上升趋势是最佳的进场机会,但这一时机往往较难抓住,而点数图可以很容易帮助投资人发现新趋势的开始,及时把握时机。

(2) 趋势一旦开始,在点数图上很容易画出趋势线并得到确认。

(3) 点数图有其特有的目标价公式(见后文),一旦进场后,无论是多头还是空头,都可以非常简单地使用公式确定目标价。

1. 如何读懂点数图?

现在有电脑软件的帮助,我们可以不必再手工画制点数图,但还是需要了解其绘制的方法,否则我们就无法读懂点数图。

(1) 点数图的基本内容

点数图用"×"和"○"表示价格的涨跌,在方格中记录价格的变化,方格的纵轴代表价格,横轴记录价格的涨跌变化。价格每上涨一个单位用"×"表示,下跌一个单位用"○"记录，每一列只有一种符号，若出现阿拉伯数字是表示月份。只有价格上涨或下跌达到一个单位时，才做记录，变化不足一个单位的不做任何标记。为便于说明，我们节选了百度公司股价在某段时间的点数图，如图4-42，在该图中，一个格子代表2元，如果百度的价格上涨2元，就在图中画一个"×"，若上涨不足2元，就不要做任何记录；同样，下跌时，每跌2元时在表中的格子里画一个"○"。百度从150元开始下跌一路跌至138，所以在图中的A列有了一连串的"○"，到138后，百度没有再继续下跌，而是开始上涨，当涨至140时，因为价格由下跌改为上涨，所以，开始新的一列，在B列140的格子中画下"×"，而后股价一路涨至152元，B列从140—152画下了一系列的"×"。看过点数图的人也经常会在一列"×"或"○"中发现阿拉伯数字，就如图4-42上C列中的"9"，这是月份数字，就是说百度从152元掉到150元价位时，时间进入了9月份，因为这一天股价是下跌，且跌幅达到一个单位，所以记录时又开始了新的一列。在数字9这一格中其实是股价下跌一个单位和进入9月份两层含义。

（2）点数图的两大重要参数：格值与"反转"格值

画好点数图的关键是要确定方格中每个格子的"格值"，也就是每一格代表的价格波动的幅度，一个格子可以代表0.5元，也可以是1元或是10元。格值的大小没有固定的标准，而是人为的设定，使用者不同，分析的市场和金融产品不同，定出的格值也完全不同。但没有标准不等于可以随意设定。格值如果定得太大，不易反映出价格的变动，因为小于格值的价格涨跌变化不会反映在点数图中；但把格值定得太小，也未必就科学，会使整体图形过于密集而繁杂。格值的确定也有不同的方法，可按照股价的百分比设定，比如股价50元，每格为价格的2%，即每格相当于1元；也可以根据平均真实波动幅度（ATR）来设定，但由于ATR值是波动变化的，所以可能导致点数图大幅变化。用得最普遍的是汤姆·多西（Tom Dorsey）在其《点数图》（*Point & Figure Charting*）一书中所引用的"价位与点数图格值对照表中"根据价位所设定的格值，参考如下。

表4-4　点数图的格值

价 格 范 围	点数图的格值
5.00 to 20.00	0.5
20.00 to 100	1
100 to 200	2
200 to 500	4
500 to 1 000	5
1 000 to 25 000	50
25 000 and up	500

在点数图的制作中另一个关键点是确定价格走势转变的价位变动幅度,画点数图时,当股价由涨转跌时,需要重新开启一列记录价格下跌的过程,反过来价格由跌上涨时也同样要换列记录。如果采用一个格值反转,即股价在上涨过程中,第一次出现下跌并且跌幅达到一个格值就在新的一列画"○",在下跌过程中第一次出现上涨幅度达到一个格值就换列画"×",但一格反转的频率太快,不能真正体现出趋势的反转。所以,人们在使用时会将趋势反转的条件定位为两格、三格或五格等等。1947年,A. W. 科恩(A. W. Cohen)在他的代表作《点数图三点反转交易法》(*How to Use the Three-Point Reversal Method of Point & Figure Stock Market Trading*)书中提出了三格反转的方法,这本书被普遍认为是对三格反转最权威的阐述,现在三格反转是最常用的点数图反转参数,一般用于中期趋势的分析。

"三格反转"的点数图画法是只有价格的涨跌幅度超出三个格值时,才表明价格反转,才开始换列记录。还以图 4-42 百度的价格点数图为例,股价从 150 跌至 138(A 列),之后上涨一个格值到 140,但这时可以先不在图中做任何标记,如果百度价格继续上涨,从 138 涨至 144,上涨了三个格值,则开始在 B 列 140 到 144 三个格子中画上三"×"。下跌时也是一样,只有下跌过三个格值时,才在新的一列记录价格的下跌走势。

使用三格反转时,除了考虑涨跌幅度,还要参考股价的高低点和坐标值的相对位置,具体的步骤如下。

a. 如果现在的股价在点数图中记录在"×"列,确定了今天的高低价位后,按照如下步骤在点数图上记录:

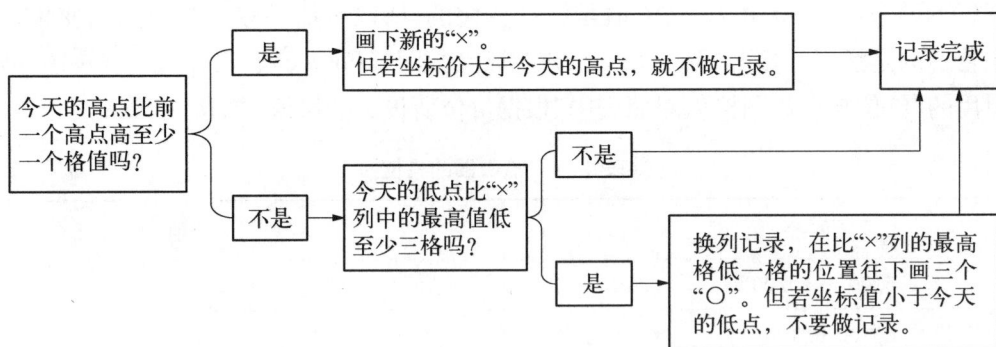

图 4-43 股价上涨时点数图画法流程

b. 如果现在的股价在点数图中记录在"○"列,确定了今天的高低价位后,按照如图 4-44 的步骤在点数图上记录。

2. 点数图趋势线的画法

点数图和其他价格图形一样也有很多形态,也可以画出趋势线以确定价格的走

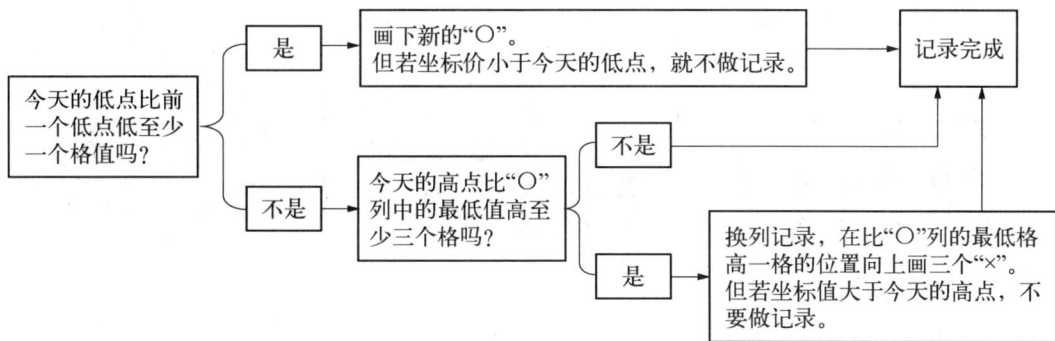

图 4‑44　股价上涨时点数图画法流程

势方向,通常而言,由低点自下而上的45°线是上升趋势线,从高点自上而下的45°线是下降趋势线,如图4‑45。我们可以根据点数图的形态和趋势线寻找多头或空头信号。

3. 如何使用点数图寻找多头进场信号和设立目标价?

(1) 多头进场信号

当点数图出现如图4‑46的多头信号时,为买进信号。

(2) 点数图如何确定多头目标价?

点数图的目标价设定与传统图形的方法有相近之点,也有其特殊之处,一般有两种定价方式,一种是横向计数目标价法,另一种是纵向计数目标价法。

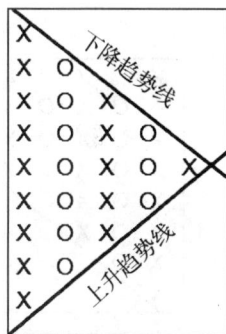

图 4‑45　点数图趋势线

a. 横向计数法确定上涨目标价

横向计数法主要用于价格处于盘整形态完成后向上或向下突破时的目标价估算,通过计算盘整区的宽度,也就是价格盘整时在点数图上所记录的总列数,来预测价格向上或向下突破盘整区后,可能上涨或下跌的幅度。

$$横向计数法上涨目标价\ Hu＝L+(W×R)$$

Hu:价格向上突破后的横向计数目标价

L:盘整时最低格的坐标值

W:横盘时的总列数

R:反转值(预先设定的反转所需格数与格值的乘积)

假如某股票已经盘整了一段时间,其最低格的坐标值为22(L),在点数图上共记录了9列(W),该点数图设定的是三格反转,每一格的格值为1,即其反转值R为3(3×1),如果股价突破盘整后,可能上涨的目标价是:

$$22+(9×3)＝49$$

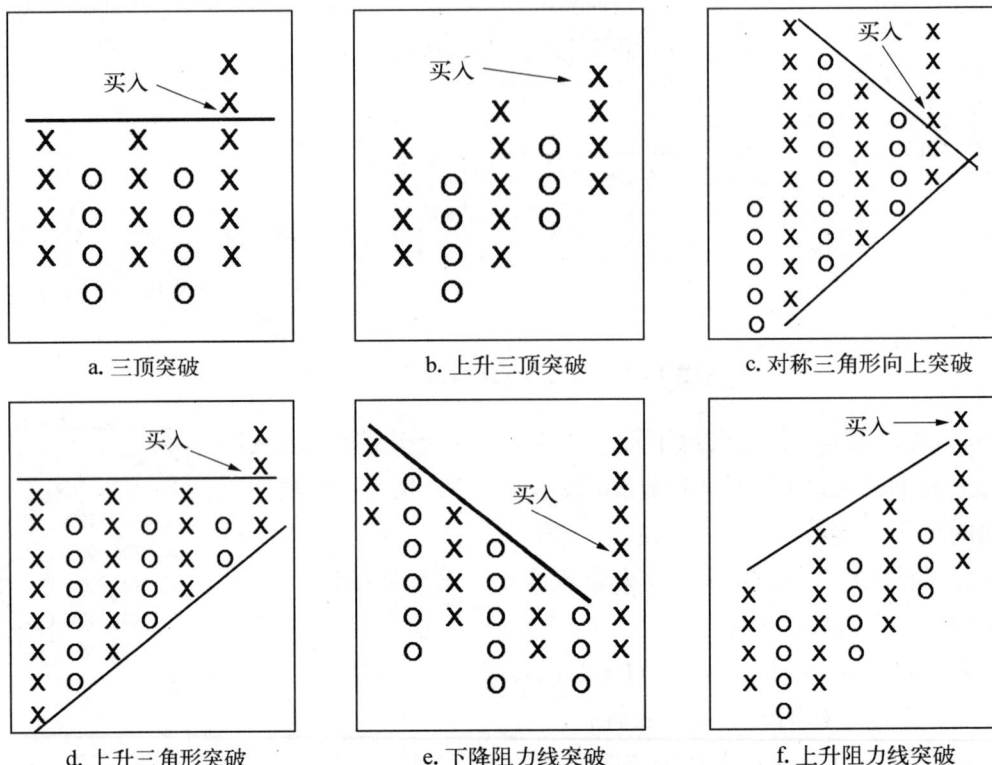

a. 三顶突破   b. 上升三顶突破   c. 对称三角形向上突破

d. 上升三角形突破   e. 下降阻力线突破   f. 上升阻力线突破

图4－46　点数图多头进场信号

b. 纵向计数目标价法确定上涨目标价

纵向计数法主要用在价格波动较大,没有时间横向盘整就反转向相反的方向运行的情形,但切记一定要在价格突破主要阻力线或支撑线时才能使用此方法,否则无效。

纵向计数法上涨目标价 $Vu＝L＋(FR×R)$

Vu:是向上反转的纵向计数目标价

L:最低格的坐标值

FR:第一次出现反转后上涨总格数

R:反转值

假如某股票的价格出现 V 形反转,反转前的最低格坐标值为 30(L),第一次反转上涨后,价格持续上涨了 8 个格(在上涨的序列中画下 8 个"×"),其反转值设定为三格反转,每一格的格值为 1,反转值为 3,则股价 V 形反转后,可能上涨的目标价是:

$$30＋(8×3)＝54$$

虽然点数图在目标价设定上有它自己的特有方式,但传统的以支撑和阻力来设定目标价的方法同样可用于点数图参考目标价的设定。

3. 点数图的缺点

使用点数图容易找到趋势，确定目标价格，但它也有短板：

(1) 点数图无法体现影响价格变化的其他重要因素，比如交易量、投资时间跨度等等。

(2) 点数图的格值和反转值如何界定也是仁者见仁，智者见智，程度相当难拿捏。

六、摇摆线

摇摆线一直在技术分析中占有重要的历史地位，也是最有效和最具影响力的技术分析方法之一，特别是在有趋势的市场中，因为它受外界干扰小，以最简单的方式反映出价格的趋势，与一些有滞后性的技术分析工具（比如平均线等）相比，它可以帮助我们更准确、更迅速地发现趋势的变化。主要的摇摆线理论包括：江恩三天摇摆线（Gann Swing Chart），阿瑟·美林百分比摇摆线（Arthur Merrill Swings）以及时价结合的巴伦摇摆线（Barros Swings），其中最具代表性的是江恩摇摆线。

江恩摇摆线的创立者是威廉·江恩（William Gann，1878—1955），20 世纪初著名的投资家，在其超过半个世纪的投资生涯中，从市场上赚得 3 亿 5 000 万美元的利润。江恩当年被推崇的程度或许令当今世人难以想象。在 1950 年，要想听他的投资讲座得要缴大约 5 000 美元，这个数字是什么概念呢？ 当时全美国三室一厅的公寓的平均售价约 5 000 美元。也就是说来听他课的人，不仅能拿得出这笔钱，对学习投资有极大的热情，更重要的是对江恩抱有极大的信心，因为他们相信听完了讲座，就可以赚回无数套三室一厅，所以不惜花重金拜师学艺。

江恩 1902 年开始投资交易，刚入市时经历了多次失败，而后痛定思痛，开始刻苦钻研。1908 年后，他开始在金融界崭露头角，此后以对大市预测精准、投资表现出色而闻名。他将天文学、数学、几何学等方面的知识综合运用在投资的技术分析中，创立了独特的技术分析理论，包括波动法则、周期理论、江恩角度线、江恩四方形、江恩六角形等等。他认为宇宙中的自然法则也存在于金融市场中，股价运动的方式不是杂乱无章的，而是可预测的，他曾准确预测 1929 年的股市大崩盘。他认为，时间是决定市场走势的最重要因素，而历史确实重复发生。

1933 年 6 月，江恩公布了他的摇摆图投资理论，在市场进入上升趋势或下降趋势时依据该理论投资，效果最好。

1. 江恩摇摆线的画法

(1) 江恩摇摆线的向上摆动和向下摆动

a. 向上摆动：摇摆线自下向上摆动

如图 4 - 47，当股价从波谷（A 点）开始连续 3 天出现高点高、低点高的走势，从低点（A 点）向第 3 天的高点（A1）画一条向上的直线（AA1），为向上摇摆线。如果股价继续创高点,原先的向上摇摆线 AA1 将被新的向上摇摆线所代替,新的向上摇摆线是从开始的低点(A)到新高点(A2)的连线 AA2。

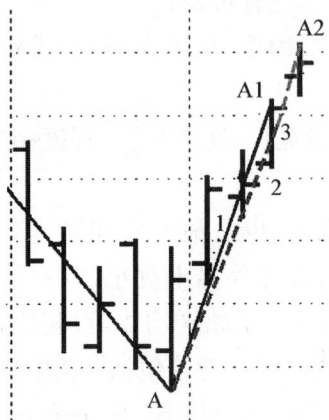

图 4－47　江恩摇摆线向上摆动　　　　图 4－48　江恩摇摆线向下摆动

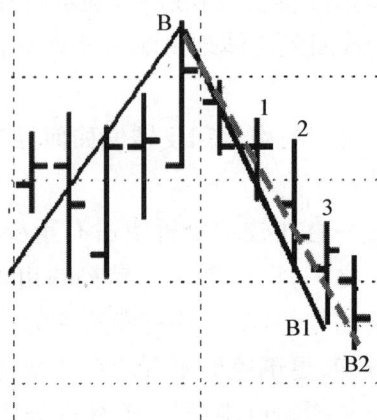

b. 向下摆动:摇摆线自上向下摆动

如图 4－48,当股价从波峰(B 点)开始连续 3 天出现高点低、低点低的走势,从高点(B 点)向第 3 天的低点(B1)画一条向下的直线(BB1),为向下摇摆线。如果股价继续创低点,原先的向下摇摆线 BB1 将被新的向下摇摆线所代替,新的向下摇摆线是从开始的高点(B)到新低点(B2)的连线 BB2。

(2) 江恩摇摆线如何定义上升趋势

在图 4－49 中,当价格从下降趋势止跌(江恩摇摆线的向下趋势用虚线表示,向上趋势为实线),从谷底(A 点)反转上涨至某一高点(B)后回落至 C 点,价格没有低过原先的谷底 A 点,就再次反转上涨,而且高点(D)超过了前一次的波峰(B 点),即开始了向上趋势。上升趋势包含了一系列越走越高的波谷和波峰(图 4－50)。

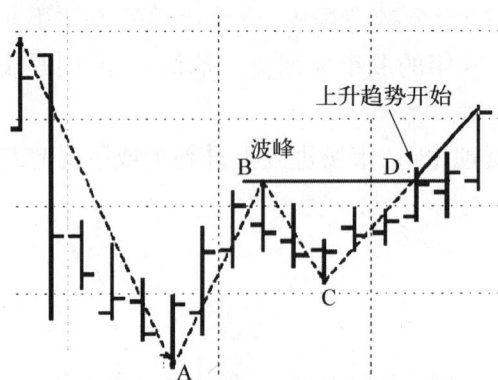

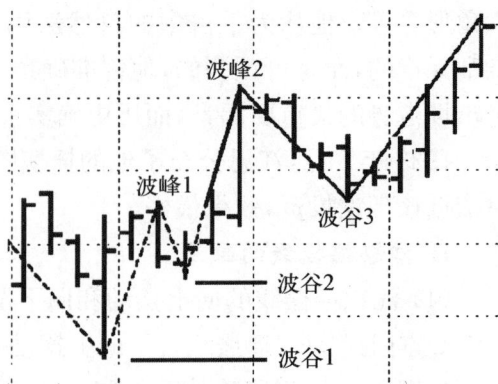

图 4－49　江恩摇摆线上升趋势的开始　　　　图 4－50　江恩摇摆线上升趋势

（3）江恩摇摆线的支撑与阻力

a. 支撑

在下图4-51中，当价格从谷底（A）反转上涨至B点后回落到C点，但没有跌破上次的波谷A点，A点即为支撑位置。支撑可以出现在上升趋势，也可出现在下降趋势中。

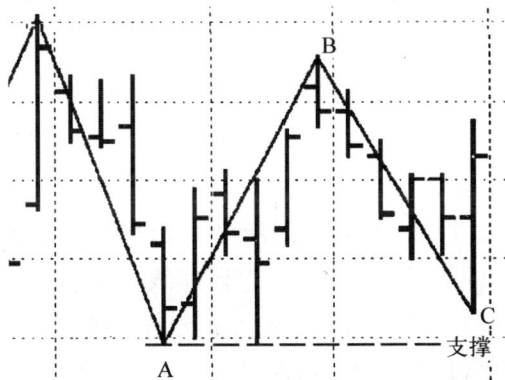

图4-51　江恩摇摆线的支撑

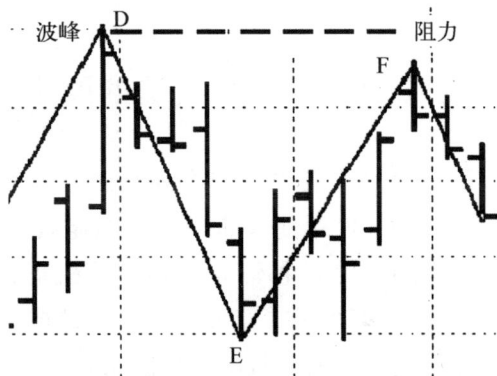

图4-52　江恩摇摆线的阻力

b. 阻力

如上图4-52所示，当价格从波峰（D）反转下跌至E点后再反弹到F点，但价格没有涨过前一次的波峰（D点），D点即为阻力位置。阻力可以出现在上升趋势中，也可出现在下降趋势中。

2. 如何使用江恩摇摆线确定上升趋势和多头进出场

如图4-53，股价从低点（A）上涨至B点回档，下跌至C点，C点的价位高于A点，当价格从C点再次上涨，并突破前一次的波峰（B点）时，股价走势由向下趋势转为上升趋势，如图中所示，江恩摇摆线也从虚线变为实线，D点处为买入信号，停损点设在C点。

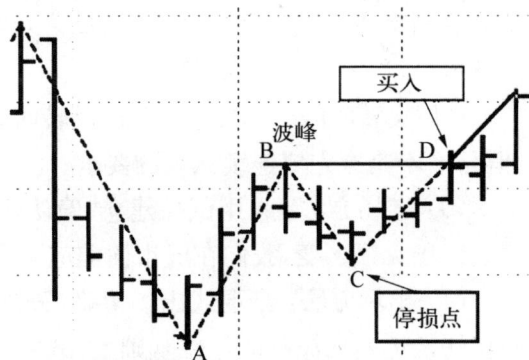

图4-53　江恩摇摆线买入信号

江恩摇摆线多头操作方法可归纳如下：

（1）进场：趋势从向下转向向上时，买进；

（2）加仓：向上趋势中破前一个波峰时加买（如果之前没有买进的，也可在此买进）；

（3）出场：跌破波谷出场。

3. 江恩摇摆线的优点

江恩摇摆线是非常有效的趋势分析工具,对价格走势变化较为敏感,不像移动平均线那样反映趋势改变有滞后性,也不像趋势线在使用时连接点的选择受时间跨度的影响较大。江恩摇摆线的优势在于:

1. 它可以最快的速度找出价格趋势改变的方向,特别适合波动较大的新兴市场;

2. 它的停损点明确,不会出现模棱两可的情况。

我对江恩摇摆线投资法的改进

(一)为什么要对江恩摇摆线的方法作改进?

我们在使用前人的理论时不能教条地照搬照抄,因为我们所处的市场环境已经与江恩的时代完全不同,通过计算机程式的回顾测试统计,对江恩摇摆线方法作如下调整改进,能大大提高此交易方法的成功率,提高投资的回收与风险比率。我们在使用任何技术分析工具时都要随市场环境的变化,作相应调整,使其真正发挥效用。使用江恩摇摆线也是如此。

(二)如何对江恩摇摆线作改进?

根据江恩摇摆线的进场方法,结合现代市场的特点,我们对其加以改良,主要改进内容如下:

(1)反转时股价表现要求:股价向上反转时,只要求出现连续的高点高即可,而不需要高点高的同时还要低点高;反之,当股价向下反转时,只要求出现连续的低点低就可以,不要求同时出现高点低。

(2)反转时的时间要求:股价反转时,高点高或低点低出现的时间只要连续两天即可,而不是原先要连续三天的要求。

(3)进场方法:采用试探建仓、确认建仓和完成建仓三部曲进场的渐进式建仓策略。市场无序多变,我们在股市面前应该很谦卑,摸石头过河,逐步建仓,不失为良策。

(4)出场方法:渐退式出场策略,分进攻式出场和防守型出场两次出场。多头停损点的设定是在波谷的价位基础上,减去一个平均真实波动值(波谷价位-ATR);空头停损点是在波峰价位的基础上,加上一个平均真实波动值(波峰价位+ATR)。

我们将逐一分条解释为何作上述调整。

1. 反转时股价表现和时间要求的改进

现在金融市场的环境比江恩所在的时代复杂了许多,变化速度也快了不知多少倍,因为现在市场上,不仅有长线投资者,也有短线投资人,还有众多依靠电脑程序的频繁交易者,导致市场价格混乱。2010年5月6日美国股市的"闪电式崩盘"(Flash Crash)就是现在市场快速多变最极致的写照。当天美国股市从2点32分之后的36

分钟内,出现巨幅震荡,转眼间,道琼斯工业指数下跌近 1 000 点,跌幅 9%,而几分钟之内,市场又收复了大部分损失,股票、股票指数期货、期权和交易所交易基金等都随着股市的大幅波动而震荡,交易量剧增。所以,在当今多变的市场环境下,我们也应提高节奏。在反转时间的要求上,我们采用连续两天反转而不需要三天反转,因为根据我们的市场回顾测试结果,两天反转的效果优于三天反转。同时,在股价表现上也不要求高低点有同向的表现,即高点高的同时低点也要高,或者低点低的同时高点也要低,而是只要求股价连续两天出现高点高,就视为价格趋势由下向上反转;连续两天呈现低点低的走势,则意味着价格自上而下反转。

2. 进场方法的改进

我们采用渐进式进场,分三步完成建仓,这样既容易控制风险,又可避免失去投资良机。

(1) 多头进场三部曲(图 4 - 54)

第一步:试探买进,进场时间是在股价从向下趋势转为向上趋势时(从虚线变为实线时,虚线时代表向下走势,实线代表向上走势),先建立三分之一的多头仓位,因为此时,趋势刚刚反转,走势还不扎实,为避免价格走势出现反复,导致过多的损失,所以先牛刀小试,建立一部分仓位,如果价格稳步上涨,也不至于因没有仓位而失去机会。

第二步:确认买进,股价回档,但波谷没有低过前一次的波谷就回头上涨时,再买三分之一的仓位。要注意的是,股价的回档幅度最好不要超过上涨幅度的三分之二,如果跌幅超过了,则要谨慎考虑。而且股价回档时交易量要萎缩,回档的原因是市场大环境的疲软所致,而不是公司本身原因所在,如果是公司自己出了问题,就暂时不应考虑加仓了。同时,买进时,价格要出现高点高且低点高的走势,方可确认进场。

第三步:完成买进,当股价上涨,突破前一次的波峰,完成最后三分之一的建仓。

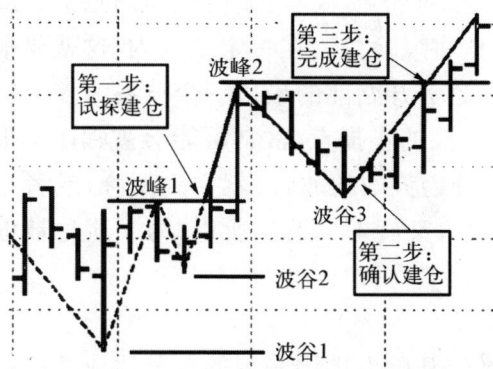

图 4 - 54　多头进场三部曲　　　　图 4 - 55　空头进场三部曲

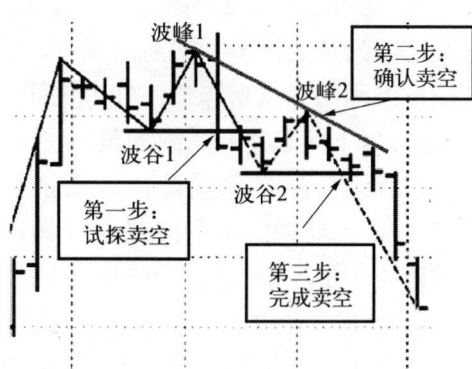

(2) 空头进场三部曲(图 4 - 55)

第一步:试探卖空,在股价自向上趋势转为向下趋势时,先建立三分之一的空头仓位,先用小仓位试探的理由和多头建仓的原因相同,下降趋势刚刚开始,趋势尚未稳定,一旦价格走势方向改变,不会造成太大损失,如果价格如期下行,我们也已经有了部分仓位。

第二步:确认卖空,股价反弹,但其波峰没有高过前一次的波峰就回档下跌时,再建立三分之一的空头仓位。要注意的是,股价的反弹幅度最好不要超过下跌幅度的三分之二,如果涨幅超过了,则要小心谨慎,看是否还要再加仓。而且股价反弹时不能有大交易量,反弹的原因可能是市场太好,而不是公司本身的利多消息所致,如果是公司自身的消息推动股价反弹上涨,加码卖空可能要暂时搁浅。同时,加码卖空时,价格一定要呈高点低且低点低,才能确认进场。

第三步:完成卖空,当股价跌破前一次的波谷时,完成最后三分之一空头仓位的建仓。

3. 出场方法的改进

无论是多头还是空头,我们的出场都是以渐退的方式逐步减仓,分为进攻型出场和防守型出场两步,其目的是锁住利润,保住本金。投资是为了获利,但是任何投资都存在风险,因此制定行之有效的风险管控措施是投资中最重要的环节之一。每一个交易都要有严格的停损停利点,而且必须是事先设定好,因为恐惧是人性的弱点,损失没有发生前,人们可以理性地看待问题,制定合理停损保护计划,而一旦损失产生了,就很难客观理性地进行风险管控,最终可能损失惨重。

(1) 设立停损点的技巧

停损点的选择很有技巧,停损点设立得太近,可能在趋势还没结束时,就提前出场,面对股价后续的上涨(如果做多头)或下跌(如果做空头)所带来的巨额利润,只能雾里看花,水中捞月了。而如果停损点设置得太远,一旦股价趋势改变,不仅利润消失殆尽,还可能使本金损失加大,停损点也就失去了止损保本、锁住利润的意义。最完美的停损点是既不会提前出场,又可以有效地将风险控制在一定范围内,这就要根据股价波动的特点来调整。如果机械地用上升趋势开始前的最后一个波谷为多头的止损点,以下降趋势开始前的最后一个波峰为空头的止损点,常常可能会被骗庄。很多时候我们会看到,股价刚刚跌破摇摆线呈上升趋势前的波谷,就立刻反弹;或者是反弹上涨时,略微突破下降趋势开始前的波峰后,又旋即回落。所以,为了避免被虚假的破线骗出场,我们会给股价多一点波动空间。

a. 停损点微调的方法——百分比法

很多职业操盘手常常在关键的技术停损价位基础上再用一定的百分比或某一固定钱数来调整停损点,比如在技术停损价的基础上减去 1 块钱,或在其基础上调低 3%等等。假设多头技术性停损价位是 100,若向下调整 2%,即实际停损点为:

$$100-100\times2\%=98$$

这些方法是人为机械的调整，虽然考虑了不要被专家骗庄的因素，但没有考虑到价格波动的特性。我认为停损点的微调应该结合股价近期的波动特点才更科学。所以，我选择用平均真实波动值（ATR）调整作停损价位，具体的做法如下。

b. 停损点微调的方法——平均真实波动值法

选用 20 天平均真实波动值来对技术性停损价位做微调的优越性在于它能真实反映市场价格近期的表现特征。如果过去 20 个交易日（一个月）股价的波动范围较大，其 20 天的平均真实波动值也增大，那么停损点的调整幅度相应较大，这就可以避免被虚假的价格表现轻易地洗盘。若过去这段时间，股价的震动幅度较小，停损点被调整幅度也较小，这样比较贴近股价的特点。

多头停损点的调整是在波谷的基础上减去 20 天平均真实波动值；空头停损点的调整则是在波峰的价位上加 20 天平均真实波动值。假设，股价波谷的价位是 60 美元，其过去 20 个交易日的平均真实波动 2.5 美元，则多头停损点可定在 57.5 美元（60－2.5）左右。反之，如果波峰的价位是 100 美元，过去 20 个交易日的平均真实波动 3.5 美元，则空头停损点可定在 103.5 美元（100＋3.5）左右。

下图 4－56 是在美国上市的中国在线旅游公司去哪儿 2015 年 8 月至 12 月的股价走势日图和其 20 天平均真实波动值。2015 年 10 月 26 日，中国网络旅行代理商携程（Ctrip. com International Ltd. ，CTRP）和去哪儿（Qunar Cayman Islands Ltd. ，QUNR）宣布联姻合并，当日两家公司股价均大幅飙升，之后去哪儿经历了一段波动较大的时间。在合并消息公布之前，去哪儿的 20 天平均真实波动值大部分时间在 1.9—2.3 美元左右上下波动，偶尔会在 2.7 美元上下，而自 10 月 26 日之后，随着股价的大幅起伏，去哪儿的 20 天平均真实波动值也开始增大，最高时达到 4.13 美元（如

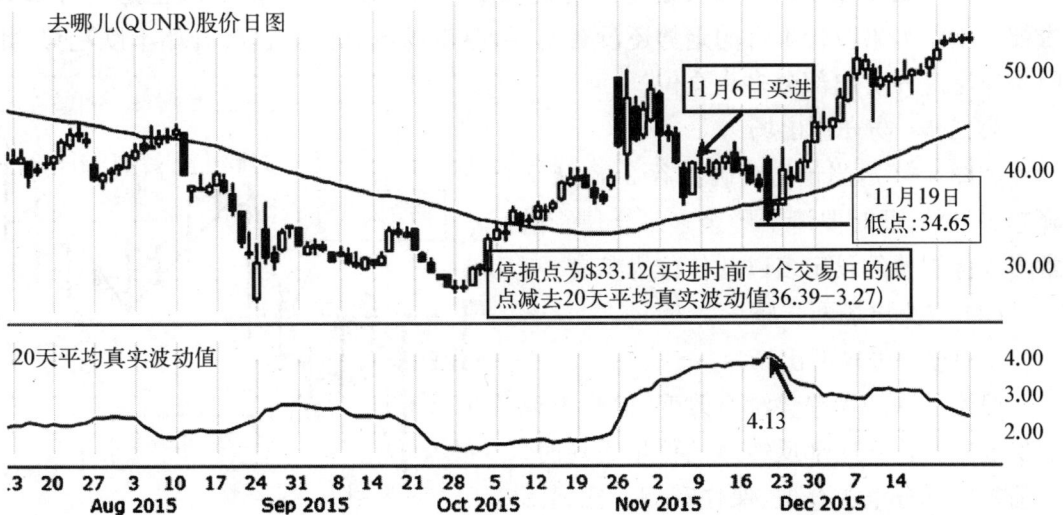

图 4－56 去哪儿的 20 天平均真实波动值（Chart courtesy of TC2000®. com）

图),进入 12 月后,股价的波动减小,其平均真实波动值也从 4.13 美元的高位逐步下降,回到 2.3 美元左右。如果我们在 11 月 6 日买入去哪儿,用前一个交易日的低点 36.39 美元减去其 20 天平均真实波动值 3.27 美元作为停损点,调整后的停损价位是 33.12 美元(36.39-3.27)。买进后,股价在 11 月 19 日出现了较大的波动,当日该股的高低幅度相差 6.84 美元,最低点是 34.65 美元,尽管价格波动较大,但股价并未跌破我们早先设定 33.12 美元的停损价位。而如果我们直接用买入时的前一个交易日低点(36.39)为停损价,而不用 20 天平均真实波动值来调整的话,就被停损出来了。所以,平均真实波动值反映出股价的波动特性,适合用于调整停损点。

当然,停损是艺术,不是科学,应根据市场的实际情况,灵活调整,只要不偏离停损的宗旨就好。

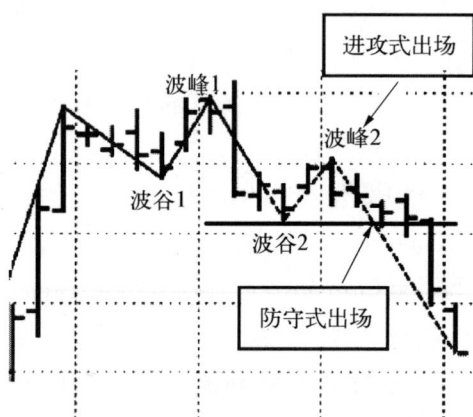

图 4-57　多头两步出场

(2) 多头出场两步骤

第一步:进攻型出场

股价的上涨趋势没有改变,但当出现历史上常见的价格反转时的价量表现时,应该提前清掉部分仓位,锁住利润。比如图 4-57,在上升趋势中,价格回档后再上涨的高点与前一次的高点基本一致,甚至没能高出前一次的高位(图中的波峰 2)就回档,预示现行的价格上涨趋势可能要改变,特别是如果成交量萎缩或者出现空头 K 线图或组合形态等,要卖出部分多头仓位,保住部分既得利润。

进攻型出场除了根据股价走势的变化判断外,市场和行业的表现也是要考量的重要因素。如果股价本身的走势还没有变弱,但市场或其同行已经开始下跌趋势,此时也应考虑先卖出部分多头仓位。

第二步:防守型出场

如图 4-57,当价格跌破波谷 2,确认下降趋势开始,此时要清空剩余多头仓位。通常多头停损价的设定多以此价位为参考。

(3) 空头出场两步骤

第一步:进攻型出场

股价下跌的大趋势没有改变,但当出现历史上常见价格底部反转时的价量表现时,提前补回部分空头仓位,保住利润。比如图 4-58,在下降趋势中,价格反弹后再回档的

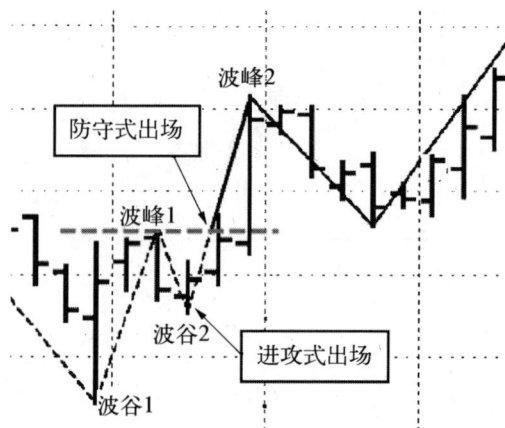

图 4-58　空头两步出场

低点和以前的低点大致相仿，甚至会比原先的低点高，说明下行趋势可能减弱，特别是上涨有量或者出现多头 K 线图或组合形态等，因此可以先平掉一部分空头仓位，锁住一定利润。

同样的，空头进攻型出场除了依据股价走势作出决策外，还要衡量市场和行业的表现。如果股价本身表现依然很弱，但市场或其所在的行业已经开始上涨趋势，此时应考虑先补回部分空头仓位。

第二步：防守型出场

如图 4-58，当价格上涨，破过波峰 1，确认上升趋势开始，此时要清空剩余全部空头仓位。通常空头停损价的设定也是以此价位为参考。

第四节　不要误将上升趋势中的休整 当作上升走势的结束

再强的向上趋势也不可能是直线上升的，而是会在中途作短暂的休息之后，再延续其上升走势。这就像我们爬一座大山，有时需要在山腰上稍作休息，养精蓄锐，再向峰顶继续前进。股价在向上攀升的过程中会出现一次甚至多次的休整，在休整时期，价格不再继续上涨，而在一定区域上下窄幅波动，我们称这些区域为上升趋势中的休整区，在休整区出现的价格形态为上升趋势中的持续休整形态。价格在休整时，一般不会改变原来的方向，等待时间成熟后，休整结束，股价还将朝向上趋势前进。所以，研究上升趋势中的休整形态，有助于我们作出正确的判断和投资决策，避免在上升趋势没有结束时就提前获利了结，不至于当股价结束休整重回上升趋势时，我们只能看着股价的向上飞奔而望洋兴叹。

根据价格在上升趋势的休整区的特点和历史表现，人们总结出很多上升趋势的持续休整形态，主要有：多头旗形、等边三角形、上升三角形、下降楔形等等。我们将对这几种典型的上升趋势的持续休整形态作简单介绍，并从股价、交易量、时间和投资人心理四大方面对形态特点加以归纳总结，以便于大家记忆、了解与掌握。

上升趋势中的持续休整形态

一、上升趋势中的持续休整形态之一：多头旗形形态

（一）多头旗形（Bullish Flag）的形成

旗形由旗杆和旗子两部分组成。首先，在上升趋势早期，在基本面的利多消息推动下，股价直线上涨，交易量也成倍增加，形成了旗杆（如图 4-59）；大幅上涨之后，由

于没有更多利多消息跟进,短线投资人开始获利了结,股价的上涨之势止步进入盘整,如图所示,盘整的形状像一个平行四边形的旗子,这时成交量减少。价格持续盘整了大约1至3个星期之后,又有利多消息出现,股价随即放量向上突破平行四边形的顶部,完成旗子休整形态,继续原先的上升趋势。要注意的是,旗子形成的时间,也就是价格休整的时间不能太长。

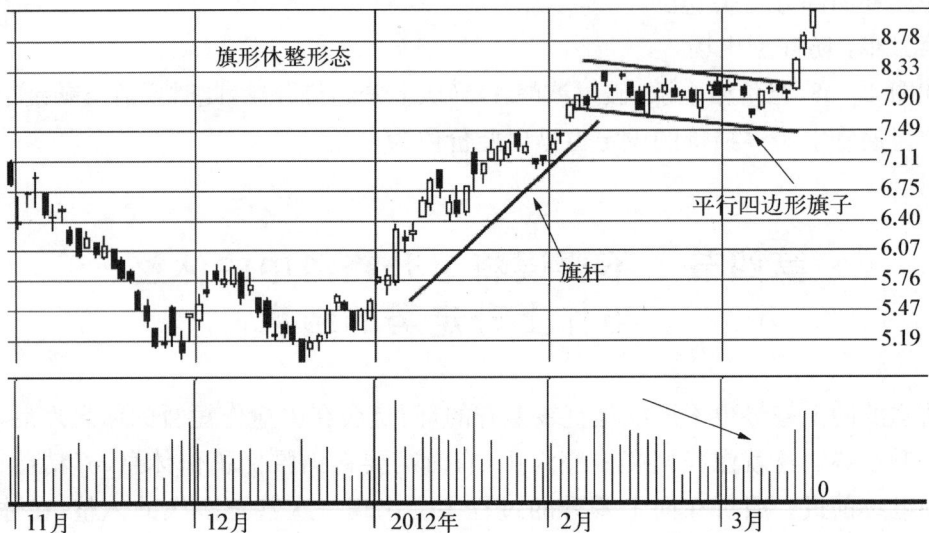

图4-59 旗形休整形态(Chart courtesy of TC2000®.com)

(二)多头旗形形态的特点

1. 股价

由旗杆和旗子两部分组成,旗杆是价格前期上涨的阶段,旗子是上涨之后休整的阶段。

2. 交易量

在股价大幅上涨的旗杆处伴随大交易量,在旗子形成的过程中交易量很小,当旗子形态完成、向上突破时,再次伴随大交易量。

3. 时间

多头旗形的形成时间不能太长,一般不超过3个星期的时间。

4. 投资人心理

因为股价在前期上涨的幅度太大,上涨的速度太快,投资人对价格未来是否还能有如此迅猛而快速的走势有所怀疑,由于不想继续追高,所以在进场时显得犹豫不决,但是股价走势健康,公司的基本面健全,投资人也找不出大举抛售的理由,所以最佳的选择就是等待和观望,看价格是否会继续上升趋势。当更多的利多消息到来时,投资人等到了股价的上扬,于是不再犹豫转而积极买进,股价放量冲破多头旗形形态,继续之前的向上趋势。

二、上升趋势中的持续休整形态之二: 对称三角形形态

(一) 对称三角形形态(Symmetric Triangle)的形成

对称三角形形态既可能是趋势中的休整形态,也可以是反转形态。该形态出现在上升趋势中时,其形成过程是:股价上涨至某一高点 A 后(图 4 - 60),开始乏力,转而下探,但公司的基本面还是很好,当股价跌到一定位置 B 点,可能是由某种利多消息支撑,价格开始反弹,但这次价格上涨到高点 C,没有能超过 A 点的高度,便止步下探,而这一次下跌的低点 D 又比前一次低点高,之后股价再度向上反弹,这样经过若干次的高点低、低点高的推演,价格也越来越接近三角形的顶点,而此时,价格的波动幅度和交易量都大幅萎缩。终于有一天,在某一突发的利多消息推动下,股价突破三角形的上边线,同时伴随巨大的交易量,价格又回到了其原先的向上趋势。

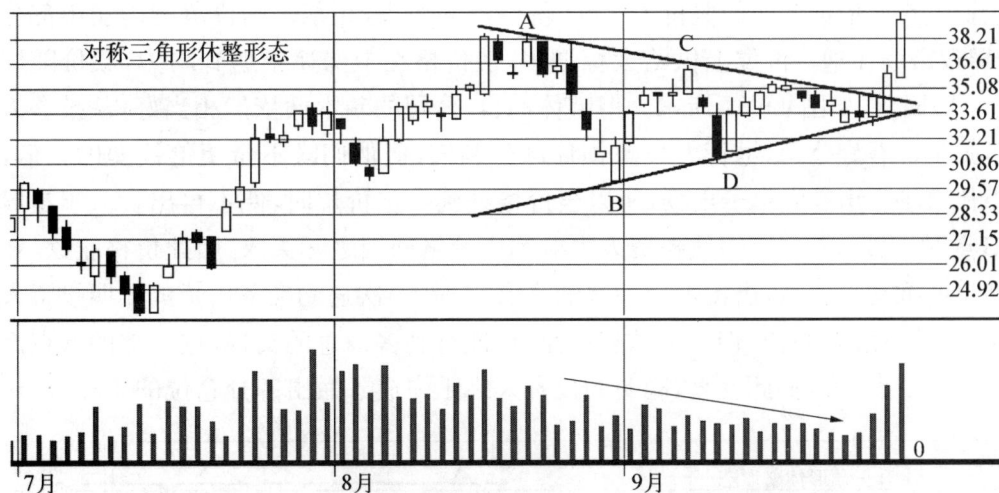

图 4 - 60　对称三角形休整形态(Chart courtesy of TC2000®.com)

(二) 对称三角形形态的特点

1. 股价

对称三角形的形成是多空双方相互较力,但结果不分上下、势均力敌的过程。对称三角形可以向上突破,也可以向下突破,所以是一种可信度较低的形态,在使用时要格外小心。

2. 交易量

在对称三角形形成的过程中,成交量会逐渐减少,越接近三角形的顶点,交易量越小。

3. 时间

一般而言,对称三角形形态完成所需要的时间比旗形要长,通常可能是几个星期,也可能会持续几个月。

4. 投资人心理

对称三角形形态反映了多空双方对股价未来的走势方向由不确定,到最后达成共识的演变过程。股价大幅上涨后,多头和空头对于价格未来的走势都感到方向不明,双方开始拉锯,几个回合之后,双方似乎在对称三角形的顶点附近达成共识,一旦出现重大利多消息,打破这种力量的均衡,股价即会向上大量突破,重回原先的上升趋势。

三、上升趋势中的持续休整形态之三:上升三角形形态

(一)上升三角形形态(Ascending Triangle)的形成

上升趋势中,股价得到基本面利多消息的推动而大幅上涨,在底部大量建仓的聪明投资人想要借助此时的股价人气旺、价格好的势头,在某一高价范围内卖出部分持股,导致市场在这一价位上供给大幅增多,使价格在上涨途中遇到阻力,股价随即从高点(A)回落,如图 4-61 所示。但整体而言,公司的基本面依然相当好,从投资人到分析师也都看好公司,尽管大户想锁住部分利润,但他们既不希望价钱卖的太低,也不想让市场看出有大单子出场,所以当价格跌到一定价位时,便不再出货。于是股价在 B 点时,卖压减小,而短线投资人也会利用价格回档之际买入,因此价格止跌,在利多消息的推动下上涨,当接近前一次的高点 C 时,再次遇到准备出货的聪明投资人的卖压,回档下滑至 D 点,但令人欣慰的是,可能有利多消息的支持,这一次的低点高于前一次的低点(B),如此反复,聪明的投资人终于完成了撤出部分仓位的工作,市场在

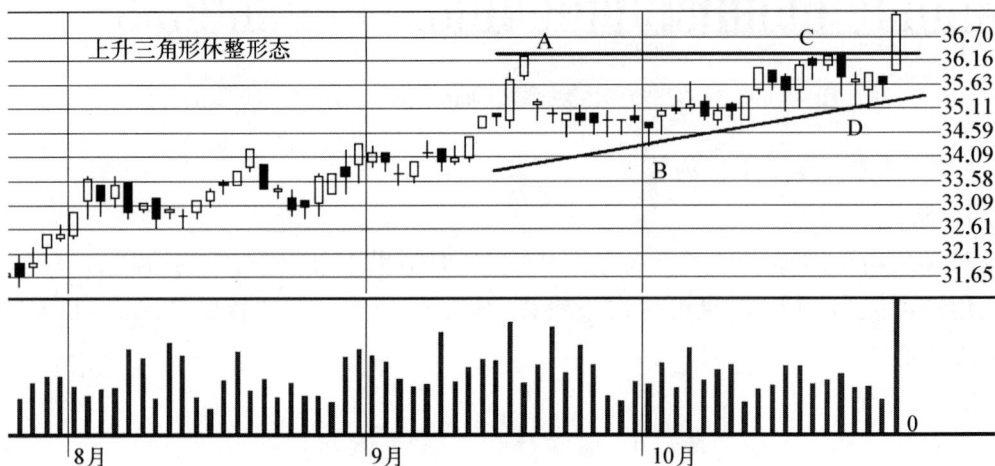

图 4-61　上升三角形休整形态(Chart courtesy of TC2000®. com)

高点附近的卖压大大减少，当重大的利多消息出现时，股价终于大量突破了上升三角形的阻力线（AB），重启上涨趋势。

（二）上升三角形形态的特点

1. 股价

在上升三角形形态的形成过程中，股价在盘整时，每次的高位都基本一样，呈水平线，但每一次低点则不断提高，形成向上倾斜的直线。

2. 交易量

上升三角形形态推演的过程通常也是交易量萎缩的过程，一方面大户既不想降价出售持股，也不想让其他人看出有大单子出场的迹象，所以会见好就收，也就是下跌到一定程度，大户不再卖出。而另一方面，买入者发现这段时间股价在高点处有阻力，不希望买入后被套牢，故而买进时也会相对保守。一直等到大户的货出完了，在高点阻力区的卖压消失，股价顺利突破阻力时，买入者才会因为卖压已不存在，进而放手大量买进，交易量也随之大幅增加。

3. 时间

上升趋势中出现的上升三角形形态的休整时间大约持续 4—6 个星期。

4. 投资人心理

上升三角形形态出现在上升趋势中，向上突破的成功率相当高。因为公司的基本面很好，只是低价买入的投资人要减仓，而导致股价暂时停止上涨，但新入场的投资人都信心十足，只要价格有回落的机会，可能就是买入的时机，这一点可以从股价的低点越走越高反映出来。所以，一旦大户出货完毕，阻力消失，股价将突破上升三角形的阻力线，结束休整形态，重回上升趋势。

四、上升趋势中的持续休整形态之四：下降楔形

（一）下降楔形（Falling Wedge）

楔形形态与三角形形态很像，形态的支撑与阻力最后都交汇成一点（如图 4 - 62），二者不同的是，等边三角形形态是由一个上升的边和下降的边组成，上升或下降三角形形态是由一个水平边和上升边或下降边组成。而下降楔形形态是由两根下降的边组成，这类休整形态在上升趋势形成过程中通常是：某只股票曾是市场的宠儿，突然因某负面消息导致股价放量下跌至 A 点，个别聪明的投资人认为这一坏消息只是公司出现的短期问题，从长远看，公司前景向好，从价格估值看，还是值得投资的，于是开始建仓，股价也反弹上涨到 B 点，随后股价又因为坏消息的负面影响再次下跌，此后基本上再没有好消息，也没有坏消息，那些长期看涨的投资人继续买入，股价最后止跌反弹，上涨突破了楔形的阻力线，再继续原先的上升趋势。

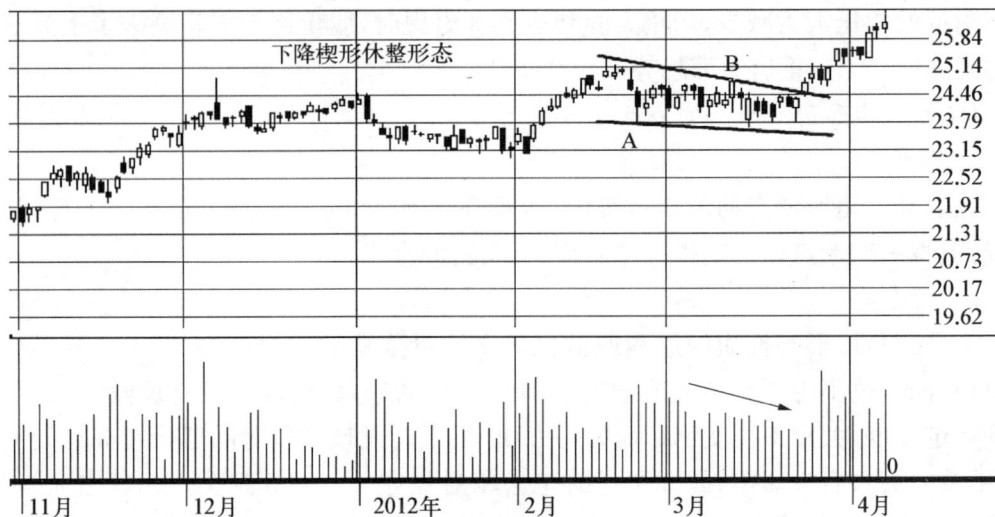

图 4 - 62　下降楔形休整形态(Chart courtesy of TC2000®. com)

（二）下降楔形形态的特点

1. 股价

下降楔形形态是上升趋势中的休整形态，是多头形态，通常发生在一个大波段的中部或尾部。

2. 交易量

下降楔形形态形成的初期，股价刚开始下跌时，成交量较大，随着形态的推进，交易量开始萎缩，但等到下降楔形的阻力线被突破，休整结束时，成交量又会大幅增加。

3. 时间

下降楔形形态通常需要 2—8 个星期完成。

4. 投资人心理

下降楔形通常发生在一个好公司股价的上升趋势中，股价突然受到利空消息的打击，短线投资人恐慌抛售，但公司长期的基本面没有改变，当短期利空因素对股价的影响烟消云散后，恐慌出场的投资人也纷纷重新进场买入，股价重回上升趋势。

五、上升趋势中的其他休整形态

1. 多头三角旗形形态(Bullish Pennant)

三角旗形形态发生的情况与旗形基本相同，不同点是旗形形成的是一面平行四边形的旗子，而三角旗形形态，顾名思义，形成的是一面三角形的旗子（如图 4 - 63）。还应注意的是，三角旗形和三角形形态不同的是，它有旗杆，而三角形形态没有，同时，三角旗形形成的时间一般比三角形形态要短。

图 4‑63　多头三角旗形　　　　图 4‑64　多头矩形形态

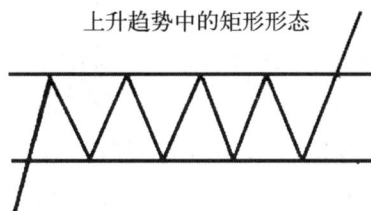

2. 多头矩形形态(Bullish Rectangle)

我们在第二节筑底阶段的形态中介绍过矩形形态,上升趋势中出现的矩形形态和盘整区的矩形形态一样,股价在某一高点和低点间徘徊,但矩形在上升趋势中形成的时间通常较短,而后在利多消息的推动下,价格突破阻力区,伴随着大交易量上涨,继续原先的上升趋势(如图 4‑64)。

上升趋势休整阶段的投资策略

股价在上升趋势中出现短暂的休整阶段,但趋势还没有结束,休整过后会继续上涨。而当股价从上升趋势进入横向盘整时,也一定会让很多经验不足的投资人误认为股价到顶了,涨势要结束了,担心如果不把股票卖出,已出现的账面利润就没有了,于是在股价还处于休整时,自己先提前出场了。结果呢? 当然是股价伴随大交易量突破休整区,继续向上攀升,而提前出场的人失去了后续的高额利润。

所以,在上升趋势的休整阶段所采取的投资策略应是:

1. 首先,要辨别股价的盘整是上升过程中的休整,还是上涨走势已经结束,进入了造顶阶段? 我们可根据上面介绍的一些典型休整形态的特点来判断股价是否进入休整状态。

2. 如果价格是上升趋势中的休整状态,就不要急于出场,而是要耐心等待休整阶段结束之后股价的继续上涨。

3. 休整阶段突破时也是第二次买进的好机会,属于低风险、高回收的投资。但是,即使是打算买入,也要耐心等待股价突破休整阶段再进场;如果在休整阶段没有完成而过早进场,可能会因股价在休整区上下波动而失去耐心与信心,提早将股票卖掉,结果失去了可能获得更丰厚的投资回报的时机。

第五节　如何成功逃顶守住利润

技术分析的三大假设之一是股价呈趋势运行。我们都希望股价能一直上涨,骑着这头牛越走越远。但是,天下无不散的宴席,再盛大的欢宴也都有曲终人散之时,更何况是在多变的股市中。很多散户投资人都有类似的经验,买了某只股票,也有非常丰厚的账面利润(没有卖出前),但到头来,却不知道已产生的利润怎么就稀里糊涂地溜走了,甚至还出现倒赔钱的悲剧。这一节,我们就来探讨如何成功逃顶,守住你的投资利润。

如何在股价到顶部时锁利?

当手中的持股有利润时,由于人性的恐惧与贪婪的本性作祟,投资人经常在"卖"还是"不卖"之间做着两难的抉择,卖了吧,如果股价再接着涨,那就卖亏了;不卖吧,一旦价格跌落,到手的利润又吐出去,后悔莫及,股市投资真的就是常有遗憾,而这可能也就是股市的魅力所在。在介绍上升趋势的章节中,我强调过,要尽可能地让股价走完它的上升趋势,不要在上升趋势没有结束之前急着离场。但是,如果上升趋势接近尾声时我们该做什么呢? 怎样做才能在股价见顶时成功离场,避免利润的损失呢?

我们可以采用两种策略,一种是预测式逃顶法;另一种是确认式逃顶法。

预测式逃顶法是股价的顶部形态尚未完成,但却出现一个或多个由计算机统计出来的历史上股价见顶的典型特征,此时应根据实际情况,考虑卖出部分或全部持股,锁利停损。

确认逃顶法是股价在顶部横盘时,逐步形成了典型的顶部形态走势,在股价刚刚完成造顶,开始向下趋势的转折之处卖出持股,锁住利润,保住本金。

两种方法各有利弊,用预测式逃顶法出场可能卖错了,卖早了,卖出之后股价还继续上涨,所以有机会要重新进场。而使用确认式逃顶法可能又卖晚了,利润已经损失了不少,但这一方法的成功率比较高,一般卖出后,股价也一泻千里了。

那么,我们根据什么来预测股价可能要见顶,应该要锁住利润? 又如何判断股价的造顶阶段已经结束,应该要将资金全部撤出呢? 股价在上升趋势的末期,其上涨的势头有如强弩之末,从其价量表现、平均线和趋势线等技术指标上都看到了在上涨时期基本没有的特征;而股价在造顶的过程中也会形成很多空头的盘整形态,当股价跌破横向盘整的重要支撑区,造顶形态结束时,股价将开始下降趋势。我们将分别介绍股价见顶的主要特征和造顶阶段的主要形态。

如何预知股价要见顶，预测式逃顶？

股价不断上涨，大多数投资人都有利润，于是开始获利了结，特别是当机构投资者想撤出时，为了不引起市场过多的注意，常常是分期分批，悄无声息地逐步出场。尽管他们不想让其他投资人感觉到资金的撤出，但他们卖出的行为会反映在股价的价量表现上，我们根据这些特征来猜测有大资金离场，股价的涨势可能将要结束。这些股价见顶的特征可分价量特征、平均线特征、趋势线特征和相对强度等类型，以下逐一来看看主要的特点。

（一）怎样用价量特征预测股价见顶而及时逃顶？

1. 枯竭性跳空（Exhaustion Gap）预测逃顶

在上升趋势中，股价向上跳空（突破缺口）是非常强劲的多头信号，特别是价格从底部盘整突破时，向上跳空伴随大交易量预示后市将有强劲的上涨行情。但凡事都有一个度，如果股价在飞速上涨后，离开其盘整区的底部已很远，还出现大幅跳空，这次的跳空可能是股价接近顶峰的最后一跳，多头势力已经枯竭，所以称为枯竭性跳空，大多数情况下，在枯竭性跳空后股价的上涨会止步。如图 4-65 所示，股价 9 月底出现枯竭性跳空，而后连续下跌，应预见价格可能要见顶，准备撤出部分资金。

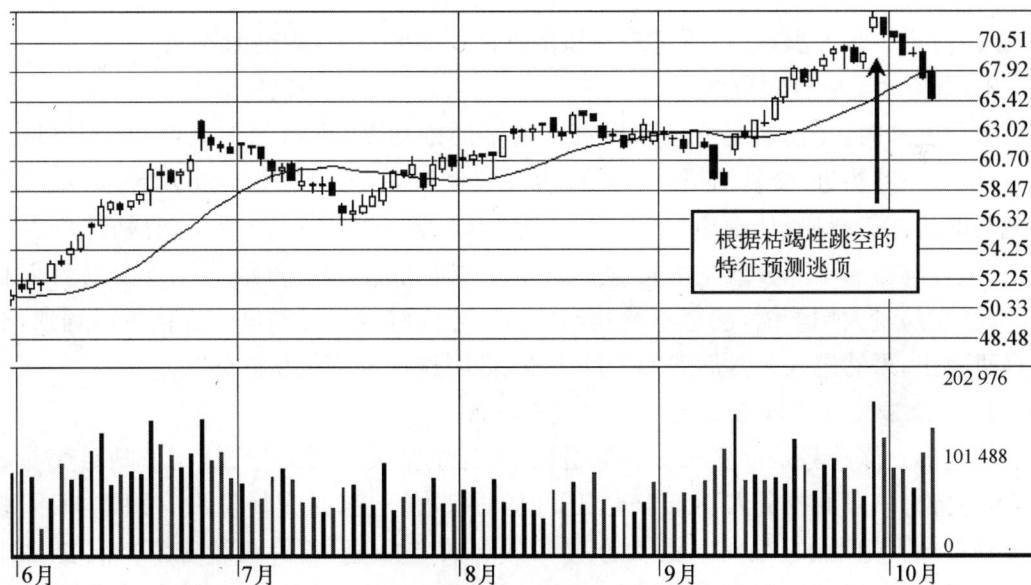

图 4-65　枯竭性跳空预测逃顶（Chart courtesy of TC2000® . com）

2. 用有量无价的交易特征（Churning）预测逃顶

股价在高位时，交易量大幅增加，但活络的交易没有推动股价的上涨，表明大资金易手，股价后市上涨可能乏力。如图 4-66，交易量大幅增加，但股价在高位窄幅盘

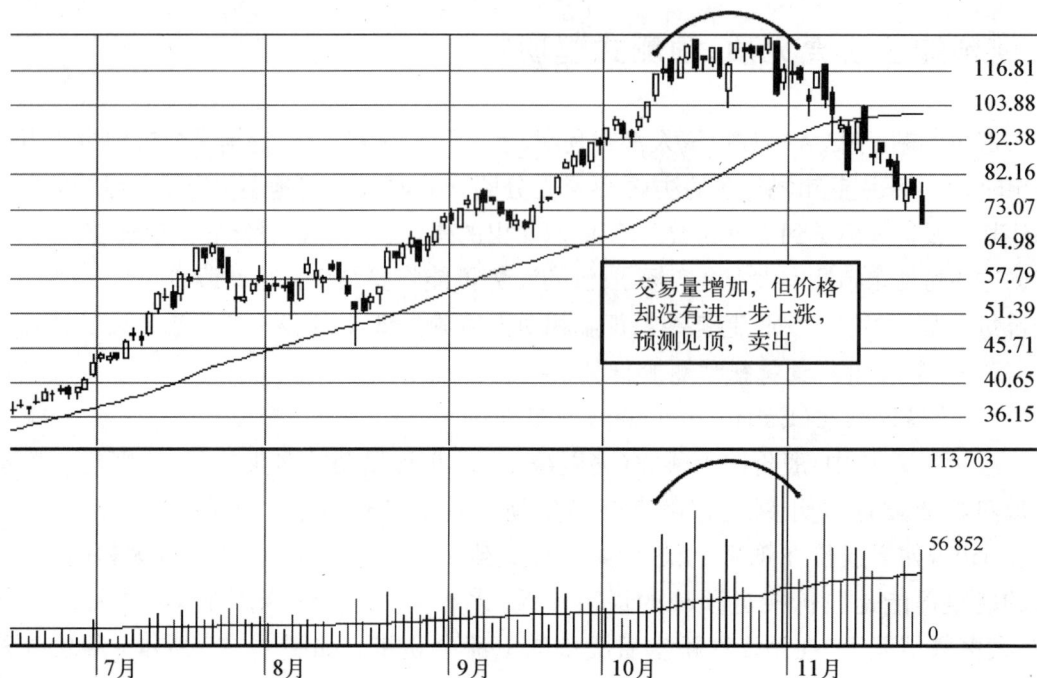

图 4 - 66　有量无价交易特征预测逃顶(Chart courtesy of TC2000®. com)

整，并没有进一步上涨，这种价量表现预示价格可能要见顶，应适时卖出。

3. 新高无量时预测逃顶

股价上涨时，在基本面消息和投资人情绪的推动下，不断创新高，价格不停地上涨，投资人一路买进，交易活络。如果股价继续创新高，但交易量却出现萎缩，成交量表现与股价涨势背离，预示市场的需求开始疲软，多头力量可能减弱，价格或许要见顶了，应要准备撤出部分或全部资金。如图 4 - 67，股价在 4 月最后一个交易日创新高时，其交易量大幅萎缩，甚至不及其 50 天日均交易量，应可预见到价格可能到顶，准备择机卖出，果然进入 5 月后股价一路下跌，证明这一预测是正确的。

4. 从上涨无量下跌有量的现象中预测逃顶

健康的上涨趋势是上涨时交易量增加，因为想要买进的力量强，而下跌时交易量小，因为持有该股的投资人不急于卖出。但如果股价上涨时交易量没有跟进，而下跌时交易量却大幅增加，很明显是卖方势头强于买方力量，股价继续上涨的可能性不大，应该择机出场。在下图 4 - 68 中，4 月中旬到 5 月中旬，股价上涨时，交易量都较小，很少超过 50 天日均交易量，但下跌时，成交量都有所增加，这一价量模式持续了一个多月的时间，最终放量下跌。说明在放量大跌之前，已经有人在悄悄地出货了，如果我们根据价涨量缩而价跌量增的走势预测价格将要见顶，在放量下跌之前成功撤出，就可以避免损失利润。

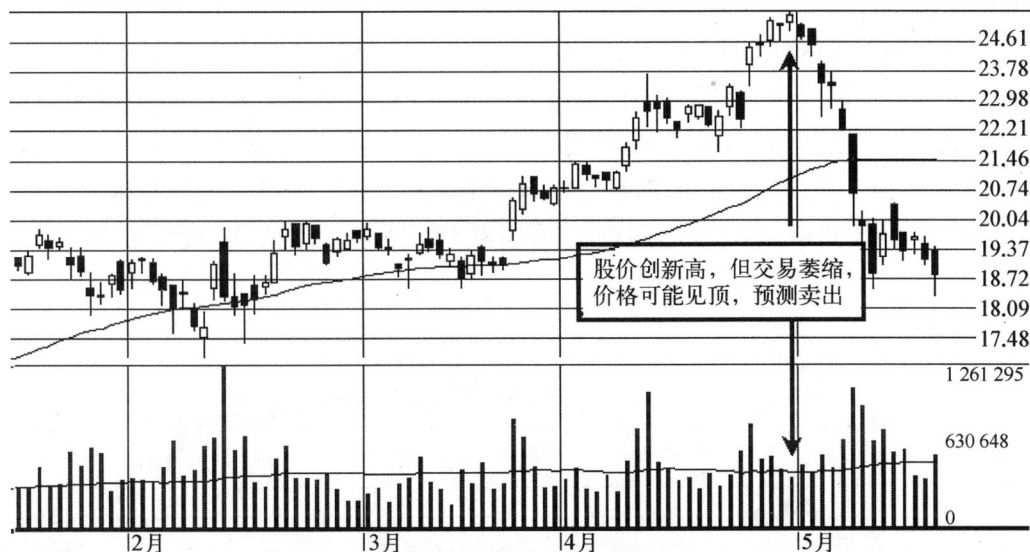

图 4 - 67 用股价新高的价量关系预测逃顶(Chart courtesy of TC2000®.com)

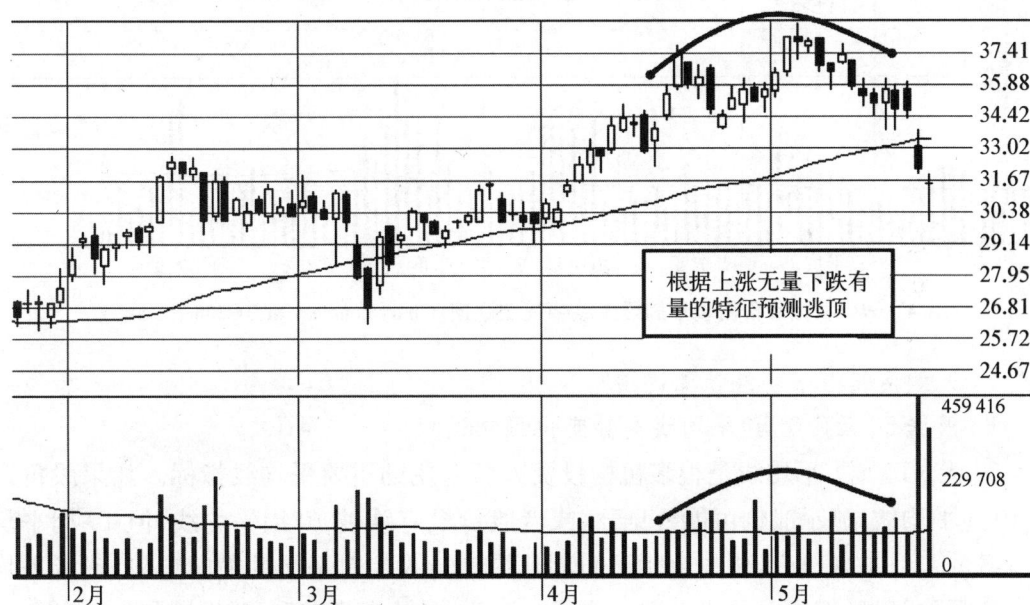

图 4 - 68 上涨无量下跌有量预测逃顶(Chart courtesy of TC2000®.com)

5. 单日大幅下跌时预测逃顶

股价上涨时因为人气旺盛,价格大幅波动的机会很少,其间可能出现获利回吐的现象,但强势上涨时任何的健康回档都可能是买进的机会,所以价格的下跌幅度特别是单日的下跌幅度一般不会过大。而当股价经过了长时间的上涨,一旦在某日突然出现大幅下跌,下跌幅度是自其开始上涨以来不曾出现过的,此时要小心谨慎,若有其他空头信号出现,应卖出持股。

单日大幅下跌的特征也可以用在周图上,如果股价在某一周出现了上升趋势以来从没有过的单周大幅下跌的走势,也该引起警觉,若是单周大量下跌的同时还伴随特大的交易量,说明大资金撤手了,就得更要小心。图 4 - 69 是某公司股价的周图,该股在 2014 年第一季度之前基本都是稳步有序的上涨,而在 2014 年第二季度却出现了过去一年多的时间中从未有过的巨大单周跌幅,股价可能见顶,应该要准备锁住利润。

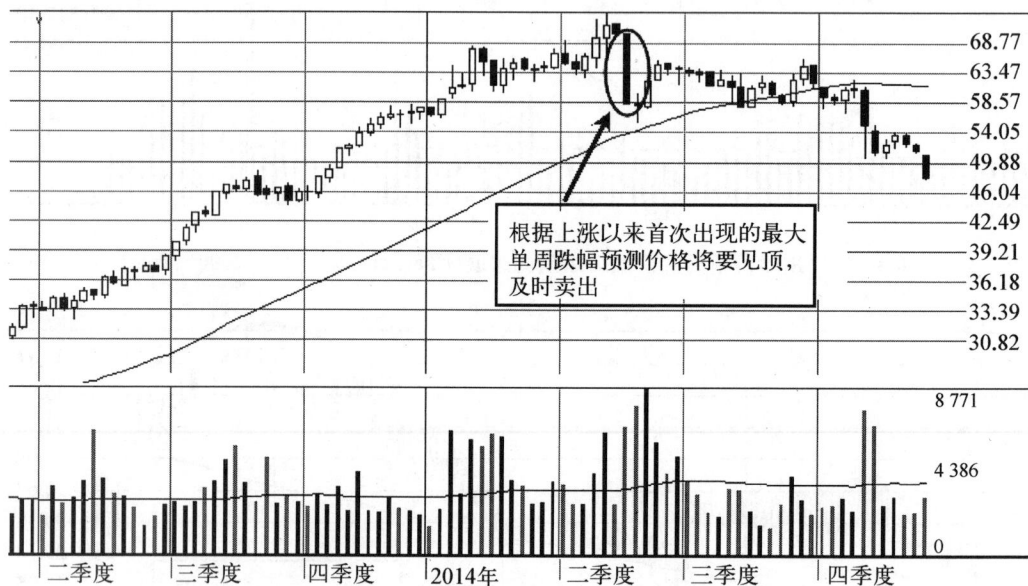

根据上涨以来首次出现的最大单周跌幅预测价格将要见顶,及时卖出

图 4 - 69　根据股价出现单周最大跌幅预测逃顶(Chart courtesy of TC2000®. com)

(二)如何使用平均线预测逃顶?

1. 根据 50 天(10 周)平均线走势变化预测逃顶

50 天(10 周)平均线是很多机构投资人所采用的重要平均线指标。如果股价跌破 10 周平均线,显示股价可能要见顶,或者股价没有跌破 10 周平均线,但 10 周平均线本身的走势出现改变,比如由明显的上升趋势转入相对平缓的横向走势,或者平均线开始下跌等等,都预示股价上涨走势或许到头,是该考虑获利了结的时候。下图 4 - 70,股价上涨时,其 50 天平均线也呈上涨之势,但股价于 1 月底跌破 50 天平均线,而平均线自身的走势也从上涨转向平缓的走势,股价可能见顶的迹象明显,应要卖出手中持股,保住利润。

2. 根据股价与关键平均线的距离预测逃顶

股价经过长时间的上涨之后,价格距其 50 天或 200 天等关键平均线的距离会越来越远,当股价是其主要平均线价位的两倍左右时,就是价格可能见顶的时候,此时

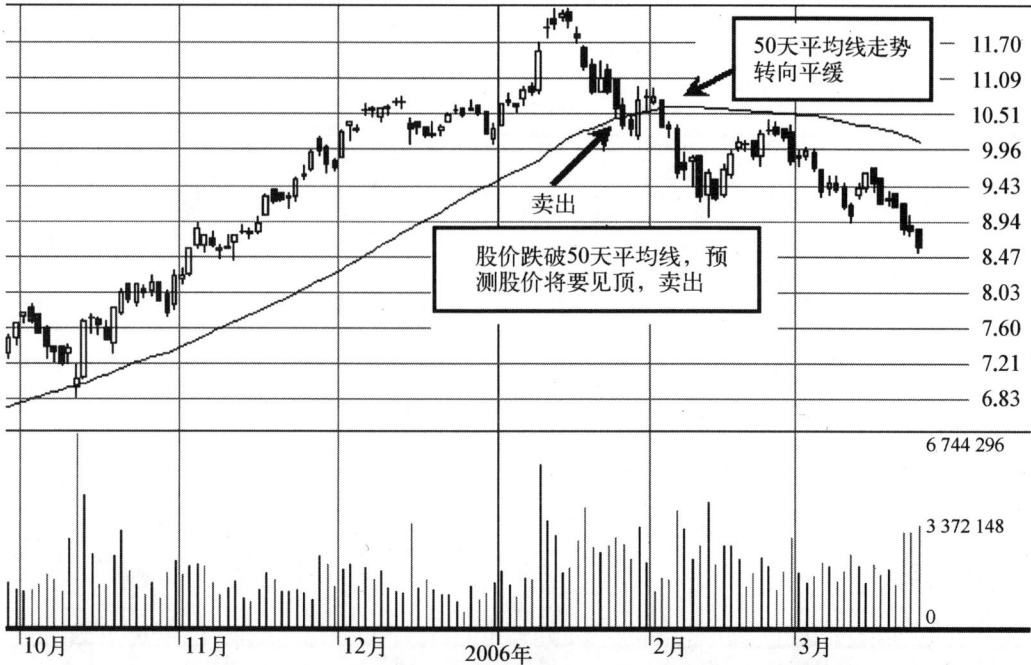

图 4‑70　依据 50 天平均线走势预测逃顶(Chart courtesy of TC2000®. com)

要密切关注股价的走势变化，择机撤出资金。下图 4‑71，股价比其 200 天平均线高出 250％，说明价格上涨过度，是该收钱的时候了，事实也是如此，股价之后大变脸，如果不能及时成功预测逃顶，会损失不少利润。根据统计，在以往最好的市场中，仅有不足 5％的股票价格比 200 天线高 200％，难道你要赌这 5％的概率吗？

（三）如何用趋势线预测逃顶？

1. 用上升趋势的上通道线预测逃顶

我们在讲解上升趋势线的使用策略时，提到过上升通道的上通道线，也就是上升趋势线的平行线，上升趋势线连接的是几个连续走高的低点，而上通道线连接的是与上升趋势线相对应的几个逐步走高的高点。如果股价在大幅上涨之后突破其上通道线时，可能要小心，应考虑择机卖出，因为根据统计，股价突破上通道线后转而下跌的概率很高。下图 4‑72 就是这样的例子，股价突破其上通道线后，上涨的势头大幅减弱，进而反转下跌，如果不能根据价格突破上通道线的特征预测到股价可能见顶而及时出场，后果可想而知。

2. 根据股价跌破主要上升趋势线预测逃顶

股价沿着其长期上升趋势线攀升，一旦价格跌破该上升趋势线，并伴随特大交易量，股价可能将要见顶。如下图 4‑73，股价跌破了其长期上升趋势线，但还不能说立刻开始了向下趋势，只能说明原先的上涨走势开始减弱，它可能会形成一条走势相对

图 4-71　根据股价与 200 天平均线的距离预测逃顶(Chart courtesy of TC2000®. com)

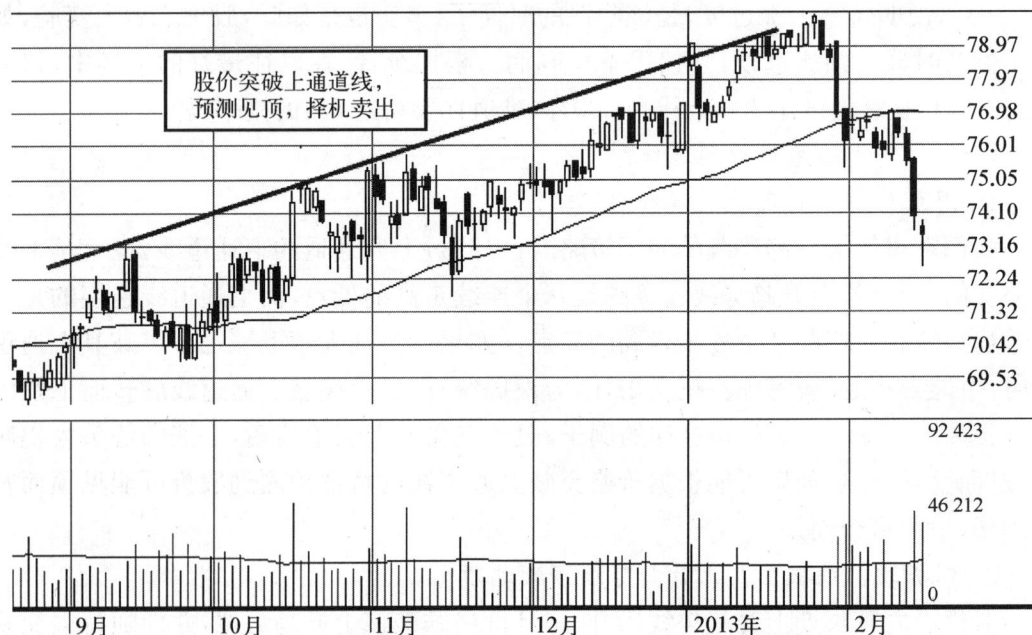

图 4-72　上通道线预测逃顶(Chart courtesy of TC2000®. com)

平缓的新趋势线。因为股价的上涨力度已经没有原先强劲,我们可以预测价格的上涨走势可能见顶了,要想锁住手中的利润,就应选择适当机会卖出,而不需要等到有非常明显的下降趋势后才出场。

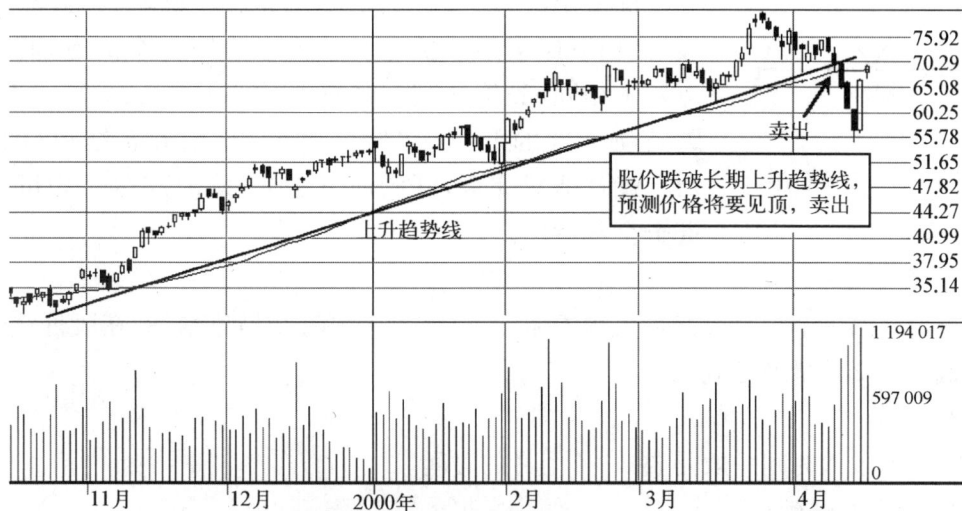

图 4 - 73 上升趋势线预测逃顶(Chart courtesy of TC2000®.com)

（四）如何通过相对强度表现预测逃顶?

股价还是呈上涨之势,但是其相对强度有所改变,相对强度与股价走势出现负向背离,预示着股价的表现开始转弱,现在的上涨趋势可能将要结束。相对强度的使用方法在本章第八节中有很详细的解释,在此就不多作说明了。

以上介绍的是几种较典型的预测股价见顶的特征,当然还有很多其他价量或指标特征也能帮助我们预测到价格可能见顶而成功逃顶,在此就不一一列举了。但是要提醒读者的是,"市场反映一切"的假设是技术分析的基石,当价格在上升趋势的后期出现了上述不同寻常的见顶特征时,不要试图去找出是什么原因导致股价走势的异常,而是要作出明确明智的出场决策。买股票时要看基本面,但出场时要以技术分析为主。

怎样根据股价顶部形态确认逃顶?

股价进入造顶阶段后同样也有很多典型的价格形态,如双顶、三重顶、圆形顶、头肩顶和矩形顶部盘整等都是造顶时期常见的形态,我们可以通过分析造顶时的价格形态走势,来判断股价的造顶是否已经结束,下降趋势是否开始,以便确定卖出全部多头仓位。很多顶部阶段形态的名称听起来和筑底阶段的一些形态很相似,只是在顶部时它们是空头形态,在价格、交易量、时间和投资人心理等方面反映出的是价格见顶的特点。为便于大家认识和熟悉,我们将上述五大典型的顶部形态归纳总结如下,希望在未来的投资中,它们能为大家确定顶部形态结束、成功逃顶发挥作用。

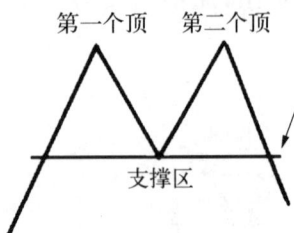

图 4-74 双顶形态

（一）根据双顶形态特征确认逃顶

1. 价格

价格在经过一段时间的上涨创下新高点后,涨势减缓,回档下探至某一低点后反弹形成第二个高点,两次高点基本相同,股价在利空消息影响下从第二个高点下滑,跌破前一次的低点,交易量放大,双顶形态结束（图 4-74）,确认造顶完成,开始向下走势,此时应尽一切可能将资金全部撤出。

2. 交易量

股价在第一个顶时成交量大幅萎缩,形成第二个顶时交易量增加,在股价跌破双顶的低点时交易量继续放大。

3. 时间

双顶形成的时间一般需要 2—4 个月的时间。

4. 投资人心理

双顶是投资人拒绝认错的心理在市场上典型的反映。当股价在利多消息的推动下涨至第一个顶时,低价买入的聪明投资人逢高出货,而没有经验的投资人则"看着新闻炒股",在此买进。因为大户在出货,所以股价从顶部回落,这时顶部进场的投资人发现买高了,但是不想赔钱止损,经过一段时间的等待,在利多消息的带动下（如市场上涨或分析师升级等）,股价向上攀升,又到了第一次的高点附近,聪明的大户继续高位出货,而被套牢的投资人眼看不赔钱了,纷纷卖出持股,股价又从高点回档。

（二）三重顶形态的确认逃顶

1. 价格

三重顶形态近似双顶,由两个顶部扩展至三个顶部,且三个顶部的位置基本一致,经过三次高点两次低点的盘整,卖方势力最终占了上风,股价从顶部回落,跌破三重顶的底部,交易量增加,三重顶形态完成（图 4-75）,确认股价的造顶结束,进入价格走势周期的第四阶段——下降趋势,应将多头仓位全部清空。

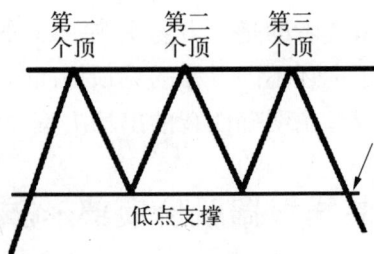

图 4-75 三重顶形态

2. 交易量

当股价向高点上涨时交易量减少,在价格从高点回档时,交易量逐渐增多,当股价跌破三重顶的底部支撑区时,交易量继续大幅增加。

3. 时间

三重顶形成的时间比双顶要长一些,一般需要大约 6 个月左右的时间。

4．投资人心理

三重顶的心理与双顶很相似,精明的投资人在底部买入后,到高点出货,而缺乏经验的投资人则接手了大户卖出的股票,当股价回档时,因为买价过高,他们不愿意停损,宁可被套住。当股价再次上涨至高点时,大户继续出货,之前高买的投资人则看到股价基本回本了,也想借机卖出,价格从高点下滑,如此三次反复形成三重顶形态。

(三)用圆形顶形态确认逃顶

1．价格

股价在大量大幅上涨之后,向上的步伐由大步攀升转向小步上移,创下新高后,价格再变成小步下滑,所走出的轨迹像圆形,股价的最高位是圆弧的中部,当价格跌破圆形的底部,并出现大交易量,确认圆形顶形态结束(图4-76),股价开始下跌走势,应尽快卖出多头持股。

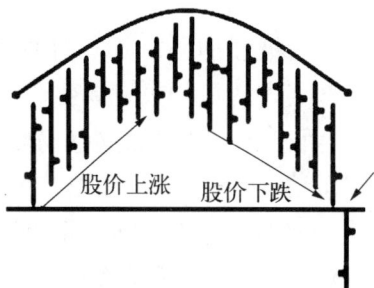

股价上涨　股价下跌

图4-76　圆形顶形态

2．交易量

圆形的初期,股价上涨交易量增加,到圆形顶部时,交易量萎缩,进入圆形的另半边时,股价下跌成交量增多。跌破圆形底时,交易量继续放大。

3．时间

圆形的形成时间通常持续6—7个月左右。

4．投资人心理

在圆形形成的初期,因为众多利多消息的推动,投资人也极具信心,股价大幅上涨,交易量活跃。而后,没有更多利多消息跟进,股价上涨减速,交易量也明显减少。当价格上涨后续乏力时,投资人的信心开始动摇,逐步降低仓位,股价慢步下滑。而当利空消息出来后,投资人对该股失去信心,不愿再继续持有,纷纷离场,价格下跌的速度加快,交易量也增加,最终大量跌破圆形的底部,步入下降趋势。

(四)头肩顶形态确认逃顶

1．价格

头肩顶的形态是股价上涨之后进入横向盘整时出现三次高点,第二次的高点比其他两次的高点高,第一次的高点是左肩,第二次的高点是头,第三次高点是右肩,左肩和头之间的低点与头部和右肩之间的低点的连线是颈线,当股价从右肩下滑,穿破颈线并伴随大交易量时,头肩顶形态完成(图4-77),确认股价的造顶阶段结束,转向下跌趋势,多头仓位应全部卖出。

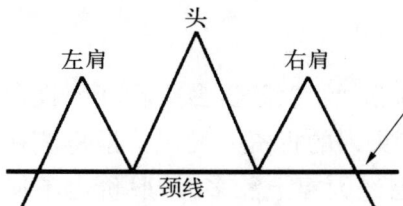

左肩　头　右肩

颈线

图4-77　头肩顶形态

头肩顶是典型的且可信度较高的反转形态,特别是对称式的头肩顶形态其成功率更高。

2. 交易量

价格上涨至左肩的高点时交易量较大,而在向头部和右肩上涨时交易量很小,当价格回档时交易量有所增多,跌破颈线时交易量大幅增加。

3. 时间

头肩顶形态一般需要3—6个月的时间形成。

4. 投资人心理

在极强的公司基本面消息推动下,股价上涨,交易量大增,形成了左肩,而某些在底部买入的机构投资者借着此时价格好、易流通的机会卖出部分或全部持股,价格回落,由于公司基本面消息仍然很好,所以市场对股价下跌的解读通常是个别投资人获利了结,而不是基本面出了问题,所以继续买入,此时才发现该公司很好的投资人一般也都不会是大机构投资者,购买力有限,所以虽然股价再创新高(头部),但交易量下降(因为散户的盘很小)。而此时,大户继续出货,股价又回落到颈线附近,再次引起了喜欢捡便宜的散户投资人的兴趣,价格上涨至右肩,但成交量大幅萎缩。已经离场的机构投资者因为股票的估值过高对其不再感兴趣,价格继续下滑,在利空消息的推动下,跌破颈线。

(五)矩形顶形态确认逃顶

1. 价格

股价经过上升趋势之后,在某一区间上下徘徊,其高点基本一致,低点也大致相同,价格在高低点之间反复上下波动数次,形状如矩形。价格走势的四个阶段中都可能出现矩形形态,在顶部和底部出现时为反转形态。当股价在顶部进入矩形盘整,跌破矩形的底部支撑区,并伴有大交易量,顶部矩形形态完成(图4-78),确认股价造顶结束,进入新的阶段——下降趋势,不应再持有多头仓位,而应及时卖出,提高现金持有。

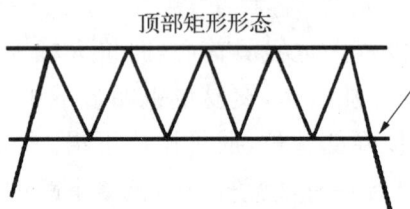

图4-78 顶部矩形形态

2. 交易量

股价上涨时交易量小,下跌时成交量增加。

3. 时间

矩形顶部形态通常需要4—6个星期完成。

4. 投资人心理

矩形盘整时多空双方力量不相上下,当价格跌至矩形的底部时,多头看涨的投资人利用股价回档的机会买入,当价格涨至高点时,低点买入的投资人发现价格每次在顶部就下跌,便逢高出货,如此反复多次。毕竟股价已经大幅上涨多时,股价也不便宜了,买方的信心越来越不足,当更多的利空消息出现时,多头投资人急于出场,股价放量跌破矩形底部。

　　以上五种价格形态是常见的也较为典型的顶部盘整形态,一旦股价跌破盘整区的底部并伴随大交易量,说明顶部盘整形态完成,确认价格的造顶阶段终结,股价将进入价格周期的第四阶段——下降趋势阶段,多头投资人应毫不犹豫快速出场,以避免损失扩大。

第六节　下降趋势中不要逆势做多,而应顺势做空
——下降趋势中有效技术分析工具的选择及交易策略

　　股价经过了孕育期的筑底阶段、成长期的上升趋势阶段和成熟期的造顶阶段,步入了衰退期的下降趋势阶段。对于只做多的投资人而言,下降趋势是要尽可能避免的阶段,如果有持股,该降低仓位或卖出,因为在这一阶段,股价受卖方势力的控制,一路下行,就像小朋友滑滑梯,不滑到底是不会停止的,如果在此阶段买股票,投资的风险高于回收,所以不是做多的时机。但是,下降趋势对做空而言,却是投资获利的成长期,是空头投资者大有用武之地的时候。

　　当股价开始了向下趋势时,千万别急着替它改变其趋势,就像我们在上升趋势中所说的,一定要让趋势完完整整地走完它的路。所以,在下降趋势中,如果做空,就要像在上升趋势中买涨一样,尽可能地让空头仓位的利润赚足;而若要做多,则该打消这一念头,何必要顶着十二级大风去出海捕鱼呢?

一、如何判断下降趋势?

　　很多业余投资人看到股价下跌时,或许是因为固有印象在作怪,也可能是都有捡便宜的心理,所以喜欢在下跌趋势中买股票,理由很简单,"这家公司原来股价100多,现在70,很便宜",只是,没有料到股价还会更便宜,70可能会变成50。但是有经验的高手却知道价格的走势已经完全改变了,不再是上升趋势,更不是上升趋势的休整,他们通过对股价、交易量、时间和投资人心理等的分析,可以得出股价步入下降趋势的结论,因为这四大方面具有如下特征:

　　1. 价格

　　(1) 价格向下跌破关键的支撑区,一般来说,当价格造顶完成,开始下跌后,股价通常不会再上涨回到原来的支撑区,即使出现暂时反弹,到造顶阶段的支撑区,也只是在盘中出现,收盘一定要收回到支撑区之下。

　　(2) 价格运行在关键平均线之下,比如长期平均线40周线等。

（3）下跌过程中，价格呈高点低、低点低的走势。

（4）价格下跌后有时会反弹，去测试原先的支撑线，现在已经变为阻力线。

2. 交易量

向下跌破顶部盘整区时交易量大增，一般为50天平均交易量的1.5倍以上。在下跌过程中，特别是早期，大多数情况是上涨无量，下跌有量。

3. 时间

股价跌破支撑后，停留在支撑区之下的时间越长，下降趋势开始的可能性越高，而且在顶部盘整区滞留的时间越长，一旦穿破支撑，形成向下趋势的机会也越高。

4. 投资情绪

如果在价格刚刚跌破时，并没有太多负面消息出现，这样的跌破更可怕。某种程度上说，有消息推动的跌破反而容易失败，如果股价随利空消息大幅下跌，也许该消息已经反映在价格中，如果没有进一步利空消息的打压，股价可能止跌。反过来，如果股价下跌时没有出现什么重磅利空消息，说明坏消息还没有被公布，当利空消息真的来时，价格还会再有一波下跌，进一步促使股价向下运行。

根据上述特点，如果价格向下跌破顶部盘整时，同时出现以下两种或多种情形，造顶结束、价格开始下跌的可信度就更大。

表4-5　向下跌破时的价量参考

股价	当日价格幅度	收盘价	交 易 量	平 均 线	消 息
下跌	2倍的ATR	收在低点	下跌时为日均交易量的2.5倍以上	股价收在关键平均线之下	无利空消息

在无重大利空消息的推动下，股价大幅下跌，价格跌幅通常是平均真实波幅的2倍以上，并且收于低点，而且也收在主要平均线之下，同时成交量至少是其50天平均交易量的2.5倍，这种向下跌破的力度最强。

如果价量的表现都很清楚地显示价格走势可能出现根本的改变，要从顶部反转，开始下跌之路，若持有多头仓位，此时应卖出离场。普通投资人一般因时间有限等多种原因，在股价出现关键性改变时，往往不能及时发现，很多情况下是当知道股价顶部结束时，价格可能已经下跌了一定的幅度，心里很希望价格能反弹些，在好价位卖出。股价在下跌后，确实可能会出现反弹，如果价格的下跌力度较弱，反弹的可能性较大，反弹的幅度也可能很大，或许还有机会逃出；但如果下跌的力量很强，反弹的机会也就较少，而且反弹的幅度也不会太大，这种情况下，等待反弹时卖出可能就是遥遥无期了。因此当股价的下跌迹象很明确时，不要抱有幻想，心存侥幸，而是应果断出场，以避免损失越来越大，以致最后连卖出的勇气都没了。

对于卖空者来说，当股价跌破顶部盘整区、开始下降趋势时，是建立空头仓位的黄金时期，如果不能在第一时间进场，不要想着能在略高的价位卖空，而是要综合分析市场的环境，以及股价跌破顶部的强弱度，作出正确的判断，千万不要因小失大，错过了最好的卖空机会。

二、下降趋势中该使用哪些有效技术分析工具？

我们在上升趋势中介绍过的平均线、趋势线、回归线、点数图和江恩摇摆线等在下降趋势中仍然是非常有效的技术分析工具，该如何使用呢？

（一）下降趋势中的移动平均线操作策略

1. 单一平均线突破策略

在下降趋势中，当股价自上而下跌破平均线时是多头出场和空头进场的信号：如图 4-79 所示，股价在 A 点由上自下穿破 20 天平均线时，持有多头仓位的应该清仓；做空的投资人，可建立空头仓位。价格一路下滑，其后跌势减弱，在 B 点处股价自下而上涨破 20 天平均线，空头仓位应该补空平仓。单一平均线的另一种操作策略是，卖空时，除了股价要向下跌穿平均线，而且平均线自身的走势应也呈下降趋势，这样增加空头投资成功的概率。

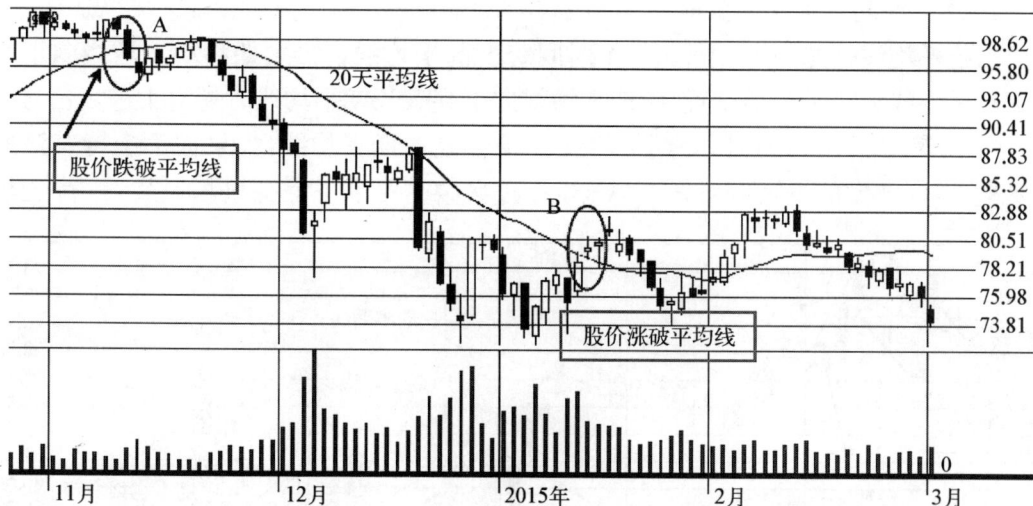

图 4-79　下降趋势中单一平均线投资策略（Chart courtesy of TC2000®. com）

2. 双平均线单交叉策略

用长、短期两根平均线的走势来做操盘决策，当短期线自上而下跌破长期平均线时，也就是大家常听到的死亡交叉，是卖出信号，如图 4-80 所示，此时如持有多头仓位要卖出。空头投资人可开始建立空头仓位。而当短期平均线向上穿过长期平均线时，做空的投资人应降低仓位，或全部补空平仓。

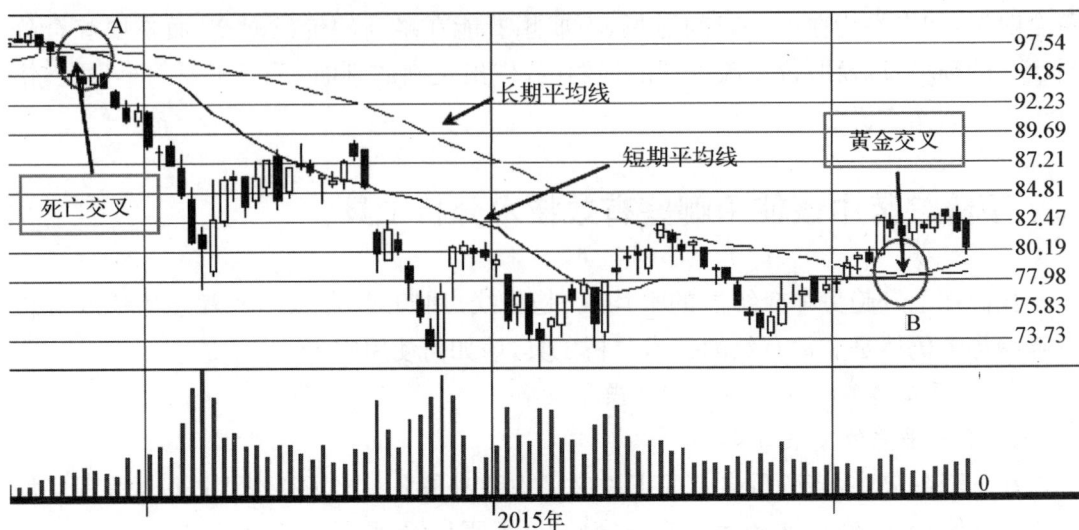

图 4-80　下降趋势双平均线投资策略(Chart courtesy of TC2000®.com)

　　双平均线操盘的第二种方法是,当股价运行在两条平均线之下时出场或者做空,当股价涨回到两条线之上时空头平仓;如果价格在长短平均线之间游荡,说明暂时方向不明,不宜有所作为,而是要静观待变。

　　3. 三条平均线双交叉策略

　　三条平均线是选用短、中、长三个时间跨度的平均线。当短期移动平均线向下跌破中期平均线为空头进场设置,中期平均线向下穿破长期平均线时是空头进场信号。

　　图 4-81 中,在 A 点处,短期平均线下跌穿破中期平均线,如果你手中持有该股则要小心,保守型的投资者可适当减仓;若喜欢做空可准备空头进场设置,等待进场

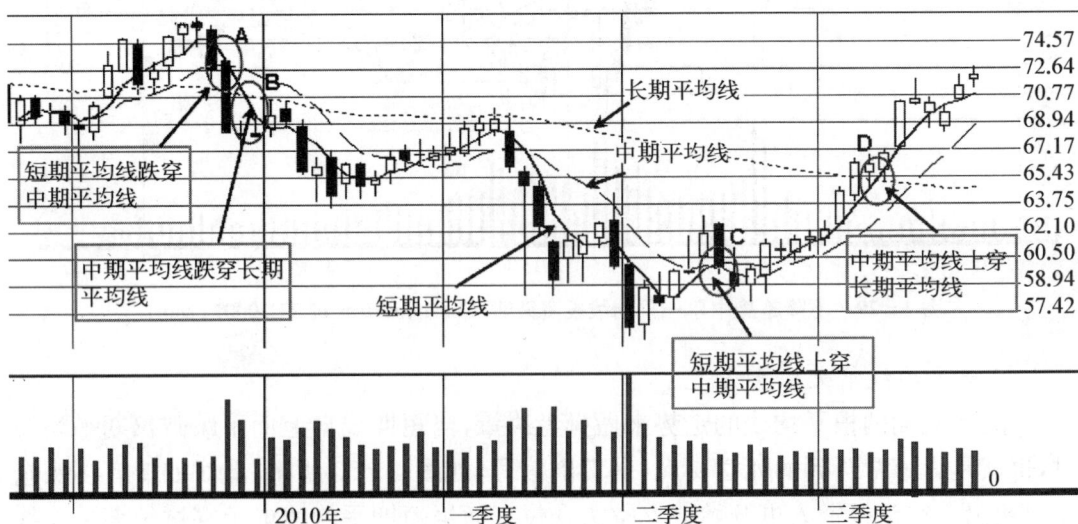

图 4-81　三条平均线在下降趋势中的使用策略(Chart courtesy of TC2000®.com)

的信号;当中期平均线向下穿破长期平均线(B点)时是卖出信号出现,持有多头仓位的应全部卖出。做空者,可在此进场卖空。当股价的下降走势减缓,短期平均线在向上穿破中期平均线(C点),做空的投资人应小心,要做好平仓的准备,当中期平均线向上突破长期平均线时(D点),要立刻补空平仓。

(二)如何用价格的 N 天低点跌破法?

股价跌破某一段时间的低点,比如 20 天、60 天的低点或年低,是分析下降趋势的另一种方法。当股价向下跌破某段时间的低点后,市场上供给大于需求,股价可能开始新的下降趋势或延续原先的下跌走势,如下图 4-82,股价在 5 月初跌破 60 天的低点后,开始其下降趋势。

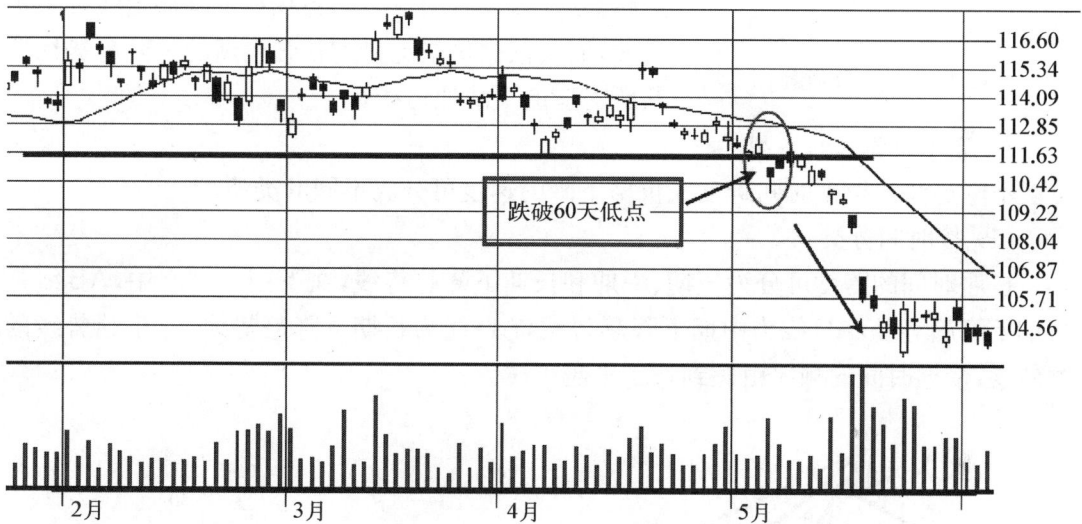

图 4-82　股价跌破 60 天低点(Chart courtesy of TC2000®. com)

(三)下降趋势中如何使用下降趋势线操盘?

在下降趋势中,最新出现的波峰和波谷都比前一次的波峰和波谷低,下降趋势就是由一连串越来越低的波峰和波谷所组成。

1. 如何画下降趋势线:假想的下降趋势线和确认的下降趋势线

在股价下跌时,将依次走低的两个波峰(高点)连成一条线,就是假想的下降趋势线,当低过前两个高点的第三个波峰也落在假想的下降趋势线上,价格便开始回档时,假想下降趋势线便成为确认的下降趋势线。如图 4-83,股价的 B 点比 A 点低,从 A 点向 B 点画一条直线,假设未来的价格将沿着 AB 线下跌,此时这条线还只是一条想象中的趋势线,能否成为有效的下降趋势线,还有待以后价格的走势来确认。当价

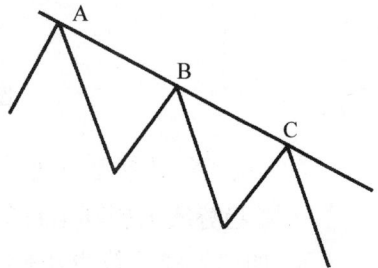

图 4-83　下降趋势线的画法

格从 B 点下跌,出现新的低点后再反弹至 C 点,而 C 点正好在假想下降趋势线 AB 线上,之后价格又开始回落,确认了前面的假设,也确定了 AB 为下降趋势线。

在下降趋势线的基础上,我们也可以画出下降通道线,也就是从形成的下降趋势中的最低点画一条下降趋势线的平行线,两条线之间形成的是下降通道,用以判断价格的走势变化。如图 4-84,价格在向下通道中运行,涨至向下趋势线时价格开始回档滑落,跌至下降通道线时再反弹,朝下降趋势线攀升。下降趋势线就是价格上行时的阻力,而下降通道线则对股价的下行起到支撑作用。如果股价跌破下降通道线或涨破下降趋势线时,现有的下降趋势线和下降通道线都不再有效,而要依据价格走势重新画出新的下降趋势线及其所对应的下降通道线。

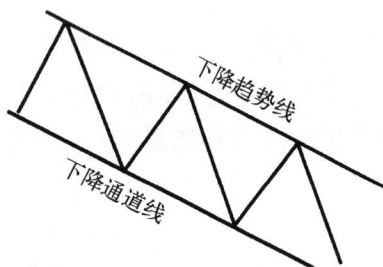

图 4-84　下降通道

2. 下降趋势线的类型

下降趋势线根据时间跨度或价格下降的速度可分成不同的类型。

(1) 按时间分类

按照时间的跨度可分为短期、中期和长期下降趋势线,在下图 4-85 中,AB 线是短期下降趋势线,AC 线为中期下降趋势线,AD 线为长期下降趋势线,三条趋势线的倾斜度,依据时间的顺序由短到长越来越平缓。

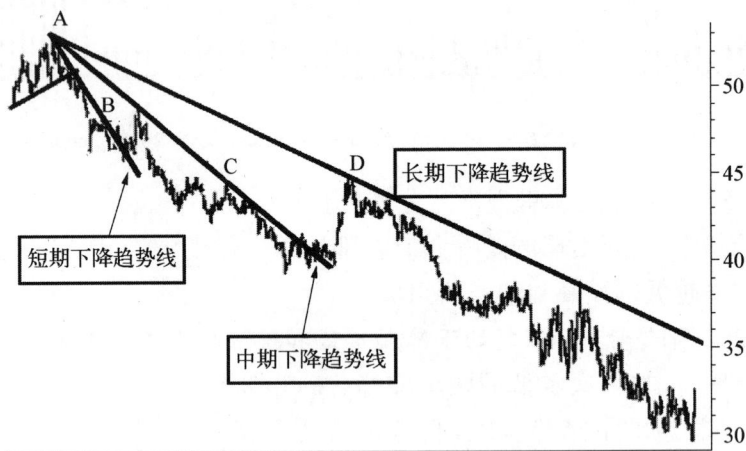

图 4-85　下降趋势线的时间分类

(2) 按运行的速度分类

下降趋势线根据其运行的速度可分为加速型和减速型。

a. 加速下降趋势线,图 4-86 中的三条下降趋势线 AB、CD 和 EF 是典型的加速下降趋势线。

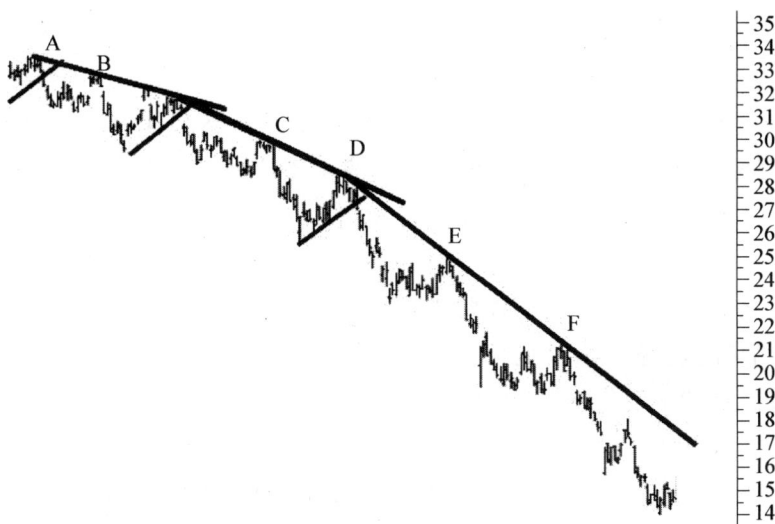

图4-86　加速下降趋势线

　　当股价上涨了一段时间后,后续力量减弱,继而反转下跌,跌破上升趋势线,开始下降趋势。此时,市场上并无太多对股价不利的消息,价格下跌的速度比较缓慢(图4-86中的AB线)。随着较多利空消息的出现,股价的下跌速度开始加快,趋势线也变得比较陡起来,如图中的趋势线CD,最后,当大量的利空消息进一步打压股价时,下降趋势线(EF)的下滑速度也加快,趋势线也更陡。

　　b. 减速下降趋势线, 图4-87所示AB、AC和AD是三条减速的下降趋势线。

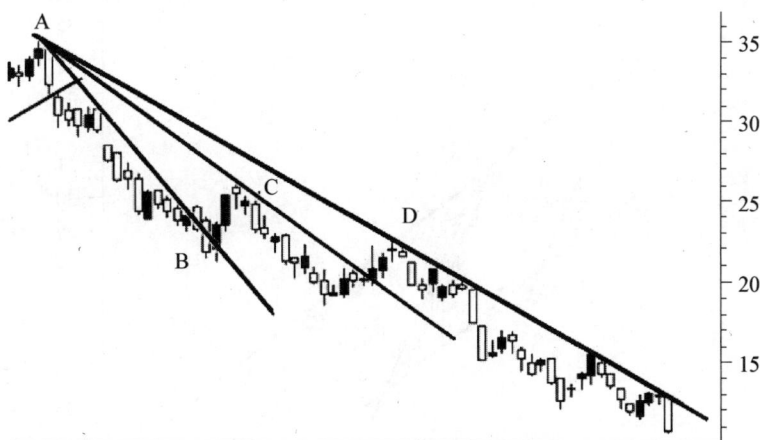

图4-87　减速下降趋势线

　　减速下降趋势线是股价的下跌速度逐渐减缓而形成的。股价可能因某一特大利空消息的冲击而大幅快速下跌,形成了很陡的下降趋势线,如图中的AB线,随着利空消息逐步反映在股价上,下跌之势有所减缓,股价出现短暂反弹,突破AB线,但下降趋势依然不变,只是出现了新的下降趋势线(AC),它比第一条下降趋势线 AB 平缓了一些。由于没有更多的利空消息的跟进,股价下跌的幅度继续减弱,价格再度反弹上涨,突破了第二条下降趋势线(AC),但向下的大趋势仍然没有改变,价格走势形成了第三条下降趋势线(AD),它的下降速度和前两条相比大为减慢,趋势线的倾斜度也更为平缓。

3. 实际投资中如何使用下降趋势线操盘?

在使用趋势线时首先要确定投资的时间跨度,其原因和重要性我们在本章第三节讲解上升趋势的投资策略时已解释过。使用下降趋势线时同样也需要先定好时间,短期投资以短期下降趋势线为准,中长期投资当以中长期下降趋势线为标杆。

(1) 持有多头仓位,用下降趋势线出场

当股价从上涨趋势或是造顶阶段转为下降趋势时,做多的投资人应该卖出多头仓位。若未能卖出全部仓位,当股价进入下降趋势时,应利用股价反弹的机会出场,也就是股价上涨至下降趋势线,但未能突破便开始回档时卖出。

有效的趋势线需要有三个关键点,前两个点画出假设的股价趋势线,第三点来确认这条趋势线。在下降趋势中,当下降趋势线被第三点确认时就是出场的信号。如图 4-88 中,股价在点 1 处由上涨走势反转下跌,之后反弹至点 2 处,点 2 的价位比点 1 低,画出假想趋势线 12,假设股价会沿着该线的方向下行,等待股价的进一步确认。当价格从点 2 处回档后反弹上涨至点 3 处再回档时,假想的下降趋势线被确认,也是卖出的信号,应卖出多头仓位。

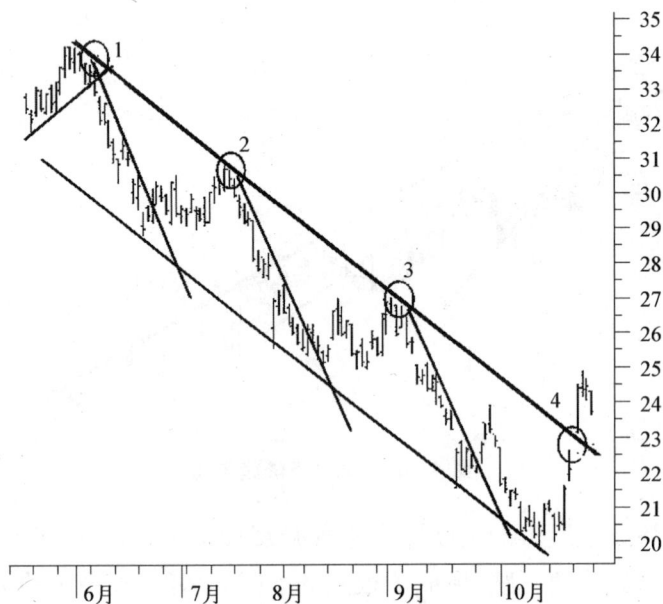

图 4-88 如何使用下降趋势线出场或卖空

（2）如何用下降趋势线做空

如果想要做空,当下降趋势线被确认后,通常股价反弹至下降趋势线附近是较好的空头进场时机,如上图4-88中点3处的位置。但切记一点,卖空时,股价不能离50天平均线太远,因为这时股价下降的空间可能有限,从回收风险比的角度来说,投资的风险高于回收,不是理想的投资点。

如果在下降趋势线附近卖空,股价跌至下降通道线时可以考虑锁住部分利润。当股价上涨突破下降趋势线时（图4-88点4处）,特别是突破时伴随大交易量时,是明显的股价反转信号,这时无论空头仓位获利与否,空头投资人都应考虑降低空头仓位,甚至全部平仓。

（四）下降趋势中如何使用线性回归法投资?

回归线是最接近股价趋势的一条线,当其呈下降趋势时,说明股价未来下跌的概率很高,投资应以做空为主。如图4-89,以向下趋势的回归线为中心,上下各画一条平行通道线,上通道线是阻力线,下通道线是支撑线,当股价运行在回归线之上,接近上通道线（阻力线）附近时,是卖空进场的时机,如图中A点、B点和C点的位置。当股价运行在回归线之下,接近下通道线（支撑线）附近时（E点和F点）,可锁住利润。如果股价上涨突破阻力线时,要视情况降低空头仓位,或全部补空平仓。

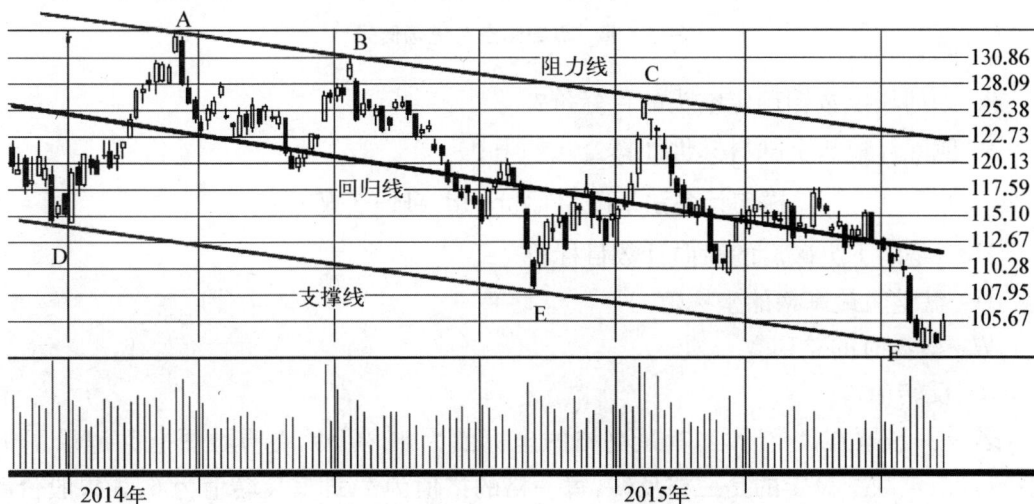

图4-89　下降趋势中使用线性回归法的投资策略(Chart courtesy of TC2000®. com)

如果持有多头仓位,应利用股价反弹至阻力线附近时卖出。

（五）点数图在下降趋势中的投资策略

1. 下降趋势中,如何在点数图上寻找多头出场、空头进场的信号?

当点数图出现以下空头信号（图4-90）时,为卖出。持有多头仓位的应卖出,做空的投资人可建立空头仓位。

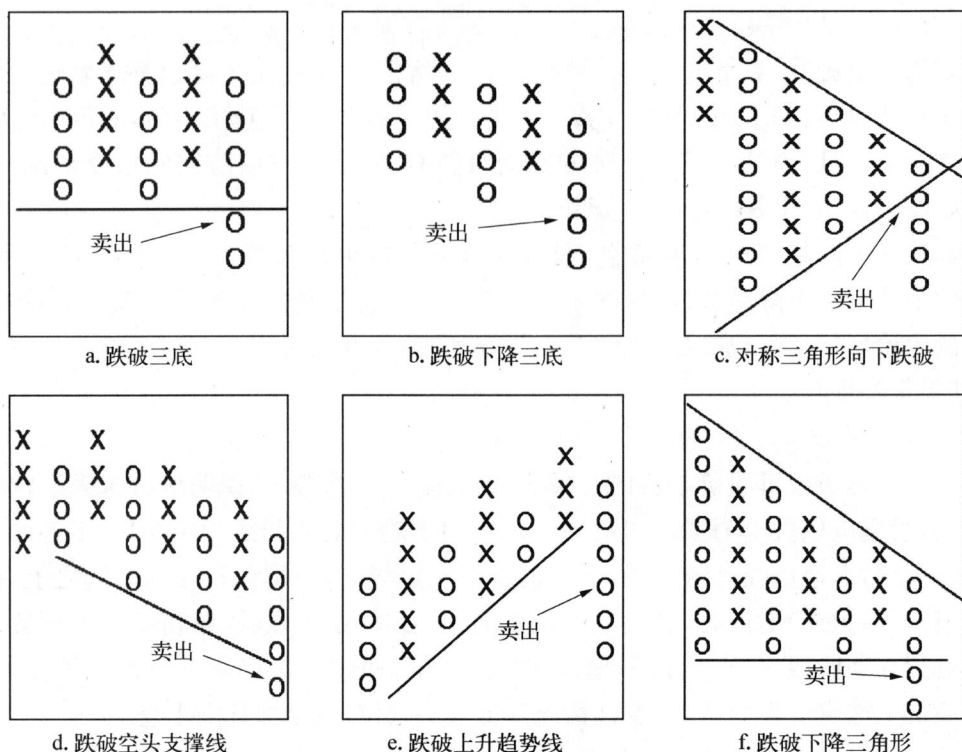

图 4‑90 点数图空头进场信号

2. 如何用点数图确定空头的目标价？

a. 横向计数法下跌目标价计算公式如下：

$$横向计数法下跌目标价\ Hd＝H－(W×R)$$

Hd：是向下突破后的横向计数目标价

H：盘整时最高格的坐标值

W：横盘时的总列数

R：反转值

若一只股票在盘整阶段，其最高格的坐标值为 122（H），在点数图上共记录了 10 列（W），该点数图设定的是三格反转，每一格的格值为 2，即其反转值为 6，如果股价跌破盘整后，可能下跌的幅度是：

$$122－(10×6)＝62$$

b. 纵向计数法下跌目标价计算公式：

$$纵向计数下跌目标价\ Vd＝H－(FR×R)$$

Vd：向下反转的纵向计数目标价

H：最高格坐标值

FR:第一次出现反转后下跌总格数

R:反转值

若一只股票 V 形反转下跌,其最高格的坐标值为 150(H),第一次反转下跌后,价格持续下跌了 10 个格,该点数图设定的是三格反转,每一格的格值为 2,即反转值为 6,其可能下跌的幅度是:

$$150-(10\times6)=90$$

虽然点数图在目标价设定上有它自己的特有方式,但传统的以支撑和阻力来设定目标价的方法同样可用于点数图参考目标价的设定。

(六)江恩摇摆线在下降趋势中的投资策略

1.江恩摇摆线如何确认下降趋势

在图 4-91 中,当价格从高点 E 滑落至波谷 F 点后反弹上涨,但没能涨过之前的高点 E 便再次反转下跌(G),并在 H 点跌破前一次的波谷,继续下行,开始了下降趋势。下降趋势包含了一系列递降排列的波峰和波谷(图 4-92)。

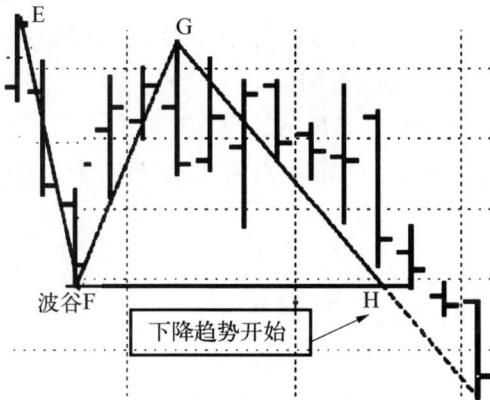

图 4-91　江恩摇摆线下降趋势的开始

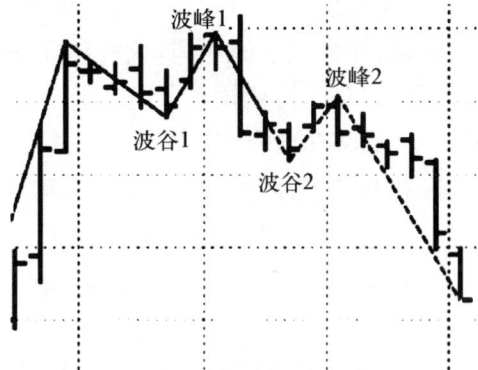

图 4-92　江恩摇摆线下降趋势

2.下降趋势的形成和空头的进出场信号

如图 4-93,股价从 E 点下跌至 F 点后,反弹至 G 点,G 点没有超过前一次的高点,而后股价再度反转下跌,并在 H 点跌破前一次波谷(F 点),此时股价的走势由上升趋势转为下降趋势,如图中所示,江恩摇摆线从实线变为虚线,H 点处为卖出信号,如果在此处卖空,则用 G 点的价位作为停损价。

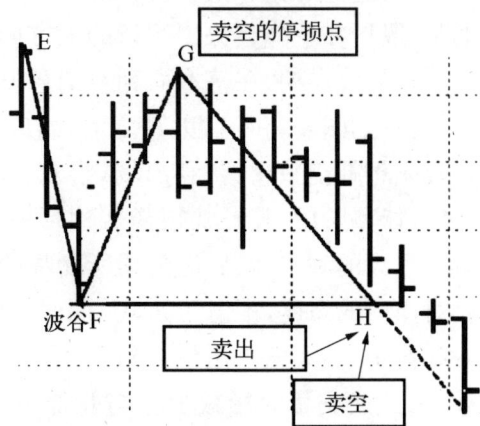

图 4-93　江恩摇摆线出场(或卖空)信号

江恩摇摆线空头操作方法可归纳如下：

1. 进场：趋势从上升转向下降时，卖空；

2. 加仓：下降趋势中跌破最近的波谷时增加空头仓位（如果之前没有卖空的，可在此卖空）；

3. 出场：上涨突破最近的波峰时平仓。

第七节　不要误将下降趋势的休整当作下降走势的结束

一般来说，任何趋势的发展过程都不会是直线式的上升或下降，中途都会有短暂的休整时间，上升趋势是这样，下降趋势也是如此，但是价格在休整时，一般不会改变原来的方向，休整结束还是要重回其原来的趋势轨道。所以，当价格在下降趋势中出现止步下跌的情形时，我们要分析判断这是下降趋势中的短暂反弹休整，还是趋势的结束，以便作出正确的判断和投资决策，避免在股价的下降趋势没有结束时提前终结空头仓位，损失做空的利润，或者建立多头仓位，造成投资损失。

下降趋势的持续休整形态主要有：空头旗形、等边三角形、下降三角形、上升楔形等等。我们将简单介绍这些形态，并从股价、交易量、时间和投资人心理四大方面分析各形态的特点，以便大家记忆、了解与掌握。

一、下降趋势中的持续休整形态之一：空头旗形形态

（一）空头旗形（Bearish Flag）的形成

下降趋势中的旗形和上升趋势中的旗形一样也是由旗杆和旗子两部分组成，不同的是，股价在下降趋势中运行的大方向朝下，所以旗子是倒插着，旗杆在上，旗子在下。下降趋势早期，在基本面利空消息打击下，股价大幅下滑，交易量也成倍增加，形成了旗杆（如图4-94）。大跌之后，暂时没有更多的利空消息的负面影响，短线做空的投资人想补空平仓，获利出场，喜欢拣便宜的投资人逢低进场，价格的下跌之势减缓，进入休整阶段，其形状很像四边形的旗子，在这一段时间，没有太多利多消息，也没有更重大的利空消息，但公司所面临的问题依然没有改善，多头看涨的投资人还是持相对谨慎的态度，不急于进场，同时，持有该公司股票的投资人也希望价格能够反弹一些再卖，而不急于出场，所以，价格在大幅下跌后进入横向盘整，由于双方都在观望，因此成交量大幅减少。当股价再一次遭受重磅利空消息的打击，持股者赶紧卖出持股，空头的投资人继续做空该股，市场上供给大幅增加，股价再度大幅下跌，

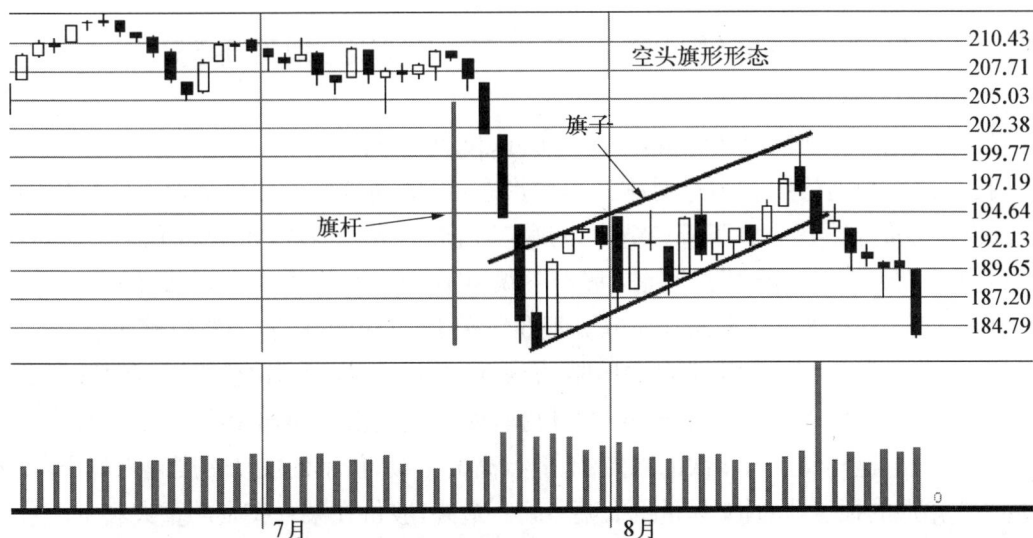

图 4－94　下降趋势中的旗形休整形态(Chart courtesy of TC2000® . com)

跌破了旗子的底部支撑，交易量大增。在短暂的空头旗形休整后，股价继续其原先的下跌走势。一般而言，空头旗形之前，股价出现过大跌，而旗形盘整结束后，通常会跟随着第二波狂泻，所以不要将向下趋势的休整误认为下降趋势的结束。

（二）空头旗形形态的特点

1. 股价

由旗杆和旗子两部分组成，旗杆是前期价格大幅下跌的阶段，旗子是大幅下跌之后休整的阶段。大部分空头旗形出现在下降趋势的中期。但要注意的是，空头旗形形成的时间一般不能太长。

2. 交易量

在股价大幅下跌的旗杆处伴随大交易量，在旗子形成的过程中交易量减少，当旗形形态完成，向下跌破时再次出现大交易量。

3. 时间

空头旗形的形成时间一般不太长，通常是 2 至 3 个星期的时间。

4. 投资人心理

在倒立旗杆形成时，因为股价受重大利空消息的打压，股价下跌的程度深，速度快，投资人极度恐慌，有破罐破摔的感觉，心存侥幸地希望股价能反弹一些再卖，卖压大幅减少，而多头看涨的投资人也被这大跌所震慑，持观望态度，所以出现横向旗形盘整，毕竟下降趋势的股票基本面并没有好转，当下一波利空消息出现时，投资人仅存的一点希望也破灭了，不得不抛售股票，股价就会跌破盘整区继续其向下的行程。

二、下降趋势中的持续休整形态之二：对称三角形形态

（一）对称三角形形态（Symmetric Triangle）的形成

我们在上升趋势中介绍过对称三角形形态，曾提到过对称三角形形态既可以向上突破，也可以向下突破。在下降趋势中，对称三角形形成之后，股价会向下跌破支撑，继续原先的下降趋势。其形成过程是：股价下跌至某一低点（下图 4-95，A 点）后，跌势减缓，转而反弹，但公司的基本面并没有如股价反弹似的开始好转，当股价涨到一定位置（B 点），可能又受到某些利空消息的压制，价格回档至 C 点，而这次价格回落的低点没有低过前一次的低点 A，之后股价再度向上反弹，而高点也没有超出上次的高点（D 点），便开始再次回档，这样经过若干次的高点低、低点高的延续，价格的波动幅度越来越小，逐渐接近了三角形的顶点，同时交易量也大幅萎缩。最终，股价在某一突发的重大利空消息推动下，跌破对称三角形的底部，同时交易量大增，经过休整后价格延续其原先的向下趋势。

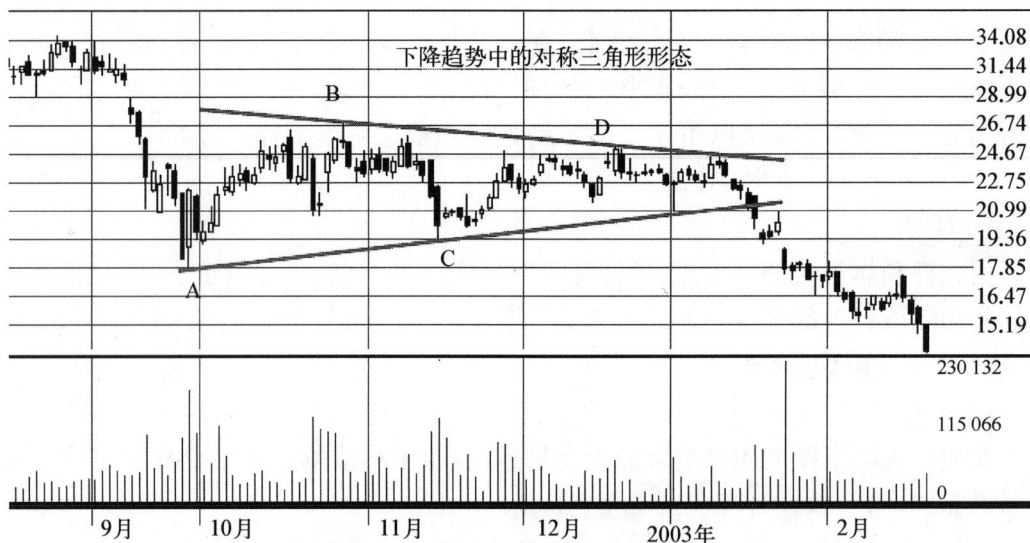

图 4-95　对称三角形休整形态（Chart courtesy of TC2000®.com）

（二）下降趋势中对称三角形形态的特点

1. 股价

多空双方势均力敌的较量，其结果不分上下，最终形成了对称三角形形态。对称三角形有两个突破方向，可以向上，也可以向下，相对而言可信度较低，因此要谨慎使用。一般来说，向下趋势中的对称三角形向下突破的可能性最高。

2. 交易量

成交量随着对称三角形的形成逐渐减少，越到三角形的顶点，交易量越低。

3．时间

一般而言,对称三角形形态完成的时间比旗形等形态的时间要长一点,通常需要几个星期,甚至可能会持续几个月。

4．投资人心理

对称三角形的形成反映了多空双方在股价大幅下跌后对股价未来的方向从不确定到最后达成共识的过程。股价大幅下跌后,多头和空头对于价格未来的走势都感到方向不明,双方开始拉锯,几个回合之后,双方似乎在对称三角形的顶点附近达成共识,一旦出现重大利空消息,这种力量的均衡被打破,空头的力量占了上风,股价即伴随着大交易量向下跌破,重回原先的下降趋势。

三、下降趋势中的持续休整形态之三：下降三角形形态

（一）下降三角形形态（Descending Triangle）的形成

公司的基本面发生重大负面变化,原先钟情该公司的投资人纷纷撤出,导致股价持续下跌。当股价跌至一定价位,价值型投资人认为估值便宜了,进场买入,聪明的投资人在顶部卖空后,也有了一定利润,想关闭部分空头仓位,锁住部分利润。如图4-96股价止跌在 A 点反弹,但公司的问题短期内不能得到解决,缺少经验的价值投资者也不希望出更多的价钱去买,而之前因股价快速下跌,没有全部卖出的投资人在股价反弹时也随时准备卖出,随着股价的推进,买盘减少,卖压出现,当股价反弹至 B 点时,可能再受到负面消息的影响,价格开始回落,接近前一次的低点 A 时（C 点）,再次引起价值投资人的兴趣,卖空补仓的聪明投资人也继续在这一价位逐步关闭空头

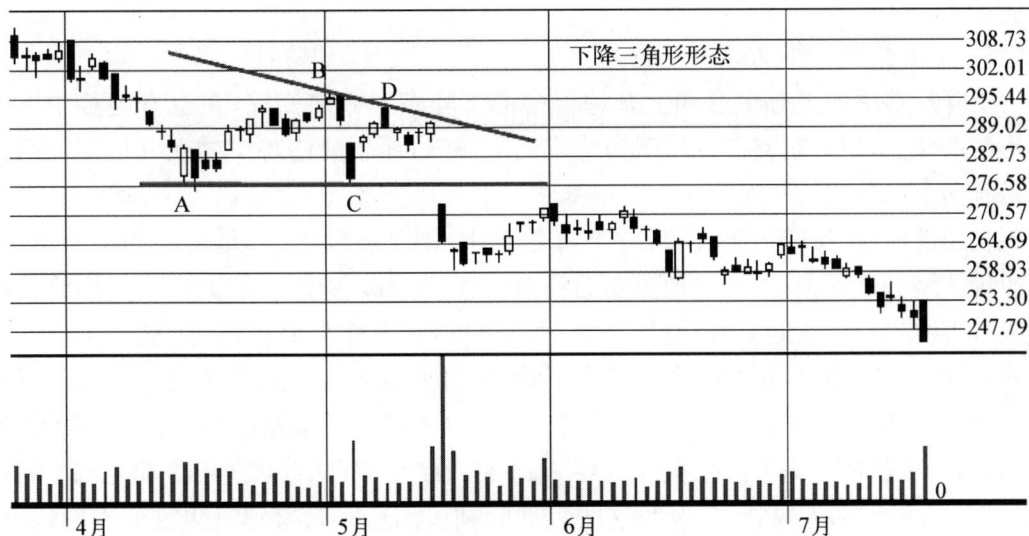

图 4-96　下降三角形休整形态（Chart courtesy of TC2000®. com）

仓位,价格回档止步,再度反弹,至 D 后又遇到阻力,价格未能涨到前一次的高点 B 点处就回档。如此反复,价格的高点越走越低,但低点基本保持一致,形成了下降的三角形。当股价再次突然受到重大利空消息拖累,迅速下跌,且跌破三角形的底部(水平边),又继续原来的下降趋势。

(二)下降三角形形态的特点

1. 股价

在下降三角形形态的形成过程中,股价向下运行的低点大致相同,而每一次高点则不断降低。

2. 交易量

下降三角形形成之前随价格下跌,交易量大幅增加,在形态形成过程中交易量逐渐萎缩,当股价跌破下降三角形时,又有放量现象。

3. 时间

下降三角形形态的形成一般需要 4 到 6 个星期。

4. 投资人心理

下降三角形形态出现在下降趋势中,股价向下跌破下降三角形的概率相当高。因为公司的基本面已经恶化,只是顶部做空的投资人想要补回部分仓位,或者是经验不足的抄底者建仓,而导致股价暂时停止下跌。从股价的高点越走越低反映出来多头投资人信心越来越不足,一旦空头补仓完毕,坏消息接踵而至时,那些抄底者便会恐慌抛售,股价将向下穿破下降三角形的支撑线,结束休整形态,重回下降趋势。

四、下降趋势中的持续休整形态之四:上升楔形形态

(一)上升楔形(Rising Wedge)

下降趋势中的上升楔形和上升趋势中的下降楔形方向相反,在上升趋势中下降楔形的两条边,也就是支撑线与阻力线都向下倾斜,而下降趋势中的上升楔形的两条线都是向上翘的(如图 4 - 97)。上升楔形可以是反转形态,也可以是持续形态,当它出现在顶部时,为反转形态,出现在下降趋势中,则是连续形态,是典型的空头形态。在股价下跌的过程中,可能出现短期的利多消息(比如分析师为了大户出货而给公司升级),短线投资人逢低买入,股价止跌(A 点)反弹,上涨至 B 点后,市场上出现不利价格继续上行的消息,短线投资人获利了结,进价成本较低的投资人也利用股价反弹的机会出场,股价从高点滑落,随后又受到短期利多消息的支撑,价格再次止跌(C)反弹,而这一次的低点高于前一次的低点 A,价格继续反弹(D 点),超出了前一次的高点 B 点。但交易量却大幅减少,说明这些短期的利多消息并未得到机构投资人的认可,影响公司的长期基本面的根本问题尚未得以解决,当更重大的利空消息出现时,股价

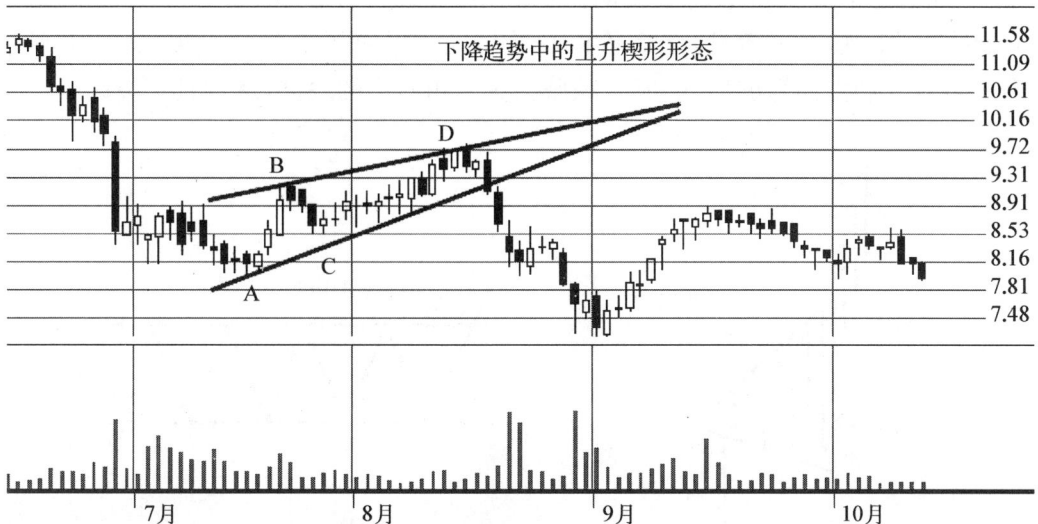

图 4 - 97　上升楔形休整形态(Chart courtesy of TC2000®. com)

大幅下跌,交易量增加,价格跌破上升楔形的支撑区,重回原来下降趋势的轨道上。

（二）上升楔形形态的特点

1. 股价

上升楔形形态是下降趋势中的休整形态,是空头形态,通常发生在一个大波段的中期。

2. 交易量

上升楔形形成的初期,股价刚开始下跌时,成交量较大,随着形态的逐步成形,交易量陆续萎缩,但等到股价跌破上升楔形的支撑线,休整结束时,成交量又会大幅增加。

3. 时间

上升楔形形态一般会持续几周,但通常不超过三四个月的时间。

4. 投资人心理

上升楔形通常发生在公司的基本面出现恶化的趋向,股价呈下降趋势中,突然受到短期利多消息的支撑,投资人进场买入,误以为是股价见底了,但公司长期的经营情况并没有改善,当短期利多因素对股价的影响烟消云散后,持有该股的投资人恍然大悟,后悔莫及,纷纷出场,股价重回下跌趋势。

五、下降趋势中的其他休整形态

1. 空头三角旗形形态(Bearish Pennant)

空头三角旗形与多头三角旗形有许多相似之处,两者都由旗杆和三角形的旗子构成,不同的是空头三角形的棋子的方向朝下(图 4 - 98)。因利空基本面消息的打击,股价大幅下跌,形成旗杆,之后价格开始作三角形旗子形状的盘整,交易量萎缩,随着更多重大利空消息的出现,股价跌破空头三角旗形的底部,继续其下降趋势。

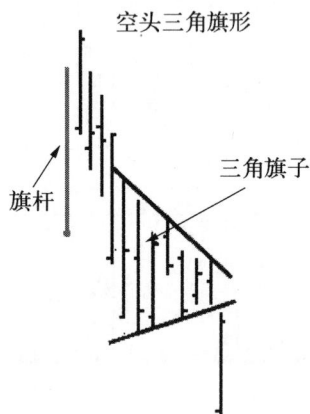

图 4 - 98　空头三角旗形　　　图 4 - 99　下降趋势中的矩形形态

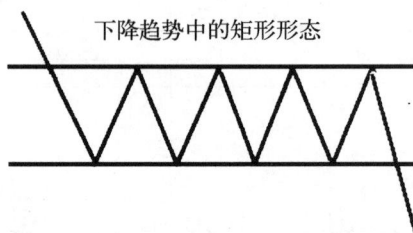

2. 下降趋势中的矩形盘整(Bearish Rectangle)

矩形形态是很典型的价格形态,它既会出现在筑底或造顶阶段,也会现身于上升趋势或下降趋势的连续形态中,通常矩形出现在连续形态时,持续的时间相对较短,在下降趋势中,一般作 4 至 6 个星期的横向盘整(图 4 - 99),随着负面消息的不断出现,市场的供给大于需求,股价穿过矩形盘整的底部,重回原来的下降趋势。

六、下降趋势中休整阶段的投资策略

当股价在下降走势中出现短暂的停歇时,其下降趋势的大方向还没有结束,休整过后会继续下跌走势。而当股价的下降脚步放缓进入横向盘整时,很多缺乏经验的投资人会被价格的走势所误导,喜欢该公司的人认为股价见底了,在顶部做空的投资人,也担心如果不买回空头仓位,可能到手的利润就没有了。于是当下跌的股价还在山腰处于休整时,做多看涨人已经买进了,做空看跌人也先出场了。最终结果是可想而知的,当股价完成休整,大量跌破盘整区继续下行时,急于买进的多头投资人成为新的套牢者,提早出场的空头投资人失去因股价继续下跌而带来的高额利润。

所以,在下降趋势的休整阶段,该采取的正确投资策略应是:

1. 要根据上面介绍的一些典型休整形态的特点和其他方式来判断股价是进入下降趋势中的休整状态,还是下降走势已经结束,开始了筑底阶段?

2. 根据股价所处的阶段选择相应投资策略。如果价格还是呈下降趋势,只是暂时进入休整状态,在盘整形态没有完成之前,就不要急于行动,而是要耐心等待休整阶段的结束。对于看空的投资人而言,即使是打算卖空,也一定要耐心等待股价休整结束,向下突破后再进场。如果休整阶段还没有完成,就过早卖空,价格没有下探,而是在休整区上下波动,做空者可能失去了耐心,对股价走势产生怀疑,而将空头仓位关闭,导致丢失了可能获得更丰厚的投资回报的机会,也降低了理财资金的使用率。

3. 当休整形态完成后,股价重启下降趋势之时,如果还持有部分多头仓位的投资人应毫不犹豫地全部卖出离场。做空的投资人可把握这一下降趋势中再次出现的卖空好机会,建立空头仓位,已经建立空头仓位的可借此时机增加仓位。

第八节　善用相对强度让投资跑赢大市

能买到在市场上表现最好的股票是每位投资人所梦寐以求的。怎样才能知道哪只股票是市场上最好的呢? 这就要借助相对强度这一重要的技术分析工具。

什么是相对强度?

相对强度(Relative Strength)是比较两种有价证券之间表现强弱的分析方法,比如某只股票的表现与大市相比孰强孰弱。相对强度分析法可用于分析个股相对于其所在行业或大市的表现,也可用来分析股市、债市、汇市、黄金和石油期货等不同资产类别的表现,比如股市相对于债市,外汇相对于期货,或者黄金期货相对于股市等等。

不要混淆相对强度(Relative Strength)与相对强弱指标(Relative Strength Index,RSI)

相对强度(Relative Strength)与相对强弱指标(Relative Strength Index,RSI)是两种不同的技术分析工具。相对强度是比较两种金融产品的表现强弱,比如将某股票的表现与标准普尔 500 指数相比。相对强弱指标是一种震荡指标,它只比较单一金融产品本身价格波动的强弱,用以寻找超买和超卖信号。

为什么相对强度是一个重要的技术分析工具?

美国股市有 8 000 多只股票,中国的上市公司目前也有 3 000 家左右,以后将会越来越多。在这成千上万只股票中,我们想要买进的股票是其中最好的吗? 通过价格形态、震荡指标和趋势分析等方法可以分析判断股价所处的周期阶段,价格趋势的开始或转变,选择进场和出场的时机。但这些技术工具都是从其价格本身的走势变化入手来分析的,反映不出股价表现与市场表现的强弱关系。同样是处于上升趋势中的三只股票,当市场上涨 10％时,第一只获利 5％,第二只涨幅 10％,第三只回收

50％。第一只股票表现不及大市,第二只股票只是市场众多股票中很平常的一只,而第三只股票的表现远胜于大市,很显然我们都希望买到像第三只一样的股票,因为持有前两只股票,我们就无法跑赢大市,只有第三只股票才能让我们跑赢市场。而要选到这样的股票就得用相对强度分析法,所以读者应该认真地学习并掌握它。

相对强度分析法的种类

相对强度分析有两种方法:一种是排名法,另一种是图线法。

1. 相对强度排名法

相对强度排名法是计算出某段时间内市场上所有股价变化的百分比,然后按照从高到低的顺序排列。考虑到价格在各阶段的变化幅度不同,也有人在计算股价变化时选用权重百分比的方法。在美国,比较权威的相对强度排名系统是由威廉·奥尼尔(William O'Neil)的《投资者日报》所提供的,其做法是将股价过去 12 个月的变化按从大到小的顺序排列,其排名顺序是 99—1,99 为最好,1 为最差。

根据《投资者日报》的统计,自 1953 年以来,美国股市上表现最风光、涨幅在百分之几百甚至是百分之几千的股票,在还没有开始大幅上涨时,它们的相对强度平均排名是 87。由此可见,只有买到相对强度排名高的股票,才有可能获得超出市场表现的优异回报。

个股有相对强度的排名,行业指数也可以按照相对市场的表现排名,投资日报每日将其所追踪的 197 个行业的表现由强及弱依次排列,图 4 - 100 是某日行业排名中最强的 20 个行业和最弱的 20 个行业节选,除了行业现在的排名,还列出了三周前和六周前行业的名次,读者在使用时可很容易根据三个时间段的相对强度排名看出哪些行业相对市场的表现越来越强,哪类行业的表现如同王小二过年,一年不如一年,便可从中取强弃弱。

2. 相对强度图线法

相对强度图线法是用某一时间甲的价格除以乙的价格所得绘制成线,比如股票 A 相对于其所在的市场指数 X 的相对强度线就是 A 的股价除以 X 指数。

3. 两种相对强度分析方法的有机结合

相对强度排名法简单易用,但也有不尽善尽美之处,因为单从一个数字上我们看不出相对强度是否发生了变化。比如,股票 A 的相对强度排名是 90,如果它是从 80 提高到 90,说明股价的表现越来越强,但如果它是从 99 降到了 90,表明它的表现已不如以前强了,所以单看一个读数,很难说清它是变强了还是走弱了。如果要直观地看出股价相对市场表现的强弱变化,就得用相对强度图线法。因此,在实际投资中,我们通常是将两种相对强度方法结合起来使用,既看绝对排名,也要看相对强度的走势

投资日报行业相对强度排名节选

本周排名
3周前排名
6周前排名

This Wk	Rank 3 Wks Ago	6 Wks Ago	Industry Name	Group Composite Rating	YTD % Chg.	Days % Chg
1	4	2	Apparel-Shoes&Rel	84	+30.7	0.0
2	5	14	Fin-Mrtg&Rel Svc	93	+18.8	-1.5
3	1	5	Medcal-Hospitals	92	+32.2	-1.4
4	10	15	Mdcal-Outpnt/Hm Cr	90	+30.6	-1.2
5	2	3	Medical-Biomed/Bth	73	+24.7	-2.0
6	9	23	Telcom-Fibr Optcs	70	+33.3	-0.9
7	7	12	Medical-Ethical Drgs	89	+36.3	-0.9
8	27	20	Bev-Non-Alcoholic	82	+32.5	-1.2
9	92	118	Trnsprttin-Airlne	83	+5.3	-0.7
10	16	13	Bldg-Cnstr Prds/Msc	86	+25.4	-0.4
11	6	8	Retail-Internet	73	+29.3	-1.0
12	8	11	CmpSftwr-Gaming	91	+30.6	-2.5
13	21	27	Leisre-Gamng/Equip	87	+6.1	-1.7
14	15	29	Medical-Products	82	+15.3	0.0
15	31	44	Financ-Svings&Lo	87	+12.0	-0.3
16	3	4	ComptrSftwr-Scrity	81	+18.1	-2.2
17	54	66	Internet-Content	73	+7.7	+0.7
18	18	18	Medical-Services	87	+13.7	-0.6
19	17	21	Hsholdoffic Furnitr	92	+16.2	-0.2
20	32	9	Cosmetics/Persnl Cre	83	+11.3	-1.2

本周排名
3周前排名
6周前排名

This Wk	Rank 3 Wks Ago	6 Wks Ago	Industry Name	Group Composite Rating	YTD % Chg.	Days % Chg
177	179	147	Oil&Gas Integrated	22	-13.6	-0.6
178	184	158	Food-Dairy Products	..	-14.1	-3.0
179	181	175	Oil&Gas-FieldServic	20	-21.8	-1.1
180	169	167	Agricultural Oprtions	..	-18.0	-0.8
181	180	162	Oil&Gas-US Expl Pro	18	-19.7	-0.3
182	177	177	Machnry-Tools&Re	..	-13.4	-2.2
183	174	181	Steel-Producers	..	-20.8	-3.3
184	172	185	Oil&Gas-Mchnry/Eq	24	-19.4	-1.1
185	192	195	Transportation-Rail	..	-19.4	-1.3
186	186	180	Rtail Whlsle Offc Sup	..	-16.3	-0.7
187	191	194	Comptr-Data Strge	..	-23.1	-1.8
188	193	184	Mchnry-Mtl Hdlg	..	-40.3	-2.6
189	187	171	Oil&Gas-Drilling	..	-16.9	-1.9
190	190	178	Oil&Gas-Intl Expl Pr	..	-25.3	-0.4
191	183	154	MetalPrds-Distribtr	..	-35.1	+0.1
192	194	192	Mining-Metal Ores	22	-33.6	-4.2
193	189	189	Steel-Spclty Alloys	..	-29.6	-3.4
194	196	163	Mining-Gld/Silvr/Gms	17	-18.7	+1.5
195	188	186	Oil&Gascdn Expl Pro	..	-26.1	-3.2
196	195	187	Oil&Gas-Royalty Trust	..	-29.3	-1.7
197	197	197	Energy Coal	..	-47.6	0.0

图4-100 投资日报行业排名节选

变化。

相对强度排名是电脑的工作,我们不多作叙述,下文将着重介绍如何使用相对强度图线法买到最强的龙头股、领头行业或强势资产;避开表现较差的后进股、落后行业或弱势资产。

如何使用相对强度线

相对强度线是将股票表现相对于整体市场表现的强弱通过图线表示出来,技术分析中的形态、趋势分析等方法也都适用于相对强度线的分析。比如说,相对强度线有双重底、头肩底、矩形、对称三角形、上升三角形、多头旗形、下降楔形等多头形态,也有双重顶、头肩顶、三重顶、下降三角形、空头旗形、上升楔形等空头形态。我们还可以在上升的相对强度线上画出上升趋势线,沿着下降的相对强度线画出其下降趋势线。平均线、随机指标、MACD等技术指标也是常用的分析相对强度线的工具。分析相对强度线的方法有背离法、平均线等指标分析法、形态分析法及趋势分析法等，我们主要介绍平均线法、趋势线法以及相对强度线的确认与背离。

一、相对强度线的平均线分析法

　　股价的平均线法则同样适用于对相对强度线的分析。比如单一平均线法，当相对强度线自下而上穿过平均线，是多头信号，预示股价相对市场的表现将要转强。如图4-101是国防和宇航产品供应商 Orbital ATK，Inc.（OA）在2014年底到2015年初的股价表现，股价在12月中旬向上穿过20天平均线时，其相对强度线的平均线也向上突破20天平均线，出现多头交叉，表明OA的股价表现开始强于大市。果然，该公司股价在不到2个月的时间内上涨了27%，与此同时，标准普尔500指数却下跌了0.7%，说明善用相对强度，我们绝对可以选到表现远好于市场的股票，击败市场。

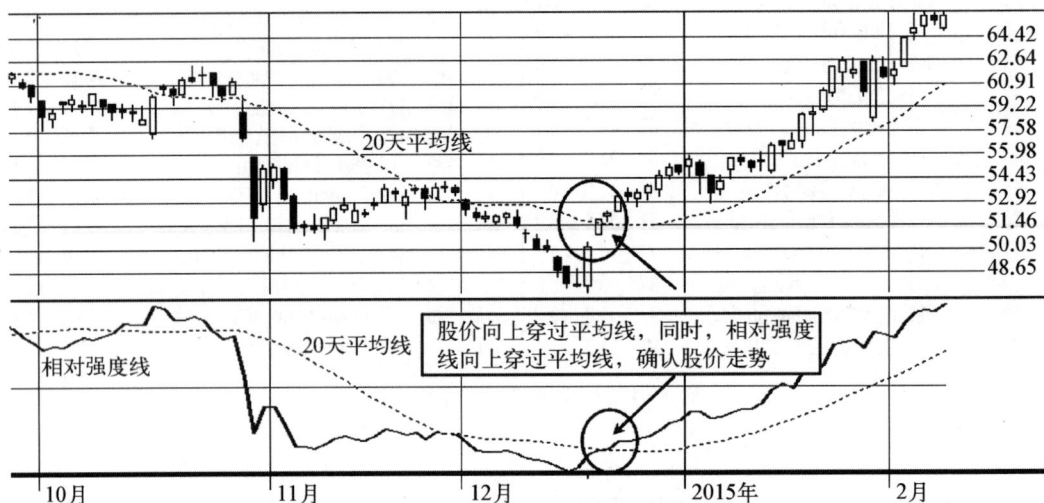

图4-101　相对强度线的平均线多头信号(Chart courtesy of TC2000®.com)

　　反过来，相对强度线从上而下穿过平均线，预示股价相对市场的表现开始减弱。我们以美国银行的股价表现为例，下图4-102是其2006年到2008年初的股价走势，美国银行的相对强度线在2006年第四季度初跌破了20天平均线，显示股价走势开始变弱。事实也是如此，美国银行的股价之后是越走越低，如图中所示，从2006年股价跌破20天平均线后，到2008年第一季度，也就是金融危机爆发之前，美国银行的股价下跌了25%，而同时期标准普尔500指数的表现基本持平，微涨0.25%。

二、相对强度线的趋势线分析法

　　用趋势线分析相对强度线走势的方法与用趋势线分析股价走势的方法相同。我们可以依据趋势线理论，根据相对强度线的走势，画出相对强度线的上升趋势线或下

图 4‑102　相对强度线的平均线空头信号(Chart courtesy of TC2000®.com)

降趋势线。当相对强度线跌破其上升趋势线,该趋势线即失效,可能形成新的趋势线,说明相对强度线的上升趋势开始减弱,也意味着股价相对市场的表现转弱。若相对强度线向上突破其下降趋势线,股价相对市场表现可能开始变强。如下图 4‑103,股价呈上升趋势时,相对强度线也同股价走势一致,向上攀升。股价的上升趋势在 6月底开始减弱,相对强度线也自高点滑落,于 7 月初跌破其向上趋势线,说明股价相对市场的表现已经没有以前强了。

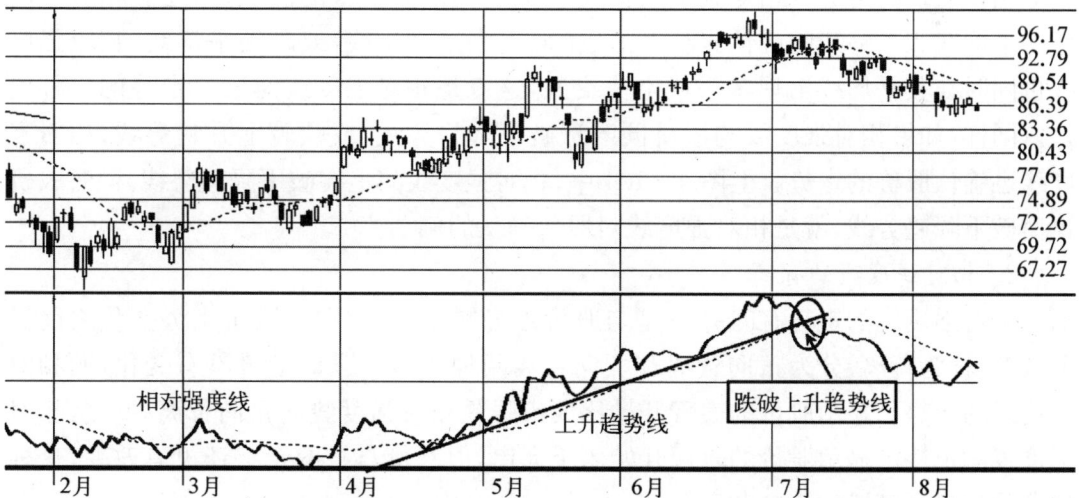

图 4‑103　相对强度线跌破上升趋势线(Chart courtesy of TC2000®.com)

当相对强度线向上突破其下降趋势线,说明股价相对于市场表现开始变强。如下图 4‑104,价格在 6 月到 9 月呈下跌走势,相对强度线也是高点越走越低,低点越探越深,但在9月底时,这一走势发生变化,相对强度线向上穿破下降趋势线,显示股价的走势开始比大市表现得强。

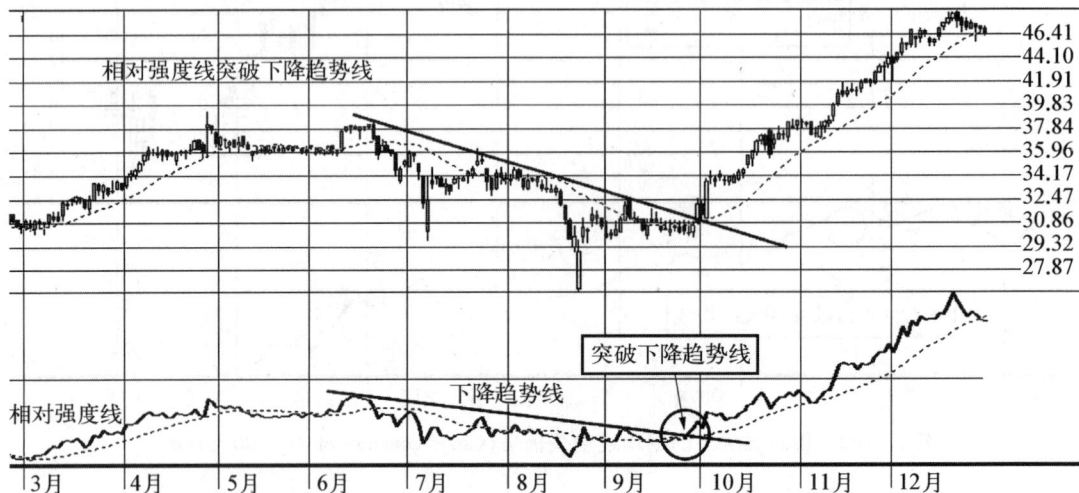

图4‑104　相对强度线向上突破下降趋势线(Chart courtesy of TC2000®.com)

三、相对强度线的确认与背离

1.相对强度线的确认

当股价向上攀升或向下运行时,如果相对强度线也同步同向运动,是相对强度线走势确认股价的走势。相对强度线的确认除了其走势本身的确认外,还有相对强度线的平均线和趋势线的确认,比如当股价向上穿过平均线,或跌破平均线,相对强度线也同时与其平均线出现多头或空头交叉,这也是相对强度线对股价走势的一种确认。同样,如果相对强度线与股价同时涨破下降趋势线,或跌破上升趋势线,相对强度线也确认股价的走势。上图4‑104中,相对强度线向上突破下降趋势线,同时股价也突破下降趋势线,就是相对强度线对股价确认的例子。

2.相对强度线的背离

相对强度线的走势有时并不是与股价走势同步,而常常在股价走势变化之前提前改变,称为背离,分为正向背离和负向背离两种情形。股价走势没有变化,而相对强度线的走势已显示股价的表现开始比大市强是相对强度线的正向背离,反之,相对强度线的走势已显示股价的表现开始弱于大市,但股价自身的走势还没有改变,这种情形是相对强度线的负向背离。

a.相对强度线正向背离的实例

当股价还在下降走势或底部盘整形态时,相对强度线已经突破了盘整形态开始上升走势;或者相对强度线在股价之前先突破下降趋势线,都是相对强度线对股价的正向背离,预示着股价表现开始强于市场表现。再比如,股价还在平均线之下,或其平均线尚未出现多头交叉信号,但相对强度线的平均线已出现了多头信号时,也是正向背离。下图(4-105)是为苹果手机提供通讯芯片的 Solutions Inc.（SWKS）公司在 2009 年 5 月至7 月的股价走势,股价于 6 月中旬到 7 月初期间呈盘整状态,虽然价格尚未突破,但相对强度线不仅突破了盘整,而且创了新高,股价在之后的 2—3 个星期上涨了近 22％以上,同时期标准 500 指数的涨幅是 15％,毫无疑问这一段时间整体市场的表现都很强,但相对强度却可以帮助我们强中选更强,找到表现超出市场的股票,跑赢大市。

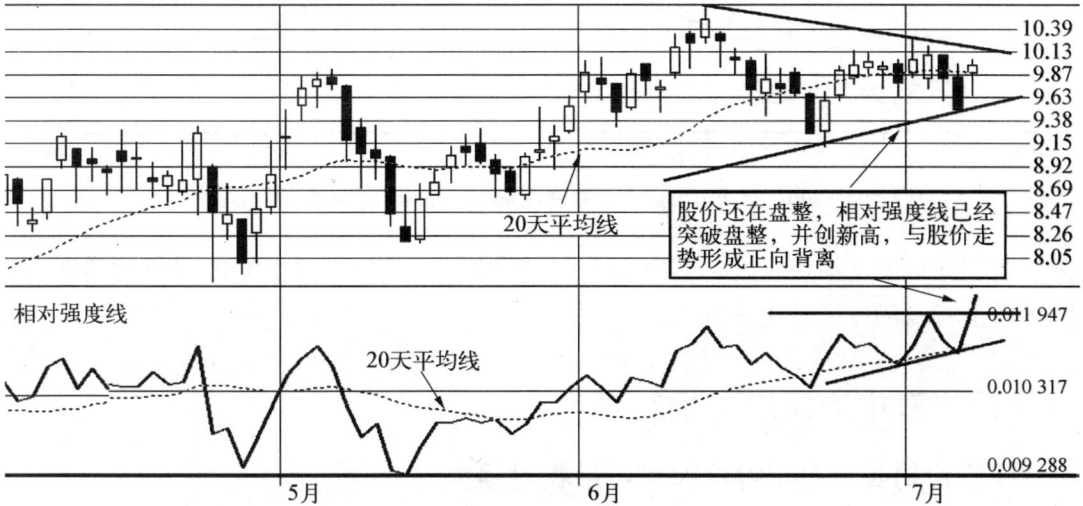

图 4-105　相对强度线正向背离(Chart courtesy of TC2000®.com)

b. 相对强度线负向背离的实例

当股价还在上升趋势或顶部盘整形态时,相对强度线已经呈向下趋势,或者相对强度线在股价之前先跌破上升趋势线,都是相对强度线的负向背离,说明股价的表现已经比市场表现弱了。或者当股价还在平均线之上,或平均线尚未出现空头交叉信号,而相对强度线的平均线已给出了空头信号,也是负向背离。下图 4-106 是美国银行(Bank of America，BAC)在 2006 年到 2007 年第一季度的股价表现,2006 年头两个季度,其相对强度线确认了股价的表现(图中①);2006 年第三季度股价继续攀升,但相对强度线开始下降走势(图中②),相对强度线和股价走势出现负向背离,说明美国银行的股价表现没有市场强。其股价在 2006 年第四季度和 2007 年第一季度呈横向盘整之势,但相对强度线继续其下降走势,与股价保持负向背离(图中③),其相对市场的表现依然非常疲软。此后,美国银行的股价越走越低,至 2008 年,受金融危机冲击,美国股市大幅缩水,标准普尔 500 指数跌幅 38％,但股价相对表现早已比市场弱的美国银行更是越陷越深,跌幅高达 70％左右。

根据相对强度线的背离法,如果多头看涨,当相对强度线与股价出现正向背离,

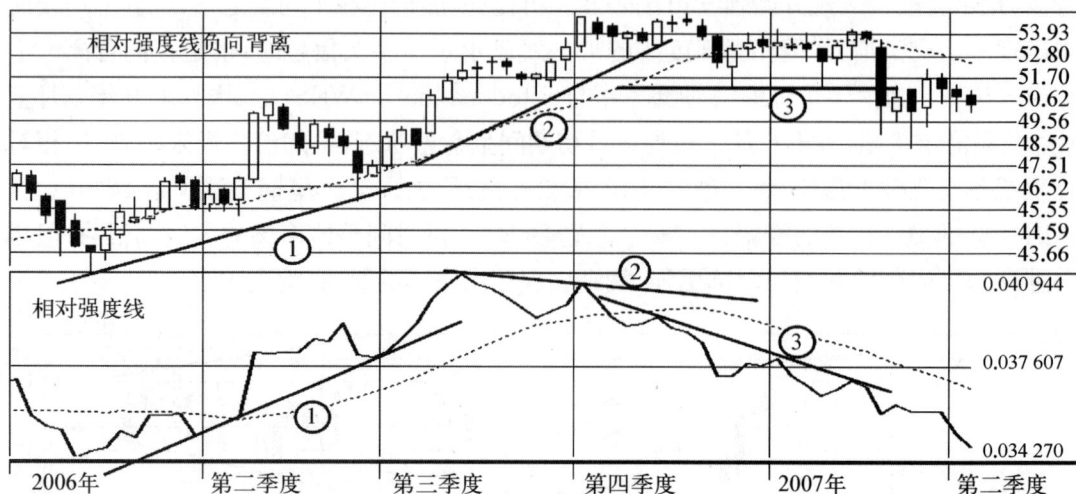

图 4-106　相对强度线负向背离(Chart courtesy of TC2000®.com)

做多获利的可能性增加;反之,若空头看跌,相对强度线与股价走势出现负背离时,则股价后市看衰的可能性也更高。

在实际投资中如何应用相对强度

一、在股价的各个周期阶段如何巧用相对强度

"强者恒强"是大家都明白的道理。在股市投资上,我们也都希望自己手中的持股能够强者恒强,所以我们要认真研究相对强度,在股价的不同阶段,巧用相对强度提高投资回收。

- 筑底阶段——用相对强度提高判断筑底结束的准确性

在筑底阶段时,价格在底部区间盘整,投资人经常会被价量的虚假表现所迷惑,误以为价格可能要突破盘整区。所以在筑底阶段时,我们除了通过传统的价格形态、价量表现等方式来判断筑底阶段是否结束外,还要分析该股相对于其所在行业的表现怎样,相对于市场的表现又如何,以提高判断的准确率。股价在筑底阶段中,特别是接近筑底的尾声时,我们希望看到该股的表现好于市场,尤其是当股价突破盘整区时,相对强度至少要确认股价的表现,而最理想的是,相对强度与股价走势能够出现正背离。其原因在于,股价在筑底之前,由于公司因为基本面条件恶化,或者市场环境欠佳等不利因素而出现过大幅修正,在股价盘整的过程中,公司基本面已有所改进,或者市场境况已改善,资金开始流入,当市场开始上涨时,它会成为引领市场上涨的龙头股。

- 上升趋势——用相对强度挑选具备跑赢大市潜力的强势股

市场在上升趋势时,基本上 90% 的股票都是上涨的,单单从股价走势看,每个股

票都该买,但是我们不仅希望股票上涨,而且还希望它要涨得比大市好,这样才可能跑赢市场。所以,只研究价格的走势,或是其趋势线、平均线等指标变化是不够的,还要比较股价的表现是不是比市场强,如果相对强度确认了股价的走势,只能说明该股的表现不会输给市场;要想战胜市场,该股的相对强度要与股价出现正背离,它才可能有超出大市的优异表现。

- 造顶阶段——用相对强度留强去弱,锁住利润

当上升趋势中的股价不再继续攀升,而是进入横向盘整时,往往是投资人最难抉择的时候。如果此时股价进入造顶阶段,上涨趋势可能就此结束,卖出股票锁住利润,皆大欢喜;但这也可能只是股价在上升趋势中的暂歇阶段,如果在此时卖了,股价再重回上升趋势,就错过了后面的利润。因此,在顶部时,我们采取预测式逃顶和确认式逃顶两种策略(见本章第五节),无论使用哪种方法,目的只有一个,就是持有最好的公司,卖出表现弱的股票。

股价在顶部时,如果相对强度与股价出现负背离,应采用预测式逃顶法,积极主动卖出持股,锁住利润。若相对强度还很强,说明该股的表现没有减弱的迹象,而是市场的走势变弱,这种情况下,应采用确认式逃顶,持有表现比市场好的强势股。而这类股票卖还是不卖,取决于投资人所采取的投资策略和风险管控机制。如果是资产配置策略,不管什么时候都要投资,就继续持有。如果是追求净收益的投资策略,当市场走势转弱时,市场的净敞口也应随之改变,并相应调整多头仓位。

- 下降趋势——帮助空头找弱势股

当股价在下降趋势时,如果严格按照我们的预测式逃顶和确认式逃顶的策略,此时已不应该持有任何多头仓位。多头投资人应避免在下降趋势中买涨的逆势操作,因为投资的风险大于回收。但空头投资人则要多花点时间追踪空头目标,争取所卖空的股票下跌幅度比市场跌幅更深,下滑速度比市场的跌速更快,这就要借助相对强度找出市场上表现最弱的股票,就如强者恒强的道理一样,弱者也还会更弱。

为了便于读者记忆,我将股价在不同周期阶段时理想的相对强度表现归纳如下图 4-107。但是相对强度强只能说明它的表现相对于市场来说是强或是弱,而不等于说比市场表现强,股价就不会下跌,如果市场下跌 5%,而某股票只下跌了 1%,其表现确实比大市强,但也还是下跌的。所以,在使用相对强度时千万不要概念混淆不清。

二、用相度强度在行业投资中择强避弱

相对强度不仅可以帮助我们选出比大市强的好股票,还可以通过对行业相对于大市表现的比较,找出市场上最强的行业。当某一行业表现比整体市场强时,即使它是牛步慢移的公用设施行业也会给你带来意想不到的优异回收。公用设施类股属于

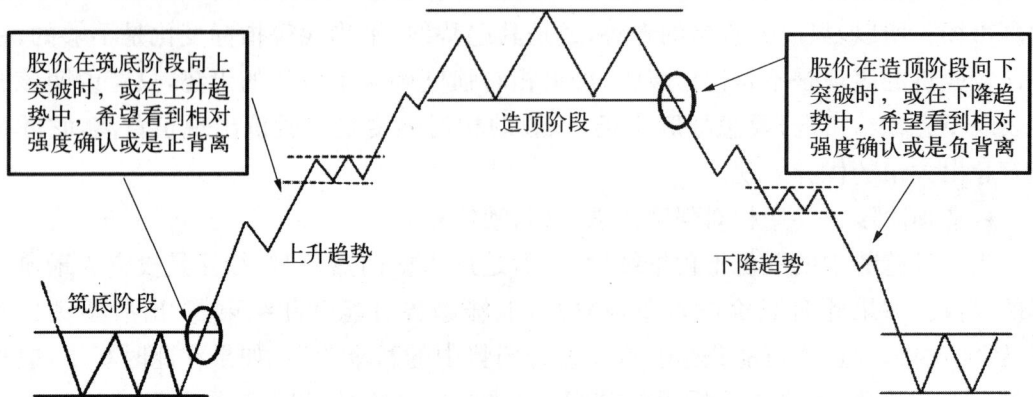

图 4 - 107　股价四阶段中理想的相对强度表现

保守行业,通常是在市场环境不好时,它们的表现相对稳定,在市场好时,大多没有什么表现。但是 2014 年美国的公用设施类股却完全颠覆了人们对该行业常规的印象。2014 年初,公用设施行业指数和其相对标准普尔 500 强度线同时向上突破下降趋势线,显示该行业相对市场的表现发生变化,开始出现转强的迹象,值得我们关注。事实上 2014 年公用设施类股上涨幅度 26.89%,同年标准普尔 500 指数的回收是 13%,这就是相对强度的作用。

用对了相对强度,我们可以避开比市场表现弱的行业。2014 年的下半年,能源业一路下滑,走势越来越弱,即便在此期间指数出现短暂的反弹如图 4 - 108 中的 A,但其相对强度线一直呈下跌趋势如图中的 A′,它告诉我们能源业的跌势还没有结束,能源业在 2014 年的下半年跌幅高达 20.37%。

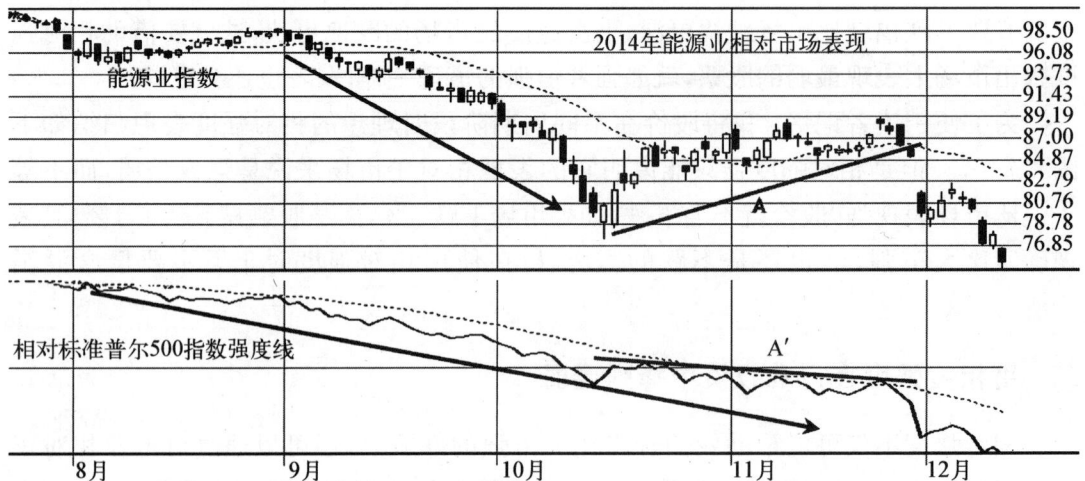

图 4 - 108　2014 年下半年能源业走势(Chart courtesy of TC2000®.com)

如图 4 - 108 所示，当能源业在顶部高位盘整时，其相对强度线（相对标准普尔500 指数）已经开始下降趋势，与行业指数出现负向背离，表明该行业的表现已经比市场差了。手中持有该行业股票的投资人应小心谨慎，准备降低仓位或出场；想做多此行业的投资人应避而远之，不需要花费时间追踪能源类股，这样就不会被能源股所套牢；空头看跌的投资人则要密切关注能源行业走势的进一步发展，择机做空。

三、用相对强度线选择最强的资产提高组合回收

用相对强度比较全球股市之间的表现，将资金投到最强的市场

"东方不亮西方亮"是金融市场上常有的现象，各国的股市不会同上同下，而是时而我强，时而他弱。下图 4 - 109，是上证指数在 2009 年到 2015 年期间相对美国标准普尔 500 指数的表现，图 4 - 110 是同期标准普尔 500 指数走势图。自 2010 年开始，上证指数开始了 4 年多的下跌走势（A），而同一时期，标准普尔 500 指数则一路上扬。从相对强度线的走势也可明显看出两个市场冰火两重天。2010 年初，上证指数还未向下跌破 20 天平均线，但其相对标准普尔 500 指数的相对强度线已在指数之先向下穿破 20 天平均线，说明上证指数的表现不及标普 500 指数。这一情形持续了近 5 年，2014 年下半年开始，情况发生变化，相对强度线在 C' 点向上突破下降趋势线 A'B'，表明相对于标准普尔 500 指数而言，上证指数的表现开始转强，而后上证指数突破向下趋势线 AB（C 点），强势上涨，2014 年下半年底到 2015 年 5 月之间，其表现远超过标准普尔 500 指数。

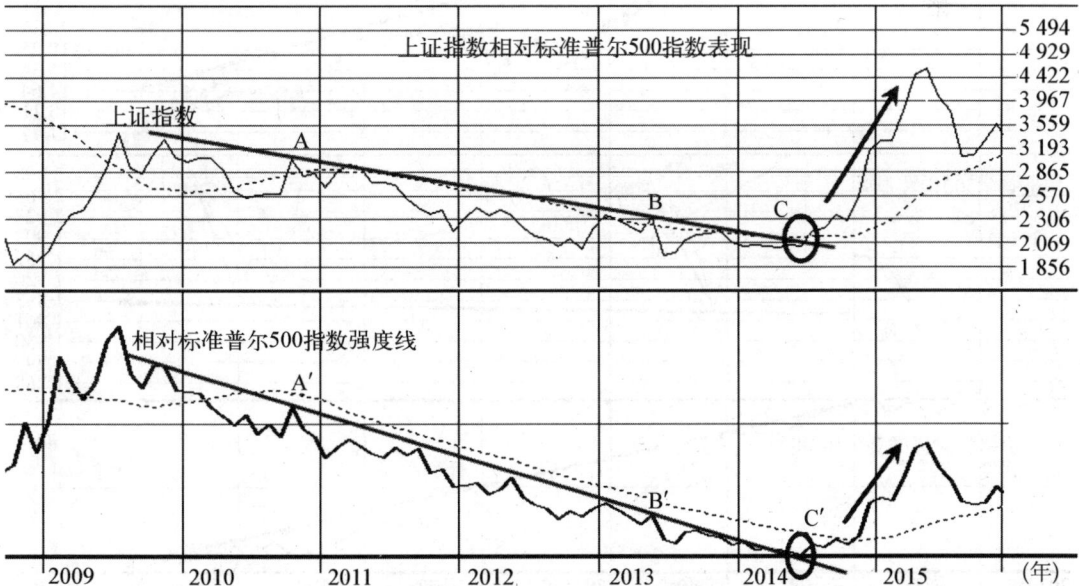

图 4 - 109　上证指数相对标准普尔 500 指数强度 2009—2015(Chart courtesy of TC2000®. com)

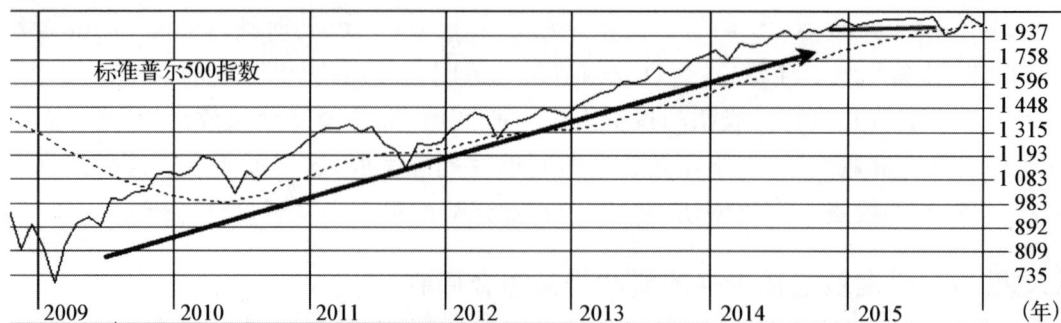

图 4‑110　标准普尔 500 指数强度 2009—2015（Chart courtesy of TC2000®.com）

　　我们通过相对强度线的分析,确定各国股市的表现强弱,适时调整组合的投资比重,有效利用资金,争取最好回报。

　　相对强度线不仅可以用来判断不同股市之间的表现强弱,也可以区别不同资产类别之间的表现。下图 4‑111 是 2014 年到 2015 年的石油价格的走势相对于标准普尔 500 指数的表现。石油价格从 2014 年下半年开始下跌趋势(A),和同时期的标准普尔 500 指数走势(A′)相比,表现异常疲软。特别是油价在 2014 年第四季度(B)和 2015 年第四季度初期(C)的走势和同一时间标准普尔 500 指数走势(B′)和(C′)更是大相径庭,相对强度线一再与油价走势呈现负向背离,显示油价的表现远不及美国股市强。

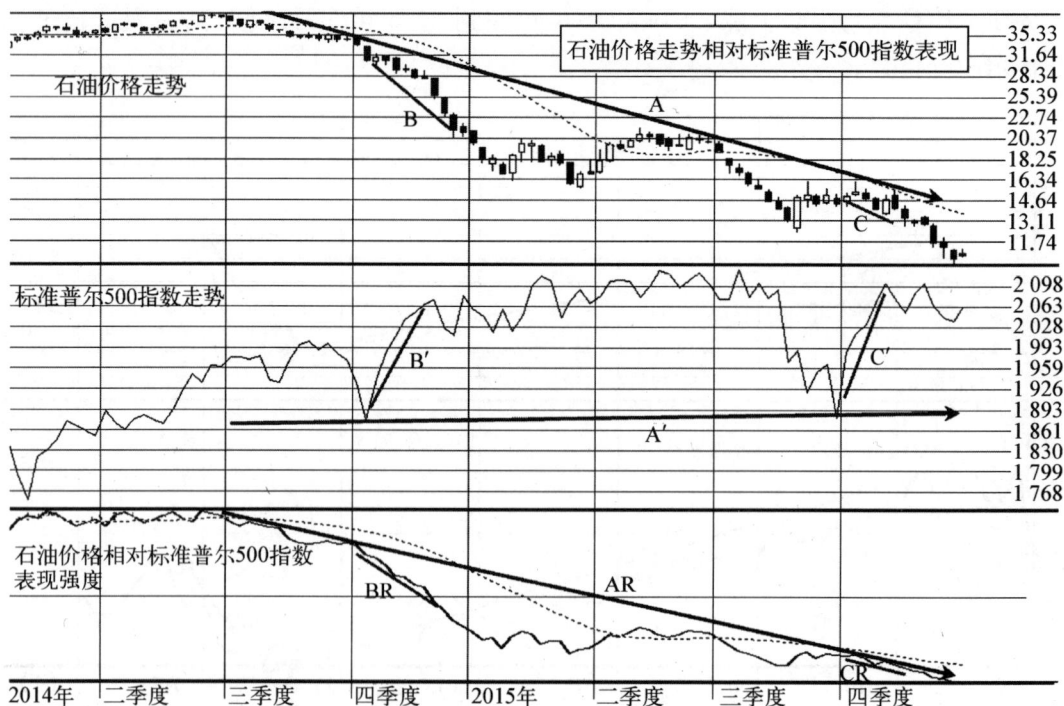

图 4‑111　油价走势与相对标准普尔 500 指数表现（Chart courtesy of TC2000®.com）

2015 年全球金融市场经历了自 1937 年以来最黯淡的一年,股市、债市、期货等各资产类别表现均黯然失色,只有美元一枝独秀,主要资产类别 2015 年回收如下:

美国股市(标准普尔 500 指数):　　　下跌 1％左右

美国国债:　　　　　　　　　　　　下跌 2％

国际油价:　　　　　　　　　　　　下跌 35％左右

黄金:　　　　　　　　　　　　　　下跌近 10％

美元:　　　　　　　　　　　　　　上涨近 10％

美元走势的强劲表现在下图 4 - 112 中一目了然,2015 年第二、三季度美国股市出现短期下降趋势(A′),美元指数呈横向盘整(A),但其相对标准普尔 500 指数的强度线却仍呈上升趋势,显现美元表现强于股市(AR)。而后美元稍作调整,又继续其强劲表现,见图中 B、B′ 和 BR 处。

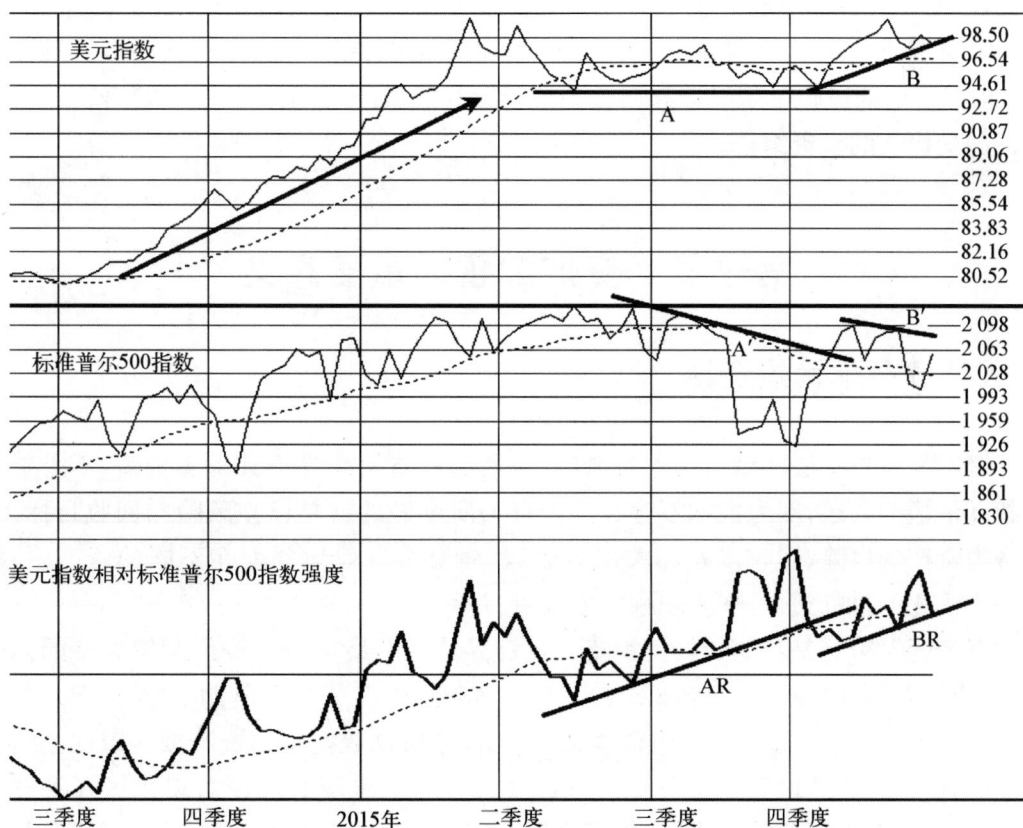

图 4 - 112　美元相对标准普尔 500 指数的表现(Chart courtesy of TC2000® . com)

用相对强度分析法比较不同资产类别的相对表现,当股市表现疲软时,可降低股票仓位或暂时离开股市,而将资产转向表现较强的资产类别,这样优胜劣汰,以提高组合的整体投资回收。

第五章

不同的风险承受能力,不同的资产配置

投资的目的是为了获得最好的回收,但是任何投资又都有风险,正因为风险与回收同在,所以投资的回收总被风险所左右。完全排除投资风险,是完美的理想主义,在实际投资当中是"不可能的任务"。理性的投资就是综合考虑风险与回收。具体做法:根据自己的风险承受能力和回收预期,利用各种资产类别构建一个符合自己投资目标的最优化的投资组合。

第一节 资产配置的重要意义

什么是资产配置投资法

资产配置投资法坚信市场是有效的,市场的价格始终等于其真实价值,不必费时间找低估值的股票,因为根本不存在。投资人所要做的就是设立风险与回收目标,研究各类资产的风险、回收以及相关度等因素,将资金有效地分配在不同的资产中,构建一个优化的投资组合,来实现预期的投资目标。

资产配置策略是较新的投资策略。投资界公认的最早提出资产配置策略的是哈里·马克维茨(Harry Markowitz),1952 年他发表了《组合的选择》(Portfolio Selection)的文章,建立了一个组合模式,将不同投资回收类型的资产按一定比例组合在一起,这样会有效地降低整个组合的波动性。马克维茨的理论对现代投资管理产生了深远影响,他因此被称为"现代资产组合理论之父",并在 1990 年获得了诺贝尔经济学奖。

人们在马克维茨的组合模式和理论的基础上进一步发展完善,形成了我们现在经常听到的资产配置,它是根据投资者的投资目标,将资金分配在不同类别的资产中,比如股票、债券、现金、房地产等,以达到分散投资、降低风险、提高回收、最终实现投资目标的目的。资产配置是现代投资组合管理的核心环节，也是决定投资组合长期回收的最重要因素。

投资的回收与风险

从资产配置的定义中可以看出，其主要目的是通过分散投资，降低风险，增加回收。在进一步研究资产配置如何降低风险、提高回收之前，我们首先要认识投资的回收与风险，了解如何计算回收，又该怎样衡量风险。

风险与回收是孪生的，甚至可以说是连体的，脱离投资风险谈回收，就不能真正全面地反映收益水平。比如，A 和 B 两类资产的回收都是 10%，A 的风险为 5%，而 B 的风险为 10%（如图 5-1）。显然，虽然回收相同，但 B 的风险比 A 高一倍，A 以较低的风险获得与 B 相同的回收，自然更胜一筹。

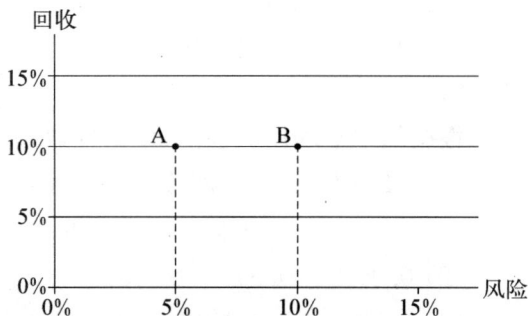

图 5-1　投资的风险与回收

一、投资回收计算方法

投资回收一般是指年回收，即 12 个月的投资收益。通常有两种计算方法：简单平均回收法和复合平均回收法（Compound Average）。

大部分情况下，投资人计算投资回收常采用的是简单平均回收法。比如，过去五年投资的回收分别是：第一年上涨 10%，第二年下跌 5%，第三年获利 7%，第四年上涨 15%，第五年收益 3%，则五年的平均回收率为 6%。简单平均回收法计算出的投资回报可以描绘大致的投资回收情况，但并没有正确反映出所投资的金额实际增值或亏损幅度。打一个简单的比方：你在去年投资 10 000 元，亏损了 10%，今年又上涨了 10%。如果用平均回收方法计算，两年的投资回收是 0%，不赔不赚：

$$(-10\% + 10\%) \div 2 = 0\%$$

但实际上，你的本金是亏损的。第一年下跌 10%，本金从 10 000 元跌至 9 000 元，第二年上涨 10%，资产总额从 9 000 元增加至 9 900 元（9 000×1.1%），比 10 000 元的本金还差了 100 元，投资实际上是亏了 1%，平均每年损失 50 元，即每年平均亏损 0.5%，而不是 0%。

复合平均回收也称为复合年均增长率（Compound Annual Growth Rate,

CAGR),还以上面五年的投资回收为例,计算其复合平均回收:

(1) 算出五年增长的乘积

$$(1+0.1)\times(1-0.05)\times(1+0.07)\times(1+0.15)\times(1+0.03)=1.32$$

(2) 将第一步的结果开五次方根

$$1.32^{1/5}=1.0578$$

(3) 将第二步的结果,减去1,得出复合平均回收5.78%

复合平均回收虽然计算烦琐,但它反映出真实的投资收益情况,更贴近实际,所以比简单平均回收法更实用。还是上面例子,投资10 000元,第一年亏损10%,第二年上涨了10%。

根据简单平均回收法的计算,回收是(-10%+10%)/2=0%;

根据复合平均计算,回收是-0.50%。

(1) $(1-0.1)\times(1+0.1)=0.99$

(2) $0.99^{1/2}=0.995$

(3) $0.995-1=-0.005(-0.5\%)$

在简单平均回收看来是不赔不赚的投资,事实上每年却亏损0.5%,两年总计亏损100元。所以,复合回收的数字反映了实际的投资回报。通常来说,复合平均回收的结果低于或等于简单平均回收,这是因为投资的波动侵蚀了投资的利润,这一点我们在后文中再作说明。

二、如何衡量投资风险

说过了回收,我们再来看风险。投资的风险就是由于不确性因素的存在,而可能导致投资的损失。衡量风险的方法有多种,最简单的是找出过去一段时间内投资回收波动的高低范围(Range)。比如过去半年,每个月的投资回收分别是:10%、5%、7%、15%、3%和-10%,其中最高的回收是上涨15%,最低的回收是下跌10%,该投资在过去半年的回收上下波动范围是25%(最大涨幅和最大跌幅差的绝对值),数值越高,表明投资回收波动越大,意味着风险性越高。

但是以简单的回收波动范围来衡量投资的风险性,很难客观地反映全貌。假设大部分时间,投资的回收停留在-7%到8%上下波动,则波动区间在15%左右。如果,只有偶尔一两次出现大幅上涨或下跌的情形,比如说一次大涨30%和一次大跌20%,那么它的投资回收范围就变成50%,这并不是该投资回收通常的波动范围。在歌手大赛、相声大赛等比赛中,在公布参赛者的分数时,我们经常会听到"去掉一个最高分,去掉一个最低分,选手的最后得分是多少",这样的计分方式和我们所说的投资回收范围类似,之所以要去掉两端的分数,是希望选手的得分能更客观一些。为了能更准确地衡量投资的风险,反映回收的波动,金融界引入了标准差的方法(Standard Deviation)。

标准差反映一组数据的离散程度。其公式是:

$$\sigma = \sqrt{\frac{1}{N-1} \sum_{i=1}^{N} (x_i - \bar{x})^2}$$

σ 是标准差,N 是投资年数,x_i 为每年的投资回收,$\bar{x}$ 为平均投资回收值。

我们用前面计算回收时的例子来计算标准差,方法如下:

第一年回收:10%

第二年回收:−5%

第三年回收:7%

第四年回收:15%

第五年回收:3%

(1) 首先算出五年的平均回收为 6%

(2) 算出每年的回收与平均回收的差

第一年:10%−6%＝4%

第二年:−5%−6%＝−11%

第三年:7%−6%＝1%

第四年:15%−6%＝9%

第五年:3%−6%＝−3%

(3) 算出(2)中各项差数的平方

第一年:4×4＝16

第二年:11×11＝121

第三年:1×1＝1

第四年:9×9＝81

第五年:3×3＝9

(4) 将(3)中各平方数相加,总和为:16＋121＋1＋81＋9＝228

(5) 将年数减 1 后算出第(4)的平均数:228÷(5−1)＝57

(6) 将(5)的得数开平方:7.55

7.55%就是该投资组合的标准差。

标准差的数字说明了什么呢? 我们通过某类资产投资的标准差和均值可以知道其出现不同投资回收概率的正态分布(图 5−2)。以上述投资回收为例,回收均值为 6%,标准差是 7.55%:

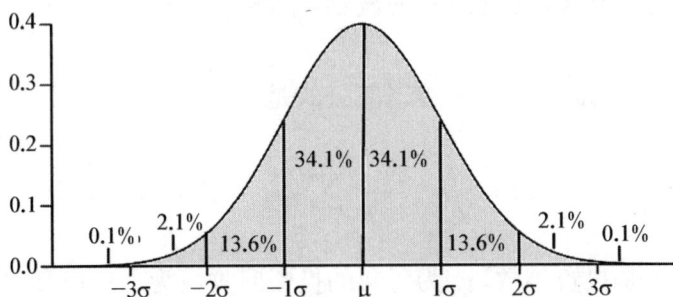

图 5-2　投资回收概率的正态分布

投资年回收在其均值加减一个标准差之间,也就是在-1.55%(6%-7.55%)和 13.55%(6%+7.55%)之间的概率为 68.2%=34.1%+34.1%;

损失大于 1.55%(均值减一个标准差)的概率大约是 15.8%(13.6%+2.1%+0.1%);

亏损超过 9.1%(均值减两个标准差)的概率是 2.2%(2.1%+0.1%);

亏损大于 16.65%(均值减去三个标准差)的概率为 0.1%。

标准差有助于全面了解投资波动的概率,所以它比用简单的投资回收高低范围方法衡量风险更有实际意义,是选择投资产品的重要参考因素。股票、债券、共同基金、对冲基金等每一项投资产品都有其标准差。有人甚至提出,如果金融产品推销员向你推荐任何一类投资产品,你要先问问他是否知道该产品的标准差是多少,如果对方回答不知道,或者从没有考虑过这个问题,那么你根本就不要考虑买他推销的产品。标准差的重要性可见一斑。

资产配置的重要意义

风险与回收并存,并且一直影响着投资回收。风险与回收成正比,高风险带来高回收。在风险与回收之间总要有所取舍,如果不愿意承担太多风险,就不要期盼投资回收会太高。希望所投资的产品能带来最大的回收,但却没有任何风险,这样的想法虽然是天方夜谭,但通过有效的措施降低投资风险,从而争取最大的回报,却是可行之路。资产配置策略就是最有效的方法之一。

被美国财经杂志评为与股神巴菲特齐名的世界顶尖三十位经济学家之一的罗伯特·阿诺特(Robert Arnott)也是资产配置策略的高手,他在 1985 年发表了一篇题为《养老金基金经理看资产配置》(The Pension Sponsor's View of Asset Allocation)的文章,对当时在美国排名前五十位的养老基金的经理人作了问卷调查,问题是在基金管理过程中最重要的因素是什么。结果显示，大部分基金经理都选择了资产配置策略是决定风险回收的最重要因素。

为什么基金经理们如此钟情于资产配置策略？原因至少有四点：

- 资产配置可以分散风险，是长期回收的保证；
- 通过降低组合的波动性，提高投资回收；
- 通过优化组合，在不增加风险的情况下，提高一定投资回收；
- 满足各类投资人的不同投资需求。

一、资产配置可以分散风险，是长期回收的保证

提到资产配置，人们首先想到的是分散风险。虽然不能把二者等同视之，但分散风险确实是资产配置策略的主要目的，分散风险可以为投资的长期回收保驾护航。

没有人可以知道未来，对未来的不可知性和不确定性是投资的潜在风险所在。投资单一的资产时，由于投资标的自身的特征或某一特殊时间市场的急剧变动都可能大幅影响投资回收。我的一位朋友是计算机程序设计师，在雷曼兄弟公司（Lehman Brother）工作时，他告诉我，除了公司发给员工的股票外，他还把全都的投资都买入雷曼兄弟公司的股票。我提醒他，应该要把资产分散开，但他却说对雷曼非常有信心。后来的结果可想而知了，雷曼兄弟公司被次贷危机拖垮，于2008年9月申请破产保护，我的朋友损失惨重。其实，就连雷曼兄弟公司的倒闭，也是因为公司在投资上没有做好有效的风险分散，它通过大量举债，过度地投资于房地产相关资产，当房屋市场出现震荡时，这家当时名列美国第四名的投资银行、拥有158年历史的老字号就覆没在华尔街金融史的长河中。雷曼预料不到自己会因债台高筑而倒闭，在公司工作的人员也想不到自己热爱的公司会关门，这就是我们无法预知的风险所在。

分散风险就是将资金分别投入到不同类别的资产，以降低单一资产的风险对整体投资组合的影响，从而保证组合的长期回收。我们从过去十多年的全球各类资产每年的投资回收表现（表5-1），来验证分散风险是如何保证回收的。

假如投资组合的资产配置中有美国股市和新兴市场股市资产，我们看看两类资产的回收表现，2003、2005、2007年和2009年四个年份中，美国股市和全球新兴市场股市的表现（如表5-3）。

美国股市在这四年里，表现不算差，但和新兴市场的股市相比却大为逊色，如果投资组合在这四年中只有美国股市资产，没有投资新兴市场股市，毫无疑问投资回收会大为失色。但是，在2008、2011年和2013年这三年中，为投资组合回收贡献力量的是美国股市资产，如表5-4。

股市合力投资法——华尔街著名基金经理二十年成功之道

表5-1 全球各类资产回收(2001—2014)

	2001年	2002年	2003年	2004年	2005年	2006年	2007年	2008年	2009年	2010年	2011年	2012年	2013年	2014年
1	房地产 13.90%	高评级债券 10.30%	新兴市场 56.30%	房地产 31.60%	新兴市场 34.50%	房地产 35.10%	新兴市场 39.80%	高评级债券 5.20%	新兴市场 79.00%	房地产 28.00%	房地产 8.30%	房地产 19.70%	小型公司 38.80%	房地产 28.00%
2	高评级债券 8.40%	房地产 3.80%	小型公司 47.30%	新兴市场 26.00%	发达国家 14.00%	新兴市场 32.60%	发达国家 11.60%	现金 1.40%	高风险债券 57.50%	小型公司 26.90%	高评级债券 7.80%	新兴市场 18.60%	大型公司 32.40%	大型公司 13.70%
3	高风险债券 4.50%	现金 1.60%	发达国家 39.20%	发达国家 20.70%	房地产 12.20%	发达国家 26.90%	资产配置 7.60%	资产配置 -22.40%	发达国家 32.50%	新兴市场 19.20%	高风险债券 4.40%	发达国家 17.90%	发达国家 23.30%	资产配置 6.90%
4	现金 3.40%	高风险债券 -1.90%	房地产 37.10%	小型公司 18.30%	资产配置 8.90%	小型公司 18.40%	高评级债券 7.00%	高风险债券 -26.40%	房地产 28.00%	高风险债券 15.20%	大型公司 2.10%	小型公司 16.40%	资产配置 11.50%	高评级债券 6.00%
5	小型公司 2.50%	资产配置 -3.80%	大型公司 28.70%	资产配置 14.10%	大型公司 4.90%	资产配置 16.70%	大型公司 5.50%	小型公司 -33.80%	小型公司 27.20%	大型公司 15.10%	资产配置 0.30%	大型公司 16.00%	高风险债券 7.40%	小型公司 4.90%
6	资产配置 -0.20%	新兴市场 -6.00%	高风险债券 28.20%	大型公司 10.90%	小型公司 4.50%	大型公司 15.80%	现金 4.40%	大型公司 -37.00%	大型公司 26.50%	资产配置 13.50%	现金 0.10%	高风险债券 15.60%	房地产 2.90%	高风险债券 2.50%
7	新兴市场 -2.40%	发达国家 -15.70%	资产配置 25.90%	高风险债券 10.90%	现金 3.20%	高风险债券 11.80%	高风险债券 2.20%	房地产 -37.70%	资产配置 24.60%	发达国家 8.20%	小型公司 -4.20%	资产配置 12.20%	现金 0.10%	现金 0.00%

续 表

2001年	2002年	2003年	2004年	2005年	2006年	2007年	2008年	2009年	2010年	2011年	2012年	2013年	2014年
大型公司 -11.90%	小型公司 -20.50%	高评级债券 4.10%	高评级债券 4.30%	高风险债券 2.70%	现金 4.70%	小型公司 -1.60%	发达国家 -43.10%	高评级债券 5.90%	高评级债券 6.50%	发达国家 -11.70%	高评级债券 4.20%	高评级债券 -2.00%	新兴市场 -1.80%
发达国家 -21.20%	大型公司 -22.10%	现金 1.00%	现金 1.40%	高评级债券 2.40%	高评级债券 4.30%	房地产 -15.70%	新兴市场 -53.20%	现金 0.20%	现金 0.20%	新兴市场 -18.20%	现金 0.10%	新兴市场 -2.30%	发达国家 -4.50%

资产指数说明:

现金:美国联邦三个月短期债券

高评级债券:巴克莱行美国债券综合指数(Barclay's U.S. Aggregate Bond Index)

高风险债券:美银美林高收益债券指数(BofAML US High Yield Master II Index)

大型公司:标准普尔500公司指数(S&P 500 Index)

小型公司:罗素2000小型公司指数(Russell 2000 Index)

发达国家:明晟公司欧洲、澳大利亚和远东指数(MSCI EAFE Index)

新兴市场:明晟新兴市场指数(MSCI Emerging Markets Index)

房地产:英国富时美国不动产信托指数(FTSE NAREIT All Equity Index)

表 5-2 标准普尔各产业部门回收(2003—2014)

2003年	2004年	2005年	2006年	2007年	2008年	2009年	2010年	2011年	2012年	2013年	2014年
科技业 47.20%	能源业 31.50%	能源业 31.40%	电讯业 36.80%	能源业 34.40%	日用消费品业 -15.40%	科技业 61.70%	非日用消费品业 27.70%	公用设施业 19.90%	金融业 28.80%	非日用消费品业 43.10%	公用设施业 29.00%
原材料业 38.20%	公用设施业 24.30%	公用设施业 16.80%	能源业 24.20%	原材料业 22.50%	医疗保健业 -22.80%	原材料业 48.60%	工业 26.70%	日用消费品业 14.00%	非日用消费品业 23.90%	医疗保健业 41.50%	医疗保健业 25.30%
非日用消费品业 37.40%	电讯业 19.90%	金融业 6.50%	公用设施业 21.00%	公用设施业 19.40%	公用设施业 -29.00%	非日用消费品业 41.30%	原材料业 22.20%	医疗保健业 12.70%	电讯业 18.30%	工业 40.70%	科技业 20.10%

续 表

排名	2014年	2013年	2012年	2011年	2010年	2009年	2008年	2007年	2006年	2005年	2004年	2003年
1	日用消费品业 16.00%	金融业 35.60%	医疗保健业 17.90%	电讯业 6.30%	能源业 20.50%	标普500指数 26.50%	电讯业 −30.50%	科技业 16.30%	金融业 19.20%	医疗保健业 6.50%	工业 18.00%	工业 32.20%
2	金融业 15.20%	标普500指数 32.40%	标普500指数 16.00%	非日用消费品业 6.10%	电讯业 19.00%	工业 20.90%	非日用消费品业 −33.50%	日用消费品业 14.20%	非日用消费品业 18.60%	标普500指数 4.90%	非日用消费品业 13.20%	金融业 31.00%
3	标普500指数 13.70%	科技业 28.40%	工业 15.40%	能源业 4.70%	标普500指数 15.10%	医疗保健业 19.70%	能源业 −34.90%	工业 12.00%	原材料业 18.60%	原材料业 4.40%	原材料业 13.20%	标普500指数 28.70%
4	工业 9.80%	日用消费品业 26.10%	原材料业 15.00%	科技业 2.40%	日用消费品业 14.10%	金融业 17.20%	标普500指数 −37.00%	电讯业 11.90%	标普500指数 15.80%	日用消费品业 3.60%	金融业 10.90%	公用设施 26.30%
5	非日用消费品业 9.70%	原材料业 25.60%	科技业 14.80%	标普500指数 2.10%	金融业 12.10%	日用消费品业 14.90%	工业 −39.90%	医疗保健业 7.20%	日用消费品业 14.40%	工业 2.30%	标普500指数 10.90%	能源业 25.60%
6	原材料业 6.90%	能源业 25.10%	日用消费品业 10.80%	工业 −0.60%	科技业 10.20%	能源业 13.80%	科技业 −43.10%	标普500指数 5.50%	工业 13.30%	科技业 1.00%	日用消费品业 8.20%	医疗保健业 15.10%
7	电讯业 3.00%	公用设施 13.20%	能源业 4.60%	原材料业 −9.60%	公用设施 5.50%	公用设施 11.90%	原材料业 −45.70%	非日用消费品业 −13.20%	科技业 8.40%	电讯业 −5.60%	科技业 2.60%	日用消费品业 11.60%
8	能源业 −7.80%	电讯业 11.50%	公用设施 1.30%	金融业 −17.10%	医疗保健业 2.90%	电讯业 8.90%	金融业 −55.30%	金融业 −18.60%	医疗保健业 7.50%	非日用消费品业 −6.40%	医疗保健业 1.70%	电讯业 7.10%

表5-3 美国股市在2003—2014年间表现不及全球新兴市场的年份

年　　份	2003	2005	2007	2009
新兴市场	56.3%	34.5%	39.8%	79%
美国大型公司	28.7%	4.9%	5.5%	26.5%
新兴市场表现超出美国大型公司	27.6%	29.6%	34.3%	52.5%

表5-4 美国股市在2003—2014年间表现超过全球新兴市场的年份

年　　份	2008	2011	2013
美国大型公司	−37.0%	2.1%	32.4%
新兴市场	−53.2%	−18.2%	−2.3%
美国大型公司表现超出新兴市场	16.2%	20.3%	34.7%

由此看来,通过分散投资,可以降低风险,保证组合回收。在同一资产类别中,分散投资也会起到同样的作用。比如说,组合中的股票资产分别投资于能源业和医疗保健业,在2004、2005年和2007年,虽然两个行业均上涨,但能源业的出色表现远胜于医疗保健业(表5-5),对组合的回收帮助更大。

表5-5 能源业在2003—2014年间表现超过医疗保健业的年份

年　　份	2004	2005	2007
能源业	31.5%	31.4%	34.4%
医疗保健业	1.7%	6.5%	7.2%
能源业表现超出医疗保健业	29.8%	24.9%	27.2%

而后,风水轮流转,进入到2011年之后的三年,医疗保健业连续走高,表现超出了能源类股,所以在这三年里,组合的回收更多地仰赖于医疗保健业,如下表5-6。

表5-6 医疗保健业在2003—2014年间表现超过能源业的年份

年　　份	2011	2012	2014
医疗保健业	12.0%	17.9%	25.3%
能源业	4.7%	4.6%	−7.8%
医疗保健业表现超出能源业	16.7%	22.5%	33.1%

诗云"江山代有才人出,各领风骚数百年",其实分散投资就是将资金分配在不同的资产上,等待当市场出现有利于某类资产价格上涨的利多因素时,该类资产成为带领组合上涨的"才人",而当某一资产的价格因利空因素大幅波动时,组合的其他资产

可能因自身的特点及所在的市场环境因素影响,走势相对平稳,或者反而大幅上扬,使组合的资产呈现"东方不亮西方亮"的形式,从而保证长期的回收。

老人们常说"谁知道哪片云彩有雨",投资的风险性不可预测,就如同我们不可能提前找到下雨的云彩一样,我们所能做的就是多抓几片云彩,将投资分散开来。不仅是散户投资者在投资中要考虑风险分散,华尔街的金融学者和众多大型基金经理人也公认资产配置是管理组合的关键,是决定组合回收的重要因素。我们可从以下几个有关资产配置的典型研究案例中得到证实。

1986年,盖瑞·布林森(Gary P. Brinson)、伦道夫·霍德(L. Randolph Hood)和吉尔伯特·比鲍尔(Gilbert L. Beebower)发表了《投资组合表现的决定因素》(Determinats of Portoflio Performance)的文章。三位作者用1974年至1983年的十年时间中,91家大型养老基金的数据,研究资产配置(Asset Allocation)、市场时机选择(Market Timing)和证券选择(Security Selection)三种因素对基金回收的影响程度。其结果是,资产配置是决定组合回收的首要因素,其他两个因素对组合回收的影响有限。1991年布林森和比鲍尔与另一位学者布莱恩·辛格(Brian Singer)又作了后续研究实验,结果是资产配置对基金业绩的影响程度为91.5%,而证券选择所起到的作用仅有4.6%,市场时机选择的决定作用只有1.8%,再一次证明资产配置对组合回收的影响极为重要。1999年英国的资产配置研究者也对英国的养老基金作了统计分析,得出的结论是,资产配置对组合波动的影响度达90%以上。2000年,罗杰·伊博森(Roger Ibbotson)和保罗·开普兰(Paul Kaplan)用美国大型股票、美国小型股票、非美国股票、美国国债和现金五类资产,研究过去十年美国94个混合型共同基金相对于指数基金的表现差异,其结果是在不同基金的业绩差别中,资产配置的因素占40%,而同一基金的回收波动原因则有90%来自资产配置。这样的研究还有很多,在此不多列举。总而言之,专业基金经理们都认为资产配置在组合回收中起到绝对重要的作用。

通过市场时机选择(Market Timing)或证券选择(Security Selection)的方法投资获利,也是很多人所追寻的目标。其想法是,既然市场和股票的表现有好的时候,也有坏的时候,那么我们每次都在市场开始变好时买进,在开始变坏时卖出,或者只选择表现最好的资产投资,这样目标明确的投资不是更好吗?这两种方法可能会偶尔几次见效,但从长期而言,每一次都作出准确的进场、出场的判断,或者选中每个表现出色的资产,是不可能的。在投资史上,这样的人也没有出现过。如果你自信地认为你可以长期准确地预测到市场走势,那你堪称神人,能想象出通过此方法投资所得的财富何其多吗?假如你从1925年开始投资50万美元,每次都能准确地号到市场的脉搏,在最好的进场点买入,在最完美的出场时机到来时撤离,那么现在你的身价是10万亿(Trillion)美元。这个数字是什么概念呢?根据彭博2014年10月的统计数据,中国股市的市值是 4.1 万亿美元，日本股市的市值为 4.4 万亿美元，你的财富比中国和日本所有上市公司市值之和还多出 1.5 万亿美元，而多出的这部分财富恰好是福布斯 2015 年世界个人财富排行榜上前 50 名富豪们的资产总和，可见你多富有。

　　风险无时不在，老股民们一定都有这样的体验，股票的表现昨天还好好的，今天就掉得找不到家了，真是天有不测风云。中国股市在 2014 年 7 月底开始起步，短短的时间内上涨速度举世瞩目，正当股民们喜看上证指数突破 3 000，刷新 4 000，站上 5 000 点，信心满满地准备迎接 5 500，甚至有人喊出了要冲万点时，市场遭遇大寒流，从强牛市急转直下进入理论意义上的熊市，股民们因账户资产的流失而唏嘘，无奈地感叹"辛辛苦苦几个月，一夜回到解放前"。在这种令人措手不及的市场突变中，即使你的进场时机非常准确，丰厚的投资利润也会大幅缩水。有没有什么办法可以避免在这样的股灾中损失过重呢？答案是肯定的，那就是通过有效的资产配置，将资产分配到不同地方，降低波动，降低风险，提高回收。表 5 - 7 列出了 2015 年 6 月 12 日和 7 月 8 日全球四大经济体美国、中国、日本和德国的股市表现：

表 5 - 7　2015 年 6 月 12 日和 7 月 8 日，美国、中国、日本和德国股市表现

时　　间	中国 上证指数	美国 标普 500 指数	日本 日经指数	德国 法兰克福 DAX 指数
2015 年 6 月 12 日	5 166	2 094	20 407	11 196
2015 年 7 月 8 日	3 507	2 054	19 737	10 747
涨跌	－32%	－2%	－3%	－4%

　　如果这段时间，全部资金都投入中国上证指数，投资亏损 32%；但若将资金按同比例分别配置在这四个国家的股市，组合的亏损为 10%，这就是分散投资、降低风险的妙处。所以，只有认真做好资产配置才能保证组合的回收。

二、通过降低组合的波动性，提高投资回收

　　我们在前文介绍复合平均回收法时，曾提到复合平均回收低于或等于简单平均回收，原因是利润被波动所侵蚀。为什么波动性会影响组合的回收呢？

　　1. 波动和风险是一回事吗？

　　波动和风险并不一样，或许可以说，风险和波动是因果关系，风险因素导致回收的波动。我们通过几个例子来分析波动如何拖累复合回收。

　　表 5 - 8 所列的两个投资组合中，一号组合的平均回收为 7%，二号组合平均回收是 8%，只从平均回收来看，二号组合似乎更好一些，但是从两个组合实际的资金总额来看，同样投资 1 000 元，同样投资了十年，一号组合的资金总额高于二号组合，因为它的标准差是 0，它基本上没有波动，是平稳增长，而二号组合的标准差是 14%，组合

波动较大,其复合平均回收是 6.7%,低于一号组合。所以组合的波动性冲销了组合的长期投资回报率,自然影响了组合的回收。

表 5-8　波动性影响组合的回收

年	一号组合年回收	组合资产	二号组合年回收	组合资产
		$1 000		1000
1	7%	$1 070	18%	$1 180
2	7%	$1 145	−10%	$1 062
3	7%	$1 225	−5%	$1 009
4	7%	$1 311	15%	$1 160
5	7%	$1 403	12%	$1 299
6	7%	$1 501	−15%	$1 105
7	7%	$1 606	17%	$1 292
8	7%	$1 718	23%	$1 590
9	7%	$1 838	−5%	$1 510
10	7%	$1 967	27%	$1 918
简单平均回收	7%		8%	
复合平均回收	7%		6.7%	
标准差	0		14%	
组合资产		$1 967		$1 918

再比如,两个不同配置的投资组合,组合 A 表现平稳,连续两年,每年都上涨 15%,其年平均回收为 15%;组合 B 则波动较大,第一年上涨 45%,第二年反倒下跌了 15%,虽然其年平均回收也是 15%,但因为波动较大,它的复合平均回收却只有 11%。我们再举一个例子,如果你的组合资产为 10 000 元,第一年投资亏损了 20%,组合资产缩水,剩下 8 000 元,第二年组合上涨了 20%,从简单的平均回收来看,两年的回报为 0,不赚不赔,但实际上,因为大幅波动的原因,你的本金还差了 400 元,投资还是亏本的。

既然波动性是投资组合回收的天敌,我们就要找到克敌制胜的方法,有效的资产配置就是降低组合波动性的利器,只有降低了组合的波动,才能提高投资回收。

2. 如何降低波动性呢?

作了资产配置就一定会降低波动吗?未必,假如你的组合配置中有石油期货,也有石油行业股票,从资产类别上看有股票资产,有期货资产,资金确实是分散在不同的资产上,但是这两类资产实质上是相同的。大多数情况下,石油期货与石油行业是

荣辱与共,石油价格上涨,石油行业走高;反之亦然。换句话说,石油期货与石油行业
是相关度极高的两类资产,在降低组合波动性上起不到作用。所以,只有降低组合中
各资产之间的相关性,才能确保没有把鸡蛋都放在一个篮子里,才能在真正意义上达
到减少波动性的效果,相应提高组合回收。

　　用资产的相关性降低组合波动

　　波动与各类资产之间的相关性是构建投资组合的重要考量因素。具有相同的回
收特点的资产是相关度较高的资产,回收特点不同的资产相关度较低,回收特点相反
的资产之间存在着负相关性。

　　如果组合中所有的资产相关性一样,根据各资产的标准差预测出来的波动性相
似,它们的回收表现也很相近,组合的回收与资产的波动一致。假如组合的资金配置
在我们前面提到的石油期货和石油行业两个高相关度的资产上,在某一时期两类资
产的波动保持高度的一致,该组合和这两类资产的回收如图5-3。石油期货和石油
行业两类资产的波动同起同落,其波动性有多大,组合的平均波动就有多深。由此可
见,相关性完全一致的资产不能降低组合的波动性。

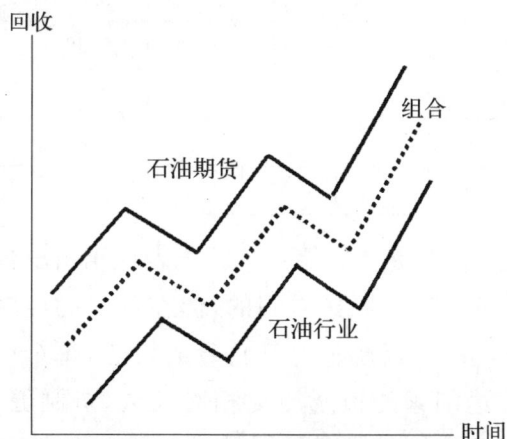

图5-3　资产的相关性一致

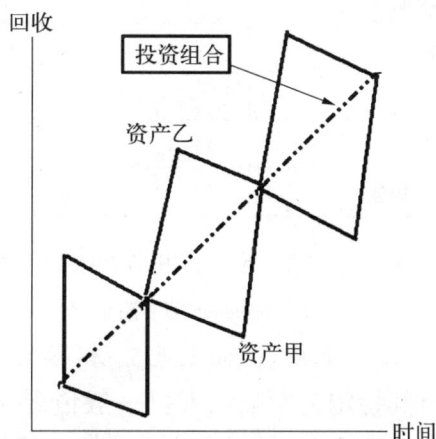

图5-4　资产的负相关性

　　但是,假如组合中的资产呈负相关性,根据各资产的标准差预测出来的波动相
反,各类资产的波动和组合表现就是另外一番景象,见图5-4。甲资产下跌时,乙资
产上涨,一上一下之间减缓了组合的波动,反之亦然。两类资产的波动此起彼伏,波
动性抵消,保证了组合的平稳回收。

　　当然实际投资中,资产之间的相关性完全一致或完全相反的情况都很少存在,而
是都保持一定的相关性。表5-9是摩根大通(JP Morgan Chase)根据英国巴克莱银
行、彭博、明晟指数、标准普尔指数、CST期货指数等相关数据,综合统计出在2005—
2015年期间,各类资产的相关性。在资产配置时,根据各类资产之间的相关性,尽可

能选择低相关度,甚至是负相关度的资产,使各资产之间的波动可以部分地互相抵消,降低整体组合的波动,以保证长期的稳定回收。

表 5-9　资产相关性

各资产相关性(2005 年 6 月—2015 年 6 月)										
	美国大型公司	发达国家股市	新兴市场股市	国债	地方债券	垃圾债券	外汇	期货	房地产	对冲基金
美国大型公司	1.00	0.88	0.78	−0.28	−0.10	0.76	−0.48	0.52	0.79	0.81
发达国家股市		1.00	0.91	−0.17	−0.02	0.79	−0.68	0.63	0.68	0.87
新兴市场股市			1.00	−0.12	0.04	0.82	−0.65	0.68	0.58	0.89
国债				1.00	0.80	−0.08	−0.08	−0.21	−0.06	−0.27
地方债券					1.00	0.15	−0.09	−0.13	0.02	−0.07
垃圾债券						1.00	−0.51	0.60	0.69	0.78
外汇							1.00	−0.68	−0.39	−0.55
期货								1.00	0.41	0.73
房地产									1.00	0.55
对冲基金										1.00

波动性在影响投资回收的同时,也摧毁着投资者的信心。原本表现相当出色的投资,突然出现大幅波动,利润缩水,是任何人都不愿意看到的,但在现实的金融市场上,却一而再、再而三地上演,屡见不鲜。每类资产都有其自身的特点,每个市场都有其特定的影响因素。一般情况下,发达国家的市场历史相对长久,机制健全,走势比较平稳,波动较低,而新兴国家股市因存在很多局限性,起伏多变,波动较大。所以,只有根据各类资产之间的相互关系进行资产配置,降低资产之间的相关性,利用各资产之间波动的此消彼长,才能有效降低整体组合的波动,从而提高回收。

三、通过优化组合,在不增加风险的情况下,提高投资回收

风险与回收如影随形,也相互制约。希望得到高回收,就要承担相对高的风险;风险承受力太小,就不能预期太高的投资回收。如图 5-5,图上表示的是各类资产的风险与回收,其中 A、B 和 C 三个投资产品的风险都是 12%,产品 A 的回收 8%;产品B 的回收 12%,产品 C 的回收 16%,很显然,三者当中,C 是在风险相同的情况下回收

最高的产品,应是最佳投资选择。

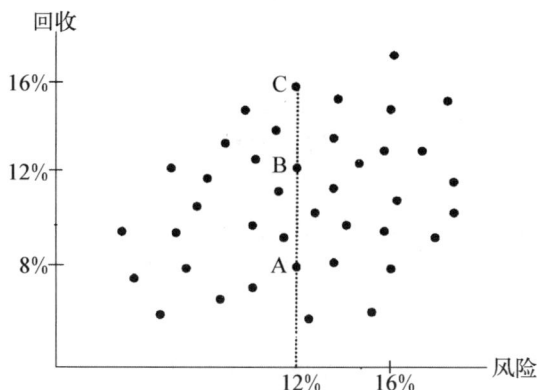

图 5-5　最优化组合

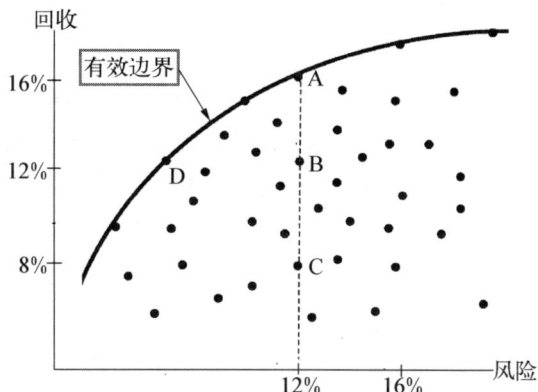

图 5-6　回收的有效边界

　　在风险不变的情况下,提高回收总有一个上限,每一个风险都对应着一个最高的预期投资回收率,比如图 5-6 中 A 的投资回收 16% 就是在风险为 12% 时可以获得的最高回报。把每一个风险水平下的最高预期回收连接起来,形成向上延伸的曲线。这条曲线被称为"有效边界(Efficient Frontier)",在此线以内的坐标点,如 B、C 点等产品都不是与风险相适应的最高投资回报,只有在曲线上的投资如 A 或 D 才是有效的投资,因为它们是在各自的风险水平上最高的投资回报,也可以说它们是在同一投资回报中风险最低的投资。

　　当某一风险水平下的投资回收到达极限时,若希望获得更高的投资回报,就只能增加投资的风险。但是,如果通过调整组合中资产的配置比例,构建投资回报在有效边界上的最优化组合,就可以做到在不增加风险的情况下,提高回收,或者在不影响投资回收的前提下降低风险。现在,很多公司都提供这种组合优化金融软件,只要选定你的风险承受范围,锁定用以建立组合的资产类别及投资时间跨度,软件就可以计算出各类资产类别在组合中的比例。

四、满足各类投资人的不同投资需求

　　每个人的投资目的不同,预期的投资回收各异,风险承受能力也有差别。然而,没有任何一个单一资产可以满足投资人各式各样的投资需求,只有通过资产配置,才可以建立符合投资人风险承受能力,满足其需要的投资组合。

　　预期投资回收、风险承受能力和投资时间跨度是决定组合资产配置的三大要素。风险和回收在前文中已经讲过了,现在我们来分析投资时间跨度对投资组合的影响。

　　● 投资的时间跨度影响组合回收

　　严格意义上说,衡量投资的回收和风险时,都离不开投资的时间跨度。价格短期的大幅波动对短线投资人来说可能是不小的灾难，但对于长期投资人而言，并不是问题。一般而言，时间跨度越短，各类资产的波动越大；随着时间的推移，波动性也相应降低。

股票在传统资产类别中回收最高，年平均回收 11％ 左右，但股票的风险也最高，特别是短期波动较大。根据过去近百年的统计，股票一年的平均波动范围可以相差80％ 左右，而随着时间的延伸，其上下波动范围也随之缩小，十年的平均波动范围大幅下降至 18％ 左右。衡量风险的标准除了波动范围外，还有标准差，从标准差的变化中也可以看出股价的波动随时间的变化而递减，一年的标准差为 20.2％，而十年的标准差则降至 5.2％，相差甚大。风险和波动会对组合回收产生极大的影响，所以构建组合资产配置时，不能不考虑时间跨度。如果时间跨度短，应该考虑加重短期波动较小的债券等资产的比例；如果时间跨度较长，则在配置中应增加回收高的股票等资产类别的权重。

- 根据不同需求建立最优化组合

我们通过下面两个例子来说明，如何根据投资人的风险承受能力、投资目标和投资时间跨度作资产配置，建立符合其投资需求的最优化组合。

李太太有一笔闲钱，想作些投资，给现在读高一的孩子准备上大学的费用，她的第一个要求是投资要安全，风险要很低，所以李太太的投资需求较为保守。政府债券安全性最高，固然是首选，但它的回收也不高，如果未来的几年通货膨胀率上涨过快，利息所得可能抵挡不住通货膨胀引起的购买力下降。但是，要想投资回收更高一些，风险也相应增加，不是李太太所愿意的。同时，她的投资时间跨度也较短（2—3 年），所以她的投资组合应该考虑以风险较低的短期债券为主，外加小部分股票的资产配置，以提高回收。

王老先生的情形和李太太不同，他刚刚升格做了爷爷，高兴之余，给小孙子开了个投资账户，存了一笔钱，想通过投资积累一定的财富，作为孩子将来上大学等各项费用的开支。和李太太不一样的是，王老先生的投资时间跨度较长，因为小孙子还很小，离上大学还有十多年的时间，这笔资金短期内不会动用，和投资安全相比，他更关注的是回收。传统资产中回收最好的是股票，但其波动性也很高。所以，他的投资组合应考虑以风险较高、回收较高的股票为主，再配置少部分债券资产，以降低波动性。

李太太和王老先生的投资目的各不相同，风险承受能力和投资时间跨度也不一样，单一的债券或是股票投资都难以满足他们的投资需求，只有通过资产配置才可以完成这项任务。将组合的资产按照不同的比例分配在债券和股票上，其预期回收和波动性也各不相同，我们可从中选出最符合李太太和王老先生的投资目标的组合配置，满足其不同需求。

表 5 - 10 不同的风险承受能力，不同的表现

组合	国债	股票	预期回收	波动性	代表性回收范围
A	100%	0%	3.5%	+/−0.0%	3.50%
B	80%	20%	5.8%	+/−4.0%	+1.8%～+9.8%
C	60%	40%	8.1%	+/−8.0%	+0.1%～+16.1%
D	50%	50%	9.3%	+/−10.0%	−0.1%～+19.3%
E	40%	60%	10.4%	+/−12.0%	−1.6%～+22.4%
F	20%	80%	12.7%	+/−16.0%	−3.3%～+28.7%
G	0%	100%	15.0%	+/−20.0%	−5.0%～+35.0%

表 5 - 10 中的预期回收和波动性是国债和股票的预期回收及波动性的加权平均值。比如组合 B 的配置为 60% 的债券和 40% 的股票，其预期回收和波动性分别为：

$$预期回收为：60\% \times 3.5\% + 40\% \times 15\% = 8.1\%$$
$$波动性：60\% \times 0.0\% + 40\% \times 20\% = 8.0\%$$

从表中所列的组合预期回收、波动性和一般回收范围看，李太太希望在保证本金的情况下，获得比债券投资更高一些的回报，她可以考虑选择组合 B 或组合 C，而王老先生希望投资能够稳定增长，可以在组合 D、E、F 之中挑选心仪的投资对象。这样他们各不相同的投资诉求通过债券和股票的不同比例配置得以满足。这就是资产配置的功效所在。

综上所述，资产配置可以分散风险，降低组合的波动，通过优化组合，可以在不增加风险的情况下，提高收益，保证长期回报，满足投资人的不同需求。资产配置不仅是专业基金经理所青睐的组合管理策略，也是散户投资人应该了解并掌握的有效方法。

第二节　传统资产类别

有效的资产配置可以降低风险，而选择与你的投资目标和风险承受能力相适应的资产类别是作好配置的第一步，也是资产配置成功的关键。了解每类资产可能在投资组合中发挥的作用，包括：回收、风险，以及与其他资产的相关度等，是资产配置的先决条件。

常用于资产配置的资产类别很多，基本上可分为传统资产类别和其他资产类别。现金、债券和股票属于传统资产类别；期货、期权、房地产、对冲基金和私募基金等为

其他资产类别。

　　资产根据风险性可以划分为四个等级：现金和现金等价物（风险性最低）、债券、股票、期货和对冲基金等其他投资（风险最高）（图 5 - 7）。

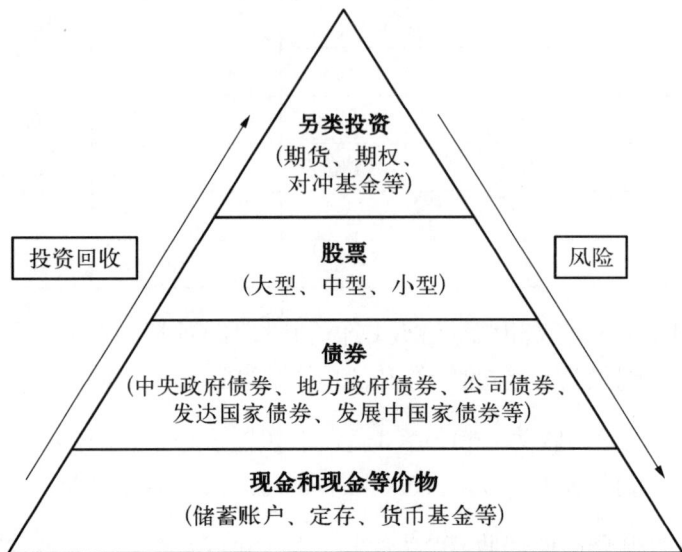

图 5 - 7　各资产类别的投资与回收

现金与现金等价物

　　现金是可以投入流通的通用交换媒介，具有普遍的可接受性，可以有效地用于购买商品、劳务或偿还债务。现金等价物顾名思义就是等同于现金的资产，在需要资金时，可以很容易转换为现金。

　　储蓄账户、定期存单（Certificate of Deposit，CD）、货币基金、短期国债等都属于现金和现金等价物。易流通和稳定性是现金与现金等价物主要的特点，与其他资产相比，它波动性最小，风险最低，相应地其回收也最低。一般而言，此类资产的回收很难与通货膨胀相抗衡。所以，除了保证留有充足的现金应对日常生活开支和应急支出外，在投资组合中，现金和现金等价物的配置比例不宜过多。

债　券

　　债券也称为固定收益证券，因为投资人可以定期获得利息收入。政府债券的回收与风险都略高于现金和现金等价物，但和其他资产类别比，债券的风险较低。

　　债券是政府、公司在需要资金时向公众投资人借钱的合约，承诺支付投资者一定的利息,并在约定的到期日偿还本金。债券用通俗的话说就是"借条",但和民间常见的张三向李四借 200 元钱,写下一个私人的借据不一样的是,债券不仅是一种举债的金融契约,也是一种有价证券,其面值是标准的,可以在市场上流通买卖。所以债券就有两个市场,一个是初始发行债券的一级市场,另一个就是债券发行后可以流通买卖的二级市场。

根据债务人借债时间的长短,债券可分为短期债券,时间在一年内;中期债券时间在一年以上、十年以内;十年以上则称为长期债券。

一、债券的收益率

债券的收益率是债券收入与投入本金的比率。因为债券可以在市场上流通,它既有票面价值,也有随行就市的市场价格,同时,债券可以持有至到期日,也可以随时出手兑现,因此,衡量不同情形下的债券收益率的计算方法也不同。

常见的债券收益率有:票面收益率(Nominal Yield)、当期收益率(Current Yield)、到期收益率(Yield to Maturity)、提前赎回收益率(Yield to Call)。

1. 票面收益率(Nominal Yield)

票面收益率就是债券的息票率(Coupon Rate),即债券的年利息。10 年期面值 1 000 元息票率 5%的债券,其票面收益就是 5%。

2. 当期收益率(Current Yield)

债券的利息收入与该债券当前市场价格之比,不计算债券投资的资本利得或资本损失。

假设,某公司发行 10 年期债券,票面价值为 1 000 元,息票率为 5%。如果市场利率下降时,该债券的市场价格上涨为 1 100 元,则其当期收益率为 4.55%。

$$(1\,000 \times 5\% \div 1\,100) \times 100\% = 4.55\%$$

如果,利率上涨时,该债券的市场价格跌至 910 元,则其当期收益率为 5.5%。

$$(1\,000 \times 5\% \div 910) \times 100\% = 5.5\%$$

债券的当期收益率与其价格呈反比,债券价格上涨,当期收益率下滑,债券价格下跌,当期收益率上扬。当债券的市场价格高于其票面价值时,称为溢价债券;市场价格低于票面价值时,称为折价债券。

3. 到期收益率(Yield to Maturity)

是将债券持有至到期日的收益率,计算到期收益率时既要考虑债券的固定利息收入,还要包括债券投资的资本利得或损失。高于票面价值的溢价债券,其资本损失应在债券收益中摊销,低于票面价值的折价债券,其资本利得计入债券的收益。

假如在市场以 1 100 元买入面值 1 000 元,息票率 7%,距到期日还有 10 年的债券,比较一下该债券的不同收益率。

票面收益率：7%

当期收益率：$(1\,000×7\%÷1\,100)×100\%=6.36\%$

到期收益率：

(1) 分摊溢价差：$[1\,000×7\%-(1\,100-1\,000)/10]=60(元)$

(2) 收益率：$\{60÷[(1\,100+1\,000)÷2]\}×100\%=5.71\%$

对于溢价债券而言,票面收益率大于当期收益率,而当期收益率又高于到期收益率。相反,如果购买的是折价债券,票面收益率小于当期收益率,而当期收益率又小于到期收益率。如果按票面价值购入债券,则票面收益率、当期收益率和到期收益率都是相同的(图5-8)。

4. 可赎回收益率(Yield to Call)

有些债券在发行时规定,债券发行人可以于到期日之前的某一特定时间,按规定价格提前从债券投资人手中买回该债券,称为可赎回债券(Callable Bond)。比如,利息5%,面值1000元,20年到期的债券的发行条款中规定：债券发行人可在第15年按照1020元的价格提前收回该债券。可赎回收益率是指所投资的债券到被发行人提前赎回时的收益率,其计算和到期收益率相同,只是到期时的债券价格是约定的赎回价格而不是债券的票面价格。

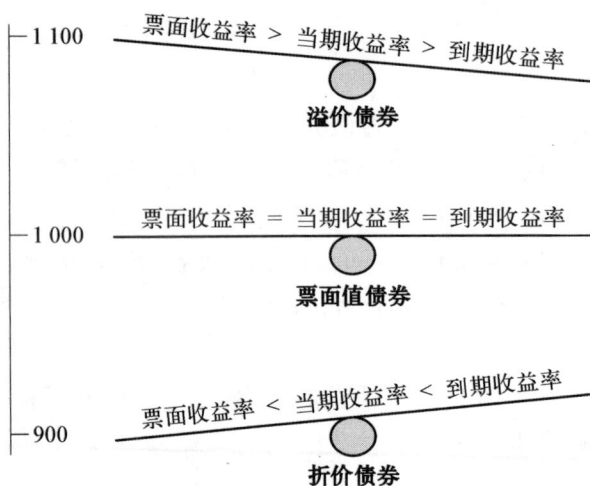

图5-8 债券价格与收益率

假设利息7%,面值1000元,20年到期的债券,债券发行人可在第15年赎回,赎回价1050元,现在市场买入价1100元,距可赎回的时间还有5年。

可赎回收益率：

(1) 分摊溢价差：$[1\,000×7\%-(1\,100-1000)/5]=50(元)$

(2) 收益率：$\{50÷[(1\,100+1\,050)÷2]\}×100\%=4.65\%$

如果是折价债券,即买入价格低于票面值,其可赎回收益率高于到期收益率。如果是溢价债券,债券买入价格高于票面值。当可赎回价格是票面值时,可赎回收益率低于票面收益率、当期收益率和到期收益率。当可赎回价格高于票面值时,如果债券的买入价低于赎回价格,则可赎回收益率大于到期收益率；如果买入价格高于赎回价格,则可赎回收益率低于到期收益率。

二、收益率曲线

影响债券收益率的主要因素包括:债券发行人的信誉,市场现行利率及债券到期日等。正常情况下,长期债券的利息比较高,同一等级的长期与短期债券的利息差异形成了收益率曲线。在某一时期,到期日长的债券收益率高于短期债券收益率,曲线呈正向向上走势,正向收益率曲线意味着经济处于成长阶段。利息变化时,长期债券的价格波动比短期债券大。假如利息升高,长期债券价格下跌的幅度会大于短期债券。市场预期利息可能下滑时,新发行的债券利息没有已经在市场上的长期债券利息高,投资人纷纷买入利息高的债券,致使债券价格上涨,收益率下降,甚至可能比短期债券的收益率还低,这时收益率曲线就变成相反的走势,出现反向收益率曲线,表示经济可能进入衰退。当短期债券和长期债券的收益率非常接近时,收益率曲线的形状接近一条平直的曲线。

收益率曲线可以作为选择债券到期日的考量因素。我们或许可以在收益率曲线上找到收益率最高的理想投资目标。只是这样的投资机会未必真实存在,因为收益率曲线的形状和未来利息变化趋势都存在变数。

三、债券的信用评级

信用评级是独立的第三方评级机构对债务人的评判,分析其如约支付利息和到期还本的能力。信用评级是债券投资时要考量的重要因素之一,评级的好坏影响债券利息的高低。从资金安全的角度说,投资人都愿意购买评级高的债券,而对评级差的债券兴趣不大,所以评级差的债券就要付相对较高的利息来吸引投资人。

标准普尔(Standard & Poor's)、穆迪(Moody)和惠誉国际(Fitch)都是信誉卓著的评级公司。债券的信用评级通常以简单字母符号表示债务人可能违约的风险程度,上述三大评级公司的评级如下表5-11。

表5-11　三大评级公司信用评级风险等级代号

三大评级公司信用评级风险等级代号				
	标准普尔	穆迪	惠誉国际	风　险　程　度
可投资级别	AAA	Aaa	AAA	最高评级,偿债能力极强
	AA	Aa	AA	偿债能力强,仅略次于最高评级
	A	A	A	偿债能力较强,但易受商业、金融和环境等外界因素干扰
	BBB	Baa	BBB	目前的偿债能力没问题,但若商业、金融和经济环境等恶化,可能影响偿债

续　表

三大评级公司信用评级风险等级代号				
	标准普尔	穆迪	惠誉国际	风 险 程 度
非投资级别	BB	Ba	BB	短期内并无风险,但受到商业、金融和经济环境等外在因素恶化的威胁
	B	B	B	极易因受到商业、金融和经济环境恶化的伤害,而影响偿债能力
	CCC	Caa	CCC	目前可能违约,偿债能力倚重良好的商业、金融和经济环境
	CC	Ca	CC	目前违约可能性很高
	C	—	C	违约可能性很高,或已采取申请破产保护等行动
	D	C	D	已经违约

四、债券的种类

债券的分类有多种,根据债券发行人的属性不同,分为政府债券和公司债券;根据是否有固定利息收入,可分为固定付息债券和无息债券;根据是否可以转换成普通股票,分为可转换债券和不可转换债券;根据是否有资产抵押,分为抵押债券和无抵押债券;根据发行人的信用评级,分为可投资级债券和垃圾债券;根据债券发行人的地域不同,分为国内债券和国际债券。

1. 政府债券

政府债券包括国家债券和地方债券。政府债券特别是国家发行的债券,是债券中相对最安全的投资。美国联邦债券常被视为避风港,世界局势不稳或经济形势欠佳时,投资人会转向这类安全资产。

- 通胀保值债券

为对抗通胀,美国财政部自 1997 年开始发行通货膨胀保值债券(Treasury Inflation-Protected Securities,TIPS),它是与通货膨胀指标消费者价格指数(CPI)挂钩的联邦债券,其本金根据消费者价格指数调整,以保障本金不被通胀所侵蚀,但是没有免费的午餐,其利息一般低于同期债券。

2. 付息债券

固定支付利息债券,借债人按照固定时间支付利息,到期返本。比如,年利 5%,1 000 元的债券,每年利息为 50 元,通常债券利息每半年支付一次,即一年付息两次,每次 25 元。

3. 无息债券(Zero-Coupon Bond)

无息债券,借债人不按照固定时间支付利息,但债券发行时,以大大低于票面价值的折价方式销售,到期按票面价值返本,其中的差额就是投资人的利息所得。比如面值 1 000 元的债券,按 650 元折价售出,到期时债券发行方向投资人返回 1 000 元本金,其中的差价 350 元就是投资人的投资收益。

无息债券的最大好处是,投资人可以清楚地知道债券到期时他的投资所得是多少。但它也有一个缺点,无息债券其实是长期锁定了固定利息,当利息变化时,无息债券价格波动要比付息债券的波动更大。如果利息每下降一个百分点,30 年期利息 8% 的债券的回收为 20%,包括债券价格的上涨和利息所得,而同等利息水平的 30 年无息债券回收比其高一倍多。反过来,如果利息一年上涨一个百分点,30 年期 8% 的付息债券的回收可能下跌 3%,但 30 年期 8% 的无息债券回收会大跳水,跌幅比付息债券高出 6 倍之多。

4. 可转换债券

可转换债券的投资人可将其债券按规定的转换比例,转成该公司的股票,由债权人变为股东。

例如,面值 1 000 元的债券,规定无论当时市场股价如何,债券持有人都可按照每股 40 元的比例转换成股票,当股价超过 40 元,只要转换成股票的利润比持有债券高,投资人都可以按每股 40 元,将 1 000 元可转成 25 股股票。

可转换债券的利息通常较低,投资可转换债券前应先考虑是否对该公司的前景有信心,希望将来持有其股票,如果答案是肯定的,那么可转换债券就是比较不错的选择,因为它在为投资人提供相对安全的固定收益的同时,也让投资者可能享受到公司股价增值带来的回收。可转换债券因为与股票相关,所以它不仅受利息变化的影响,也受公司业务和股票表现的影响。

5. 垃圾债券

垃圾债券(Junk Bond)也称为高收益型债券(High Yield Bond)或高风险债券。发行此类债券的公司的信用评级为非投资级别,即其评级是标准普尔公司和惠誉公司的 BBB 级或穆迪公司 Baa 级以下的公司,因为发行人的信用评级较低,为了吸引投资人,就只能支付相对高的利息。一般而言,垃圾债券的利息可能比投资级的债券的利息高 2 到 5 个百分点。

公司的信用评级低有两种情形,一是它的销售和盈利历史记录短暂,达不到评级公司的要求,在这种情况下,公司信用评级不高并不意味着就是坏公司,只是该公司要获得更高的信用评级,还需进一步按评级公司的要求,证明其盈利与还债能力。另一种情形是,曾经是不错的公司,但现在成为坠落的天使,由于盈利衰退,财务陷入困境,债务增加等原因,被评级公司降级。

垃圾债券的高利息很诱人,但投资人需承担风险也较大,其主要风险所在:

● 公司可能违约;

- 已经被降级的公司,可能会被评级公司继续降级;
- 如果利息上涨,对垃圾债券影响更大;
- 垃圾债券与公司前景密切相关,当公司股价下跌时,会连累其垃圾债券;
- 市场供需关系失衡,如果市场上垃圾债券太多,将影响债券的价格;
- 公司有更恶劣的消息出来时,垃圾债券可能很难在市场上交易;
- 公司可能提前召回垃圾债券,当财务状况好转时,公司可以提前买回垃圾债券以节省利息支出。

6. 国际债券

国际债券有两种形式:一种是其他国家的政府和公司在其本国发行的债券,还有一种是一个国家的债券发行人到另外一个国家以该国货币发行的债券。美国、德国、日本等国的政府和公司各自在其本国发行的债券属于前一种形式。如果德国和日本到美国去发行美元面值的债券就是后一种形式。

扬基债券(Yankee Bond)是在美国债券市场上发行的国际债券的代名词,即美国以外的政府、机构和企业在美国国内债券市场发行的、以美元为计值货币的债券。

武士债券(Samurai Bond)是在日本债券市场上发行的国际债券,也就是日本以外的政府、机构和企业在日本国内债券市场发行的、以日元为计值货币的债券。

欧洲美元债券是在美国境外发行的以美元为面额的债券,同样,欧洲日元债券是在日本境外发行的以日元为面值的债券;欧洲美元债券在欧洲债券中所占的比例最大。

熊猫债券(Panda Bond)是国际多边金融机构在中国发行的以人民币为计值货币的债券。2005年10月,国际金融公司(International Finance Corporation)和亚洲开发银行(Asian Development Bank)在同一天分别获准在中国债券市场发行11.3亿元和10亿元的人民币债券,这是中国债券市场国际化的开始。

投资国际债券应权衡两个因素:一是其他国家债券的收益率是否远高于本国同类债券;其二是本国货币兑该国货币是否疲软。如果其他国家债券收益率比本国同等条件债券收益率高很多,而且该国货币对本国货币也很强,投资海外债券就可能获益。

五、债券价格定律

1. 债券的市场价格与到期收益率呈反比关系。债券价格下跌,到期收益率上升;反之,债券价格上涨,到期收益率下降。

2. 债券的收益率不变,债券的到期时间与债券价格的波动幅度之间成正比关系。即到期时间越长,价格波动幅度越大;反之,到期时间越短,价格波动幅度越小。

3. 随着债券到期时间的临近,债券价格的波动幅度减少,并以递增的速度减少;

反之，到期时间越长，债券价格波动幅度增加，并以递减的速度增加。

4. 对于期限既定的债券，由收益率下降导致的债券价格上升的幅度大于同等幅度的收益率上升导致的债券价格下降的幅度。即对于同等幅度的收益率变动，收益率下降给投资者带来的利润大于收益率上升给投资者带来的损失。

六、影响债券的主要因素

1. 利息因素

债券价格和利息走势呈反比，当利息上涨时，债券的价格下跌。如果你持有的债券利息是3%，利息上涨时，新发行的债券利息可能是5%，比你所持有的债券利息更具吸引力，投资人于是卖出低利息的债券，而去投资高利息的债券；反之亦然。经济成长的快慢和通货膨胀率的高低都会影响利息变化。

我们再从借贷成本的角度来分析为什么央行加息时，债券的价格会下跌？如果已发行的面值1 000元的10年期债券的利息为5%，当央行提升利息时，所有借债成本也随着增加。原先支付50元的利息就可以借到1 000元，现在可能需要支付5.5%的利息，即55元才能借到1 000元，那么已发行债券的收益率如果要达到同样水准，其价格就应跌至910元。

$$1\,000 \times 5\% \div 5.5\% = 910$$

2. 通货膨胀

债券尤其是可投资级别的债券的投资回收都相对较低。如果通货膨胀率和债券的利息一样，那么债券的利息收入就和通货膨胀率相互抵消。如果通胀率3%，债券利息收入是2%，那么利息收入承担不了通货膨胀上涨的幅度，本金的购买力下降。通胀是侵蚀投资回收的隐形杀手，因为它不像债券价格变化那样显而易见，只有在购买生活必需品、添衣置鞋、付账单时才感觉到钱不值钱了。

3. 再投资风险

理论上说，债券投资人每年可获得固定的利息收入，但也并非完全如此。比如，可赎回债券的提前召回。这种情况通常发生在现行利息较低的市场环境下，如果现行利息低于债券的利息，债券发行人将债券赎回，然后再以现在较低的利息重新发行债券，可以减少债务人的利息支出。债券的赎回对债券发行人有利，但对债券持有人来说就不是好事。假如你持有20年到期的债券，利息5%，现在市场利息3.5%，如果债券被召回了，每年5%的利息收入没了，如果再投资利息5%的债券，其价格会因市场利息偏低，而相对要贵些，从而影响投资回收。

4. 违约风险

和其他资产相比，债券是风险相对较低的安全资产，但是没有任何投资是绝对安全的。债券发行人因财务状况出现问题而导致违约是每个债券投资人最担心的问题,大到国家主权债务,小到公司企业的借贷,债务人都有可能无力支付利息或偿还本金。从 2010 年开始的希腊债务危机,就是希腊政府囊中羞涩,无力偿还债务,但国民又不肯节衣缩食,艰苦奋斗,险些导致希腊离开欧盟,最终在多方努力下,才于 2015 年 7 月与其债权人达成新的还债协议,避免了违约。在希腊债务始终悬而未决的过程中,投资人大幅抛售希腊国债,其国债收益率最高时高达 19.22%。

　　5. 信用评级被降级

如果债券发行人因债务过高或财务状况发生变化,可能影响利息的支付或本金的清还,标准普尔和穆迪等债券评级公司会酌情调低其信用评级,从而影响债券价格。

股　票

股票和债券的根本区别是,债券投资人仅是债权人,而股票是投资者拥有公司股份的凭证,股票持有者可分享公司的财产和盈利。我们在第三章中大篇幅介绍了不同成长类型股票的投资方法,在下文中我们只就股票的一些基本属性略作介绍。

一、公司股票的基本形式

公司发行的股票一般分两类:普通股和优先股。

普通股

普通股持有人在公司管理及财产和盈利分配上享有普通权力,是最基本的股票,也是公司发行量最大的股票。普通股股东对董事会人选和公司的决策有投票权,但在公司倒闭,清算剩余资产时,普通股股东排在债权人和优先股股东之后。一般而言,在公司清算时,先结算所欠税款和员工薪资,再偿还债权人的债务,然后才是股东分配剩余的财产,而优先股的股东又比普通股股东享有优先分配权。

优先股

优先股的股东没有投票权,但相对于普通股的股东而言,它享有两个优先权,一是优先于普通股股东获得股息,二是在公司清算时,优先于普通股股东分配到公司的剩余财产。优先股的股息是预先设定的,股息一般不会根据公司经营情况而改变,它是股票和债券合二为一的产物。所以,优先股的价格与利息波动的关系更为密切,而只要公司的业务发展程度不会恶化到足以影响其信用评级的地步,通常都不会对优先股的价格产生重大影响。

优先股可分为可转换和不可转换优先股,可转换优先股规定在一定条件下可转成公司的普通股股票。优先股也可分为可赎回和不可赎回优先股,公司可以根据发行优先股时的赎回条款，在规定的时间以约定的价格将其赎回，称为可赎回优先股。

中国上市公司种类

A股　在中国国内发行，国内投资者以人民币投资交易。

B股　面值以人民币计价，供中国境外及港、澳、台地区投资人购买的股票。

H股　中国公司经批准在香港上市，面值以人民币为计价的股票，但以港币在香港交易。

N股　中国公司以美国股票存托凭证的形式在美国上市。

S股　中国公司在新加坡股票市场上市交易。

二、股票的基本特征

1. 收益风险

股票投资不同于债券，不是到期还本。股东投资收益与公司盈利能力密切相关。如果公司经营不善，投资可能达不到预期的回报，如果公司破产倒闭，可能损失全部本金。

2. 流通性

股票是股东权益的凭证，也是有价证券，可以随时在市场上买卖流通，股东将股票卖出获得资金，同时也将股东权益转让给买方。

3. 有效期

股票与债券、期权等有到期日的产品不同，股票没有到期时间，与公司持续存在的时间一致。

三、股票的分类

1. 按市值分

股票按其市值可以分为大型公司、中型公司和小型公司，市值是公司股票的市场价格与发行股数的乘积。大、中、小型公司的分类标准在每个时期都不一样。20世纪50年代，市值10亿美元就入围大型公司之列，但和现在的大型公司相比，是小巫见大巫了。目前通行的分类标准如下：

市值在100亿美元以上为大型公司；

市值在20亿至100亿美元为中型公司；

市值在20亿美元以下为小型公司。

小型公司还可以再分，还有极小型公司和微型公司，市值在5 000万至3亿美元之间为极小公司，市值不足5 000美元为微型公司。而大型公司之上还有超大型公司，其市值在1 000亿美元以上，苹果（Apple Inc.）、埃克森美孚公司（Exxon Mobil）、雀巢（Nestle）和微软（Microsoft）等都是超大型公司。以前超大型公司都集中在美国、日本和欧洲,但随着中国经济的飞速发展,中石油(PetroChina)、中国工商银行(Industrial and Commercial Bank of China)等也跻身为世界顶尖超大型公司行列。

比较而言,大型公司历史悠久,财务实力较强,风险相对较低,波动较小;小型公司在规模和财务等各方面都略逊一筹,投资风险相对较高,波动也较大。

2. 按股票的特征分

● 蓝筹股(Blue Chip Stock)

公司财务实力雄厚,经营业绩良好,稳定的派发股息的大型公司。

● 成长股(Growth Stock)

公司的销售和利润持续快速增长,速度高于市场平均水平,股价随着公司的成长和发展而上升。

● 价值股(Value Stock)

相对于公司现有的盈利、销售或红利等基本面因素而言,其股价被低估,这类股票通常具有红利收益率较高,市盈率(P/E Ratio)与市净率(P/B Ratio)较低等特征。

● 红利股(Dividend Stock)

公司固定支付较高的股息,且经常稳步提升红利,投资的主要收益来自红利所得。

● 周期性股票(Cyclical Stock)

公司业务受整体经济周期的变化影响较大。在经济周期处于兴盛期时公司产品销售强劲,盈利增加,股价上扬;当经济进入衰退时,产品销售下降,盈利减少,股价疲软。

● 保守型股(Defensive Stock)

市场对公司产品的需求基本不受经济周期影响,比如医药、食品等,这类股票也称为非周期性股票。

3. 按产业类别和行业分

标准普尔公司(Standard & Poor's)和明晟公司(MSCI)共同制定的全球行业分类标准(Global Industry Classification Standard, GICS)是较为权威的经济板块和行业分类的方法。该标准将所有经济活动体分为:10 个经济部门(Economic Sector)、24 个行业组(Industry Group)、68 个行业(Industry)和 154 个子行业(Sub-Industry)。10 大产业部门为:

✔ 能源(Energy)——包括石油和天然气开采、冶炼、运输,煤炭等行业

✔ 原材料(Materials)——包括金、银、铜、铝、铁等矿产开采,化工、化肥等行业

✔ 工业(Industrials)——包括机械设备、航空国防、运输等行业

✔ 非消费者必需品(Consumer Discretionary)——包括汽车、服装、旅馆等行业

✔ 消费者必需品(Consumer Staples)——包括食品、家庭和个人日用品等行业

✔ 医疗保健(Health Care)——包括药品、生物科技、医疗设备等行业

✔ 金融(Financials)——包括银行、保险公司、证券公司、房地产信托等行业

✔ 信息科技(Information Technology)——包括计算机软件、半导体、无线通讯设备等行业

✔ 电讯(Telecommunication Services)——包括电信和无线通讯服务等行业

✔ 公用设施(Utilities)——包括电力、自来水、煤气与天然气等行业

四、海外股票

在信息高速化、全球经济一体化的今天,投资绝不应只局限于本国市场,很多跨国公司为了吸引海外投资人而跨国上市,也为我们投资海外公司提供了更多的选择。在投资海外股票时,除了要考量股票所共有的风险外,还要衡量外汇汇率的风险。

1. 发达国家股市

以美国、日本、德国、英国等发达国家为主的股票市场。根据彭博的数据,至 2014 年 10 月,美国股市总市值占全球股市的 36%,日本股市次之,占全球股市总市值的 7%。

2. 新兴市场股市

以中国、印度、巴西和俄罗斯等国家为主的股票市场。2014 年 10 月,中国股市总市值略低于日本,排在世界第三位。

3. 美国存托股票

作为全球最大的股票市场,美国股市吸引了众多海外公司。在美国上市的海外公司,不仅有各国顶尖级企业,也有很多新秀。根据美国相关法律规定,在美国上市的企业必须是在美国注册的公司,但海外公司可以美国存托凭证(American Depositary Receipt, ADR)的形式向美国投资者发行可在美国交易的存托凭证。一份存托凭证代表一家非美国企业的若干股份,它可以像股票一样在市场上自由买卖。比如,在纽约证券交易所挂牌的中国人寿(China Life)的美国存托凭证等于 5 股公司普通股票。

五、影响股价的因素

1. 宏观因素

宏观因素对公司盈利产生直接或间接的影响,从而导致股价的波动。经济周期变化直接影响周期类股,加息不利于电力厂等公用设施和不动产信托等行业,汇率变化对海外业务比重高的跨国公司影响较大,这些都是宏观因素对不同行业的影响。

2. 行业结构变化

行业的周期变化、技术革命、结构性变化,以及同行间的市场竞争等直接或间接

影响公司的业务发展和盈利前景,引起股价的波动。

3. 政策变化

某些公司的业务受政府政策法规的影响较大,一旦政策法规出现改变,可能对公司的业务产生正面或负面的推动,导致股价波动。比如,按照相关法规,发电厂须符合环保要求,要严格控制电力煤燃烧后的排放物成分,一旦政府放松这一要求,不仅有利于发电厂,也会推高煤炭公司股价。

4. 公司基本面变化

推动股价上涨的基本因素是公司的盈利。公司的盈利成长能力、产品与服务的竞争力、财务健康强度、管理层的管理效率等都直接影响股价。

5. 其他

影响股价的因素还有很多,在此就不一一列举了。

股票和实物不一样,物品有其内在的使用价值,价格不会跌到零,便宜时,可能是较好的买入时机。菜农要把当天没卖完的菜降价处理,否则放到第二天因不新鲜就更买不上价钱,这样的便宜货可以捡。但股票不一样,下跌一定有其原因,不管是你知道的还是不知道的。在股票一路下跌时,千万别认为便宜了,急急忙忙地去接手,生怕失去机会,以后买不到了。这个时候进场,你买到的公司可能不是"价廉物美",而是"败絮其中",严重者,可能使本金全部亏损。

六、股票投资的风险

1. 市场风险

股价涨跌是因市场的波动而引起的称为市场风险,或者叫系统风险。供需关系决定价格是永恒的定律。当投资人都看好股市、买入股票时,需求增加,价格上涨;当投资人对股市失去信心、纷纷卖出股票时,价格下跌。市场下行时,多数股票都下跌;上涨时,大多也随之上扬。

2. 时机风险

投资的时机选择很重要,如果进场时机不当,无论买入的公司多好,都可能因此使获利相应减少或出现损失。

3. 流动性风险

交易量少、流动性差的小盘股票不仅难买卖,也难拿到好价钱,因此根据投资人的资金大小,应该选择日均成交量较大的易流通的股票。

4. 投资人的情绪

贪婪和恐惧是人性的弱点,因此,投资一定要有风险管理,一旦出现损失了才想到要风险管理,因为情绪不稳定,难以做到清醒判断和理性处理。如何做好风险管理我们将在下文中详加介绍。

第三节　其他资产类别

期货商品

期货商品是以期货合约交易的商品。期货是商品交易的一种形式，历史悠久，世界最早的期货市场出现于 1848 年。商品交易的形式多样，有现货交易、远期交易和期货交易。现货交易是买卖双方就某一商品的买卖达成协议，一手交钱，一手交货，买卖结束，钱货两清。现货交易是卖家有商品在手可随时出售，但很多时候卖方的商品还未达到可交货状态，比如田里小麦还没收割，圈里的小牛还不到宰杀的时候，山里的铜矿还未开采出来，但因种种原因，卖方希望提前与买方订立在未来某时间交货的合约，等到约定的时间，卖方按照之前谈定的价格交货，买方付款，完成交易，这就是远期交易。期货交易是在远期交易的基础上发展出来的。

期货知识普及

期货基本知识

期货合同是由交易所统一制定，规定了未来某一特定时间和地点交割一定数量和规定品质的商品的标准化合约。期货合约可在期货交易所公开交易，其内容包括商品品种、规格、合约报价单位、最小变动价位、每日价格最大波动限制、交货数量、时间和地点、最后交易日、交易代码及最低交易保证金等标准化条款。

期货与现货和远期交易的不同之处在于，现货与远期合约都是实物交易，只是完成交易的时间不同，而期货交易既可以在合约到期时实物交割，一方交纳现金，另一方按合约规定交货，也可以在到期前随时冲销平仓。例如，黄金价格出现较强走势，现货价格每盎司 1 000 美元，投资人预期三个月内，金价还会继续上涨，开仓买入一手三个月交割的黄金期货，一个期货合约为 100 盎司黄金，买入价钱每盎司 1 050 美元，两个月后黄金价格攀升至 1 100 美元，投资人卖出期货合约平仓，获利 5 000 美元 $[(1\,100-1\,050)\times100]$。对冲平仓使商品期货的流动性很强，因此期货价格常被用来作为大宗商品定价的主要基准之一。

期货的升水与贴水

同一商品的现货价格比期货价格低，到期日近的期货价格比到期日远的期货价格低，这叫做期货升水（Contango）。但是，如果市场现在对某种商品的需求特别强劲,现货价格大幅上涨,而市场普遍预期该商品的需求热度在未来会降温,可能出现现货价格比期货价格高,到期日近的期货价格比到期日远的期货价格高的情形,称为期货贴水(Backwardation)。

期货的作用

- 合理定价

期货是在市场上公开竞价买卖某一商品,价格透明,投资者了解商品的市场供需状况,因此,期货交易价格反映出在特定时间点买卖双方的价格共识,有助于市场确定商品的合理价格。

- 套期保值

期货市场的另一基本功能是风险管理。套期保值是期货商品供应商为避免商品价格波动最常采用的手段。套期保值就是买进或卖出与现货商品数量相当,但交易方向相反的期货合约,以此来补偿或抵消现货市场价格变动的损失。同一商品的期货价格与现货价格尽管变动幅度不会完全一致,但影响价格的主要因素是相同的,因此变动的趋势基本一样。当现货价格上涨时,其期货价格也趋于上涨,反之亦然。但期货市场会受其他一些因素的影响,所以,期货与现货价格的波动时间与波动幅度又不一定完全一样,这就为套期保值提供了前提条件。

- 投机获利

(1) 投机交易

期货投机交易以获取价差收益为目的,所以,投机者一般只是平仓了结所持有的期货合约,而不进行实物交割。

(2) 套利交易

现货市场和期货市场存在各种价格差异,比如,现货价与期货价的不同,同种商品不同交割月份期货价格的差别,同类期货合同在不同交易所的价格差异等,这些都使期货市场的套利交易成为可能,投资者利用价差关系,同时买入或卖出不同的期货合约从中获利。套利主要有三种形式:跨交割月份套利、跨市场套利和跨商品套利。

主要期货商品介绍

期货的作用是根据市场供求关系变化,确定市场价格定位,规避价格波动风险。所以,不是所有的商品都能成为期货商品,它必须符合产品供需量大、质量稳定易于标准化、价格波动大等特点。但是具备了这些特性也并不一定都能成为期货商品,很多商品期货因为产品本身的特性,或缺少可投资性,未能形成气候,在期货交易史上转瞬即逝。目前主要的期货产品分为三大类,一是农产品,包括小麦、玉米、大豆、棉花、糖、咖啡、活牛等;二是能源产品,包括石油、天然气、煤等;三是金属产品,包括金、银等贵金属和铜、铝、铁等基础工业金属。

一、农产品期货

农产品是最早开始有期货交易的大宗商品。1848年,83位谷物交易商发起组建的芝加哥期货交易所,是世界上第一个期货交易所。2007年7月,芝加哥期货交易所与芝加哥商品交易所(芝商所)合并,成为世界主要的农产品期货市场,玉米、大豆、小麦等的全球价格定位基本以该期货市场的价格为风向标。芝加哥期货交易所于1865年推出了农产品期货标准化合约,之后不断有新的期货商品种类出现,除了小麦、玉米、大豆外,还增加了棉花、咖啡、可可等经济作物,以及生猪、活牛等家畜和乳制品等。

➤ 小麦期货

小麦是世界上最早栽培的作物之一,也是最主要的粮食作物之一,其产量的17%左右用于饲料。小麦分布于世界五大洲,种植面积约占谷物总面积的三分之一左右。中国、印度、美国、法国、澳大利亚、加拿大和俄罗斯等是主要的小麦种植国。美、法、澳、加等国家是主要小麦出口国;埃及、阿尔及利亚、巴西、日本等是主要的小麦进口国。

芝商所小麦期货合约以蒲式耳为定价单位,美分计价,一个合约为5000蒲式耳,约136吨,交割月为3、5、7、9和12月。

➤ 玉米期货

在7000年前,美洲印第安人开始种植玉米,哥伦布发现新大陆,玉米逐渐传到了世界各地,并成为最重要的粮食作物之一。大约于16世纪中期,玉米在中国落户。玉米的播种面积以北美洲最多,其次为亚洲、拉丁美洲、欧洲等。美国和中国是世界主要的玉米产量国和消费国,除美国外,主要的玉米出口国是巴西、乌克兰和阿根廷。

玉米消费主要用于饲料和加工业,每年用于饲料的玉米占玉米总产量的60%,占饲料谷物总量的90%。玉米还用于乙醇加工,巴西和美国是世界最主要的玉米乙醇生产国,占世界产量的70%左右,全球近一半的玉米乙醇产量用于燃油。

芝商所玉米期货合约以蒲式耳为定价单位,美分计价,一个合约为5000蒲式耳,约127吨,交割月为3、5、7、9和12月。

➤ 大豆期货

大豆是粮油兼用作物,作为粮食,它是植物蛋白的主要来源;作为油料,它可榨取营养价值高的豆油,多年来,大豆产量居世界各类油料作物之首;豆粕是很好的家禽饲料。大豆原产地在中国,种植历史长达4700多年之久。大约在19世纪后期,大豆走出国门,现在其种植已遍及世界,以北美洲、南美洲和亚洲的种植面积为最大。美国、巴西、阿根廷等是目前世界上最大的大豆种植和出口国。中国、欧盟成员和日本则是主要的大豆进口国。

芝商所大豆期货合约以蒲式耳为定价单位,美分报价,一个合约为 5 000 蒲式耳,约 136 吨,交割月为 1、3、5、7、8、9 和 11 月。

影响农产品价格的因素

(1)气候影响

农作物播种和生长期的气候变化直接影响其收成与产量,气候有利于作物生长时,产量会相应提高,市场供应量增加,商品价格下跌。气候不利作物生长时,产量会下降,市场供应量减少,商品价格上涨。气候变化是农产品期货投资者密切关注的主要因素之一。

(2)市场供需变化

供需关系决定价格,需求不大,但产量增加,价格很难被抬升,反之也一样。除了关注农产品本身的供需关系,还要了解相关农产品的价格走势和市场需求,比如,小麦的价格走势可能影响玉米的价格变动。

(3)主要出产国农业政策

主要农产品出口国的农业政策或农产品出口政策的变化会直接影响市场相关产品的供应,导致价格的波动。出口国家推出惠农政策鼓励农业种植,可能会促使农民扩大种植,增加产量,价格下跌;反之,则可能打击农民的种植积极性,使产量减少,供应不足,导致价格上涨。同样,有利于出口的政策,可能增加国际市场的供应量,打压商品价格;如果对出口加以限制,将导致国际市场产品短缺,促使价格上扬。

(4)消费国经济环境

消费国经济成长,对产品需求强劲,推动价格上涨;如果消费国经济成长减缓,甚至衰退,产品的需求将大受影响,从而导致价格下滑。

二、能源产品

能源期货诞生于 20 世纪 70 年代的石油危机之后,伦敦国际石油交易所(IPE)和纽约商品交易所(NYMEX)是世界上最具影响力的能源产品交易所。伦敦国际石油交易所在 2001 年被美国洲际交易所收购,纽约商品交易所于 2008 年 8 月被芝加哥商品期货交易所纳入旗下。能源期货的种类有:石油、天然气、取暖油、燃料油、汽油、轻柴油和煤等。

➤ 石油

石油素有工业血液之称,在经济活动中占有重要地位,因此石油期货也是交易规模最大的期货产品。世界最主要的两大石油期货,一是伦敦国际石油交易所的布伦特原油期货,一是美国轻质低硫原油,也就是西得克萨斯轻质原油期货。

• 伦敦布伦特原油

布伦特原油是出产于北海的布伦特和尼尼安油田的轻质低硫原油,也称为布伦特混合原油或伦敦布伦特原油,其产量大约为每天 50 万桶,大部分供应欧洲西北部的炼油厂,少部分从位于设得兰群岛(Shetland Islands)萨洛姆湾的船运码头转至美国湾区、东海岸以及地中海地区。布伦特原油期货是以布伦特指数为基础、采用金融方式结算的期货。布伦特原油期货的主要交易市场是伦敦国际石油交易所,同时也在纽约商品交易所交易,布伦特油价已成为原油市场的一个基准点,现在全球三分之二以上的实货原油价格与布伦特油价挂钩。

- 美国西得克萨斯(WTI)轻质原油

美国西得克萨斯轻质原油的密度和含硫量都比伦敦原油低,低硫轻质原油是炼油的首选,其基准价格是基于美国中部地区开采的一系列原油混合产品的价格,主要供给美国中西部和墨西哥湾地区的石油冶炼厂。轻质低硫原油期货合约的交易单位是每手1 000桶,交割地是在俄克拉何马州库欣(Cushing, Oklahoma)。美国轻质原油期货是全球最大的商品期货之一,纽约商品交易所是最大的美国轻质原油期货交易市场。美国轻质原油价格也是原油市场的价格基数,与布伦特油价时而同等,时而相差悬殊。

芝商所原油期货合约以桶为单位,以美元和美分/桶计算,一个合约为1 000桶,电子交易的小型期货(E-迷你期货)合约为500桶。

布伦特原油和美国轻质原油都是流通性很高的期货合约,布伦特原油一般受全球原油市场基本面影响较大,受地区因素的影响较小。而美国轻质原油价格很多时候是受到本国供需关系的影响。但是,随着美国页岩油的大力发展,国际原油供应结构的改变,西得克萨斯轻质原油价格的作用已变得越来越重要。

➢ 二号燃油

二号燃油也称民用燃料油,占石油制成品的25%,炼油厂、批发商、零售商、运输公司、航空公司等企业多采用燃油期货合约作为避险的工具和定价机制。

芝商所燃油期货合约以加仑为单位,美元计价,一个期货合同为42 000加仑,电子交易的小型期货(E-迷你期货)合约为21 000加仑。

➢ 天然气

天然气占能源消耗总量的近四分之一,在能源市场中占重要地位,工业与电力公司使用量占了一半,商业和民用量占40%。美国芝加哥商品交易所于1990年推出天然气期货合约,以路易斯安那州亨利港(Henry Hub)的16组天然气管道的运输量为基准,作为北美天然气定价的基础。芝加哥交易所的天然气期货合同是世界上最具流通性的天然气合约。

芝商所天然气期货合约的单位是百万英热单位,以美元和美分/百万英热单位计算,一个合约为10 000个百万英热单位,电子交易的小型期货(E-迷你期货)合约为2 500个百万英热单位。

➢ 煤炭

芝加哥商品交易所于2001年开始推出煤炭期货产品,美国、大西洋及太平洋地区的热能煤和焦煤都有期货产品。

芝商所煤炭期货以公吨为单位，以美元/公吨计算，一个合约为1000公吨。

影响能源产品价格的因素

（1）宏观经济

经济成长强劲，带动石油及相关产品需求增加；经济疲软，则对石油等产品的需求也相应减少。

（2）产品需求与供给

产油国提高产量，不利于油价上涨；产油国减少石油开采，推动原油价格上扬。石油冶炼公司如果降低产量，对原油需求下降，也会影响原油价格。

（3）美元走势

石油价格以美元计价，美元强劲，油价走弱，美元贬值，油价走高。

（4）产油国政治局势

产油国政治局势紧张，影响石油产量，可能导致国际油价上涨。

（5）相关产品价格走势

能源产品之间也会相互影响。石油和天然气价格大幅下跌，打压煤炭价格，同样，如果石油、天然气价格高涨，其他相关产品也将水涨船高。

（6）环保政策

政府实行较严格的环保政策，会影响市场对煤炭等污染较重的能源产品的需求，不利于价格上涨，而对天然气等清洁能源的需求增加，促进价格攀升。

三、金属产品

金属产品期货分为两大类——贵金属和工业基础金属。黄金、白银、铂、钯等属于贵金属；铜、铝、铅、锌、钢、铁等为基础金属，用于工业生产。

金属期货起源于英国，1877年伦敦金属交易所（London Metal Exchange）成立，当时称为伦敦金属交易公司，主要从事铜和锡的期货交易，之后产品不断扩大，目前主要交易品种有铜、锡、铅、锌、铝、镍、白银等，该交易所的各类金属期货价格是国际金属市场的晴雨表。

（一）贵金属

● 黄金

黄金所具备的天然货币属性使其货币职能在人类历史中留下了浓墨重彩的一笔，其历史大致分为四个阶段：

（1）19世纪前，代表权贵的黄金

人类发现黄金大概是在原始社会的时候，起初因为产量有限，黄金为帝王贵胄所拥有，成为权势与富贵的象征。

(2) 19 世纪初到 20 世纪 20 年代,金本位时期的黄金

黄金的货币功能与生俱来。早在 5 000 年前人类就开始使用黄金作为货币,但 19 世纪之前,由于产量较少,黄金的货币流通性受到限制,所以在很长的时间里,和黄金的特性相似,产量较多的白银与黄金共同承担着货币大任。但金、银价格的波动经常造成商品出现双重价格,导致市场混乱。英国在 1717 年决定废银就金,根据黄金价格制定了英镑的固定价格,这是金本位制(Gold Standard)的起源。金本位制的基本特征是:以一定量的黄金为货币单位铸造金币,作为本位币;金币可以自由铸造,具有法定偿付能力,同时限制其他金属货币的铸造和偿付能力,黄金是唯一的准备金。19 世纪后,大量黄金矿被发现,为金本位的推行提供了物质基础。但黄金产量的增长远远低于商品交易增长幅度,难以满足日益扩大的流通需要,金本位制通行了约 100 年后,于 20 世纪 20 年代走到崩溃的边缘。第一次世界大战是金本位制解体的主因,而 20 世纪 30 年代的世界性的经济危机,则使金本位制彻底瓦解。

(3) 1944 年至 1973 年,布雷顿森林体系时期的黄金

第二次世界大战时,全世界的黄金几乎都流入美国,战争即将结束时,美国的黄金拥有量占当时各国官方黄金储备总量的 75% 以上。1944 年 7 月,由美国牵头,44 个国家或政府的经济特使聚集在美国新罕布什尔州的布雷顿森林,签署了著名的《布雷顿森林协议》,又称美元—黄金本位制。布雷顿森林体系的构架是:美元为国际货币结算的基础,成为最主要的国际储备货币;美元直接与黄金挂钩,以 1 盎司黄金等于 35 美元作为官方金价;其他国家货币与美元挂钩,各国可按官价向美国兑换黄金;实行固定汇率制,各国货币与美元汇率的波动幅度一般只能在平价的 1% 上下,各国央行有义务在超过规定界限时进行干预。布雷顿森林体系的主角是美元,黄金无论在流通还是在国际储备方面的作用都有所降低,但它却是稳定这一货币体系的最后屏障。布雷顿森林体系有助于国际金融市场的稳定,对战后的经济复苏起到了一定的作用。

(4) 20 世纪 70 年代至今,非货币化后的黄金

20 世纪 50 至 70 年代之间发生的多次美元危机最终导致布雷顿森林货币体系解体,这也是黄金非货币化进程的开始。1978 年,国际货币基金组织宣布黄金不再作为货币定值标准。

黄金非货币化后,各国放开了管制,黄金彻底从国库进入千家万户。尽管黄金不再在货币体系中发挥作用,但作为一种不受地域和时空限制的国际公认资产,再加上其特有的流通性和变现性,黄金仍是国家储备的重要资产。目前,全球黄金一半左右用于珠宝首饰,20% 用于投资,工业应用占了 11%,各国央行储备约占 11%。

黄金防通保值的特性使其在金融市场出现不确定或者地缘政治不稳定之时,成为避风港。主要的黄金出产国有南非、美国、澳大利亚、加拿大、中国、印尼和俄罗斯。

芝商所黄金期货以金衡盎司(约为31.103克)为单位,美元报价,一个合约为100金衡盎司。

- 白银

白银和黄金一样也具有货币属性,也曾成功地扮演了货币的角色。白银具有良好的导电导热性能、柔韧性、延展性和反射性,因此,在现代工业中的应用不断增加,目前接近一半的白银用在工业上,包括电子、摄影、太阳能和医学等领域;四分之一的产量用于珠宝银器,十分之一左右的产量用于投资。中国、秘鲁、墨西哥、澳大利亚、玻利维亚、俄罗斯、智利等是主要的白银出产国。

芝商所白银期货以金衡盎司为单位,美元计价,一个合约为5 000金衡盎司。

影响黄金、白银价格的因素

白银和黄金在历史上都曾充当过货币,有着相似的金融属性,因此黄金与白银的价格从长期趋势看有一定程度的正相关性,而白银的工业属性愈来愈强,白银价格波动通常较黄金价格波动更为剧烈。

1. 宏观经济因素

(1) 美元走势

黄金以美元计价,一般而言,与美元的走势反向,美元涨则黄金价格下跌。美元强劲代表美国国内经济形势良好,其股票和债券得到投资人的青睐,相对而言黄金的吸引力下降。美元疲软时,通货膨胀加剧,黄金的保值功能凸显,投资人拥抱黄金。从另一方面说,美元升值,对于使用其他货币的投资者来说,金价贵了,抑制了消费,导致金价下跌。美元贬值,使用其他货币购买黄金,等量资金可以买到更多的金子,刺激了消费,黄金需求增加,金价上涨。但美元和黄金走势不是始终都是反向的,也有例外。当世界形势动荡、有重大危机发生时,美元和黄金都会被当成安全资产,同步上涨。

(2) 央行货币政策

各国的货币政策也与黄金价格密切相关,当某国采取宽松的货币政策时,该国货币供给量增大,加大了通货膨胀的可能,会造成黄金价格的上升。2008年金融危机后,美联储接二连三地实施了量化宽松政策(QE),美元供应量增加,通货膨胀加大,金价节节高升,资金源源不断地流入黄金市场。

(3) 通货膨胀

黄金是硬资产,是抵抗通货膨胀的利器。1977年,加州大学伯克利分校商务管理专业的Jastram教授研究了过去几个世纪黄金购买力的变化,得出的结论是:黄金的购买力在漫长的历史中几乎没有变化,证明黄金有防御通货膨胀的能力。

货币的购买力取决于通货膨胀率。以美元为例,通胀稳定时,美元稳定,可持有现金。如果通胀率升高,美元购买力下降,黄金需求增加,价格上涨。长期而言,如果通胀率在正常范围内变化,对金价的影响并不大;但若在短期内,物价大幅上涨,人们在恐慌之中抢购黄金保值，金价上升。1973—2008 年的 35 年中，美国共有 8 年是高通胀期，21 年属于通胀温和期，还有 6 年为低通胀期。在通胀温和期和低通胀期，黄金价格只有小幅波动；而在高通胀时期，黄金价格的平均年上涨率为 14.9%。

（4）石油价格

理论上说，黄金与原油价格长期而言呈同向变化，但也经常发生偏离的情况。原油是最基本的工业原料，如果其价格持续上涨，势必引起通货膨胀，当通胀居高不下，不断高涨的原油价格又对经济产生不利影响，可能使经济陷入滞涨，黄金的保值功能就大幅增强。

（5）股市表现

一般情况下，股市下跌，金市上涨，股市上扬，黄金下沉。股市是经济的先导指数，投资者普遍看好经济前景，大量资金投入风险相对高的股市，希望获得更高的回收，股市升温，黄金市场遇冷。

（6）其他经济因素

黄金是可保值的安全资产，经济形势良好时，如无其他特别事件，黄金基本无用武之地，需求不强，价格不会大幅上涨，因为黄金只是保值，不能带来投资收益。但如果经济不景气时，金子就闪光了，它的保值功能也越来越强，市场对黄金的需求上升，价格上涨。2008 年金融危机后，黄金的强势走势就是写照。

2. 宏观政治因素

（1）战争、动乱

国际局势紧张往往引起黄金的抢购潮，金价随之上涨。1979 年底美国在伊朗的人质危机以及苏联出兵阿富汗时期，推动黄金价格的大幅度上升，到隔年的 1 月 18 日，伦敦黄金价格高达每盎司 800 美元，金价翻了近一倍。2001 年美国"911 事件"当日，黄金急剧上涨 6.22%。黄金被视作防范动乱和战争风险的最安全投资方式，此属性是一般货币无法比拟的，也是各国仍重视黄金储备的重要原因之一。

（2）产金国政局

黄金出产国出现政治和军事局势动荡，或者是政府相关法令的改变，将会直接影响该国的黄金产量，从而改变世界黄金的供给，引起金价的波动。

在全球一体化的当今世界，国与国之间的贸易、债务关系千丝万缕，一国的问题可能影响一个地区甚至波及世界。2010 年希腊债务问题引发的欧债危机不断蔓延，黄金也随着危机的扩大被投资人所追捧，价格连续走高。

（二）基础金属

● 铝金属

铝元素在地壳中的含量仅次于氧和硅，居第三位。人类发现铝土矿是在 1821 年，世界铝土矿的分布极为广泛，储量巨大，几内亚、澳大利亚、巴西等铝土矿资源最为丰富。中国也是世界主要铝土矿储量领先的国家之一,但开采成本较高。进入 21 世纪后,氧化铝、铝锭的生产大幅增加,铝锭产量位居世界第一。中国同时也是铝消费大国。铝重量轻,耐腐蚀,铝和铝合金应用广泛,用于建筑业,飞机、汽车等制造业,交通运输业,包装业和医疗设备等多领域。

芝商所铝期货以公吨为单位,美元计价,一个合约为 25 公吨。

- 铁矿石

铁是工业中不可缺少的金属材料,人类很早就开始使用铁器了。铁矿石是含有铁元素或铁化合物等有经济利用价值的矿石,是钢铁工业的最重要原料。全球的铁矿石资源相当丰富,澳大利亚、巴西、俄罗斯、乌克兰、哈萨克斯坦、印度、美国、加拿大、南非等都是铁矿储量丰厚的国家。澳大利亚和巴西是铁矿石的主要输出国。中国铁矿石储量也很多,但品位较低,所以是世界上最大的铁矿石进口国和消费国。

芝商所铁矿石期货以干公吨为单位,美元计价,一个合约为 500 干公吨。

- 铜金属

铜是人类最早发现的古老金属之一。世界铜矿资源较为丰富,铜储量最多的国家是智利和美国,其他国家包括中国、秘鲁、墨西哥、澳大利亚和加拿大等。这些国家的铜矿资源占全球铜资源总量的 87.2%。铜的消费以前集中于发达国家和地区,2000 年后,发展中国家铜消费的增长速度远高于发达国家,西欧、美国铜消费量占全球铜消费量的比例呈递减趋势,中国自 2002 年开始,超过美国成为最大的铜消费国。

铜是继铁、铝之后,世界第三大广泛应用的金属,主要用于建筑、机械等行业,铜金属市场的盛衰直接反映世界经济强弱。

芝商所铜期货以磅为单位,美元计价,一个合约为 25 000 磅,电子交易的小型期货(E-迷你期货)为 12 500 磅。

期货交易标的物的延伸——金融期货

期货的交易形式起源于商品,但其所投资的标的物现在已不再只局限在实物商品,外汇、债券和股票市场指数等金融产品也成为期货的标的物,称之为金融期货。

一、外汇期货

外汇期货是最早的金融期货,合约双方约定在未来某一时间,依据现在约定的汇率,以一种货币交换另一种货币的标准化合约,一般都是以某一货币兑美元的形式表现。

外汇汇率随时都在波动,对国际贸易公司而言,汇率的变化可能对利润产生重大影响。美国公司向德国出口一台设备,售价 100 万欧元,三个月后付款,现在欧元对美元汇率为 1.21，美国公司担心欧元会贬值，影响其销售利润，于是卖出欧元/美元期货合约规避汇率风险。

芝加哥商品交易所自 1972 年推出外汇期货以来，主要的货币种类包括：欧元、日元、英镑、加元、瑞士法郎和澳元等。2010 年 7 月 19 日起，人民币可在香港交割，离岸人民币正式启动，市场快速增长。离岸人民币与在岸人民币从长期而言汇率趋势同向，但其在短期内会出现较大波动，形成价差，市场对离岸人民币交易套利保值的需求增加，2013 年 2 月芝加哥商品交易所推出美元/离岸人民币期货合约。

芝商所的欧元/美元期货每个合约为 125 000 欧元，澳元/美元每个合约为 10 万澳元，日元/美元期货每个合约为 1 250 万日元，标准美元/离岸人民币期货每个合约为 10 万美元。

影响外汇汇率的因素

1. 央行的货币政策

某国实行相对宽松的货币政策，增加市场上的货币供应量，导致其货币贬值。比如，2014 年 11 月日本为刺激经济，加大量化宽松规模，使本已疲软不堪的日元兑美元汇率再度大幅滑落。再比如，某国央行宣布加息，其货币会相应走强，当美联储宣布可能在 2015 年底加息时，美元兑主要货币走强。

2. 经济环境

GDP 成长率、失业率报告、制造业指数、零售业销售和消费者信心指数等都是反映经济健康度的重要经济数据。2009 年金融危机之后，美国拜大手笔量化宽松政策所赐，就业市场改善，经济复苏，成为推动美元在 2014 年下半年走强的主要原因。

3. 通货膨胀

通货膨胀（Inflation）是货币的流通量超出了经济的实际需求，导致货币贬值，物价上涨。通货紧缩（Deflation）则相反，货币流通量减少，购买活动减少，物价下跌，抑制经济发展，导致经济衰退。消费者物价指数（Consumer Price Index）和生产者物价指数（Producer Price Index）等都是衡量通货膨胀的主要指标。高通胀时，央行通常会通过加息来收紧银根，控制通胀。反之，则可能调低利息。

二、利率期货

利率期货出现在外汇期货之后，是合约双方约定在未来某一时间，依据合约价格，交割一定数量的与利率相关的固定收益型资产的标准化合约。虽然称为利率期货，但交易的标的并不是利率，而是与利率相关的固定收益有价证券，如国库券，中、长期国债等资产，它们的价格变化与利率变化成反比。债券价格上涨时，利率下滑，反之，利率上扬。

芝商所的利率期货合约分三类，分别为 20 万美元面值的短期国债、10 万美元面值的中期国债和 10 万美元面值的长期国债。

影响利率的因素

- 央行货币政策

各国央行根据本国经济形势通过调整利息、存款准备金等方式松动或紧缩银根，影响到利率的变化。一般而言，央行加息，债券价格下跌，利率上涨；降息时，债券价格上涨，利率下跌。

- 经济形势

经济复苏时，企业活动增加，借贷活跃，资金需求增加，利率上扬；反之，经济疲软，借贷数量下降，市场上资金充斥，利率也相应下滑。

- 国际利率水平

国际利率高于本国利率可能导致资金外流，使国际收支失衡。如果国际利率和本国利率差距较大，还可能影响本国货币的外汇汇率，因此为保证国际收支，央行也会参考国际利率水平调整本国利率。

三、股指期货

股指期货是以某种股票指数为交易标的的标准化合约，依据合约交易的是未来某时期的股票指数价格。在合约到期后，股指期货通过现金结算差价的方式来进行交割。股指期货和商品期货不同，后者交易的标的物是实物，而股指期货则是以股票指数为交易对象，是虚物。实物期货交易成本包括仓储费和运输费用，股票指数只要相关的股息等，不涉及仓储运费等。商品特别是农产品等季节性极强，合约有效期较短，但股市是不分时令的，一年又一年周而复始地运转，所以股指期货的有效期较长。

芝商所在 1982 年推出股指期货，最早股指期货是标准普尔 500 指数，期货合约的计算方法是以指数乘以 500 美元，但随着标普 500 指数的上涨，合约价值也越来越高，为了吸引更多投资人，1997 年标普 500 指数期货合约的乘数被减半，由 500 美元改为 250 美元，同年还推出了 E-迷你股指期货，是用 50 美元作为乘数的小额期货合约，以电子方式交易，而不在市场上以公开竞价方式交易，这种迷你股指期货颇受欢迎。

影响股指的因素

- 宏观经济因素

一般而言，宏观经济数据利好，对股市起推动作用，反之，则产生负面影响。

- 海外股市波动

全球一体化，金融市场互为关联，海外市场的大幅波动也会冲击本国股市。

- 政治局势

国内外政治局势的突变，或地缘政治的动荡，都是对股市不利的因素。

- 央行利息政策

通常而言,央行调高利息或采取其他货币紧缩政策,会抑制股市涨势,而如果利息下调,或央行采取宽松货币政策,则推动股市。

- 微观因素

指数中重要成分股的盈利和销售等基本面情况的利多或利空消息会推动或打压指数。

房地产

对于大多数人而言,资产配置中都有房地产的比例,房地产的投资大致有三种形式——自用、买房出租或者通过房地产信托投资获益。

- 住房自用

中国人有着很强的土地观念,讲究居有定所,而拥有真正意义上属于自己的房子(不需要月月还贷款)也是美国人的梦想。只要经济条件合适,大多数人都可能会购置一套自用的居所,即使是贷款买房,也是很明智的选择。一个月一个月还着银行的贷款,也一砖一瓦地累积着自己的财产,如果房价一直上涨,你的财富也随之增加,房地产也是抗通货膨胀的最佳资产类别之一。

- 房屋出租

出租房屋,定期收取租金是最直接的房地产投资方式。不过,做房东比较辛苦,首先要有一定资金,其次要有一定的管理经验,知道如何选择房客,怎样维护房子,如何保证租金等。

- 房地产投资信托基金

房地产投资不比一般资产类别,通常资金需求较大,大多数投资者供下一栋房子就已经较为吃力了,如果再额外投资房地产就显得心有余而力不足。金融市场总是有需求,就有产品,房地产投资信托(Real Estate Investment Trust, REIT)就是为满足人们投资房地产需求而出现的金融产品。世界上第一只房地产投资信托于 1960 年诞生在美国。

房地产投资信托的运作形式类似共同基金,就是将投资人的资产集中在一起,由专业的房地产投资者代为投资,共同基金以投资股票、债券或者期货等资产为主,房地产投资信托所投资的对象是房地产和相关业务,比如公寓楼、商业楼宇、物业管理和抵押贷款等等,大部分收入来源于房地产租金、抵押贷款利息或出售房地产的收益。

投资房地产投资信托不是直接投资不动产,而是取得受益凭证,报酬以配息方式进行。房地产投资信托一般需要把收入的大部分分配给投资者,比如美国要求利润的 95% 要派发给投资者,所以此类资产是高红利收益型的资产,具备如下特点:

1. 房地产投资信托和共同基金最大的区别在于，它是在股票市场上自由买卖，赚取资本利得。

2. 可免双重征税并且无最低投资资金要求。

3. 一般中小投资者即使没有大量资本也可以用很少的钱参与房地产业的投资。

4. 长期收益由其所投资的房地产价值决定，与其他金融资产的相关度较低，有相对较低的波动性和在通货膨胀时期所具有的保值功能。

第四节　投资各类资产的其他方式

在投资股票、债券、期货商品等资产时，我们可以直接挑选合适的单一产品投资，比如选择购买某家上市公司股票，购买 20 年期美国国债，投资石油或黄金期货等。除此之外，还可以通过共同基金和交易所交易基金（Exchange Traded Fund）等方式进行投资。

共同基金

投资研究是一项艰辛而又费时的工作，选择适宜产品投资获利，不仅需要大量的专业知识和丰富的投资经验，而且还要拥有足够的分析研究资料。虽然现在网络普及，信息发达，铺天盖地的免费资讯俯拾皆是，但真正能对投资决策有所帮助的信息并不容易获取，也不可能免费得来。即便是可以获得信息，大多数投资人缺乏投资理论的支持，在投资分析研究上能力有限，而且能够花费在研究上的时间也不富裕，所以如何选定股票、债券等产品来投资是很多人共同的问题。共同基金和交易所交易基金能为散户投资人解决这些难题。

共同基金（Mutual Fund）是一个由股票、债券或期货商品等投资产品构成的组合，由专业的基金经理管理，其形式是集合大众资金，委托专家来操作，共享投资利润，共担投资风险，个人或机构以股份形式参与投资。

一、共同基金的特点

共同基金的优点：

（1）专业管理：共同基金由有丰富投资经验的专业经理人按照基金的投资目标和策略管理。

（2）投资风险分散：共同基金是一种投资组合，比如一只股票型共同基金会持有十几至几百只股票，这样即使某几只股票出现问题，也不至于严重影响整体投资组合,因为组合中其他股票可能表现优良,从而起到弥补损失的作用。

(3) 灵活多样的投资方式:可一次性购买,也可定时定额购买,还可以设立基金红利自动再投资(Reinvestment of Dividends)方式。

(4) 流通性:共同基金可以随时申购或赎回基金,只是买卖价格要等到申请或赎回当日收市后方可知晓。

共同基金的缺点:

(1) 相对于股票、债券和期货等可随时在市场上买卖的产品而言,共同基金的交易有一定局限性。

(2) "被迫纳税"是共同基金的一个弊端。投资人赎回基金时,共同基金必须卖出组合中的仓位以获得现金,通常都是卖掉获利的股票。因此基金就有了已实现的资本利得,并分派给共同基金持股人。年终时,现有共同基金持股人即使没有卖出其股份也要纳税。共同基金赎回基金越多,应税的资本利得就越高。这是共同基金的一个最大弱点。

二、共同基金的分类

(一) 按投资对象分类

共同基金按其投资的对象不同分为:货币市场共同基金、债券共同基金、股票共同基金、期货共同基金和多资产混合共同基金等。

➢ 货币市场共同基金

货币市场基金多投资于一年内到期的有价证券,最常见的就是政府的三个月的短期债券,其他还有:银行定期存单及商业票据等。这类基金波动最小,风险最低,所以回收相对较低,但投资人不需要担心本金的安全,一般而言,其回收比支票和储蓄账户高,但低于定存账户的利息收入。比如:

汇添富全额宝货币(000397)投资包括一年内银行定存、大额存单等易流通的金融产品;

忠诚公司机构投资者货币市场基金(Fidelity® Institutional Money Market,FNSXX)以银行短期定存和政府短期债券为主。

➢ 债券共同基金

债券共同基金以各类政府债券和公司债券为主要投资对象。虽然基金可能因所持有的债券价格上涨而带来资本升值,但债券共同基金投资的主要目的是为投资人提供相对稳定的利息收入,债券共同基金收益一般高于货币市场共同基金。债券共同基金风险低并不意味着无风险,不同类型的债券基金风险各不相同,以利息收益较高的垃圾债券为主的高收益型债券基金要比国债为主的债券基金风险高。

债券共同基金依据其投资对象不同可分为:

● 政府债券共同基金:以国家、地方政府或相关机构担保发行的债券为主要投资

目标,比如美国联邦政府债券基金,防通货膨胀型国债基金等。比如:

富兰克林国海恒久信用债券 C 基金(450019)投资公司债券和政府债券为主的共同基金;

忠诚政府债券基金(Fidelity® Government Income Fund, FGOVX)组合中持有美国联邦国债和房屋抵押担保的债券等固定收益产品。

● 公司债券共同基金:以信用评级在投资等级之上的公司债券为主要投资对象,风险和收益都略高于政府债券。比如:

工银产业债债券 B 基金(000046)投资范围包括公司债券、商业银行金融债等;

忠诚公司债券基金(Fidelity® Corporate Bond Fund, FCBFX)90%以上的资金投资于投资级别的公司债券。

● 高风险高收益型债券基金:以信用评级低于投资等级的公司债券为主要投资对象,风险和收益都高于政府债券和高评级的公司债券基金。比如:

忠诚公司非投资评级的公司债券基金(Fidelity® Focused High Income Fund, FHIFX)中大部分资金投资在评级为 BB 的公司债券上。

● 国际债券共同基金:以其他国家政府或公司发行的债券为投资对象,此类债券基金在带来固定利息收益的同时,还可分散全球利率和经济变化的风险。比如:

忠诚公司全球债券基金(Fidelity® Global Bond Fund, FGBFX)以投资各国政府和公司债券为主,85%以上债券为投资级信用评级。

➤ 股票型共同基金

股票型共同基金以股票为主要投资对象,股票基金获利性与风险性都高于债券共同基金,根据不同的股票类型可分为:

● 大型市值共同基金:以大型市值(市值在 100 亿美元以上)股票为投资对象。比如,T. Rowe Price U. S. Large-Cap Core Fund (TRULX)基金,投资美国最大的 50 家上市公司。

● 中型市值共同基金:以中型市值(市值在 20 亿至 100 亿美元)股票为投资对象。比如,忠诚公司中型指数基金(Fidelity® Mid Cap Index Fund, FSCKX)80%的资金投资于罗素中型公司指数的成分股。

● 小型市值共同基金:以小型市值(市值在 20 亿美元以下)股票为投资对象。例如,忠诚公司小型指数基金(Fidelity® Small Cap Index Fund, FSSVX)以罗素 2000 小型公司指数为基准。

● 成长型共同基金:以盈利和销售具有成长潜力,长期而言股价有上涨空间的公司为主要投资目标。一般而言,成长型股票波动较大。根据公司市值,成长型可分为:大型市值成长型、中型市值成长型、小型市值成长型共同基金。比如:

忠诚公司蓝筹成长共同基金 (Fidelity® Blue Chip Growth Fund, FBGRX) 侧重

投资标准普尔 500 指数和道琼斯工业指数中具有成长潜力的公司。

● 价值型共同基金:以公司已进入成熟期,价值相对被低估的股票为主要投资目标,价值型基金与成长型基金相比波动较小。价值型共同基金也可按市值分为大、中、小型价值型共同基金,比如:

富兰克林大型价值型共同基金(Franklin Large Cap Value Fund,FLVAX)以罗素 1000 大型公司指数中,相对市场和同行而言价值被低估的公司为主要投资目标。

● 红利型共同基金:以红利型股票基金为投资对象,以红利收益为主要目的,相对而言,红利型股票波动较小。比如:

高盛美国红利型基金(GS US Equity Dividend and Premium Fund,GSPAX)以投资高红利回收型公司为主。

● 行业基金:共同基金以某一特定的产业部门或行业为投资对象,如能源业共同基金,半导体行业共同基金等。例如:

忠诚精选信息科技服务行业基金(Fidelity® Select IT Services Portfolio,FBSOX)大部分资金投资信息科技服务业,以寻求资本增值为目的。

● 国际型共同基金:以投资海外股票市场为主,从投资的国家和区域又可细分为:

(1) 单一国家共同基金:以某一个国家的股市为投资目标的共同基金。

(2) 区域型共同基金:以某一区域,比如亚洲、欧洲的股市为投资目标的共同基金。比如,摩根大通欧洲基金(JPMorgan Intrepid European Fund,VEUAX)投资英国、欧元区和非欧元区国家股市。

(3) 全球综合型共同基金:基金的投资遍布全球股市,也包括投资人所在国的股市,其目的是寻找全球的投资机会,分散投资,规避通胀与外汇汇率的风险。如富兰克林国际成长型共同基金(Franklin International Growth Fund,FNGAX)以全球成长型公司为主要投资目标。

➤ 期货共同基金

期货共同基金以期货商品或相关金融衍生产品为投资标的,可以投资商品实物,比如持有金条等实物产品的黄金商品共同基金,但大多数基金以投资期货等衍生产品和期货商品指数为投资目标,或是投资大宗期货商品的供应商。

● 商品金融衍生物共同基金:基金中持有石油、大豆、小麦、铜等商品的期货衍生产品,而非直接拥有商品。比如:

Altegris Managed Futures Strategy Fund (MFTAX)基金将 75% 的资金用于投资期货商品金融衍生物,如期货合约和掉期交易(Swap)等。

● 期货商品指数共同基金:以商品指数为投资目标,比如:

高盛期货策略基金(GS Commodity Strategy Fund, GSCAX)是以标准普尔 GSCI 期货指数(S&P GSCI Commodity Index)为投资标的。

● 自然资源基金：基金既不持有实物商品，也不投资期货等衍生产品，而是选择提供石油、矿产、农产等原材料的供应商为投资对象，与行业共同基金相同。比如：

Oppenheimer 公司的 Gold & Special Minerals Fund（OPGSX）以投资黄金开采业为主。

➤ 多资产混合型共同基金

基金投资范围广泛，包括现金和现金等价物，国内与国际债券，股票及期货。例如：

T. Rowe Price Balanced Fund（RPBAX）基金的投资范围包括美国股票和债券、海外股票和债券及现金。

➤ 资产配置型共同基金

基金按照资产配置策略，持有不同比例现金或现金等价物、债券、股票及其他资产。比如：

富兰克林智慧人生 2030 退休基金（Franklin LifeSmart 2030 Retirement Target Fund，FLRSX）基金的资产配置为 75％的股票（国际和国内）、15％的债券、7％的其他资产和 3％的现金。

（二）按照基金管理方式分类

共同基金按照其管理方式可分为被动式管理的指数型基金和主动式管理基金。

（1）被动式管理的指数型基金：根据某一指数的构成建立共同基金组合，追求与市场一致的回收水平。此类基金不需经理人作太多的管理调整，因此组合中持股的易手率（Turnover）很低，所以管理费也相应较便宜。指数基金包括：债券指数基金，比如巴克莱美国债券综合指数基金；股票指数共同基金，如追踪标准普尔 500 指数的共同基金；行业指数基金，比如标准普尔银行指数基金等。

（2）主动式管理基金：基金经理凭借自己的专业和经验，综合运用多种研究方式，锁定投资目标，建立组合，目的是为投资人带来比市场或同行平均水平高的回收。此类基金一般来说，基金管理费较高。

随着全球金融市场一体化的进程，共同基金所涵盖的范围也在不断加宽，出现了一些特殊型共同基金，比如运用卖空或对冲策略的策略型共同基金等等。

三、共同基金的费用

一般而言，共同基金的费用可分两大类：一类是股东相关费用（Shareholder Fees），一类是基金运作的费用（Fund Operating Fees）。股东费用就是投资人投资共同基金成为股东所承担的费用，包括申购费（销售费）、交换费、赎回费等。营运费则是基金运作所产生的费用，包括管理费、营销/服务费等。当然，各国的具体情形不同，费用类别上也略有差异，但主要的几项费用是不可缺少的，如申购费用、基金管理费用、市场推广和行政管理费用等。

➤ 共同基金股东相关费用

共同基金的申购费是投资人买入共同基金时所支付的佣金，也就是共同基金的销售人员卖出共同基金所得的报酬。基金公司为扩大销售，与银行、券商等金融机构合作，延揽大批经纪人推销产品，支付其佣金，这些费用自然而然地由投资人承担。

申购费分前端申购费（Front-End Sales Load）和后端申购费（Back-End or Deferred Sales Load）两种。

共同基金的前端申购费是在买入基金时所支付的销售费用，因此，投资人实际购入的基金总额相应减少。比如，投资 100 000 美元，购买某基金，5％的前端销售费为5 000 美元，实际认购的基金总额是 95 000 美元。

后端申购费用（Back-End Sales Load）是投资人在赎回基金时支付的费用，费用随基金持有的时间逐年递减，一定时间后变为 0，举例如下表 5 - 12。

表 5 - 12　共同基金后端申购费

基金持有时间	后端申购费用逐年递减
第 1 年	5％
第 2 年	4％
第 3 年	3％
第 4 年	2％
第 5 年	1％
第 6 年	0％

赎回手续费（Redemption Fee）是当基金的股东卖出基金时，一些共同基金公司收取的一定的费用，费用从客户卖出基金所得的总额中直接扣除。

基金交换费（Exchange Fee）是客户在同一基金家族中将一个基金转成另一基金的费用，大多公司都酌情减免此项费用。

通常来说，基金的交换费和赎回手续费与申购费不同，申购费是付给基金销售人员的佣金酬劳，而前两种费用是付给共同基金公司的。

➤ 共同基金营运费用

共同基金的营运费用是保证基金运作而产生的费用支出，当然是羊毛出在羊身上，由投资人承担，只是所不同的是，股东相关费用是明面上的费用，而基金的营运费用是从基金的资产中直接扣除的，它反映在每天的共同基金的价格中，而不会显示在投资人的月报单上，所以常被投资人忽略，而这部分费用其实并不少。

基金管理费（Management Fee）：基金投资由专业的经理人及其团队管理，基金经理人不会提供义务劳动，基金管理费是付给经理人的酬劳。基金管理费中还包括使基金正常运作的行政管理费用。一般来说,一个管理较活跃的共同基金的管理费用一般在1.5%左右,指数型共同基金的管理费较低。

基金的营销/服务费:从基金中扣除用于基金的推销等的相关费用,如广告费、招股书和宣传资料等费用(美国称为12b-1费,其得名来自于SEC的相关条例)。

其他费用:除基金管理和营销费用之外的其他费用,包括基金资产监管费用、法律费用、财务费用、转户代理费用等等。

四、共同基金的评级——晨星评级

共同基金种类繁多,经理人的水平参差不齐,在选择共同基金时,投资人可以参考专业分析公司对基金的评级。利普公司(Lipper Analytical Services)和晨星公司(Morningstar)都是很有权威性的共同基金评级公司,它们定期对共同基金的收益和风险进行整体评估和定级。我们以晨星公司的评级为例作说明。

晨星公司位于美国芝加哥,是一家全球性的投资研究公司。1984年该公司出版了第一本共同基金排行榜,受到投资人和金融顾问的欢迎,之后公司于1985年推出了共同基金的星号评级系统,现在晨星评级的范围已经扩大到封闭式基金、交易基金及股票等不同的投资产品。

晨星给予共同基金的评级用星号来代表,在衡量基金的表现时,以经过风险调整后的回报率作为主要指标,五颗星为表现最好的评级,晨星星号评级的定义如表5-13,定级依据如表5-14。

表5-13　晨星星号评级

★★★★★	表现最好的前10%的基金
★★★★	排名在前10%—32.5%的基金
★★★	排名在前32.5%—67.5%的基金
★★	排名在67.5%—90%的基金
★	最后10%的基金

表5-14　晨星评级顶级依据

基金成立时间	长短期表现占综合评级比重
基金成立三年以上,未满五年	过去三年表现占100%
基金成立五年以上,未满十年	过去五年表现占60% 过去三年表现占40%
基金成立十年以上	过去十年表现占50% 过去五年表现占30% 过去三年表现占20%

　　五颗星的基金一定是未来表现最好的基金吗？答案是"不一定"。星号评级是用数学方法将基金过去的回报及波动风险进行计算，再把所有同类型的基金按得分进行排名，排名愈前面的基金评级愈好，星号也越多。由于采用的数据是基金过去的表现，因此只能反映基金过去的绩效，并不是未来获利的保证。晨星的星号评级只是选择共同基金的参考标准之一，并非唯一的标准，只凭星号多寡无法观察出该基金的实际风险波动。举例来说，保守型投资者想选择风险波动较低的基金，但星号较多的基金并不一定就是低风险基金，有可能是高报酬同时也是高风险的基金。因此投资者除了看星号评级外，也要从基金的波动性、投资适宜性、风险承受力等多方考虑。

交易所交易基金

　　由专业经理人管理的共同基金虽然帮助投资人解决了投资研究的难题，便于投资，但它也有缺憾之处，最明显的就是它的交易方式，共同基金不能像债券和股票一样在交易时间内随时随地进行买卖，它的价格每天只更新一次，是在每日收盘后，根据基金所持有的有价证券的市值总额扣除所有的费用之后的资金净资产额除以基金的发行股数而得，投资人若想知道是以什么价格申购或赎回的共同基金，只能等到每日收盘后。那么，有没有一种金融产品，既具备共同基金的优点，又能非常方便灵活地在市场上随意交易呢？1993 年美国证券交易所推出了一种全新的金融产品，追踪 S&P 500 指数的交易基金（SPDR 500 Trust，SPY），它既有共同基金的影子，又具备股票灵活交易的特点，这就是鱼与熊掌皆我所需的交易所交易基金（Exchange Traded Fund，ETF），本文简称交易基金。

一、交易基金的历史

　　交易基金和共同基金一样，以追踪某一市场指数为目的，建立一揽子股票、债券或其他资产的投资组合，通过分散投资的策略降低非系统风险，以被动的投资管理方式最大限度地降低基金管理的成本，从而取得相当于市场平均收益率的回报。同时，它可以像股票一样，在二级市场上随时买卖。

　　交易基金的创始人是美国人内特·莫斯特（Nathan Most），他在第二次世界大战时期作为声学物理学家和工程师服务于美国海军，退役后从事金融工作，因创立交易基金而享誉金融界。莫斯特在美国证券交易所工作时，负责新产品开发。20 世纪 80 年代，新兴的纳斯达克（NASDQ）市场为众多中小型公司的上市开辟了新天地，抢占了美国证券交易所的业务。莫斯特想创造一种能够大量灵活交易的全新金融产品，给美交所带来新的业务机会。而当时市场规模最大的金融产品就是共同基金，但是它不能随时买卖。因此，莫斯特想将其加以改造，使其能灵活交易。但他的想法并未获得基金大佬们的支持，他们认为频繁的交易共同基金会增加费用。尽管如此，莫斯特还是勾勒出了他的新产品结构：创造出一种一揽子股票构成的投资信托基金，再由投资机构按比例拆分成若干单位基金（Unit）出售给投资人，并能在二级市场上买卖单位基金。投资机构可根据投资人的需求创造和赎回基金的股份。莫斯特 79 岁时，他的这一设想终于变为现实，第一只交易基金于 1993 年在美交所问世。

交易基金因具备费用低廉、交易灵活、基金透明度高等多项优点，自推出以来，备受投资人青睐，不仅管理资产规模成倍增长，据统计，至 2014 年底，全球交易基金总资产达到 2.7 万亿（Trillion）美元，美国堪称交易基金最大发行国家，共有 1 411 只交易基金，资产规模近 2 万亿（Trillion）美元，占全球交易基金市场的 73％，资产额比 10 年前增长了 13 倍。交易基金在产品类型上也不断推陈出新，交易基金所追踪的范围几乎涵盖了所有金融领域，股票、债券、期货产品等都是交易基金投资的对象。交易基金的广泛选择性加之本身的优势，为投资人建立风险分散的多元化资产配置创造了有利条件。

二、交易基金的特点

1. 费用低廉

一般而言，大多数交易基金是指数型基金，属于被动式管理，因而基金的管理费较低。相比而言，交易基金管理费略低于传统的被动管理式共同基金，远远低于主动管理式共同基金。以追踪标准普尔 500 指数的基金为例：标准普尔 500 指数的共同基金平均费用是 0.47％，标准普尔 500（S&P 500）交易基金 SPDR（SPY）的费用仅为 0.12％，iShares 标准普尔 500 指数交易基金的费用只有 0.09％。

2. 交易方便

交易基金灵活交易的特性是共同基金难以企及的。可以依据现行市场价格随时买卖。所有股票交易的市价单、限价单、止损单等都适于交易基金的买卖。投资人可以用融资方式（"Margin"即向证券公司借款）购买交易基金，也可卖空（"Short Sale"）。此外，很多交易基金还衍生出期权（Option）等相关金融产品，给投资人更多的选择。

3. 透明度高

交易基金追踪的是指数，基金持股相当透明，投资人能清楚地了解基金的特性，便于分析、调整投资策略。交易基金的净资产在盘中定期更新，一般是每 15 秒更新一次，而共同基金和封闭式基金的净资产只有在收盘后才更新。

4. 有效节税

交易基金的持有人只有在市场上卖出交易基金实际获利后，才需缴纳资本利得税。而不像共同基金的股东，因为他人赎回股份而"被迫纳税"。

交易基金与普通个股和共同基金的比较如表 5 - 15。

表 5 - 15　交易基金、共同基金和股票的特点比较

比 较 项 目	交 易 基 金	普 通 个 股	共 同 基 金
风险分散	是	否	是
交易便利性	高，盘中即时交易	高，盘中即时交易	低，按每日收盘后更新的价格申购和赎回
融资交易	是	是	否
卖空	是	是	否
实际税收效应	是	是	否
低费用率	是	不存在	某些基金
组合透明度	高	不存在	低

三、交易基金的类型

在交易基金 20 年的历史中，其投资范围不断扩大，从最初单一的市场指数发展延伸到金融市场的各个领域，由股票指数走向债券指数，再到黄金、石油、农产品等期货，以及欧元、日元、英镑等外汇货币；从美国的股市及行业指数推广到亚洲、欧洲、拉丁美洲等国际市场和全球行业指数；其管理方式也从被动式发展到主动式，还出现了对冲、卖空、避险和杠杆效应形式的交易基金。

1. 根据交易基金所追踪之标的分类

根据所追踪的标的不同，交易基金可分成为股票、商品期货、外汇和债券等。

➢ 股票交易基金

股票交易基金追踪股票市场的表现，可分本国市场指数交易基金、国际市场指数交易基金、行业指数交易基金、投资风格型股票交易基金等。

● 本国市场指数型交易基金

市场指数型交易基金以跟踪某一市场指数的表现为标的，比如：

上证 50 指数交易基金（代码：510050）是追踪上海交易所最具代表性的蓝筹公司指数上证 50 指数的交易基金，这也是中国第一只交易基金，于 2005 年 2 月 23 日上市；

美国的 Dow Jones Industrial Average ETF Trust (DIA)追踪道琼斯工业指数的表现。

● 国际市场指数交易基金

追踪某一国家或地区的股市指数，比如：

德意志银行旗下资产管理公司发行，在纽约证券交易所交易的 Deutsche X-trackers Harvest CSI 300 China A-Shares ETF (ASHR)是追踪中国股市表现的交易

基金,所追踪的指数是中证指数公司的沪深 300 指数(CSI 300);

美国的 iShares 基金公司发行的 iShares MSCI Germany ETF（EWG)是以明晟德国指数为基准,追踪德国股市表现的交易基金。

- 行业部门指数交易基金

以追踪某一行业或产业部门的表现为目标。比如:

忠诚基金发行的明晟医疗保健行业指数基金 MSCI Health Care(FHLC),以跟踪明晟医疗保健行业指数为目标;

华夏上证能源 ETF(510610)以追踪上证能源行业指数为标的。

- 投资风格型交易基金

追踪不同投资风格的交易基金,按照市值可分大型股指数交易基金、中型股指数交易基金和小型股指数交易基金等,投资风格也可分为成长型和价值型,或者是混合型风格。比如:

国泰中小板 300 成长 ETF(159917)以中小型成长股为投资目标,追踪中小板 300 成长指数的表现;

博时上证超大盘 ETF(510020)以超大型公司为投资标的,追踪上证超级大盘指数;

iShares Russell 2000(1 WM)是追踪美国罗素 2000 小型公司表现的交易基金。

- 红利型交易基金

基金以投资红利型股票为主,追踪红利型指数的表现和红利收益为目标。比如:

华泰柏瑞上证红利 ETF(510880)是以追踪上证红利指数为目标的交易基金;

iShares Select Dividend ETF（DVY）追踪道琼斯美国精选红利型指数的表现。

➤ 债券型交易基金

债券交易基金的投资目标是债券,根据所投资的债券类型不同,可分为:政府债券交易基金、公司债券交易基金、国际债券交易基金、高风险债券交易基金等。比如:

国泰上证 5 年期国债 ETF(511010)以投资政府债券为主,追踪上证五年期国债收益率表现;

博时上证企债 30ETF(511210)以公司债券为投资目标,追踪上证企债 30 指数收益率;

iShare 公司的 20 年以上长期美国国债指数交易基金(iShares 20＋Year Treasury Bond ETF，TLT)以巴克莱美国 20 年以上长期国债指数为基准,追踪其收益表现;

SPDR 巴克莱国际债券指数交易基金（Barclays International Treasury Bond ETF，BWX)追踪巴克莱可投资级的国际债券指数。

➤ 外汇交易基金

外汇交易基金追踪外汇走势,预计某一货币可能升值,可用外汇交易基金为投资工具;为防本国货币贬值,也可使用外汇交易基金起到避险的作用。主要外汇期货交易基金如下：

WisdomTree 公司人民币对美元交易基金（WisdomTree Chinese Yuan，CYB）

Guggenheim 公司欧元交易基金（CurrencyShares Euro Trust，FXE）

Guggenheim 公司日元交易基金（CurrencyShares Japanese Yen Trust，FXY）

Invesco 公司美元指数看涨交易基金（PowerShares DB US Dollar Bullish ETF，UUP）

➤ 期货价格交易基金

期货价格交易基金以追踪期货商品价格变动为标的，分单一期货商品（Single-Commodity）交易基金、期货商品组合（Diversified Commodity）基金和期货指数交易基金等，比如：

黄金价格交易基金 StreetTracks Gold Share（GLD），追踪黄金期货价格变化，基金价格是黄金价格的十分之一。

基本金属原材料价格交易基金 PowerShares DB Base Metals Fund（DBB），追踪铜、铝和锌的期货价格。

农产品价格交易基金 PowerShares DB Agriculture Fund（DBA），追踪大豆、玉米、小麦、咖啡、猪、牛等农产品期货价格。

iShares S&P GSCI 期货指数交易基金 S&P GSCI Commodity-Indexed Trust（GSG）追踪 GSCI 期货指数的表现。

2. 根据交易基金的投资策略分类

根据交易基金所运用的策略不同，可分为杠杆效应交易基金、卖空型交易基金和外汇避险型国际市场指数交易基金。

➤ 杠杆效应交易基金

基金运用杠杆效应追求回报率为基准指数双倍甚至 3 倍的交易基金，如果基准指数上涨 1%，双倍杠杆基金上涨的幅度为 2%，是市场指数的 2 倍；反之，当市场下跌时，双倍杠杆基金下跌的幅度为 2%，是市场指数的 2 倍。比如：

ProShares 公司富时中国 50 指数双倍看涨交易基金（ProShares Ultra FTSE China 50，XPP）以富时中国 50 指数为基准，交易基金的上下波动是该指数的 2 倍。

Direxion 公司富时中国 50 指数 3 倍看涨交易基金（Direxion Daily FTSE China Bull 3X，YINN）也是以富时中国 50 指数为基准，但该基金的波动幅度是基准指数的 3 倍，如果中国 50 指数上涨 2%，该交易基金要上涨 6%。

➤ 卖空型交易基金

卖空型交易基金是以卖空等方式反向追踪市场或行业指数，寻求市场下跌时获利，如果基准指数下跌，则卖空型交易基金上涨；反之，当市场指数上涨时，卖空型交易基金则下跌。比如：

ProShares 公司的富时中国 50 指数卖空交易基金（ProShares Short FTSE China

50，YXI)就是与基准指数的表现相反，当中国50指数下跌1％，卖空基金上涨1％。

卖空交易基金也可以借助杠杆效应，追求在市场下跌时有2倍或者3倍的回收。比如：

Direxion公司富时中国50指数3倍看跌交易基金（Direxion Daily FTSE China Bear 3X，YANG），当富时中国50指数下跌1％，但该基金的波动幅度是基准指数的3倍，上涨3％；反之，如果中国50指数上涨2％，则该交易基金将下跌6％。

➤ 外汇避险型国际市场指数交易基金

外汇避险型国际市场指数交易基金是在追踪某一国家股市指数的同时，运用远期外汇合同等金融衍生产品作为避险工具，以降低该国货币贬值的风险。此类交易基金出现于2014年，美元兑欧元、日元等主要货币大幅飙升的环境下。投资海外市场基本程序是，第一步先将本国货币换成欲投资国的货币，然后以该国货币投资该国股市，最后将卖出该国股票，将该货币再换回本国货币。如果在此期间，本国货币对该国货币大幅升值，汇率差就拖累了投资回收。

iShares公司的iShares MSCI Germany ETF（EWG）是以明晟德国指数为基准，追踪德国股市表现的交易基金，而该公司的iShares Currency Hedged MSCI Germany ETF（HEWG）则是在追踪德国股市表现的同时加入了欧元兑美元汇率的避险保护措施，降低美元持有者在投资德国股市时欧元贬值的风险。我们用2015年上半年的几个不同时间段德国股市的表现和欧元兑美元走势变化，比较没有汇率避险的EGW交易基金和有汇率避险的HEWG交易基金的回收结果。

2015年1月1日到4月10日，德国股市大幅上涨26.2％，同时期，欧元兑美元贬值11.57％。假设甲乙二人都在1月1日各自以1欧元兑1.21美元的汇率，用12 100美元换成10 000欧元，投资德国股市。甲只是单纯投资股市，乙却做了避险保护，在买入股票的同时以此为抵押向银行借10 000欧元，马上按1.21的汇率换成12 100美元用于避险。到4月10日，甲乙二人的投资都上涨到12 620欧元，同时获利了结。按当日欧元兑美元1.07的汇率，换回美元总数为13 503，甲的实际回收是11.6％，其丰厚的投资所得被欧元贬值侵吞了大半。但乙的情况就比甲好多了，他在卖出股票的同时，用10 700美元换回10 000欧元还给银行，获利1 400美元（$12 100—$10 700），实际收入是2 803美元[（$13 503—$12 100）＋$1 400]，回收23.17％（见表5-16）。这只是一个非常简单的例子，利息、费用等均忽略不计，目的是便于读者理解外汇避险型市场指数交易基金的概念。在实际交易中，基金经理们所采用的避险措施要复杂得多，而且对冲是随着基金总资产的变动而调整，所以，避险成功时，基金的表现基本与市场一致。在这一时期，有避险措施的HEWG回收为25.84％，而单纯投资德国股市的EWG的回收仅有11.5％，从两个基金的回收上就足以看出外汇避险型国际市场指数交易基金在货币贬值时保护投资回收的功效。

表 5‑16　欧元贬值,德国股市上涨,外汇避险型德国股市交易基金回收

2015 年 1 月 1 日—4 月 10 日,投资德国股市 德国股市上涨 26.2%,欧元兑美元贬值 11.57%		
	甲投资人 (没有汇率避险的投资回收)	乙投资人 (有汇率避险的投资回收)
1 月 1 日欧元兑美元汇率	1.21	1.21
原始投资美元	$12 100	$12 100
原始投资折算成欧元	€10 000	€10 000
投资组合总值(欧元)	€12 620	€12 620
4 月 10 日欧元兑美元汇率	1.07	1.07
折算回美元	$13 503	$13 503
汇率保护收益	0	$1 400
美元总资产额	$13 503	$14 903
实际投资回收	11.6%	23.16%

　　但是外汇避险型国际市场指数交易基金所采取的汇率避险措施也不是无往不利的,它是把双刃剑,在投资国货币贬值时起到防御作用,但在投资国货币升值时,它不仅起不到保护作用,反而拖累投资回收。2015 年 4 月 13 日到 5 月 15 日之间,德国股市下跌 7.23%,欧元兑美元升值 7.5%。如果甲乙二人在 4 月 13 日以欧元兑美元汇率 1.06,各自用 10 600 美元换 10 000 欧元,再投资德国股市。甲依然是不做外汇避险,而乙还是在买入股票的同时,向银行借 10 000 欧元,并马上换成 10 600 美元。至 5 月 15 日组合总额跌至 9 277 欧元,二人同时停损卖出股票,按当日欧元兑美元汇率 1.14,折算成美元为 $10 575。甲实际仅亏损 0.22%,但采用避险的乙却比甲多损失了 800 美元,因为除了股票亏损外,他还要用 11 400 美元换回 10 000 欧元还给银行 ($11 400 - $10 600 = $800)(见表 5‑17)。在不采取汇率避险措施下,投资国货币升值,无形中增加了投资回收。如果采用了汇率避险措施,因投资国货币升值,避险失败,投资组合承担了股市与汇市投资的双项损失。

表 5‑17　欧元升值,德国股市下跌,外汇避险型德国股市交易基金回收

2015 年 4 月 13 日—5 月 15 日,投资德国股市 德国股市下跌 7.23%,欧元兑美元升值 7.5%		
	甲投资人 (没有汇率避险的投资回收)	乙投资人 (有汇率避险的投资回收)
4 月 13 日欧元兑美元汇率	1.06	1.06
原始投资美元	$10 600	$10 600
原始投资折算成欧元	€10 000	€10 000

续　表

	甲投资人 （没有汇率避险的投资回收）	乙投资人 （有汇率避险的投资回收）
投资组合总值（欧元）	€9 277	€9 277
5月15日欧元兑美元汇率	1.14	1.14
折算回美元	$10 575	$10 575
汇率保护损失	0	— $800
美元总资产额	$10 575	$9 775
实际投资回收	—0.22%	—7.8%

　　由此可见，外汇避险型国际市场指数交易基金是在所投资国货币贬值时投资该国股市的最佳投资方式之一，在该国货币升值时，就不宜使用。但汇率的走向没人能准确知道，只能凭大概率来决定买避险型的还是买没有避险的海外基金。

四、交易基金的变形——交易票据（Exchange Traded Notes，ETN）

　　交易票据是从交易基金演变而来的，是交易基金和债券的结合体，其运作方式和交易形式都与交易基金基本相同。所不同的是，交易票据（ETN）是由信用较卓越的大型银行发行的结构性投资产品，它具有债券的特点，但没有固定的利息支付，也没有退还本金的保证。交易基金通常是持有实际的股票、债券，或期货合同、外汇合同和期权等金融衍生产品。交易票据可以随时在市场上买卖，投资者也可以一直持有至到期日，届时，发行方按到期时当日的指数变化支付投资者现金。

　　交易票据的类型包括：石油、金属和外汇等期货产品交易票据或新兴市场指数交易票据。

　　交易票据虽然是大型银行担保发行的产品，安全性相对较高，但不等于没有风险，它的最大风险是发行方的信用，一旦银行出现问题，其发行的交易票据可能存在违约的风险，当发行方的信用被降级时，即使交易票据所追踪的指数没有下跌，交易票据的价格也会下滑。

第五节　另类投资——对冲基金

　　对冲基金的英文为 Hedge Fund，hedge 的英文原义为修筑篱笆或留有余地以防损失，转用在金融投资领域，就是通过多空并举、套期保值等形式达到规避风险，保证收益的目的。

　　例如，你持有（多头）100万美元仓位的美国大型公司股票，为了规避因市场随时可能大幅下跌而带来的损失，同时卖空（空头）100万美元的标准普尔500指数，当市场下跌时,空头仓位获利,抵消了多头仓位的损失,达到避险的目的。

一、对冲基金的历史

第一只对冲基金何时出现无从考证,有人认为是在 20 世纪 20 年代的美国,但金融界公认的最先提出"对冲基金"的概念,并确立其结构形式的是美国人阿尔弗雷德·W. 琼斯(Alfred W. Jones),颇具戏剧性的是,他并不是金融界专业人士,而是哥伦比亚大学的社会学博士,当时是《财富》杂志的撰稿人。也许正因为他是非专业人士,所以他的基金模式也和当时市场上通行的共同基金不一样。1949 年,琼斯以一般合伙人的形式建立了世界上第一家对冲基金,该基金要求赋予基金经理人最大的操作弹性来建立投资组合,甚至包括空头和杠杆,目的是利用杠杆增加获利,利用卖空一揽子股票来控制组合的下行风险。琼斯操作模型的前提是,投资表现来自经理人的选股能力,而不是对市场方向的判断。他认为在市场上涨时,优秀的基金经理能找出超出市场表现的强势股和低于市场表现的弱势股。相反,市场下跌时,强势股会更抗跌,比市场走势更强,弱势股则会跌得更惨。如果投资组合中买进市场上最强的股票,卖空最弱的股票,不论市场环境好坏,投资组合都能获利。所以,对冲基金这个名词最早来源于它们经常多空并做,从而在一定程度上"对冲"了市场的不确定性,起到避险的效果,因而也被称为避险基金。

现在所说的对冲基金是一个非常广义的概念,共同基金等传统投资主要以做多股票和债券资产为主;而对冲基金不仅在资产选择上具有多样性,在策略应用上也更灵活,除股票、债券等资产外,还包括期货、远期期权等金融衍生产品,甚至还涉及实物等非金融资产,反正只要能挣钱,都可以去做。除多头策略外,还可以做空头、利用杠杆等等。实际上,并非所有的对冲基金都采用"对冲"策略,很多对冲基金名不副实,根本不用对冲策略,比如宏观因素策略、危机重组策略等等。

二、对冲基金的"4A"特性

对冲基金的特性可以归纳成四个"A":

A — Alternative Investment(另类投资)

A — Absolutely Return(绝对回收)

A — Active Risk Management(主动式风险管理)

A — Alpha(α 值——超额回收)

● Alternative Investment(另类投资)

如前文所说,对冲基金的投资不仅局限于传统的股票和债券,而是包罗万象,只要有投资获利的机会,都纳入其中。从对冲到套利,从投资模型到人为决策,各种策略可独立成行,也可多策略并举。从金融及衍生产品到房地产,再到艺术等收藏品,其投资的领域还在扩大,比如较新型的巨灾债券(Catastrophe Bonds)等产品。

- Absolutely Return(绝对回收)

绝对回收就是指对冲基金完全以成败论英雄,投资要绝对赚钱,没有相对性。对冲基金经理人能给投资人带来白花花的银子,就是好经理人。而共同基金经理人的投资回报总是和市场相比较而言,2008年金融危机时,股市下跌40%,如果某共同基金的回收下跌30%,即使投资人的投资亏损了30%,这位经理人的表现还是比市场好。

假设在2002年初投资100美元于S&P 500指数,到2012年,上涨到121美元,同样的,若投资在HFRI对冲基金指数,则上涨到201美元(图5-9),这就是对冲基金与传统投资最大的区别。

- Active Risk Management(主动式风险管理)

对冲基金是属于积极主动式的资产管理,任何投资都有风险,对冲基金也不例外。虽然它的名字叫对冲基金,但它仍承

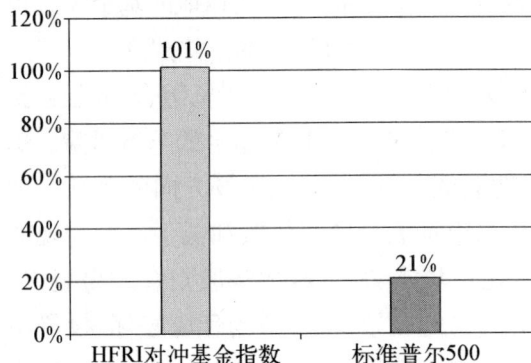

图5-9 对冲基金的绝对回收

担风险,并非将所有风险完全规避,而是在绝对回报里风险被清楚地定义且积极地控制,也就是说,有些风险被接受,有些将会被规避,投资者的风险不是来自一个市场或基准指数。相比之下,指数共同基金则不属此类型,它们被称为被动管理式基金。原因是其回收来自于市场基准指数的表现,所以投资者支付的费用也比积极管理式的基金便宜;另一方面,共同基金的经理人并未受命避免资本损失,换言之,基金的风险是由市场决定的,而主动管理式的对冲基金的风险则在于基金经理的判断能力。

- Alpha(α值——超额回收)

在投资组合管理中,讲到投资回报,常用到阿尔法(Alpha)值。阿尔法值是超额回报,或称绝对回收,即投资回报超出市场平均表现的部分,超额回报取决于基金经理人的投资策略和技巧。

表5-18 对冲基金的超额回收(100%杠杆)

	市场上涨10%	市场下跌(−10%)	市场持平(0%)
多头组合回收	18%(α=8%)	−2%(α=8%)	8%(α=8%)
空头组合回收	−2%(α=8%)	18%(α=8%)	8%(α=8%)
组合总收益	16%	16%	16%

在表 5-18 中，当市场上涨 10% 时，该对冲基金的多头组合上涨 18%，比市场高出 8%，所以 α 值为 8%；空头组合如果按市场表现，应亏损 10%，而他仅亏损了 2%，所以 α 值也是 8%；同样，在市场下跌 10% 时，多头组合仅下跌 2%，超出市场回收 8%，而空头组合的回收高达 18%，优于市场 8%；当市场不涨不跌时，其多、空组合的回收均为 8%。综上，无论是市场上涨还是下跌，或是横盘，该基金经理人的多头或空头组合都比市场表现好 8%。我们经常会听到人们在评价某一对冲基金经理人的业绩时，总会提到他的 α 值是多少，对于该基金经理人来说，他的 α 值就是 8%。

三、对冲基金主要投资策略

截至 2015 年 7 月，全球对冲基金总资产额达到 29 700 亿美元，接近 3 万亿美元大关，主要投资于以下四大主策略：股票对冲主策略、事件驱动主策略、相对价值主策略和宏观因素主策略。

1. 股票对冲主策略

股票对冲主策略（Equity Hedge）以股票和股票衍生产品为目标，以多空并举为策略。基金经理通过定量和定性分析锁定投资目标，投资范围可以很广泛，也可以集中于某些特定行业，不同的基金在净敞口、融资杠杆、持有期、公司市值和股票价值等方面也各不相同。一般而言，基金至少有 50% 以上或是全部的资金投于股票，包括多头和空头。该策略分七个子策略：市场中性子策略、成长对冲子策略、价值对冲子策略、定量定向子策略、产业对冲子策略、空头子策略及多种策略并重子策略等。

我们以市场中性子策略为例，介绍股票对冲策略的投资理念。市场中性是通过多、空对冲使整体组合呈现金价值中性或者是组合波动性 β 值的中性。其投资理念是，组合的投资表现与市场无关，而是在于基金经理人的投资能力，经理人有能力做到，多头仓位做多优质股，空头仓位做空劣质股，同时持有多头和空头仓位，当市场上涨时，多头仓位表现超出空头仓位；在市场下跌时，空头仓位表现优于多头仓位，这样，无论市场走势如何，即使出现崩盘，投资组合都可从多头与空头组合的表现差异中获利。市场中性子策略运用专业复杂的定量分析法确定影响未来股价变化的因素，锁定多、空投资目标，可采用杠杆融资的手段以提高组合回收。一般情况下，市场中性子策略的市场净敞口的多头和空头敞口均不超过 10%。

构建市场中性组合的方法很多，比如，建立多空仓位美元价值中性的组合，假定多头仓位是 100 万美元，则空头仓位也应是 100 万美元，多空仓位在金额数目上形成中性。贝塔（β）中性组合则是根据组合的贝塔系数建立市场中性组合，如下面的例子：

原始投资额：$100 万

投资组合：多头：

多头仓位成本：	$100 万股票
β 值：	1.2
多头应得红利：	2.5%

空头：

空头仓位：	卖空 $120 万股票
β 值：	1
空头应付红利：	1.9%
卖空费用：	0.3%
卖空额利息收入：	1.5%
融资利息：	4%

投资时间：一年

市场表现：下跌 8%

经理人根据多空仓位的贝塔(β)系数建立对冲组合，达到组合 β 中性的目的。贝塔(β)系数是一种风险指数，用来衡量股票或投资组合相对市场指数的波动情况。如果市场指数的 β 值是 1，当股价或组合的 β 值大于 1 时，表明其波动幅度比市场高；β 值小于 1 时，表明其波动幅度比市场低；如果 β 值为负数，则表明股价波动的方向与市场方向相反；市场指数上涨时，股价下跌，而市场指数下跌，股价反而逆市上扬。市场对冲策略的理念是组合的表现来自基金经理人的选股和决策能力，与市场表现无关，在本例中，该基金经理人持有的 100 万美元多头仓位 β 值为 1.2，即多头仓位上下波动为 120 万美元，所建立的空头仓位 β 值为 1，为达到组合 β 值中性，他卖空了总额为 120 万美元的空头仓位。市场下跌 8%，多头仓位上涨 2%，比大市表现好，空头仓位下跌 12%，幅度比市场更深，空头仓位的表现优于多头仓位，使整体组合在市场下跌时仍能获利(表 5-19)。

表 5-19 市场中性策略组合回收

	多头仓位	空头仓位	收入与费用
成本	$1 000 000	− $1 200 000	
仓位表现	2%	−12%	
组合仓位市值	$1 020 000	− $1 056 000	
仓位盈亏	$20 000	$144 000	$164 000
多头应得／空头应付红利	$25 000	− $22 800 [①]	$2 200

续　表

	多头仓位	空头仓位	收入与费用
卖空额利息收入			$18 000 [②]
卖空费用			−$3 600 [③]
卖空融资利息			−$19 200 [④]
组合总回收			$161 400 [⑤]
组合回收			16.14%

说明:
① 空头应付红利:卖空是先把股票借回来再卖出,如果派发红利,卖空者需将红利支付给股票出借人。
② 卖空回扣收入:卖空股票所缴纳的融资保证金资金赚取的利息收入,本例中按利息1.5%计算。
③ 卖空费用:借股票需要向股票出借人支付一定的费用,费用或者按比例一次性支付,或者是按借用天数计算,本例中,按比例一次性计算,费用率为0.3%,为1 200 000×0.3%=3 600(美元)。
④ 卖空融资利息:本例中,卖空融资按照卖空总额的40%计算,融资额为1 200 000×40%=480 000(美元),融资利息率为4%,卖空融资额利息为480 000×0.04%=19 200(美元)。
⑤ 为便于说明,在例子中只考虑了红利、卖空费用和融资利息等项目,交易佣金等其他费用忽略不计。

2. 事件驱动主策略

基金经理人寻找公司可能发生重大事件时的投资获利机会,比如并购、重组、财务危机、收购报价、股票回购、债务调换、证券发行,或者其他资本结构调整等等。可投资的资产有高评级债券、次级债券、股票及相关衍生产品等。事件驱动主策略以定性分析为主,投资决策取决于经理人的经验、分析与决策能力,股票市场、债券市场的变化以及公司的特殊原因都会影响到投资收益。事件驱动主策略分七个子策略:并购套利子策略、活跃行为(Activist Strategies)子策略、信用套利子策略、危机重组子策略、私募/D监管子策略、特殊情形子策略和事件驱动复合子策略。

我们举一个并购套利子策略的例子以加深对事件驱动策略的理解。并购套利策略是选择正在进行合并与收购的公司为投资对象,该策略只投资已经公开宣布并购交易的公司,且此交易基本上属于板上钉钉的事。基金经理不会在并购消息公布之前投资,也不会选择有并购实质,但没有正式发布相关消息的公司为投资目标。并购交易有时是跨国界的收购,会牵涉不同的国家和地域的监管机构,但公司的信用风险通常较小,不会影响投资收益。

公司收购一般分现金收购、股票交换收购和现金加股票交换收购等形式。我们分别举例说明现金收购和股票交换收购。

现金收购套利解释

甲公司宣布以现金方式买下乙公司,收购价格相当于乙公司股价每股50美元。一般而言,消息公布后,除非市场认为甲方出价过低,乙公司可以卖出更好的价钱,乙公司股价不会立即涨到50美元,大多数情况下,市场价和最终收购价中间有一个差距,并购套利就是从这个差距上获利。如果乙公司股价在消息出来涨到49.5美元,收

购在两个月后结束,基金经理运用 4 倍的杠杆,则其套利收益如下表 5 - 20 中 A 栏所示:

表 5 - 20　现金收购套利收益

	A 栏	B 栏
	无保护套利策略	有保护套利策略
乙公司收购价	$50.00	$50.00
乙公司市场价	$49.50	$49.50
价格差	$0.50	$0.50
买入看跌期权权利金	$0.00	$0.20
回收(60 天)	1.01%	0.61%
年回收	6.06%	3.64%
4 倍杠杆的回收	24.24%	14.55%

凡事皆有变数,如果甲、乙公司的收购因某种原因未能成功,可能导致乙公司的股价下跌,基金经理会采取相应保护措施以降低风险,比如买入乙公司的看跌期权,则其套利收益如表 5 - 20 的 B 栏所示。保护措施影响收益,但降低风险,此谓有得必有失。

股票交换收购解释

如果公司收购以股票交换的方式进行,并购套利又该如何操作呢? 假设甲公司与乙公司宣布合并,具体情形如下:

甲公司以一对一股票交换方式收购乙公司

消息宣布时,甲公司股价 55 美元,乙公司股价 50 美元

并购套利策略:卖空收购方甲公司股票,买进被收购者乙公司股票

操作方法:55 美元卖空甲公司,50 美元买进乙公司

乙公司股票在合并结束后将转换成甲公司股票,此时无论甲公司股价如何变化,组合都已锁住 5 美元利润。组合在 55 美元卖空甲公司股票,如果甲公司在收购完成时股价上涨至 65 美元时(表 5 - 21),卖空仓位每股亏损 10 美元,甲公司是以一对一股票交换方式收购乙公司,所以自并购消息公布后,两家公司的股票就绑在一起,股价同上同下,此时,乙公司股价也上涨,50 美元买进的乙公司,现在每股股价 65 美元,利润 15 美元,卖空甲公司和买入乙公司的净利润为 5 美元。反过来,如果此时,甲公司的股价下滑,跌至每股 45 美元,乙公司股票也同步下跌。此时,卖空甲公司每股获利 10 美元,买进乙公司每股亏损 5 美元,净利润还是 5 美元。

表 5 - 21　现金收购套利收益

	如果甲、乙公司股价 上涨至 65 美元	如果甲、乙公司股价 跌至 45 美元
卖空甲公司股票的盈/亏	－ \$10	＋ \$10
买进乙公司股票的盈/亏	＋ \$15	－ \$5
总回收*	＋ \$5	＋ \$5
回收率	10％	10％
一个月完成收购,年回收率	120％	120％
三个月完成收购,年回收率	40％	40％
* 为便于计算,卖空的费用、应付红利、融资利息等费用及卖空利息收入等均忽略不计。		

前面提到过,市场多变,任何事情都可能发生,所以并购套利子策略在应用时需要注意以下事宜:

(1) 收购合约中有关双方违约处罚的规定,处罚条件越严格,违约处罚金越高,越好。严格的违约条款增加违约成本,提高收购双方保证履约的可能,对于套利者而言就相应降低了风险。

(2) 收购合约中的免处罚条款,知道双方在什么情况下双方可以撤销收购合约,而不需要交纳违约金,一旦预计到可能发生违约的情况,基金经理会立即关闭仓位。

(3) 收购公司是否也可能成为被收购的对象,所谓"螳螂捕蝉,黄雀在后",公司兴高采烈地忙着收购心仪的目标,料想不到自己也已成为他人希望吞并的对象。如果这种情形发生,在甲公司收购乙公司的例子中,甲公司的股价会因自己被第三方收购而上涨,导致卖空甲公司的仓位出现亏损。

(4) 收购公司本身财务实力雄厚,公司决策层在并购业务上经验丰富,这样可以保证收购的顺利完成。

(5) 合并收购一定要已得到收购与被收购公司的股东同意,这样的收购成功率高,才有套利的可能性。如果收购公司在未经被收购公司董事会同意的情况下,不管对方赞同与否,发出敌意收购的要求,这样的并购成功性难有保证。假设上述的例子是敌意收购,被收购公司乙公司的股东可能因为价格等原因,不同意将公司卖出,收购不成立。市场认为甲公司可以不用出高价收购,对甲公司是好事,股价上涨至 70 美元,而另一方面乙公司股价下跌至 40 美元,此时卖空甲公司的仓位损失 15 美元,而买进乙公司的仓位损失 10 美元,两头都亏损,真是套利不成蚀把米。

2014 年是全球兼并收购的丰收年,并购交易总额达到 3.5 万亿美元,比 2013 年上涨了 47％,促使兼并收购高速成长的推手是各国的央行,全球央行纷纷采取低利息或量化宽松等货币政策,使公司很容易借到超低利息的资金用作收购,而这样的大环境恰恰给并购套利策略提供了更多投资机会。

3. 相对价值主策略

相对价值主策略的投资理念是利用各类相关有价证券之间存在价值差异，寻找投资获利的机会。基金经理运用定量和定性分析方法锁定投资目标，可用于该策略的资产类别非常广泛，包括股票、固定收益资产、金融衍生物和其他的有价证券。相对价值主策略的固定收益子策略是以定量分析为主，衡量资产之间现存的相互关系，寻找其中风险调整后的利差所带来的最具吸引力的投资机会。相对价值主策略的投资也包括公司并购交易，但它和事件驱动主策略的并购套利子策略不同，它的投资理念建立在相关证券之间的价值差异，而不是公司完成并购的结果。相对价值分为四个子策略，固定收益子策略、波动套利子策略、收益替代子策略及相对价值复合型子策略。固定收益子策略中还可细分为：可转换债券套利策略、资产抵押策略、公司债券策略、政府债券策略等；收益替代子策略包括能源基础策略和不动产策略等。

我们列举固定收益子策略下的可转换债券套利策略的例子来进一步说明相对价值主策略的投资方法。可转换债券套利是利用可转换债券和与其相关的股票价格的差异投资获利。例如：某公司发行的可转换债券：面值 1 000 美元，利息 7%，到期时间 1 年，可转换为 50 股不发红利的普通股，债券的市场价格 1 050 美元，市场上同类债券的最低价格为 960 美元，普通股市场价格 20 美元。

对冲策略：买进可转换债券，105 万美元

卖空股票，50 万美元（以每股 20 美元，卖空 25 000 股股票）

对冲率为（500 000÷1 050 000）×100%＝47.6%

投资时间：一年

当股价不变、上涨和下跌时的获利情形如下表 5 - 22：

表 5 - 22　可转换债券套利策略回收

	股价不变	股价上涨 20%	股价下跌 20%
买进可转换债券所得利息	$70 000	$70 000	$70 000
买进可转换债券获利/亏损	$0	$210 000	− $90 000
卖空额利息收入（500 000×1.5%）	$7 500	$7 500	$7 500
卖空盈亏	$0	− $100 000	$100 000
回收	$77 500	$187 500	$87 500
年回收率	7.38%	17.86%	8.33%
4 倍杠杆的投资超回收	29.5%	71.4%	33.3%
＊ 为便于计算，卖空的费用、应付红利、融资利息等费用均忽略不计。			

可转换债券因为带有可转换条款，按约定比例转换成公司股票，此类债券的价格既与利息等影响债券价格的因素有关，也与其公司股票的表现密切相连。一般情况下，可转换债券随股价上涨而走高，随股价下跌而走低。但可转换债券毕竟是具有票面利息的债券，投资人可定期获得利息，所以，即使是债券价格随股价下跌，但幅度有限，一旦债券价格跌至与市场同类债券价格水平相同的价位，就不会再下滑了。在这个例子中，市场同类债券的最低价格为 960 美元，也就是该可转换债券因受股价影响而下跌时，最多跌至 960 美元左右。

可转换债券套利策略在使用时应注意：

（1）通常发行可转换债券的公司是财务状况相对较弱，信用评级较低的公司，可能存在债务违约的可能。

（2）如果所发行的可转换债券规定了赎回条款，公司可以按照约定提前赎回此债券。一般而言，可转换债券的市场价比其票面值高，在前面的例子中，面值 1 000 元的可转换债券市场价格为 1 050 元，如果公司以票面值召回该债券，那么债券的投资本金就会产生损失（1 050－1 000＝50）。

（3）可转换债券套利能否成功获利的关键是卖空的股票与可转换债券之间的对冲比率，而这取决于基金经理对公司的了解和对市场判断的准确度。

4. 宏观因素主策略

简单而言，宏观因素策略是通过行为偏差，建立投资模型，或合法地获取不对称信息等方式投资获利。具体地说，就是根据经济、政治和人文社会等宏观因素的变化及其对股票、固定收益资产、主要货币和期货市场的影响，寻找投资获利的机会。基金经理人运用定量、定性、基本面和技术面等分析方法，综合自上而下和自下而上的分析策略，分别锁定长、短期投资目标。某些宏观因素策略也采用相对价值策略的方法，但两者之间的不同之处在于，宏观因素策略的投资理念建立在宏观经济的变化，而相对价值策略则侧重于证券之间的价格差异。宏观因素策略和股票对冲策略一样都持有股票，但宏观因素侧重于判断宏观经济变化对股票价格的影响，而股票对冲策略则更关注公司基本面等微观因素对股价的影响。宏观因素主策略分为七个子策略：人为决策子策略、主题投资子策略、活跃交易子策略、宏观大宗商品子策略、货币子策略、系统分散子策略和宏观复合子策略。宏观大宗商品子策略可细分为：能源策略、金属策略和综合商品策略等；货币子策略包括：货币系统决策策略和货币人为决策策略。

人为决策子策略对基金经理的自身水平要求很高，该策略采取自上而下的分析方法，基金经理人通过对政治、经济、人文等宏观因素的重大变化对各类资产及资产之间相互关系的影响进行分析，根据相关数据，作出人为判断，确定资产价格的波动是否造成市场价格与真实价格的背离，或通过反向心理分析，锁定投资目标，进而采取相应的投资策略。我们用下面的实例进一步说明人为决策策略。

2011年10月底,美国股市触底反弹,保持涨势至2012年第一季度,但同时期,美国联邦债券价格并没有下跌,而是在高处盘整。基金经理根据对经济环境、美联储货币政策取向等宏观因素的分析,认为美国国债价格可能走低,于是采取了以下策略(表5-23):

操作方法:卖空10年期美国联邦债券

投资时间:一个月

投资回收为:

表5-23　卖空美国国债回收

卖空价位	$132.75
买回平仓价位	$128.5
利润	$4.25
回收率	3.2%
年回收率	38.4%
4倍的杠杆年回收率	153.6%

一般而言,债市和股市是背道而驰的,当股市好的时候,投资人追求高回收,资金从低风险低回收的债市撤出,而转入股市;反之亦然。但是2011年底到2012年第一季度这段时间,美国股市和债市的走势并没有按照传统的互为相反的关系行进。基金经理人采取此策略基于以下分析结果:

(1)美国经济指数显示,房屋市场回暖,就业市场改善,经济转好,投资人对股市信心增加。

(2)市场普遍认为美联储将继续其非正常货币政策,在3月的利息政策会议上宣布推出新一轮的"量化宽松",大举购买长期国债及相关资产,因此市场提前买进债券,导致债券价格出现背离。

该基金经理通过分析判断,认为既然经济好转,美联储应该不会马上实施第三次量化宽松(QE3),一旦美联储在3月的会议上没有宣布实施第三轮量化宽松,股市会继续上涨,美国国债价格将下跌,回归其应走的方向。但是美联储继续量化的进程是大趋势,不可逆转,至于什么时候开始,只是时间问题,所以,此策略只能是短期投资机会,应在美联储下一次货币政策公布之前关闭仓位。

四、对冲基金的组合基金(Fund of Hedge Funds)

对冲基金最吸引人的是其超额的投资回收,然而它也因门槛太高,让很多投资人望而却步。对冲基金的高门槛体现在对投资人身份的高标准和对最低投资金额的严格要求。有人将对冲基金称为富人俱乐部，这一点正说明了对冲基金对投资人身份要求之高。根据美国证券委员会（U. S. Securities and Exchange Commission，SEC）的规定，只有高净值投资人才可投资对冲基金。因为大多数对冲基金都是通过私募方式发行，对冲基金也不需要在 SEC 注册，所以在监管上比共同基金等金融产品要宽松很多，因此，SEC 在对冲基金投资人的要求上比较严格。净资产达到 100 万美元，或者是年薪超过 20 万美元的个人才符合美国证券委员会所规定的高净值投资人标准。现在，有些对冲基金开始向 SEC 注册，在 SEC 注册的对冲基金对投资人的身份要求上就相对比较宽松了。

对冲基金最低投资额的要求也经常使很多符合身份的投资人被拒之门外，特别是一些颇有名望的对冲基金。一般而言，规模小的对冲基金要求相对较低，最低投资额从 25 万到 100 万美元不等，但一些知名的对冲基金最低投资额要求可能高达 500 万美元，确实使人可望而不可即。

即使具备了高净值投资人的条件，也有大笔资金可以用于投资对冲基金，还有一个问题，那就是面对市场上林林总总的对冲基金、五花八门的策略，投资人该如何选择呢？对冲基金的组合基金的出现为对冲基金投资人提供了便捷之路。

对冲基金的组合基金是将多种对冲基金集合而成的投资产品，基金经理人根据其经验，选择行业中优秀的对冲基金形成一个基金的组合，相当于对冲基金的共同基金，但和传统的共同基金不同的是，对冲基金的组合基金不在市场上交易。

- 对冲基金的组合基金优势

1. 帮助缺乏投资对冲基金经验的投资人选择较好的投资产品

市场上对冲基金数量繁多，难免良莠不齐，对冲基金组合基金的经理人具备专业知识和经验，按照严格的标准精挑细选，从海量对冲基金中选出最佳基金。他不仅要考核对冲基金的表现，还要考察其经理人的专业背景，为投资人解决了如何选择对冲基金的问题。

2. 为资金有限的投资人降低投资额门槛

对冲基金的组合基金将投资人的资金集中在一起，作为一个投资体去投资选定的对冲基金，无形中降低了每个投资人的最低投资额的限制，使资金相对有限的投资者也可以投资最低投资额要求较高的著名对冲基金。

3. 通过基金组合分散投资

单一对冲基金一般只侧重于某一特定的策略或者市场，而通过对冲基金的组合基金则可将资金同时投于不同的对冲基金，建立持有不同策略的对冲基金组合，形成对冲基金的资产配置，分散投资，降低了投资单一对冲基金的风险。

- 对冲基金的组合基金的双重收费

金无足赤，凡事有好的一面，也有其不好的一面。对冲基金的组合基金的双重收费是其短板,双重费用包括:组合中的每个对冲基金本身收取的费用和对冲基金的组合基金收取的费用。过高的收费会影响投资回收。

第六节　如何实施资产配置

资产配置前的准备工作

"钱不是万能的,但没有钱是万万不能的",这句话大家可能都听说过,我们在这里不探讨人生的价值观,而是从投资的角度来说,此言说出了投资理财的重要性。我们中国人最讲"未雨绸缪,有备无患",投资的目的是钱生钱,增加财富,备未来之需。

人的一生中财富的生命周期可分为三个阶段:青年时期是财富的累积阶段,中年时期是财富的增加阶段,老年时期进入财富的消耗期。在不同的阶段,其投资需求也各不相同,只有通过正确的资产配置才能满足不同的投资需求,而资产配置投资法就是满足投资人各种投资需求的重要工具。

我们前文所介绍的现金、债券、股票、房地产、期货等资产都是用于资产配置的重要资产类别。生活中,大家似乎都在有意或无意地做着资产配置,存点定期存款,买些国库券,置办点房产,炒炒股票,投资黄金,等等。只是方法是否得当,投资的回收是否符合预期,这些问题可能很少被认真地考虑过。正确的资产配置是构建一个多资产的组合,使其既符合投资人的风险承受能力,又能满足在未来某特定时间内的财务需求。为使组合的资产配置能很好地为你未来的需求服务,首先必须清楚地了解两大问题:一是你自己,二是你用来投资的金融产品。

一、了解你自己

了解你自己,就是很清楚地知道你的投资目的是什么,你又愿意承担多大的风险,能用于投资的资金有多少,投资的时间长短等等。在决定投资之前,你先要对这些问题有非常明确的答案,才能有的放矢地构建满足需求的投资组合。

- 投资目标

攒钱是为了用于支付子女的教育开销,还是购房、买车,是准备家庭急用,还是为积累准备退休后花费。同一投资目标,在财富周期的不同阶段,所对应的资产配置策略也完全不同。

- 预期收益与风险偏好

做投资的人都希望有好的回收,但是设定预期的回收不能忽视投资的风险。一位客户曾对我说,他希望每年获得30%左右的回收,但不要有任何风险,我竟一时无语。投资的回收和风险相伴而行，你的预期值高，就得适应相对高的风险。如果你过于谨慎，投资组合的些微波动，就使你心惊胆战，夜不能寐，就别对回报预期太高。所以，想获得什么样的投资回收，首先要明确你的抗风险击打能力有多强。

- 投资时间跨度

你准备投资的时间是多久，三五年还是十年或更长。不同的时间跨度，资产配置的策略各异，因为资产的波动与投资时间成反比，随着投资时间的延长，资产的波动性逐渐下降。

- 财务状况

收入较高，扣除平日衣、食、住、行等相关开销及其他贷款后，仍有较大比例的闲钱可用于投资，通过合理资产配置，实现投资目标的可能性较高。如果收入有限，资本累积较慢，更应早作规划，以切实可行的资产配置，帮助达成投资目的。投资理财越早开始越好，如果在 20 岁时开始投资，每年投资 1 000 元，假设组合年回收为 10％，到 65 岁时你的组合资产可达到 82 万元，但你从 40 岁才开始投资，同样每年 1 000 元，年回收 10％，到 65 岁，你的投资所得仅为 11 万元。这是复利的功效，因此投资理财应尽早开始。

- 你的年龄

年龄也是资产配置应考虑的一个重要因素，一个 20 岁刚踏入工作岗位的社会新人，一位 55 岁距退休时间越来越近的中年人和一个年逾古稀的老年人的投资组合的资产配置是完全不同的。

明确了以上各因素，你已很清楚自己的投资需求了，就如何有针对性制定资产配置也有了较为明确的方向。那么该怎样配置资产才能够满足投资需求呢？这就要根据各类资产的回收和风险特征及资产之间的相关性来决定，这也是在作资产配置时，我们需要完全了解的第二个问题。

二、了解各类资产的收益与风险特征及与其他资产的相关度

表 5 - 24 列出了大型公司股票、小型公司股票、债券、房地产、期货和对冲基金六大资产自 1995 年到 2014 年的回收与风险波动。计算各类资产的投资与波动所依据的指数如下：

大型公司：以标准普尔 500 大型公司指数（S&P 500 Index）为基准，不计算红利收益。

小型公司：以罗素 2000 小型公司指数（Russell 2000 Index）为基准，不计算红利收益。

债券：以巴克莱美国综合债券指数（Barclays US Aggregate Bond Index）为基准。

房地产：以明晟美国房地产指数（MSCI US REIT Index）为基准。

对冲基金：以美国对冲基金顾问公司 Hennessee Group LLC 的对冲基金指数（Hennessee Hedge Fund Index）为依据。

期货：以路透（Reuters）/Jefferies 商品研究局（Commodity Research Bureau）指数（RJ/CRB）为参照。

表 5-24　各资产类别的回收与风险

主要资产的回收与风险波动(1995—2014)						
资 产 类 别	大型公司	小型公司	债券	房地产	期货	对冲基金
平均回收	9.60%	9.92%	6.29%	10.86%	1.16%	9.32%
复利回收	8.19%	8.62%	6.54%	9.26%	−0.07%	9.21%
最高回收	34.11%	45.37%	18.46%	36.74%	23.46%	30.77%
最低回收	−38.49%	−34.80%	−2.02%	−41.51%	−36.01%	−19.83%
最大波动范围	72.60%	80.17%	20.48%	78.25%	59.47%	50.60%
标准差	19.09%	19.21%	4.45%	20.33%	15.57%	11.28%

表 5-24 中的数据显示，在过去 20 年，股票和房地产的回收最高，相应地，它们的风险波动性也较高，而债券的表现相对较低，但它的风险波动也很小。对于同一类资产而言，随着投资时间的加长，其风险收益特征也随之降低，长期的风险波动相应下降。

如果你已经退休，希望投资回收相对稳定，波动不要太大，则资产配置中应提高债券的比例，降低股票等高风险型资产的比重。假如你刚届而立之年，工作了几年也有些积蓄，希望提早为以后的退休生活准备积蓄，那么组合中股票等高风险资产的仓位应占较高的比例，甚至可以将资产 100% 的配置于高风险的资产类别中。

我们在介绍资产配置的重要性时曾探讨过各类资产的相关度，如果用于配置的资产类别相关度很高，其回收与波动也很相似，达不到降低组合波动性的目的，影响组合的投资回收，所以，各类资产之间的相关度（表 5-25）也是构建投资组合的一个重要考量因素。

表 5-25　各类资产相关性

各类资产相关性(2005 年 6 月—2015 年 6 月)										
	美国大型公司	发达国家股市	新兴市场股市	国债	地方债券	垃圾债券	外汇	期货	房地产	对冲基金
美国大型公司	1.00	0.88	0.78	−0.28	−0.10	0.76	−0.48	0.52	0.79	0.81
发达国家股市		1.00	0.91	−0.17	−0.02	0.79	−0.68	0.63	0.68	0.87

各类资产相关性(2005 年 6 月—2015 年 6 月)										
	美国大型公司	发达国家股市	新兴市场股市	国债	地方债券	垃圾债券	外汇	期货	房地产	对冲基金
新兴市场股市			1.00	−0.12	0.04	0.82	−0.65	0.68	0.58	0.89
国债				1.00	0.80	−0.08	−0.08	−0.21	−0.06	−0.27
地方债券					1.00	0.15	−0.09	−0.13	0.02	−0.07
垃圾债券						1.00	−0.51	0.60	0.69	0.78
外汇							1.00	−0.68	−0.39	−0.55
期货								1.00	0.41	0.73
房地产									1.00	0.55
对冲基金										1.00

资产配置的两大步骤

有了明确的投资目标，也了解了各资产风险与收益特征及相关性，下一步就该考虑如何作资产配置。资产配置一般分两大步骤，战略资产配置（Strategic Asset Allocation）和战术资产配置（Tactical Asset Allocation）。

一、战略资产配置

战略资产配置是根据投资目标，为投资制定长期的资产分配计划，确定资产类别和各资产投资比例，构建可满足投资需求的组合。战略资产配置是计划的目的与核心，它是依据各类资产的长期回收与风险特征，对组合作优化处理而制定的策略。除非投资人的投资目标、财务状况和风险承受能力等主要因素发生了重大变化，已确立的战略资产配置策略应在投资中贯穿始终，以后的所有组合调整工作都要围绕此主旋律而进行。

战略资产配置的具体做法是：根据各类资产长期的风险与回收的统计数据对组合作优化处理，使组合回收达到预期目标。如果你希望建立风险低、波动小的组合，那么组合中股票和期货等高风险的资产比例要低，现金和可投资级债券等资产的比例要高。一般而言，你的收入等财务状况及风险承受度都不会经常改变，除非中了彩票，一夜发财。因此，战略资产配置是长期性的计划。

二、战术资产配置

战术资产配置是为更好地实现战略资产配置的目的而采取的方法和手段,是在战略资产配置确定后,依据市场情况将战略资产配置中所确定的资产比例作适当调整的过程,以增加与风险相适应的回收。

战术资产配置是战略资产配置的补充,是资产配置过程中不可缺少的因素。如同在一场战争中,战略决策是为夺得战争的最终胜利而制定的大政方针,取得胜利的过程是每场战役成果的累积,而战役的胜利来自运用得当的战术,这些战术都不会偏离战略的指导。战略资产配置是从长远出发制定的配置计划,但是金融市场是混沌的系统,并不是想象中有规则的线性变化。在实行战略资产配置的长期投资过程中,某类资产在某段时期因各种特定原因常出现与其历史数据大相径庭的表现。这些原因包括:市场的估值偏高,投资人对某些资产的特殊偏好,经济周期的改变,央行货币政策的变化,对各类资产产生重大影响的突发事件等等。在保证完成战略资产配置的目标前提下,根据短期波动,对配置的资产作相应的短暂调整,使资产配置更适合当前特定的市场条件,提高与风险相适应的组合回收。这就是战术资产配置的作用所在。战略资产配置和战术资产配置的比较如表 5 - 26 所示。

表 5 - 26 战略资产配置与战术资产配置比较

比较项目	战略资产配置	战术资产配置
定 义	根据投资目标所制定的长期资产分配计划,确定资产类别和各资产投资比例,构建可满足投资需求的组合	在战略资产配置确定后,依据市场情况将战略资产配置中所确定的资产比例作适当调整的过程
作 用	是资产配置的目的与核心	为实现战略资产配置而采取的方法和手段
市场环境	正常市场环境	非正常市场环境
对组合的影响	贯穿投资组合全过程的主旋律	对战略资产配置主旋律作局部的修改与完善
时间跨度	长期策略	短期调整
配置依据	各资产类别长期的回收与风险特征和投资者的投资目标与风险承受能力	固定式调整 　买进持有 　恒定比例 　组合保险 主动式调整 　资产的估值 　经济周期分析 　投资人心理 　市场择机(Market Timing) 　市场动量(Momentum)

战略资产配置的方法

一、战略资产配置的主要方法

战略资产配置的理论和方法很多,最著名的有：马克维茨均值—方差组合理论、"安全第一"投资组合理论、风险价值理论(Value at Risk)、剩余优化配置方法、行为组合理论等等。我们以马克维茨的均值—方差理论为例,来探讨战略资产配置的做法。

马克维茨均值—方差资产配置法的理论前提是投资收益呈正态分布,均值是预期的回收,方差用于衡量风险,通过这两个参数得出投资组合的收益情况的概率,依此可以建立一定预期投资收益水平下,方差最小,也就是风险最小的投资组合。概括而言,此方法的运用要综合考虑五个主要因素：

1. 根据资产的风险与收益特征确定可用作配置的资产；

2. 根据计划投资时间,确定可配置的资产在此预期内的投资回报和风险系数；

3. 根据各资产的回收和风险系数,选出每个风险水平上的最高投资回报率的组合,确定组合的有效前沿；

4. 考量各类资产的相关性,优先选择低相关度或负相关度的资产进行配置；

5. 根据风险承受能力,选择与其相适应的最高投资回报的组合配置。

二、战略资产配置也要因人而异

战略资产配置能否产生效用,为投资者带来预期的投资回收,取决于组合的风险与收益的相关性。所以,了解投资者的风险承受能力、预期持有期限和回收是战略资产配置策略需要首先考量的因素,在此分析的基础上,再根据各资产类别长期的风险和回收的统计数据,确定各风险水平的最高有效前沿,也就是适合投资者风险承受能力的最高投资回收可能,最终制定最能满足投资目标的战略资产配置策略。

由于投资者的需求和条件各不相同,战略资产配置也要因人而异。我有一位客户,几年前先生故去,给她留下了房子和 500 万美元的存款,她没有工作,得靠这笔资金承担两个儿子读大学的学费和家里的一应开支花费,所以她的资产配置应选择保守防御型的策略。而另一位律师客户,事业稳定,有 100 万元存款,存款额每年还可再增加 10 万元；两个孩子一个读初中,一个念高中,他的投资目标是：为未来孩子们上大学准备学费。不需要过于保守的投资策略,但也不希望组合出现大幅波动,因此,风险适度的温和型投资策略较适合他。一位工作了两三年的年轻人,月薪 5 000 元,除去房租和杂七杂八的费用,每年还可存下 5 000 元用于投资,对于他来说,投资组合的配置可以偏重风险较高资产类别,反正一个人吃饱了,全家都不饿,可以承担较大的风险。

举一个简单的以股票和债券资产确定战略资产配置的例子：孙先生刚开始了退休生活,除了每月的退休金所得外,没有其他收入来源,他想作些投资,每月能获得固定利息收入,支付一些生活费用,但不愿意看到本金有过多损失,组合的回收能比利息高一些。根据孙先生的投资需求,按照表5-27的配置方式,组合C的预期回收和波动性分别为8.1%和8.0%,符合其投资需求,孙先生的战略资产配置策略应该是60%的债券和40%的股票。

预期回收为：$60\% \times 3.5\% + 40\% \times 15\% = 8.1\%$

波动性：$60\% \times 0.0\% + 40\% \times 20\% = 8.0\%$

表5-27 不同股票债券配置的预期回收与波动性

组合	国债	股票	预期回收	波动性	代表性回收范围
A	100%	0%	3.5%	+/−0.0%	3.50%
B	80%	20%	5.8%	+/−4.0%	+1.8%~+9.8%
C	60%	40%	8.1%	+/−8.0%	+0.1%~+16.1%
D	50%	50%	9.3%	+/−10.0%	−0.1%~+19.3%
E	40%	60%	10.4%	+/−12.0%	−1.6%~+22.4%
F	20%	80%	12.7%	+/−16.0%	−3.3%~+28.7%
G	0%	100%	15.0%	+/−20.0%	−5.0%~+35.0%

战术资产配置的方法

战略资产配置是达到投资目标的长期计划的核心,如果确定该战略策略的前提条件没有变化,战略配置就不能变动。在上面的例子中,孙先生的财务和收入情况及他的投资目标和风险承受力等先决条件决定了其投资组合60%债券和40%股票的战略资产配置,只要其先决条件没有改变,其战略资产配置的策略也无需作调整。金融市场有时风平浪静,有时波涛涌动,所以在战略资产配置的长期计划中,为适应市场短暂的变化,需要战术配置的调整。

战术资产配置分两类——固定调整方式和主动调整方式。固定调整方式是按照某一固定的方式对战略配置策略下的投资组合资产配置作调整,此类方法按照固定方式进行,只要情况出现了,就依此调整,因此是机械式的调整。主动调整机制和固定调整方式不同,是以人的主观分析判断为准,根据对某资产短期走势的预测决定对资产配置的调整。

一、固定调整式战术资产配置策略

固定式战术资产配置调整方式比较常见的几种方法包括:买进持有(Buy and Hold)策略、恒定比例策略和投资组合保险策略等。

(一)买进持有策略

买进持有策略是按照组合最初构建时所设定的资产配置比例买入各类资产,只要决定组合资产配置的要素没有改变,组合就一直持有这些资产,无论资产的价格如何变化,都不需对组合作任何调整。这一方法操作简单,我们称之为"懒人投资术"。买进持有方法的组合各资产的比例随着市场价格的波动变化而改变。比如,10万元的投资组合,根据投资需求与风险偏好和时间跨度,确定了较为激进的战略资产配置策略,70%的资产投资于股票,30%的资产投资于债券,而后持有该组合,不作任何调整。如果一段时间后,股票价格上涨了20%,而债券基本不变,则组合中股票的资产比例提高到74%,债券比例降至26%。

(二)恒定比例策略

恒定比例策略是随着资产价格的波动调整组合配置,使各资产始终保持最初的配置比例不变。组合中每种资产的回收不同,一段时间后,一些资产类别回收高于其他资产类别,使其在组合中的比例提高,此时,要将该资产类别超出最初比例的部分卖出,将资金转入其他比例低于最初配置的资产,使组合的各资产配置回归至原先的比例。如果听任高成长资产类别的比例继续增长,可能出现两种结果:

其一,组合中此类资产的配置比例因为其价格快速增长而膨胀,与初始配置相背;

其二,增加组合的风险,随着价格的不断上涨,该资产的风险性也在逐步提高,如果不适时作调整,会导致组合的高风险资产比例偏重,超出投资者实际的风险承受力,有违战略资产配置的初衷。

我们再以前面提到的10万元的投资组合配置70%的股票和30%的债券为例子,当股票价格上涨20%时,股票资产比例增加至74%,而债券的比例降至26%,为使组合保持股票债券七三开的配置,应卖出4%的股票资产,使股票比例重回至70%;同时将卖出的资金购买债券,让债券的比例升至30%。相反,当股票资产因市场价格下滑,在组合中的比例下降,低于最初的配比时,则应下调债券比重,增加股票仓位,使组合继续维持三分债券七分股票的配置。

(三)投资组合保险策略

投资组合保险策略就是通过一系列设置,给组合设定有效保护,保证组合的总资产不会低于预定的最低组合值,换言之,就是投资人愿意承担的最大投资风险。比如100万元的投资额,损失最多不能超过20万元,也就是资产总额不能低于80万元,其保护层为 20 万元。

投资组合保险策略的做法是：

$$股票资产额＝（组合总资产－最低组合值）×保护强度系数$$

（1）确定希望保护的最低投资组合值和有效保护层

假如 100 万元的组合，确定最低组合值为 80 万元，则有效保护层为 20 万元（100－80）。

（2）设定保护强度系数 M，M 取值大于 1

保护强度系数是预期市场风险系数，预期市场波动较高，保护强度系数则较低；相反，预期市场波动较小，保护强度系数就要设定得高一些。

如果，100 万元的组合，设定保险的最低组合值 80 万元，有效保护层为 20 万元：

当 M＝2 时，股票比例为 40 万元，债券比例为 60 万元

当 M＝3 时，股票比例为 60 万元，债券比例为 40 万元

当 M＝4 时，股票比例为 80 万元，债券比例为 20 万元

以保险系数 M＝2 为例，该组合股票的资产是 40 万元[（100－80）×2]，如果股价下跌了 15％，股票资产值跌至 34 万元，假定债券值不变仍是 60 万元，则组合总额为 94 万元，股票资产该调整到：

$$（94－80）×2＝28（万元）$$

（四）固定调整式战术资产配置策略在不同市场时期的表现

战术资产配置是短期的调整策略，市场的走势不同，各种战术调整方法的作用也不相同。一般而言，市场的走势分为三种情形：上升走势（牛市）、下降走势（熊市）和横向盘整走势（兔子市场）。我们用香港恒生指数在 2013 年 1 月到 2015 年盘整走势，中国上证指数从 2014 年 7 月 25 日至 2015 年 6 月 8 日之间形成的上升趋势和 2015 年 6 月 9 日至 8 月 15 日之间的下降走势为例，来分析买入持有策略、恒定比例策略和投资组合保险策略在牛市（表 5－28、5－29、5－30）、熊市（表 5－31、5－32、5－33）和盘整走势（表 5－34、5－35、5－36）的不同市场中对投资组合回收的影响。

我们假设有甲、乙、丙三个组合，每个组合的总资产额各为 100 万元，情况如下：

（1）为便于说明，用于配置的资产只选用股票和债券，并假定债券的市场价格保持不变。

（2）战略资产配置：根据投资人的投资目标、风险好恶、财务状况、投资时间等要素考量，三个组合投资者情况基本相同，都趋向相对保守的方式，制定的战略资产配置的策略均为股票 40％，债券 60％。

（3）战术调整的原则，市场波动超过设定的幅度时，作相应调整。

（4）战术资产配置调整策略：

组合甲选择买进持有战术资产配置策略；

组合乙选择恒定比例战术资产配置策略;

组合丙选择恒定比例组合保险战术资产配置策略(其中 M=2,最低组合值为 80 万)。

1. 牛市中,固定式战术资产配置策略的表现

2014 年 7 月 25 日至 2015 年 6 月 8 日,上证指数呈上升趋势,组合调整以日图收盘价格为准。

表 5–28　组合甲,买进持有策略,上证指数 2014 年 7 月 25 日至 2015 年 6 月 8 日

调整点	时　间	市场涨跌幅度	总资产(万元)	股票资产(万元)	债券资产(万元)	股票比例
A	2014 年 7 月 25 日	原始投资	100.0	40.0	60.0	40.0%
M	2015 年 6 月 8 日	141.32%	156.5	96.5	60.0	40.0%
组合回收			56.5%			

表 5–29　组合乙,恒定比例策略,上证指数 2014 年 7 月 25 日至 2015 年 6 月 8 日

调整点	时　间	市场涨跌幅度	总资产(万元)	股票资产(万元)	债券资产(万元)	股票比例
A	2014 年 7 月 25 日	原始投资	100.0	40.0	60.0	40.0%
B	2014 年 9 月 4 日	8.48%	103.4	43.4	60.0	42.0%
调整后			103.4	41.4	62.0	40.0%
C	2014 年 11 月 12 日	8.13%	106.8	44.8	62.0	41.9%
调整后			106.8	42.7	64.1	40.0%
D	2014 年 12 月 2 日	10.79%	111.4	47.3	64.1	42.5%
调整后			111.4	44.6	66.8	40.0%
E	2014 年 12 月 8 日	9.31%	115.5	48.7	66.8	42.2%
调整后			115.5	46.2	69.3	40.0%
F	2015 年 1 月 5 日	10.91%	120.5	51.2	69.3	42.5%
调整后			120.5	48.2	72.3	40.0%
G	2015 年 2 月 6 日	−8.20%	116.6	44.3	72.3	38.0%
调整后			116.6	46.6	70.0	40.0%
H	2015 年 3 月 2 日	8.46%	120.5	50.5	70.0	42.0%
调整后			120.5	48.2	72.3	40.0%
I	2015 年 3 月 20 日	8.43%	124.6	52.3	72.3	42.0%
调整后			124.6	49.8	74.8	40.0%
J	2015 年 4 月 7 日	9.51%	129.3	54.5	74.8	42.2%

调整点	时　　间	市场涨跌幅度	总资产（万元）	股票资产（万元）	债券资产（万元）	股票比例
调整后			129.3	51.7	77.6	40.0%
K	2015年4月17日	8.23%	133.6	56.0	77.6	41.9%
调整后			133.6	53.4	80.2	40.0%
L	2015年5月22日	8.64%	138.2	58.0	80.2	42.0%
调整后			138.2	55.3	82.9	40.0%
M	2015年6月8日	10.18%	143.8	60.9	82.9	42.3%
组合回收			43.8%			

表5-30　组合丙,组合保险策略,上证指数2014年7月25日至2015年6月8日

调整点	时　　间	市场涨跌幅度	总资产（万元）	股票资产（万元）	债券资产（万元）	股票比例
A	2014年7月25日	原始投资	100.0	40.0	60.0	40.0%
B	2014年9月4日	8.48%	103.4	43.4	60.0	42.0%
调整后			103.4	46.8	56.6	45.3%
C	2014年11月12日	8.13%	107.2	50.6	56.6	47.2%
调整后			107.2	54.4	52.8	50.7%
D	2014年12月2日	10.79%	113.1	60.3	52.8	53.3%
调整后			113.1	66.1	47.0	58.5%
E	2014年12月8日	9.31%	119.2	72.2	47.0	60.6%
调整后			119.2	78.4	40.8	65.8%
F	2015年1月5日	10.91%	127.8	87.0	40.8	68.1%
调整后			127.8	95.6	32.2	74.8%
G	2015年2月6日	−8.20%	119.9	87.7	32.2	73.1%
调整后			119.9	79.9	40.0	66.6%
H	2015年3月2日	8.46%	126.7	86.7	40.0	68.4%
调整后			126.7	93.4	33.3	73.7%
I	2015年3月20日	8.43%	134.6	101.3	33.3	75.3%
调整后			134.6	109.2	25.4	81.1%
J	2015年4月7日	9.51%	145.0	119.6	25.4	82.5%
调整后			145.0	129.9	15.1	89.6%

续　表

调整点	时　间	市场涨跌幅度	总资产(万元)	股票资产(万元)	债券资产(万元)	股票比例
K	2015 年 4 月 17 日	8.23%	155.6	140.5	15.1	90.3%
调整后			155.6	151.3	4.3	97.2%
L	2015 年 5 月 22 日	8.64%	168.7	164.4	4.3	97.4%
调整后			168.7	168.7	0.0	100.0%
M	2015 年 6 月 8 日	10.18%	185.9	185.9	0.0	100.0%
组合回收		85.9%				

在牛市中,投资组合保险策略的表现居三种固定方式的战术资产配置策略之首,买进持有策略方式的表现第二好,恒定比例策略的回收则最差。上证指数在 2014 年 7 月 25 日至 2015 年 6 月 8 日的上升趋势中,投资组合保险策略的回收高达 85.9%。因为在市场一直上涨的过程中,组合保险策略也一直在增加其股票资产的配置比例,直至组合中全部持有股票。而恒定比例策略因为要保证组合的配置始终保持原始比例,所以当股票价格涨至一定幅度时,就要卖出部分股票资产,提高债券的比例,在股票上涨过程中不断地卖出股票,影响其回收。

2. 熊市中,固定式战术资产配置策略的表现

2015 年 6 月 9 日至 8 月 26 日,上证指数呈下降趋势,组合调整以日图收盘价为准。

表 5-31　组合甲,买进持有策略,上证指数 2015 年 6 月 9 日至 8 月 26 日

调整点	时　间	市场涨跌幅度	总资产(万元)	股票资产(万元)	债券资产(万元)	股票比例
A	2015 年 6 月 9 日	原始投资	100.0	40.0	60.0	40.0%
J	2015 年 8 月 26 日	−43.0%	82.8	22.8	60.0	27.5%
组合回收		−17.2%				

表 5-32　组合乙,恒定比例策略,上证指数 2015 年 6 月 9 日至 8 月 26 日

调整点	时　间	市场涨跌幅度	总资产(万元)	股票资产(万元)	债券资产(万元)	股票比例
A	2015 年 6 月 9 日	原始投资	100.0	40.0	60.0	40.0%
B	2015 年 6 月 19 日	−12.7%	94.9	34.9	60.0	36.8%
调整后			94.9	37.9	57.0	40.0%
C	2015 年 6 月 29 日	−9.50%	91.3	34.3	57.0	37.6%
调整后			91.3	36.5	54.8	40.0%

调整点	时　间	市场涨跌幅度	总资产（万元）	股票资产（万元）	债券资产（万元）	股票比例
D	2015 年 7 月 7 日	－8.04％	88.4	33.6	54.8	38.0％
调整后			88.4	35.4	53.0	40.0％
E	2015 年 7 月 22 日	8.02％	91.2	38.2	53.0	41.9％
调整后			91.2	36.5	54.7	40.0％
F	2015 年 7 月 28 日	－9.02％	87.9	33.2	54.7	37.8％
调整后			87.9	35.2	52.7	40.0％
G	2015 年 8 月 14 日	8.25％	90.8	38.1	52.7	41.9％
调整后			90.8	36.3	54.5	40.0％
H	2015 年 8 月 21 日	－11.54％	86.6	32.1	54.5	37.1％
调整后			86.6	34.6	52.0	40.0％
I	2015 年 8 月 24 日	－8.49％	83.7	31.7	52.0	37.9％
调整后			83.7	33.5	50.2	40.0％
J	2015 年 8 月 26 日	－8.80％	80.7	30.5	50.2	37.8％
组合回收				－19.3％		

表 5－33　组合丙，组合保险策略，上证指数 2015 年 6 月 9 日至 8 月 26 日

调整点	时　间	市场涨跌幅度	总资产（万元）	股票资产（万元）	债券资产（万元）	股票比例
A	2015 年 6 月 9 日	原始投资	100.0	40.0	60.0	40.0％
B	2015 年 6 月 19 日	－12.7％	94.9	34.9	60.0	36.8％
调整后			94.9	29.8	65.1	31.4％
C	2015 年 6 月 29 日	－9.50％	92.1	27.0	65.1	29.3％
调整后			92.1	24.2	67.9	26.2％
D	2015 年 7 月 7 日	－8.04％	90.1	22.2	67.9	24.6％
调整后			90.1	20.3	69.8	22.5％
E	2015 年 7 月 22 日	8.02％	91.8	22.0	69.8	23.9％
调整后			91.8	23.6	68.2	25.6％
F	2015 年 7 月 28 日	－9.02％	89.6	21.4	68.2	23.9％
调整后			89.6	19.3	70.3	21.5％
G	2015 年 8 月 14 日	8.25％	91.2	20.9	70.3	22.9％
调整后			91.2	22.5	68.7	24.6％

续　表

调整点	时　间	市场涨跌幅度	总资产（万元）	股票资产（万元）	债券资产（万元）	股票比例
H	2015 年 8 月 21 日	−11.54%	88.6	19.9	68.7	22.4%
调整后			88.6	17.3	71.3	19.5%
I	2015 年 8 月 24 日	−8.49%	87.2	15.9	71.3	18.1%
调整后			87.2	14.3	72.8	16.5%
J	2015 年 8 月 26 日	−8.80%	85.9	13.1	72.8	15.2%
组合回收		−14.1%				

　　在熊市中,投资组合保险策略的表现仍然要好于其他两种固定方式的战术资产配置策略,恒定比例策略的回收依然是最差的,买进持有策略方式表现居中。上证指数在 2015 年 6 月 9 日至 8 月 26 日的下降趋势中,投资组合保险策略下跌 14.1%。在市场一直下跌的过程中,组合保险策略因为设定保护机制,在股市一路下跌时,其股票仓位也在一路调低,损失也相应降低。而恒定比例策略因为要保证组合的配置始终保持初始比例,所以,即使股市大幅下滑时,仍然要买入股票以保证其在组合中的初始比例,因而带来组合的下行压力。

　　3. 市场盘整走势中,固定式战术资产配置策略的表现

　　2013 年 1 月 1 日至 2015 年 8 月 31 日,香港恒生指数呈盘整走势,组合调整以月图收盘价格为准。

表 5-34　组合甲,买进持有策略,香港恒生指数 2013 年 1 月 1 日至 2015 年 8 月 31 日

调整点	时　间	市场涨跌幅度	总资产（万元）	股票资产（万元）	债券资产（万元）	股票比例
A	2013 年 1 月	原始投资	100.0	40.0	60.0	40.0%
I	2015 年 8 月	−4.35%	98.3	38.3	60.0	39.0%
组合回收		−1.72%				

表 5-35　组合乙,恒定比例策略,香港恒生指数 2013 年 1 月 1 日至 2015 年 8 月 31 日

调整点	时　间	市场涨跌幅度	总资产（万元）	股票资产（万元）	债券资产（万元）	股票比例
A	2013 年 1 月	原始投资	100.0	40.0	60.0	40.0%
B	2013 年 6 月	−8.10%	96.8	36.8	60.0	38.0%
调整后			96.8	38.7	58.1	40.0%
C	2013 年 9 月	9.90%	100.6	42.5	58.1	42.3%

续　表

调整点	时　间	市场涨跌幅度	总资产（万元）	股票资产（万元）	债券资产（万元）	股票比例
调整后			100.6	40.2	60.4	40.0%
D	2014 年 7 月	8.30%	103.9	43.5	60.4	41.9%
调整后			103.9	41.6	62.3	40.0%
E	2014 年 9 月	−7.40%	100.9	38.6	62.3	38.2%
调整后			100.9	40.3	60.6	40.0%
F	2015 年 2 月	8.20%	104.2	43.6	60.6	41.9%
调整后			104.2	41.7	62.5	40.0%
G	2015 年 4 月	13.30%	109.7	47.2	62.5	43.0%
调整后			109.7	43.9	65.8	40.0%
H	2015 年 7 月	−12.40%	104.3	38.5	65.8	36.9%
调整后			104.3	41.7	62.6	40.0%
I	2015 年 8 月	−12.00%	99.3	36.7	62.6	37.0%
调整后			99.3	39.7	59.6	40.0%
组合回收		−0.74%				

表 5 - 36　组合丙, 组合保险策略, 香港恒生指数 2013 年 1 月 1 日至 2015 年 8 月 31 日

调整点	时　间	市场涨跌幅度	总资产（万元）	股票资产（万元）	债券资产（万元）	股票比例
A	2013 年 1 月	原始投资	100.0	40.0	60.0	40.0%
B	2013 年 6 月	−8.10%	96.8	36.8	60.0	38.0%
调整后			96.8	33.6	63.2	34.64%
C	2013 年 9 月	9.90%	100.0	36.8	63.2	36.8%
调整后			100.0	40.1	59.9	40.1%
D	2014 年 7 月	8.30%	103.4	43.5	59.9	42.1%
调整后			103.4	46.8	56.6	45.3%
E	2014 年 9 月	−7.40%	99.9	43.3	56.6	43.4%
调整后			99.9	39.9	60.0	39.9%
F	2015 年 2 月	8.20%	103.2	43.2	60.0	41.8%
调整后			103.2	46.4	56.8	45.0%
G	2015 年 4 月	13.30%	109.4	52.6	56.8	48.1%
调整后			109.4	58.8	50.6	53.7%

续　表

调整点	时　　间	市场涨跌幅度	总资产（万元）	股票资产（万元）	债券资产（万元）	股票比例
H	2015 年 7 月	−12.40%	102.1	51.5	50.6	50.4%
调整后			102.1	44.2	57.9	43.3%
I	2015 年 8 月	−12.00%	96.8	38.9	57.9	40.2%
调整后			96.8	33.6	63.2	34.7%
组合回收		−3.2%				

盘整的走势中，是市场在一个区间内上下波动，没有明显的方向。当处于盘整区的底部时，市场没有跌破区间的底部，开始向上运行；当运行到区间顶部的时候，市场没有涨破区间的顶部，开始向下运行。这样的市场走势就像一只兔子跳上跳下，所以我们称为兔子市场。很明显，在兔子市场中，恒定比例战术资产配置策略的表现好于其他两种固定式配置策略，因为它是在股价上涨时卖出股票，股价下跌时买入股票，资产调整的频率基本与市场的走势一致。而投资组合保险策略则表现得最差，因为该策略在股价上涨时增加股票仓位，所以当市场到盘整区的高位后，不再继续上涨，又下滑至盘整区底部时，在高点加入的股票仓位损失加大；而当市场在盘整区的底部时，股票仓位被降低，当市场反弹时，因股票仓位降低，股价的上涨对提高组合回收有限，所以兔子市场中，组合保险策略难以发挥作用。

买入持有策略、恒定比例策略和组合保险策略在不同的市场环境下对组合的作用各不相同，究竟哪种策略最合适也是见仁见智。但有一点是可以肯定的，那就是选定了其中一种固定方式的战术资产配置策略，就应当奉行到底，不要轻易改变。

二、主动调整机制战术资产配置策略

主动调整机制战术资产配置较常见的方法有：联储会模型（FED Model Signal）、宏观经济周期型（Business Cycle/Macroeconomic）、基本面价值评估型（Fundamental-Valuation）、反向心理指标型（Sentiment Signal）等。

（一）联储会模型

联储会模型的全称是联储会股票价值模式（Fed's Stock Valuation Model，FSVM），虽然名为联储会股票价值模式，美联储也非常关注股票市场的估值，但在这个模式中不是以联储会如何评估股市价值为依据，而是根据国债收益率与股票预期回报率之间的相关性来决定如何作战术资产配置的调整，其创立者是美国普天寿人寿保险公司（Prudential）下属的普天寿金融公司的研究员爱德华·亚尔德尼博士（Dr. Edward Yardeni）。

　　资产配置主要是在股市和债市之间进行,当股市的投资潜力大于债市时,资金就会从债市流向股市,这时我们应该增加股票的头寸,减少债券的头寸。当债券的投资回收潜力大于股市时,资金就会从股市流向债市,我们应该增持债券,减少股票。那我们用什么来衡量债券市场的吸引力大,还是股票市场的潜力大呢?

　　联储会模型分析股票回收与国债收益之间的关系,也就是谁的投资潜力更大。其运作的基本理念是,在公允价值(Fair Value)情况下,国债收益率和股票预期回收是相同的,当失衡时两者出现差异,反映出股市的估值是可能过高或是过低,作为调整组合资产配置的依据。

　　联储会模型比较国债收益率和股票预期回收之间的差异。国债的收益率是指其本期收益率(Current Yield),即:

国债收益率(Treasury Bond Yield,TBY)＝国债的票面利息÷国债市场价格

　　股票的预期回收是以股市现在的盈利收益率为参考依据,我们都很熟悉股票市盈率或称性价比的计算方法是股价除以每股盈利,股市盈利收益率则是盈利与市场价格之比,即:

当前股市盈利收益率(Current Earning Yield,CEY)＝盈利(Earning)÷股价(Price)

　　其中的盈利是从现在开始未来 12 个月前置预期盈利。

　　联储会模型的理念与策略:

　　第一,当股市收益率等于国债收益率时,即 CEY＝TBY,股价处于合理的价位。

　　第二,当股市收益率大于国债收益率时,即 CEY＞TBY,说明股票价格被低估了,所以增持股票,减持债券。

　　第三,当股市收益率小于国债收益率时,即 CEY＜TBY,说明股票价格被高估了,所以要减持股票,增持债券。

　　(二)宏观经济周期型(Business Cycle/Macroeconomic)

　　春华秋实有周期,潮起潮落有周期,经济发展也在周而复始地转变,从复苏到繁荣,再进入衰退,而后走向萧条,演示完经济发展的一个周期。宏观经济周期型战术资产配置就是依据经济周期的变化,根据在不同周期阶段各资产的表现差异,对组合的资产配置作相应调整。

　　经济周期是经济活动按照发展的大趋势从景气到不景气所经历的经济扩张和收缩的循环,分为复苏、繁荣、衰退、萧条,如果以曲线表示,由谷底向上爬升时,经济处于复苏(Recovery)阶段,在向着山峰运行的过程中经济不断扩张,最终进入经济的大繁荣而攀到周期曲线的巅峰,之后经济活动不再继续扩张,而是逐步收缩,由峰顶向山谷滑行,经济进入衰退(Recession),环境进一步恶化,最终跌入低谷,步入萧条期,也开始准备孕育再一次的复苏。

关于经济周期的成因，众说纷纭，有人将其归于战争、政局改变、新资源的发现、技术创新和突破等外力因素，甚至认为周期爆发的太阳黑子也是经济周期产生的原因。另一部分理论认为，经济周期的变化源自经济体系的内力推动，包括以市场的货币供应量和流通量为依据的货币理论；认为过度投资导致资本产品由快速发展转向生产过剩而形成经济周期的繁荣与萧条的理论；其他还有以消费需求作依据的消费不足论和投资者投资情绪悲喜交替导致经济周期变化的心理理论等等。究竟是什么导致了经济的周期变化不是我们要花精力研究的问题，我们的目的是要对经济周期的不同阶段各资产类别的表现和行业轮动变化一探究竟，以了解如何根据宏观经济周期作战术资产配置的调整。

理论上说：在不同的经济周期阶段，政府和央行会采取不同的财政和货币政策来进行宏观调控，这对股市、债市等金融产品都会产生重大的影响。战术资产配置需要对组合作战术性调整，以达到提高回收、降低风险的目的。

- 复苏期的最佳资产：股票

经过萧条期后，经济开始复苏，商业活动越来越活跃，市场需求呈现上升趋势，政府刺激经济的举措开始显出效果，经济加速成长。这一时期，公司的利润随着经济的回暖而开始大幅增长，股票成为最佳的投资资产，战术资产配置要增持股票和股票基金。

- 繁荣期的最佳资产：大宗商品

经济高速发展，呈现全面繁荣的局面，生产增加，投资力度加大，就业市场向好，以致经济过热。由于通货膨胀加剧，这一阶段最佳的投资资产为期货产品，应增持大宗商品及相关的基金。

- 衰退期的最佳资产：现金

经济极度繁荣后，一切产能、需求都达到极限，开始逐渐下滑。企业活动减少，生产下降，市场需求疲软，投资也逐渐降低。央行采取减息政策，以刺激商业和个人贷款，从而拉抬经济，可能会推动债券价格的上涨。但如果经济衰退时，通货膨胀还继续走高，经济出现滞涨的情况，央行一般不会急于减息，债券的上涨空间有限，所以说，债券不是选项。在经济衰退的大环境中，公司的盈利难以继续成长，大多呈现下降之势。盈利是支持股价的重要因素，没有盈利的推动，股价自然滑落，股市的整体表现不尽如人意。经济全面衰退，对原材料期货产品的需求也相应疲软，增加期货价格的下行压力。总体而言，似乎大多数资产类别在这一时期的表现都不尽如人意，所以提高现金持有是最明智的选择。

- 萧条期的最佳资产：债券

经济依然继续下行，最终跌入谷底，进入萧条期。失业率居高不下，企业产出量很低，投资不活跃，商业和消费者都对前景表示悲观，期货价格继续下跌，通货膨胀率很低。为促使经济早日走出低谷,央行降息,推动债券价格上涨,债券成为该阶段最具吸引力的资产类别,战术资产配置应提高债券的比例。

（三）基础分析法资产配置调整策略

基础分析法顾名思义就是用基本面的分析参数,比如市盈率、市净率高过或低过历史平均值时,调整组合中的股票与债券的比率。

1. 市盈率战术调整

为了简单起见,假设战略资产配置设定组合资产的 40％投股票,60％投债券。市盈率战术资产配置策略是:当市盈率高于历史平均时,我们就将股票的比率调低10％左右;当市盈率低于历史平均时,我们就将股票的比率调高 10％左右。表 5－37 和表 5－38 是 2009 年 1 月至 2014 年 12 月期间,按照战略资产配置策略买进后持有的组合和用市盈率战术策略调整的组合回收比较。

表 5－37　买进后持有的组合回收,美国标准普尔 500 指数 2009 年 1 月至 2014 年 12 月

调整点	时　间	市场涨跌幅度	总资产（万元）	股票资产（万元）	债券资产（万元）	股票比例
A	2009 年 1 月	原始投资	100.0	40.0	60.0	40.0％
C	2014 年 12 月	130.18％	152.1	92.1	60.0	54.0％
5 年组合回收			52.1％			

表 5－38　市盈率战术调整的组合回收,美国标准普尔 500 指数 2009 年 1 月至 2014 年 12 月

调整点	时　间	市场涨跌幅度	总资产（万元）	股票资产（万元）	债券资产（万元）	股票比例
A	2009 年 1 月	原始投资	100.0	40.0	60.0	40.0％
市盈率高于历史平均值		调整后	100.0	30.0	70.0	30.0％
B	2009 年 11 月	39.12％	111.7	41.7	60.0	37.4％
市盈率低于历史平均值		调整后		55.85	55.85	50.0％
C	2014 年 12 月	89.87％	161.9	106.05	55.85	65.5％
5 年组合回收			61.9％			

2. 市净率战术调整

同样也简单假设战略资产配置设定组合资产的 40％投股票,60％投债券,战术资产配置策略是:当市净率高于历史平均时,我们就将股票的比率调低 10％左右;当市净率低于历史平均时,我们就将股票的比率调高 10％左右。表 5－39 和表 5－40 是 2009 年 1 月至 2014 年 12 月期间,按照战略资产配置策略买进后持有的组合和用市净率战术策略调整的组合回收比较。

表 5-39 买进后持有的组合回收,美国标准普尔 500 指数 2009 年 1 月至 2014 年 12 月

调整点	时　　间	市场涨跌幅度	总资产(万元)	股票资产(万元)	债券资产(万元)	股票比例
A	2009 年 1 月	原始投资	100.0	40.0	60.0	40.0%
C	2014 年 12 月	130.18%	152.1	92.1	60.0	54.0%
5 年组合回收				52.1%		

表 5-40 市净率战术调整的组合回收,美国标准普尔 500 指数 2009 年 1 月至 2014 年 12 月

调整点	时　　间	市场涨跌幅度	总资产(万元)	股票资产(万元)	债券资产(万元)	股票比例
A	2009 年 1 月	原始投资	100.0	40.0	60.0	40.0%
市净率低于历史平均值		调整后	100.0	50.0	50.0	50.0%
B	2013 年 12 月	104.63%	152.3	102.3	50.0	67.0%
市净率高于历史平均值		调整后		60.9	91.4	40.0%
C	2014 年 12 月	12.50%	159.9	68.5	91.4	42.8%
5 年组合回收				59.9%		

(四)反向心理指标型:恐慌指数战术配置策略

恐慌指数 VIX 是由标准普尔 500 指数(S&P 500)的成分股的期权波动性组成,被广泛用来作为衡量市场风险和投资者恐慌度的指标。我们将 2009 年 1 月至 2014 年 12 月期间恐慌指数的平均值 21.14 定为资产配置的调整点,同时将此时期恐慌指数的高点 40 也定为配置的调整点。恐慌指数战术配置的依据就是反向心理投资法,当恐慌指数低于平均值时(21.14),说明投资人对股市非常乐观,这时应减持股票;反之,当恐慌指数在高位(40)时,投资人处于恐慌状态,纷纷卖出股票,我们要反其道而行之,增加股票持有,每次出现调整信号时,股票占比按 10% 的幅度作相应调整。表 5-41 和表 5-42 是 2009 年 1 月至 2014 年 12 月期间,按照战略资产配置策略买进后持有的组合和用恐慌指数战术配置策略调整的组合回收比较。

表 5-41 买进后持有的组合回收,美国标准普尔 500 指数 2009 年 1 月至 2014 年 12 月

调整点	时　　间	市场涨跌幅度	总资产(万元)	股票资产(万元)	债券资产(万元)	股票比例
A	2009 年 1 月	原始投资	100.0	40.0	60.0	40.0%
H	2014 年 12 月	130.18%	152.1	92.1	60.0	54.0%
5 年组合回收				52.1%		

表 5-42　恐慌指数战术调整的组合,美国标准普尔 500 指数 2009 年 1 月至
2014 年 12 月(恐慌指数平均值 21.14,最高值 40)

调整点	时　间	市场涨跌幅度	总资产（万元）	股票资产（万元）	债券资产（万元）	股票比例
A	2009 年 1 月 1 日	原始投资	100.0	40.0	60.0	40.0%
B	2009 年 1 月 2 日	3.10%	101.2	41.2	60.0	40.7%
VIX-40	调整后			50.6	50.6	50.0%
C	2009 年 10 月 16 日	16.7%	109.7	59.1	50.6	53.8%
VIX-20.98	调整后			43.9	65.8	40.0%
D	2010 年 5 月 6 日	3.7%	111.3	45.5	65.8	40.9%
VIX-40.71	调整后			55.65	55.65	50.0%
E	2010 年 9 月 14 日	−1.2%	110.6	55.0	55.6	49.7%
VIX-20.85	调整后			44.3	66.3	40.0%
F	2011 年 8 月 15 日	7.6%	114.0	47.6	66.4	41.7%
VIX-39.25	调整后			57.0	57.0	50.0%
G	2011 年 12 月 22 日	4.5%	116.6	59.6	57.0	51.1%
VIX-20.34	调整后			46.6	70.0	40.0%
H	2014 年 12 月 31 日	69.9%	147.3	77.3	70.0	52.5%
5 年组合回收			47.3%			

因 2009 年 1 月至 2014 年 12 月期间,市场相对平稳,买进持有组合的表现优于恐慌指数调整组合的表现。

第六章

如何寻找三到五年涨十倍的股王

——宏观趋势下的最大合力投资法

第一节　历史上的股王是怎样加冕的？

三百六十行，行行出状元，能成为状元除了自身的努力外，还必需具备成为状元的天生的特质。据统计，出色的篮球明星的最佳身高是198厘米，篮球巨星迈克尔·乔丹（Michael Jordan）和科比·布莱恩特（Kobe Bryant）都是这一身高。而好的舞蹈演员，通常都有三长一小的特点，即腿长、胳膊长、脖子长和头小。在股市上那些状元和明星股们也有共同的特征吗？翻翻股市的百年历史，三到五年内大幅上涨十倍的大有"股"在，甚至还有涨750倍的。如果历史会重复，我们只有知道百年股票史上的股王所具备的特征，了解隐藏在其后推动股票长期高速上涨的驱动力，才能以史为鉴，找到下一个股王。

我深入分析了许许多多在不同的历史时期出现的超级明星股，同时参考多家权威的研究机构对历史上表现最好的股票的统计和分析，发现股王一般都具备如下特征，而这些也正是推动股价上涨的驱动力的来源，在这些动力的推动下，股价不断上涨，最终加冕成王。

表6-1　股王的特征及推动股价高速上涨的驱动力

股 王 的 特 征	推动股价高速上涨的驱动力
顺应甚至是引领当时的宏观大趋势	宏观趋势的驱动力
盈利高速成长，估值合理，债务相对低	基本面驱动力
市值相对小，机构投资人持股率相对低	资产配置引发的驱动力
股价长期走势向上，且表现大幅超过市场	心理、技术面驱动力

下面，我们就逐一分析这些特征，以及它们是如何成为股价上涨的驱动力的。

一、顺应甚至是引领当时的宏观大趋势——宏观趋势的驱动力

成为股王的公司提供的产品或服务模式都是顺应了当时宏观大趋势的潮流,甚至引领这一趋势,对社会和经济活动,以及人们的日常生活都产生重大影响。这种影响力具有全球性、长期性、广泛性和紧迫性的特点。此外,我的研究还发现,历史上大部分股王都有一个共同的特点,就是顺应了被誉为第一生产力的科学技术重大发明和进步所引发的宏观大趋势,所以市场对其产品和服务的需求暴增,公司盈利也随之飞速增长,投资人对公司前景越来越有信心,在这些多重的利多因素推动下,股价也不断攀升,在短短的三到五年时间里,上涨了 10 倍以上,成为股市的超级巨星。这些往日的股王按照推动股价大幅上涨的动力原因不同,可归纳为以下三类:

第一类:革命性技术发明形成新行业、新趋势

新的革命性的技术发明改变了全世界的生产和生活方式,催生了全新的充满生机的行业,而引领这一行业的龙头公司捷足先登,占领大量市场份额,实现了垄断或半垄断的经营模式,销售大增,盈利飞涨,最终成为华尔街的宠儿。

1. 北太平洋铁路公司(Northern Pacific),1900 年至 1903 年底,三年多股价大幅上涨 40 倍

北太平洋铁路公司拥有美国史上第一条横贯大陆的铁路,其崛起得益于蒸汽机发明的新技术改变了人类运输格局的宏观大趋势。我们现在看到的铁道是两条平行的钢轨,它的前身是 16 世纪时,英国采矿业者用两根平行的木材做的轨道,靠人拽马拉带动车体在木轨上运行。17 世纪初木材被换成角铁,蒸汽动力也取代了人力和马力,而后换成钢轨和内燃机车,铁路成为人们远程出行的最主要运输工具。在这一宏观趋势下,铁路运输迅速发展,铁路业获益匪浅。就连史上最会卖空的投资大师杰西·利弗莫尔(Jesse Livermore)在极不看好股市时,唯一一只他不仅不卖空,而且做多的股票,就是北太平洋铁路公司。

2. 通用汽车公司(GM),1913 年至 1914 年,一年的时间股价上涨 13.5 倍

1886 年 1 月 29 日被世界公认为是汽车的诞生日。1900 年前,继德国、法国之后,美国、英国和意大利出现了多间作坊式汽车生产公司。1896 年福特试制出第一辆汽车,1903 年福特汽车公司成立,汽车进入批量化生产。1900 年纽约举办了美国首次汽车展,当时全国的汽车数量还不到 8 000 辆。但车展上却吸引了 5 万多消费者购买,拥有汽车成为人们的梦想。1908 年别克汽车与奥兹汽车公司合并成立通用汽车公司(GM)。通用的成立并未引起太多的关注,因为作为新兴的行业,新汽车公司确实如雨后春笋般涌现,实在太多,但在短短两年的时间,通用便不再默默无闻,而成为最被华尔街看好的公司,它通过大举兼并和收购,两年多的时间并购了 20 多家公司,不断

发展扩张。1912年,通用首次将电子启动器应用于凯迪拉克,其独树一帜的电子启动器被公认为是20世纪最具影响力的汽车革新。通用借助新兴的汽车业发展宏观大趋势,通过并购以及自身的技术突破,快速成长为华尔街的新明星。

3. 无线电公司 RCA,1927 年中至 1929 年,一年半的时间股价上涨 10.5 倍

人类在 19 世纪和 20 世纪早期的多项发明改变了人们的生活方式,收音机就是其中一项。诞生于 1920 年的美国 KDKA 广播电台被公认为世界上第一个真正的无线电广播电台,而成立于 1919 年,由 GE、AT&T 和西屋电气联合创建的美国无线电公司(Radio Corporation of America,简称 RCA),因为得到美国联邦政府的技术支持,在广播风靡时期凭着超强的技术优势成为全球无线电的泰斗。RCA 在 1985 年被美国通用电气公司收购,于 1988 年转至汤姆逊麾下。

4. 其他类似公司

施乐公司(Xerox)发明复印技术,首推复印机产品,自 1958 年开始,三年半的时间内股价上涨 12 倍;雅虎(Yahoo!)顺应网络技术革命趋势,自 1997 年开始的两年半时间,股价上涨 67 倍;捷迪讯光电(JDS Uniphase)获益于光纤通讯技术的兴起,从 1998 年开始,不到一年半的时间,股价上涨 19 倍;泰瑟国际 (Taser International) 研制高压电击枪,减少执法人员佩真枪的误伤事件,2003 年开始不到一年的时间股价上涨 22 倍,等等。

第二类:重大技术革新和进步形成新趋势

在原有行业的基础上,因技术的重大进步,某公司异军突起,抢占大量市场,销售和盈利双双大幅飙升,股价直线上升。

1. 文字处理系统软件公司王安电脑,1978 年至 1980 年,三年股价上涨 13.5 倍

美国王安电脑有限公司于 1951 年由王安创建,1964 年,推出最新的用电晶体制造的桌上电脑,在其后的 20 年中,因为不断有新的创新,事业蒸蒸日上。1967 年王安公司股票上市,深受欢迎,新股定价 12.5 美元,当天收盘价高飙至 40.5 美元。而此时,王安意识到计算器市场将面临一场大洗牌,于是决定产品转型,转向高附加值的文字处理市场,1972 年,其成功研制半导体的文字处理机成为当时美国办公室中必备的设备。公司产品日新月异,迅速占领了市场,在生产对数电脑、小型商用电脑、文字处理机以及其他办公室自动化设备上,都走在时代的前列。20 世纪 80 年代王安电脑成为世界上最大的文字处理机生产商,后因经营不善,于 1992 年申请破产保护。

2. 网络通讯设备公司思科(Cisco),1990 年至 1994 年,四年时间股价火箭式上升,涨幅 750 倍,为股票史上之最

思科公司(Cisco Systems, Inc.)是全球领先的网络设备供应商,1984 年 12 月在美国成立,创始人是斯坦福大学的一对教师夫妇:莱昂纳德·波萨克(Leonard Bosack)和桑蒂·勒纳(Sandy Lerner),他们设计出"多协议路由器"的联网设备,被认

为是网络联网时代真正到来的标志。网络信息高速发展,需要快速更新换代的网络设备支持,市场发展迅猛,思科几乎控制了路由器和交换机等网络设备市场。思科通过大举兼并收购不断壮大,成为最受欢迎、增长最快的公司,是网络通讯设备业的佼佼者,四年时间股价上涨了 750 倍,创下股票史上的世界纪录。

3. 其他类似公司

宾士域(Brunswick)因推出自动化的保龄球设备大受市场欢迎,1958 年起的三年半时间内,股价涨了 15 倍;喷气式客机的引进使航空公司能飞得更快和更远,增加了远程的航线,西北航空公司(Northwest Airline)从 1962 年起,四年时间内股价大涨 12.4 倍;国际游戏设备技术公司(IGT)研发出新的博彩游戏机器,从 1991 年开始,股价在两年多内上涨 16 倍;微软(Microsoft)顺应计算机的兴起,推出视窗操作系统和网络浏览器等,从 1993 年 3 月开始,五年的时间,股价上涨 18 倍;高通(Qualcomm)是以技术创新推动无线通讯发展的典范,以码分多址(CDMA)技术处于世界领先地位而闻名,从 1999 年起不到一年的时间,股价上涨 20 倍,等等。

第三类:顺应宏观趋势的全新的服务或经营模式

公司的经营理念顺应当时的生产、生活大趋势,其全新的服务模式深受市场欢迎,公司销售大幅增加,盈利也快速成长,机构投资人信心大增。

1. 麦当劳快餐(McDonald's Corp.),1967 年至 1971 年,股价上涨 11 倍

麦当劳是跨国性大型快餐连锁餐厅,出售汉堡包、薯条、炸鸡、沙拉和饮料等快餐食品,前身是 1940 年由理查德·麦当劳与莫里斯·麦当劳兄弟二人在美国加利福尼亚州创建的“Dick and Mac McDonald”餐厅。1948 年该餐厅引入“快速度服务系统”原则,推出快餐服务,即只供应有限的可以很快制熟的菜肴品种,为用餐客提供快速服务,而且价格不贵。快餐厅是繁忙的都市生活催化的产物,简便快捷的就餐方式很受欢迎,所以发展极为迅速。1960 年餐厅正式更名为“McDonald's”。虽然是快餐店,但麦当劳奉行的是“顾客至上,顾客永远第一”的理念,以为客户提供最高标准的 QSC&V 服务为原则,即质量(Quality)、服务(Service)、清洁(Cleanliness)和价值(Value)。在发展方面,麦当劳采用特许连锁店的方式快速成长,1967 年麦当劳的第一家国际餐厅在加拿大开业,1968 年麦当劳推出“巨无霸”,并成立国际业务部,向海外扩张,1972 年其销售额刷新 10 亿美元纪录,1990 年麦当劳进入中国。麦当劳已经成为快餐的代名词。从 1967 年开始,在短短四年中股价上涨 11 倍,这对于一个几乎没有技术含量的餐饮业公司来说,是个奇迹。

2. 戴尔计算机(DELL),1996 年至 1999 年,股价涨幅 17.8 倍

戴尔(Dell)于 1984 年由迈克尔·戴尔创立,以生产、设计、销售家用以及办公室电脑而闻名。和其他电脑生产商不同的是,戴尔独树一帜的经营理念和模式,按照客户要求制造计算机,直接对客户发货,这样的模式既减少中间环节,降低库存,也可以

让公司明确了解客户需求,作出最快回应。因为少了中间商,其产品售价也极有竞争力。戴尔将"坚持直销"、"摒弃库存"、"与客户结盟"视为其发展经营的"黄金三原则"。凭着特有的营运模式,搭乘计算机市场快速发展的顺风车,戴尔公司很快成为全球领先的计算机直销商,跻身主要制造商之列,成为世界500强企业。1994年,戴尔瞄准互联网商务发展趋势,推出Dell网站,利用互联网扩大推广其直销模式,再次处于业内领先地位。

3. 其他类似公司

沃尔玛百货公司(WalMart)提出"帮顾客节省每一分钱"的宗旨,实现了价格最便宜的承诺,推行"一站式"购物新概念,快捷便利的购物方式吸引了消费者,自1980年起五年的时间,股价上涨了10倍;美国家得宝公司(Home Depot)家居建材用品零售商打造建材产品一站式销售,满足客户自己动手和专业安装的不同需求的销售模式,股价自1982年起,不到两年的时间内上涨10倍;网络拍卖电子海湾(eBay)顺应网络发展趋势,创立不受时间和空间限制的网上拍卖平台服务模式,上市后一年半的时间股价上涨近14倍,等等。

当然还有更多因为顺应宏观趋势而股价在三到五年大幅上涨的公司,我们就不在此逐一列举。

二、盈利高速成长,估值合理,债务相对低——基本面驱动力

(一)盈利高速成长

1. 过去盈利持续成长

我们希望所选择的公司过去两年不仅有盈利成长,而且要持续成长,不能一年有成长,一年又止步不前,甚至盈利下滑,两年的成长速度也必须是一年高过一年的加速成长。所以,对公司过去两年的盈利成长,要能满足如下条件:

(1)盈利高速成长:过去两年盈利平均每年成长40%以上,若能达到70%以上最好;

(2)盈利持续成长:去年成长(GY1>0);前年成长(GY2>0);

(3)盈利加速成长:去年成长高于前年(GY1>GY2)。

2. 未来三至五年盈利成长达40%以上

过去的盈利成长容易获取,因为那是已经发生了的数字。未来还能继续成长吗?成长的预测值从何而来?让每个投资人都到公司去走走看看,估算一下未来的盈利能力,这是不现实的,所以未来三至五年的成长只有依靠专业分析师的预测。分析师给出的数据可靠吗?其中是否有利益冲突呢?在下结论之前,我们先来看看华尔街主要利益集团间是什么样的关系,然后再作定论。

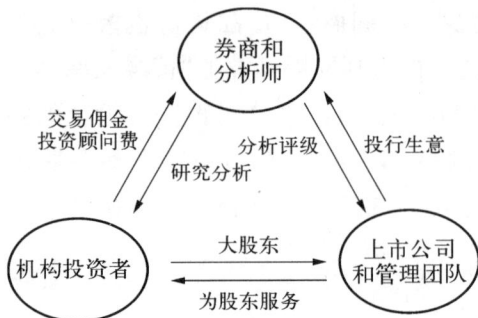

图 6-1　华尔街三大利益集团的关系

3. 分析师的未来三至五年盈利预测可靠吗?

券商、上市公司和机构投资者是华尔街的三大主要利益集团,他们之间的相互关系如图 6-1 所示,上市公司和机构投资者都是券商的大客户,券商从上市公司得到投行业务,赚取机构投资者的交易佣金及投资顾问等费用;机构投资者是上市公司的大股东。受雇于券商的分析师盈利预测是否准确既影响自己的声誉,也直接影响到三大利益集团的关系,解析如下:

- 分析师与上市公司的关系

分析师的收入包含底薪和业绩奖金两部分。他的盈利预测越准,在行业中的知名度越高,市场号召力就越大,也可为自己挣到更多的投行业绩奖金。上市公司愿意将投行的生意交给这类分析师,因为他有能力将股价朝有利于上市公司的方向推动。分析师为能准确地预估盈利,也需要和上市公司保持良好的关系,一方面能得到公司更多的相对"内部"消息,提高盈利预测的准确性和与其他同行竞争的能力。另一方面,为获得投行生意,分析师也尽可能不冒犯上市公司:必然不会直接给出"卖出"评级;当上市公司出问题时,分析师会说"这是短期问题,长期前景看好";甚至在调低每股盈利的同时,违心地提高长期成长和目标价,等等。所以说,分析师在追求盈利预测的准确性的同时,又不在表面文字上冒犯客户,是由其中的利益关系造成的。

- 分析师与券商(雇主)的关系

分析师盈利预测越准,知名度越高,给券商带来投行和佣金的生意就越多,薪水自然就越高,所以分析师一定会在盈利预测的准确度上下功夫。券商(雇主)也尽可能为分析师提供各类资源,帮助其追求盈利预测的准确性,是互利双赢的关系。

- 分析师与基金大客户的关系

因研究成本高,基金公司只能雇少数买方分析师(Buy-Side),对上市公司的分析与了解主要依靠券商的卖方分析师(Sell-Side)提供。分析师盈利预测越准,越能保证大客户的投资成功,他们就越愿意在该券商开户,分析师也可获得更多交易佣金分成。

- 结论

综上所述,分析师追求盈利预测准确的动机不需要被质疑,也就是说分析师给上市公司的盈利预测基本是可以信赖的,但因为存在着上述种种的利益冲突,对于分析师给出的评级和结论却不需要完全采纳。当然,因为利益驱使,会有个别分析师违心地调高营运欠佳的上市公司的未来盈利,为安全起见,我们在研究分析师对某公司的盈利预测时,要看所有分析师的盈利预测的中值、平均值和过去对这家公司盈利预测最准确的分析师的预测值。

（二）估值合理

对于高速成长的公司,在使用市盈率(P/E)估值时,你会发现很多优质成长股都有很高的市盈率,但股价还一直上涨,因为市盈率仅仅反映股票当前的估值,没有考虑其未来的成长。比如甲、乙两家公司的股价分别为 50 美元和 100 美元,两家公司现在的每股盈利都是 1 美元,甲公司的市盈率为 50,乙公司的市盈率为 100,甲公司未来三年的平均成长率为 10％,而乙公司未来三年的平均增长率高达 116％,三年后,两家公司的盈利情况将是:

甲公司每股盈利＝ $\$1\times(1+10\%)^3=1.33$,三年的前置市盈率为 37.6(50÷1.33)

乙公司每股盈利＝ $\$1\times(1+116\%)^3=10.00$,三年的前置市盈率为 10(100÷10)

可见,如果不考虑公司未来的成长因素来分析公司的估值,你一定会觉得乙公司比甲公司贵多了,其实,对于具有超前性的股票来说,乙公司却比甲公司便宜多了。为避免使用市盈率估值失去投资优质成长股的机会,我们用市盈成长比(Price/Earnings to Growth Ratio, PEG)作高速成长型公司的估值。市盈成长比又称动态股价收益比,是用公司的市盈率除以预计未来三到五年的平均盈利增长率。此方法最早由英国投资大师吉姆·史莱特(Jim Slater)提出,美国投资大师彼得·林奇(Peter Lynch)将此方法发挥至极致,后人便将市盈成长比的功绩归功于彼得·林奇。如果用市盈成长比(PEG)来对上述甲乙两家公司重新估值,则:

甲公司的市盈成长比(PEG)＝50/10＝5

乙公司的市盈成长比(PEG)＝100/116＝0.86

乙公司的估值远低于甲公司。

市盈成长比估值法结合考虑了公司的市盈率水平和其未来盈利的成长特性。一般来说,市盈成长比为 1 时估值合理,如果市盈成长比大于 1,说明市场高估了公司的真实价值;若市盈成长比小于 1,说明市场低估了该公司的价值,数值越低,股价越被低估。其创立者史莱特甚至认为市盈成长比低于 0.75 的股票才是值得投资的,如果公司的市盈成长比能低于 0.66 就属上乘了。

（三）债务要低

对于普通的公司而言,借债做生意是再正常不过的事。而在找股王时,我们对债务的要求就不一样了,为王者都不会缺钱,能成为股王,它与众不同的地方在于,能靠自身运营能力,赚到足够的资金来做业务的扩张,甚至大手笔的兼并收购,以远高于市场平均水平的速度快速成长。我们所希望的公司成长不是那种靠管理层采用高杠杆而带动的繁荣,因为这种成长往往代价太高,能成为股王的可能性很低。高杠杆是把双刃剑,当经济好时,公司的每股盈利会大幅增加,而在经济不景气时,因高借债的高利息支出便成为公司的负担。所以说，股王"不缺钱"，不需要大笔举债，因此我们要求公司的长期债务资产比小于10%。

三、机构持股较低，市值相对小——资产配置引发的驱动力

机构投资包括共同基金、退休基金、对冲基金及保险公司等。机构持股率相对较低对我们寻找三至五年上涨十倍的股票非常重要。因为推动股价上涨的主要有两个要素：公司盈利增加和市盈率的扩张。

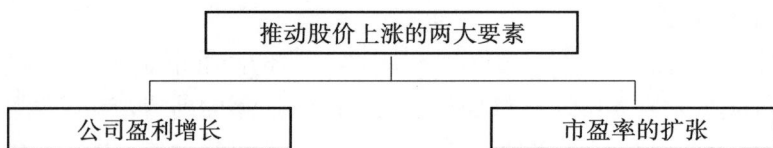

图6-2　推动股价上涨的两大要素

（一）市盈率的扩张对推动股价的重要性

1. 市盈率维持不变

单从盈利成长看，如果市盈率维持不变，股价要在三年内上涨十倍，那么公司每年的盈利增长率必须至少达到116%以上。如果股价要在五年内涨十倍，那么公司的每年盈利成长只要有58.8%就可以达到目标了，计算如下表6-2：

表6-2　市盈率不变时，若股价达到预期上涨目标，所需的最低盈利成长率

ABC科技发展公司：目前股价$15，每股盈利$1，市盈率为15				
如果三年盈利增长十倍，从$1增加到$10，那么				
现在	第1年盈利	第2年盈利	第3年盈利	年平均成长率为
$1.00	$2.16	$4.67	$10.08	116%

如果五年盈利增长十倍，从$1增加到$10，那么					
现在	第1年盈利	第2年盈利	第3年盈利	第4年盈利	第5年盈利	年平均成长率
$1.00	$1.59	$2.52	$4.01	$6.36	$10.1	58.8%

如果每年盈利成长率为116%，三年后公司每股盈利为10美元，若市盈率仍然不变，还是15，那么股价应该上涨至150美元（15×10）；如果公司每年盈利成长率为58.8%，若市盈率15维持不变，则五年后公司盈利增加至10美元，股价攀升至150美元。

公司在未来三至五年保持平均58.8%—116%的成长速度绝对不是一件容易的事情，这也让我们寻找到这类股王的概率大为下降，但是别忘了，推动股价上涨的另一主要因素是市盈率的扩张，有了这一要素相助，寻找三至五年上涨十倍的股王的成

功性大为增加,梦想才有可能得以实现。

2. 市盈率扩张

当市盈率扩张时,即使公司的盈利成长没有期望的高,但股价还会朝预期的目标上涨。还是用上面的 ABC 公司为例,我们来看看如果公司的市盈率扩张一倍后,股价从现在 15 美元在三至五年上涨十倍时,公司所需的盈利成长率是多少。ABC 公司目前的市盈率是 15,每股盈利为 1 美元,假如三年或五年后它的市盈率从现在的 15 扩张至 30,股价要上涨十倍到 150 美元,那么它的每股盈利应该是 5 美元(150÷30),每股盈利从 1 美元增加到 5 美元,其每年盈利及平均盈利增长率如下表 6 - 3:

表 6 - 3　市盈率扩张时,若股价达到预期上涨目标,所需的最低盈利成长率

ABC 科技发展公司:目前股价 $15,每股盈利 $1,市盈率为 15				
如果三年市盈率扩张至 30,股价上涨十倍,至 $150,那么				
现在	第 1 年盈利	第 2 年盈利	第 3 年盈利	年平均成长率
$1.00	$1.71	$2.92	$5.00	71%

如果五年市盈率扩张至 30,股价上涨十倍,至 $150,那么					
现在	第 1 年盈利	第 2 年盈利	第 3 年盈利	第 4 年盈利	第 5 年盈利	年平均成长率
$1.00	$1.38	$1.90	$2.63	$3.63	$5.00	38%

很明显,当市盈率扩张一倍时,若股价依然要达到预期的目标,公司在未来三至五年的盈利成长就从市盈率不变时的 58.8%—116% 下降至 38%—71%,这样的盈利成长条件也更容易满足了。所以,有了市盈率扩张的推动因素,我们在寻找股王时对公司成长的要求就可以宽松一些,既可以大大降低盈利成长的要求,又能发现股价上涨十倍的目标,大大提高了我们寻找股王的成功概率。统计也证明,历史上优质成长股的大幅上涨,很大部分原因是机构投资人增持这类股,而导致市盈率扩张推动了股价的飙升。这也是为什么我在选股王时,要求公司的盈利成长率至少要达到 40% 的原因。

怎样才能实现股价市盈率的扩张呢? 通常有三种途径会导致市盈率的扩张:其一是央行的宽松货币政策;其二是资产配置使资金从其他资产类别流入股市,其三是因公司自身的吸引力引起机构投资人增持。

(1) 央行宽松货币政策导致市盈率扩张

央行实行宽松货币政策,大量资金涌入包括股市在内的所有资产,股市不断上涨,市盈率扩张。美联储在以下几次实行宽松货币政策时,美国股市市盈率的扩张情形如下:

1920—1930 年市盈率由 5 扩张至 30

1948—1965 年市盈率由 10 扩张至 23

1982—1999 年市盈率由 8 扩张至 45

2009—2016 年市盈率由 13 扩张至 27

（2）资产配置策略使资金流入股市导致市盈率扩张

当股市未来投资回收潜力大于其他资产，资金大量进入股市，市场全面上涨，导致市盈率扩张。

（3）公司自身的优势吸引机构投资人增持导致市盈率扩张

当机构投资人发现某公司具备快速成长、估值合理的特质，且所在的行业也欣欣向荣，投资回收潜力很高，而此时许多机构投资人还只建立了很少的仓位，甚至还没有建仓，便会开始大量增加持股，造成供不应求，推动股价上涨，导致市盈率扩张。

（二）市值相对小

从市盈率扩张的分析，我们知道是资金的流入造成了市盈率的扩张，不管这资金是因为央行的政策，还是资产配置的原因，或者是公司的自身因素，作为投资人我们都无法决定，但却可以在选股上将这些因素考虑进去。同样是资金流入，对市值大和市值小的公司的市盈率扩张的程度却大有区别。推高一个30亿市值的股票比推动一个300亿市值的股票所需要的资金少多了，换言之，如果是等量的资金流入，小市值股票的市盈率扩张比大市值股票的市盈率扩张速度要快很多。所以，我们选择市值相对小的公司，就是保证其未来的市盈率有大幅扩张的可能性。

（三）机构投资人持股率较低

我们希望机构投资人的持股不宜太高，但也不能完全没有。机构持股太高，说明股票已经为太多的机构投资人发现，大量资金已买入，不会再有更多的资金流入，市盈率大幅扩张的可能性不大。但如果完全没有机构投资人的投资，或者说明我们研究的数据有问题，或者是我们对公司的发展前景太过乐观，市场可能需要一段时间来认识该公司，应不必急于进场，要静观待变。根据统计，机构持股在5%—20%之间，市盈率扩张的潜力很大。

四、股价长期走势向上，且表现大幅超过市场——心理、技术面驱动力

历史上，任何股王在三至五年的上涨过程中，大部分时间，股价都以远高于市场的平均速度上涨。我们要求股价和其相对市场表现的相对强度线的长期走势是向上的。股价的长期走势向上，说明投资人对公司的未来充满信心，决定长期持有。相对市场强度线的长期走势向上，说明该股的表现长期优于市场，已显王者风范。因为我们要寻找的是股王，而不是一般的股仔，历史上某一时期的股王，几乎都是当时市场的领头者，市场上涨时，它引领上涨，涨得最多；市场下跌时，它抗跌，跌得最少，它的表现总是比市场强，所以其相对强度线向上，且不断创新高。从投资人心理和技术面确认了它的王者地位。

从上面的研究分析，我们可以得出这样的结论，只有在宏观趋势的驱动力、基本

面驱动力、技术面驱动力以及资产配置驱动力的共同推动下，才能成为未来的股王。换句话说，只有市场上各大流派管大钱的高手都喜欢的股票，才能有可能加冕成王。而我的"宏观趋势下的最大合力投资法"就是以这一理念为基础创造出来的，是寻找未来股市王者的有效方法。

第二节　宏观趋势下的最大合力投资法的创立

1995 年，我踏进华尔街，开始了职业投资生涯，迄今已 20 年有余。在二十多年的投资实战中，我曾徘徊在不同的投资流派之间，尝试过在第一节中提到的各种流派的投资方法，时而推崇基本面流派，时而痴迷技术面流派，但股王却经常与我擦肩而过。

我究竟错在哪里呢？怎样才能抓住股王呢？带着这个问题我开始潜心研究。剖析历史上出现的股王的特征，找寻其中的规律。通过研究，我发现，当股价涨跌时，人们总是要找出各种理由来解释股价变化的原因，而实际上，股价的变化是当今市场上不同投资流派对某一股票的看法是否一致造成的。如果市场上的主流资金看好某只股票，它就上涨；反之就下跌。

根据对以往股票史上股王的研究，我得出结论：要想让股票大幅上涨，我的选股标准就需要尽可能地符合各投资流派的选股原则，这样才能让更多的大资金站在我这一边，成为支持我的后盾，合他们之力，实现我的股票成为股王的梦想。简单地说，就是要合市场上各个投资流派的共同之力，推动股价的上涨，这与物理力学理论何其相似？

一、物理学的合力理论和牛顿第二定律同样适用于金融市场

根据牛顿第二定律（$a = \sum F/m$）：物体加速度(a)与合外力($\sum F$)成正比，与物体质量(m)成反比。我在研究上一节所介绍的历史上股王的特征和驱动力时发现，这一自然法则也非常适用于股市投资。要成就股王，其股价不仅要大幅上涨，而且要加速上涨，而这个推动股价上涨的加速度与推动股价上涨的外力的合力成正比，与公司的市值成反比，即

牛顿第二定律公式为：

$$加速度＝合外力/物体质量$$

将牛顿第二定律公式套用到股市上就是：

$$股价上涨最大加速度＝最大向上驱动力合力/公司市值$$

其中，

最大向上驱动合力：当市场上的四大驱动力都一致看好某股票时所产生的合力

市值：公司的市值越小越好，太重的东西很难被快速推高

股价上涨加速度：加速度越大，成就股王的概率越高，所需的时间也越短。

二、供需关系决定驱动力的合力方向

决定股价的方向也是各种无形的股价驱动力的合力方向，从根本上说，这些驱动力源于经济学的最基本的供需关系原则：当供大于求时，合力向下，股价下跌；当供小于求时，合力向上，股价上涨；如果供求平衡时，股价横盘。

三、市场上四大流派的驱动力

产生供需变化的原因就是影响股价变化的驱动力，在当今金融市场上主要有四大派别的驱动力：

1. 基本面驱动力

理念：股票的市场价格在未来一段时间内将趋于其真实价值。

做法：当股价低于真实价值时买进，因为它迟早都会涨到其真实价值的价位上；反之，当股价高于真实价值时卖出，因为股价迟早都会跌到其真实价值的价位上。

研究方法：通过分析公司的盈利成长、估值、财务状况和管理层能力等各类指标，以求找出公司的真实价值。

2. 技术面驱动力

理念：认为股价与公司的真实价值无关，主要是受到投资人的心理和市场技术面因素的影响。

做法：当预测到未来股价走势将向上时，买进；反之，当预测未来股价走势将向下时，卖出。

研究方法：通过对价格、交易量、时间和投资人情绪等因素作分析研究，推断价格未来的趋势。

3. 资产配置驱动力

理念：坚持市场是有效的理论，市场的价格始终等于其真实价值，不必费时间找低估值的股票，因为根本不存在。

做法：首先设立风险与回收目标，将资金有效地分配在不同的资产中，构建一个优化的投资组合，来实现预期的投资目标。

研究方法：研究资产的风险、回收、相关度等因素，为构建最优化的资产组合作准备。

4. 宏观主题驱动力

宏观主题投资是 20 世纪 80 年代出现的新兴的投资理论。

理念：顺应未来宏观大趋势的股票当前的价格低于其未来的真实估值，将会有超出市场的表现。

做法：现在就要构建能够顺应宏观趋势的投资组合。

研究方法：深入分析宏观大趋势，形成最具投资潜力的主题，并围绕该主题对最为受益的资产类别、行业和个股进行投资。

四、最大合力——产生股王的必要条件

推动股价上涨的合力就是各大派别所代表的驱动力博弈的结果，大部分时间都难分胜负，所以市场70％的时间是横盘。只有当某只股票同时具备各大投资流派的选股标准，得到各大流派的青睐，形成了难得的投资观点的一致性，此时，才产生了最大的驱动力合力，资金就会源源不断地流入，在这最大合力的推动下，股王就可能产生了。

五、宏观主题驱动力对股价的影响力最大——产生股王的先决条件

我们定义的宏观大趋势具有全球性、广泛性、长期性、紧迫性四大特征。

● 全球性

顺应宏观趋势的公司所生产的产品或提供的服务面对的是全球大市场，而不是某一国家或地区的市场。

● 广泛性

不仅产品所涉及的行业广泛，而且也涉及每个人的切身利益，无论是发达国家还是发展中国家，无论是富豪还是平民都可能成为消费的主体。

● 长期性

保证市场对企业产品长期稳定的需求。

● 紧迫性

公司的新产品或新服务常常是代表一个新趋势的发展，是各国和各企业要优先解决的问题，受经济周期影响较小。

从前面分析的股王的共同特征也证明了顺应宏观趋势，特别是由人类第一生产力的科学技术的新发展所形成的宏观大趋势，是成就股王的最重要因素。为了突显宏观驱动力的重要性，我将这一方法命名为"宏观趋势下的最大合力投资法"。

第三节　宏观趋势下的最大合力投资法的步骤和实例解析

宏观趋势下的最大合力投资法的基本步骤是先确定宏观大趋势并建立顺应宏观

大趋势且从中最为受益的股票池,然后再通过定量初选和定性分析最终锁定投资的
目标,最后构建组合和风险管控,基本操作流程如下图6-3。

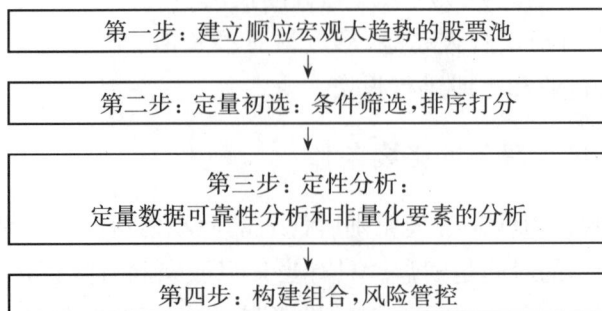

第一步:建立顺应宏观大趋势的股票池

↓

第二步:定量初选:条件筛选,排序打分

↓

第三步:定性分析: 定量数据可靠性分析和非量化要素的分析

↓

第四步:构建组合,风险管控

图6-3 宏观大趋势下的最大合力投资法流程图

第一步:构建顺应宏观大趋势的股票池

确定宏观大趋势,构建股票池

确定宏观大趋势,构建股票池的程序如下图6-4,具体做法和内容我们在第一章
介绍宏观主题双趋势投资法时已经有详细叙述,请参考相关章节。

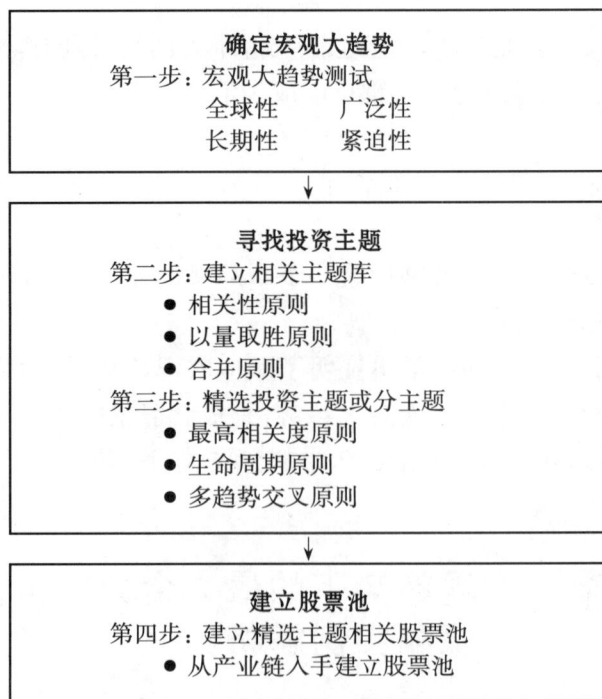

确定宏观大趋势 第一步:宏观大趋势测试 全球性　　广泛性 长期性　　紧迫性

↓

寻找投资主题 第二步:建立相关主题库 ● 相关性原则 ● 以量取胜原则 ● 合并原则 第三步:精选投资主题或分主题 ● 最高相关度原则 ● 生命周期原则 ● 多趋势交叉原则

↓

建立股票池 第四步:建立精选主题相关股票池 ● 从产业链入手建立股票池

图6-4 确定宏观大趋势,构建股票池

第二步：定量初选：条件筛选，排序打分

定量初选的参数要求

为了避免与股王擦肩而过，在电脑定量条件筛选过程中，我们要求的条件比实际的标准略微宽松，这并不是降低标准，在定性分析时我们就会从严综合考虑。

基本面参数：

（1）盈利成长因子

过去两年盈利复合年平均成长＞35％

未来三至五年盈利复合年平均成长＞35％

（2）估值因子

市盈成长比（PEG）＜1.2

（3）债务因子

长期债务/资产＜20％

资产配置参数：

（4）市值＜50 亿美元

（5）机构持股＜25％

技术参数：

（6）相对市场强度＞85

第三步：定性分析：定量数据可靠性评估和非量化要素分析

一、对定量数据可靠性评估

（一）基本面驱动力定性分析

1. 盈利成长定性分析

高速成长是造就股王的最大要素，对公司盈利高速成长的原因要深入分析，以保证长期稳定的高速成长。

（1）销售成长的方法分析

分析它的销售和盈利成长，不能只看成长数字，还要分析成长的"品质"如何。推动盈利销售成长的渠道很多：

a. 公司原有产品或服务销售量增加

b. 提高产品或服务的价格

c. 推出新产品和服务

d. 通过收购兼并带动的成长

前三种是提高销售额带来的自然成长,可持续性高;而通过收购带来的成长,是非经营因素带来的"人造"成长,根据历史统计,这种成长持续性不长,成功率较低(对经理人的水平要求很高),特别是通过大笔举债来实现的兼并收购,更要避开,这绝对不是股王的特征。

(2)销售与盈利成长的同步性分析

一般而言,销售成长带动盈利成长,但有时因某些特定原因,会出现销售停滞但盈利仍然成长的情形,最常见的原因是大幅度的削减成本和公司大量回购股票,人为造成销售平平,盈利高速增长的虚假繁荣景象,这也不是股王的特征。所以,股王的成长是自然的成长,持续的成长,销售和盈利同步的成长,是靠自身资金维持的长期成长。

2. 估值定性分析

要分析计算机根据定量初选所设定的未来成长率,以及分析师预测的复合年均增长率的平均值。为保证准确性,要对以下内容作定性分析:

(1)参照公司自己给出的盈利成长率来作预测。因为别人不可能会比自己更了解自己,同时,公司也不想承担误导投资人的骂名,更不希望因为未能如实公布公司的状况而摊上官司,所以公司给出的成长预期应该是比较客观和现实的。当然,上市公司众多,难免良莠不齐,丧失道德底线,指鹿为马的公司也不是没有,但毕竟是少数,而且我们可以通过其他分析方法,排除鱼目混珠的公司。

(2)在使用分析师的成长预测值时:

i. 参照成长率的中值,最好用所有追踪该公司的分析师的成长预测值的中值作为未来盈利成长率。假如某公司有五位分析师追踪,五个人对该公司未来三年的成长预测值分别是5%、10%、12%、15%和45%。如果用五位分析师的成长预测平均值17.4%来作成长预测值,其可靠度较低,因为五个数字中的最高值偏高,拉高了均值,降低了真实度。所以我们选择中间值12%为预期成长率。之所以要这样做,是因为分析师和上市公司之间存在利益链关系,个别分析师可能为上市公司做枪手,给出较高的成长预测值,误导投资人,降低了市盈成长率估值的准确度。

ii. 参照历史上最准确的分析师的成长预测。分析师的人数不能少于三人,以减少被个别分析师因谋求自己公司的利益人为调高盈利预估而误导的风险。

3. 债务定性分析

要注意公司负债与行业平均债务率水平的比较,个别的行业由于自身的特点,负债较高。同时,在作债务分析时,其趋势和举债的原因也非常重要。

(二)资产配置驱动力定性分析

1. 分析机构持股率的变化

分析机构持股率除了看绝对的数值外,还要分析其变化趋势。15%的机构持股率可以是机构投资人从原来 10％的持股加持到 15％,也可能是从 30％的持股减仓到 15％,这是完全不同的,我们当然希望看到机构投资人在增持的趋势。

2. 分析持股机构的投资业绩

关注持股机构的自身投资业绩也是很重要的因素,持股的机构投资人业绩好,说明我们选择的潜力股得到大师的认可。

3. 市值定性分析

我们希望所选的公司市值小,但不是越小越好,要根据机构投资者的资金规模,考虑其市场的流动性是否符合他们的标准。

（三）心理、技术面驱动力定性分析

相对强度大于 85 就是指在过去 12 个月市场上表现最好的 15％的股票,除了相对强度的绝对数值,更重要的看其变化趋势,我们希望所选的股票的相对强度是从 80 提高至 85,而不是从 90 下降至 85。

此外,我们也希望看到股价的走势和相对强度线走势双双呈向上趋势,更希望相对强度线走势与股价走势能出现正背离。

如果一只股票通过了上述四大驱动力的考核,从前面的分析看到,股王形成的过程就是顺应宏观大趋势的中、小型公司三至五年成长为其行业的龙头股或蓝筹股的发展过程。我们就是要锁定这样的投资目标,择机进场。

二、其他非量化要素的定性分析

公司的产品和服务、市场垄断、经营管理能力等因素是很难用数据来表达的,要通过定性分析作出判断。

1. 产品和服务优势

公司不仅要有好的产品和服务,而且产品和服务最好是有专利保护,或者有知名品牌的支撑。

2. 市场垄断地位

分析公司的产品在市场是否处于垄断地位,或者其产品是否属于稀缺产品。主要考虑:公司是否控制生产某一商品的全部资源或基本资源,产品在市场上有没有相近的替代品,客户转换替代产品的费用是否很高,进入该领域的门槛高不高,是否需要政府特许,等等。

3. 经营管理层的能力

公司管理层的管理能力和管理效率直接影响企业的盈利能力。我们希望看到公司的经营业绩是因为其有高效的管理团队、合理的公司结构和良好的企业文化,而不是因为某一个人的卓越能力。

第四步：构建组合，风险管控

构建组合和风控管理就是解决买多少，什么时候买，什么时候卖，以及如何买卖。

"买多少"完全根据个人投资资金的多少来决定，因风险承受能力不同而异。集中投资可以大大提高回收，但也增加了风险；而过度分散风险，头寸小持股很多，所追求的也就只是市场平均回收，这是个人的投资喜好问题。

"什么时候买"和"什么时候卖"我在本书第四章已作了较详细的讲解，请参考前文。在这里，着重讲两个问题，一是核心仓位和卫星仓位的操作法，另一个是说说风险管控的重要性。

一、以长期时段投资核心仓位，以中短期时段投资卫星仓位

（一）时间段是确认趋势的最重要因素

在讲解核心仓位和卫星仓位操作法之前，先介绍这一方法用到的重要技术分析要素，就是时间段的选择，这是确认趋势的最重要因素。

1. 什么是时间段？

时间段就是你在投资时希望持有股票的时间长短，在技术分析中，比较典型的时间段有月图、周图、日图、小时图和分钟图等。长期投资人应以周图、月图为参考，短线投资人则侧重使用日图、小时图和分钟图。用什么时段的图形并无绝对的标准，使用不同的时间段看图，对股价走势会得出不同的结论，这里并没有正确与错误之分，只是时间角度不同。就像《两小儿辩日》中所说，都是同一个太阳，只是观察的出发点不同，就出现不同的结论。技术图形也是如此，同一股票的价格走势，周图和日图可能有所不同，小时图上差别就更大。所以，选择什么样的时间段，完全取决于个人的喜好和投资时间长短。

2. 为什么要用多时间段？

要在股市投资获利，首先要对市场和股价的趋势走向有正确的判断，眼看着股价一路"跌跌不休"，你硬要捡便宜，在下降趋势中多头看涨，能全身而退已属万幸，想要大有斩获可能是如蜀道之难。有道是，"好风凭借力，送我上青云"，只有顺着市场的方向，跟随价格的趋势，才能获得最大的投资收益。常到海边的人都见过海浪击岸，先是翻起小小的浪花，再连成起伏的波浪，最后卷起拍岸的大潮。股价的走势也如同海潮，长期趋势就像大潮，中期趋势，如同大潮中带着波浪，短期趋势，好似波浪中泛着涟漪，但是浪潮总是一波高过一波。

成功的交易员都倾向于使用长期时间段，因为它反映价格走势的大趋势，而大趋

势通常都不是一朝一夕就可以形成的,是一个长时期的过程,趋势一旦形成了,如果没有重大外力的作用,是不会轻易改变的,所以长期趋势的可靠性很强。但是,在实际投资中,单用一个长期趋势是不够的,我们还会同时使用中期和短期时间段,使各时间段充分发挥其优势,扬长避短。

(二)核心仓位与卫星仓位

因为我的宏观趋势下的最大合力投资法选出的股票基本上可以用凤毛麟角来形容,但它们都是长期前景光明,所以要长期持有,放长线钓大鱼。然而市场是多变的,因为它还受其他宏观因素或突发事件的影响,会出现股市熊牛周期性变化。当熊市时,也常导致长期持有的股票账面利润大幅缩水,如何才能做到既保证长期持有未来的股王,又防止因种种因素,所持有的股票并未成为股王而中途夭折,到手的利益尽失,为了解决这一问题,我将一只股票的持股仓位分核心仓位和卫星仓位两部分,核心仓位为60%,卫星仓位为40%。60%的核心仓位以长期时间段来投资,采用相对宽松的风险管控措施。40%的卫星仓位用中短期时间段投资,用相对严格的风险管控措施,买进,卖出,再买进,再卖出的方式投资,锁定部分利润,增加回收。这样,既能实现长期持有股王的目标,又防止因判断错误或熊市来袭而蒙受重大损失。

二、风险管理的重要意义

赚钱的股票早早卖出,而赔钱的股票则越赔越多,这大概是业余投资人普遍存在的问题,其根本原因是,缺少严格的风险与利润管理。投资的风险与回收并存,要做到保证本金、降低风险的同时,寻求与风险相对应的高回收,严格的风险与利润管理是至关重要的。我们就以最具说服力的统计学概率理论来论证投资中风险与利润管理的重要性。

概率是表征随机事件发生可能性大小的量,是事件本身所固有的不随人的主观意愿而改变的一种属性,所以它是客观的,具有说服力的。

1. 股市和赌场游戏规则的本质区别

我们日常生活中常用到概率,比如,在大选中,人们常说某某获胜的可能性是百分之多少,也就是指他获胜的概率。概率越高,成功率就越大。而最为人们熟悉,也最容易联想到概率的,大概就是赌博的输赢了。如果两个人掷一个六面的骰子,出现1、2、3、4的数字时,甲方赢,出现5、6数字时乙方赢,短时间内,乙方可能偶尔会赢,但长时间比下去,甲方占有概率优势,赢的机会大,因为甲方获胜的概率约是66.7%,而乙方的概率是33.3%。无论你是去澳门赌场,还是拉斯维加斯赌城,想要在赌场上赚大钱,基本上是天方夜谭。因为赌场能生存下来,靠的就是概率优势。表6-4是几类博彩游戏中赌场的概率优势。

表 6-4　赌场的概率优势

赌　博　方　式	赌场的概率优势
骰子(Craps)	1.41%
罗盘赌(Roulette)	5.26%
老虎机(Slot Machine)	8%—15%
百家乐(Baccarat)	1.29%
赌场之战(Casino War)	3.73%
21点(Blackjack)	5.90%(遇到高手时是1%)

所以,开赌场的不怕赌客们赢钱,就怕赌客不上门。客人们赢钱时,赌场为留住客人继续玩下去,送饭、送赌资、送免费住宿,其目的就是要让客人赌下去,因为占有概率优势的赌场深知只要赌客一直玩下去,赌场一定是最后的赢家。

但股市的投资规则和赌场的游戏规则有一个本质区别,赌博的人只能被动地接受赌场的概率优势,而投资人却可以通过制定严格的风险和利润管理计划,创造有利的概率优势。遗憾的是,大部分业余投资人完全忽略了风险与利润管理,经常是赚小钱,赔大钱,不自觉地给自己创造了投资的概率劣势。

2. 专业投资人与散户投资人风控的区别

一般而言,正常情况下,大部分(68%)股票的涨跌幅度在10%以内;约30%左右的股票的涨跌幅度在10%—20%;而仅有不足3%的股票的涨跌幅度超过30%,这是股票涨跌的正态分布,如图6-5所示。

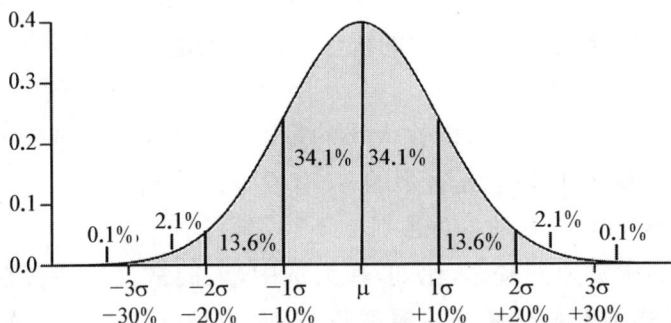

图 6-5　股票涨跌正态分布

股价的表现受许多不确定因素影响,如经济周期、行业自身基本条件、公司盈利、管理层变化,还有地震、海啸、战争、政局动荡等其他因素。专业投资人制定严格的停损制度,当股价出现一定跌幅时,及时卖出,以避免更大的损失。而有利润时,只要推动股价上涨的因素依然存在,就尽可能地争取获得最大利润,创造了投资获利的概率优势。如图6-6所示,所有大跌的股票都在下跌10%以内就被停损了结,而所有大涨的股票都还留在投资组合中,争取最好的回收。

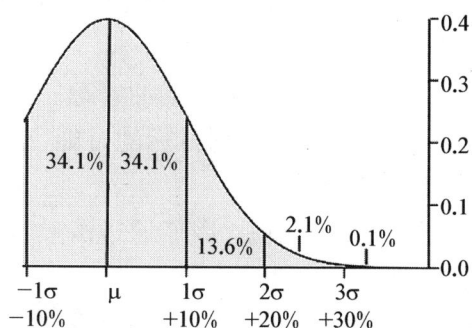

图 6-6　有投资风险和利润管理的概率分布　　图 6-7　没有投资风险和利润管理的概率分布

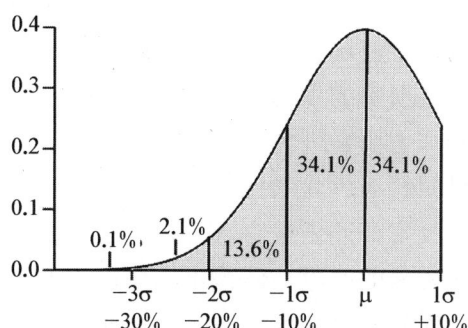

业余投资人往往相反,股价下跌时,本该恐惧出场,但因为赔了钱,对亏损视而不见,无奈地变成了长线投资,并以股价会涨上去来宽慰自己;而有利润时,本不该恐惧出场,却因主观担心利润会保不住,早早离场,不知不觉地形成了投资获利的概率劣势。如图 6-7 所示,本该赚大钱的股票都在上涨 10% 以内就被卖出了,而所有大跌的股票却都捏在手中,导致投资大幅亏损。

3. 严格停损是风险管理的关键

我们再用一组数字说明风险与利润管理的重要性。专业投资人甲和业余投资人乙都选择了同样 5 只股票,投资人甲有严格风险与利润管理,而投资人乙则不作风险与利润管理,两个人的投资回收如下表 6-5:

表 6-5　有风险管理和无风险管理的投资组合回收比较

	股票 1	股票 2	股票 3	股票 4	股票 5	组合总回收
投资人甲的回收	−7%	−7%	−5%	+12%	+97%	18%
投资人乙的回收	−80%	−10%	−5%	+5%	+10%	−17%

投资人甲严格执行风险与利润管理,及时停损,将大幅下跌的股票的实际损失有效地控制在 7% 以内,而对有利润的股票,则尽量多赚,建立了投资获利的概率优势,获得了不错的回收。而投资人乙则没有风险与利润管理,对亏损听之任之,却将有利润的股票早早卖出,形成投资获利的概率劣势,致使整体组合大幅亏损。

所以,有风险与利润管理和没有风险与利润管理的投资结果是完全不同的。风险管理最重要的就是要严格停损,因为任何投资都存在风险。小小的损失比较容易弥补,大幅的亏损就难以挽救了,如果本金亏损了 50%,要上涨 100% 才可以弥补回来。

严格停损是风险管理的关键。停损简单地说,是对投资所能允许和承受的最大损失。停损价一定要在进场前制定好,而不能等到出现亏损了再来设定停损。怕输是人性的弱点,亏损出现时,很难客观理性地面对。停损价不是一成不变的,要随着价格的走势调整,但是只作向上调整(对多头仓位而言)。

停损价的目的是控制风险,避免损失加大;目标价则是对预期利润的管理。目标价同样也要在进场前设立,其目的有二,一是分析股价是否有达到目标的可能,二是考量回收与风险的比例。

投资如同做生意,也需要经营,要评估投入和所得是否合适。我们通过衡量目标价所带来的回收与停损出场所产生的损失之比决定投资的可行性。

回收与风险比(Reward Risk Ration, RRR)=(目标价-理想进场价)/(理想进场价-停损价)

假定我们的回收风险比不低于3,做了10笔投资,其中有3次获利,7次停损,回收结果如下表6-6:

表6-6 风险回收比在投资风险管理中的作用

投 资	1	2	3	4	5	6	7	8	9	10	累积
盈 利			$1 500			$1 500				$1 500	$4 500
亏 损	—$500	—$500		—$500	—$500		—$500	—$500	—$500		—$3 500
净利润											$1 000
成功率											30%
失败率											70%

虽然成功率只有30%,但是总的结果是获利的,说明用回收风险比确定投资的可行性是交易成败的关键,它帮助我们创造了投资获利的概率优势。

目标价根据市场行情、股票价值与技术指标综合确定,并随市场、行业及个股的走势上下调整。但是,已经设定的原始停损点是永远不做变动的,一旦跌破停损价格,就该毫不犹豫地止损。目标价可分短期和中期目标,到短期目标时,可先卖出部分仓位,剩余仓位等待中期目标,但如果市场行情、公司基本面或走势发生变化,应及时停利。先卖出部分仓位可降低投资组合的下行风险,但在走势很强的市场中,也会减少回收。不过在当今波动较大的市场环境中,和投资回收相比,降低风险更是要优先考虑的因素。

风险与利润管理是投资立于不败的基本保证,我们不能保证每一笔都获利,但可以创造投资获利的概率优势,做到赔小赚大,使整体投资获利。停损制度是风险与利润管理的核心,也是投资人最容易忽略、最难面对的。其实,停损只是认错,对当初的错误判断负责,目的是避免损失扩大,而不是认输。无论我们多聪明,智商多高,受过多好的教育,获得的消息多准确,投资分析得多透彻,也不可能每次都正确。但是,如果严格执行风险与利润管理，努力做到"截短亏损，让利润奔跑（Cut loss fast，let profit run）"，出现错误，立即认错改正，及时停损，即使屡屡失手，最终还是获得累累硕果的赢家。

实例分析：百度是如何成为股王的？

　　股王：百度（Baidu，Inc.）　　股票代号：BIDU　　　　交易所：美国纳斯达克
公司简介：

2000 年 1 月创立于北京中关村，是全球最大的中文搜索引擎、最大的中文网站。百度于 2005 年 8 月 5 日在纳斯达克上市，发行价每股 27 美元，2010 年股价最高涨至 1 150 美元（不考虑 1 对 10 的分股），五年的时间上涨 42 倍之多，是当之无愧的股王。

2007 年投资股王百度实例回顾摘要：

宏观大趋势：　　　　网络宏观大趋势和中国经济腾飞大趋势
宏观主题：　　　　　方兴未艾的中国网络业
投资方法：　　　　　宏观趋势下的最大合力投资法
投资时间跨度：　　　3—5 年
回收/风险评估：　　　高/中
风险控制：　　　　　宏观大趋势的可持续性，主题周期所处的阶段，公司盈利前景，市场反应等等

第一步　构建顺应网络宏观大趋势的股票池

　　一、确定互联网的宏观大趋势

　　互联网在现代人们的工作生活中占据着极其重要的位置，工作在网上，开会在网上，教学在网上，投资在网上，购物在网上，娱乐在网上，交友也在网上。如果说一旦没了互联网很多人会不知道该干什么，这不是夸张。有人说互联网是人类 20 世纪最伟大的基础性科技发明之一，这话并不为过，它潜移默化地改变着人们的生产生活方式，推动社会的发展。我在 2007 年投资百度的最根本前提就是它顺应了互联网兴起与发展的宏观大趋势。

　　从 1969 年美国国防部建立分组交换网——阿帕网开始，互联网的发展大致可以分成三个阶段。1969—1994 是初期阶段，由于技术的限制，阿帕网并不能让大部分电脑连接成网、相互对话工作，直到 1983 年网络通讯协议 TCP/IP 协议产生，解决了电脑间相互兼容对话的问题，大部分电脑才可以互相连接，开始形成真正的"互联网"。只是它毕竟还是新生事物，使用范围不大，而且在使用和操作上也有很多局限性，1986 年美国国家科学基金会建立的教育科研互联网也只能用来发电子邮件或传输文

件。1994年美国允许商业投资互联网,互联网商业化开始,1995年电子海湾(eBay)和亚马逊(Amazon)开始投入营运,这一年被视为网络商业的初始之年,一时间互联网由默默无闻变成广为人知,大批网站涌现,使用人数大增,但这一时期大部分网络公司都不赚钱,而作为全新概念的商业模式,还是受到人们的追捧,以致出现了2000—2001年的网络泡沫。2001年之后互联网商业化出现了突飞猛进的发展。

● 互联网发展的全球性

互联网起于美国,但不只是在美国得到发展,而是向全球蔓延。全球互联网在2000年时的使用用户大约3.8亿,此后每年保持以两位数的成长率增加,至2006年使用用户已经接近12亿,是2000年的三倍多。

● 互联网影响的广泛性

随着网络设备技术的不断进步,互联网在网络内容、网络数量和用户使用量上都有了长足发展,电子商务、远程教育、社交媒体、信息搜索、商业广告、新闻出版、广播电视乃至网络金融和贸易等都离不开互联网。这些都足以说明互联网的广泛性,但是这些也只是其中之一。作为信息革命的产物,它同时影响到每个使用者,改变着企业的经营模式和人们的日常生活习惯。互联网的快速发展使很多行业固有的经营方式受到严重挑战,最典型的莫过于亚马逊网络书店击垮了传统书店,证券公司受到网上交易的冲击。

● 互联网发展的紧迫性

20世纪互联网的出现和18世纪蒸汽机的发明都是人类进步历史中的里程碑,蒸汽机将人类带入工业化社会,而互联网则开启了信息化社会之门,它不仅带动了技术创新,也是提升国家竞争力的保证。如果不大力发展互联网,在高速信息化的时代,就可能因跟不上时代发展的脚步而落后于人,影响国家的发展,所以各国政府都积极努力开发互联网,提高互联网在各个领域的有效使用。比如,1998年,美国国会成立了网络教育委员会,目的是让每一个受教育者都能使用互联网,享受经济实惠的高品质教育。

● 互联网发展的长期性

虽然互联网在20世纪末和21世纪初发展迅速,但是根据其现有的用户数量和市场覆盖率来看,它的发展趋势还远未结束,仍然有继续渗透的空间。根据国际数据公司(IDC)和互联网世界(Internet World)的统计,使用互联网的人数在1995年时仅占全球人口的0.4%,而到2006年才达到16.9%,互联网的普及是一项长期性的工作。

综上所述,互联网是全球科技发展进步的产物,它对社会和经济活动及人们的日常生活都产生重大影响,是具有全球性、广泛性、长期性、紧迫性四大特征的宏观大趋势,而这种大趋势又是由科学技术这个第一生产力所引发的,是最容易孕育出股王的宏观大趋势,非常值得进一步深入分析。

二、寻找互联网宏观大趋势下的投资主题

● 建立互联网宏观趋势主题库

确定互联网的宏观大趋势后，我们再用建立主题库的相关性原则、以量取胜原则选出若干与互联网有关的主题，并根据合并原则建立互联网相关宏观主题库，包括：

美国互联网

中国互联网

日本互联网

德国互联网

俄罗斯互联网

除中国、日本外亚太地区互联网

欧洲其他地区互联网

南美互联网

● 精选投资主题——锁定中国互联网主题

分析每个宏观主题的生命周期长度和现在所处的周期阶段，以及是否有多趋势交叉，从主题库中精选投资主题或分主题。

互联网发展的时间不算长，基本上来说，各个主题都处在发展阶段，但相比而言，一些主题还是已经过了其发展的黄金期，比如通信网络设备行业。而与起步较早已经进入相对成熟期的美国互联网业相比，中国互联网行业还处于生命周期的早期阶段，同时中国互联网行业和其他主题相比，它除了顺应互联网的趋势，还顺应了新兴市场快速发展的宏观大趋势的中国经济腾飞主题（图 6-8），也就是我们在第一章介绍宏观主题投资中所讲的"多趋势交叉原则"，宏观主题如果同时顺应多个宏观趋势，应是最佳宏观主题，因为它可以同时得到多重宏观驱动力的支撑，会有更广泛的成长空间（有关新兴市场快速发展宏观趋势及中

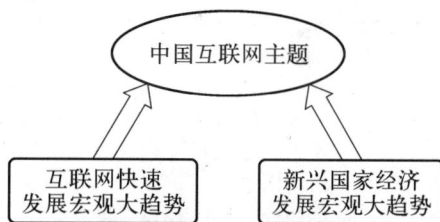

图 6-8 中国互联网顺应交叉趋势

国经济腾飞主题的详细内容请参阅本书第一章第八节的相关内容）。随着中国经济的发展，国民生活水平的提高，互联网的使用人数也会越来越多，2002 年中国互联网用户大约 5 900 万，到 2006 年用户量已经增加到 1 亿多，未来互联网在地广人众的中国还将有极大的成长潜力，所以中国互联网的生命周期相对较长，且处于周期的成长阶段，是投资中国互联网公司的最佳时机。

三、建立精选主题相关股票池

从中国互联网的产业链入手，选出该产业链所涉及的网络搜寻服务、门户网站、电子商务、网络媒体、网上远程教育、在线旅游代理、网络设计、网络通信设备及网络

安全软件等行业中的公司,建立所有与该主题相关股票的股票池,包括:

新浪	SINA Corporation（SINA）
搜狐	Sohu. com Inc.（SOHU）
酷六	Ku6 Media Co.，Ltd.（KUTV）
网易	NetEase，Inc.（NTES）
携程	Ctrip. com International Ltd.（CTRP）
艺龙旅行网	eLong Inc.（LONG）
环球资源	Global Sources Ltd.（GSOL）
前程无忧	51job Inc.（JOBS）
百度	Baidu，Inc.（BIDU）
腾讯	Tencent Holdings Ltd.（0700. HK）
其他网络公司	

第二步　定量初选——条件筛选,排序打分

从通过宏观主题投资法构建的股票池选出未来的股王,最省时和有效的方法就是让计算机帮我们进行筛选,然后再通过排序打分选出得分最高的股票,作进一步的分析研究。

条件筛选的基本参数:

表6-7　条件筛选参数

基本面参数: （1）盈利成长因子 　　过去两年盈利复合年平均成长>35% 　　未来三至五年盈利复合年平均成长>35% （2）估值因子 　　本益成长比（PEG）<1.2 （3）债务因子 　　长期债务/资产<20%	资产配置参数: 　　市值<50 亿美元 　　机构持股<25% 技术参数: 　　相对市场强度>85

百度公司顺利通过筛选,排序打分遥遥领先,成为我们的首选。

第三步　百度定量数据可靠性评估和非量化要素分析

一、定量数据的可靠性评估

（一）百度基本面驱动力的定性分析

1. 百度盈利成长

从百度向美国证券委提交的年度损益表（表6-8）中,我们看到百度在2005年和2006年两个年度,盈利成长率分别为246.51%和478.52%。在高兴之余又不得不令

我产生怀疑,并不是怀疑数据的真实性,而是怀疑公司盈利成长的品质,需要查证其高速成长的真正原因,是公司自身的发展,还是其他方法。带着疑问,我作了进一步的研究。比如,在 2007 年 2 月 14 日公布的公司 2006 年的年报上,百度将其 2006 年的亮丽业绩归功于核心搜寻,以社区为基础的新产品,以及与其他公司合作拓宽业务等原因。通过查证,百度的确在 2006 年推出了许多新产品,与国际知名的公司签订了多项合作协议。2006 年的新产品包括:3 月份开通国学频道,4 月份推出"百度百科",12 月推出"三搜"新产品:"搜藏"、"空间搜索"、"博客搜索"。2006 年新签订的合作伙伴有:3 月份与诺基亚携手,在诺基亚手机中植入中文移动搜索服务;4 月份与IBM 开始全面合作;10 月份与全球传统娱乐巨头 MTV 开展战略合作,等等。这些事实打消了我的怀疑。

表 6-8　百度 2006 年财报摘选

百度给美国证券委的年报(20-F)摘选					
(in thousands except per share and per ADS data)	For the Year Ended December 31				
	2002 年	2003 年	2004 年	2005 年	2006 年	
	人民币	人民币	人民币	人民币	人民币	美元
Total revenues 总收入	11 020	40 571	117 451	319 215	837 838	107 359
Operating costs and expenses:						
Cost of revenues	(10 328)	(23 284)	(41 192)	(104 401)	(245 489)	(31 456)
Selling, general and administrative	(14 985)	(19 599)	(50 724)	(134 771)	(250 240)	(32 065)
Research and development	(4 750)	(6 983)	(14 531)	(44 200)	(79 231)	(10 153)
Total operating costs and expenses	(30 063)	(49 866)	(106 447)	(283 372)	(574 960)	(73 674)
Operating (loss)/profit	(19 043)	(9 295)	11 004	35 843	262 878	33 685
Interest income	586	325	1 135	13 580	42 443	5 438
Other income (expense), net	(120)	85	347	93	4 098	525
Taxation			(481)	(1 911)	(12 256)	(1 570)
Cumulative effect of change in accounting principle					4 603	590
Net (loss)/income	(18 577)	(8 885)	12 005	47 605	301 766	38 668

续　表

	2002 年	2003 年	2004 年	2005 年	2006 年	
	人民币	人民币	人民币	人民币	人民币	美元
Net（loss）/income per ordinary share and per ADS:						
Basic	(2.44)	(0.87)	1.09	2.40	9.06	1.16
Diluted	(2.44)	(0.87)	0.43	1.49	8.75	1.12
Weighted average number of ordinary shares used in per share calculations:						
Basic	7 622	10 189	10 983	19 808	33 291	33 291
Diluted	7 622	10 189	28 124	32 044	34 507	34 507
Pro forma net earnings per share on an as converted basis for Class A and Class B ordinary shares（unaudited）(1)						
Basic　基本每股收益			0.45	1.58	9.06	1.16
Diluted　摊薄每股收益			0.43	1.49	8.75	1.12
Pro forma weighted average aggregate number of ordinary shares on an as converted basis used in per share calculations for Class A and Class B ordinary shares（unaudited）(1)						
Basic			26 696	30 214	33 291	33 291
Diluted			28 124	32 044	34 507	34 507

　　从表 6-8 中,我们很高兴地发现,百度的销售与盈利是同步高速成长的。2005年和 2006 年的销售成长率分别高达 79.8%和 169.5%。我们还注意到,盈利和销售都是加速成长。

　　2. 百度的估值分析

　　2006 年百度每股盈利为 1.12 美元(表 6-8),按 4 月 24 日股价 101.62 美元计算,市盈率高达 90.82,远远高于当时美国股市的平均市盈率(24 左右)。我们说过寻找股王要用市盈成长比来考量,当时华尔街预计百度未来三至五年的盈利复合成长率是 100%—120%的范围,百度公司给出的 2007 年销售展望为 95%—103%(公司没有给出盈利展望),从以往百度盈利成长与销售成长的关系来看,盈利成长比销售成长高多了,既然销售成长能达到 95%—103%,那么盈利成长达到 100%—120%的范围,应该不成问题。另一方面,我们在宏观分析中提到 2006 年中国网络使用人数才 1 亿人,作为十几亿人口的大国,发展空间还非常大。所以,我觉得分析师所预测的盈利成长率还是可信的。百度的市盈成长率在 0.75—0.9 之间,估值是可以接受的。

3. 百度的债务分析

百度当时的长期债务为零,给我们节省了债务分析的时间,也不要分析债务发展趋势等因素了。

(二)百度的资产配置驱动力定性分析

百度当时的市值还比较小,市值不到 35 亿美元,未来的上涨空间很大。此外,作为新兴市场中国的网络龙头公司,因其与美股股市的相关度相对低,将会吸引更多的资产配置投资者。虽然,百度在中国家喻户晓,但在美国,大部分机构投资人还是持有谷歌和雅虎作为投资组合中网络业的敞口,所以机构投资人的持股也比较低。但我相信,随着百度业绩的不断提高,会受到越来越多的机构投资者的关注,一定会将百度作为其中国网络业敞口的核心仓位配置资金。这些都是我们希望看到的。

(三)百度的心理、技术面定性分析

2007 年 4 月 24 日百度的股价重新回到 10 周平均线和 40 周平均线之上(图 6 - 9),且大波段走势是低点高、高点高,是明显的向上走势。相应的相对强度线走势也呈向上趋势,说明股价长期表现优于市场。

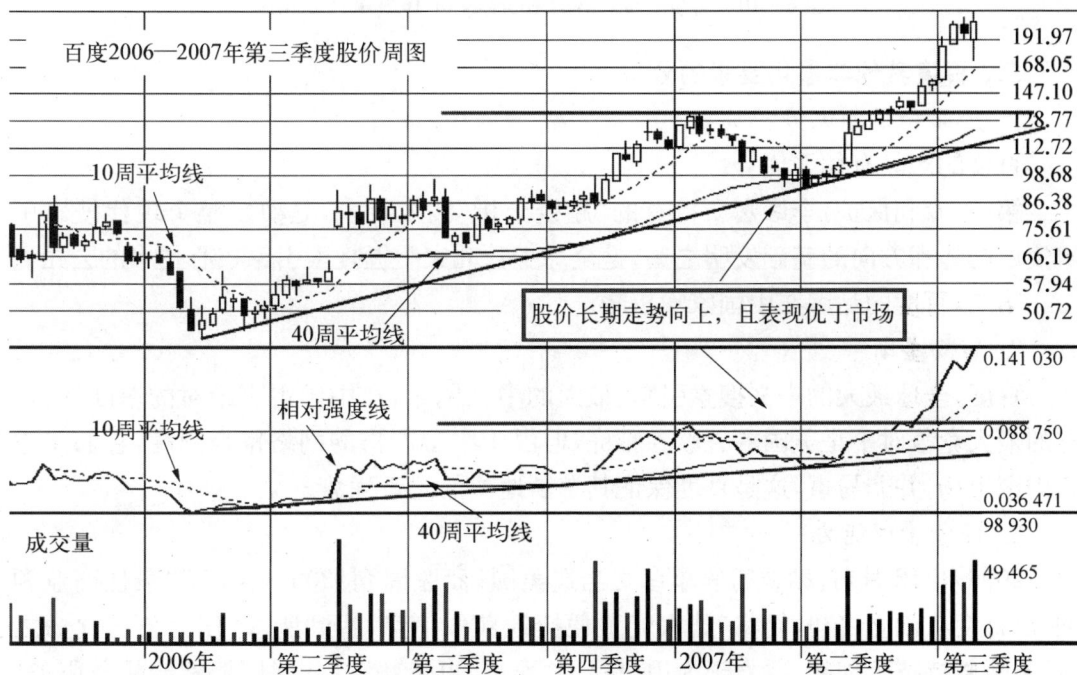

图 6 - 9　百度周图(Chart courtesy of TC2000®. com)

从短期走势图(图 6 - 10)来看,2007 年 4 月 24 日,对回档型的投资人来说,是一个很好的进场点。从股价的相对强度来看,走势是不断改善的,有可能还会有进一步的表现。

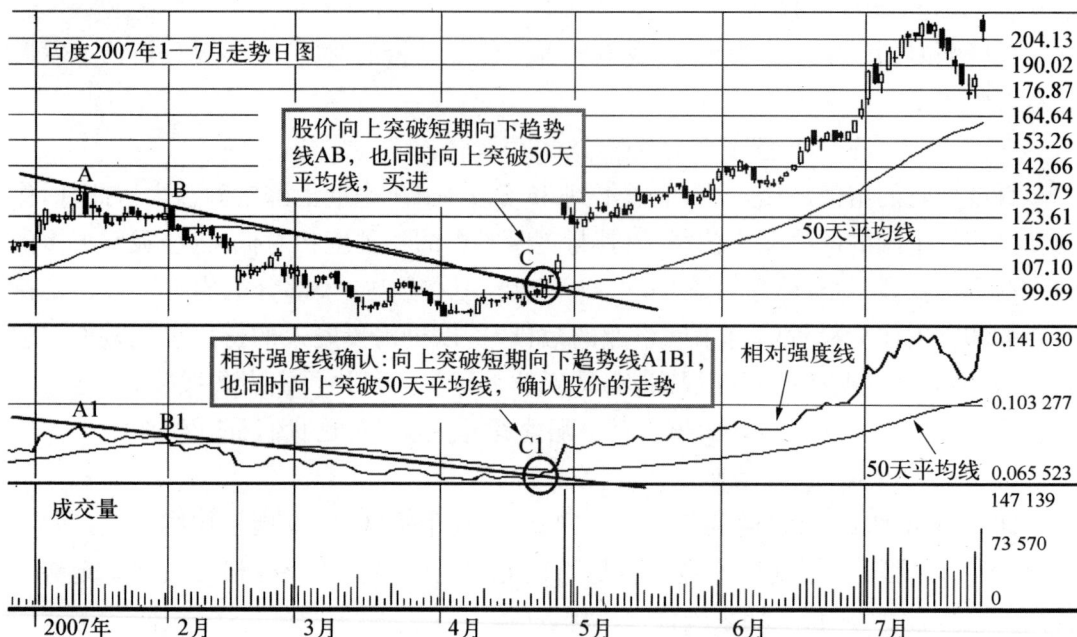

百度2007年1—7月走势日图

股价向上突破短期向下趋势线AB,也同时向上突破50天平均线,买进

50天平均线

相对强度线确认:向上突破短期向下趋势线A1B1,也同时向上突破50天平均线,确认股价的走势

相对强度线

50天平均线

成交量

图 6 - 10 百度日图(Chart courtesy of TC2000®. com)

二、百度其他非量化要素的分析

1. 产品和服务优势

百度的产品有如下优势:

第一,专利保护,李彦宏所持有的"超链分析"技术专利,是奠定整个现代搜索引擎发展趋势和方向的基础发明之一,是全球少数几家掌握搜索引擎核心技术的公司。

第二,百度的品牌在中国家喻户晓。

2. 市场垄断

百度,全球最大的中文搜索引擎、最大的中文网站,在中国占有绝对的垄断地位,它的最大竞争对手是美国的谷歌和雅虎,但由于中国严格的网络审查制度,它们想进入中国市场,并非易事,这是百度保证其垄断地位的先天优势。

3. 经营管理能力

2006 年 12 月,首席执行官李彦宏当选美国《商业周刊》2006 年全球"最佳商业领袖"。百度从创立之初,便将"让人们最便捷地获取信息,找到所求"作为公司立命之本,不断坚持技术创新,致力于为用户提供"简单,可依赖"的互联网搜索产品及服务,深受用户欢迎。我本人也是百度的忠诚用户。百度的管理团队是一支高质量的团队。

　　综合上述分析，我们可以得出如下结论：百度当时是顺应全球网络发展和中国经济腾飞双趋势的幸运的高品质的成长型公司，随着它的业绩不断提高，必将引起越来越多的各大流派的机构投资人的关注，且具备未来股王的所有条件，是一个千载难逢的好股票，值得投资。

图书在版编目(CIP)数据

股市合力投资法:华尔街著名基金经理二十年成功
之道/郭亚夫著. —上海:东方出版中心,2016.8(2017.3重印)
ISBN 978 - 7 - 5473 - 1000 - 7

I.①股… Ⅱ.①郭… Ⅲ.①股票投资-基本知识
Ⅳ.①F830.91

中国版本图书馆 CIP 数据核字(2016)第 178098 号

策　　划　鲁培康
责任编辑　沈　敏
　　　　　　曹雪敏
封面设计　久品轩

股市合力投资法——华尔街著名基金经理二十年成功之道

出版发行:东方出版中心
地　　址:上海市仙霞路 345 号
电　　话:(021)62417400
邮政编码:200336
经　　销:全国新华书店
印　　刷:常熟新骅印刷有限公司
开　　本:787×1092 毫米　1/16
字　　数:597 千字
印　　张:30.75
版　　次:2016 年 8 月第 1 版　2017年3月第2次印刷
ISBN 978 - 7 - 5473 - 1000 - 7
定　　价:68.00元